2010年5月13日，农业部部长韩长赋到中国农业科学院蜜蜂研究所考察科研创新、蜂产品检测和成果转化情况。

2010年1月15日，中国工程院党组副书记周济到中国农业科学院调研。

2010年4月10日，北京市委常委、海淀区委书记赵凤桐到中国农业科学院考察调研，探讨与中国农业科学院建立沟通合作的长效机制，促进区域资源统筹，加快推进中关村国家自主创新示范区核心区建设。

2010年1月11日，中国农业科学院2010年工作会议在北京召开。

由中国农业科学院作物科学研究所景蕊莲研究员主持完成的“中国北方冬小麦抗旱节水种质创新与新品种选育利用”荣获2009年度国家科学技术进步奖二等奖。

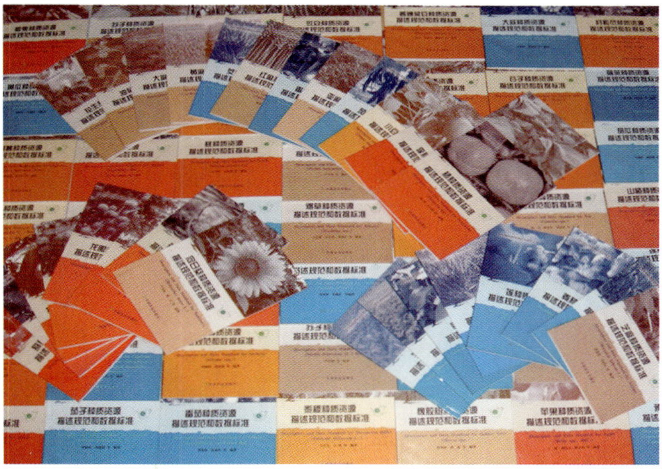

由中国农业科学院刘旭院士主持完成的“中国农作物种质资源本底多样性和技术指标体系及应用”荣获2009年度国家科学技术进步奖二等奖。

由中国农业科学院棉花研究所郭香墨研究员主持育成的“高效广适双价转基因抗虫棉——中棉所41”荣获2009年度国家科学技术进步奖二等奖。

由中国农业科学院兰州畜牧与兽药研究所赵荣材研究员主持完成的“新兽药‘喹烯酮’的研制与产业化”荣获2009年度国家科学技术进步奖二等奖。

由中国农业科学院农业环境与可持续发展研究所曾希柏研究员主持完成的“南方红壤区旱地的肥力演变、调控技术及产品应用”荣获2009年度国家科学技术进步奖二等奖。

由中国农业科学院农业环境与可持续发展研究所杨其长研究员主持完成的“都市型设施园艺栽培模式创新及关键技术研究与示范推广”荣获2009年度国家科学技术进步奖二等奖。

2010年，由中国农业科学院北京畜牧兽医研究所潘登科副研究员带领的科研团队，成功培育出我国首例敲除超急性免疫排斥基因的异种器官移植猪，为培育器官移植猪迈出了关键一步。

2010年10月，由中国农业科学院作物科学研究所王连铮研究员主持育成的“中黄35”大豆，在新疆创出亩产405.89 kg的全国大豆单产纪录。

中国农业科学院兰州兽医研究所柳纪省研究员荣获2010年全国劳动模范光荣称号。

中国农业科学院生物技术研究所郭三堆研究员（左图）、油料作物研究所李云昌研究员（右图）荣获2010年全国先进工作者光荣称号。

2010年7月6日，中国农业科学院举行2010届研究生毕业典礼暨学位授予仪式。

2010年8月10～16日，中国农业科学院举办第二期创新团队首席科学家研修班。

2010年7月29日，中国农业科学院第二批海外学科专业与英语强化培训班在加拿大圭尔夫大学圆满结束。

2010年10月12～20日，中国农业科学院举办2010年所（局）级领导干部培训班。

2010年7月5～6日，中共中央、国务院在北京召开西部大开发工作会议。中国农业科学院被授予“国家西部大开发突出贡献集体”荣誉称号。

2010年6月26日，中国农业科学院与北京市科委、北京市农委、中关村管委会、海淀区人民政府、中关村发展集团共同签署《首都农业高端发展“5+1”战略合作协议》。

2010年10月9日，中国农业科学院与安徽省人民政府在合肥签署农业科技战略合作协议。翟虎渠院长和安徽省副省长赵树丛分别代表双方在协议上签字。

2010年11月28日，由江苏省人民政府、中国农业科学院、中国农学会主办的中国首届（徐州）现代农业科技成果交易会在江苏省徐州市举行。

2010年5月6日，中国农业科学院与江西省人民政府科技合作工作座谈会在南昌召开。

2010年，中国农业科学院共派出14个院级团组赴国外考察访问，新签署15个重要科技合作备忘录或协议。2010年3月7～12日，中国农业科学院院长翟虎渠率团赴美国访问。

2010年，中国农业科学院共接待国外来访团组近1 200人次。2010年10月20日，翟虎渠院长会见到访的墨西哥农业、牧业、乡村发展、渔业和食品部部长佛朗西斯科·马略卡·卡斯塔涅塔一行。

2010年4月7～14日，海峡两岸农业交流协会副会长、中国农业科学院党组书记薛亮率代表团一行8人对台湾有关涉农组织、机构和大学进行了考察访问。

2010年，中国农业科学院共主办、承办高层次、高级别国际会议20余次。2010年6月17～19日，由中国农业科学院主办的亚太经济合作组织农业技术合作工作组第14次年会在北京召开。

2010年8月12～14日，由中国农业科学院、黑龙江省人民政府、联合国粮农组织和国际农业研究磋商组织共同主办的“第三届国际农科院院长高层研讨会”在哈尔滨召开。

2010年7月16日，中国农业科学院与国家外国专家局签署《关于引进外国智力为农业科技发展服务合作框架协议书》。

2010年11月29日至12月2日，由中国农业科学院主办的第十五届全国农科院系统外事协作网会议在海南省文昌市召开。

2010年12月5～6日，国家发展和改革委员会主持召开中国农作物基因资源与基因改良重大科学工程国家验收会。验收委员会一致同意该项目通过国家验收。

2010年9月25日，依托中国农业科学院植物保护研究所建设的“国家农业生物安全科学中心工程”举行开工典礼。

2010年12月18日，中国农业科学院湖南祁阳农田生态系统国家野外科学观测研究站举行建站50周年纪念活动。

2010年11月2日，中国农业科学院与深圳市人民政府签署框架协议，合作共建现代农业生物育种创新示范区。

2010年11月24日，中国农业科学院建三江试验基地、中国农业科学院九三试验基地揭牌仪式在哈尔滨举行。

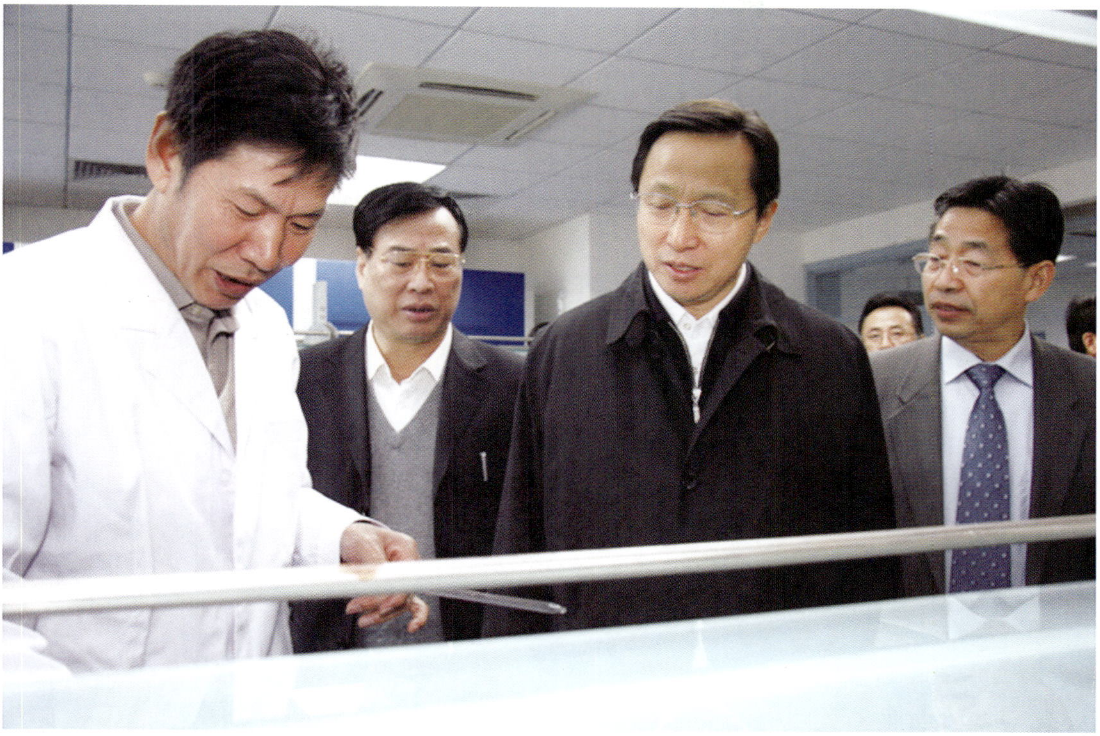

2010年11月4日，农业部部长韩长赋到中国农业科学院调研创先争优活动开展情况。

2010年6月30日，中国农业科学院召开庆祝建党89周年暨创先争优活动动员大会，并表彰院2008～2009年度先进基层党组织、优秀共产党员和优秀党务工作者。

2010年10月10～11日，由中国农业科学院主办的中国农业科研院所党的建设和思想政治工作研究会第三届理事会第三次会议在上海召开。

2010年9月28～29日，中国农业科学院党的建设和思想政治工作研究会第五届理事会第三次会议暨深化创新文化建设工作会在上海召开。

2010年12月29日，中国农业科学院社区老年活动中心正式启用。

中国农业科学院年鉴

2010

中国农业科学院办公室　编

中国农业科学技术出版社

图书在版编目（CIP）数据

中国农业科学院年鉴．2010/中国农业科学院办公室编．—北京：中国农业科学技术出版社，2011.8
ISBN 978－7－5116－0610－5

Ⅰ．①中…　Ⅱ．①中…　Ⅲ．①中国农业科学院－2010－年鉴
Ⅳ．①S－242

中国版本图书馆 CIP 数据核字（2011）第 154996 号

责任编辑　鱼汲胜
责任校对　贾晓红

出 版 者　中国农业科学技术出版社
北京市中关村南大街 12 号　邮编：100081
电　　话　(010)82106630(编辑室)(010)82109704(发行部)
(010)82109709(读者服务部)
传　　真　(010)82109709
网　　址　http://www.castp.cn
经 销 者　各地新华书店
印 刷 者　北京东方宝隆印刷有限公司
开　　本　787 mm×1 092 mm　1/16　　插页　16
印　　张　52.5
字　　数　1 124 千字
版　　次　2011 年 8 月第一版　2011 年 8 月第一次印刷
定　　价　218.00 元

《中国农业科学院年鉴2010》

编辑委员会

目　录

一、总　类

二、科研与推广

三、产业发展与企业管理

四、国际合作

五、人事管理与人才建设

六、计划财务管理与条件建设

七、研究生教育与管理

八、综合政务管理

九、党建、反腐败与精神文明建设

十、人物介绍

十一、大事记

十二、附　录

一、总　类

提升能力　谋划未来
以科技创新支撑现代农业发展

——中国农业科学院2010年工作报告

中国农业科学院院长　翟虎渠

（2010年1月11日）

同志们：

中国农业科学院2010年工作会议今天开幕了。这次会议的主要任务是：贯彻落实党的十七大和十七届三中、四中全会以及中央农村工作会议、全国农业工作会议、全国农业科技创新与推广工作会议精神，提升创新能力，谋划“十二五”发展，以科技创新支撑现代农业发展，全面总结2009年工作，部署2010年主要任务。下面，我代表院党组作工作报告。

一、2009年工作回顾

2009年是新中国成立60周年，也是加速完成“十一五”各项工作部署，实现“十一五”计划目标的关键一年。我院全体科技人员和广大干部职工，在院党组的领导下，以高度政治责任感，认真贯彻落实党中央、国务院和农业部的各项工作部署，开拓创新，圆满完成了各项工作任务。

（一）注重实效，深入开展学习实践科学发展观活动

深入调查研究。2009年春季，院党组派出7个调研组，分别由院领导带队对院属各单位进行集中调研，分析查找发展中存在的突出问题和制约因素，院党组多次研究，形成了关于院属各单位建设与发展的意见，并提交在8月召开的我院领导班子与干部队伍建设工作会议讨论，对全院和各单位下一步改革发展起到重要推动作用，在此基础上也向部党组作了专题汇报。这是院党组践行科学发展观的一次重要的实际行动。

落实整改措施。按照农业部党组关于深入学习实践科学发展观活动整改落实阶段的要求，我院总结提出了影响全院科学发展的52个问题，并提出了具体的整改措施，编制并向全院印发了整改落实方案，积极推进各项整改措施的落实。

切实做好"回头看"。根据部党组"回头看"工作部署，我院加强组织领导，通过党政联席会议等形式，逐条检查各项整改任务的落实工作，抽查畜牧兽医所、环发所等单位"回头看"情况，形成'回头看'工作报告，受到农业部第三抽查工作组的充分肯定。

通过深入开展学习实践科学发展观活动，我院切实解决了一批影响科技创新和科学发展的实际问题，达到了干部受教育、发展上水平、群众得实惠的活动目标。在全院开展的学习实践科学发展观满意度测评中，群众满意度达 99.4%，也得到农业部的高度认可。

（二）以研为本，不断提升农业科技创新水平

积极开展科研立项工作。围绕农业部、科技部、发改委等部门科技计划安排，紧密追踪科研计划立项动态，积极组织全院科技立项工作。经过全院上下共同努力，2009 年我院新增主持项目 1 421项，参加 248 项，项目合同经费总额 11.6 亿元，留院经费 7.44 亿元。

强化重大科研项目的管理。全面启动院级重点科研项目的跟踪管理，组织召开 3 次项目执行情况检查汇报会，对全院 54 个重点项目评议把关，加快项目实施进度。正式启用我院科研项目信息管理系统，提高了全院科研管理的质量和水平。

加强科技平台建设与管理。制定和完善了院重点实验室管理办法、院野外台站管理办法；分别组织召开了全院重点实验室、全院质检中心和全院野外台站建设与管理现场观摩会；组织申报省部共建特种经济动物分子生物学等国家重点实验室；建立了院级野外台站体系，评审命名了 59 个中国农业科学院野外台站。

加强科技成果培育。初步建立与立项相衔接的成果培育机制，强化研究所责任，形成了院所统一的成果跟踪制度。

2009 年，我院科技创新取得丰硕成果。共取得科技成果 139 项，获奖成果 82 项。获国家科技进步奖二等奖 6 项。获中华农业科技奖 12 项，其中一等奖 4 项。获省部级奖 26 项，其中一等奖 8 项，二等奖 10 项。评审出 2009 年院科学技术成果奖 23 项，其中特等奖 1 项，一等奖 7 项。由范云六院士领导的科研团队研制成功国际首例高表达植酸酶的转基因玉米，获得国家转基因安全证书。由我院科学家发起和参与的国际黄瓜基因组、马铃薯基因组计划取得重大进展。

（三）围绕农业部中心工作，强化农业科技支撑

2009 年初，我国北方发生大面积干旱，按照农业部的统一部署，我院成立了抗旱工作领导小组，组织科技人员深入抗旱一线，开展技术指导。积极配合农业部、科技部科技兴农部署，先后组织实施了四川崇州地震灾区对口帮扶（获得了四川省、科技部

的表彰)、"科技列车长白山活动"、"百万农技人员和农村实用人才培训"等一系列科技兴农活动，取得了良好成效。2009 年，我院共向农业部推荐主导品种 34 个，主推技术 16 项。其中"中黄 13"大豆新品种，年推广面积稳定在 1 000万亩以上，累计推广 4 200万亩，连续 3 年位居全国第一。

结合国家发展现代农业和我院实际，为统筹协调我院重大科技兴农工作，提出了中国农业科学院"科技兴农三百科技支农行动计划"(即在全国 100 个粮食主产县开展粮食增产科技支撑行动、在 100 个县开展科技示范与成果转化行动、在 100 个院地科技合作县开展科技服务行动)。进一步加强院地合作，2009 年我院与 12 省市签订了农业科技合作协议，并围绕区域农村经济主导产业发展的需要，启动了中国农业科学院宁夏贺兰、廊坊广阳等现代农业综合科技示范县建设，为地方农村经济的发展作出了贡献。

(四) 以创新团队为核心，全面加强人才队伍建设

加快实施"科技创新团队建设工程"。确立了首批 13 个院级优秀创新团队、90 个所级重点科技创新团队，切实发挥创新团队在集中力量出大成果和锻炼培养优秀科技人才等方面的作用。

加强高层次人才队伍建设。成立我院"海外高层次人才创新创业基地建设领导小组"，组织制定《海外高层次人才创新创业基地建设方案》及"1351 计划"。积极引进海外高层次人才，目前，我院拟从海外引进的高层次人才已有 7 名通过中央"千人计划"初选。2009 年，我院刘旭研究员当选中国工程院院士，王汉中研究员荣获"全国杰出专业技术人才"荣誉称号，哈兽研动物流感重点开放实验室荣获"全国专业技术人才先进集体"荣誉称号，程式华研究员荣获第三届中华农业英才奖。丁颖等 10 位专家荣获新中国成立 60 周年"三农"模范人物荣誉称号。

加强干部队伍和领导班子建设。组织召开我院首次领导班子和干部队伍建设会议，印发《中共中国农业科学院党组关于加强领导班子与干部队伍建设的意见》。组织完成院机关处级及以下干部的聘期考核和空缺处级岗位竞争上岗工作。全年共调整所局级干部 36 人次，共组织 152 人次参加各类培训，干部队伍结构得到优化，战斗力、凝聚力不断提高。

积极推进以聘任制为核心的人事制度改革。全院按照管理岗位、专业技术岗位和工勤技能岗位 3 类岗位，完成岗位设置方案并组织完成首次分级聘用工作。我院 81 人聘任到专业技术二级岗位，166 人聘任到专业技术三级岗位。

全力抓好研究生教育工作。2009 年招收全日制博士生 206 人、硕士生 579 人，招生规模较 2008 年增长了 6.7%；全年授予博士学位 173 人，硕士学位 610 人；全年博士后进站 85 人，出站 41 人。启动基层农技推广骨干素质提升计划、优秀博士论文培育计划，全面推行"学位论文不端行为检测系统"，成功举办了研究生教育 30 周年纪念活动。研究生院连续 8 年以农学门类第一名蝉联"中国一流研究生院"，在中国研究生院

综合竞争力排名中进入前三十强，质量与影响排名第十四位。

（五）积极创造条件，推进国际合作与交流向纵深发展

根据新形势下中国农业科学院国际合作工作的需要，深入调研、积极申请，经国务院 2009 年 11 月批准，授予我院一定外事审批权，可以自行审批本院及所属企事业单位司局级及其以下人员因公出国（境）和邀请外国相关人员来华事项。这项授权，为我院推进国际合作与交流创造了重要条件，对加速我院的国际化进程具有重要的里程碑意义。“国际马铃薯中心亚太分中心”获国务院批准即将签署东道国协议，亚太经济合作组织农业技术合作工作组牵头人办公室在我院成立并运行。我院作物科学研究所、水稻研究所被科技部授予“国际科技合作基地”。

2009 年，我院获批准各类国际合作项目 119 项，落实经费 1.212 亿元。主办了第 27 届国际农经大会、第八届世界大豆研究大会、中加科学家峰会等 30 余次，大大提升了我院的国际影响力。新签署（续签）各类合作备忘录 17 项，拓展了与相关国家和国际组织的战略伙伴关系。首批选派 20 名重点领域科研骨干，赴加拿大圭尔夫大学进行了为期 3 个月的强化培训，增强了我院领军人才的国际交流能力。

（六）优化投入结构，提高财务管理水平

扎实做好各项财务管理工作。严格按照农业部要求，完成预算编制、预算批复、部门决算等各项工作。开展“预算控制、项目查询系统”软件查询试点和预算控制的前期工作。认真完成各类资金管理、账目管理和国有资产的管理工作。加强修购专项、基本业务费两个财政专项资金的管理。

优化经费投入结构。2009 年，全院财政项目支出经费继续大幅增加，基本支出经费比例趋于合理，解决了部分单位长期以来没有公用经费的问题。农机化所、灌溉所被纳入基本支出定员定额试点，同时农机化所、灌溉所、质标所、出版社 4 家农业事业单位实现离退休人员经费归口管理，人员经费紧张的局面得到了一定改善。

（七）加强项目规划和实施，推进科研平台建设

编制基本建设规划，加快重大项目立项。初步完成《中国农业科学院基本建设规划（2010～2020）》编制。国家畜禽改良研究中心项目进入立项审批，国家种质资源库项目建议书通过发改委评审，国家农业应用微生物研究中心项目建议书已上报发改委审批。组织完成 2010 年度修购项目立项，获批 78 项。

加快在建项目的执行进度和重点项目实施。系统梳理全院在建项目，逐个制定年度执行进度计划，采取措施加强督导在建项目实施进程。国家农业图书馆，哈尔滨兽医

所、兰州兽医所生物安全实验室，农业科技展示园等重点项目已开工建设。国家农业生物安全科学中心项目开始施工图设计。特产研究所新所区、海南综合试验基地、新疆综合试验基地、青海综合试验基地全面开工建设。

2009 年，全院新增中央预算内基本建设投资比 2008 年同期增长 2.62%；新建各类科研建筑 69 824平方米，温室 8 788平方米，网室 5 736平方米，购置科研仪器设备 2 603台（套）。

（八）加强和改进党的建设，促进和谐院所发展

党的十七届四中全会是在中国共产党成立 88 周年，执政 60 周年之际召开的以加强和改进新形势下党的建设为主题的一次十分重要的会议。中国农业科学院党组高度重视，及时下发了《关于认真学习贯彻党的十七届四中全会精神的通知》，并采取多种形式加强党建工作，召开中国农业科学院直属机关党的工作会、举办新任党支部书记培训班、党办主任培训班，加强改善党员评议、党委换届、民主生活会等各项工作。健全院党组纪检组，组建院监察局，强化监察职能，实行党组纪检组、监察局与直属单位纪委合署办公。及时制定《中国农业科学院贯彻落实 2009 年反腐倡廉工作任务的分工意见》，落实工作责任，加强审计监督和巡视工作。积极开展“小金库”自查活动，清理违规资金 446.77 万元。2009 年，全院领导干部述职述廉 634 人次，任前廉政谈话 103 次，受理来信来访 91 件次。进行基建项目和政府采购项目招投标廉政监督共计 59 次，涉及金额近 8.9 亿元。完成 6 项经济责任审计任务，涉及资产总额 11 亿元。完成竣工决算审计 14 项，审计金额 2.3 亿元。

持续推进创新文化建设，制定下发了《中共中国农业科学院党组关于深入推进创新文化建设的意见》，研究制定并在全院组织学习和实施《中国农业科学院职工守则》和《中国农业科学院科技人员道德准则》。着力加强院机关办公室文化建设。加强全院先进集体、先进个人宣传，提炼我院创新文化核心价值理念。以新中国成立 60 周年为契机，举办我院庆祝新中国成立 60 周年文艺演出，组织职工参加国庆群众游行和广场联欢活动，组织全院开展国庆主题党日、参观主题展览、召开统战系统座谈会等丰富多样的活动，大力开展爱国主义教育。组织开展“奋进杯”篮球赛、“青春风采”主持人比赛等丰富多彩的文体活动。组织全院千余名干部职工参加农业部第二届职工运动会，名列农业部直属单位组第一名并获“特殊贡献奖”。

加强院部大院环境规划整治，加大环境保洁力度，整理美化绿地，加强安全保卫、机动车辆管理，完成院部大院电视监控系统建设。解决了马连洼三所自备井建设等问题，彻底改变了三所职工的饮用水质量。积极推进马连洼住宅楼建设，精心组织住宅分配出售，我院京区近 700 户职工改善了住房条件。高度重视离退休职工工作，院部和院属各单位结合各自实际，按照“政治上尊重、思想上关心、生活上照顾、共享改革成果”的要求，创新工作方式，使广大离退休人员老有所养、老有所学、老有所乐、老

有所为的工作得到了落实。紧紧围绕“安全生产年”总体部署和各项目标，在全院组织开展了安全生产工作的自查与抽查活动，建立健全了各项安全生产制度。荣获“全国安全月活动优秀单位”和农业部“平安建设优秀单位”。

2009年，我院一批先进单位和个人受到表彰，兰州牧药所获全国精神文明建设工作先进单位，油料所获湖北省最佳文明单位称号，哈尔滨兽医研究所获黑龙江省文明单位标兵，草原所获内蒙古自治区文明单位，区划所和研究生院获农业部文明单位；生物所郭三堆研究员、兰州兽医所柳纪省研究员被授予全国五一劳动奖章，作科所景蕊莲研究员被授予全国三八红旗手，肖世和研究员被授予中央国家机关五一劳动奖章。

2009年，我院各项事业快速发展，取得较好成绩。这是党中央、国务院持续重视“三农”和农业科技工作的结果，是农业部、科技部、发改委和财政部等上级领导部门大力支持的结果，是全院广大科技人员和全体干部职工努力奋斗的结果。在此，我代表院党组，向上级领导部门、向全院科技人员和干部职工表示衷心的感谢并致以崇高的敬意!

二、以科学发展观为统领，认真谋划“十二五”发展

“十一五”就要结束，2011年就要启动“十二五”计划。在新的五年计划里，中国农业科学院如何实现科学发展，是当前需要我们认真思考的问题。

中国农业科学院作为全国农业科技创新的国家队，“十五”以来，紧紧围绕建设“三个中心、一个基地”的战略目标，开拓进取，扎实工作，使各项事业全面发展，科技创新能力显著提高，支撑农业农村经济发展的能力明显增强，在全国农业科技发展中的地位稳步提升，全院科技人员和干部职工的生活工作条件也得到较大改善。但同时我们也清醒地看到，与现代农业发展对科技的需求相比，与国家队的责任和义务相比，与发达国家的先进水平相比，与党和国家对我们的要求相比，我们还有很大的差距。农业部韩长赋部长来我院调研时明确指出，中国农业科学院要引领全国农业科技创新方向。因此，我们必须以科学发展观为统领，认真谋划“十二五”发展，提升自主创新能力，为我国现代农业发展提供强有力的科技支撑。

以科学发展观统领“十二五”发展，要科学认识中国特色农业科技进步之路的内在要求。着力于解决制约我国现代农业发展的重大科学问题，努力突破核心技术、关键技术瓶颈，致力于抢占引领未来农业发展的高新技术制高点，构建引领未来农业发展的现代农业技术体系，为确保国家粮食安全、农民增收以及农业可持续发展发挥科技支撑作用。

以科学发展观统领“十二五”发展，要全面把握中国农业科学院发展面临的各种机遇和挑战。贯彻国家科技发展战略和强农惠农政策，实施农业部、科技部、财政部、发改委等上级部门的各项规划部署，不失时机地增强农业科技创新能力。清醒认识经济发展、资源环境和世界农业科技发展对我们的挑战，坚持不懈地提高农业科技创新竞

争力。

以科学发展观统领“十二五”发展，要充分发挥我院各项事业发展的内在动力，与时俱进、解放思想，根据新形势要求，拓展科研创新的思路和领域；统筹协调、优化配置，形成强有力的科技创新团队；充分挖掘全院人、才、物资源的各种潜力，实现规模效益最大化，最大限度发挥国家队的投入产出水平，为国家社会贡献更多更好的科技成果。

以科学发展观统领“十二五”发展，要创造有利于科技创新的良好环境。坚持以人为本，和谐发展，尊重知识、尊重劳动、尊重创造，充分调动全院广大科技人员和干部职工的积极性，营造激励创新、激励奉献、和谐愉悦的创新文化氛围，改善全体科技人员和干部职工的工作生活条件、福利待遇水平。

“十二五”中国农业科学院发展，要以邓小平理论和“三个代表”重要思想为指导，全面贯彻落实科学发展观，坚持自主创新，在国际竞争性、前沿性的关键领域取得一批重大理论和原始创新成果，在推动农业可持续发展的高新技术领域掌握一批核心技术，抢占农业科技制高点，牢牢把握我国农业和农业科技发展的战略主动权；坚持人才强院战略，积极培养和引进高层次人才，努力造就一批德才兼备、国际一流的顶尖人才和创新团队；坚持机制创新，调动广大科技人员积极性和创造性，促进科技资源高效配置和综合集成，推进和谐院所建设，形成有利于促进农业科技进步和创新、符合农业科技发展规律的充满活力的运行机制。通过“十二五”的发展，使我院“三个中心、一个基地”建设达到更高水平，科技创新能力大幅度提升，农业科技对我国农业发展的支撑作用更加稳固。

三、2010 年主要任务

2010 年，是中国农业科学院全面完成“十一五”计划目标的最后一年，也是承前启后，认真规划“十二五”发展的关键一年。主要任务是:

（一）扎实做好“十二五”规划

“十二五”规划，是对未来 5 年发展的纲领性文件，是一项抓当前、谋长远的系统工程，对于积极适应新形势，妥善应对新挑战，都具有十分重要的意义。院所两级和相关部门要高度重视，加强领导，明确责任，精心组织，确保规划编制工作顺利开展。

要围绕全院“十二五”发展战略目标，结合本单位本部门实际，凝练未来 5 年发展的指导思想和战略重点，制定有针对性、可操作性强的发展目标和政策措施。加快调研与编制进度，在 2010 年底前完成相关规划的编制工作。

要积极参与上级部门的科技规划和项目计划编制工作。提前介入，推动我院的优势研究领域进入“十二五”相关计划。

（二）大力加强科研工作

提高科研立项数量和水平。要积极与农业部有关部门沟通汇报，及时跟踪了解立项动态，重点抓好“转基因”和“水污染”两个重大专项、科技基础性工作专项、农业科技成果转化资金等有关项目的申报和跟踪管理。认真组织实施好我院承担的行业专项，产业技术体系、基本科研业务费项目。

加强重大科技成果集成创新。按照学科发展需求，继续筹划布局项目集群，形成“学科项目集”。按照产业技术发展的轨迹，集成产前、产中、产后技术，形成“产业项目集”。凝练成果的创新点与突破点，加大宣传力度，重点做好国家奖、中华农业科技奖和省部级奖的申报工作。制定我院 2010 ~ 2011 年成果培育计划，明确跟踪目标，制定具体工作措施，加强对有望获奖项目的管理和重点培育工作。

根据学科建设与发展的需要，按照“三级三类”的发展体系，科学设计科技创新、科技支撑和科技服务平台。适应各级平台的新要求，完善规章制度，提高运行质量，继续推动平台与学科、项目、人才、成果的有机结合。积极争取新建平台立项，拓展学科覆盖领域，重点争取科技部技术研究中心的立项。

（三）积极推进成果转化与应用

结合农业部启动实施国家现代农业示范区建设活动和科技兴农工作部署，做好全院主要科技成果、主导新品种、主推实用技术的遴选、集成与推广工作。做好科技支疆（新疆）、科技援藏（西藏）、科技扶贫和科技培训工作。深入推进“三百”科技支农品牌战略，加快实施科技支撑、科技示范和科技服务行动计划，探索完善新机制、新模式，建立科技成果推广的院、所联动机制，加强宣传工作，扩大社会影响。

加强院地科技合作。重点落实好与黑龙江、宁夏、四川、广东、云南、北京、天津等地的合作，推动建立与地方政府以项目和基地为纽带的深层次合作关系，开辟我院科技成果转化的新领域。抓好宁夏贺兰现代农业综合科技示范县、河北廊坊广阳现代农业综合示范区建设工作。

推进试验示范基地的建设。要做好廊坊产业园的改造工作和基础条件建设。完成新乡综合试验基地建设发展规划，加快建设尽快投入试验运行。推动吉林公主岭、黑龙江农垦试验示范基地的建设；推进与深圳华大基因研究院的联合共建。

加快院属公司的现代企业制度建设，提高我院科技产业发展后劲。推进企业公司制改造，进一步深化公司法人治理。重点完成哈尔滨兽医研究所维科生物技术公司等企业的改制工作。

（四）进一步加强人才队伍建设

优化运行机制，推动创新团队建设工程步入新阶段。要加强首席科学家培训工作，提高团队首席科学家的学科引领作用。加强团队内部运行机制建设，提高创新团队的凝聚力、创造力，形成广出人才、广出成果的良好局面。要组织好第二批中国农业科学院优秀科技创新团队的遴选工作。

加大引进与培养力度，全面加强高层次人才队伍建设。落实院工作方案，积极推进海外高层次创新创业基地建设和人才引进工作。进一步加大对现有人才的培养力度，做好有关专家的工作，积极向国家和社会宣传、推荐我院优秀科技专家，调动高层次人才的积极性，激发他们的自主创新潜力。

以能力建设为重点，加强领导班子建设和干部队伍建设。贯彻落实院党组《关于加强领导班子与干部队伍建设的意见》，做好换届、调整、届中考核以及所局级领导干部、后备干部的考察培养工作。研究探索新时期加强领导班子政治思想建设和作风建设的措施和对策。继续做好院属单位任期制试点的相关工作，加强调研、完善措施、取得实效。认真落实我院2010年干部培训计划并组织实施。

启动绩效工资改革，完善分配激励机制。按照国家关于事业单位收入分配改革的有关要求，研究探索与农业科研工作实际情况和特点相适应、与现行工资总额计划管理相对接的绩效工资总量核定办法和分配制度，发挥好工资分配的激励和导向作用。

加强研究生教育。以质量为本，扩大招生规模，提高生源质量；推进和完善基层农技推广骨干攻读农业推广硕士工作；加强国际交流与宣传，不断扩大留学生规模，做好留学生招生和管理工作；要适应全国教育改革，注重我院科技发展需求，着力培养研究生的创新能力，为我院科技创新提供支撑和保障；加快研究生教育基本条件建设，为扩大研究生教育规模创造必要条件。

（五）努力开创国际合作新局面

抓好外事审批权的落实与管理。组建机构，健全制度，严格管理，务必开好头，起好步，确保正确使用外事审批权，形成规范我院外事管理工作的长效机制，更好地服务于科技创新与发展。

大力推动国际合作平台建设。加快国际马铃薯中心亚太分中心、国际原子能机构核农学研究中心、中国-CIMMYT玉米研究中心、中巴联合实验室等建设。深化中墨农业科技合作，积极推进与重点国家、重要机构战略伙伴关系的建立及合作协议的落实。

积极谋划国际合作工作的全球战略布局。根据我院实际和学科需求，梳理选择全球重点国家、重点国家级科研机构、重点实验室和重点科学家，建立战略合作伙伴关系。南美洲国家以巴西为重点，欧洲国家以德国、荷兰、俄罗斯为重点，北美洲以加拿大为重点，非洲以南非为重点，亚洲以韩国、日本、印度为重点，谋划中国农业科学院国际合作的重点项目和平台建设。

加大重大项目的争取和重要渠道的开拓。通过已有的合作渠道，积极策划重大国际合作项目，积极拓展与“亚太经合组织”、“东盟”、“上海合作组织”合作的范围，进一步加深与盖茨基金会、马来西亚森达美公司、美国杜邦公司、孟山都公司、荷兰先正达公司的合作。加强重大项目跟踪管理，保质保量完成国际合作重大项目。

（六）全面加强科研条件建设

遵循经费投入规律，做好预算安排，提高预算执行质量。继续优化财政投入结构，发挥财政资金最大效益。完善财政专项资金管理，争取修购专项、基本科研业务费的持续稳定支持。推进2006～2009年各年度基本科研业务费项目结题总结，探索建立基本科研业务费项目考核管理机制。做好2011～2012年修缮购置专项规划调整工作。

加强重大项目的筹划与立项。以重大综合平台项目推进和综合试验示范基地建设为重点，加强项目谋划，加快立项和建设。积极筹划申报国家耕地资源与土壤改良研究中心项目，黄淮海国家农业综合试验示范基地项目，争取国家畜禽改良研究中心、国家农作物种质资源库、农业应用微生物研究中心3个项目早日立项。

抓好院本级重点项目的实施。按照“多创优质工程、多出先进经验”的要求，加快院部和直属基地的科研基础条件建设，改善京区大院环境，提高科研保障能力。继续加强基本建设管理和规章制度建设，提高实施质量。重点推进马连洼住宅项目、国家农业图书馆工程、院部东门外科技展示园项目。

加强在建项目的督查，确保按期完成。继续执行好基本建设项目预算执行进度月报工作，及时掌握项目进展情况，针对不同类型项目进行个性化督导检查，力争2010年年底结余资金降低到3.5亿元以下，在建项目个数降低到60个以下。

（七）推进新形势下的党建与创新文化建设

要深入学习贯彻党的十七届四中全会精神。切实加强中国特色社会主义理论体系、社会主义核心价值体系和形势政策的学习教育，开展丰富多彩的学习型党组织创建活动。加强对党建工作的领导，努力提高党建科学化水平。大力推进基层党组织工作创新，不断增强党员队伍生机活力，深入开展“创先争优”活动。

深入推进反腐倡廉工作。认真贯彻中纪委全会及部党风廉政建设工作会议精神，全面落实我院《建立健全惩治和预防腐败体系2008～2012年工作规划》。按照标本兼治、综合治理、惩防并举、注重预防的方针，加快推进惩防体系建设，严格执行党风廉政建设责任制。切实加强对中央及部、院党组工作部署贯彻执行情况的监督检查，坚决维护党的政治纪律。加快反腐倡廉制度建设，推进廉政风险防范机制。强化反腐倡廉宣传教育，建立健全反腐倡廉教育长效机制。强化监督工作，促进领导干部廉洁从政。加大查办案件工作力度，发挥查办案件的治本功能。加强对财政资金管理的内审监督，提前发现问题、预防和解决问题。开展专项审计、任期到届所领导经济责任审计、基建项目审计等工作。探索落实督导整改措施的方式，切实发挥审计监督职能。进一步加强全院纪检监察审计干部队伍建设，探索新时期党风廉政建设新机制。

扎实推进精神文明建设和创新文化建设。组织好 2009～2010 年度“文明单位、文明职工”评选表彰活动，健全完善文明建设各项制度。深入开展创新文化建设，营造良好氛围。加强创新文化考核评价体系研究和建设，召开全院深化创新文化建设工作会，提炼中国农业科学院精神，组织开展创新文化建设对策研究。

进一步推进和谐院所建设。及时化解各种矛盾，关心解决困难职工和离退休人员的问题。采取有效措施提高全院科技人员和干部职工的工作生活条件、福利待遇水平。继续加强院所园区建设和整治，美化工作生活环境。

同志们，我们的各项工作要取得新进展，实现新突破，开创新局面，要求我们的思想观念、工作作风、工作方法都要有新的转变，既要做好高瞻远瞩的战略规划，更要以求真务实的态度，踏踏实实、认认真真地抓好落实。让我们更加紧密地团结在以胡锦涛同志为总书记的党中央周围，深入贯彻落实科学发展观，继往开来，遵照党中央、国务院部署，在农业部、科技部、发改委、财政部等上级部门的领导和支持下，全面完成 2010 年各项工作任务，为中国农业科学院“十一五”划上一个完美的句号，为“十二五”的发展打下坚实的基础。

春节就要到了，借此机会，我代表院党组，向在座的各位并通过你们，向全院干部职工拜个早年。祝大家在新的一年里身体健康，工作顺利，家庭美满，生活幸福！谢谢大家！

科技进步：粮食增产的重要支撑

中国农业科学院院长　翟虎渠

在社会主义现代化建设中，党和国家始终把农业放在国民经济的首位，中国粮食产量实现了历史性跨越，由 1949 年的 1.1 亿吨增加到 2008 年的 5.3 亿吨。其中，主要贡献来自于粮食单产的大幅度提高，由每亩 68.6 千克增加到 310 千克。特别是改革开放以来，我国粮食生产在播种面积年均减少 0.4% 的情况下，依靠单产年均增长 2.3%，实现了总产量年均增长 1.9%；同期，粮食产量比总人口的年均增长率高出 0.8 个百分点。我国粮食综合生产能力稳定提高，食物供给日益丰富，不仅解决了 13 亿人的吃饭问题，保证了经济社会发展对粮食的基本需求，而且为世界粮食安全作出了巨大贡献。

在农业与粮食生产发展的历程中，科技始终发挥着重要的作用。每一轮农业科技革命，都有力地促进了粮食生产水平的提高。从世界范围看，现代农业是伴随着科技进步而发展的，并随着科技的不断创新与突破而产生新的飞跃。19 世纪，细胞学说的提出，突破了传统农业单纯依赖人们经验与直观描述的阶段，植物矿质营养学说的创立，推动了化肥的生产与使用，生物进化论的问世，奠定了生物遗传学与育种学的理论基础。20 世纪初，杂种优势理论的应用，培育出了更多优良品种，成为农作物增产的有效手段；70 年代生物工程技术的问世以及在农业特别是粮食生产中的应用，大大拓宽了现代农业科技的领域，开辟了提高粮食生产能力的新前景。

我国推进农业发展的实践同样表明，在构成粮食综合生产能力的主要生产要素中，科技发挥了基础性和关键性的作用。根据有关研究，科技进步对农业增长的贡献率已由新中国成立初期的 15% 提高到 2007 年的 48%。而科技进步对粮食增产的贡献率则更为突出。1984 ~2007 年间，生产技术进步对单产增长的贡献份额，早稻和中籼稻分别为 70.6% 和 71.8%，玉米和晚稻约为 60%，小麦和粳稻分别为 42.1% 和 44%。农业科技的创新和进步，有力地保障了我国粮食的有效供给。

遗传理论和育种技术的突破，使我国粮食作物新品种、新组合不断涌现。新中国成立以来，我国粮食产量有两次大的突破：一个是矮化育种，如矮秆水稻、矮秆小麦等品种的育成；另一个是杂交育种，如杂交玉米、杂交水稻的培育和推广应用。改革开放 30 多年来，我国育成主要作物新品种 6 000多个，水稻、小麦、玉米、大豆等主要粮食作物品种在全国范围内更新了 3 ~4 次，每次更新增产 10% ~20%，抗性和品质不断得到改进。目前，我国粮食作物良种覆盖率已达 95%。

种植综合配套技术的改进与推广，提高了资源利用率。近年来，我们建立了与小麦、玉米、水稻等优良品种相配套的超高产理论模型，形成了主要作物高产、优质、高效的栽培技术体系。同时，我们积极推广测土配方施肥，推广应用地膜覆盖等综合配套技术，发展地埋软管输水、滴灌、喷灌、微喷灌等节水灌溉技术，使粮食增产增效显著。仅就合理使用化肥来说，一般可使粮食作物增产8%～15%，同时，还比传统施肥方法节约费用约15%。近年来，我们还推动抗旱作物和耐旱品种与耕作保墒、增肥、集雨补灌等实用技术集成，初步形成了粮食抗旱丰产栽培技术体系。

植物病虫害预防手段和控制技术不断加强，有效防止了重大病虫害的发生，降低了农产品的损失。主要农作物病虫害流行监测网的不断完善，防治病虫害预测模型的研制和应用，有效地控制了病虫害发生及危害强度；微生物农药的研制成功，杜绝了长期使用化学农药带来的污染环境、破坏生态系统平衡以及害虫抗药性提高等后果。该技术的运用每年可减少粮食损失5%以上。

农业科学基础理论以及高新技术研究取得重大进展，为我国粮食生产提供了技术储备，加速了产业技术升级。小麦物种间远缘杂交等技术的发现与利用，实现了作物育种理论的创新与突破；水稻、小麦、大豆等主要作物核心和微核心种质评价体系的建立，筛选出了一批珍贵的优异种质资源；生物技术、航天育种技术等高新技术的快速发展，实现了水稻、小麦、玉米、大豆等主要作物重大核心技术的突破，一大批突破性科技成果的应用，大大提高了粮食生产能力。

这些年来，虽然我国农业科技取得了重大成就，但整体发展水平与发达国家相比仍存在较大差距，粮食综合生产能力的科技支撑能力还不强。突出表现在：一是自主创新能力不强，原始创新和关键技术成果仍显不足，产前、产中、产后等技术集成配套不够，科技对粮食增产的支撑和引领作用还未充分发挥。二是农业技术推广体系不健全，基层推广体系体制不顺、机制不活、队伍不稳、保障不足等问题亟待解决，科技成果推广应用水平不高。目前，我国农业科技成果转化率仅有30%～40%，远低于发达国家65%～85%的水平。三是农业科技人才总量不足，结构不尽合理，特别是战略型农业科学家不多，直接服务“三农”的实用型专家还不能满足需要。四是农业科技管理体制存在多头管理、部门分割的弊端，科研、教育、推广衔接不够，有的科研项目缺乏有效分工与协作，浪费了科技资源，降低了创新效率，影响农业科技发挥整体效力。

近年来，随着经济社会快速发展，人口刚性增长、城镇化加快和城乡居民收入增加，全社会对粮食的需求不断增大。有关研究表明，城镇化带来的居民对粮食和油料的年需求增加约为85万吨，城乡居民收入上升形成的粮油年需求增加约为544万吨。与此同时，我国耕地面积不断减少，耕地质量下降，以现有耕地面积保证我国粮食安全的难度加大。在这种情况下，增加粮食产量将主要依靠提高单产，而提高单产的关键是要依靠科技进步。据预测，2030年前后，我国人口规模将达到15亿人的峰值，按照人均年占有粮食400千克的基本需求计算，届时我国必须具备6亿吨左右的粮食生产能力。从现实条件出发，依靠科技进步提高单产，关键在于突破资源、环境和市场的多重约束，从农业科技资源布局、产业发展、资金投入等方面入手，建立依靠科技进步保障粮食安全的长效机制。

统筹推进农业科技均衡发展。从国家农业科研基地到试验站，要积极推动农业科技体制机制创新，使农科教、产学研实现有机连接，形成从产业技术到共性技术研究的新型农业科技创新体系。在这一体系架构下，要以优化科技资源配置为目标，统筹全国、区域和农业内部各产业间的科技发展。在全国层面，主要是统筹农业和非农业之间的科技发展，把农业科技发展放在更加突出的位置；在区域层面，主要是统筹全国九大农业区域之间、粮食主产区和非主产区之间的农业科技发展，突出粮食主产区的农业科技发展；在产业之间，主要是统筹种植业、畜牧业以及其他产业之间的发展，使农业内部各产业间实现农业科技的均衡发展。

优化区域农业科技资源。2001～2006 年，全国九大农业区的粮食科技支撑能力综合指数值平均为 20. 32，西南区和青藏区最低，依次为 17. 29 和 17. 18。与九大区平均值相比，三大粮食主产区偏低，平均为 19. 94，其中黄淮海区更低，仅为 19. 11，东北区和长江中下游区依次为 20. 82 和 19. 91。从主要粮食品种的优势生产区分布看，长江中下游区和西南区生产的水稻产量占全国的 70%，黄淮海区和长江中下游区生产的小麦产量占全国的 76. 28%，黄淮海区、东北区和西南区生产的玉米占全国的 71. 99%，东北区、长江中下游区和西南区生产的豆类产量占全国的 72. 03%，西南区、长江中下游区和黄淮海区生产的薯类产量占全国的 70. 54%。

在优化区域农业科技资源配置中，水稻投入的优先区域依次为长江中下游区、西南区、华南区，东北区 10 年来单产总产增长较快，为粳稻投入最优区；小麦投入的优先序为黄淮海区、长江中下游区、黄土高原区和西南区；玉米投入的优先序为黄淮海区、东北区、西南区和黄土高原区；豆类投入的优先序为东北区、长江中下游区、西南区和黄淮海区；薯类投入的优先序为西南区、长江中下游区、黄淮海区和黄土高原区。从总体来看，要用 10 年左右的时间，通过科技进步及农田改造，使我国高产稳产田达到 10 亿亩，粮食平均亩产达到 500 千克。

大幅度增加农业科研投入。尽管我国农业科研投入的规模随着经济的发展而不断扩大，但仍然偏低。2005 年，我国农业科研投入强度仅为 0. 49%，远低于发达国家 2. 5%～4. 0% 的水平。根据测算，若 2020 年我国粮食综合生产能力达到 5. 45 亿吨，农林牧渔业总产值实现 4 万亿元以上，全国农业科技进步贡献率必须提高到 61. 53%～64. 91%，科研投入强度须提高到 1. 76%，农业科研投入需求规模约为 427 亿元。另外，我国重点农产品生产目前正面临着一系列技术难题，迫切需要加强基础研究和高新技术研究。因此，要尽快建立农业科研投入长效增长机制，确保政府公共财政科研投资比重稳步提高，使农业科研投入的增速与农林牧渔业总产值增速挂钩，努力推进农业科研投资渠道的多元化和投资主体的多样化。

持续提高农作物新品种培育强度。研究表明，新品种在我国主要农产品产量增长中具有举足轻重的作用。在我国各类农产品产量增长中，新品种贡献最大的是大豆，其次是小麦、水稻、棉花、油菜籽、玉米。从我国粮食生产条件看，今后农作物良种的培育及大范围推广和应用，既是发展现代农业的必然要求，也是保障粮食安全的主要途径。

因此，要采取有效措施，面向高产品种、优质品种、高抗品种、专用品种、功能品种，积极探索育种新技术，引进新成果；要加大生物技术等高新技术在农作物育种实践中的应用，拓展育种的深度和广度；要不断加大资金、人才等政策支持力度，积极为农作物新品种培育营造良好的环境。

切实加强农业技术推广。目前，在中国粮食的大面积生产中，小麦亩产超过600千克、水稻超过700千克的地区很少见，但同时，具备这种产量潜力的品种却不少。这凸显出了我国农业技术推广工作中普遍存在的问题，如政府农业科技推广专项资金等公共投入不足，国家公益性农业技术推广主体地位不突出，农业技术推广体系自我发展后劲不足，农业科技企业、专业协会、技术中介等非政府或经营性的农业推广服务组织发展缓慢，不能满足市场多元化的服务需求等。因此，必须采取有效措施，切实加强农业技术推广工作，完善或再造农业技术推广体系，不断提高农业科研成果的转化率，力争将最新最实用的品种和技术在最短时间内送到农民手中。

原载2010年第5期《求是》杂志

以创新推动粮食生产方式的根本转变

——首席科学家建言粮食增产增效

中国农业科学院　肖世和　程式华　张世煌　周新安　韩天富

编者按：进入 21 世纪以来，中国粮食总产连创新高。但面对耕地不断减少的态势，确保 13 亿人口多样化的食物需求，更凸现出以科技创新为引擎，加快农业发展方式转变的紧迫性。为此，我们约请小麦、水稻、玉米、大豆生产的首席科学家，为我国粮食的增产增效建言献策。

加快发展优质小麦

国家小麦产业技术体系首席科学家　肖世和

中国是世界上最大的小麦生产国与消费国，2008 年总产量为 1.13 亿吨，总消费量为 1.04 亿吨，消费总量占全球的 16.1%。从 20 世纪 80 年代到 90 年代初，中国是世界上的小麦主要进口国，每年平均进口小麦 1 100万吨。90 年代中后期，我国依靠农业科技创新提高了粮食单产，小麦生产总量超过消费总量，进口量逐年降低。

为满足市场不断变化的需求，1997 年以来，我国全力推广小麦优质品种，种植面积连续大幅度增长。10 多年来，在小麦种植总面积从 3 000万公顷①下降到 2 200万公顷的情况下，我们不仅依靠提高单产满足了国内消费总量需求，而且将优质小麦品种的种植面积从 1998 ~ 1999 年度的 180 万公顷提升到 2008 ~ 2009 年度的近 1 500万公顷，占到小麦种植总面积的 67.9%。目前，我国已基本形成五大高品质小麦集中种植区域，优质小麦供需总量基本平衡。

但要看到，随着高品质小麦总量的基本平衡，优质小麦供需结构不尽合理的问题凸显出来。依据面筋强度，优质专用小麦一般分为 3 种：适合制作饼干和糕点的弱筋小麦；适合制作面条和馒头的中筋小麦；适合制作面包的强筋小麦。在国内，目前已经育成和推广的优质小麦品种中，强筋小麦品种占多数，而弱筋小麦品种寥寥无几。这一品种结构带来的直接后果是，我国对优质弱筋小麦的国外依赖度居高不下，有时甚至需要全部进口。

---

①注：1 亩≈667 平方米（m^2），1 公顷 = 15 亩≈10 000 平方米（m^2），全书同。

因此，不断提高我国优质小麦的质量与效益，必须从源头抓起，要把好生产关，加强优质小麦的品种改良和栽培管理，努力在育种、栽培、收贮、粗加工、精加工各个技术环节实行标准化生产，以满足人民多样化的食物需求。

首先，要切实加强农田基本建设。全面建立农田质量现状与用养档案，分区建立覆盖所有农田的基本建设规划，分批实施农田整治与质量建设，重点加强小水利及灌溉工程建设，如沟渠整修、井网布局、电力及灌溉设备配置、平整土地等。

其次，要加快高产高效简化栽培技术研究。全面普及测土配方施肥，分区分类推荐施肥标准，不断提高小麦播种质量。特别是在小麦主产区，要提倡“七分种、三分管”，形成规范化整地、播种技术模式，研制优良播种机械，全面培训农机手，做到高质量耕种。

再次，要认真培育和选择主导品种。当前，发展优质小麦面临的突出问题是良种不良。种子品种混杂、纯净度低、大小不匀，大田种植后弱株较多、杂株丛生，不利于优质高产。因此，要加大优质新品种的培育力度，严把种子质量关，切实做到统一供种。

此外，还要围绕适宜的小麦主导品种，有重点地开展技术推广工作，特别是要抓好对基层农机手和科技示范户的技术培训与指导，为发展优质小麦生产提供有力的科技与人才支撑。

不断提高水稻增产技术的适用性

国家水稻产业技术体系首席科学家　程式华

中国是世界上最大的水稻生产国，不仅产量占世界总量的28.6%，更重要的是水稻生产技术居世界领先水平。特别是改革开放以来，在种植面积持续减少的情况下，我国水稻单产不断提高，满足了居民口粮60%以上的消费需求，为保障国家粮食安全奠定了基础。

历史地看，我国水稻单产已实现了两次飞跃。20世纪50年代中后期，我国科研人员利用矮秆资源，通过多种方法相继育成一大批适合不同地区、不同熟期的半矮秆高产良种，单产潜力比原有高秆品种提高30%左右，使我国水稻单产跃上了亩产300千克的平台，实现了水稻单产的第一次飞跃。70年代，我国水稻科研人员以杂种优势理论为指导，以发掘不育细胞质源为突破口，以回交转育质核互作不育系为主要方法，使籼型杂交稻育种率先在我国获得成功，并开始大面积推广。至90年代初，杂交水稻面积达到全国水稻种植面积的50%以上。杂交水稻的应用推动我国水稻从亩产300千克跃上了400千克新台阶，实现了第二次飞跃。

目前，我国水稻正孕育着亩产跃上500千克平台的第三次突破。20世纪90年代中期以来，农业部启动了以单产突破为切入点的“中国超级稻研究”重大项目。中国水稻研究所等单位组成了研究协作组，创造性地提出了“理想株型塑造与强优势利用相结合”的中国超级稻育种技术路线。经过 10 多年的联合攻关，我国超级稻研究与示范推广取得了重大突破，分别于 2000 年和 2005 年实现了大面积试验，示范田达到亩产 700 千克和 800 千克的前两个阶段目标，目前正向亩产实现 900 千克的第三阶段发展。截至 2008 年，我国共育成两优培九、协优 9308、沈农 265 等 71 个超级稻品种，与配套技术一起，推动我国水稻单产在 2007 年和 2008 年连续两年达到历史高点。

伴随着超级稻品种选育成功，各地将超级稻品种与水稻旱育稀植、强化栽培、测土配方施肥、重大病虫害综合防治等技术组装配套，集成了五大稻区主要季节超级稻品种配套技术，基本形成了适合不同生产条件下的超级稻栽培技术体系，制定并发布了超级稻品种栽培“明白纸”，进一步发挥了超级稻品种的增产潜力，实现了水稻稳产高产。对比调查数据显示，仅栽培集成技术大面积应用一项，就比对照区增产 15%、增效 10% 以上。实践表明，超级稻一般每亩可增产 50 千克以上。1999 ~ 2008 年，全国共示范推广超级稻 3.5 亿亩，累计增产 210 亿千克，农民增收 336 亿元。

从长远看，在我国大面积推广超级稻，要紧紧抓住四个环节。一是品种优先。要大力培育和推广以超级稻品种为代表的高产、优质品种和多抗品种，重点是强化早晚超级稻、广适型超级稻品种培育和推广。在此基础上，通过科学手段遴选一批适应于五大稻区的主导品种，使每个实施县确立主导品种 3 个到 5 个。二是集成技术。要以品种为核心大力集成配套栽培技术。重点是研发推广适合我国不同稻区、不同栽培方式、不同耕作制度的种植机械，建立农户欢迎的农机农艺配套的技术体系，同时加强抛秧等轻简栽培标准化技术研究，使其操作简单、易学易用。三是强化推广。要以国家水稻产业技术体系建设、农业科技入户工程、超级稻选育与示范、新型农民科技培训工程等项目为载体，创新基层农技推广机制，构建科技与生产良性互动、产学研紧密衔接的运行机制，推进品种技术的组装配套和快速推广应用。四是创新制度。要研发推广以稻田为中心的新型稻作制度，确保稻田生产力、经济和生态的可持续发展，在稳定稻田面积的同时，促进稻农增收。

保持我国玉米产业的相对优势

国家玉米产业技术体系首席科学家　张世煌

中国是世界上玉米主要生产国，2008 年总产量为 1.66 亿吨，居世界第二位。目前，国内玉米供需基本平衡。但从长远看，世界市场对玉米加工产品的需求将持续增长，特别是化石能源供求失调将促使农业生物质能源产业的超常规发展。据测算，到 2020 年，我国玉米的需求量将上升到 2.14 亿吨。到那时，若要保持我国玉米的基本自给，玉米的种植面积需保持在 3 000万公顷、平均产量应达到 6 830千克/公顷。这就意味着，需要在 2006 年我国玉米单产最高水平 5 565千克/公顷基础上，再提高近 1 300千克/公顷。我国耕地资源有限，增加玉米总产量只能主要依靠提高单产，这是对我国玉米育种和其他技术创新提出的新挑战。

与发达国家相比，我国玉米产业存在诸多差距。主要表现在：玉米生产主体是分散的农户，机械化程度低、效率不高；育种研究力量分散且低水平重复现象严重，优质、高产、多抗新品种选育不能满足市场需求，在育种理论、方法、材料和技术研发方面投入不足；病虫草害防治技术研究进展缓慢，缺乏政府主导的全国病虫草害调查，难以准确掌握病虫草害发生的实际状况；重要病虫害防治的应用基础研究滞后，技术储备不足，导致生产防控被动；产后加工产品种类少、产业链条短、生产成本高、自动化水平低。

要尽快缩短我国玉米产业与世界先进水平的差距，当务之急是要以市场需求为导向、以提高产业总体效益和农民收入为目的、以提高质量和降低生产成本为核心、以优化品种结构和提高转化能力为重点，通过科学规划和合理布局，巩固并加强东北春玉米区和黄淮海夏玉米区的优势地位，推广专用品种，强化高产高效栽培技术，引导畜牧业和饲料工业布局调整，促进畜牧业发展，实现玉米区域化布局、规模化生产、产业化经营，加快形成具有国内外市场竞争力的玉米产业带。

就玉米产业技术发展来说，关键环节是加快公益性研发和产学研相结合的国家玉米育种体系建设。要继续推动适合我国国情的农业科研体制改革，鼓励和加快公共研究机构的育种力量、材料、技术向大型种子企业转移，建立按研发环节分工的育种团队，使企业成为育种创新的主体。要组织全国育种力量联合攻关，加大玉米种质改良和创新力度，尽快培育优质高产抗逆和低风险型新品种。要充分利用国家转基因专项、行业科技项目、“863”计划等支持，重点开展玉米育种的理论和方法研究，加快育种平台建设，逐渐实现规模化、程序化、信息化的设计育种程序，以促进大中型种子企业的发展。

配套技术推广是提高玉米单产的重要环节。当前，要尽快推行深松改土技术，配合秸秆等有机物料还田，提高土壤肥力，改善土壤环境，降低玉米生产成本；要加快推广免耕直播技术，提高播种质量，并适当推迟玉米收获期，通过耕作改制达到增产目标；要加强以机械化为载体的玉米密植高产简化栽培技术研究，积极推广玉米收获机械作业，逐渐实现玉米生产的全程机械化作业；要推广密植增产技术，重点推广早熟耐密品种和密植增产技术，根据品种特性和自然生态条件，争取用 10 ~ 15 年时间，把全国玉米的平均种植密度增加到 1 000株/亩；要加强玉米深加工关键技术研究，延长玉米淀粉及副产品精深加工链，推进玉米产业化进程。

重振我国大豆产业

中国农业科学院油料作物研究所研究员　周新安
国家大豆产业技术体系首席科学家　韩天富

1996 年，中国由大豆出口国变为净进口国，此后进口量一路攀升。造成这一局面的原因十分复杂，概括起来主要是种植规模与增产技术的瓶颈制约。我国大豆生产多为分散的农户，生产规模过小，难以获得规模效益。大豆种植户平均种植规模只有 1 ~ 2

亩，即使土地资源较为丰富的黑龙江省和内蒙古东部地区，专业农户的种植规模也只有150 亩左右。相比之下，1978 年美国农户的平均种植规模为 1 701亩，近年上升为近3 000亩；巴西农场的规模大都超过了 15 000亩。种植规模的扩大，使得美国及南美洲大豆生产国的种植成本大大降低，规模效益明显。研究表明，我国仅因大豆种植规模小、机械化和标准化程度低，就使生产总成本比美国高 1/3。

在大豆生产技术方面，我国与先进国家仍存在着较大差距，主要表现在：品种产量潜力较低，抗倒伏、抗病虫和抗逆能力差，适应范围窄；耕作制度不合理，轮作倒茬不规范，土壤有机质长期入不敷出，肥力持续下降；栽培管理粗放，病虫草害严重；施肥制度不合理，重施氮肥、磷肥，而较少施用有机肥、钾肥和微肥，造成养分失调，生产成本不断增加，种植效益低下；基础研究薄弱，研究力量分散，技术储备不足，高新技术尚未实用化；技术服务体系不健全，服务不到位。正是由于技术进步缓慢，2002 年以来，我国大豆亩产始终在 110 千克上下徘徊。

在耕地、水资源日趋紧张的情况下，要重振我国大豆产业，关键是要在稳定和适当扩大种植面积的基础上，依靠科技进步，主攻单产。

稳定和扩大大豆种植面积是关键环节。我国大豆年种植面积最高时达 1. 9 亿亩。此后，由于人口增加，为保障基本口粮供给，大豆种植面积被压缩，最低时减至 1 亿亩左右。这两年，由于农业劳动力转移和市场需求的变化，部分地区农民种植大豆的积极性有所提高。当前，稳定和扩大大豆种植面积的重点措施是：在东北地区推行大豆、玉米轮作制度，在黄淮地区积极扩大大豆种植面积，在南方地区发展间、混、复、套等多种作物的多种种植制度。特别是黄淮地区，种植大豆的生态条件适宜，具有较大的生产潜力，应作为扩大大豆种植面积的主攻区域。

依靠科技进步是我国大豆产业发展的根本出路。目前，我国大豆平均单产与世界先进水平的差距悬殊。2007 年，我国大豆平均亩产为 96. 9 千克，比世界大豆平均亩产低 55. 1 千克，与美国、巴西、阿根廷 3 个主产国相比差距更大。近年来，我国各地涌现出一批大面积高产典型。2004 ~ 2006 年，国家大豆区域试验 9 个组的平均亩产达到 178. 6 千克，接近大豆主产国的单产水平，比全国大豆平均亩产高出 34. 3% ，说明提高我国大豆单产的潜力很大。

目前，中国已具备大幅提高大豆单产的科技条件。主要表现在两个方面，其一是优良品种不断涌现，其二是栽培技术不断改进。从长远看，提高我国大豆单产水平，根本上仍要依靠农业科技创新。农业科技创新，一方面要精心选育高产、优质、专用大豆新品种，另一方面要加快完善新品种及其栽培技术的推广体系建设，两者不可偏废。近期，我国应根据不同生态区的实际，重点抓好现有主导品种和综合配套技术的推广应用。同时，还要引进、筛选和推广适宜品种，建立适合北方春大豆区、黄淮海流域夏大豆区、南方多作大豆区等不同生态条件下的高产、优质、抗逆、节本的大豆栽培技术体系。

原载 2010 年第 19 期《求是》杂志

充分发挥沼气建设在转变农业发展方式中的重要作用

中国农业科学院　薛　亮　李　谦　邓良伟　邓　宇

近年来，在国家政策引导和投资支持下，农村沼气建设快速发展，给农村生产生活方式和环境生态建设带来了积极而深远的影响，彰显出巨大的经济效益、社会效益和生态效益。在当前贯彻落实科学发展观、加快农业发展方式转变的关键时期，进一步发挥沼气建设在转变农业发展方式中的基础性作用，是摆在我们面前的一项重要任务。

一、沼气建设在推动农业发展方式转变中大有可为

近10年来，农村沼气特别是户用沼气进入了一个持续快速发展时期。截至2008年底，全国农村户用沼气发展到3 049万户，建成沼气工程3.95万处。沼气的功能从解决农村能源开始，之后进一步呈现出在农业生产节本增效、农民增收节支和农村生活生态环境改善等方面的综合作用，当前，在农业农村经济发展进入新时期、全球对资源环境气候更为关注的大背景下，农村沼气发展在以下几方面的重要意义进一步凸显。

有利于推动循环经济发展。按照目前达到的农村沼气建设规模，年产沼气约122亿立方米，年产沼渣沼液等有机肥3.85亿吨，以沼气为纽带发展起来的“猪—沼—果(菜、粮)”等生态种养模式，从根本上改变了传统的粪肥利用方式和过量施用农药化肥的农业生产方式，有力推动了生态养殖业和高效种植业的发展，实现了畜禽粪便资源化、农业生产无害化、庭院经济高效化，形成了上联养殖业、下联种植业的农村循环经济发展新格局。根据农村资源环境建设提出的新要求，随着以秸秆和其他废弃物为原料的沼气发酵技术开发和优化，沼气还将有望成为秸秆及其他农业废弃物资源化、无害化利用的主导途径。

有利于促进农村节能减排。据测算，目前农村沼气每年再生的能源，可替代1 850万吨标准煤，减少排放二氧化碳4 500多万吨，相当于1.1亿亩林地的年蓄积量，减少水土流失1亿立方米。每吨秸秆可产沼气300立方米，如利用农村秸秆的10%～15%，可获得的沼气量相当于我国目前天然气使用量的1/3。沼气还可通过CDM（清洁发展机制）模式，最大限度发挥其减排示范效应。如2009年首个户用沼气CDM项目——湖北恩施农村户用沼气，年核证减排量58 444吨二氧化碳当量，预计10年可为3.3万农户带来近6 000万元的直接经济效益。首个特大型沼气工程CDM项目——山东民和沼气工

程项目，年可生产沼气1 095万立方米，发电2 190万千瓦·时，年减排温室气体6.7万吨二氧化碳当量，CDM年收益达634万元。

有利于加快新农村建设。以农村沼气建设为载体，带动改厨、改厕、改圈、改水、改路，实现了农村庭院美化、厨房亮化、圈厕净化和道路硬化，村户面貌和卫生环境焕然一新。有条件的乡村，通过大中型沼气工程实现集中供气，并进而实行生活污水集中处理。通过发展农村沼气，既解决了环境污染问题，又在厌氧发酵过程中杀灭病菌和寄生虫卵，阻断了人畜病菌的传播渠道，能够有效防控疾病，提高农村居民卫生健康水平。据对四川省资阳市和海南省三亚市典型调查，凡集中连片发展沼气的地方，蚊虫减少70%以上，农民消化系统疾病发病率减少10%以上。

有利于生物质新能源的开发利用。生物质能源成为当前世界各国可再生能源研究和开发的重点之一，沼气技术开发相对更为成熟，优势十分明显。沼气能源利用效率高，据英国国立农业合约联盟（NAAC）对1公顷能源作物制成的各种生物燃料可使汽车行驶的距离的测试表明：生物柴油为2万公里，生物乙醇为3万公里，沼气为9.7万公里。沼气适宜范围广，沼气原料来源范围广阔，畜禽粪便、农业废弃物、生活垃圾及能源植物等均可作为发酵原料。沼气是其他生物质能源模式的技术纽带，在生产生物质成型固体燃料、燃料乙醇和生物柴油等多种形式的生物质能源的同时，会产生二次污染源，如生产1吨燃料乙醇，将产生10～15吨废水，而沼气技术作为一种终端处理技术，可以与之耦联，解决废水废渣等问题，实现资源的循环和完全利用。在国内也已经有了成功的范例。

由此可见，沼气在提供可再生能源的同时，它所具有的农业资源利用高效化，农业废弃物处理资源化、无害化、清洁化功能日益增强，在节能减排、减少农业面源污染、发展低碳经济方面的作用越来越突出。沼气也是目前我国农村可再生能源中技术最成熟、适应面最广、建设和运行成本最低、发展基础最好、农民最易接受的方式。因此，把农村沼气建设作为促进农业发展方式转变的重要措施之一，是十分必要的，而且也为其快速健康发展提供了难得的机遇和广阔的空间。

二、农村沼气建设面临的新形势

总体上看，当前农村沼气发展处于一个新的转折期，从解决农村能源环境问题向转变农业发展方式中发挥基础性作用转变，从户用沼气建设为主向户用沼气与大中型沼气工程建设并重转变，从分散建设管理向产业化和社会化服务转变。需要我们在政策、技术、服务、规范以及统筹协调上确定新的原则和措施，以推进农村沼气进一步快速健康发展。

第一，中央一系列重大政策和措施为促进我国农村沼气建设提供了强大动力。中央一号文件对农村沼气发展指明了方向，中央财政资金连续给予了巨大投入。到目前，户用沼气技术基本成熟、日臻完善，已颁布实施17项国家及行业标准；发展规划已经明确，对全国不同区域适宜农户有了总体筹划，形成了农村户用沼气、养殖场大中型沼气工程、养殖小区和联户沼气工程、秸秆集中供气沼气工程、农村中小学校沼气工程等多种模式的建设格局；户用沼气项目建设基本规范，以“一池三改”（一个沼气池加上改圈、改厕、改厨）为基本建设单元，由具有职业技能上岗资质的沼气工负责进行标准化施工；国家补贴支持政策有力，为每个农户“一池三改”平均补贴1 000元，大大提高了农户建沼气的积极性和承受能力；初步形成了以沼气装备、沼气施工、沼气科技、沼气服务为主要内容的农村沼气产业化体系。

第二，农村沼气建设提出新的需求。一是全国沼气适宜农户为1.5亿户，目前已建沼气户仅占20%，特别是中西部广大农村还需加快发展。二是规模化养殖业将加快发展，目前全国出栏50头以上的生猪规模化养殖场总数约为242万处，规模化养殖比重已达56%，再加上鸡、牛等养殖场，集中产生的大量畜禽粪便带来的环境问题日趋突出，规模化养殖场绝大部分适宜建设沼气工程，现已建沼气工程3.95万处（其中大中型沼气工程2 700处），仅占规模化养殖场的1.6%，需要大力发展。三是随着农村经济发展结构升级和农民生活水平提高，特别是东部经济发达地区和大城市郊区，通过发展沼气工程处理生活污水和秸秆等农业废弃物，以改善农村公共环境卫生和农民生活环境的需求大幅上升。

第三，农村沼气建设面临的新问题。一方面，户用沼气建设任务仍很繁重，维护管理和配套服务仍需加强，技术仍需完善。另一方面，大中型沼气工程的发展，尚有一系列问题需要研究解决：一是它并不像户用沼气的原料来源和沼气、沼液、沼渣都由农户自行处理，沼气工程产生的沼气和沼液、沼渣，一般都大大超过养殖场主的利用处置能力，需要统筹组织解决。例如，所产沼气利用要有足够的用户，或配套用能企业、或铺设送气管线集中供应村庄农户，或发电但要匹配高效沼气发电机，如上网还应确定上网电质量技术要求和价格政策等；沼渣、沼液利用要匹配足够的农田消纳和相应的管渠设施，以及必要的后处理设施（如人工湿地、稳定塘等）净化以后达标排放。二是需要支持发展农村能源和沼气服务企业，要用专业化、企业化、社会化的服务来解决沼气、沼肥的充分利用问题。三是与户用沼气不同，沼气工程需要有专业设计单位和施工企业进行设计和建设，应进一步建立和完善有关设计和施工技术规范，明确相应的专业资质要求。四是对规模化养殖场大中型沼气工程、农村生活污水和秸秆等废弃物沼气工程，技术上有许多新问题还需要不断探索、改进和完善。正确对待上述问题，是加快农村沼气建设的关键。

三、加快推进农村沼气建设的措施

（一）把沼气建设作为转变农业发展方式、统筹城乡发展的战略措施来抓

新时期农村沼气建设对转变农业发展方式、统筹城乡发展的功能与作用得到进一步

提升。应将发展农村沼气作为关系农业农村经济持续稳定发展、农村节能减排和环境生态安全的战略性产业来规划部署，将农村沼气建设纳入国家发展循环经济、绿色经济、低碳经济的规划之中，将沼气科研及应用，列入现代农业产业技术体系和农业行业科研专项规划和计划。保持政策的延续性，保证国家支持投入的长期稳定，给予农村沼气建设持续有力的支持。

（二）加大对户用沼气和大中型沼气工程建设的支持力度

按照目前农村沼气的建设速度，实现适宜农户基本普及还需20多年。随着建材价格和人工费用的上涨，原有的政策性补贴远远不能满足农村户用沼气建设所需，特别是今后普及的重点是中西部地区农户，建设条件、农户认知度及自筹建设资金的能力更为有限。因此，应加大农村户用沼气建设补贴的投入力度和补贴标准。

规模化养殖正进入一个加快发展的阶段，以养殖场为基础，建设大中型沼气工程，是沼气工程发展的主导趋势。逐步将大中型沼气工程建设作为农村沼气建设的重点，进一步完善国家项目支持、地方政府配套、业主自筹的投入机制。对沼气工程建设涉及的信贷、用地等问题，尽快制定扶持和鼓励政策，支持乡镇和小城镇生活污水、工业有机废物处理大中型沼气工程建设。应探索沼气工程运营服务管理模式，创新沼气发展模式。

（三）进一步加强沼气科技创新

沼气科研是多学科交叉的研究领域，包括厌氧微生物学、能源植物学、生物化学、分子生物学、发酵工艺学、工程装备学、机械学、建筑学、电子学等。目前的研究以沼气单元技术如池型、工艺、材料和标准等方面为主，而缺乏对整个系统的了解和控制研究。面对沼气工程的加快发展，厌氧微生物基础研究、沼气发酵原料多元化、沼气发酵生物强化技术、沼气发酵工艺及设备的科学协调、沼气与外部环境因素的耦合（如CO_2捕获、沼渣沼液综合利用、沼气高值化利用等）等方面的科研明显滞后。以衡量沼气池效率指标——池容产气率比较，德国农场沼气工程在1.0立方米沼气/立方米池容·天以上，我国大中型沼气工程年平均约为0.31立方米沼气/立方米池容·天；德国沼气发电机组电效率34%～37%，我国沼气发电机组电效率为27%～30%，平均比德国机组低7个百分点。迫切需要加强一系列引领性、原创性研究，为沼气发展提供强有力科技支撑。我国沼气科研力量也比较薄弱，专职从事沼气科研的科技人员不足1 000人，除集中在农业部沼气科学研究所外，分散分布于一些高校、科研院所和农村能源机构。应加大对沼气科研的支持力度，加强国家沼气科技创新平台建设，建立健全沼气科技成果转化中心，形成科技创新、集成、熟化、推广的体系，研究建立对沼气科技投入的长效机制，把沼气研究列入国家重点科研计划，使沼气科技创新和成果应用上一个新台阶。

（四）用产业化的思路推动农村沼气建设深入发展

沼气建设带有很强的公益性，当发展到规模化沼气工程阶段，不仅需要、而且应当用产业化的方式来推动发展。一是完善可再生能源激励政策，包括增加财政补助和贴息贷款的支持力度，落实上网电价补贴，研究制定沼气工程二氧化碳减排市场交易政策等，吸引更多的社会主体参与沼气建设及沼气配套产品的开发，带动相关的产业发展，延伸沼气产业链。二是增强沼气商品化能力，提高沼气工程经济效益，如推动沼气利用与有机肥商品化生产结合起来，开展沼气提纯压缩成为高纯度甲烷后并入天然气管道或应用于车辆用气的技术研发，实现沼气利用高端化。三是推进沼气标准化建设，进一步制定完善沼气工程的建设标准、设计施工、配套安装规范、操作管理规程和验收标准等，确立沼气建设及产品的市场规则。四是完善农村沼气服务和管理。按照专业化、企业化、社会化的原则积极探索、大力发展多种形式的农村沼气服务和管理。对于户用沼气，继续以公益性服务为主，政府给予必要的扶持，使之具备良性发展能力。对于大中型沼气工程，应积极创新经营性服务模式，发展沼气及其产品商品化、市场化的服务企业，也可探索建设、运行和后续管理一体化的经营模式。五是完善沼气工程设计单位和施工单位的资质要求，保证市场准入的门槛和秩序。

原载2010年第8期《农业经济问题》杂志

在上海市农业科学院
庆祝建院 50 周年大会上的讲话

中国农业科学院党组书记　薛　亮

（2010 年 10 月 12 日）

尊敬的各位领导、各位专家、各位朋友：

大家好！

金秋十月，上海市农业科学院迎来了 50 华诞。我代表中国农业科学院表示最热烈的祝贺！

上海市农业科学院是上海市农业科研的骨干中坚，承担着发展上海农业科技、服务市郊农村经济的重任。建院 50 年来，在历届院党委、行政班子的领导下，全院职工秉承“崇尚时代新风、引领科技潮流、打造都市特色、争创一流业绩”的农科精神，把科技创新与郊区服务紧密结合，走出了一条有特色的都市型农业科技创新道路。建成了包括种质创新和遗传改良、设施园艺技术、生态农业技术、农业生物安全与标准化、农产品保鲜加工、高新技术农业应用、都市农业发展研究等优势学科在内的综合性农业科研体系，在为上海都市型生态高效农业发展提供重要科技支撑的同时，也为全国农业科技进步和农业现代化建设作出了积极贡献。值此机会，向你们表示诚挚的敬意！

《国家中长期科学和技术发展规划纲要》提出到 2020 年“我国农业科技整体实力进入世界前列”的奋斗目标。为此，全国的农业科技界必须进一步团结协作，联合攻关，共建大业。

当前及今后的一个时期，是全面完成“十一五”规划、迎来“十二五”发展以及全面推进小康社会建设进程的关键时期。中国农业科学院将紧紧围绕国家农业科技发展目标，瞄准国际农业科技前沿，加大科技攻关力度，增强科技创新能力，努力为发展现代农业、繁荣农村经济提供更强有力的技术支撑与保障。同时，我们也愿意以项目为纽带，搭建新平台，探索新机制，实现新发展，把中国农业科学院与地方农业科研单位的合作推上一个新台阶。并通过这样一个联合共建的方式，努力在全国形成一批学科优势明显、区位和产业特点突出的现代化农业科研院所，成为全国农业科技创新的骨干力量。中国农业科学院与上海市农业科学院有着良好的合作基础和合作关系。特别是近年来，双方在设施园艺及食用菌领域、农业生物资源与生态环境、农产品质量标准与检测技术、农业立体污染防治等研究领域开展了积极的合作共建，建立了稳定的合作平台，形成了良好的运行模式。希望上海市农业科学院的同仁们继续发挥优势、释放潜能，在更多的领域进行更广泛的合作，进一步提升我们双方的科技创新能力和服务“三农”的能力，共同为上海市和全国经济社会又好又快发展作出新的更大的贡献。

最后，预祝本次大会圆满成功，祝愿上海市农业科学院各项事业发展取得更加辉煌的成就！

薛亮在郑州农产品期货（棉花）高峰论坛上的讲话

（2010 年 9 月 10 日）

各位来宾，女士们、先生们：

今天，很高兴参加以“棉花产业发展、全球市场与风险管理”为主题的郑州农产品期货（棉花）高峰论坛，我谨代表中国农业科学院对论坛的召开表示热烈的祝贺！

棉花是我国最重要的经济作物之一，是重要的纺织工业原料，棉织品倍受人们喜爱，棉花产品是人民生活必需品，棉花产业关系国计民生，发展棉花生产历来对国民经济意义重大。

中国是世界植棉大国，近 10 年平均，我国棉花种植面积占世界的 15.7%，总产占世界的 26.9%（最高时占到 30%），单产高于世界平均水平 63.8%。这个成就的取得，农业科技作出了重要的贡献。中国农业科学院几代科学家艰苦奋斗，攻克丰产、抗病、优质等技术难题，培育出一系列棉花优良品种，在我国三大棉产区得到广泛应用，特别是短季棉品种培育成功，推动了麦棉两熟制发展，实现粮棉双丰收。

从 20 世纪 90 年代起，中国加快生物技术的研究开发，培育出一批转基因抗虫棉新品种，在与国外抗虫棉的较量中取得巨大成功，如今我国自主知识产权的抗虫棉品种种植面积占了全国抗虫棉面积的 93% 以上。最近，我们又培育出国际领先的转抗虫基因三系杂交棉。国产抗虫棉的推广应用，降低了生产成本，减少了农药危害，保护了生态环境，成为农业转基因技术创新和应用的典范。

我国棉花高产技术引领世界，育苗移栽、地膜覆盖、化学调控等技术独具特色。“密矮早”模式化栽培、膜下滴灌和机采棉技术在新疆棉区效果显著，工厂化育苗和机械化移栽在长江流域棉区广泛推广，麦茬连作移栽双高产技术在黄河流域棉区示范应用，还运用现代信息技术对棉花长势进行监测并提供管理服务。

随着我国社会主义市场经济不断发展，特别是加入世贸组织以来，国际国内市场对棉花生产的影响和导向作用越来越大，棉花的市场风险与自然灾害风险并存，对棉花生产带来了新的挑战。2004 年，郑州棉花期货市场的开启，为棉花生产抵御上述双重风险提供了重要渠道和有力工具。通过期货市场的发现价格和套期保值功能，可以有效规避市场与自然双重风险，保证农民收入和产业效益。因此，发展期货交易，是我们进入市场利用市场、运用市场工具解决生产和流通问题的重要标志。当然，当前我国期货市场还在不断发展完善之中，如何把千家万户分散农户组织起来、成为进入期货市场的或与期货市场紧密相连的市场主体，如何充分应用期货市场套期保值功能等问题，还需要不断进行探讨和实践。我们将通过此次论坛，认真向各位专家请教学习，努力推动科技和市场两个轮子共同前进，全力为促进我国棉花产业竞争力不断提高、棉花事业取得更大发展提供有力的科技支撑。

在纪念朱德同志为蜂业题词 50 周年座谈会上的讲话

中国农业科学院党组副书记　罗炳文

各位领导、各位来宾：

上午好！

今天我们在这里举行“纪念朱德同志为蜂业题词 50 周年座谈会”，深切缅怀老一辈无产阶级革命家对我国蜜蜂产业发展和科研工作的亲切关怀和殷切期望，畅谈我国养蜂事业取得的丰硕成果和光明前景，激励广大蜂业工作者继续努力，再创新的辉煌，意义重大。首先，我代表中国农业科学院向莅临会议的各位领导、各位来宾表示衷心感谢！向为我国蜂业发展和科研工作作出贡献的同志们表示崇高敬意！

朱德同志先后于 1959 年和 1960 年两次到中国农业科学院蜜蜂研究所视察，并欣然题词：“蜜蜂是一宝，加强科学研究和普及养蜂，可以大大增加农作物的产量和获得多种收益”。视察后，他在给党中央、毛主席的信中提出“发展养蜂将成为农业增产除‘八字宪法’以外的又一条重要途径”的呼吁，并指出：“我感到发展养蜂这件事，实在有大大提倡一下的必要。”

朱德同志的题词到 2010 年整整 50 年了。半个世纪以来，在党中央、国务院的领导和关怀下，在有关部门的大力支持下，我国养蜂业取得了巨大的成就。与此同时，蜜蜂所的科研事业也得到了长足的发展。从建所初期只有十几名科技人员和 200 平方米科研办公用房，发展成为拥有近百名在职职工、科研办公用房 6 000 平方米、固定资产 4 000 多万元，学科结构合理、研究团队健全、条件平台完善、科研成果丰硕的引领我国蜂业科学研究发展的现代农业科研院所，为推动我国蜂业科学研究和技术发展作出了重大贡献。

大家知道，蜜蜂作为自然界中最理想的授粉昆虫，与人类的生存息息相关。蜜蜂传粉授粉不仅能够大幅度提高作物产量、改善品质，还能提供大量营养丰富、滋补保健的蜂产品，是维持农业生态平衡不可缺少的重要链环。因此，发展养蜂业是一项利国利民的伟大事业。中国作为世界第一养蜂大国，蜂业在我国既是一项发展历史悠久、分布广，潜力大，生产能力强的传统产业，同时作为现代农业不可或缺的重要组成部分，又是一项欣欣向荣的朝阳产业，日益显示出强大的生命力与旺盛的市场需求，在现代农业发展进程中成为一支重要的生力军。

我国养蜂业的健康、快速发展得益于科学研究的持续深入和科技成果的推广应用。

在科学技术迅猛发展的今天，科技对蜂业发展的支撑和引领作用更加凸显。我们衷心希望农业、科技、生态、环保、财政等有关部门，从生态科学的观点审视蜂业科技，确立蜂业科技在农业中的地位，加大蜂业科技经费的投入，拓展蜂业科技研究领域，完善蜂业科技经济学科，为我国生态农业建设开创新局面奠定理论基础。希望蜜蜂研究所继续当好全国蜂业科技的“排头兵”，努力加强蜂业基础性、关键性技术的研究，进一步提高蜂业科研的研究水平和层次；大力开展蜜蜂遗传资源的保护收集和开发利用，创新蜂种选育研究方法，建立全国性蜜蜂育种体系；继续加强蜂产品的深加工，特别是产品保健价值和药用价值的开发应用；重点推进我国养蜂业的标准化、规模化、优质化和产业化建设，建立健全全国蜂产品安全网，提高蜂产品质量安全水平。中国农业科学院也将一如既往地加强对蜜蜂所的支持力度，使其成为我国蜂业健康发展的坚强保障。

朱德同志50年前的光辉题词成就了今天蜂业发展的成功实践。我相信，这次纪念朱德同志题词50周年的活动将成为一个新的起点，在相关部门的大力支持和全国蜂业界同仁的共同努力下，中国的养蜂事业一定能够得到新的、更大的发展，使老一辈领导人的期望与心愿绽放满园春色，结出累累硕果！

谢谢大家！

中国农业科学院关于表彰 2010 年度任务目标完成情况考核结果优秀单位（部门）的通知

农科院党组发〔2011〕5 号

院属各单位、院机关各部门：

根据《中国农业科学院院属单位年度任务目标考核暂行规定》，经 2011 年 1 月 20 日院党组会议研究决定：哈尔滨兽医研究所等单位（部门）2010 年度任务目标完成情况考核为优秀，现予以表彰。

附件：中国农业科学院 2010 年度任务目标完成情况考核为优秀的单位（部门）名单

中国共产党中国农业科学院党组

二〇一一年一月二十五日

附件：

中国农业科学院2010年度任务目标完成情况考核为优秀的单位（部门）名单

一、综合考核为优秀的单位名单

哈尔滨兽医研究所、植物保护研究所、作物科学研究所、兰州兽医研究所、中国水稻研究所、油料作物研究所、棉花研究所、蔬菜花卉研究所、生物技术研究所、特产研究所。

二、单项任务目标考核为优秀的单位名单

1. 科技创新：植物保护研究所、作物科学研究所、哈尔滨兽医研究所、中国水稻研究所、棉花研究所。

2. 成果转化：兰州兽医研究所、哈尔滨兽医研究所、特产研究所、蔬菜花卉研究所、棉花研究所。

3. 交流与协作：作物科学研究所、哈尔滨兽医研究所、植物保护研究所、蔬菜花卉研究所、生物技术研究所。

4. 人才与团队建设：作物科学研究所、植物保护研究所、哈尔滨兽医研究所、中国水稻研究所、兰州兽医研究所。

5. 条件建设：哈尔滨兽医研究所、特产研究所、植物保护研究所、作物科学研究所、农业信息研究所。

6. 党建与精神文明：蔬菜花卉研究所、农业资源与农业区划研究所、油料作物研究所、植物保护研究所、哈尔滨兽医研究所。

三、综合考核为优秀的部门名单

人事局、国际合作局、科技管理局。

四、单项任务目标考核为优秀的部门名单

1. 工　作　作　风： 人事局、国际合作局、院办公室。

2. 业　务　水　平： 人事局、科技管理局、国际合作局。

3. 工　作　效　率： 人事局、国际合作局、科技管理局。

4. 部门职责完成情况： 科技管理局、人事局、国际合作局。

二、科研与推广

中国农业科学院 2010 年科研计划执行情况

2010 年是“十一五”计划执行的最后一年。在农业部等上级部门的大力支持和关怀下，在中国农业科学院党组的正确领导下，全院科技人员全面深入实践科学发展观，贯彻落实国家和农业部各项部署，围绕“十一五”和年初制定的工作目标，狠抓落实，进一步强化科研项目实施管理、重大科技成果培育、科技成果转化推广以及科研能力建设等工作，科技创新能力和科研产出水平显著提高，科技支撑和服务能力明显增强，科研工作取得显著成效，圆满完成了“十一五”科研任务，一批科研项目取得重大突破，“矮败小麦及其高效育种方法的创建与应用”获得国家科技进步奖一等奖，“Bt 棉花种植对盲椿象种群区域性灾变影响机制”等研究论文在《Science》、《Nature Genetics》等国际著名学术期刊发表。2010 年全院新增主持科研项目 1 227项，参加 164 项，合同经费总额 6. 02 亿元；取得科技成果 85 项，其中，获奖成果 56 项，包括国家奖 5 项，省部级奖 26 项，其他 25 项。有 69 个农作物新品种通过国家或省级审定，获新品种保护权 14 个，国家专利 192 项，新兽药证书 4 个，软件著作权 62 个；公开发表论文 4 544 篇，其中 SCI、EI 等收录 853 篇，出版科技专著 165 部。

一、农作物种质资源

1. 种质资源收集与评价鉴定

收集整理：收集国内外野生稻、玉米、小宗作物等种质资源近 6 000份，蔬菜 268 份，重要花卉 200 余份，麻类 641 份，茶树特异、野生资源 30 份，烟草 265 份，苹果、梨 200 余份，能源作物甜菜、甜高粱等 50 余份。

入库更新：新接收水稻、小麦、玉米、食用豆、棉花、花生、麻类等 25 种（类）作物种子 3 165份入长期库保存，12 种（类）作物 7 210份入中期库保存；繁种更新入库水稻 1 500份，玉米 500 余份，小宗作物 1 336份，蔬菜 344 份，麻类 282 份，苹果和梨 50 份，西瓜 162 份，烟草 342 份；完成国家甜菜种质中期库的安全保存和繁种更新，并建立了甜菜种质资源信息数据库。

保存技术：在分析长期库、中期库、种质圃、试管苗库、原位保存等不同条件下的种质保存效果的基础上，研究建立了基于生活力、遗传完整性和田间出苗率等指标的种质资源保存效果评价及预测技术指标体系；研发出无性繁殖作物种质资源基因库超低温保存技术。

种质信息：升级了中国作物种质信息网络安全系统，完善了作物种质资源网上订购系统，对农作物种质资源平台门户现有数据资源和服务进行整合，完成了农业部作物野生近缘植物保护与可持续利用保护点监测与预警系统的部署、安装和调试，开发了沿海地区抗旱耐盐碱优异性状农作物种质资源调查信息系统。

评价鉴定：对360份粳稻优异种质资源进行了30余项形态特征和生物学特性的异地评价鉴定，对千余份玉米种质资源进行了耐低磷和抗旱鉴定，对150份小宗作物种质开展了精准鉴定，完成了各类作物13 938份次对22种病害4种虫害的抗性鉴定；完成一批红麻、大麻、苎麻、亚麻种质资源生育期、农艺性状、经济性状、纤维品质及特异性状的评价与鉴定；完成300余份梨种质资源梨黑星病、黑斑病和轮纹病抗性鉴定；鉴定获得抗TuMV萝卜自交系和不育系各1份；通过精准鉴定，筛选出一批高产、高产油、耐贫瘠、耐旱等的油菜种质，高油、抗黄曲霉、高油酸的花生种质，和综合性状良好的大豆种质；通过苗期人工接种和田间耐寒性鉴定，筛选出一批抗性强的甘蓝自交系、青花菜自交系和番茄、大白菜、设施甜瓜等优异育种材料；初步明确了我国茶树资源咖啡碱含量的变异情况，筛选出了1份咖啡碱含量低于0.5%的特异资源；筛选出可供生产和育种利用的优异柑橘种质2份。

2. 种质资源挖掘与创新

遗传多样性分析与指纹图谱构建：利用78对SSR引物，对来自中国14个省的280份籼稻地方品种进行了指纹图谱检测；分别从核基因组、叶绿体基因组和线粒体基因组中选择8个基因对栽培稻和普通野生稻的微核心种质进行了基因多样性研究；利用均匀分布在谷子9个染色体上的77个SSR标记，完成了270份以微核心种质为主的谷子农家品种和286份谷子育成品种的群体结构分析；继续开展苎麻分子遗传连锁图谱构建研究，构建了一批红麻和亚麻种质资源的特异分子身份证；建立了适合柑橘DNA图谱分析的快速、稳定性好的标准化分子技术体系，构建了我国柑橘主栽品种5大类120个代表品种的DNA指纹图谱库。

小麦骨干亲本研究：在国内外首次从系谱分析、表型组学等多层次对小麦骨干亲本形成与利用的遗传基础进行了系统研究，阐明了不同时期、不同生态区小麦骨干亲本重要性状在其衍生品种中的传递和协调机制，初步阐明了骨干亲本的表型特征。

水稻种质创新：以水稻微核心种质为供体，以生产中广泛栽培的推广品种为轮回亲本，进行回交或复交，创造回交后代群体200余个，创新了耐冷、优质、耐盐碱、抗旱、高产、有色巨胚、有色甜米和巨胚糯米等新种质。

油菜种质创新：首次合成了携带野生甘蓝全套基因组的人工甘蓝型油菜，为导入野生甘蓝抗病虫、抗逆和大粒等优异基因奠定了重要基础，开辟了甘蓝型油菜种质创新的新路。

二、农作物分子标记与功能基因挖掘

1. 水稻

构建了水稻导入系，结合导入系和关联分析等方法成功克隆了一个控制水稻株高、穗型和开花时间的基因 Ghd8；揭示了控制水稻卷叶性状基因 OsOCU1 的功能；研究了水稻早花基因 OsEF1 影响水稻开花的调控机制；明确了 OsDRF9 调控逆境胁迫的作用机制；初步建立了水稻 RNAi 突变体库；通过基因芯片分析发现了水稻在镉与苄嘧磺隆胁迫下的功能基因 70 个。

2. 棉花

克隆了棉花纤维发育相关基因 18 个并进行了功能验证，挖掘了纤维品质相关性状的 QTL 共 68 个，其中贡献率较大的 11 个；明确了纤维比强度主效 QTL 聚合的遗传效应；克隆了与棉花育性显著相关的 atpA 基因和与棉花细胞质雄性不育系相关的 nad6、nad7 基因。

3. 蔬菜

在完成白菜基因组测序和大规模重测序的基础上，开发了一批可靠的 InDel 标记，构建了白菜高密度遗传连锁图，建成了白菜基因组数据库网站，定位了控制白菜硫甙合成的主效 QTL，并获得了候选基因，开展了对白菜自然群体缺氮胁迫反应的关联作图；完成了甘蓝显性雄性不育基因的精细定位。

4. 油料作物

油菜基因组测序工作进展顺利，已获得占总基因组大小 80% 的序列，并获得了以测序品种为亲本的后代群体高密度遗传图谱；构建了油菜小 RNA 文库，分离获得了 miR169 家族成员 25 个，研究发现 miR169 的过表达影响植物开花；发现了雄配子发育调控关键基因 PDF1 及其基因互作网络，获得与倒伏性状主效 QTL 紧密连锁标记 2 个；发现大豆泛素结合酶基因 GmUBC2 在植物非生物胁迫中起重要作用。

5. 其他

构建了小麦导入系，克隆了小麦千粒重基因；建立了一张包含 98 个标记位点的苹果分子遗传图谱，启动了桃全基因组重测序工作；研究了玉米 ABP7、ABP2、ZmAFP 等转录因子介导对逆境抗性的作用；发现拟南芥蓝光受体 CRY1 介导的新光信号传导途径，证明了拟南芥转录因子 EIN3 转录调控 ESE1 参与植物盐胁迫的过程，创制了拟南芥 RNAi 突变体库；明确了花生 ahFAD2A 等位基因在核心种质中的分布及其对种子油酸含量的影响；开展了安吉白茶和龙井茶基因组学研究，克隆得到了茶树脂氧合酶家族 2 个新基因；进行了创制 EMS 处理和 T-DNA 插入烟草突变体库的研究，继续开展烟草基因组学研究，初步研究了一些重要基因的功能；研发了国际首例可同时完成图谱构建和 QTL 作图的软件 QTL IciMapping 3.0，集成了多种功能，软件界面更加友好、功能更加强大。

三、农作物新品种选育

1. 水稻

“中嘉早 17”被农业部列为超级稻品种，超级杂交水稻新组合“内 5 优 8015”等 16 个品种通过国家或省级审定，新品种年推广面积约 1 000万亩；配制了一批转 Xa21 基因抗白叶枯病杂交稻新组合，获得的稳定恢复系及不育系已获得环境释放及生产性试验安全证书；通过分子标记选择，将 Xa23 基因有效用于水稻抗白叶枯病育种，创制出高产、优质、抗病的杂交稻恢复系；获得抗逆性显著提高并具有育种潜力的转基因材料 10 余份，利用 MASTER1 等基因培育的抗逆材料已经进入中间试验。

2. 小麦

高产、优质、抗病小麦品种“中麦 175”分别通过北京、山西、河北和国家品种审定，在北部冬麦区新品种展示中连续 4 年产量居首位，在河北高碑店实打亩产达 650 千克，创北部冬麦区最高纪录，成为北部冬麦区的秋播对照品种；获得抗旱、耐盐、耐冷、耐热等转基因新品系 40 个，其中，5 个进入环境释放、35 个进入中间试验阶段。

3. 玉米

高产、优质、多抗、广适应性玉米品种“中单 808”推广种植 500 万亩；新品种“中单 909”表现出高产和广适应性的潜力，在宁夏亩产达到 1 260千克；分别获得高赖氨酸蛋白提高 20% 以上、直链淀粉含量显著提高、高淀粉含量的 3 种转基因玉米，已申请中间试验。

4. 棉花

“中棉所 77”等 4 个新品种通过省级审定；建立了成熟的人工杂交制种技术体系，研制出完整的三系杂交制种技术，制种工效提高 3 ~ 5 倍；在两系杂交制种技术方面，形成了核不育宿根棉制种技术体系和转基因抗虫优质稳定的核不育二级法杂种生产体系；获得耐旱、耐盐碱、抗虫等转基因新材料 109 份，筛选出新品系 79 个，创造各类抗性新种质 386 份，培育抗虫、抗除草剂等的耐旱、耐盐碱转基因棉花新品种 6 个，累计推广 925 万亩。

5. 大豆

高产、高蛋白、广适应性大豆品种“中黄 13”继续被农业部列为主推品种，推广 1 100万亩，已连续 4 年成为全国推广面积最大的大豆品种；高产、高油、早熟大豆品种“中黄 35”在新疆实收亩产 405. 89 千克，再创全国大豆高产纪录，被农业部列为 2010 年主推品种；将转基因与常规育种技术相结合，转育出适合不同生态区种植的抗除草剂大豆新品系 37 个，其中，有 20 个已进入中间试验。

6. 油菜

3 个油菜新品种通过省级审定，其中，“中油杂 15”区试平均亩产 165. 2 千克，比对照增产 10. 6%；培育出多个产量性状突出的优质油菜新组合（品系），“高产中双

11”等16个新组合参加了国家上、中、下游及早熟组区试或省级区试，“大地16”等8个新组合正在参加省级以上第二年区试，并同步进行生产试验。构建了msCT、sCT、sCT—PHM、Intein—sCT 4个利用油菜油体表达鲑鱼降钙素的载体，已获得T6代msCT转基因油菜纯系，Oleosin-msCT融合蛋白表达量占种子总蛋白的6.47%，动物性实验结果证明可降低大鼠血钙浓度。

7. 蔬菜

“中甘96”甘蓝、“中椒105”辣椒、“园杂5号”茄子、“中薯16”马铃薯、“绿奇”青花菜等9个蔬菜新品种通过国家或省级审定（认定）。筛选出高抗枯萎病、耐寒的甘蓝自交系等一批抗性强的优异育种材料。根据生产和市场需求配制甘蓝、大白菜、番茄、辣椒、茄子、胡萝卜、黄瓜、西葫芦、南瓜、甜瓜、马铃薯等新组合2 563份，通过进行产量、品质、抗病性、耐热或抗寒等性状的综合评价，选育出早熟、优质、抗病、球色绿、耐裂球、耐未熟抽薹的甘蓝06-88和07-04等优良组合60多个，正在各地试种和示范。

8. 果树

中晚熟加工兼鲜食苹果“华脆”，晚熟苹果“华月”，抗病、抗裂、耐贮运的优质西瓜新品种“翠丽”等通过审定（备案）。配置苹果富士×金冠、金冠×富士等选育组合5个，获得杂交种子310粒；新配梨新品种选育组合12个，梨砧木选育组合15，获得实生苗3 000余株；培育出梨优系8个、矮化砧木优系3个；葡萄抗砧3号在河南、陕西等地建立了示范与繁育基地。

9. 其他

育成纤维、饲料兼用苎麻品种“中苎2号”，产量高，纤维品质优良；初步构建起了苎麻分子育种技术平台，建立了农杆菌介导遗传转化体系；“中芝15”等5个芝麻新品种通过省级审定。抗青枯病高产优质花生新品系07-4103已通过湖北省花生区域试验。育成甜菜新品种“甜研312”。配制柑橘杂交组合179个，培育杂交苗15 000多株。

四、作物栽培生理

1. 水稻

继续推广在国内外首创的水稻钵形毯状秧苗机插技术，比普通毯状秧苗机插平均增产12.4%，在北方稻区、长江中下游稻区、西南稻区、华南稻区的黑龙江、宁夏、浙江、湖南、广西等地大面积示范应用，其中，仅黑龙江浓江农场示范应用该技术就达5万亩，效果显著。

2. 玉米

提出了“增穗、稳穗数、挖粒重”，增加花后物质生产与高效分配，培育高质量抗倒群体的高产突破技术路线；集成各项关键技术，在宁夏同心县创造了亩产1 314.6千克的本年度全国玉米最高产水平；明确了西南玉米产区生产的主要限制性因素，集成创新形成了3套适应西南产区的高产高效生产技术体系。

3. 棉花

明确了10厘米地温对移栽棉花缓苗期、生育进程及缓苗期内部分生理生态指标的影响；研究了不同密度群体生育时期干物质积累、叶面积消长及不同生育时期光分布特点，为构建高光效群体提供了理论依据；引进筛选出新型促根、保根、保苗剂1个，研发形成新型育苗基质配方1个，研制了包括育苗穴盘、育苗支架、喷灌设备等在内的工厂化育苗设施1套，可实现规模化育苗；研发出海陆棉花嫁接超高产、杂交棉纯度快速鉴定和假杂种自动消除、超早熟短季棉麦后直播栽培等新技术；开展棉情监测预警信息系统研究，发布棉花生产景气报告45期。

4. 油菜

机械直播“中双11”亩产达到303千克，机收菜籽损失率4.11%，比一般油菜品种低30%，在国际上率先实现了多熟制条件下低损失的油菜机械化收获；建立了油菜抗旱直播全苗技术，播种时间可提前10～15天，已示范推广8 000亩以上；开展了早熟油菜栽培技术研究，研发出油菜专用增产素1种；建立了油菜推荐施肥模型，提出了湖北油菜最佳化学肥料配方，并研制了一种促生生防生物肥料。

5. 蔬菜

完成了基质无害化前处理、有益微生物增殖等研究，研制出不同生态区域主要蔬菜低成本新型环保无土栽培复合生态基质配方3个，完成基于鸡粪生物有机肥和沼液的番茄、黄瓜、甜椒、甜瓜专用肥配方5个，提出无土栽培模式1套，制定番茄、黄瓜无土基质栽培技术规程2套，在甘肃、四川等4省区推广1 200多亩，新增无土栽培面积超过6万亩。

6. 果树

开展了辽西地区密闭果园改形技术研究，建立核心示范园150余亩；绘制了苹果气候资源数字化图集，制定了苹果套袋技术标准1项，建立了智能化标准果园1个；编制了秋子梨标准化生产技术规程，提出了梨树简化、省工树体管理技术2项，建立了梨树成龄果园高光能利用树体结构的改造与优化技术体系；提出3种低碳、高效、节能葡萄日光温室设计，研发出设施葡萄专用叶面肥，建成了全国第一家设施葡萄专业网站；研发集成了营养诊断与平衡施肥、柑橘园水土保持与节水抗旱、主要病虫害预测预报与无公害防治等技术，形成了柑橘生产管理系统。

7. 其他

开展了苎麻循环收割、亚麻免耕栽培和红麻简易化栽培技术研究，形成了西部亚麻优质配套栽培技术体系。在大叶种云南茶区开展了施肥、免耕和铺草试验，推荐施肥平均增产9.8%；获得全国38个重点茶叶县茶园土壤理化性状基础数据20 762个，建成茶园土壤养分优化调控管理决策支持系统，提出了土壤降氟制剂配方3个，能使茶叶鲜叶氟浓度降低20%以上。完善了甜菜丰产、优质、高效栽培技术规程和甜菜纸筒育苗苗床控制技术，在黑龙江省西部甜菜产区进行了推广和应用。

五、植物保护

1. 病害

小麦病害检测与品种鉴定：研发了区分条锈菌、叶锈菌和秆锈菌的免疫荧光检测技术，研发了检测白粉菌的 Real Time PCR 检测技术，建立了 RT-LAMP 检测大麦黄矮病毒的技术体系和用于定量检测 WDV 小麦株系的实时 PCR 方法；通过鉴定与评价获得了 163 份对条锈病高抗或免疫的品种。

致病或抗病相关基因：研究了水稻白叶枯病菌第二信使 c-di-GMP 信号途径、OxyR 介导的 H_2O_2 降解途径、鞭毛基因簇转录的级联调控机制和鞭毛素蛋白 PAMPs 功能，完成了植物青枯菌 PO82 菌株的全基因组测序及基因功能注释，克隆了 3 个条锈病抗病基因，克隆植物线虫致病和寄生基因 25 个。

病原遗传分化：通过 SSR 多态性分析，将小麦赤霉菌划分成 3 个独立组群，发现 Fa3ADON 和 FaNIV 群体间交流较多；发现小麦叶锈菌群体具有较高的遗传多样性，群体间存在基因流动和菌源交流。

小麦条锈菌发生规律：发现小麦条锈菌在天水地区海拔 1 293 ~ 2 080米可以越冬，越冬率随海拔降低而增高，发现温度是小麦条锈菌冬孢子产生的诱因，筛选出三唑类、烯唑类等 9 种新型小麦条锈病杀菌剂。

辣椒根结线虫致害机理：初步明确了设施环境下辣椒根结线虫病高发致害与连作障碍发生机理，基本明确了参与根结线虫致病作用的信号转导途径，明确了毒性根结线虫的毒力微进化机制及其侵染表达基因特征，初步解释了根结线虫的毒力变异及植物抗性丧失机制，基本阐明了根结线虫发生地与非线虫发生地土壤微生物群落结构与功能的差异，为辣椒抗根结线虫育种奠定了基础。

2. 虫害

监测预警：明确了 2010 年草地螟迁飞虫源，揭示了草地螟迁飞适宜时间；初步提出甜菜夜蛾在我国东部主要发生为害区的迁飞路线；新发现了为害葡萄的小蠹类害虫和叶甲类害虫。

生物、生态学适应机制：首次明确了不适宜温度降低褐飞虱交配率的行为机制；研究表明亚洲玉米螟具有很强的过冷却和耐结冰能力，提示可能存在两种低温生存对策；明确了黏虫 AT 基因功能，发现保幼激素对黏虫的飞行能力具有显著调控作用。

害虫与寄主互作机制：通过研究否定了玉米和小麦是二化螟寄主植物的错误认识，初步揭示了麦长管蚜触角中 6 种嗅觉蛋白的功能，鉴定了蚜虫及其天敌体内报警信息素 EBF 结合蛋白基因及其功能，筛选获得了华北大黑鳃金龟 4 种气味结合蛋白和 2 种化学感受蛋白。

抗虫新基因挖掘：建立了生物信息学平台，完成了 26 株 Bt 菌株的基因组序列分析，发现 28 种新型基因；克隆新的 vip 基因 5 种，Cry1 类基因 17 种，发现了 cry8E 基因上游新的表达调控因子；通过正反向重组分别获得 cry2Aa 和 cry2Ad 基因 18 和 19 个；确定了 Cry2Aa 对 4 种昆虫的杀虫活性相关区域，构建了 gerE 基因缺失突变体。

3. 杂草与鼠害

杂草：研究了刺萼龙葵种子休眠萌发、发生规律等生物学特性；调查了大豆田、玉米田杂草危害产量损失；研究了荠菜对苯磺隆，日本看麦娘、菵草对乙酰辅酶 A 羧化酶抑制剂的抗药性及分子机理；提出了小麦 - 玉米两熟农田除草剂使用综合治理对策；研究了黄顶菊应急控制技术和假高粱化感作用机制。

鼠害：调查了黑龙江秋季鼠类分布，研究了布氏田鼠社群结构、婚配制度、繁殖特性的遗传机制和褐家鼠的繁殖特征，研究了 EP 系列不育剂增溶及其对雄性布氏田鼠社会行为的影响，为不育理论提供了行为学的证据支持。

4. 病虫害综合防治技术

油菜主要病害防治：研究表明，花瓣侵染是油菜菌核病主要侵染途径；研制出 30% 咪鲜胺微胶囊缓释剂；筛选出对根肿病防治效果较好的百菌清、氰霜唑和氟啶胺 3 种杀菌剂，防治效果达 80% 左右。

露地十字花科蔬菜主要害虫综合防治：建立了综合防治体系，主要包括：加强寄主的健身栽培、采用杀虫灯诱杀成虫、使用性信息素诱捕雄虫和干扰雌雄交配、害虫发生量大时喷施高效安全药剂等。该体系可减少用药 50%，增产 15%，已推广应用 20 余万亩。

茶树害虫防治：筛选出一株性能优异的茶毛虫核型多角体病毒毒株，完成了杀虫等主要性能试验；获得对茶丽纹象甲具有引诱活性的挥发物组合 1 种和具有显著驱避作用的化合物 1 种；筛选到 3 种对茶小绿叶蝉防治效果在 80% ~ 90% 的新农药，并进行了农药残留试验。

麻类病虫害防治：建立了麻类作物虫害信息库，进行了利用绿僵菌防治苎麻地下害虫的研究，规范了苎麻主要病虫害的防治方法。

果树病虫害诊断与防治：明确了各地果园有害生物的种类和基本发生情况，探明了苹果轮纹病、斑点落叶病和红蜘蛛等暴发性病虫的防控规律；进行了阿维菌素等 12 种果园常用杀螨剂的田间药效试验，分析评价了农药使用量对果园生态及害螨防治的影响，提出了防治二斑叶螨的生态措施，筛选出抗根瘤蚜性砧木和 2 种药剂；建立了多种柑橘病害的分子检测技术，研制出可同时检测鳞皮病、碎叶病等 10 种病原的基因芯片和衰退病、碎叶病等 7 种病害的快速诊断试剂盒。

烟草病虫害防治：普查了全国 17 个烟叶主产省烟草关键生长时期主要有害生物种类，初步查明了主要病害、害虫、天敌、杂草种类、危害及分布情况；优选了 8 株生防菌株，优化了培养条件，集成了生物防治技术并示范应用；开发建立了包括烟草病虫害灾情、自然灾害灾情和气象信息数据库的病虫害预警信息平台主体架构。

草原有害生物防控：在国内外首次系统的研究了草原典型蝗虫不同地理种群的遗传分化规律，明确了不同地区典型蝗虫的亲缘关系；在不同地区进行了牧鸡灭蝗和白僵菌制剂灭杀草原主要害虫的试验，并筛选出最优方法进行推广。

5. 生物防治

害虫天敌：完成有益生物种质资源平台建设，建立了有益昆虫数据库，完成主要优势天敌昆虫活体库的建设；提出优良天敌昆虫人工饲料实用配方3种，研发出天敌昆虫大规模生产实用技术5项；发现了3个虻类天敌昆虫新种；捕食螨的规模化生产达10亿头，在多个基地进行了释放示范。

微生物农药：克隆了昆虫酶抑制剂等生防相关基因6个，构建了4个高效转化体，表达了一种昆虫酶抑制剂基因；获得粉红粘帚霉、淡紫拟青霉和芽孢杆菌的发酵和后处理技术，研发了蔬菜育苗基质微生物添加剂、可湿性粉剂和秸秆降解的微生物强化剂等；掌握了木霉菌液体深层发酵工艺，建立了一条真菌生物农药发酵生产中试生产线；生产绿僵菌制剂约3 000千克，示范防治蛴螬2 000余亩，防治效果达60%～70%。

以生物防治为主的病虫害防控体系：在宁夏建立了2个苜蓿害虫牧草防控示范区，在东北、华北和西北地区进行了设施蔬菜土传病害生物防治技术的示范和推广，集成建立了绿色控害技术体系并在全国各地普及推广。

6. 农药

开发创制：合成了26个具有一定除草活性的新吡唑类系列化合物，31个苯基氨基甲酸酯类同簇、异簇化合物，以及26个基于AChE设计的有机磷簇合物；形成了一类具有更高活性的植物系统获得性抗病诱导剂。

制剂与应用：完成水稻、蔬菜主要病虫害防治药剂不同剂型试验样品的研制与性能测定；研制了10%氨氯吡啶酸静电喷雾油剂，确定了助溶剂配方；完成高效氯氰菊酯水乳剂物理稳定性研究；筛选出3种高效、安全、环保的土壤熏蒸剂，示范和推广了多种施药技术；研制了满足小麦、玉米和水稻不同生长时期主要病虫害防治需要的乳剂、悬浮剂、种衣剂、缓释剂等环保型农药新剂型。

毒理分析：研究了杀虫剂对棉铃虫的抗药性风险和亚致死效应，探明了丁吡吗啉对辣椒疫霉菌的作用机制。

7. 外来入侵生物

生物学基础：首次获得了三叶斑潜蝇的线粒体全基因组序列，分析了其序列特性；初步建立了紫茎泽兰的BAC文库，开展了根系活性物质分泌及信号调节机制的研究，分离鉴定根系和花中的多种新化合物，克隆了6个参与化感代谢调控的功能基因。明确了广聚萤叶甲发育的最适温湿度和工厂化生产最适条件，明确其具备北迁控制豚草和冷驯化的潜力。

生态适应性机理：明确了不同生物型烟粉虱生殖隔离是生殖前隔离，研究了不同种烟粉虱天敌的致死干涉寄生机制，通过粉虱内共生菌的检测明确了其多样性变化格局；探究了不同海拔高度对紫茎泽兰生态适应性的影响及差异，初步明确了不同入侵程度紫茎泽兰适应的根系分布特征及泽兰实蝇寄生对表型特征的影响。

综合治理：开发了黄顶菊网络实时监测预警系统，制定了快速检疫和监测技术标准及应急防控技术方案，筛选了适用性好并具有良好经济生态效益的控制技术，组装集成了综合防控技术体系 1 套，防治效果达 85% ~90%；中试生产了一种防治西花蓟马效果明显的新型诱虫板；人工冷驯化了广聚萤叶甲和豚草卷蛾，改善了工厂化生产技术流程和生物防治技术体系，继续大规模示范和应用推广。

8. 转基因生物安全

检测：制备了转植酸酶基因玉米单抗金标试纸条，建立了完整有效的植酸酶基因与蛋白的分子检测和溯源技术体系；获得部分转基因水稻、玉米的侧翼序列并建立了转化体特异性定性、定量 PCR 检测法，筛选建立了适合水稻中转基因成分定性、定量检测的内源参照基因检测法；初步建立了植物转基因操作安全评价检测方法，建立了规范化转基因植物检测标准物质试用评价工作规程，研制出第一批转基因成分检测标准物质，形成了国家标准；构建了破译转基因品系分子特征的成熟、稳定的技术平台；构建了我国第一个转基因作物检测与监测网站 http：//www. gmcrop. cn，包含了转基因植物检测数据库、监测数据库等 22 个数据库，成为中国数据最全、功能最强大的转基因作物数据检索、风险交流与技术服务平台。

安全性监测：揭示了 Bt 棉花种植对盲椿象种群区域性灾变的影响机制，提出了以严格禁止种植生长中后期杀虫蛋白低表达的 Bt 棉花品种和商业化 Bt-Cry1A 类转基因作物等为核心的抗性预防性治理技术体系，建立了由 DNA 分子检测、单雌家系检测和生长抑制检测组成的棉铃虫抗性早期预警与监测技术体系。

环境安全性评价：系统评价了具有产业化应用前景的转 Cry1Ah 基因抗虫玉米、转 WYMV-Nib8 基因抗黄花叶病毒小麦、转 epsps 基因抗除草剂大豆、转植酸酶基因玉米的环境安全性；建立起可规范化应用的转基因植物对土壤微生物影响的分析方法，研究了转基因富含 S 氨基酸大豆、转甜菜碱醛脱氢酶基因耐盐碱玉米、转 TaDREB3 基因抗旱大豆等多种转基因作物对农田土壤环境的影响效应；明确了多种 Cry1 蛋白的交互抗性，制定了转基因抗虫玉米的抗性治理策略，研究了亚洲玉米螟对 Bt 杀虫蛋白抗性产生的分子机理；开发出转基因水稻基因飘移风险评估服务平台和研究转基因抗虫水稻对中华通草蛉生态风险的试验技术平台；初步建立了利用全基因芯片法研究转基因水稻非预期效应的新技术；明确了转基因水稻品系的生存竞争能力、田间靶标杂草抗性产生风险、对杂草群落多样性的影响及靶标基因产物对大鼠、猪等哺乳类动物和蜂、鸟、鱼、蚕等环境生物的影响，并建立了评价方法；建立了大豆草甘膦耐受性检测的系列方法，研究了抗草甘膦转基因大豆田间杂草抗性检测、监测及风险管理技术；完成了半大田条件下转 Bt Cry1Ah 玉米对意大利蜜蜂的安全性评价。

六、畜禽种质资源与新品种选育

1. 种质资源

猪：建立了资源家系，获得大白猪 × 民猪资源群体共 569 头，F_2 代个体 530 头，完成300头猪的屠宰试验和肉质、免疫等指标测定。

牛：建立起全国最大的、基础母牛规模达1 200头的肉牛全基因组选择资源群体；建立起包括肉用西门塔尔牛等12个品种（14个品系）24 056头个体的肉牛多品种遗传评估数据库，记录了系谱、生长发育、配种、分子标记等信息近10万条。

羊：绘制了滩羊、多玛绵羊、小尾寒羊、乌珠穆沁绵羊等资源的DNA指纹图谱，构建了辽宁绒山羊和内蒙古白绒山羊成纤维细胞库及乌珠穆沁羊基因组BAC文库，进行了多种干细胞的分离培养及鉴定研究。

蜂：引进熊蜂蜂种200群，引进意大利蜜蜂蜂王或雄蜂精液10份，开展了引进蜂种和我国地方品系品质特性、抗性、生理特性、遗传特征等的鉴定评估和总结。

实验动物：国家实验禽类种子中心保存了2个SPF鸡品种、18个家系，1个SPF鸭品种、2个家系；建立了实验用广西巴马小型猪基础群；建立了猪繁殖与呼吸综合征病毒动物感染模型。

2. 生物技术

猪：发现1个显著影响北京黑猪产仔数的多态性位点和1个影响肌内脂肪的突变位点；构建了通城猪、长白猪和五指山猪骨骼肌生长发育的基因互作网络，鉴定了20个可能对产肉性状起重要作用的关键基因和9个与肌肉生长发育相关的miRNA。

牛：分析了DNA依赖性蛋白激酶等5个基因的遗传变异及与奶牛乳房炎抗性间的关系；超排供体奶牛101头次，生产胚胎737枚；超排体细胞克隆奶牛46头次，生产胚胎136枚；移植奶牛胚胎457头次，其中常规胚胎257头次，性控胚胎160头次，转基因体细胞克隆胚胎40头次，平均妊娠率约50.0%；生产牛体细胞克隆胚胎122枚，移植受体26头次，妊娠10头，妊娠率38.46%；初步研究建立了奶牛体外性控胚胎生产技术方法，囊胚率达到28%，推广性控冷冻精液4 000多剂。

羊：通过抑制消减杂交，筛选出与济宁青山羊多羔性相关的4个基因，并开展了功能分析；鉴定了我国肉用羊肌肉生长相关的3个基因和肌肉特异表达的4个miRNA；通过对胎儿肌纤维发育进行分阶段基因表达谱分析，证明中外两个品种绵羊的骨骼肌组织生长发育模式存在差异。

牦牛：对肉用性状相关候选基因开展PCR-SSCP及PCR-RFLP分析与克隆测序，获得7个基因序列和4个可能与牦牛生长发育性状连锁的遗传标记。

家蚕：获得了家蚕对浓核病毒、黄茧等病害抗性的分子标记，并应用于育种过程，获得经济性兼抗性的优良品种；建立了多个重要性状的近交系和近等基因系。利用BmNPV同源重复区hr3的增强子功能，使筛选的6个高表达家蚕品系报告基因表达量提高20倍以上；利用病毒载体表达系统，在家蚕幼虫中成功表达了重组生长素基因。

3. 新品种选育

猪：获得转不饱和脂肪酸等新材料7个，转基因猪达到100余头；获得我国首批转植酸酶基因的减磷环保猪11头和敲除肌肉生长抑制素MSTN基因的克隆猪31头；获得我国首批敲除α1，3-半乳糖苷转移酶基因的近交系小型猪4头，为创建抗超急性免疫排斥反应的人类异种器官移植猪奠定了关键技术基础。

羊：筛选出高寒生态条件下甘肃细毛羊新品系选种的动物模型，育成了新品系；完善了西北肉用绵羊新品种培育的三级繁育体系；建立了 SNP 和 HRM 检测技术，可同时检测控制多胎和肉质性状的 BMPR-1B 和 Callipyge 基因，制定了检测标准规程，并在西北高产肉用新品系的公羊、核心母羊群、育种群、扩繁群中进行了检测。

牦牛：组建了大通牦牛无角新品系育种核心群，创新牦牛育种素材；组装集成了青藏高原牦牛良种繁育及改良技术 1 套。

家禽：继续对北京油鸡进行扩繁、保种，对 7 个优质肉鸡新品系开展了继代选育，构建了北京油鸡和科宝肉鸡 F_2 资源群体及北京油鸡全基因组选择群体；进行 Z 型北京鸭继代选育和小体型优质白羽肉鸭选育，初步进行了肉脂型与瘦肉型北京鸭品系间基因及脂肪形状差异研究。

蜜蜂：开展抗螨、高产蜂种的选育，并在山西、甘肃开展了中试工作；建立了年度国内外蜂资源与遗传育种技术发展档案；初步建立了抗螨蜂种的 QTL 分子标记辅助选择体系。

家蚕：结合茧丝纤度、解舒、净度等性状的遗传特征，分析筛选育种素材，以提高生命力、产量性状为目标，培育出解舒好、净度优的中细纤度品种亲本“春萌”、“895”、“652 新”和“898”。

特种动物：在梅花鹿规模化养殖区东丰、双阳、吉林等地进行人工输精技术示范，累计推广 1 000多只，其中，输 Y 精 27 只。

七、动物营养与草业科学

1. 动物营养

羊：完成 12 只瘘管羊为期 3 周的蛋白质需要量研究，完成 36 只初生肉用绵羊羔羊中代乳粉适宜蛋白质水平和饲喂量研究，取得了生长、血液生化和消化代谢数据，得出了羔羊早期断奶所需要的能量和蛋白质水平。

牛：建立奶牛规范化养殖和优质安全原料奶生产技术体系各 1 套；研制开发了用于瘤胃模拟的传动装置和适用于发酵罐的搅拌装置；研究了犊牛不同生理阶段消化器官发育、消化酶活性变化和营养物质消化代谢规律；研究了后备牛的营养需要参数，建立了犊牛和后备牛高效饲养技术。

鸡：完成第 3 代全自动单胃动物仿生消化系统的试制，确立了蛋鸡、黄羽肉鸡肠道主要消化酶酶谱分析及模拟消化液制备方法，研究确定了 0 ~ 3 周龄肉鸡玉米 - 豆粕型实用饲粮锌需要量，构建了肉鸡产业技术体系生产监测与产品质量安全可追溯平台。

鸭：研究了北京鸭蛋氨酸、精氨酸、苏氨酸营养需要及不同蛋氨酸水平对生长前期北京鸭羽毛发育的影响，研究了玉米、豆粕等 10 种鸭常规饲料原料样品的代谢规律，重新测定了部分植物油类原料的饲料代谢能。

毛皮动物：在分析我国30种冷鲜动物源饲料和水貂、獭兔、银狐运动空间与优质生产环境技术参数的基础上，提出了獭兔不同生理时期全价混合料（TMR）营养、卫生、安全和环境评价技术2套；制定了水貂、獭兔、银狐品种和毛皮技术检验规范等标准草案3个；开发了獭兔高效TMR配方3个，水貂、獭兔、银狐不同生理时期饲料配方12个。

2. 新型饲料与添加剂

饲料用酶筛选与改良：从冰川土样、火焰山土样、羊瘤胃等特殊环境中克隆了100余个饲料用酶基因；完成了饲料用酶突变库的构建和针对饲料用酶特性的有效定向筛选方法，获得了20余个改良的突变酶。

饲料用酶工程技术：从酸溶蛋白含量、体外消化率、抗氧化活性及抗原蛋白含量几个方面进行综合评价，进一步优化了发酵菌种和发酵参数；部分优良性质的酶在重组毕赤酵母中得到了高效表达，较目前国内外的报道和实际生产水平高2~10倍；木聚糖酶、β-葡聚糖酶和α-半乳糖苷酶实现了产业化生产。

饲料加工：进一步完善了规模化预混合饲料加工工艺技术和水产动物微粒饲料制备工艺技术。

饲料安全监控：研究制定了餐厨废弃物饲料化加工工艺及产品调查与评价实施方案，参与制定了2010年饲料质量安全检测计划，对开展饲料中牛羊源成分监测任务的质检机构进行了检测能力跟踪分析和综合评估。

3. 草业科学

种质资源：收集牧草资源2 000余份，完成565份种质的鉴定评价，筛选出优异种质材料72份，入国家牧草基因库、国家作物种质资源长期库等保存牧草资源5 000余份；种子活力检测3 538份，田间保存无性材料500份，安全保存种质材料10 864份；搜集新疆苜蓿属种质材料400余份，完成了苜蓿家系形态学特征、农艺性状和品质的测定，对测量的23个指标进行QTL初步定位；筛选出柳枝稷等5种有潜力的能源植物。

牧草新品种选育："中苜6号"、"清水"等紫花苜蓿通过全国或山东省草品种审定委员会审定；配制了72个苜蓿杂交组合，获得32个杂交种，筛选出7个优良组合；以粒子束注入鹅观草选育获得新材料6个、耐盐株系10个。

人工草地建设与利用：通过苜蓿草和种子丰产栽培试验，筛选出丰产性能好的施肥配方；针对不同气候条件和放牧模式进行牧草和家畜生长研究；在京南地区对种植苜蓿进行灌水和施磷试验，掌握了相应的水肥施用方式。

草原管理与利用：筛选敏感指标，构建了草地生态系统健康评价指标体系，对称多草地和苏尼特荒漠草原资源进行健康评价和检测，制定了资源合理利用和管理的技术方案；分析了内蒙古锡林郭勒典型草原恢复演替过程中健康诸因子的变化规律；分析了太仆寺旗区域最适载畜率；完成了草原类型资源、畜牧业适宜区、生态环境资源和历史文化资源名录的编制工作。

草原监测：编制了内蒙古草原火险动态图；整合了自主开发的常用GIS功能等多个

底层软件模块，构建了锡林郭勒草原三维地理信息系统；完成内蒙古粮食主产区主要农作物种植面积地面和遥感监测，准确掌握了种植面积及变化，并对变化原因进行了调查分析；以“3S”为主要技术方法研究了采矿对草原生态系统的影响；完成了我国四大牧区草地植被变化年动态遥感监测、典型区域植物多样性和牧草产量质量等变化调查。

草产品加工：开展了玉米秆穗分离青贮技术研究，研制了用于青贮不同压实程度的压实工具，获得了青贮发酵效果好、速度快的乳杆菌 1 株；发现添加乳酸菌制剂与纤维素酶或糖联合使用，可改善荨麻的青贮发酵品质；确定了胡枝子总黄酮提取、单体黄酮分离纯化工艺，分离得到黄酮类单体化合物 18 个。

八、畜禽疫病防控

1. 禽病

禽流感研究：系统分析了 2004～2009 年从野鸟、家禽及人群中分离的我国 H5N1 亚型禽流感病毒的遗传演化规律，发现了决定病毒致病力的分子机制，发现 H5N1 亚型禽流感病毒对狗表现出高度的易感性，提示狗在病毒感染人的过程中作为中间宿主的重要性。

病原和流行病学研究：研究分离到鸡传染性支气管炎、新城疫、鸡传染性法氏囊病、白血病、网状内皮组织增生症等病毒共 130 余株；分离鉴定鸭肝炎和鸡呼肠孤新病毒 18 株；查明了当前国内鸭疫里默氏杆菌流行株的优势血清型，并筛选出制苗用菌株。全面系统地开展了重点区域禽白血病血清和病原分子流行病学研究，为中国禽白血病防控提供了第一手参考资料。

疫苗研制：禽流感 DNA 疫苗完成了临床试验；研发的流感 RE-5 疫苗对香港流行毒株具有很好的保护性；针对埃及禽流感流行毒株研发了专供疫苗，比对验证实验证明免疫效果优良；拯救出两株重组了禽流感 HA 基因的鸭瘟病毒，动物实验证明免疫效果良好。开展了鸡传染性支气管炎弱毒疫苗等鸡呼吸道病系列疫苗、鸡传染性法氏囊病等鸡免疫抑制病系列亚单位疫苗、鸡马立克氏病基因缺失等基因工程疫苗的研制，初步显示出良好的研发前景。

2. 畜病

口蹄疫：组装集成制定了规模养殖场口蹄疫综合防控技术规范；根据对流行毒株的实时监测，对口蹄疫牛源和猪源流行毒株完成了乳鼠传代复壮、毒价测定、序列测定和细胞传代试验，初步确定了 2 株备选疫苗毒株；口蹄疫 O、A、Asia Ⅰ 型三价灭活疫苗获得国家二类新兽药注册证书；筛选出口蹄疫病毒抗原保护剂配方，确定了病毒抗原保护技术；O、A、Asia Ⅰ 型病毒空衣壳均在家蚕生物反应器中得到高表达，动物免疫保护效果良好。

猪蓝耳病：进行病原流行病学调查，发现临床样品中 PRRSV 的阳性检出率为 53.4%，序列分析表明缺失变异株依然是目前的主要流行株；在病毒 M 蛋白中鉴定出 4

个能够诱导高水平 IFN-γ 产生的 T 细胞抗原表位；建立了高致病性 PRRSV 强、弱毒反向遗传操作系统，构建了一系列强弱毒嵌合全长感染性克隆，完成了不同嵌合突变体的生物学特性鉴定，为探讨 PRRSV 毒力增强机制奠定了基础。

猪流感：分析了新型甲型 H1N1 猪流感病毒的变异特点，建立了相应的检测方法；分离了 H1N1、H1N2 和 H3N2 等重要流行亚型的病毒，完成了病毒 HA 和 NA 重组质粒的构建；建立了反向遗传系统，获得了重组 H3N2 亚型 SIV 候选疫苗株，并完成了重组病毒的生物学鉴定；建立了猪流感病毒感染猪差异转录组数据库，初步研究了几个功能基因。

其他：通过优化表达工艺、建立表达产物检测技术，实现了猪圆环病毒疫苗在家蚕生物反应器中的高水平表达；研制了重组山羊痘病毒载体疫苗，实现了一种疫苗预防小反刍兽疫和山羊痘两种重大疫病；在国内率先鉴定了荚膜 A 型巴氏杆菌等引发牛的 3 种疫情的重要病原。

3. 人畜共患病

诊断技术：建立了犬结核杆菌、犬猫弓形虫、犬猫狂犬病毒等的检测技术，技术、数量和效益指标均达到或超过指定要求；开发了可用于蜱体内检测我国流行的 3 种莱姆病病原的 PCR 试剂盒，建立了用于检测和分型莱姆病病原的 LAMP 检测技术；纯化了棘球蚴囊液抗原，建立了蠕虫病 ELISA 抗体检测方法；研制了大田软海绵酸 CLIA 检测试剂盒；针对尼帕脑炎、西尼罗病毒、裂谷热等新发烈性人兽共患病，开展前瞻性应用基础研究，建立了病原学和血清学检测方法。

疫苗研制：研制了羊布氏杆菌 M5-90 株 bp-26 基因标记疫苗，安全性和免疫保护效力均达到国际先进水平；狂犬病重组新城疫病毒活载体疫苗已完成实验室产品质量研究及中试；完成了猪囊虫病重组抗原 TSOL18 基因工程疫苗的临床试验。

4. 寄生虫病

血吸虫病：完成家畜血吸虫病流行病学数据库构建和网络版软件的研制；开展了家畜日本血吸虫病疫苗生产工艺的研究，基本确定利用发酵罐生产制备 Sj28GST 基因重组抗原的优化条件。

鸡球虫病：在利用 SSH 和 cDNA 微阵列获得了柔嫩艾美耳球虫孢子化卵囊和子孢子阶段虫体差异表达基因 ESTs 序列的基础上，克隆获得了 3 个新基因的全长 cDNA 序列，孢子化卵囊阶段高表达的 2 个基因实现了原核表达；确认了柔嫩艾美尔球虫中存在着多核细胞生物中典型的细胞凋亡现象，对相关功能基因进行了研究。

隐孢子虫病：建立了微小隐孢子虫小牛感染模型，进行了卵囊的大量繁殖；构建了小分子 RNA 文库，利用 Solexa 测序技术平台完成文库高通量测序、生物信息学分析及筛查。

蜱传病研究：设计了以重组肌钙蛋白 I 为核心、重组免疫球蛋白结合蛋白为辅的二价联合亚单位疫苗，和重组肌钙蛋白 I 单一的亚单位疫苗，开展了重组蛋白的原核表达、分离纯化和酶活性与抗菌活性分析。

弓形虫病：研究发现细胞渗透肽融合的外源蛋白具有在动物体内跨膜的能力和作为弓形虫抗原分子传递载体的潜力，提示细胞渗透肽融合蛋白可直接进行动物免疫；建立了良好的 Vero 细胞和弓形虫培养体系，完成了重组质粒体外转染弓形虫速殖子的试验。

5. 新型兽药

新型兽药载体和新制剂创制：筛选出了壳聚糖、聚乳酸、卵磷脂等多种纳米粒药物载体材料和油酸乙酯、芝麻油、大豆油等多种纳米乳药物载体，构建了包含交联剂、乳化剂、助乳化剂等在内的载药系统，初步实现了纳米兽药剂型的创制；成功制备了包含不同药物浓度和载药系统的伊维菌素纳米粒和纳米乳新制剂、青蒿素纳米乳药物新制剂 6 种。

抗寄生虫兽药：通过对原白头翁素的人工化学修饰，获得具有抗球虫活性的新型药物，建立了抗球虫新药原料药和制剂的质量控制标准；创制 3 种抗动物绦虫病、原虫病和体外寄生虫病的药物原料药及其制剂，建立了试验示范基地 6 个和中试生产线 3 条；完成喹噁啉类药物及其代谢物的制备和对人源肝细胞增殖影响的研究；建立了稳定、可靠的抗弓形虫药物体内、外筛选体系，筛选确定了有特效的中西药物复方制剂。

安全评价与残留研究：建立了硝唑尼特原料药溶剂残留的检测方法，制备出了可供药理、毒理、质量标准等研究的硝唑尼特对照品，并完成了稳定性试验。

九、农业微生物

1. 微生物资源

农业微生物资源调查：基本完成全国省级以上农业、林业研究单位的微生物菌种资源调查，对前两年获得的数据进行了核实、补充和深度分析，编制了菌种目录，已基本掌握我国农业微生物菌种资源整体状况，为国家制定相关政策和保护、利用提供了依据。

厌氧微生物资源收集整理：从德国微生物菌种保藏中心引进产甲烷等独特的厌氧微生物模式菌株 60 个，采集沼液 30 多份，对产甲烷菌和其他严格厌氧微生物进行了系统整理。

秸秆纤维素降解高效菌株：以木糖、木聚糖、核糖、滤纸纤维素、羧甲基纤维素等对采集来的微生物菌种样品进行富集培养，已分离获得高温戊糖厌氧分解菌 2 株，拟定了工程菌株构建试验方案，并筛选得到 1 株具有较高木糖利用效率的菌株。

高油和稀有脂肪酸菌种：鉴定出多种不同脂肪酸和油脂代谢模式的微生物 100 多株，进行了脂肪酸成分、含油量和关键酶活力分析及生长培养特征鉴定等研究，克隆了一批脂肪酸代谢途径关键酶基因。

食用菌菌种质量评价与菌种信息系统：初步形成适宜我国国情的食用菌育种基本技术平台，建立了食用菌评价技术规程、主要出口种类安全生产技术体系和可追溯体系，形成了安全生产技术框架。

2. 酶工程与发酵工程技术

酶分子改良：采用蛋白质工程的方法，对具有独立自主知识产权的有机磷降解酶OPHC2和MPH进行分子改造，构建了综合酶学性质优良的突变体；建立了乳糖酶分子改良与筛选体系，通过定向进化技术筛选获得了1个热稳定性显著提高的突变酶和2个有效pH有所改良的突变酶；筛选出一个杀菌活力比野生型提高4～6倍的T4溶菌酶改构突变体，获得了能够稳定和高效表达的酵母工程菌株。

麻类脱胶工程：鉴定出麻类脱胶高效菌株1个（DCE-01），构建了一批新的基因工程菌株，发酵液酶活显著增强；获得了紫外诱变改良的苎麻韧皮预处理菌株1株；建成了湖北省第一个“高效节能清洁型苎麻生物脱胶示范工程”，年生产规模达1万吨。

沼气发酵复合菌剂：形成了完整的沼气发酵复合菌剂生产工艺流程，生产出合格菌剂30余吨；制定出符合厌氧微生物发酵特殊性的生产标准草案；对4 000余口沼气池进行了偏低温条件下的应用示范，日均用气量增幅显著。

秸秆原料规模化沼气发酵：构建了稳定降解纤维素产甲烷的高效沼气发酵菌系4个，获得4种可显著促进纤维素降解和产甲烷过程的刺激因子，将纤维素降解率提高了6%左右，乙酸产量提高1.5～2.5倍，产气量提高20%以上，甲烷含量可达75%。

高浓度物料规模化沼气工程：解决了传质困难、传热不均等高浓度物料沼气高效发酵中的多个关键技术问题，形成了具有自主知识产权的关键技术和成套设计方案；完成了四川双流奶牛场奶牛粪便日产沼气1 000立方米以上的沼气工程示范和贵州开阳县秸秆沼气集中供气工程的设计和施工。

十、农业资源与环境

1. 农业生态环境污染控制与综合防治

农田土壤重金属污染与修复：筛选出重金属拒（低）吸收的优良植物品种，完成了重金属钝化剂的吸附机理研究，研究了不同钝化修复技术在不同条件下的钝化修复效果和作用机制，进一步完善了原位钝化修复技术体系；研究了不同种类土壤粘土矿物对砷的吸附能力、pH值对吸附量的影响及吸附机制，阐明了外源砷进入土壤形态转变的规律；筛选出两种耐高砷且有较强累积和挥发砷能力的菌株；证明了有机肥施用往往带来重金属的累积与活化；针对砷浓度不同区域提出种植模式调整方案；分析了不同铅浓度胁迫下黑麦草根系分泌有机酸组成及浓度，明确了促进黑麦草修复铅污染的有机酸成分。

农田面源污染控制的水肥优化调控：揭示了不同灌水和营养盐组合条件下土壤氮、磷、持久性有机物与盐分的迁移转化规律，阐明了水稻的生长与土壤水分、氮磷素循环和转化之间的定量关系，以及不同水肥施用模式的节水节肥效应，总结提出了在保证水稻节水高产条件下有利于农田面源污染防控的水肥优化调控模式。

大规模农村与农田面源污染的区域性综合防治：完成专项调研报告、单项技术筛选

及实施方案的制定，形成针对洱海北部区域的分区防治方案、技术应用方案和核心示范区工程设计，基本完成核心示范区的示范工程建设。

农村面源污染的综合控制：制定了农业面源污染综合控制及河道生态修复方案，形成了一套综合控制技术体系；制定了农村生活污染综合控制技术体系，形成了生活垃圾减量化、资源化的处理管理模式；形成了农田肥料农药减量化和高效利用、农作物病虫害预测预报技术体系，肥料减量20%，秸秆利用率80%，农药减量30%；完成4项示范工程建设，水环境质量明显改善。

农村生态污染源控制：在编制农村污染源调查技术规程的基础上，对农村地区各类污染物及其特性进行了调查分析，建立了数据库；研究提出农村污染物减排和控制技术5项，提出农村污染一体化控制技术模式2种，减排效果显著；建立示范点和示范工程8个。

农业立体污染防治：建成了农业立体污染防治国际合作引智平台，建立了农业立体污染防治碳氮减排数据库，初步形成了6项农业立体污染控制单项技术和2类立体污染综合防治模式。

环渤海区域农业碳氮平衡定量评价及调控：引进和建立了基于碳氮循环机理模型的区域农业碳氮平衡评价系统，探明了典型流域的农业氮污染负荷，提出农业碳氮平衡和非点源污染的调控策略，组装集成调控技术并建立了技术示范；初步建立了环渤海区域内规模化畜禽养殖业碳氮平衡基础数据库，根据我国的养殖业特点对manure-DNDC模型进行了二次开发，分析了区域内各地土地负荷和不同动物粪便对碳氮负荷的贡献，在北京建立了少污水排放垫料养殖技术示范点，取得良好的节水减污效果。

华北村镇地下饮用水安全保障：集成了多项具有明显效果的地下水负荷削减技术，建立了搭配种植模式下硝酸盐淋溶阻控技术规程，初步制定了集约化农区硝酸盐控制技术导则，设计的反渗透脱氮装置已中试运行。

东北村镇地下饮用水安全保障：筛选出污染负荷消减作物品种2个和种植制度及耕作措施1套，提出了水源地污染负荷削减技术集成模式1套，氮排放负荷削减15%～20%；研发出农村生活污水生物－生态联合处理系统1套，研制出散户地埋式等设备。

西南村镇库泊地表饮用水安全保障：建立了人工湿地植物直接转化为燃料乙醇的技术工艺，完成了关键设备一体化供水设备研制，开发了西南农村户用型生活污水处理成套技术。

基于退水污染减量的水盐一体化调控：揭示了灌区排盐与退水污染相关关系，初步提出低退水污染与土壤脱盐兼顾的最佳灌溉与淋洗制度，为灌区退水污染源头减量提供了技术支撑与行动方案；建立了宁夏稻田农沟排水退水污染消减与节水技术。

黄河上游灌区农田退水污染控制：构建了水环境监测网络平台，提出农田减氮控磷和清洁生产模式5套，研制出环保型缓释肥2种，研究并构建了低污染作物种植结构4套，初步构建了水质水量调控指标体系，建成了8平方千米的示范区。

2. 农业资源管理与利用

猪场废水脱氮与沼气脱硫耦联：研究了不同条件下废水脱氮与沼气脱硫耦联工艺过程中反应体系碱度变化及其对脱氮脱硫的影响，基本摸清了废水脱氮与沼气脱硫耦联功能微生物及其生长条件，建立了耦联工艺，开发了沼气无氧生物脱硫方法与装置。

养殖废水资源化与安全回灌：针对我国养殖废水资源化与安全回灌过程中的无害化处理、储存、安全灌溉和生态安全评价等关键问题研制出相应的技术规程，建立规模化示范基地6个。

肥料减施增效：揭示了不同施肥方法和施肥模式对养分转化规律的影响特征，了解了作物不同根系构型和根际养分转化相互作用的机制；获得了田间试验条件下作物关键生育期氮需求的阈值和操作指标，揭示了提高水稻氮肥利用率的主要机理；通过对测土配方施肥过程中共性问题和关键技术的研究，完成了东北、华北、西北和南方坡地高效施肥关键技术的研究与示范。

沃土工程：对影响肥料利用率和农田生产力的平衡施肥和根际养分活化等共性问题进行了深入研究，并在全国各类典型土壤进行了技术模式研究与示范；建立示范基地103个，技术示范75万亩，示范区肥料利用率提高10%以上，粮食生产能力提高10%以上，农民增收达到80～150元/亩。

绿肥作物生产与利用：抢救性整理、挖掘、培育了一批绿肥作物种质资源，搜集、引进2 200多份资源，已获认定新品种6个；构建了我国主要农区绿肥作物种植及利用技术体系，累计示范推广600多万亩。

退化耕地修复与地力提升：全面调查了祁阳县旱地土壤养分状况和变异特征；试验表明，施用土壤调理剂和有机质对贫瘠红壤的肥力退化有较好的修复与调控作用，能够显著提高作物的营养利用率；证实种植经济绿肥能有效提高土壤肥力，且产值比传统种植方式高30%。

城郊土壤健康质量控制与修复：研发出一种适于修复城郊酸化土壤的生物－化学调理剂，初步构建了城郊退化土壤的调理修复与功能提升技术体系，建立了城郊酸化土壤和重金属超标土壤等的修复与治理研究基地。

耕地质量分区评价与保育：完成了耕地质量分区评价指标体系，获得了8个省微量元素丰缺状况、土壤酸化五等级评价与施肥养分量校正系数等共计1 400个量化指标。

3. 农业气象

气候变化影响与适应：模拟分析了气候变化对极端气候现象发生频率的影响，评估了气候变化对我国未来粮食安全、水资源等主要脆弱领域的综合影响，提出了中国适应气候变化的各阶段目标、主要领域和区域的任务与行动计划、适应对策等。

典型脆弱区气候变化适应：利用自主开发的气候变化情景工具、气候风险快速分析工具和多准则适应效果评估工具，构建了快速简洁的适应措施及效果评估技术框架。

中国农业气候资源数字化图集编制：完成了农业气候资源各类基础数据的标准化处理，形成了数据库设计方案和规范；收集了冬小麦、春小麦、大豆、柑橘等生育期和物候期数据及苹果栽培面积和产量分布数据3万余条，生成100多幅作物光温资源和水分资源样图。

十一、节水农业

1. 节水灌溉

地下滴灌系统与产品：完成了网式、叠片和砂石等类型的自洁净功能过滤器定型与考核，完成水动活塞叠片式自洁净过滤装置、组合式离心砂石自动网式反冲洗过滤装置和组合式离心叠片过滤装置各1套，完成了地下滴灌布管机和回收机具定型，并生产出2台样机。

灌区地下水开发利用：提出了灌区地下水承载力评价体系、灌区地下水资源的最优管理模式、地下水与地表水的联合运行模式、机井诊断与改造修复方法、成井工艺与技术等多套技术体系和相应指标，形成了较完善的灌区地下水可持续利用的成套技术体系。

作物需水信息实时采集设备：研发了土壤剖面水分传感器、作物需水信息集成处理系统等7种新产品，提出了剖面土壤水分传感器布设、作物水分信息监测探头布设及数据处理等关键技术，建立了水分状况茎变差监测诊断指标和基于蒸发量的棉花膜下滴灌预警指标。

灌区水质水量调配：初步构建了基于SWAT模型的灌区分布式水质水量模型，借助RS和GIS技术构建了农田退水面源污染空间数据库，初步建立了基于遗传算法的灌区水质水量调配最优化模型。

温室蔬菜需水特性及优质高效灌溉指标：分析了水分亏缺对番茄果实外观、储运、营养等品质的影响，系统探索了各品质指标与耗水量间的关系，建立了温室番茄的优质高效灌溉指标及非充分灌溉模式，首次提出了基于常规气象数据的温室番茄需水量估算模型。

2. 旱地农业与节水农作

环境协调型旱作节水农作制度：研究了典型种植模式下水土资源环境要素变化规律，建立了环境协调型旱作节水农作的指标体系、决策支持系统和多套种植模式；提出了典型旱作区农业适宜的发展规模、种植结构优化布局和种植模式定量选择关键技术；技术成果在旱作区示范应用，节水增效和环境协调效果显著。

农田集雨保水：建立了适宜主要类型区土壤水库扩蓄增容、田间集水种植等相关技术体系5套，可提高降水的水分利用率7%～10%，坡耕地粮草间作技术使土壤侵蚀量减少50%以上；在旱区推广2万亩以上，具有显著的增产增收效益。

农田水分生产潜力及适度开发：完成了基于县域尺度的《旱作节水农业县域基础数据库》和《全国标准农田基础数据库》；绘制了4大区域主要农作物现实生产力空间分布图，明确了旱作区主要农作物降水生产潜力空间分异特征，提出了各区域降水潜力

现实开发度和适宜开发度；研发了“振动深松蓄水保墒”等9套降水生产潜力开发技术，可显著降低表径流量、提高休闲期降水储水率和水分利用效率。

十二、农产品质量安全与检测

1. 检验检测技术研究

农药残留检测技术：开展磺酰脲类农药残留检测分子印迹研究，首次以氯磺隆为模板制备了具有类特异性的磺酰脲类农药分子印迹聚合物，研制出了具有类特异性和通用性的固相萃取小柱，获得了稳定性好、再生能力强、特异性强的MIP-SPR传感芯片。

在农药多残留检测的快速样品前处理研究方面，建立了适合我国国情的农药多残留检测同步提取快速前处理技术1套，开展了农产品中违禁药物与农兽药残留分子识别高效前处理技术研究，完成了阿特拉津分子印迹聚合物的合成、特异性吸附研究及其SPE柱的研制。

建立了果蔬产品中232种农药多残留检测、谷物及蔬菜中壬基酚聚氧乙烯醚及其代谢产物多残留检测等10余个农药残留检测方法，制备了磁性纳米粒子，对常规免疫方法进行了优化，检测灵敏度提高了5~18倍，可广泛应用于各类农药的免疫检测；定性和定量分析了三唑醇等5种农药在蔬菜中的残留和立体降解行为，研究了蔬菜和水果中虫酰肼等4种农药多残留分析方法，完成了31个农药残留的安全评价研究及合理使用准则制定。

兽药残留和违禁药物检测：获得了恩诺沙星、环丙沙星、己烯雌酚、双烯雌酚等的单克隆抗体4种，环丙沙星、氯丙嗪、己烯雌酚、双烯雌酚等的多克隆抗体4种，重组β2受体蛋白3种，研制了免疫检测产品8种。

饲料安全关键因子监测评价：形成了饲料中13种β-受体激动剂、10种蛋白同化激素、7种精神类药物、4种硝基呋喃类药物等禁用药物的检测方法共12种，以及饲料中咪唑类、喹诺酮类等限用药物的同步检测方法8个，初步建立了内分泌激素类似物生物学检测方法；建立了Q-TOF和LC-MSMS联用技术，可准确地对饲料中明令禁止的40余种的违禁药物和化合物进行筛查确证检测。

违禁添加物检测：建立了饲料、禽蛋及其制品中对位红、甲苯胺红等8种违禁色素，以及饲料、禽肉及其制品中姜黄色素、斑蝥黄等7种人工合成色素的LC-MS/MS同步检测方法；获得了三聚氰胺、罗丹明B等违禁添加物的多克隆或单克隆抗体，研制了快速免疫检测试剂盒5个。研究建立了三聚氰胺的现场快速检测技术，形成“乳与乳制品乳铁蛋白含量的测定SDS-PAGE法”国家标准。

毒素和微生物检测：研究建立了饲料中赭曲霉毒素、玉米赤霉烯酮等霉菌毒素的检测方法，建立了饲料中蓖麻碱、异硫氰酸酯和恶唑烷硫酮等天然毒素或抗营养因子的测定方法，形成了饲料中李斯特氏菌等5种微生物的微生物学检验方法，应用荧光偏振技术研究建立了饲料原料中黄曲霉毒素、伏马毒素、呕吐毒素等的快速检测方法。

有机污染物等的检测：建立了莲藕以及土壤、水体中 PCB 91 等 6 种手性多氯联苯对应体检测方法；建立了饲料中二噁英及二噁英类多氯联苯的测定方法，提出我国饲料中这两类污染物的本底数据；建立了以 β-环糊精修饰滤纸为基质的固相萃取固体基质室温磷光测定多环芳烃芴和苊的分析方法；建立了生鲜肉中二氧化氯及其副产物残留检测方法，并进行了安全性评价；初步建立了肉产品中过氧乙酸、过氧化氢等加工助剂残留检测方法。

黄曲霉毒素免疫亲和快速检测：新筛选出黄曲霉毒素单克隆杂交瘤 3G1、2G6 等 4 种，研制出一批具有不同识别性能的高质量黄曲霉毒素单克隆抗体，研发出了系列免疫层析速测技术及金标试纸条产品，检测灵敏度刷新了国内外同类技术产品的最高纪录，达到 0.03 ~ 0.5 纳克/毫升，实现了速测技术与产品系列化。

基于液相色谱 – 质谱和全二维气相色谱飞行时间质谱的确证性检测：首次建立了油料中黄曲霉毒素 IA-HPLC-TSQ-MS/MS 确证性检测技术，最低检出限为 0.003 纳克/千克，达到当前国际同类方法的最高灵敏度；研究建立了油料中 66 种农药残留一次性检测的基质固相分散-GC × GC-TOF/MS 高准确性高灵敏度检测技术；建立了油菜组织中超痕量植物激素的 LC-LTQ-MS/MS 检测方法。

果品质量检测：测定了 200 余个苹果品种营养、加工、感官品质等 26 项指标；研究建立了橙汁中特征成分、质量表征成分、污染物和微生物的快速检测技术 15 项，开发了农残和微生物试剂盒 2 个；基本掌握了我国樱桃番茄的矮壮素残留状况。

麻类检测：开展了近红外光谱技术在苎麻化学检测上的应用研究，研究了苎麻化学成分微波快速测定方法，检测结果准确可靠。

2. 质量安全控制

农产品中重金属污染风险评估：研究提出了《农产品中重金属危害膳食暴露评估指南》，研究提出了同时定量变异性与不确定性的 U-V 模拟分析方法，填补了国内在概率评估领域的一个空白。

高风险农药助剂残留水平及动态变化调查：完成了玉米、大豆、黄瓜、茶叶等作物和种植地土壤与水中烷基酚聚氧乙烯醚、八氯二丙醚两类农药助剂的残留调查，揭示了这两类助剂的残留现状。

蔬菜质量安全例行监测：对山东省 9 个重点城市的蔬菜、水果和食用菌中农药残留和重金属开展例行监测工作，共检测样品 615 个，获得有效检测数据约 35 000个，为山东省的农产品质量安全监管工作提供了科学数据和政策依据。

全国农产品产地安全状况普查：完成了全国 17 个省（区、市）重点污染区近万个土壤样品的质控工作，完成了 28 个省（区、市）重点污染区土壤监测样品数据的处理与分析，以及 19 个省（区、市）检测数据的质控分析工作。

茶叶质量安全控制：完成了《绿色食品　茶叶》等农业行业标准的修订，建立了基于龙井茶身份认证编码系统的溯源管理信息系统示范平台。

农产品质量安全相关政策措施：完成了我国农产品质量安全保障体系内涵及理论分

析、现状分析、有效运作的实证研究和国外农产品质量安全保障体系研究等，提出了建立健全我国农产品质量安全保障的对策措施。

十三、农产品加工与农机

1. 农产品储藏加工

果品储藏：明确了对柑橘储藏病害致病菌抑制效果较好的7种植物，分离出多种抑制储藏病害致病菌的活性物质；集成了以植物保鲜剂应用为主的柑橘生物保鲜技术，筛选出莘力牌果蔬生物保鲜剂等生物（仿生物）源高效保鲜药物4种。

大宗农产品加工特性研究与品质评价：对收集到的1 085个大宗农产品品种进行了感官、理化与营养、加工等品质的指标测定，得到数据12 980条，初步建立了稻米、花生、油菜等品种的特征指纹图谱。

果品加工：完成了西瓜糖浆和西瓜皮渣高效利用技术开发，进一步优化了西瓜番茄红素复合软胶囊的配方；确定了利用红肉猕猴桃酿酒的工艺技术路线与参数，建成年产100吨的猕猴桃酒示范生产线。

乳品加工：研制成功低温喷雾干燥设备、原干酪全封闭连续式生产成套设备、多级膜技术组合乳清分离设备、重制干酪无菌灌装机等4套设备；开发出廉价环保新型包材1种；研究了原干酪成熟工艺、节能环保型膜技术处理乳清工艺并实现产业化示范。

油料加工：对油料脱皮低温制油工艺技术及装备进行了升级改造，提高了冷榨设备的稳定性，使冷榨残油率下降10%以上，并进行了示范推广；研究建立了菜籽油预调香低温压榨工艺技术，开展了亚麻籽油的加工工艺技术研究；优化筛选得到了菜籽饼粕生物改良复合菌剂，可显著升高菜粕蛋白饲料的营养吸收利用率；开发了脂肪酸衍生产品－蔗糖多酯的高效合成工艺技术。

茶叶加工：进一步完善了名优茶机采机制技术，优化了机采鲜叶分级处理后茶样的配套加工技术；建成年产100吨的饮料专用原料茶加工生产线和年产500吨的高品质速溶茶示范生产线各1条；以茶叶末为原料，开发出了高纯茶多酚绿色制备生产技术。

麻地膜加工：进一步完善了麻地膜的生产工艺和配方，确定了避虫麻地膜的生产设计工艺及配方，检测发现PHA处理可显著提高麻地膜新产品的延伸率和拒水性。

农产品加工业国际标准跟踪与公共服务平台：新建了“加拿大农产品加工标准”、“小麦加工业国际标准”、“国际农产品食品标签标准”3条跟踪渠道，收集动态信息约6 000条，收集农产品加工相关标准约400份。

2. 农业机械

油菜全程机械化：攻克了割晒机高大植株切割等一系列技术难题，完成第三轮样机的制造；优化了参数，在国内首次研制成功可满足我国越冬移栽油菜的自走式捡拾脱粒机和割晒机；完成了两轮4台油菜收割机样机试制，可收割油菜、水稻、小麦等多种作物，实现了一机多用。

丘陵山地小型农机具：完成了小型复式机械化耕种设备整体设计，完成了稻麦轻简型联合收获机第一轮样机设计，完成了微型多功能作业机组、薯类机械化收获机样机设计和试制。

水田超低空低量施药：对无人驾驶超低空自动导航与喷雾控制技术、农用无人驾驶轻型直升飞机进行了适用性改制，通过低量航空喷雾雾化装置等主要技术的研究应用，创制了适合水稻病虫草害防治的农用超低空轻型直升飞机及低量施药装备。

棉花收获机械：完成了全套设计图纸，试制了国产化样机，在采净率、生产率及含杂率等指标上都优于引进样机，主要性能指标均达到国家机采棉标准。

果树靶标边界仿形低量喷雾：完成了圆盘型雾化器、多路环形药液喷洒系统、双流道风送系统关键部件的研发试制，并进行了关键部件的室内性能试验；完成了 3 种果园仿形定向喷雾机的研制，并进行了田间生产试验示范。

茶叶机械：研制成功 16CLXL8/8 型自动控制连续理条机和 6CCB-784 型扁形茶连续自动炒制机 2 台关键设备，成功解决了扁形茶理条和压扁不能连续的技术难题；建成 1 条加工能力为 40 ~60 千克/小时的扁形茶连续化生产线，并提出配套的标准化加工工艺参数。

草原机械：研制了一种开沟效果明显改善的盘式犁刀和 4 种不同规格的割草机；研制了成捆率在 98% 以上的自动捆绳器，突破了国外公司的垄断；研制了多种苜蓿收获加工设备，并实现产业化生产。

十四、农业信息

作物生产信息化平台构建与应用：以农业专家、基层信息员和科技示范户队伍建设为主体，以信息服务系统和网站建设为纽带，构建了“作物生产信息化平台”与服务体系，组建了农业科技信息传播网络，在全国推广应用，科技示范户的主推技术覆盖率达到 100%，辐射带动户达到 94%，主要农作物平均增产 10% 以上，探索出一条新形势下农业科技推广的新模式。

农业信息分析与预警：完成了农产品市场预警监测分析专题研究，主要针对我国畜产品、果蔬、饲料等 8 个品种的生产、消费、市场动态等情况进行预警监测分析研究，完成月度、季度、半年和年度报告共 112 份。

农产品数量安全智能分析与预警：重点开展了农产品信息标准化、生产风险识别和评估、消费替代效果评估、消费与生产协调度测定、市场价格传导模拟、市场价格短期预测等关键技术研究，并在农产品生产风险因子早期识别技术等方面有重要进展。

小麦、玉米协同模型及周年生产仿真系统：设计了基于智能体（Agent）技术的小麦、玉米及其周年生产的协同模型，开发了作物生长模拟和协同决策系统原型，实现了小麦、玉米的模拟三维可视化及网络应用。

大田作物智能诊断技术系统：研制了病害诊断智能终端，突破了病害图像处理的关键算法，初步建立起开放式架构的水稻、小麦、玉米等大田作物主要病害智能诊断和防治系统，使病害识别率达到90%以上，并在河南、河北、宁夏等地推广应用1 500多万亩。

农业科技信息移动智能服务技术：设计了具备良好扩展性、通用的移动智能信息服务平台，构建了基于知识结构的农业科技信息用户模型，实现了移动用户的个性化服务，开发了农业知识本体管理系统。

农业生产风险评估与区划系统：解决了系统开发平台与专业技术软件（如MATLAB）的融合互通问题，实现了风险评估模型优选、农业保险费率厘定等核心技术的智能化；基本完成了“中国农作物生产风险分析评估和区划系统”的开发工作。

全国主要农作物农情监测：开展了种植面积监测和产量预测、长势动态监测、土壤墒情动态监测、农业灾害实时监测和草原载畜量监测；构建了西南、西北等冬麦区冬小麦本地数据库。

星陆双基遥感农田信息协同反演：构建了全国首个星陆协同反演试验区，设置了35个试验样地，构建了时空耦合的参数反演算法；实现了远程获取农田生态环境各种关键信息和参数的时空连续信息集的协同反演。

基于多源遥感数据组网与同化模型的区域作物生长监测与模拟：完成了农作物长势遥感监测历的建立、多源卫星数据替代与整合技术研发、多源卫星组网技术方案设计；完成了作物生长模拟模型敏感性分析与模型本地化、空间化。

区域农情遥感监测国际合作与交流：分别从荷兰和日本引进了CLUE-S和GEPIC模型系统，学习了相关的关键技术，建立了模型运行所需的软件及硬件环境，利用引进的模型技术方法开展了应用试验研究。

果园病虫害远程诊断系统：摸清了果农实际需求，完成了系统的技术需求研究与安装调试，对系统进行了调整，对硬件进行了定型设计，验证和完善了果园远红外诊断模型。

十五、农业经济与宏观战略

中国特色农业现代化的理论、道路与实践：对新中国成立以来我国农业现代化建设理论与实践进行了评价，研究了中国特色农业现代化建设的制度与机制、基本思路和发展方向、建设模式、实现途径等，为国家制定“十二五”农业发展规划提供了理论依据和决策参考。

中国水稻生产能力与产业政策：对中国水稻生产波动、粳稻生产效率以及稻田生态系统服务功能与价值等进行了测定与分析，测定和评价了我国水稻的生产能力，提出了提升生产能力的可行途径，研究了中国水稻生产发展热点问题，分析了国内外水稻产业体系的发展现状、存在问题和发展趋势，提出了相应政策建议。

通胀背景下贫困地区农户食品消费、营养均衡及其保障：完成了中国2006～2008年通胀的特征分析、国内外粮价比较以及国际市场对国内市场价格传导的分析、贫困农户应对高粮价的生产反应行为分析等研究。

肉鸡产业技术经济：进一步了解了我国肉鸡产业发展的状况，收集国内外肉鸡产业规模化、标准化、产业化发展模式及其利益分配机制的相关资料，系统跟踪监测肉鸡产业发展趋势，开展肉鸡产业发展模式与一体化研究。

全球变化背景下农作物空间格局动态变化与响应机理：初步获取了全球变化背景下区域农作物空间格局动态变化特征，探讨了演变过程的主要自然驱动力和社会经济驱动力。

牧区强农惠农政策研究：开展了强农惠农政策对农区、牧区农牧民收入影响的比较研究，以典型地区为代表开展调查和分析，通过比较强农惠农政策对农牧民收入影响效果的差异，进一步提出增加农牧民收入的对策建议。

北方草原区气候变化适应性评价及其管理对策研究：获得21个旗县社会经济、行业部门调查及1 200余份农牧户家庭调查问卷，从可持续发展的角度阐释了家庭牧场尺度单元分异要素，分析了影响家庭牧场或农户应对气候变化能力的要素，初步提出增强家庭气候变化适应能力的对策。

中国农业保险应用研究：初步建立了农业风险早期识别模型，完善了农业巨灾风险的评估方法，扩展了VaR、协整、信息引导方法在水果等农产品市场的应用。

“十二五”科技特派员农村科技创业与服务体系建设：厘清了产权经济、新公共服务、农业科技传播、城乡统筹等农业科技创业与推广服务中的基本经济学问题及相关理论范畴，分析了世界各国农业科技推广体系的构成及其运行机制，为建立我国新型农业科技服务体系提供了政策建议。

中英两国引导实现循环农业的方法分析：揭示了现代循环农业模式的典型特征和基本类型，建立了基础数据库；举办国际学术研讨会，交流总结了中英两国循环农业的共性技术体系和成功实践；建立了联合示范区，引导鼓励应用成功循环农业模式。

中国农业科学院
2010 年科技兴农工作总结

2010 年，在农业部的直接领导下，中国农业科学院以强化服务“三农”为目标，以科技创新为依托，充分发挥科技和人才优势，以“三百”科技支农行动为中心，全力组织开展科技兴农工作。据不完全统计，全院共计组织科技下乡 32 425人·天；组织举办现场展示会、观摩会、技术培训、技术讲座、技术咨询等活动 3 344次，直接或间接培训基层技术人员和农民 58.5 万人次；发放科技图书和资料 130 万份，推广水稻、小麦、玉米、棉花、蔬菜及畜禽新品种 222 个、新技术 167 项，新品种、新技术示范推广面积 1.9 亿亩，推广牲畜 1 000多万只（头）；签订科技合作协议 1 476个，建立和完善各类科技示范基地、示范点 1 350个。广大科技人员深入农业生产第一线，努力探求科技兴农工作的有效途径和方法，不断提高科技兴农和服务“三农”的水平，加速科技成果的推广应用，进一步探索了“课题来源于生产、成果应用于生产”的科技推广工作新机制，为我国农业和农村经济发展提供了强有力的科技支撑，为发展现代农业、扎实推进社会主义新农村建设作出了应有的贡献。

一、积极开展重大科技兴农行动，促进现代农业发展

按照农业部的统一部署，我院充分发挥科技和人才优势，全力组织开展重大科技兴农行动，努力推动现代农业发展。

（一）积极配合高产创建活动，促进农业生产稳定发展

我院充分发挥自身科技和人才优势，配合农业部高产创建活动，集成技术、集约项目、集中力量大力推广新品种、新技术，促进良种良法配套，依靠科技进步挖掘单产潜力，带动大面积平衡增产，努力促进主要农产品生产的稳定发展。

水稻 在全国重点水稻产区浙江、江苏等地创建万亩示范片 5 个，千亩示范方 8 个，百亩攻关方 11 个，建立新品种、新技术示范点 7 个。重点示范了“国稻”、“中浙优”、“天优华占”、“徐稻 5 号”等 20 多个高产品种，其中“中嘉早 17”在浙江、湖南、湖北、江西、安徽 5 省 62 个县布点示范 2 万余亩。配合高产高效新品种，在黑龙江农垦、广西荔浦等地推广“水稻钵形毯状秧苗机插技术”30 万亩，在浙江仙居、乐清等地示范了“灌溉稻‘麦作式’水稻湿种高产技术”，在湖南宁乡、江苏仪征、江西

泰和等地示范了“稻飞虱生态控制技术”，还派出 50 多名专家分赴黑龙江、江西和湖北等省，参加了秋粮抗灾夺丰收科技服务工作，指导中晚稻生产。

小麦 结合国家小麦产业技术体系工作，以科技示范户建设为核心，以创建高产示范田、攻关田为载体，以推广小麦主导品种、主推技术和实施主体培训为主要内容，筛选主推品种 36 个，在 121 个示范县建立了万亩高产高效示范区。进一步加强了小麦产后技术研究及产业链条建设，建立了小麦品质和产地环境监测技术体系，为决策提供技术支撑。开展了小麦节水栽培高产技术示范，在河南偃师市、孟津县等建立了旱地小麦高产栽培示范点和科技示范村，推广保护性耕作等旱作栽培技术 3 万余亩；在山东临邑建立了亩产 750 千克超高产和亩产 600 千克节水技术示范基地。

玉米 主要推广高产品种及应用配套栽培技术。采用“政府支持 + 企业主导 + 技术支撑”框架下的“优良品种 + 配套技术 + 示范观摩 + 技术培训 + 品牌宣传”的多元化推广模式，开展高产创建活动。在西南玉米产区的四川、云南和贵州 3 个省建立了覆盖 50 个乡镇 500 个村的 5 000个科技示范户和 10 万辐射带动户，示范 700 多万亩，每亩增产 51. 08 千克，多次创造了西南及南方玉米高产纪录。熟化了中单 815 配套栽培技术，在河北秦皇岛、承德、固安等地建立了生产示范点 4 万多亩。在宁夏同心县创造亩产 1 314. 6千克的 2010 年度全国最高水平。配合国家玉米产业技术体系工作，开展了玉米高产综合集成技术试验、示范和推广，培训农技人员和农民 12 万人次。

大豆 配合高产创建活动，以全国农技推广示范县为基本目标区域，依托大豆产业技术体系，组织 260 名专家，到 135 个县对 6 750名基层农技推广人员进行培训，建立农业科技试验示范基地 250 个，直接带动科技示范户 14. 5 万户，辐射带动 200 万农户。加快新品种、新技术的示范推广，在新疆生产建设兵团农八师 148 团试验站种植的“中黄 35”，亩产 405. 89 千克，再创我国大豆单产纪录。为湖北、江西、湖南等省大豆高产创建活动免费提供了“天隆一号”、“中豆 35”等核心示范区用种子 3 万千克，示范 4 000亩。

马铃薯 参加马铃薯高产创建工作，为高产创建提供技术指导。召集全国 15 个主产省区的马铃薯专家，总结了高产创建的经验和做法。专家组 4 次赴贵州进行指导，创造了贵州大面积高产纪录。派出专家，在生产的关键时期，先后到黑龙江、内蒙古、甘肃、山东、河南、江苏、广东、重庆等 10 余个省（区、市）进行技术指导和培训。

（二）积极开展重大科技服务行动，促进重要农业产业升级

按照农业部统一部署，紧紧围绕主导产业的发展需求，我院组织专家积极参加重大科技服务行动，开展了形式多样的技术服务工作，充分利用各种优势资源，聚集农业科研的最新技术和成果，加快地方农业现代化的发展进程，促进农业增效和农民增收。

科技入户 继续派遣水稻、小麦、玉米、大豆、棉花、园艺作物、马铃薯、奶牛和生猪等行业的专家，以首席专家身份参加农业部实施的农业科技入户工作，推广新品

种、新技术，深入田间地头进行科技服务，举办各类培训班，提高了农业科技的到户率和到田率，提高了农业技术的保障作用和对农业灾害的应急能力。构建了“作物生产信息化平台”与服务体系，组建了由3 365名专家、15 800余名信息员和30万户科技示范户组成、覆盖32个省（区、市）和新疆生产建设兵团300个示范县的信息传播网络。示范户主推技术覆盖率达到100%，辐射带动户达到94%。主要农作物平均增产10%。奶牛专家团组织现场观摩和现场咨询会40余场，举办各类培训班100余次，培训1.36万人次，制作《奶牛简报》21期，发放技术手册5.8万余册，挂图260余幅。

测土配方施肥 在云南、福建、安徽、湖北等12个省（市）推广有机无机复混肥、化肥替代技术和绿肥施用技术326万亩。在江西赣南和重庆市推广柑橘平衡施肥技术，诊断果园790多个，面积30多万亩，节约磷钾肥1.5万吨。培训企业技术人员125名，培训农户300家，为多家企业建立了测土配方施肥工作体系。组织专家50多人次，分赴黑龙江、山东、江苏、湖南等17个省，指导农民科学施肥。

标准茶园创建 协助起草了《全国标准茶园创建活动工作方案》和《标准茶园创建规范》，编写了《茶叶标准园技术手册》。为河南信阳、浙江缙云、四川马边等10个县的标准茶园建设提供技术指导与服务。推广了标准茶园栽培技术、有机茶施肥技术、名优绿茶加工技术等。在湖北大悟，四川广元等开展标准茶园建设技术讲座，培训农技人员、茶农500多人。

沼气工程 完成了农业部秸秆沼气示范工程建设，为湖南、四川、贵州、河南等省制定大中型沼气工程可研报告37份，设计施工图91份，完成了16处秸秆沼气集中供气试点项目工程技术评估报告。派出专家参加农村沼气服务体系项目建设专项检查工作，参与检查12个省（区）34个县（市、区）225个服务网点，走访1 214户建池农户，完成了检查报告。举办了一期全国沼气建设管理技术培训班，多次派专家到各省培训授课。

重大动物疫病防控行动 积极组织落实禽流感等重大动物疫病防控行动。采集7 000多份家禽拭子和血清样品，分离到多株禽流感病毒和新城疫病毒。从采自10余省份的猪流感1 220份样品中分离到甲型H1N1流感病毒2株，经典H1N1亚型猪流感病毒4株，为重大疫病防控奠定了基础。继续在农业部8个动物血吸虫病观测点进行流行病学调查，提出了加强家畜血吸虫病防治建议方案。举办了全国家畜血吸虫病疫情控制技术培训班，培训技术骨干42名。

展览展示活动 组织我院12个研究所35个项目参加了第十二届中国国际高新技术成果交易会，集中展示了作物育种、栽培技术、设施园艺等方面的新成果、新技术、新产品，同时兼顾棉花、油料、蔬菜、果树、茶叶及特种养殖等领域。国务院副总理回良玉、农业部副部长张桃林等领导参观了我院展区，对水稻钵形毯状秧苗机插技术、家庭植物工厂系列产品给予了充分的肯定。展览期间，共接待参观人员5 000多人。新华社、光明日报、经济日报、中国日报、凤凰卫视、广东电视台等20多家媒体现场采访，报道了我院参展情况。矮败小麦、中黄13大豆、人工光植物工厂、水稻钵形毯状秧苗机插技术 4 项成果获大会优秀产品奖。

组织参加了“农业部放心农资下乡进村现场咨询活动暨第四届唐山农业生产资料农产品产销对接大会”，展示小麦玉米连作决策系统、生物肥料、测土配方等 30 余项技术，发放技术资料 5 000余份，向农民朋友普及了安全使用农资、识假辨假等有关知识。

网站建设和培训工作　建设和完善“中国农业推广网”，建成了多类管理与服务信息系统，形成了“部—省—县”纵向贯通、横向联系紧密的信息技术和管理队伍。建立了全国 34 个省（区、市）和 770 个示范县的数据采集系统。

积极配合农业部“全国蜂业应急技术培训班”工作，完成吉林、湖北、云南 3 省的蜂农培训工作，培训蜂农 5 000余人，免费发放养蜂书籍资料 1 000本。参加全国阳光工程农机培训，编辑出版 3 部全国通用培训教材。与全国农技推广中心联合举办了全国转基因棉花病虫监控技术培训班，培训 14 个棉花主产省的专家和技术人员 80 名。

（三）积极组织参加“百日科技服务行动”，保障农业增产增效

按照农业部关于深入开展“百日科技服务行动计划”的工作部署和 2010 年为农民办实事的工作要求，组织 300 多名专家，会同地方农技推广人员，在 200 多个县的春耕春管、三夏、秋冬种 3 个生产关键环节，集中开展了水稻、小麦、玉米、大豆、棉花、蔬菜、果树、茶叶等农业科技服务活动，集中培训基层农技人员 1.5 万人，辐射带动了 20 万农户，推广品种 100 多个、组装配套生产技术 150 项。

开展了食用豆百日科技服务行动，在 17 个市、县培训技术人员、种植大户 5 038人次，培训农民 4 179人次。在北京、山西、陕西、辽宁等 11 个省（市）开展了以技术指导和培训活动为主体的“果树百日科技服务行动”和“秋冬科技服务行动”，培训技术人员 1 642人次，种植户 3 564人次。开展了麻类作物百日科技服务，建立了中苎 1 号新品种新技术试验示范基地，举行了良种示范园生产与标准化高产栽培技术现场观摩会。在四川、浙江、湖北等地 100 个茶叶示范县开展了茶叶百日科技服务行动，派出科技人员 1 100多人次深入茶区，培训茶农 3 500多人次，推广优良茶树品种、生物农药、茶树专用肥等科技产品和实用技术 10 项，发放科技图书、资料等 2 万多份。

在甘肃等地开展了绒山羊和肉牛百日科技服务行动，在春季接羔鉴定、夏季剪毛抓绒、秋冬季配种等关键季节，积极开展巡回指导，保障 2010 年绒毛用羊生产发展。

（四）积极承担农产品质量监督检测工作，为农产品质量安全提供保障

我院充分发挥技术、设备、人才优势，认真组织开展农产品质量监督检测工作，积极参加农业部组织的农产品质量安全专项行动，为各专项行动的实施提供科技支撑。

积极参加农业部“全国饲料质量安全监测计划”，完成了全国违禁添加物的专项监

测数据分析工作，对我国“瘦肉精”等违禁药物安全监管形势进行了分析和预测，向主管部门提交了相关报告；完成了进口饲料添加剂产品的监督抽查工作，抽查12个省份63个企业的进口饲料添加剂产品202批次，检测指标700项次；承担了对黑龙江和青海牛、羊饲料的检测任务，检测400多批次样品。

配合“农产品质量安全监管加强行动”，对农村沼气建设和沼气产品及设备的质量进行监督和监测，保障农户合法利益不受侵害。加强植烟土壤和烟叶取样检测，推广包衣良种、生物防治和除草剂漂浮育苗技术，建立了烟叶清洁生产技术体系。分别在北京、辽宁、江西等地举办检测技术培训班4次，培训地方业务骨干300名。

（五）积极组织开展科技救灾，为恢复生产提供服务

抗击水旱灾害 选派了玉米和水稻方面10位专家，配合农业部参加农业抗灾救灾和秋粮生产科技服务团，分赴辽宁、吉林、内蒙古、江西、广西、湖北、安徽7个省（区），开展巡回科技服务。针对不同的受灾程度、种植模式及农时季节，制定了一系列针对性强的抗灾技术方案。我院专家带队的科技服务团赴安徽开展工作，研究制定了抗灾保秋粮技术方案，深入生产第一线，进村入户，开展技术培训和分类指导。

我院认真贯彻中央关于实施科技抗旱救灾的指示精神，积极配合农业部等部委，针对西南旱区的实际情况，选派水稻、玉米、蔬菜、食用豆、茶叶、烟草、土壤、肥料、减灾、灌溉等方面的专家，组成农业科技抗旱救灾服务队，分批深入云南、贵州、广西、重庆等省（区、市），进行抗旱保春耕科技服务工作。专家们深入田间地头，开展查苗情、查墒情活动，分析旱情影响，研究应对措施，筛选春季抗旱田间管理技术，编制和发放了3批包括60余项技术的农业抗旱实用技术手册，并通过新华网、人民网、光明日报、农民日报、中国教育电视台、北京电视台等和当地媒体进行了宣传和普及。

抗击低温冻害 2010年年初的特大低温冻害，给我国小麦生产造成了严重影响，我院配合农业部派出小麦专家随韩长赋部长到河北省考察，提出针对2010年特殊气候条件，改变传统管理模式，提前灌水施肥。专家还随部领导多次深入田间、地头讲解春季小麦管理技术，受到当地政府和农民的热烈欢迎。针对年初辽宁地区梨树遭受罕见冻害的情况，积极组织经验丰富的专家深入灾区，制定了灾后管理技术规程，培训果农5 000余人次，免费发放明白纸和栽培管理技术手册500份，防灾应急手册3 000余份。

二、继续开展“三百”科技支农行动计划，推动农村经济发展和农民增收

全院继续以“三百”科技支农行动为核心，积极开展了科技兴农工作。先后与北京市、天津市、安徽省、湖南省、广东省深圳市、江苏省徐州市等10余个地方政府签署了院地科技合作协议；各所与黑龙江农垦、内蒙古乌兰察布市、山东省青州市、贵州

省安顺地区等签订了技术合作协议 60 多份；组织了合作项目的筛选和实施等工作，进一步密切了我院与地方的联系。全年分产业、分地区、分单位开展了科技支撑行动、科技示范行动、科技服务行动，推广水稻、玉米、小麦、大豆、马铃薯、油菜、棉花、茶叶、果树、蔬菜、畜禽等品种 200 多个，各种实用技术 100 多项，为 337 个县提供了直接的技术服务，培训人员 50 多万人次。为加速科技成果转化，提升产业技术水平，增加农民收入，保障国家粮食安全，促进农业农村经济发展和社会主义新农村建设提供了强有力的科技支撑。

（一）全面推进科技支撑行动

以国家新增 1 000亿斤粮食为目标，组装、集成了一批科技成果，建立了试验、示范、推广体系和科技成果示范展示基地，把先进、实用的农业科技成果推广到生产第一线，为粮食生产的稳定发展提供了可靠的技术支撑。

水稻 在浙江温州苍南、衢州江山、台州临海等地建立百亩示范基地；在全国各水稻产区建立了“中优 9 号”、“协优 950”、“国稻 6 号”等品种示范方 20 余个，开展了品种推介、高产示范、现场观摩等推广工作；在江苏铜山、邳州、新沂、沭阳、洪泽等县（市）建立了水稻新品种示范点，推广了徐稻系列高产新品种和定量设计栽培、稻田套养泥鳅等栽培新技术；实施“品种 + 技术 + 品牌”的产业化模式，进行“订单”收购，打造了“天美”牌长粳米、“廊桥香米”等优质稻米品牌。在江苏吴江、上海大丰农场、安徽明光建立了 10 万亩水稻航空施药试验示范基地，在浙江、江苏、江西等 10 余省份推广应用稻鸭共育生态种养技术 100 多万亩，农民增收近 2 亿元。

小麦 继续在全国推广矮败小麦育种技术，国内先后有 72 家科研院所和高校引进了矮败小麦及其高效育种技术，构建轮选群体 210 个，育成新品种 42 个，累计推广 1. 85 亿亩，增产小麦 56 亿千克，增收 82 亿元。在江苏省睢宁县、安徽省萧县等地示范推广了“徐麦 27”、“徐麦 30”、“徐麦 31”等小麦品种，推广轮选系列小麦 100 万亩。

玉米 在四川、贵州、云南、河北等地推广“中单 808”500 多万亩、“中单 28”50 多万亩，“中单 808”已成为西南地区推广面积最大的玉米品种。在黑龙江、山东、河南、甘肃、四川等 12 个省的 20 多个县推广了玉米病虫草害诊断专家系统、玉米全覆膜技术、春玉米“缩株增密”和“扩穗防衰”超高产栽培技术等。集成多项关键技术，在宁夏同心县创造亩产 1 314. 6千克的年度全国高产纪录。

大豆 完成了 12 个省份中黄 35 的展示与示范，召开现场会 3 次，举办技术培训班 10 期，累计培训 2 500人次，建立中黄 35 良种繁育基地 2 个，年繁殖原种 3 万千克，推广 101. 2 万亩，每亩增产 22. 65 千克，增产 2 292. 18万千克，新增产值 9 168. 72万元。在湖北省洪湖市建立 10 万亩、在钟祥市建立 1 万亩的大豆示范基地，推广“中豆 33”、“中黄 35”等新品种及其高产栽培技术，提供示范用优质种子，进行了技术培训和技术指导。

甘薯 派出甘薯专家100多人次，分赴20多个省和地区，深入基层，走访种植大户、加工企业，到田间地头，推广新品种10余个，新技术5项，在河北省秦皇岛市推广五彩脱毒甘薯“353”机械化轻简栽培技术、特高产甘薯新品种“徐薯27”及新近研制的冬暖式大棚节能型鲜食甘薯贮藏库等。在江苏省丰县常店镇、贾汪区江庄镇、安徽省萧县黄口天之润公司推广了甘薯大垄双行机械化栽培和食用甘薯深加工技术。

专项技术 在推广粮食新品种的同时，我院还加强了粮食丰产增效技术的推广。推广新型种子加工技术设备，建立了5个加工试验示范基地，加工水稻、小麦种子7 000万千克。在河南焦作广利灌区综合示范基地推广应用“小麦、玉米精量灌溉技术集成模式”3万亩，农业用水综合成本减少11.7%，效率提高20.4%。在天津市武清区、宝坻区、河北省唐山市推广沼渣、沼液农田培肥技术25万亩，增产粮食4 500吨，设施蔬菜8 884吨，增收1 691万元。

（二）继续开展科技示范行动

继续在24个省（区）123个县开展综合示范县建设和单项重点产业技术示范推广，加大了科技成果的辐射带动作用。新建各类科技示范基地、示范点503个，续建原有示范基地、示范点810个。全院集中力量建设了北京大兴、黑龙江农垦、宁夏贺兰、河北廊坊等综合示范基地。形成了每个研究所有几个示范县和若干个专项技术或成果示范基地的局面。通过科技示范，促进了科技成果的转化，带动了农业的稳定增效和农民的持续增收。

1. 产业技术示范行动

棉花 新建“棉花工厂化育苗和机械化移栽”示范基地10个，累计建立基地50个，面积3.2万亩，技术推广100万亩。2010年示范基地籽棉亩产量247千克，每亩比两熟粮食增收700元。该技术还在瓜类、蔬菜、花卉、果树和中药材上推广20万亩，在小麦上应用，亩产450～500千克，比棉田套栽亩增产200多千克。

油料作物 建立优质油菜繁育示范基地3 000亩，生产基地3万亩。举办现场观摩会、培训班80余个，培训农民、技术人员5 800余人次，发放技术宣传材料19万份，签订技术合同38个，建立示范基地60多个。在湖北、湖南、广西等7省（区）推广中双系列、中油杂系列油菜新品种20万亩，辐射200万亩，亩产提高了10%。在湖北红安、大悟、麻城、宜城、武穴等示范“中花8号”花生、“中芝14”芝麻等新品种2 000亩，辐射2万亩。

柑橘 在重庆、四川、江西和云南等地发展柑橘新品种示范园1万亩，示范柑橘信息管理技术3 000亩，提供脱毒柑橘新品种15个，供苗20余万株，接芽10万个。向四川、贵州等地推广100余万株柑橘无病毒容器苗。推广应用生物制剂和农药产品30万份，面积近50万亩。推广晚熟栽培技术2万亩，实现冬季正常结果。

烟草、牧草　在湖北恩施开发了“清江源”特色烟叶，推广土壤改良、赤星病防治等新技术 31 万亩，增效 1.52 亿多元。在内蒙古准格尔旗、杭锦旗建立了 2 600亩苜蓿种植示范基地，在土默特左旗依肯板申村指导农民种植“中苜 2 号”2.2 万亩。建立了以生物防治为主的草地虫害综合防控技术体系，推广 109 万亩，新增产值 5 160万元。

蚕业　派出专家 30 多人，在江苏省东台市、四川省内江市、云南省大姚县等推广家蚕新品种“新莹 × 玉泉”等 6 000张，产茧 40 多千克/张，亩桑产值 4 000元以上；推广病虫害防控新产品 4 个；在江苏东台、广西河池建立了桑树新品种试验基地 3 个，桑蚕生产配套技术试验示范区 100 多亩，提供各类优异种质 188 份次。

麻类作物　推广“中杂红 318”、“中红麻 13”等品种 12 万亩，每亩增产 50 千克，间接经济效益 0.36 亿元。在海南三亚、广西南宁和福建漳州等地建立良种繁育基地 3 个，生产示范基地 5 个。先后建立了湖北仙桃、江苏镇江、浙江萧山和湖南沅江 4 个麻地膜应用示范基地，进行了大面积示范。

特种经济动植物　在吉林市龙潭区推广黄花乌头早熟品系，采取“公司 + 农户”方式，建立示范基地 680 亩，良种繁育基地 120 亩，农民获利 712.8 万元。在吉林省柳河县、集安市、内蒙古喀喇沁旗等 4 个山葡萄产业科技示范县，推广规范化栽培模式 4 000余亩，辐射带动 10 万亩。在吉林省东丰县建立了拥有 500 多只优良种鹿核心群的梅花鹿良种繁育中心，在 6 个乡镇梅花鹿大中型养殖区建立了 10 个高效养殖示范区。在吉林省磐石县建立了龙凤皮草蓝狐优质种源基地，有种狐 2 000只，引进优质芬兰种狐 200 只。

健康养殖技术　在甘肃省永昌县完善了核心育种场、乡（镇）繁育场和 20 个养殖配种大户三级“西北肉用绵羊新品种育种体系”，采取国营、集体、个体三结合的开放式“联合育种”模式。生产各代杂交母羊 3 万余只，组建横交固定母羊群 3 132只，种公羊 300 余只。依托“上海农场丰海种猪场”等科技成果示范基地建立养猪基地 9 家，养禽基地 1 家。在黑龙江省兰西县种猪场建立了兽医临床试验基地，开展了系列科技服务活动。在河南、山西、辽宁建立规模化抗螨蜜蜂饲养和蜜蜂病虫害防治示范基地 9 个，推广蜂群 1.3 万群，在北京市平谷区建立温室桃树熊蜂授粉技术成果展示与示范基地 200 亩，桃果实发育期缩短 6 ~ 8 天。

其他产业技术　推广纸筒育苗专用肥 40 万亩，覆盖我国甜菜纸筒育苗面积的 70% 以上。在河南省夏邑县、孟津县等地推广节水灌溉工程技术 3 万多亩，实现年亩节水 690 立方米，增效 220 元。继续在河北省怀来县和定兴县建立新农村信息化示范基地，怀来县 72% 的村 2 100多个喇叭实现了定制化广播服务。在原有 87 个科技示范基地的基础上，2010 年在内蒙古、新疆新建蔬菜有机土栽培技术示范基地 4 个。在辽宁清源、河北徐水、湖南湘潭等地新建养殖废水处理和综合利用示范基地 6 个。

2. 现代农业综合示范县建设行动

继续加强大兴现代农业综合示范区建设工作　继续推动与北京市大兴区的科技合作，通过项目引入新品种新技术，共建科技研究中心、成果示范基地，形成完整的生产、加工、销售链条，打造农业科技推广“大兴模式”。

建设科技示范基地，加大科技成果的辐射带动作用 推广蜂胶黄酮和抗热应激奶牛专用预混料30吨，开展奶牛乳房炎的快速检测工作，检测生鲜乳2 620头份，完善功能奶研发实验室，并开展乳制品相关研究试验；引进优质食用花青素型、胡萝卜素型甘薯新品系30个。免费发放“徐薯23”、“徐紫1号”等新优品种30万余株，示范推广2万余亩；进行30%辛硫膦微胶囊防治甘薯茎线虫示范5 000余亩；通过生态养殖模式的推广与示范，推广土著菌49.28吨，覆盖生态养殖猪舍8万多平方米；推广免疫增强剂28.31吨，覆盖生猪28万头；建立梨果贮藏保鲜基地4个，推广了西洋梨、砂梨贮藏保鲜技术。

全力开展科技服务和科技培训，加速农业科技普及 通过组织举办现场展示演示、观摩会、技术培训、讲座、咨询会等形式，发放科技图书、资料等1 800份，直接培训或间接培训基层技术人员和农民1 500人次。在庞各庄镇前曹村等举办了甘薯培训班、薯苗现场观摩、科普赶集等活动16次，培训800余人次，发放资料900余份。多次对大兴梨果贮藏企业进行调研，对10家企业存在的问题进行现场指导和技术培训。

编写地方技术规程，推进标准化生产 编制和起草北京市地方标准“梨贮藏保鲜技术规程”并送审。开展了奶牛规范生产技术的示范推广，编写了《奶牛良好农业规范生产技术指南》和《奶牛良好农业规范生产关键点分级》，获得专利一项。

继续加强黑龙江农垦现代农业综合示范区建设工作 组织专家考察了黑龙江垦区，确立了28个科技合作项目，落实了专家和工作内容，加强了粮食作物、蔬菜、果树、畜禽、农业机械、栽培技术等方面的合作，重点建设建三江试验基地和九三试验基地。

水稻钵形毯状秧苗机插技术 在建三江分局浓江农场示范推广20多万亩，在春季严重低温条件下仍获得了显著的增产效果。9月份万亩示范片测产验收，亩产首次突破800千克大关，创造了当地水稻高产纪录。在九三管局等建立“甜菜纸筒移栽科技示范园区”3 000余亩、示范园区公顷产量达到45吨，提高25%，每公顷增加收入3 000元。

继续推进广阳现代农业综合示范区建设工作 完成了奶牛、设施蔬菜病虫害防治、梨新品种引进等项目，开展了蔬菜、切花菊、高档盆栽花卉、黄金梨等新品种引进，示范推广了大棚高产高效蔬菜栽培技术、犊牛代乳粉、药物隔离防治土传病害技术等，新建20亩精品果园，培训基层农技人员和农民300多人。在广阳区新启动了连栋大型冷棚建设、蔬菜、花卉、梨、设施桃和生猪养殖6个重点项目，进一步拓宽了院区科技合作领域，加速我院技术、人才、成果等资源向广阳聚集。

继续实施贺兰现代农业综合示范区建设工作 已建成30个农业示范园区和基地，重点推广了奶牛TMR饲喂技术、蔬菜有机生态型无土栽培技术等10余项新技术；引进蔬菜新品种45个，建立了高标准新品种新技术示范棚；引进油桃、观赏桃、西甜瓜等新品种25个，其中“中蜜201”薄皮甜瓜实现亩效益2万元；引进马铃薯早熟品种7个，示范120亩，亩产达1 500千克，每亩效益1 200元；与洪广营农林生态养殖场合作共建奶牛高产现代科技示范园区，引进了自由卧床等现代化设备，应用DHI、TMR等先进技术进行组装配套，成年母牛平均单产8 500千克。新品种新技术的推广应用，提高了贺兰农业生产水平，加快了农业产业结构调整，促进了现代农业的发展。

开展了江门现代农业综合示范区合作工作　确定了合作共建国家现代农业示范区江门现代农业综合示范基地，我院派出专家100多人次到江门开展工作。作为支持单位参加了第二届江门市农业博览会，举办了农业高新技术成果展、稻文化展，设立了专门设施农业展区，11个研究所分别展示了蔬菜、园艺设施、肥料、农业机械等领域的100多项新技术、新品种、新产品。

开展了铜山现代农业综合示范区合作工作　与徐州市人民政府签署了合作协议，推进徐州粮食、畜牧、食品工业的发展。在徐州市铜山区国家现代农业示范区，共同规划建设中国农业科学院新品种新技术试验示范基地，推广先进农业技术。

（三）积极组织科技服务行动

继续在25个省（区）的114个县开展了以水稻、小麦、玉米、大豆、棉花、蔬菜、油菜、茶叶、烟草等作物和奶牛、水牛、肉羊、鹿、貂等畜禽为对象的产业咨询与规划、实用技术开发、技术指导、技术培训等工作。组织科技人员编写了科普材料，制作了技术“明白纸”、科技光盘，直接送到农民手中。在农业生产关键时节，组织专家和农技人员深入生产一线，进村入户开展“手把手、面对面”的科技服务。通过组织举办现场展示演示、观摩会、技术培训、讲座、咨询会等各类活动，培训基层农技人员和农村实用人才，推广普及先进实用科学技术，提高了农民发展生产的能力和致富本领。

1. 技术服务

专项技术服务　2010年，烟草技术服务和成果转化工作覆盖全国15个省38个地市级公司，服务面积达885万亩。采取专题培训、现场培训、烟农夜校、入户指导等多种形式，累计培训烟农40多万人次。新建云南大理、贵州遵义等烟草核心示范区4个，在全国共建立烟草科技示范基地43个。与上海烟草（集团）公司共建了“基地开发+科研项目+原料质量运行保障体系的建设与维护+原料技术管理”一体化科技服务体系，有19人在河南、黑龙江、云南、贵州等10多个省市专门从事基地服务工作。

与河北省饶阳县、肃宁县、青县等15个县区签署了蔬菜产业科技合作协议　派出黄瓜、番茄、辣椒、植保等专家到对接县区开展科技服务。春季、秋季在甘肃省定西县开展科技服务，推广“中甘21”、“中甘18”甘蓝品种超过2万亩，回复群众来信800余封，电话解决客户问题上万个。

开展了茶叶“十企百村千户”行动工作　培育以10家龙头企业为载体的10个新型专业合作经济组织，选择100个乡村，培育科技示范户1 000户，培养了一批技术人员。

信息技术服务　创建了“农民自己的搜索引擎”—“农搜”网（http：//

www. sdd. net. cn)，逐步成为农业领域知名网站，每天对上万个信息进行分类和加工，形成 8 大类 34 小类信息，供用户搜索。承办的“中国沼气网”年度点击 110 万次，向国内同行业、农技人员和农民介绍沼气新产品、新技术、新工艺。

研发了“基于 3G 的基层农技推广管理平台” 在北京市大兴区安定镇和江苏省兴化市进行了示范与推广。2010 年 7 月，农业部和北京市领导视察了我院在大兴区安定镇的农业信息化工作，参观了 3G 基层农技推广信息化示范、市区二级 221 信息平台、农户档案、农博士、电子图书等信息化展示，给予了充分肯定。

科技支援青海与宁夏 落实了与青海省合作培训人才协议，院属 17 个研究所接受青海省学员 81 人，进行了短期学习培训。在宁夏固原开展了马铃薯新品种选育、示范和推广工作，推广新品种 2 个。马铃薯专家多次赴宁夏开展技术服务。

2. 科技培训

组织举办现场展示会、观摩会、培训、讲座、咨询等 3 300多次，直接或间接培训基层技术人员和农民 58. 5 万人次，发放科技图书资料 130 万份。

培训棉花技术员、种棉大户、种田能手 3. 7 万人次，发放彩色挂图 1 万幅，光盘 500 张，赠送书籍 3 000册，全年现场指导 95 次，电话答疑 1 万人次。派出果树科技人员 1 500人次，培训技术人员 2 万人次，发放技术资料 8 万余份，接待咨询 5 000人次，接待参观 5 万多人次，赠送技术光碟 320 张，赠送农业生产资料价值 4. 8 万元。在辽宁举办了 15 期农民技术员培训班，培训 14 个市、县的农业技术人员和果树种植大户 2 468人。举办评茶师、炒茶技师、茶艺师等职业技能培训 11 期，培训技术人员 1 000 人左右。在 12 个省、市 14 个县开展了植物病虫害防治科技服务，举办了科技培训班、科技现场会 14 次，培训技术人员 2 000余人。

分别在河北、新疆、山西等 10 省（区）合作举办了 10 期“金钥匙奶牛养殖技术培训会”，深入养殖场对疾病防治和其他相关问题进行现场培训和示范指导，编写出版了培训教材，发放培训资料 3 700余份。

三、积极开展科技援藏援疆和科技扶贫工作，服务区域经济发展

近年来，按照农业部部署，我院积极组织开展科技援藏援疆和科技扶贫工作，促进边疆和贫困地区经济发展。院领导多次带领专家团队深入实地考察，动员全院科技力量为西藏、新疆和相关贫困地区经济社会发展提供科技服务，进一步加强我院科技资源、科技成果在西藏、新疆和相关贫困地区的聚集，在合作研究、技术转化、人才培养等方面为支援西藏和新疆，加快相关贫困地区发展，发挥了积极作用，取得了显著成效。

（一）继续开展科技援藏援疆工作，促进西藏、新疆农牧业的可持续发展

1. 加强科研项目合作，带动西藏、新疆农业科技实力提升

我院不断加强与西藏、新疆有关部门合作，通过共同承担国家和地方各类项目，与西藏、新疆有关单位联合开展了资源收集、新品种的引种、示范、育种、栽培等技术合作研究工作，带动了西藏、新疆农业科技实力提升。

组织专家提出了西藏农牧科学院相关立项建议，促使 2 个项目获得国家发改委“十二五”立项，计划经费 2 亿元。组织编写了国家科技支撑计划项目、西藏科技厅重大项目等建议书 4 项，制定了 3 种牧草繁育技术规范和种子生产技术建议。

与新疆农科院共同承担了设施蔬菜等 4 项科技支撑计划项目。在库尔勒、昌吉等地推广了极早熟加工番茄新品种“红杂 10 号”、“红杂 35”，早熟品种“红杂 31”、“红杂 33”的推广；在喀什地区疏勒县建立了设施蔬菜新品种新技术示范基地；在哈密、阿克苏等地区推广蔬菜有机生态型无土栽培技术；在喀什、阿克苏、叶城、吐鲁番等地举办了 5 场设施农业技术培训，培训农民 800 多人，发放资料 600 多份；与新疆农机局共同承担“948”计划项目，在昌吉市大西渠镇建立了机采棉试验示范基地；承担了新疆农业厅农产品质量安全调研项目，完成了 12 个市、80 个县的调研，提出了有针对性的政策建议。通过执行兵团 2 项合作项目，在五家渠市建立了设施蔬菜温室环境监控系统，引进了新品种，示范了有机土栽培技术。为五家渠、石河子和北屯等地设施蔬菜生产提供了科技服务，为喀什等地提供了番茄新品种和环境监控设备。

2. 加强科技成果转化和实用技术推广，解决生产实际问题

针对生产实际，我院在西藏、新疆重点开展了棉花、蔬菜、果树等优良品种选育和配套技术推广工作。

在西藏主要开展了资源收集、引种示范、生态环保等工作。搜集、整理和鉴定西藏大白菜种质资源 2 000余份，试种 40 多个蔬菜品种，筛选出甘蓝、辣椒、番茄、白菜等 10 多个优良品种。加快了当地沼气工程示范建设，指导设计了拉萨市城关区沼气联户供气工程和民康生态科技有限公司养殖场供气工程。

在新疆主要开展了新品种引种示范、合作育种、生态环保技术示范等工作。向新疆生产建设兵团（简称“兵团”）农四师等提供苹果种质资源 149 份次、中薯系列甘薯品种 9 个，在阿勒泰地区大面积示范了马铃薯脱毒品种，派专家到吉木乃县脱毒马铃薯中心现场指导，到新疆农科院和马铃薯产区开展技术培训。在兵团试种 1 000亩纤维用红麻，提供栽培技术，培训人员 50 余人。设计指导了新疆疏勒县养殖基地粪污沼气循环利用工程，帮助该地区沼气工程示范建设。

3. 积极开展科技服务工作，提高基层农技人员科技素质和农牧民致富本领

中国农业科学院注重做好科技服务工作，在作物生长的关键季节，选派专家到西藏、新疆举办培训和专题讲座，现场指导，培训生产和技术人员。

重点加强与西藏农牧科学院合作，赠送20头“大通牦牛”种公牛和近年编撰出版的科技著作，接待3批次专家来我院交流。共同组织了青稞科研与生产现场会，培训农民60多人。2010年派出张继瑜研究员到西藏农牧科学院挂职副院长，帮助西藏农牧科学院的发展。

与新疆生产建设兵团农五师签订了科技服务协议，开展科技援疆工作4次，培训农民600余人，推广新技术5项，面积3 000余亩，增加经济效益300余万元。与新疆农科院园艺所、兵团农六师签订科技合作协议4份，推广蔬菜低成本有机栽培技术。组织专家在伊犁昭苏县马场举办了燕麦科技服务培训班，培训人员48人。

4. 建立科技基地，培训科技人才，增强农业科技发展后劲

建立科技基地，培养科技人才，提升科技研发能力，是我院科技援藏援疆工作的重要内容，是西藏、新疆自身科技实力持续提高和发展的保证。

在拉萨、山南和日喀则建立种子生产示范基地1 700余亩。与新疆农业大学、石河子农业大学联合培养研究生，共同申请项目，开展合作研究。争取到农业部产业技术支撑体系的大宗蔬菜、马铃薯和食用菌3个试验站。在库尔勒市包头湖农场、巴州水管处、吐鲁番葡萄乡建成了1 000多亩棉花膜下滴灌示范基地和香梨、葡萄蓄水灌溉示范基地，示范节水技术6 000多亩。

（二）深入开展科技扶贫工作，推动地方经济发展

按照农业部的统一部署，中国农业科学院积极开展科技扶贫工作，重点与地方政府开展科技合作，积极投入到新农村建设中去，加速科技成果转化，促进当地农业经济发展。

派出科技人员100多人次在武陵山区的湖北鹤峰、湖南古丈、贵州凤冈等县开展科技扶贫工作，并派一名科技人员赴湖北恩施挂职2年。深入开展凤冈茶叶和土壤中锌硒含量研究，推进茶叶产品标准化建设。开展茶叶生产技术指导服务、加工工艺、品质控制技术和田间管理技术相关的研究工作等，为凤冈茶产业提供技术支持。帮助鹤峰县建立一条年产300吨速溶茶生产线和一条年产1 500吨茶渣发酵有机肥生产线。帮助当地引进良种，推动有机茶产业的发展。

在宁夏、青海、甘肃、广西、湖南、贵州等贫困地区推广低成本优质有机土栽培新技术，并通过了青海省科技成果鉴定。

承担河南省科技扶贫项目16项，派出科技特派员14名，协助派驻单位申请专项2项。积极参与湖南省科技扶贫工作，用苎麻作为蛋白质饲料，在涟源县漆树镇大茶园村建立了肉牛饲养示范基地，举办饲料苎麻种植技术培训，培训农民80余人次，种植“中饲苎1号”50亩。与广西平果县签订了《麻类生产技术服务基地建设协议》，提供麻类生产技术服务试验经费10万元。

四、不断加快自身科技成果转化，带动提升农业产业科技水平

在重视科技创新的同时，我院把科技成果的推广应用作为一项重要工作来抓，成果转化效率明显提高。2010 年推广水稻、小麦、玉米、棉花、蔬菜及畜禽新品种 222 个、新技术 167 项，新品种、新技术示范推广 1.9 亿亩，牲畜 1 000多万头（只）。以单项配套集成技术为主线，大力推广了农作物新品种、新技术。

（一）大力推广作物新品种，为农业增产增收提供保障

在加强新品种选育的同时，我院以单项配套集成技术为主线，大力推广农作物新品种新技术，制定了相关政策，鼓励科技人员从事新品种推广工作，为保障我国粮食安全、提升农业生产水平、增加农民收入提供了保障。

2010 年，推广水稻、小麦、玉米、大豆新品种 35 个，面积 3 000万亩，增加社会经济效益 5 亿元，直接培训农民、技术人员 6 000余人，发放技术资料和宣传材料 2.6 万份。推广大豆新品种“中黄 13” 1 100万亩，连续 4 年成为我国种植面积最大的大豆品种，累计推广 5 000余万亩。建立了大豆新品种“中黄 35”良种繁育基地 2 个，年繁殖原种 3 万千克，推广 101.2 万亩，在新疆生产建设兵团农八师 148 团试验站种植的“中黄 35”，亩产 405.89 千克，再创我国大豆单产纪录。

推广国产抗虫棉超过 5 000万亩，已占国内抗虫棉市场份额的 95%。从 1999 年国产抗虫棉开始推广，到目前累计种植 4.2 亿亩，累计社会经济效益近 500 亿元。以我院为主选育出的第一个国审三系杂交抗虫棉新品种“银棉 2 号”，增产 26.4%，累计推广 400 万亩。

新审定油菜、花生、大豆、芝麻等油料作物新品种 11 个。推广油料作物品种 30 个，近 4 000万亩，其中油菜新品种推广 3 500万亩，占全国的 1/3，占湖北省的 70% 以上。大豆、花生、芝麻良种推广 200 万亩。油菜成果的转化率达到 100%，其他油料作物超过 95%，产生直接经济效益 1 000多万元，社会效益 16 亿多元。大面积推广了“中甘 21”、“中椒 104”、“中椒 106”、“中杂 109”、“中杂 108”、“中农 26”等甘蓝、青椒、番茄、黄瓜新品种，带动了蔬菜产业技术水平的提升，增加了农民收入。

配合高产高效新品种，在黑龙江农垦、广西荔浦等地推广“水稻钵形毯状秧苗机插技术”30 万亩，在黑龙江省农垦总局浓江农场水稻钵形毯状秧苗机插万亩示范片，亩产量达 803.8 千克，创造了该农场水稻高产纪录。在主产区推广示范了“甜菜纸筒移栽技术”30 万亩，单产提高了 10%。推广“棉花工厂化育苗和机械化移栽技术”120 万亩，2010 年，示范基地籽棉亩产 247 千克，每亩比两熟粮食增收 700 元。

（二）加强普及健康安全养殖技术，促进畜牧业发展

围绕全国畜牧业发展的需求，我院全力研发和转化疫苗、诊断试剂盒等产品，推广畜禽新品种和健康安全养殖技术，为畜牧业发展提供科技支撑。

2010 年，生产禽流感系列疫苗近 30 亿毫升，免疫家禽近 50 亿羽（只）；继续推广高致病性蓝耳病疫苗，免疫牲畜 672 万头；继续实行春、秋两次集中免疫口蹄疫，推广系列疫苗为 6.4 亿毫升，累计免疫猪、牛、羊等 2.9 亿头份，向全国 29 个省（区、市）推广口蹄疫系列诊断试剂盒 9 个新品种，免疫检测家畜约 1 000万头份；研发了狐狸脑炎活疫苗规模化生产工艺，疫苗产出率 92%，生产疫苗 200 万头份；培养 15 名毛皮动物生物制品生产技术人员；先后与国内 15 家兽医生物制品企业签署合作开发协议、技术开发合同和技术转让合同，转化禽流感、蓝耳病等疫苗产品，加快了新技术新新产品的推广应用。

加大了中国西门塔尔牛新品种的扩繁、综合饲养技术的推广，迅速提高了肉牛良种覆盖率。在青藏高原继续推广应用“大通牦牛”新品种，为我国牦牛整体改良，遏制牦牛退化，提高牦牛的生产性能和经济效益提供技术支撑。推广应用兽药喹烯酮 16 吨，覆盖猪 210 万头、鸡 80 万只、鱼 80 万尾；通过技术集成、配套和开发，继续推广奶牛隐性乳房炎诊断液（LMT）、清宫液、干奶安、活化卵蛋白等药物，加速新技术新产品的应用。

（三）加强宣传展示工作，促进科技成果的转化

2010 年，我院主办和参加各类科技洽谈会、展销会和咨询会 235 次，涵盖动植物新品种、作物栽培技术、动物养殖技术、农业机械、农业信息化等领域，重点参与主办了锦州农展会、徐州成果交易会、廊坊农展会、寿光蔬菜博览会、宁夏园艺博览会等，组团参加了首届中国国际大豆产业博览会、第四届生物产业大会、杨凌农高会、第八届中国·海峡项目成果交易会等。在第十四届中国（锦州）北方农业新品种、新技术展销会上，派出由 12 个单位 40 位专家组成的代表团，展出科技新成果 130 多项，发放科技宣传材料 3 万多份，现场答疑 5 万多人次，受到了农民朋友的热烈欢迎；和江苏省人民政府、中国农学会共同主办了中国首届（徐州）现代农业科技成果交易会，发布了 88 项科技成果，推介展示了 121 项实用技术；与廊坊市共同组织了中国（廊坊）第十四届农交会，集中展示了作物、兽药、饲料、花卉、设施农业等 20 余类展品，成为展会一大亮点，受到大会组委会的表彰。通过形式多样的宣传展示，加速推广先进实用的科技成果，提升地方农业生产技术水平。

（四）加强与企业合作，加速科技成果的应用

为加快科技成果的转化，我院在科技推广工作中，不断加强与企业的合作，主要采取技术转让、建立联合体、合建示范生产线等方式，促进科技成果直接面向市场，满足经济发展需要。其中，签订水稻、小麦、转植酸酶基因玉米等成果转让协议 25 个，加速科技成果在生产中的应用；与茶叶基地及企业签订技术合同 38 份，与上海、山东、辽宁等地方企事业单位签订有机肥、农产品加工等技术转化合同 30 项，推进先进生产技术的应用。

与湖北精华纺织集团有限公司合作，建成了湖北省第一个“高效节能清洁型苎麻生物脱胶示范工程”，年加工苎麻能力 1 万吨，生产精干麻 10 多吨。与湖南长沙兴嘉生物科技有限公司签订了共建合作实验室协议，共同开展有关微量元素、检测技术及产品开发和标准制定修订工作。转化了“纳米材料胶结包膜缓控释肥料技术及工艺设备”技术，帮助四川恒立化工有限公司投产了年产 20 万吨包膜控释肥料生产线，为西南地区最大的缓控释肥、复合微生物肥研发生产基地的建设提供了全面的科技支撑。建立了中国农业科学院 · 双赢集团生态肥料工程技术研究中心，共同研制生态肥料。

中国农业科学院2010年科技成果情况表

成果总数		85
获奖成果		56
国家级奖		5
国家科学技术进步奖	一等奖	1
	二等奖	3
国家技术发明奖	二等奖	1
省部级奖		26
	一等奖	6
	二等奖	13
	三等奖	7
院科学技术成果奖		19
	一等奖	6
	二等奖	13
其他奖		6
鉴定未获成果		29

注：同一成果获不同级别奖励，只统计高等级的。

中国农业科学院2010年获奖成果

一、获国家级奖成果

序号	获 奖 成 果 名 称	获奖等级	获种类别	获奖单位
1	矮败小麦及其高效育种方法的创建与应用	一等	科学技术进步奖	作物科学所
2	棉花组织培养性状纯化及外源基因功能验证平台构建	二等	技术发明奖	棉花所
3	水稻重要材料的创制和利用	二等	科学技术进步奖	水稻所
4	棉铃虫对Bt棉花抗性风险评估及预防性治理技术的研究与应用	二等	科学技术进步奖	植物保护所
5	猪繁殖与呼吸综合征防制技术及应用	二等	科学技术进步奖	哈尔滨兽医所

二、获省部级奖成果

序号	获 奖 成 果 名 称	获奖等级	获种类别	获奖单位
1	北方地区优质黄羽肉鸡新品种推广	一等	全国农牧渔业丰收奖	畜牧兽医所
2	红壤酸化防治技术推广与应用	一等	全国农牧渔业丰收奖	资源区划所
3	南繁棉花的生育规律和关键技术研究	一等	海南省科技进步奖	棉花所
4	高产高油油菜中油杂11的推广应用	一等	全国农牧渔业丰收奖	油料作物所
5	高产抗逆双低油菜新品种中双10号的选育及应用模式创新	一等	湖北省科技进步奖	油料作物所

（续表）

序号	获 奖 成 果 名 称	获奖等级	获种类别	获奖单位
6	禽流感（H5 + H9）二价灭活疫苗（H5N1Re-1 + H9N2 Re-2 株）	一等	黑龙江省科技进步奖	哈尔滨兽医所
7	作物生产信息化平台的构建与应用	二等	全国农牧渔业丰收奖	作物科学所
8	高产优质大铃棉中棉所 48 的推广	二等	全国农牧渔业丰收奖	棉花所
9	红色梨新品种美人酥、满天红和红酥脆的选育及配套技术研究与应用	二等	全国农牧渔业丰收奖	郑州果树所
10	设施桃适宜品种选育、关键栽培技术的研究与推广	二等	河南省科技成果奖	郑州果树所
11	设施小果型西瓜栽培关键技术研究与推广	二等	河南省科技进步奖	郑州果树所
12	葡萄新品种-夏至红选育	二等	河南省科技成果奖	郑州果树所
13	无性繁殖作物种质资源收集、标准化整理、共享与利用	二等	浙江省科技进步奖	茶叶所
14	猪重要传染病快速诊断方法的研究	二等	黑龙江省科技进步奖	哈尔滨兽医所
15	羊支原体性肺炎病原、诊断和免疫研究	二等	甘肃省科技进步奖	兰州兽医所
16	奶牛重大疾病防控新技术的研究与应用	二等	甘肃省科技进步奖	兰州牧药所
17	青藏高原牦牛良种繁育及改良技术	二等	全国农牧渔业丰收奖	兰州牧药所
18	饲草生产加工与高效利用轻简技术	二等	全国农牧渔业丰收奖	草原所
19	梅花鹿优质高效养殖科技示范	二等	全国农牧渔业丰收奖	特产所
20	奶牛提质增效关键技术示范推广	三等	全国农牧渔业丰收奖	畜牧兽医所
21	超级早稻新品种“中早 22”的选育与推广应用	三等	浙江省科技进步奖	水稻所

（续表）

序号	获 奖 成 果 名 称	获奖等级	获种类别	获奖单位
22	猪瘟、猪繁殖与呼吸综合征、猪伪狂犬病毒抗体三种金标快速检测试纸条等的研制及初步应用	三等	黑龙江省科技进步奖	哈尔滨兽医所
23	重离子束辐照研制新化合物“喹羟酮”	三等	甘肃省技术发明奖	兰州牧药所
24	黄芪等长白山道地药材颗粒饮片及其综合利用研究	三等	吉林省科技进步奖	特产所
25	威灵仙等吉林省道地药材引种驯化及配套栽培技术研究	三等	吉林省科技进步奖	特产所
26	农产品产地监测与评价技术	三等	天津市科技进步奖	环保所

三、获中国农业科学院科学技术成果奖成果

序号	获 奖 成 果 名 称	获奖等级	获奖单位
1	Bt 棉花刺吸式害虫种群演化机制及控制技术的研究与应用	一等	植物保护所
2	设施蔬菜优质高效生产关键技术的集成与示范	一等	蔬菜花卉所
3	中国蜜蜂主要寄生螨种类鉴定及防治技术	一等	蜜蜂所
4	花生黄曲霉抗性遗传改良基础及中花 6 号的培育与应用	一等	油料作物所
5	苹果全程质量控制技术标准体系建立与应用	一等	果树所
6	优质草产品生产加工与高效利用关键技术研究	一等	草原所
7	农用地膜污染现状与防控技术	二等	环境发展所
8	生猪及其产品溯源关键技术集成与示范	二等	畜牧兽医所
9	甘薯淀粉加工废液蛋白回收技术及功能特性研究	二等	农产品加工所
10	防堵渗灌系统研制与应用	二等	资源区划所

（续表）

序号	获 奖 成 果 名 称	获奖等级	获奖单位
11	水稻分子遗传图谱的构建、重要农艺性状的基因定位及育种应用	二等	水稻所
12	中国水稻生产能力与产业政策研究	二等	水稻所
13	果树盆栽技术研究与产业化示范	二等	果树所
14	西部茶叶优质原料安全生产的关键技术及示范应用	二等	茶叶所
15	水禽呼肠孤和细小病毒诊断技术	二等	哈尔滨兽医所
16	羊支原体性肺炎病原、诊断和免疫研究☆	二等	兰州兽医所
17	新型天然中草药饲料添加剂“杰乐”的研制与应用	二等	兰州牧药所
18	蕨麻多糖免疫调节作用及其机理研究与临床应用	二等	兰州牧药所
19	凉山清香型优质烟叶研究与开发	二等	烟草所
20	中国家禽业信息体系的构建与应用	二等	家禽所

注：☆为该成果同年获得国家级奖或省部级奖。

四、作为参加单位获国家级奖和省部级奖成果

序号	获奖成果名称	获奖类别	获奖单位	获奖等级	单位排序
1	抗条纹叶枯病高产优质粳稻新品种选育及应用	国家科技进步奖	作物科学所	一等	第四
2	蛋白质饲料资源开发利用技术及应用	国家科技进步奖	饲料所	二等	第六
3	高产优质多抗“丰花”系列花生新品种培育与推广应用	国家科技进步奖	油料作物所	二等	第二
4	稻米营养方便食品及其副产物深加工关键技术和产业化	江西省科技进步奖	农产品加工所☆	一等	第一

（续表）

序号	获奖成果名称	获奖类别	获奖单位	获奖等级	单位排序
5	吉林省中药材育种与规范化栽培关键技术研究与产品开发	吉林省科技进步奖	特产所	一等	第二
6	抗旱耐瘠玉米自交系及新品种选育研究与应用	贵州省科技进步奖	水稻所☆	一等	
7	水稻强化栽培技术与示范	农业部丰收奖	水稻所☆	一等	第二
8	主要作物种用化控抗逆壮苗栽培技术体系的研究与应用	四川省科技进步奖	水稻所	一等	第三
9	细沟土壤侵蚀物理过程模型研究	陕西省科技进步奖	环发所	一等	第三
10	果蔬汁加工产业节能降耗技术	天津市科技进步奖	郑州果树所	二等	第三
11	动物疫病风险评估方法的建立及应用	黑龙江省科技进步奖	哈尔滨兽医所	二等	第二
12	寒地水稻高产优质技术研究与示范	黑龙江省科技进步奖	甜菜所	二等	第四
13	高产、优质、大铃型杂交棉新品种中棉所 48 的选育与推广	安徽省科技进步奖	棉花所	二等	第二
14	天津市优质原料奶生产技术集成与示范	天津市科技进步奖	畜牧兽医所	二等	第二
15	西部茶叶优质原料安全生产的关键技术及示范应用	四川省科技进步奖	茶叶所	三等	第二
16	犊牛、羔羊高效健康养殖标准化生产技术推广	天津市科技进步奖	饲料所☆	三等	第三
17	棉花枯黄萎病综合防治技术示范推广	天津市科技进步奖	植物保护所	三等	第二
18	基于 GIS 的植被覆盖变化及其水热状况的定量监测应用	福建省科技进步奖	资源区划所	三等	第二
19	新疆高致病亚型禽流感（H5N1）防控技术研究与应用	新疆科技进步奖	哈尔滨兽医所	三等	第二

（续表）

序号	获奖成果名称	获奖类别	获奖单位	获奖等级	单位排序
20	优质早熟水稻品种“上育397”应用与推广	吉林省科技进步奖	作物科学所	三等	第二
21	草履蚧综防技术组装配套研究	河南省科技进步奖	郑州果树所	三等	第二

注：☆为2009年获奖成果（共4项）。

五、获社会力量奖统计表（成果第一完成单位填报）

序号	获奖单位名称	获奖成果名称	奖种名称	获奖等级	第一完成人	颁奖单位
1	植物保护所	小麦条锈菌菌源基地生态治理技术研究与应用	中国植物保护学会科学技术奖	一等	陈万权	中国植物保护学会
2	植物保护所	紫茎泽兰综合治理技术研究与示范	中国植物保护学会科学技术奖	二等	曹坳程	中国植物保护学会
3	植物保护所	绿僵菌生物农药生产技术与产品应用	中国植物保护学会科学技术奖	二等	农向群	中国植物保护学会
4	植物保护所	葡萄病虫害规范化防控技术	中国植物保护学会科学技术奖	三等	王忠跃	中国植物保护学会
5	农产品加工所	甘薯淀粉加工废液蛋白提取技术及功能特性的研究	中国食品科学技术学会科技创新奖	三等	木泰华	中国食品科学技术学会

中国农业科学院 2010 年获奖科技成果简介

一、国家级奖

1. 矮败小麦及其高效育种方法的创建与应用

主要完成单位 中国农业科学院作物科学研究所、江苏徐淮地区淮阴农业科学研究所、四川省农业科学院作物研究所、河南省农业科学院小麦研究中心等

主要完成人员 刘秉华、翟虎渠、杨　丽、孙苏阳、周　阳、王山荭、蒲宗君、吴政卿、孙其信、甘斌杰、杨兆生、刘宏伟、孟凡华、赵昌平、位运粮

起止时间 1982～2006 年

获奖情况 2010 年度国家科技进步奖一等奖

内容提要

小麦是中国主要粮食作物，品种改良是提高小麦产量的重要途径。本项目以创新小麦育种方法，提高小麦育种效率为目标，创造矮败小麦，创建矮败小麦高效育种方法，育成一批突破性品种，取得了重大社会效益和经济效益。

（1）国际首创矮败小麦（发明专利 ZL200510002391.1）

创立小麦基因定位新方法，利用染色体排除法和端体分析，将作物中雄性败育最彻底的太谷核不育基因 Ms2 定位于 4D 染色体短臂、距着丝点 31.16 个交换单位处。

明确小麦中降秆作用最强的矮变一号矮秆基因仅与 4D 染色体有关。在基因定位的基础上，通过测交试验，发现育性与株高的紧密连锁关系。

通过连续大群体测交筛选和细胞学鉴定，打破高秆与雄性败育的紧密连锁，创造显性核不育基因 Ms2 与显性矮秆基因 Rht10 紧密连锁于 4D 染色体短臂的重组体，即矮败小麦。矮败小麦后代群体中 1/2 为矮秆植株，表现雄性败育，靠异交结实；1/2 为非矮秆植株，表现正常可育，行自交结实。两者株高差异显著，便于鉴别育性，利于提高异交结实率，避免轮选群体植株逐轮升高。矮败小麦集异花授粉便于基因交流重组和自花授粉有利于基因纯合稳定的特性于一体，其矮秆不育株似花粉接收器，接收外来基因（花粉）并进行重组，重组后的基因通过后代分离的可育株自交而纯合稳定。矮败小麦是我国创造的具有重大利用价值的特异种质资源。

（2）创建矮败小麦高效育种方法（发明专利 ZL200510053484.7）

创立矮败小麦轮回选择技术。利用矮败小麦构建遗传基础丰富的轮回选择群体，通

过花粉源选择与控制及矮秆不育株选择，优化父本与母本；通过父本（非矮秆可育株）与母本（矮秆不育株）杂交，实现基因大规模交流与重组。从优良矮秆不育株上收获杂交种组成新一轮群体，循环往复，不断优化群体遗传结构和个体基因型，持续进行优异种质创制和新品种选育。

（3）构建矮败小麦高效育种平台

首次利用矮败小麦轮选技术建拓动态基因库，从中不断创制各具特色的优异种质；在全国各生态区创建不同育种目标的矮败小麦改良群体，如同品种“加工厂”，持续培育出高产、优质、多抗、高效新品种；率先将优异种质和各生态区主栽品种转育成矮败小麦，进行复合杂交、阶梯杂交、聚合杂交，大幅度提高杂交育种效率。

（4）应用效果显著

利用矮败小麦高效育种方法育成国家级或省级审定新品种42个，累计推广1.85亿亩，约占我国冬小麦年种植面积的20%，累计增产小麦56亿千克，增收82亿元。

矮败小麦及其高效育种方法无偿提供国内小麦育种单位，全国80%以上育种单位在利用该技术选育新品种。组织72个育种单位开展协作攻关，在全国不同生态区已构建矮败小麦轮选群体210个，今后将源源不断培育出新品种，仅2009年就有69个品种（系）参加国家、省（市）的区域试验或生产试验，展现出该项成果广阔的应用前景。

2. 棉花组织培养性状纯化及外源基因功能验证平台构建

主要完成单位 中国农业科学院棉花研究所

主要完成人员 李付广、张朝军、武芝霞、刘传亮、张雪妍、李凤莲、王玉芬

起止时间 2001年1月~2009年12月

获奖情况 2010年度国家技术发明奖二等奖

内容提要

该项目针对中国国内“海量涌现”的外源基因亟须功能验证、棉花基因工程育种亟须材料创新等需求，从棉花遗传转化中“转化体系不稳定、转化周期长”等关键技术瓶颈入手，通过近10年的研究，在组织培养体系改良和棉花遗传转化技术方面取得了重要突破，从而建立了“外源基因在棉花上快速功能验证的技术平台”，提升了该领域的国际竞争力。

通过遗传研究，发现棉花“组织培养体系不稳定、试验不能重复”的原因是品种间的个体存在遗传差异。利用“棉花叶柄组织培养与高分化率材料选育方法（专利号：ZL200610089439.1）”和“一种棉花枝条扦插方法及其专用扦插生根剂（专利号：ZL200510088962.8）”专利技术，通过对实验室已建立组织培养体系的36个品种进行定向选择，从“中棉所24”、“中棉所27”和“冀合312”、“中091”4个品种（系）中筛选出叶柄分化率在100%的棉花组织培养“纯系”20个。利用以高分化率材料（纯系）建立的稳定组织培养体系，对国内外常用的13类植物转化载体进行了系统研

究，从中筛选出 3 类适宜该体系的高效转化载体，其中 pBI121/131 载体的转基因植株阳性率达 76.4%。以此载体转化棉花“纯系”下胚轴，其转化率达 32.9%，是未定向筛选材料的 2.88 倍；若转化叶柄，其转化率为 51.8%，是未定向筛选材料下胚轴转化率的 4.5 倍。

该技术平台具有年转化、验证外源基因 160 个的能力。利用该平台已经为国内 17 个单位的 24 个实验室提供的 156 个候选基因进行了转化验证，筛选出具有一定利用价值的各类转基因材料 2 000多份，上交国家中期库遗传稳定的变异材料 865 份，相当于我国棉花中期库 50 年来收集、引进、保存材料的 1/10。中国农业科学院棉花研究所 7 个育种课题组从获得的转基因材料中先后培育出“中棉所 47”、“中棉所 50”、“中棉所 52”等转基因棉花新品种 24 个，其中通过国家审定的新品种 12 个，通过省级审定的新品种 12 个，部分品种已被多家科研、教学单位的育种家进一步引用，又衍生出了转基因棉花新品种（组合/系）20 多个。这些新品种累计创造社会效益和经济效益 17.98 亿元。

3. 水稻重要遗传材料的创制及其应用

主要完成单位　中国农业科学院水稻所

主要完成人员　钱　前、朱旭东、程式华、曾大力、杨长登、郭龙彪、李西明、胡慧英、曹立勇、张光恒、马良勇、董国军、颜红岚、陈红旗、胡　江、滕　胜、颜辉煌、董凤高、寿建尧、闵绍楷

起 止 时 间　1986 年 1 月 ~2009 年 11 月

获 奖 情 况　2010 年度国家科技进步奖二等奖

内 容 提 要

（1）水稻遗传材料的创制

通过化学诱变、辐射诱导、自然突变等技术，分离、筛选、鉴定了类型丰富的各种形态、生理、生化材料并拓建突变体库；在详尽的遗传学分析的基础上，与国内外科学家开展了广泛的合作，分别克隆了包括 *GIF*1、*GN*1、*BC*1、*EUI*、*SLL*1 在内的 10 多个重要基因，相关的研究论文分别发表于 NATURE GENETICS、SCIENCE 和 PLANT CELL 等国际一流学术期刊上。

（2）重要遗传工具的构建

构建了国际上第一套籼型形态标记等基因系，该套等基因系以“浙辐 802”为轮回亲本，27 个基因涵盖了水稻 12 条染色体，现被广泛用作水稻遗传分析的工具，其所携带的 27 个标记基因现已全部克隆；实验室还以我国长江流域当家的籼稻“广陆矮 4 号”为材料，经连续 8 个世代的套袋自交，得到基因型高度纯合的材料，该材料已提供给我国水稻基因组测序，为水稻全基因组测序尤其是第 4 染色体全序列测定奠定了材料基础。

（3）抗病虫资源的发掘与育种利用

从野生稻、地方种和现代改良种中挖掘抗虫、抗病种质资源，形成系统、深入的研究体系，成功导入并定位了来自紧穗野生稻的高抗褐飞虱基因 *Bph*-11（*t*），首先发现并定位了来自云南地方种鬼衣谷的高抗白背飞虱新基因 *Wbph*6，通过对现代改良种的筛选、QTL 分析及其精细定位，明确了粳稻“春江 06”等部分改良种具有高抗白背飞虱的拒食抗性基因和杀卵抗性基因。基于抗虫种质资源的发掘和分析，通过分子标记辅助育种将之和其他抗病虫基因进行聚合，育成了高抗白背飞虱、抗褐飞虱、稻瘟病及白叶枯病的系列优质米新品种，这些新品种正在南方稻区推广应用。

4. 棉铃虫对 Bt 棉花抗性风险评估及预防性治理技术的研究与应用

主要完成单位 中国农业科学院植物保护研究所、南京农业大学

主要完成人员 吴孔明、郭予元、吴益东、梁革梅、赵建周、杨亦桦、张永军、陆宴辉、王桂荣、武淑文

起 止 时 间 1996 年 1 月 ~2006 年 12 月

获 奖 情 况 2010 年度国家科技进步奖二等奖

内 容 提 要

本项目①在国际上创造性地提出了利用小农模式下玉米、小麦、大豆和花生等棉铃虫寄主作物所提供的天然庇护所治理棉铃虫对 Bt-Cry1Ac 棉花抗性的策略；②通过阐明棉铃虫对 Bt 棉花抗性的演化规律和风险评估，提出了以严格禁止种植生长中后期杀虫蛋白低表达的 Bt 棉花品种和商业化 Bt-Cry1A 类转基因玉米、大豆、小麦等为核心的抗性预防性治理技术体系；③首次揭示了棉铃虫钙黏蛋白和氨肽酶 N 基因突变导致对 Bt 棉花产生抗性的分子机制。建立了由 DNA 分子检测、单雌家系检测和生长抑制检测组成的棉铃虫抗性早期预警与监测技术体系，可分别进行抗性基因（灵敏度为 0.0001）、抗性个体（灵敏度为 0.001）和抗性种群（灵敏度为 0.01）3 个水平的抗性检测和监测。

农业部在转基因生物安全评价法规制订、农业转基因生物安全检定及标准体系、检测体系建设过程中，将上述成果用于我国 Bt 棉花安全性评价、商业化种植的安全性管理和检测体系建设。先后通过发布“农业部公告第 410 号”和“农业部公告第 989 号”等，全面实施了以棉铃虫对 Bt 棉花抗性预防性治理为核心的 Bt 棉花安全性管理政策。基于抗性治理的需求，建立和认证了转基因抗虫棉花环境安全性评价机构，重点检测 Bt 棉花生长中后期 Bt 蛋白的表达量和稳定性。2002 ~2009 年间农业部共计发放转基因抗虫棉花安全证书 1 252份，并基于棉铃虫抗性治理的需要，否决了多家国外公司在我国商业化种植表达 Bt-Cry1A 类基因玉米的申请。

通过本项成果的应用，在大规模商业化种植 Bt 棉花 10 余年后，我国各地棉铃虫自

然种群对 Bt 棉花的敏感性和商业化种植之前相比没有明显变化，Bt 棉花对棉铃虫的抗性效率没有降低。此外，该成果还为农业部制定我国 Bt 作物发展战略提供了科技支撑，对推动我国转基因作物的健康发展有重大而深远的意义。

5. 猪繁殖与呼吸综合征防制技术及应用

主要完成单位　中国农业科学院哈尔滨兽医研究所

主要完成人员　蔡雪辉、童光志、郭宝清、刘永刚、田志军、王洪峰、柴文君、仇华吉、刘文兴

起 止 时 间　1997 年 1 月～2009 年 1 月

获 奖 情 况　2010 年度国家科技进步奖二等奖

内 容 提 要

猪繁殖与呼吸综合征（PRRS）防制技术是该病在我国危害日趋严重的情况下，由农业部“948”紧急立项的。该项目还得到中华农业科教基金的资助，其目的是通过引进国外先进的技术设备加速建立我国预防猪繁殖与呼吸综合征的技术手段和防制措施，同时研制具有自主知识产权的 PRRS 疫苗。其总体设计思路是：采用现代分子生物技术，建立敏感、特异的 PRRS 病原分离鉴定技术和血清学监测诊断技术，以此研究猪繁殖与呼吸综合征的流行特点和病原变异规律，弄清我国流行毒株的病原特点，筛选国内流行的优势毒株作为疫苗的候选毒株进行驯化，研制 PRRS 灭活疫苗。对上述技术进行整合和系统化，根据 PRRS 病原分离鉴定技术和血清学监测诊断技术提供的 PRRS 病原特点和流行分布规律，有针对性地采取疫苗免疫为主的综合防制措施，最终达到由控制至消灭该病的目的。

二、省部级奖

1. 北方地区优质黄羽肉鸡新品种推广

主要完成单位　中国农业科学院北京畜牧兽医研究所

主要完成人员　文　杰、郑麦青、赵桂苹、陈继兰、刘冉冉、李　新、李　鹏、张敏红、姚学军、谢　鹏、王茂森、乔占海、刘卓军、杨春光、任海义、刘海斌、靳月生、李海龙、张红雨、杨秋生、阚纯利、陈喜芳、刘志忠

起 止 时 间　2003 年 9 月～2009 年 12 月

获 奖 情 况　2010 年全国农牧渔业丰收奖一等奖

内 容 提 要

本项目依托中国农业科学院北京畜牧兽医研究所的科研平台和肉鸡育种研发基地，

针对北方地区优质黄羽肉鸡品种和养殖的技术需求，重点示范推广“优质肉鸡新品种—京星黄鸡配套系”、“优质肉鸡配套健康养殖技术”、“优质肉鸡的加工工艺和技术”等关键技术。

项目通过农业科技成果转化资金项目和农业科技跨越计划项目进行集成和示范。首先对产业化生产的优良品种进行主要经济性状完善提高，建立父母代繁育基地和商品代示范基地，初步形成良种繁育体系，再通过营养需求、饲养管理、质量分级等系列规程、标准的制定，形成优质肉鸡综合配套养殖技术。

通过实施和推广，京星黄鸡成活率和均匀度大幅提高，建立父母代示范基地 5 个，推广种鸡 140 余万套，商品鸡 1.7 亿只。累计创造经济效益 44 245万元，项目国家补助资金投入产出比为 1：17。本项目带动了北方地区优质肉鸡的生产，促进了畜牧业结构调整和农民增收，为我国地方鸡种资源的开发利用作出了示范。

2. 红壤酸化防治技术推广与应用

主要完成单位 中国农业科学院农业资源与农业区划研究所
主要完成人员 徐明岗、张会民等
起 止 时 间 2001 年 1 月 ~2010 年 6 月
获 奖 情 况 2010 年全国农牧渔业丰收奖一等奖
内 容 提 要

中国农业科学院资源区划所推广的红壤酸化防治技术包括化学改良、生物改良和农业改良技术。化学改良技术主要包括基施工业副产品白云石粉（施用量 750 ~ 1 125 千克/公顷，细度 <0.1 毫米）等、基施石灰（施用量 375 ~ 1 125千克/公顷）、配施红壤改良调理剂等。生物改良的措施主要包括种植耐酸作物大豆、花生或耐酸牧草园叶决明等。而农业改良技术主要是施用有机肥，包括各种农家肥和作物秸秆还田。

项目组通过国家“十五”、“十一五”科技支撑计划项目形成的科研合作和技术推广网络，联合福建、广西、湖南、江西等省农科院和省土肥站，将该技术在上述 4 省（区）进行多点试验示范和推广，在油菜、玉米、大豆等作物上平均可增产 18.8% ~ 22.8%，新增纯收益 98.0 ~ 133.9 元/亩，累计推广面积 6 327万亩，累计总经济效益 46.75 亿元。

该技术的推广和应用，既对作物秸秆、有机肥、部分工农业副产品等进行了综合利用，既改善了环境，又培育了土壤，提高了肥料尤其是氮肥的利用率，减少了氮肥挥发和淋失对环境的污染，同时提高了作物产量，有助于确保国家粮食安全。

3. 南繁棉花的生育规律和关键技术研究

主要完成单位 中国农业科学院棉花研究所、三亚中棉科技服务有限公司

主要完成人员 王坤波、张西岭、宋国立、黎绍惠、刘　方、王延琴、许红霞、周大云、付艳丽、张海棠、杨伟华、王清连、王春英、张香娣、李建萍、徐成就、汪若海

起止时间 1982 年 11 月 ~2009 年 12 月

获奖情况 2010 年海南省科技进步奖一等奖

内容提要

本项目经过了 27 年的研究与实践。在较全面地分析比较多点生态条件的基础上，确定了海南三亚为棉花冬季南繁最佳区域。经过系统观察和分析，提出了南繁棉花的“凹型”生育规律，即在前期和后期生长发育速度快、中期生长速度缓慢，为南繁棉花关键技术的研究、棉花异地培育和穿梭育种提供了理论基础。系统研究了三亚与主产区棉花的育种性状遗传特点，提出了棉花南繁不同性状异地选择技术标准。研究了棉花在三亚生态条件下的自然生育规律，建立了当地一年三代的加代育种技术。研究发明了缺墒播种、干子播种、快速发芽、低位喷灌等多项专利技术，破解了棉花雨天不能播种的难题，做到了种子“随到随播”，有效地“抢回”了季节，缓解了南繁棉花“时间短缺”的矛盾；并结合病虫草害高效防治和化控，集成创新了“前稳中促后控”生育期全程调控技术，解决了南繁棉花生长安全问题。形成了独特的灾后救治和安全防范措施，结合探讨成功的异地引种、芽苗嫁接、露天无叶扦插等，为南繁棉花播种、材料保存、特殊状态材料的抢救提供了有效的技术支持。建立了棉种纯度规模化南繁鉴定技术平台，包括抗虫棉抗虫性的卡那霉素鉴定法、杂交种 DNA 指纹检测等技术，连续 16 年完成全国棉种质量监督抽查，促使全国棉种质量总体合格率由 50% 左右提高到 90% 以上，推动了棉种质量大幅度提升。

项目组发表科技论文 46 篇，形成国家专利 7 件（3 件授权），制定标准 5 个（其中 3 个颁布实施，1 个连续试用 6 年），创立了一套我国棉花南繁组织化模式。项目形成的成果与技术在全国棉花南繁中得到广泛应用，经由项目组代理南繁各单位育成品种 287 个，其中年推广 5 万亩以上的 191 个，分别占同期全国推广品种总数和总面积的 30. 76% 和 51. 12% ，社会效益和经济效益显著。

本项目具有系统性和创新性，实用性强，应用成效显著。整体水平居国际先进，其中南繁棉花的生育规律和高效成苗技术等技术达到国际领先水平。

4. 高产高油油菜“中油杂 11”的推广应用

主要完成单位 中国农业科学院油料作物研究所、湖北省种子集团有限公司、长沙新万农种业有限公司、四川金瑞祺种业科技有限公司、襄樊市卧龙镇农业技术推广站

主要完成人员 胡　琼、梅德圣、李英德、徐育松、杨祖荣、张春雷、刘继斌、肖建军、梁宇锋、朱定华、柯永其、吴范其、梅金安、吴细卯、

王建文、周业强、濮宗明、杨兴泰、陈本强、朱汉准、陶德锐、王佑才、黄　斌

起止时间　2004 年 10 月 ~2010 年 10 月

获奖情况　2010 年全国农牧渔业丰收奖一等奖

内容提要

针对中国油菜单产较低、品质较差、劳动力成本高、生产效率低下等实际问题，利用 2005 年同时通过国家长江上、中、下游区审定的优质杂交油菜品种“中油杂 11”的高产、高含油量、广适应性等突出优势，通过配套的种子繁育、高产高效栽培技术的建立，积极在我国长江流域冬油菜主产区进行推广利用，获得了显著的社会效益和经济效益。“中油杂 11”在国家长江上、中、下游油菜区域试验和生产试验中，平均亩产 173.26 千克，比对照每亩增产菜籽 18.24 千克，增产 11.77%；在长江上、中、下游区的含油量分别为 46.68%、46.21% 和 44.84%，比对照品种的绝对含油量分别增加了 8.66 个百分点、6.48 个百分点和 2.78 个百分点；平均亩产油量为 77.40 千克，比对照品种增加 15.16 千克，增产 24.36%，是目前为止唯一同年通过国家长江流域三个生态区审定的油菜品种。

本项目深入研究了“中油杂 11”亲本品质稳定性和气候适应性，建立了亲本保优、高质量繁殖技术和杂交种制种技术，建成了隔离条件良好的制种基地；针对稻—油茬口衔接不合理、群体角果数不足等限制产量提高的因素，通过周年温光肥水高效利用、优化播（栽）期，合理密植、平衡施肥、深沟高厢排渍、病虫草害综合防治等农艺措施的集成组装，建立了“中油杂 11”产量高于 200 千克/亩的优化农艺栽培技术方案；通过良种良法配套示范，结合技术人员和种植户的培训，自 2006 年以来，建立“中油杂 11”的示范基地 10 万亩以上，高产示范片 26 个，核心示范区最高产量超过 250 千克/亩，培训人员达 3 000人次。本项目还建立了杂交种种子纯度监测和保障技术体系，采用 SSR 分子标记快速准确地检测杂交种的纯度，保证了“中油杂 11”的高效安全应用。据不完全统计，“中油杂 11”已在全国推广 2 833万亩，总经济效益达 20.78 亿元。同时通过在相邻国家的试种试验，促成了“中油杂 11”走出国门，成为我国第一个出口种子的油菜品种，共出口油菜种子 12 万千克，创汇 71 万美元。

5. 高产抗逆双低油菜新品种“中双 10 号”的选育及应用模式创新

主要完成单位　中国农业科学院油料作物研究所

主要完成人员　邹崇顺、张学昆、田新初、李桂英、程　勇、郑普英、张冬晓、瞿　桢、赵乃轩、李必钦、张宇飞、查向斌、阮祥金、段志红、吴北京

起止时间　1991 年 3 月 ~2010 年 3 月

获奖情况　2010 年湖北省科技进步奖一等奖

内 容 提 要

“中双 10 号”的选育利用了聚合杂交、轮回选择、分子和抗性鉴定等技术，实现了优质、高产稳产、高抗逆性等多种性状的重组和互补，同时试点新的推广应用模式，推动我国优质油菜品种的应用。

（1）高产稳产

湖北省区试亩产 158. 42 千克，比对照增产 6. 2%；国家长江中游区试，亩产 145. 5 千克，增产 1. 08%，产油量比对照增加 5. 57%；2005 年国家生产试验亩产 165. 1 千克，比对照“中油杂 2 号”增产 4. 35%，是唯一一个在长江中游地区比杂交油菜对照品种（中油杂 2 号）增产的国审油菜常规新品种。结合配套高产栽培技术规程，“中双 10 号”在武穴市进行的油—稻—稻连片高产示范最高亩产达到 256 千克，在宜城市开展的油稻两季超高产示范的最高亩产达 280 千克。

（2）品质优

长江中游区试，芥酸含量为 0. 21%，硫苷含量为 20. 46μmol/g 饼，达到国际优质油菜双低标准。

（3）高抗逆性

“中双 10 号”菌核病、抗倒伏、抗冻、抗旱、耐湿等抗性均达到高抗水平，在长江中游区试中，两年菌核病发病率显著低于国内外公认的抗性品种“中油 821”。对“中双 10 号”等主要遗传材料开展了耐湿性、耐旱性和抗冻性鉴定。

（4）探索建立了油菜良种政府采购模式

创新应用模式，在全国范围内首次试点“中双 10 号”政府统一采购模式：由政府确定“中双 10 号”为主推品种，然后出资采购种子免费发放到农户手中种植。

创新推广模式在湖北 22 个油菜主产县市得到广泛的应用，在长江流域的湖南、安徽、广西等省也参照该模式开展品种推广，对双低高产油菜新品种的大面积推广起到了积极的推动作用，提升了我国油菜的产量和品质水平，促进了优质油菜产业的发展。据不完全统计，“中双 10 号”在湖北、湖南、安徽、江西等油菜主产省累计推广面积达 2 943万亩，创总产值 177. 2 亿元，相对“中油 821”新增经济效益 6. 8 亿元，相对“中油杂 2 号”新增经济效益 4. 9 亿元。

6. 禽流感（H5 + H9）二价灭活疫苗（H5N1 Re-1 + H9N2 Re-2 株）

主要完成单位　中国农业科学院哈尔滨兽医研究所

主要完成人员　陈化兰、田国彬、李雁冰、施建忠、曾显营、冯菊艳、姜永萍、邓国华、王秀荣、乔传玲

起 止 时 间　2002 年 10 月 ~2009 年 2 月

获 奖 情 况　2010 年黑龙江省科技进步奖一等奖

内 容 提 要

H5 和 H9 亚型禽流感的暴发和流行，不仅会给养禽业造成巨大的经济损失，而且严重威胁着人类健康。本成果属畜牧兽医科学领域，涉及的疫苗产品适用于禽类 H5 和 H9 亚型禽流感的免疫预防。

本成果利用反向遗传操作技术构建 1 株 H5N1 亚型禽流感病毒 Re-1 株，利用基因重配技术重组 1 株 H9N2 禽流感病毒 Re-2 株。两毒株均具有无致病性、抗原针对性强、鸡胚生长滴度高的特点，是用于研制疫苗的良好种毒株，均已于 2006 年获得专利。

利用上述疫苗株研兽药证书。该疫苗安全、有效，免疫后 21 天平均 HI 抗体效价均在 7log2 以上，攻毒后免疫鸡均完全保护，免疫期达 5 个月以上。该疫苗是目前国内、外唯一用重组禽流感病毒研制的可同时预防 H5 和 H9 亚型禽流感的灭活疫苗，也是唯一经农业部批准生产并应用的 H5、H9 二价疫苗。可同时预防 H5 和 H9 亚型禽流感，与免单苗相比可节省大量人力、物力和财力，减少注射应激反应，是预防禽流感的理想疫苗。

禽流感（H5 + H9）二价灭活疫苗在哈尔滨维科生物技术开发公司等 3 家企业进行生产和销售，已累计应用 48 亿羽份，销售额约 3.8 亿元，创外汇 25.6 万美元。疫苗应用有效预防了 H5 和 H9 亚型禽流感的暴发和流行，取得了良好的经济效益和社会效益。

7. 作物生产信息化平台的构建与应用

主要完成单位 中国农业科学院作物科学研究所、吉林省农业科学院、河北省农业大学、四川省农业科学院、西北农林科技大学

主要完成人员 李少昆、谢瑞芝、王运圣、王克如、高世菊

起 止 时 间 2004 年 1 月 ~2007 年 5 月

获 奖 情 况 2010 年全国农牧渔业丰收奖二等奖

内 容 提 要

以核心技术成果“玉米信息化平台及其服务体系”为基础，以农业专家、基层信息员和科技示范户队伍建设为主体，以信息服务系统和网站建设为纽带，构建了“作物生产信息化平台”与服务体系。研发系列做生产在线服务系统 8 个，获软件著作权登记 19 件，“作物生产信息化服务平台构建方法”申请发明专利 1 项。依托农业部“农业科技入户示范工程”，组建了由 3 365名专家、15 800余名信息员和 30 万户科技示范户组成的信息传播网络，在全国 32 个省（市、区）和兵团 300 个示范县推广应用。自 2004 年以来，“作物生产信息化平台”访问量达到 49.5 万人次，在线咨询服务 9 500 余人次，技术指导 22.4 万人次，发放光盘和掌上电脑 17 642套，联合开展全国性生产调研、采集生产信息 47 次，发布生产指导意见 56 次，汇编《玉米通讯》222 期，有效地打破了农技推广的“棚架”瓶颈，科技示范户的主推技术覆盖率达到 100%，辐射带动户达到 94%，主要农作物平均增产 10% 以上，取得了显著的社会效益和经济效益，

探索出一条新形势下农技信息入户新模式。

8. 高产优质大铃棉“中棉所 48”的推广

主要完成单位 中国农业科学院棉花研究所、安徽中棉种业长江有限责任公司等

主要完成人员 杜雄明、孙君灵、周忠丽、李根源、周关印、匡冬萍、潘兆娥、焦光婧、贾银华、刘国强、庞保印、薛中立、黄殿成、余宏旺、杨金龙、刘柏林、史书平、王海英、孙　杰、李杰辉、杨　敏、鲁任利、徐大胜、刘小鹏、孙春明

起 止 时 间 2004 年 11 月 ~2009 年 12 月

获 奖 情 况 2010 年全国农牧渔业丰收奖二等奖

内 容 提 要

“中棉所 48”是根据亲本地理远缘优势及优良性状互补的原理选育出我国第一个大铃型杂交棉新品种，其聚合高产、优质、大铃等性状于一体。具有以下突出优点：①产量高。在高产示范田里，通常籽棉产量达到 300 ~400 千克/亩，最高产量可达 500 千克籽棉，比当地推广品种增产 15% 左右。②纤维品质优良。ICC 标准的纤维长度达 30 毫米以上、比强度 24. 8cN/tex 以上。③大桃吐絮畅。一般单铃重在 6. 5 克以上，示范种植可达 8. 0 克以上，可节省捡花工 20% ~40%，是我国目前种植的棉花品种中单铃重最大的品种，有效地缓解了农村劳动力大大减少的矛盾。

根据该品种植株高大，单株优势特明显，适合稀植的特点，研制了促早栽培，稀植大棵，重施花铃肥，病虫综合防治，种子精加工等高产高效综合栽培技术，建立了制种技术指导站，质量监督机构和检测网点，育种专家参与亲本提纯复壮与扩繁等措施。还利用分子标记技术建立了“中棉所 48”的微卫星数字指纹图谱，为杂交种的真伪鉴定和纯度检测提供了方法。

该品种自通过安徽省审定以来，先后在湖南、湖北、江西、江苏、河南等省示范、引种种植，被安徽、湖南等省定为主推品种。自 2004 年至 2009 年，已累计推广 550. 0 万亩，新增纯收益 14. 58 亿元，新增社会效益和经济效益 11. 65 亿元。

9. 红色梨新品种美人酥、满天红和红酥脆的选育及配套技术研究与应用

主要完成单位 中国农业科学院郑州果树研究所

主要完成人员 王宇霖、魏闻东、田　鹏、于振泉、王晓富、冯有才、张传来、孙共明、夏莎玲、苏艳丽、康保珊

起 止 时 间 1989 年 1 月 ~2008 年 2 月

获 奖 情 况 2010 年全国农牧渔业丰收奖二等奖

内 容 提 要

“美人酥”、“满天红”和“红酥脆”系日本“幸水梨”与云南“火把梨”杂交，育成的优质红色梨新品种。2007名国和国际林产业金奖和“中华名果”，2008年通过河南省林木品种审定，2009年完成河南省科技成果登记，同年获中国农业科学院科技成果奖一等奖。

“美人酥”果实卵圆形，单果重275克，果面鲜红；酥脆多汁，风味酸甜可口，可溶性固形物含量15.5%，总糖9.96%，总酸0.51%，维生素C含量7.22毫克/100克，较耐贮。“满天红”梨果实近圆形，单果重280克。果面鲜红色晕占2/3以上，肉质细酥脆，汁液多，石细胞少，风味酸甜可口，香气浓郁，可溶性固形物含量15.0%，总糖9.45%，总酸0.40%，维生素C含量7.48毫克/100克，耐贮运。红酥脆梨果实卵圆形，单果重250克；果面红艳，肉质细酥脆，汁多味甜清香可口，可溶性固形物含量14.5%，总糖8.48%，总酸0.39%，维生素C含量7.03毫克/100克，较耐贮藏。三红梨对梨黑星病、干腐病、早期落叶病和梨木虱、蚜虫有较强的抗性，抗晚霜，耐低温能力强，综合性状超过生产上广泛栽培的酥梨、鸭梨和国内外近年新育成的红皮梨良种：八月红、红香酥梨和红安久（Red D'Ajou）、红巴梨（Red Barlett）等。

本项目根据三红梨的生长和结果习性，进行了黄土高原、黄河故道、华北平原和西北干旱地区等多种生态条件下的中间试验和生产示范，组装和完善了多项关键管理技术，研制了标准化生产操作规程。针对不同技术特点，建立了品种比较、商品生产和标准化栽培等多种示范基地，果品达到无公害标准。全国建立“三红梨”中试点5个，乡级以上生产示范点10个，遍布河南、云南、河北、陕西、甘肃和山东等多个省（市、区），推广规模达14.25万亩，累计直接经济效益11亿元以上。

本项目掀起了我国红色梨新品种选育研究与生产发展的新潮，丰富了梨产业品种组分，增加了农村劳动力就业，拉动了梨区经济发展，社会效益、经济效益和生态效益显著。

10. 设施桃适宜品种选育、关键栽培技术的研究与推广

主要完成单位 中国农业科学院郑州果树研究所

主要完成人员 王力荣、朱更瑞、方伟超、曹 珂、陈昌文、刘端明、李全红、侯 凯、冯义彬、王新锋、门福林、张宝军、凌国军、王贵州、杨 刚

起 止 时 间 1990年1月~2009年12月

获 奖 情 况 2010年河南省科技进步奖二等奖

内 容 提 要

明确桃设施品种选育的理论基础、育成设施桃栽培专用的新品种、探索设施桃关键栽培技术体系。首次系统研究了桃品种需冷量对设施栽培关键栽培技术的影响；完成设

施栽培适宜品种的培育；集成创新桃设施栽培关键技术，并完成制定地方标准。

该项目针对制约设施桃栽培中存在的盲目升温、缺乏专用品种、栽培技术不配套等关键问题，以影响桃设施栽培关键生物学特性需冷量为切入点，进行了深入的研究，在参考国际需冷量评价方法的基础上，结合设施栽培的具体实践，明确了我国设施桃品种需冷量评价模式；利用胚拯救等生物技术方法，选育出系列适宜设施栽培的桃新种，通过对设施条件下桃生长发育规律的研究和多年多点的栽培技术试验，建立了设施桃高效栽培技术体系。

该项目选育的“双喜红”、“千年红”、“玫瑰红”、“中农金辉”分别通过国家各省级审定，并有 3 个品种获得国家植物新品种保护，将我国主要栽培油桃品种的需冷量由 850 小时降低到 500 ~ 650 小时，可提早升温时间 20 ~ 40 天。

该项目经河南、山东、辽宁、宁夏等 15 省（区）推广应用，累计推广面积达到 5 万亩，年新增纯收益 7.5 亿元，经济效益与社会效益显著。

该项目在桃品种低温需冷量的研究评价、中低需冷量品种选育和关键栽培技术的研究方面有创新，总体居国内设施果树研究的领先水平，其中，中需冷量品种接近国际先进水平。

11. 设施小果型西瓜栽培关键技术研究与推广

主要完成单位　中国农业科学院郑州果树研究所

主要完成人员　徐志红、徐永阳、刘君璞、王中原、王　妙、潘自舒、黄江涛、赵光伟、邢　燕、孔维虎、张　健、史明镜、王士杰、李玉珍、徐丽敏

起止时间　2003 年 2 月 ~ 2009 年 11 月

获奖情况　2010 年河南省科技进步奖二等奖

内容提要

该项成果研究集成了一套设施西瓜高效栽培相关技术，包括筛选适合设施栽培的专用品种、降低成本的健康种子生产技术、小果型西瓜栽培技术集成等内容，在小果型西瓜稀植、多蔓整枝、单株多果设施栽培集成研究方面具有国内领先水平。

筛选出 3 个适合设施栽培、具有自主知识产权的优良小果型西瓜品种。“金玉玲珑”在 2005 年全国农业技术推广服务中心组织的全国小果型西瓜品种评比中获得综合考评第 1 名。金玉玲珑无籽一号、无籽二号综合性状与美国先正达公司目前在生产中推广运用的新品种表现相当，在口感方面更好，在目前国内优良的小果型无籽西瓜品种领域基本处于空白的情况下，丰富了设施专用西瓜品种的类型；研究集成了小果型西瓜吊蔓嫁接、稀植、多蔓整枝、单株多果等成套栽培措施，创新了小果型西瓜设施栽培技术。比传统方法省种种子费用 1/3，省人工费用 1/5；小果型西瓜杂交一代制种技术研究，可以提高种子产量，降低种子成本投入 50%。累计推广面积 35 000 亩，新增产值

近7 000万元。

经专家鉴定，该项目创新了小果型西瓜栽培技术，显著降低了生产成本，提高了生产效益，在小果型西瓜稀植、多蔓整枝、单株多果设施栽培集成研究方面居国内领先水平，提高了设施西瓜栽培的技术水平，促进了我国设施西瓜生产的发展。

12. 葡萄新品种——夏至红选育

主要完成单位 中国农业科学院郑州果树研究所

主要完成人员 刘三军、蒯传化、于巧丽、刘崇怀、王　鹏、王东升、吕中伟、马永亮、李　灿、张利民、孙传珍、吕　波、宋德朝、臧新昌、陈勇朋

起止时间 1998年5月~2009年7月

获奖情况 2010年河南省科技成果奖二等奖

内容提要

1998年5月，以极早熟、品质优良、具有浓郁玫瑰香味的葡萄品种“玫瑰香 Muscat Hamburg”为父本，大粒、品质优良、极早熟的鲜食葡萄品种“绯红 Cardinal”为母本，配置杂交组合，杂交种子采用离体胚培养技术，2003年开始结果，经过连续6年的观察、鉴定，优选出极早熟、果粒大、鲜红色到紫红色，外观好，品质优良，早果丰产性强，综合性状超过当时生产上栽培的早熟品种单株，2005年年初步定名为“夏至红”(中葡萄2号)。

中葡萄2号（夏至红）为欧亚种。树势中庸偏强，果穗圆锥形，无副穗，果穗大，穗长15~25厘米，宽10~13厘米，平均单穗重750克，最大可达1 300克以上，果穗上果粒着生紧密，果穗大小整齐。果粒圆形，紫红色，着色一致，成熟一致。果粒大，纵径1.5~2.3厘米，横径1.3~1.5厘米，平均单粒重8.5克，最大可达15克，果粒整齐，皮中等厚，果粉多，肉脆，硬度中，无肉囊，果汁绿色，汁液中等，果实充分成熟时为紫红色到紫黑色，果肉绿色，果皮无涩味，果梗短，抗拉力强，不脱粒，不裂果。风味清甜可口，具轻微玫瑰香味，品质极上。

在河南省郑州地区，夏至红4月2~5日萌芽，5月18~23日开花，花后浆果开始生长膨大迅速，浆果6月24日开始着色，果实开始成熟在6月28~30日，充分成熟为7月5日，果实成熟期极早。果实整个发育期为47天。新梢开始成熟为7月15日，11月上旬落叶。

果实性状上，夏至红（中葡萄2号）果穗和果粒大小明显超过双亲，早熟性超过其母本绯红，表现为超亲遗传。品质上，夏至红果肉质地细腻，多汁，硬度介于双亲之间。其他性状，如可溶性固形物含量、总糖、总酸也介于双亲之间，比母本绯红高，但低于父本玫瑰香。经过杂种母株、嫁接试验和区试点连续多年观察，在不同气候条件、不同立地条件和栽培条件下，其遗传性状表现稳定、一致，无变异现象发生。

13. 无性繁殖作物种质资源收集、标准化整理、共享与利用

主要完成单位　中国农业科学院茶叶研究所、中国农业科学院果树研究所、中国农业科学院柑橘研究所、中国农业科学院蚕业研究所、中国农业科学院麻类研究所、中国农业科学院郑州果树研究所、中国农业科学院甘薯研究所、云南省农业科学院甘蔗研究所、西北农林科技大学

主要完成人员　江用文、熊兴平、刘凤之、王力荣、陈　亮、陈成斌、江　东、曾　霞、张　林、陈建华、张允刚、蔡　青、杨　勇、马瑞娟、胡红菊

起 止 时 间　1999 年 11 月 ~2008 年 12 月

获 奖 情 况　2010 年浙江省科技进步奖二等奖

内 容 提 要

该项目针对中国无性繁殖作物野生资源、地方珍稀品种等加速消失，种质资源鉴定、整理、评价和利用缺乏科学、统一的方法标准，大量种质资源尚未进行标准化鉴定、种质资源利用率低等迫切需要解决的问题，对茶树、桑树、果树、薯类、水生蔬菜等 54 种无性繁殖作物开展种质资源的收集、系统鉴定、标准化整理、优异种质资源发掘以及资源共享利用等研究。

收集到 20 163 份珍稀濒危种质资源。发现了 1 个新种和 4 个新类型，新收集到 32 个作物 229 种（变种或杂种）和 193 份性状极为特异的种质资源，丰富了我国保存的无性繁殖作物物种多样性。通过资源的资源收集保存，使无性繁殖作物种质资源的保存规模进入世界前列，其中，有 22 种作物的资源数量居世界首位。

建立完善了无性繁殖作物种质资源描述、鉴定、评价、共享、利用标准体系。首次制定了樱桃、慈姑、百合、枸杞等 15 种作物的描述规范、数据标准和数据质量控制规范；完成了 26 894份资源的系统鉴定，获得 1 146 442个鉴定数据；完成了 43 885份资源标准化整理和数字化表达；建立了 54 种作物 42 011份资源特性数据库和图像数据库，特性数据 2 422 082个，图像数据 60 769个；制定了茶树等 26 种作物优异种质资源评价规范，发掘出 1 573份具抗寒、抗病、抗旱、优质等优异性状的种质；研制出种质资源信息共享系统，通过系统推动了我国无性繁殖作物信息与实物共享。

该项目显著提升了我国无性繁殖作物种质资源在国际上的地位，有力地促进了农业增效和农民增收，有效地支撑无性繁殖作物的基础研究。本项收集保存国内外无性繁殖作物种质资源 1. 3 万余份，使资源保存规模达到 5. 25 万份，仅次于美国。本项目向国内 1 921家相关单位提供急需的种质资源 22 222份 51 013份次，支撑了包括“973”计划、“863”计划等 300 多项国家级、省部级课题研究，获得了一批原创性成果，发表了论文 765 篇，出版专著 117 部。利用本项目提供的优异种质资源，共培育新品系、育

种材料693个，育成新品种210个，上述育成品种已在生产上推广应用2.3亿多亩。建成的多年生和无性繁殖作物种质资源信息网（http：//www.ziyuanpu.net.cn），累计向20余万人次提供了信息查询和数据下载服务。

14. 猪重要传染病快速诊断方法的研究

主要完成单位 中国农业科学院哈尔滨兽医研究所

主要完成人员 李　曦、符　芳、刘春燕、杨玉菊、王晓武、柴　政、陈微晶、张永欣

起 止 时 间 2002年10月～2009年2月

获 奖 情 况 2010年黑龙江省科技进步奖二等奖

内 容 提 要

重要传染病快速诊断方法应用SYBR GREEN I实时荧光PCR技术建立了多重病原检测诊断方法。该方法检测项目包括PRRSV经典株与变异株鉴别诊断；PRV、PCV2、PPV鉴别诊断；CSFV疫苗株、野毒株、BVDV鉴别诊断；TTV1与TTV2鉴别诊断；JSV，HPS，SSP，MHP，FMDV，SIV病原的诊断。该方法实现了PCR从定性到定量的飞跃，它以其特异性强、灵敏度高、重复性好、定量准确、全封闭反应等优点成为猪病诊断研究的重要工具。该方法检测速度快，可在2小时内检测出结果，检测率在95%以上。该技术可应用于规模化养殖场，特别是种畜场及对于新近自外地、外国引进的种畜的检疫，以便于种畜场的净化。目前，我国的养畜业多数疫病的发生均来自于畜种的引入及畜群的变更，因此，对变更中的牲畜进行特异、敏感的病原检测，防止在变更过程中流行病原（如猪瘟、猪呼吸与繁殖综合征、口蹄疫等）及外来病原的引入，对疫病的防控具有重要意义。该技术包括常规流行重要疫病的检测及新发的、外来疫病的检测。通过其定量、实时、分子诊断、自动化等自身技术的特征，可以科学、准确地鉴别、区分、判断混合感染病原中的主导病原，以便于快速进行排查及有效防止病原的进入、感染、传播，对畜场的净化具有重要意义。

15. 奶牛重大疾病防控新技术的研究与应用

主要完成单位 中国农业科学院兰州畜牧与兽药研究所、华中农业大学、中国农业科学院特产研究所、四川省畜牧科学研究院、江苏农林职业技术学院

主要完成人员 杨国林、李宏胜、郁　杰、郭爱珍、巩忠福、陈立志、李新圃、廖党金、李世宏

起 止 时 间 1981年1月～2009年12月

获 奖 情 况 2010年甘肃省科技进步奖二等奖

内 容 提 要

本项研究针对中国奶牛养殖技术落后，重大疾病发病率居高不下，养殖经济效益低下的现状，开展联合攻关，通过近 30 年的努力，取得了以下研究成果。

（1）对我国奶牛乳房炎和不孕症进行了系统的流行病学调查，查明了主要病因、发病率及病原菌区系分布，建立了奶牛乳房炎主要病原菌菌种库，制定了“奶牛乳房炎乳汁细菌的分离和鉴定程序”，首次明确了引起我国奶牛乳房炎的无乳链球菌和金黄色葡萄球菌血清型分布及优势血清型，为我国奶牛乳房炎的预防与治疗研究提供了科学依据。

（2）研制出了奶牛隐性乳房炎诊断液（LMT）、子宫内膜活检器、牛结核 IFN-γ 体外释放检测试剂盒、结核抗体 ELISA 诊断试剂盒、牛结核通用型胶体金试纸条、奶牛腐蹄病原基因检测试剂盒、奶牛寄生虫诊断监测箱等系列诊断监测产品，并建立了目视 ELISA 孕酮检测技术，为奶牛重要疾病的监测与净化提供了技术支撑。

（3）研制了奶牛乳房炎灭活多联苗、腐蹄病灭活疫苗及 4 种腐蹄病基因工程疫苗，可使临床型乳房炎和腐蹄病发病率分别下降 50% ~70% 和 85%，两种疫苗免疫持续期均达 6 个月。

（4）研制出了治疗奶牛临床型乳房炎的“乳康 1 号”和“乳康 2 号”，治疗干奶期乳房炎的“干奶安”，治疗奶牛子宫内膜炎的“清宫液”、“清宫液 2 号”、“清宫液 3 号”和“产复康”，治疗卵巢疾病的“催情助孕液”，这些新型药剂和纯中药制剂，在全国大规模推广应用，疗效显著。

（5）研究提出了适用于我国奶牛重大疾病防控的“奶牛安全用药技术规范”、“奶牛主要疾病综合防控技术规范”、“奶牛主要寄生虫病防控技术规范”及“奶牛乳房炎综合防治配套技术”。

鉴定委员会专家认为，该项研究紧密结合生产实际和市场需求，研究获得奶牛疾病诊断技术与试剂盒 5 套，兽药制剂 8 种，新疫苗 6 个，专利 9 个，综合防治技术 4 个，国家标准 1 个及地方标准 3 个。在全国奶牛场推广应用 170 多万头，已累计取得 13.21 亿元的经济效益。总体上达到国际先进水平，为我国奶牛重大疾病防控提供了理论支撑和技术保障。

16. 羊支原体性肺炎病原、诊断和免疫研究

主要完成单位　中国农业科学院兰州兽医研究所

主要完成人员　逯忠新、储岳峰、赵　萍、高鹏程、贺　英、康文彪、杨禄明、赵海燕、郭　晗

起 止 时 间　2005 年 8 月 ~2009 年 11 月

获 奖 情 况　2010 年甘肃省科技进步奖二等奖

内 容 提 要

项目立足于中国养羊业生产实际，为羊支原体性肺炎的有效防制提供了从病原分离

鉴定、血清学诊断到免疫防控等一系列配套技术手段。

（1）病原学研究

建立和规范了羊支原体性肺炎病原分离鉴定的基本程序和操作方法，并编入农业行业标准；首次建立了检测丝状支原体山羊亚种的巢式 PCR 技术及检测绵羊肺炎支原体和丝状支原体山羊亚种的多重 PCR 技术；国内首先明确我国羊支原体性肺炎主要为丝状支原体山羊亚种、绵羊肺炎支原体和山羊支原体山羊肺炎亚种单独或混合感染。

（2）诊断技术研究

研制了绵羊肺炎支原体间接血凝（IHA）和间接酶联免疫吸附（ELISA）抗体检测试剂盒 2 种兽医新诊断制品，建立了丝状支原体山羊亚种 IHA 和间接 ELISA 等 2 种抗体检测技术并编入农业行业标准。

（3）免疫研究

在国内外首次成功研制了一种“山羊支原体肺炎灭活疫苗（MoGH3-3 株 + M87-1 株）”，该疫苗安全、可靠，能同时预防绵羊肺炎支原体和丝状支原体山羊亚种感染，保护率均可达 90% 以上，免疫持续期至少 10 个月。2007 年 8 月 ~2009 年 5 月，上述成果先后应用于甘肃、宁夏、青海、广西、湖北、贵州和新疆等地，其中，诊断试剂 4 万余份，疫苗免疫各类山羊 57 200余只，获得经济效益 420. 65 万元。

成果鉴定委员会认为该项目总体技术水平达国际先进。可对我国有效控制羊支原体性肺炎、提高畜禽支原体病防治技术水平、促进养羊业发展起到重要作用，具有广阔的应用前景和可观的社会效益。

17. 青藏高原牦牛良种繁育及改良技术

主要完成单位 中国农业科学院兰州畜牧与兽药研究所

主要完成人员 阎　萍、郭　宪、梁春年、何晓林、杨　勤、曾玉峰、赵国琳、冯宇诚、殷满财、郭　健、石生光、孙延生、石红梅、张国模、杨　振、张红霞、李吉叶、拉毛才旦、杨小丽、武甫德、永　福、尕　代、路建卫

起止时间 2005 年 9 月 ~2009 年 12 月

获奖情况 2010 年全国农牧渔业丰收奖二等奖

内容提要

成果“青藏高原牦牛良种繁育及改良技术”是在科技部农业科技成果转化项目支助下完成的。建立了由牦牛种公牛站、育种核心群、繁育群（场）、推广扩大区 4 个部分组成的繁育体系，使青藏高原良种牦牛制种供种效能显著提高。通过遗传改良、繁育及加强培育措施等技术组装、集成、试验示范推广，良种牦牛改良当地牦牛的受胎率达到 70%，比同龄家牦牛提高 20%，犊牛繁活率提高 4%，越冬死亡率降低 3%。对改良我国牦牛品质，提高牦牛生产性能，遏制牦牛退化起到积极促进作用。近 5 年销售良种

牛 6 245头，冻精 20 万支，年改良家牦牛约 20 万头，覆盖率达我国牦牛产区的 75%，已获经济效益 31 539万元。推进了牦牛生产良种化进程，提高了科技覆盖率，带动了相关产业发展，已成为牦牛产区广泛推广应用的品种改良技术。对促进我国牦牛业的发展，提高当地少数民族人们的生活水平，繁荣民族地区经济，稳定边疆具有重要现实意义。

18. 饲草生产加工与高效利用轻简技术

主要完成单位　中国农业科学院草原研究所

主要完成人员　孙启忠、玉　柱、徐春城、王宗礼、李志强、杨富裕、赵淑芬、陶　雅、王晓力、韩春燕、王育青、李　峰、徐　博、李存福、乔安海、刘瑞香、张彩枝、杨广勇、韩跃林、李晶洁、高凤芹、张晓庆、柳　茜、白春生、侯秀敏

起止时间　2008 年 1 月 ~2010 年 8 月

获奖情况　2010 年全国农牧渔业丰收奖二等奖

内容提要

通过组装集成形成了优质高产饲草筛选、优质饲草丰产栽培管理、多样化饲草产品低损低耗调制加工和饲草产品质量安全检测与评价及高效利用等技术，选育出科尔沁尖叶胡枝子和林西直穗鹅观草 2 个新品种，筛选出适宜北方农牧交错带种植的 28 个牧草种（品种）和 5 个青贮玉米品种，采用优化技术使寒旱区苜蓿和驼绒藜及盐碱地混播草地建植成功率达 90% 以上，优化了青贮玉米 + 抹食豆混播栽培模式和水肥耦合技术。青贮玉米产量达 65 ~70 吨/公顷；明确 57 种饲草、13 种混合组配和 48 个饲草 + 添加剂组合的可青贮性和营养成分变化，研发出一套包括收获时期、收获方法、晾晒和打捆及贮存为一体的苜蓿干草调制技术体系和草颗粒加工工艺；从羊草、苜蓿以及青贮玉米中检测出重金属、亚硝酸盐以及有机氯等残留含量；通过对玉米青贮前后上述成分的测定和分析，发现青贮可以降低部分有毒有害成分，摸索出以青贮饲料为主的质量检测与安全评价技术。优化了豆科、禾本科牧草青贮技术，开展了灌木、半灌木青贮技术研究，使青贮成功率达 95%，优质率达 90%。提出了饲草型发酵 TMR 的配方设计等调制技术和工艺；优化了以优质饲草 + 农副产品 + 食品残渣为主体（70% 以上），与精饲料、添加剂等为辅料（不超过 30%）配方及调制技术；证明了饲喂发酵 TMR 的安全性和可行性。

采用从研究核心区向周边地区辐射推广的技术措施，形成研究所为技术提供者，旗（县）草原站为技术推广者，农户为技术应用者的组织形式。核心技术已在内蒙古、青海等省（区）23 个旗（县）得到应用，并取得显著的生态效益、经济效益和社会效益。

19. 梅花鹿优质高效养殖科技示范

主要完成单位 中国农业科学院特产研究所

主要完成人员 杨福合、魏海军、陈立志、赵伟刚、赵 蒙、王柏林、张荣范、陆纯志、刘若军、李光玉、罗剑通、徐凤国、刘恒良、于晓辉、师立红、高 威、荆寿柏、张传友、宋峥嵘、崔德民、徐 彪、钟 强、桂宝玉

起止时间 2005年1月~2008年4月

获奖情况 2010年全国农牧渔业丰收奖二等奖

内容提要

本项目以国家级和省级“梅花鹿优质高效养殖专家大院”和社会主义新农村建设科技示范等星火项目为平台，通过良种梅花鹿的评定和扩繁、制定饲养标准及构建重大疫病防控体系，建立梅花鹿良种繁育中心及健康养殖示范区，进行梅花鹿高效养殖技术集成示范和推广，带动当地梅花鹿特色养殖业健康发展，提高其生产技术水平，有力推动社会主义新农村建设。共评定出20头优秀种公鹿并采集精液，为20 000余只梅花鹿进行了良种繁育和改良。在MOET育种方案实施中，选优质经产梅花鹿母鹿为供体，获得了34只胚胎移植后代。建立了梅花鹿营养调控及重大疾病监测体系，使繁殖成活率提高5%以上。编制了梅花鹿育种及生产信息管理系统。举办了4次全国鹿业发展研讨会和6次培训班，发放科普资料20 000余份，培训技术人员2 000人次，带动农户500余户。分别在双阳、东丰、西丰、靖宇等地6个乡镇，建立了10个梅花鹿高效养殖技术示范区。在项目区开展大面积示范推广，主要推广模式为“科研单位+协会+企业+基地+养殖户”，通过项目实施使梅花鹿良种普及率提高了30%，茸鹿群体产茸性能提高19%以上，获取直接经济效益1 600余万元，使梅花鹿养殖特色产业在社会主义新农村建设中发挥出更大作用。

20. 奶牛提质增效关键技术示范推广

主要完成单位 中国农业科学院北京畜牧兽医研究所

主要完成人员 周凌云、周振峰、赵青余、王建平、王 晶、夏春青、吕中旺、卜登攀、郭富存、郭永宁、王 颖、张养东、刘希峰

起止时间 2005年1月~2010年10月

获奖情况 2010年全国农牧渔业丰收奖三等奖

内容提要

本项目有效整合主要完成单位的资源优势，针对实践需求，围绕奶牛养殖提质增效，筛选和集成了“奶牛日粮阴阳离子调控”、“青贮及全混合日粮（TMR）裹包”、

“综合缓解奶牛热应激”、“乳蛋白、乳脂的合成与调控（活性蛋白、共轭亚油酸等）”等核心技术，配合奶牛标准化饲养管理技术，形成整体技术，并开展了示范推广。

本项目制定了科学、完善的技术路线并进行系统组织和措施。项目关键点围绕“需求调研—筛选技术—整体打包—小试、中试—调整—全面推广—效果评估”进行。因技术成熟度高，应用效果显著，“青贮与全混合日粮裹包技术的研究应用”、“热应激对奶牛营养代谢的影响及其缓解技术的研究”和“奶牛合成优质活性蛋白的机理及其应用技术研究”3 项技术通过了农业部成果鉴定，获计算机软件著作权登记证书 2 项，分别为“牧场缓解热应激自动控制系统”和“IgG/Lf 高合成能力奶牛筛选系统 V1. 0”，核心技术处于国内领先水平。

本项目共建立示范区 12 个，应用规模 7 万头。技术应用程度 90% 以上。与普通户比，年单产增 0. 75 吨，乳蛋白和乳脂率分增 0. 1 ~0. 5 个百分点，菌落总数降 10 万 ~20 万个。每头泌乳牛年新增经济效益 800 多元，总经济效益 8 000多万元。新技术应用减污提效，实现了良好的社会效益和生态效益。

21. 超级早稻新品种“中早 22”的选育与推广应用

主要完成单位　中国农业科学院水稻研究所

主要完成人员　马良勇、李西明、刘　鑫、季芝娟、寿建尧、郭群利、杨长登、吴汉平、吴树业、毛一剑

起 止 时 间　1999 年 1 月 ~2009 年 12 月

获 奖 情 况　2010 年浙江省科技进步奖三等奖

内 容 提 要

（1）主要研究内容及结果

①常规杂交、体细胞无性系变异相结合育成高产专用早籼新品种“中早 22”，2004 年通过浙江省农作物品种审定。2006 年经农业部认定为第二批超级稻品种，是长江中下游稻区第一个早稻常规超级稻品种。

②2005 ~2009 年在诸暨市和瑞安市等地建立百亩以上“中早 22”高产示范方 39 个，连续 3 年浙江省科技厅农村科技处对诸暨等市百亩“中早 22”示范方组织验收，平均亩产均超 621 千克，最高亩产达 666. 2 千克，江山市用该品种创造了早稻亩产 698. 5 千克的浙江省首批农业吉尼斯纪录。

③研究和制定了“中早 22”直播、抛秧和机械化操作的超高产栽培系列配套技术规程，快速推广了超级早稻“中早 22”。

（2）应用推广及取得的经济效益

①生产上大面积推广应用了超级稻品种“中早 22”，2005 ~2009 年在浙江省累计推广 104. 7 万亩，近 3 年推广 80. 97 万亩，占同熟期早稻面积的 50% 以上。

②社会经济效益：2005 ~2009 年累计推广 104. 7 万亩，按生产试验比对照“嘉育

293”亩增 60 千克，按 2009 年国家收购价 1.80 元/千克计算，累计增产稻谷 6 282万千克，农民增收 11 307.6万元；按“中早 22”抗病、节本等每亩节支 15 元计算，则节本 1 570.5万元，增收节支累计获社会效益 12 878.1万元。

③通过超级稻“中早 22”的育成和推广，提出“中秆、适穗、大穗大粒、高结实率”的长江流域常规超级籼稻的育种策略，编入《中国超级稻育种》一书。

④“中早 22”的育成，丰富了两系早杂育种和常规超级早稻育种的品种资源。利用“中早 22”育成的“中早 35”通过江西审定且已报国家审定，“株两优 22”（株 1S/中早 22）参加 2010 年国家区试续试。

22. 猪瘟、猪繁殖与呼吸综合征、猪伪狂犬病毒抗体三种金标快速检测试纸条等的研制及初步应用

主要完成单位 中国农业科学院哈尔滨兽医研究所

主要完成人员 崔尚金、童光志、李　曦、符　芳、张洪英、王靖飞、孔令达

起止时间 2003 年 1 月 ~2008 年 12 月

获奖情况 2010 年黑龙江省科技进步奖三等奖

内容提要

用生物工程技术表达伪狂犬病毒、猪繁殖与呼吸综合征病毒、猪瘟病毒、的特异基因，以重组蛋白为抗原，建立了猪伪狂犬病、猪繁殖与呼吸综合征、猪瘟 3 种猪繁殖障碍相关病毒病的胶体金试纸条诊断试剂盒，建立 3 种疾病的诊断技术。按照生产流程制备了阴阳性血清、制备了抗原，组装了试剂盒、卡 37 万头份。在黑龙江、河南等 7 省（市）进行了试用，试剂盒与 IDEXX 公司的类似产品的符合率在 85% ~91%，为养殖户节资增收上亿元。制定了产品的检验标准；形成了原材料准备与供应、重组抗原生产及试剂盒组装制造和成品检验与保存的管理模块，为该成果大面积应用提供了技术支撑。

创新之处在于采用基因重组技术生产诊断抗原，试剂盒敏感性高、特异性强，其技术代表了国际兽医界在疾病诊断领域的发展方向。生产的诊断试剂盒可用于疾病早期检测和疫苗应用效果监测，适于猪场、检疫部门和基层兽医站的猪病检疫以及海关的进出口检疫。

23. 重离子束辐照研制新化合物“喹羟酮”

主要完成单位 中国农业科学院兰州畜牧与兽药研究所

主要完成人员 梁剑平、王曙阳、尚若锋、王学红、蒲万霞、陶　蕾

起止时间 2000 年 7 月 ~2009 年 12 月

获奖情况 2010 年甘肃省技术发明奖三等奖

内 容 提 要

寻找一种新兽药需用较长时间并做大量筛选，如能有新的简单、快捷方法，将会加速开发新兽药的步伐，缩短研制周期，大大降低研究费用。本项目采用国家重大科学工程装置—兰州重离子加速器（HIRFL）产生的不同能量碳、氧离子束对一类新兽药“喹烯酮”进行辐照，产生一系列的喹喔啉类衍生物，发现有些衍生物抗菌活性明显增强，通过化学分离和抑菌试验，从中筛选出新的具有抗菌、增重等生物活性的单体化合物，并应用四大谱进行结构鉴定，定名为“喹羟酮”。在此工作基础上，进行了喹羟酮的化学合成、药理药效学和临床试验等研究。通过与企业合作申报到饲料添加剂批号后，在全国范围内进行了临床推广应用。

通过本项目的研究，目前已获国家发明专利3项：用重离子束辐照效应获得的喹羟酮（ZL200710123574.8）、喹羟酮的化学合成工艺（ZL200710122910.7）以及喹喔啉类衍生物喹胺醇的制备方法（ZL200710123573.3）；申报专利2项：对喹乙醇、苯并呋咱N-氧化物和乙酰甲喹进行改性的重离子辐照方法（2007101229111）和具有喹喔啉母环的两种化合物及其制备方法（200810001173X），并已进入实质性审查阶段。

本项目在国内外首次开展了重离子束辐照喹喔啉药物的分子改性研究。由此方法产生的“喹羟酮”作为新型的抗菌促生长的饲料添加剂（添加剂批准号：甘饲添字[2005] 038012），具有毒副作用极小、剂量低、饲料利用率高和有效的预防畜禽肠道细菌性疾病等，可增加动物体重、降低疾病的发生率。在全国多省份进行临床推广应用后，产生了较大的经济效益，为畜牧养殖业的健康发展发挥了重要的作用。故本项目无论是方法与技术创新，还是化学结构与应用创新，都是一项具有开创意义的工作。

24. 黄芪等长白山道地药材颗粒饮片及其综合利用研究

主要完成单位 中国农业科学院特产研究所

主要完成人员 艾 军、赵景辉、金银萍、刘继永、张 瑞、孙成贺、侯 薇、焉 石

起 止 时 间 2006年1月~2009年12月

获 奖 情 况 2010年吉林省科技进步奖三等奖

内 容 提 要

（1）采用现代分析检测手段控制产品质量，建立了黄芪等10种中药材的提取工艺及颗粒饮片制备工艺，完成了黄芪等10种颗粒饮片HPLC指纹图谱，制定了相应的质量标准与质量控制技术体系。

（2）以黄芪、人参等中药材非药用部位及残渣为原料，综合考虑对禽类免疫作用和对生产性能的影响，率先开展禽类饲料添加剂的研究，扩大了中药材的应用范围，促进了天然、无残留的绿色添加剂产业的发展。研制出提高禽类免疫力及生产性能的添加剂5种，完成生产工艺及配方。

（3）申报国家发明专利3项，发表学术论文6篇，培养硕士研究生2名。

（4）成果已在哈尔滨正大阳光饲料有限公司等10个单位应用，截至2009年年底，累计取得直接经济效益1 640万元，后经济效益可预期且巨大，大幅度提升了长白山道地药材生产加工与产品开发技术水平，直接惠及全省东部山区20多个县近300万药农。

25. 威灵仙等吉林省道地药材引种驯化及配套栽培技术研究

主要完成单位 中国农业科学院特产研究所

主要完成人员 许世泉、魏云杰、吴连举、逄世峰、关一鸣、李　军、张　瑞、邵　财、张亚玉、柴寿江、金银萍、侯　薇

起 止 时 间 2005年1月~2009年12月

获 奖 情 况 2010年吉林省科技进步奖三等奖

内 容 提 要

（1）阐明威灵仙种子萌发障碍的生理和结构特性，提出促进和提高种子发芽率的关键技术；研究威灵仙、黄花乌头的生态适应性规律，解决种苗繁育的关键技术难点，建立野生驯化栽培的综合技术体系。

（2）分离威灵仙、黄花乌头、龙胆草、细辛、防风、刺五加主要病原菌，研究病原菌的适宜生长条件和菌种贮存条件，建立病原菌种质库。

（3）研究威灵仙、黄花乌头、龙胆草、细辛、防风、刺五加主要病害发生发展规律，筛选高效低毒低残留农药，综合防治技术体系建立。

（4）探讨威灵仙、黄花乌头、龙胆草、防风、刺五加野生变家植技术，摸清药材质量形成的适宜生态条件，提出综合栽培技术措施。

（5）项目重点在吉林省推广3个地区10多个市县，并向辽宁辐射。3年累计推广栽培面积40多公顷，增加效益620万元，3年累计新增利润460万元。

26. 农产品产地监测与评价技术

主要完成单位 农业部环境保护科研监测所

主要完成人员 刘凤枝、李玉浸、贾兰英、郑向群、成振华

起 止 时 间 2002年1月~2005年9月

获 奖 情 况 2010年天津市科技进步奖三等奖

内 容 提 要

研究了中国5种具有代表性土壤类型、小白菜和水稻对Cd、Pb的吸收关系，得出不同土壤类型、不同作物及不同污染元素，具有不同土壤临界值的结论，将这一理论制成相关标准，用于产地土壤污染评价；构建了产地土壤安全评价技术体系，制定《耕地土壤重金属污染评价技术规程》及配套的临界值制定技术，形成国家标准5项；研

制了与国际接轨的土壤中污染物检测技术，形成标准7项；编制了农产品产地环境监测的登记、统计、评价和检索系统等系列软件6项，构建数据库6个，规范了我国产地信息管理。

该技术成果已成为全国农业环境监测工作的主要依据，推动了22个省级农环站通过国家计量认证，在产地监管中起到重要作用，累积监测产地1.5亿亩。利用项目技术成果，先后录入农业环境信息统计报表5 000余套、产地可疑污染区登记档案9 000余份，录入监测数据近200万个。全国农业环境监测网络利用项目研制的填报系统，构建了全国农产品产地安全信息管理平台，为开展产地安全预警提供了技术依据。

经专家鉴定，本项目的技术成果研制程序规范，技术路线正确，研究方法科学，试验数据翔实，成果整体达到了国内领先水平，部分成果达到了国际先进水平。项目首次将累积性评价和适宜性评价相结合，制定了以保障食用农产品安全为目的的土壤评价技术，处于国际领先水平；污水回流消解、电感耦合等离子体质谱测定和氢化物原子荧光测定等达到国际先进水平；编制的软件系统采用C/S及B/S框架处于国内领先水平。

三、院级奖

1. Bt棉花刺吸式害虫种群演化机制及控制技术的研究与应用

主要完成单位 中国农业科学院植物保护研究所

主要完成人员 吴孔明、郭予元、吴益东、梁革梅、赵建周、杨亦桦、张永军、陆宴辉、王桂荣、武淑文

起止时间 1996年1月~2006年12月

获奖情况 2010年中国农业科学院科学技术成果奖一等奖

内容提要

害虫是制约棉花生产的重要因素，其种类发生和棉花品种与种植模式的变化有密切关系。中国棉花害虫多达数百种，按取食危害特征主要分为咀嚼式和刺吸式口器害虫两类。20世纪90年代中期，用于防治鳞翅目咀嚼式害虫的转Bt基因抗虫棉花先后在美国、澳大利亚和我国商业化种植。此后，不同种类的棉花刺吸式害虫在全球范围内严重发生危害，成为国内外科学界和棉花产业界高度关注的焦点问题。为了保障我国Bt棉花商业化的健康发展，中国农业科学院植物保护研究所等单位，自1996年以来，采用系统生态学的方法和原理，监测、研究和分析了Bt棉花商业化种植后棉花生态系统节肢动物群落结构和多样性的变化以及这种变化对刺吸式害虫种群动态和发生规律的调控作用，并研究建立了主要刺吸式害虫的控制技术体系。

研究结果表明，由于Bt棉花对鳞翅目害虫的抗性大幅度降低了防治棉铃虫等害虫的农药用量，而显著提高了棉花生长中、后期生态系统中节肢动物群落多样性，瓢虫类、草蛉类和蜘蛛类等捕食性天敌的数量显著高于常规棉田生态系统。此类捕食性天敌

数量的增加，有效控制了刺吸式害虫种类之一的棉蚜在棉花蕾铃期的发生危害，但天敌控制作用较弱的刺吸式害虫盲椿象和烟粉虱等种群急剧上升，并取代棉铃虫等鳞翅目害虫成为棉田的优势害虫类群。随着 Bt 棉花种植面积的增加和种群生态叠加效应的积累，盲椿象和烟粉虱的为害将呈进一步严重发展趋势。基于 Bt 棉花种植所引发的刺吸式害虫新问题，系统研究了盲椿象和烟粉虱等刺吸式害虫在 Bt 棉田的季节性种群动态和气候环境、寄主、天敌和农药对其种群数量的调控作用等，创建了基于越冬与早春防治、嗜好寄主诱杀防治和棉田化学防治的盲椿象防治技术新体系，与基于保护地越冬种群防治、寄主诱杀防治和化学防治相结合的烟粉虱防治技术新体系。

自 2000 年开始，本项成果由江苏省农林厅等单位在我国黄河流域和长江流域 Bt 棉花种植区推广应用，对盲椿象和烟粉虱等刺吸式害虫的控制效果达 85% 以上。2006 ~ 2008 年，共计培训技术人员 6 550人次，印发技术资料 6 000多份，发放技术图书 1 200 余册，累计推广应用面积 5 230万亩，累计新增利润 22 亿元，节支总额 59 亿元。先后发表研究论文 100 余篇，其中，SCI 源刊物 18 篇，他人引用 400 余次。获得国家授权发明专利 1 项。此外，以本项成果为基础制定了《转基因植物及其产品环境安全检测 - 抗虫棉花生物多样性影响》国家标准，为农业部对转基因棉花的安全管理提供了技术支撑，对保障我国转基因抗虫棉产业化的健康发展发挥了重要作用。

2. 设施蔬菜优质高效生产关键技术的集成与示范

主要完成单位 中国农业科学院蔬菜花卉研究所

主要完成人员 张志斌、贺超兴、王怀松、赵 玮、杜中平、王振庄、董在成、贺忠群、高新昊、于贤昌、任志雨、闫 妍、秦海滨、王锐竹、王林闯

起止时间 2004 年 1 月 ~2010 年 1 月

获奖情况 2010 年中国农业科学院科学技术成果奖一等奖

内容提要

针对中国设施蔬菜产量低而不稳、品质风味差、土壤地力下降和连作障碍频发等生产实际问题，研究集成了日光温室蔬菜优质高效生产技术。项目筛选出适宜蔬菜品种 30 多个，开发设施栽培新技术 5 项，提出了病虫害分阶段重点防控与非农药防治技术，研制出有机土、菌根苗、肥水气一体化施用装置、蔬菜植株吊放器、燃煤式土壤热水消毒机等专利技术产品，申报了国家发明专利 5 项，获得 2 项。建立了不同类型日光温室的周年环境数据库，研制出温室蔬菜栽培管理专家决策系统软件，申报并获得软件著作权 4 项，为栽培作物的计算机管理与决策提供了信息化平台。经查新，本项目研制应用的温室肥水气一体化施用装置、有机土栽培方法、菌根增抗育苗技术、低成本土壤热水消毒技术、蔬菜植株吊放器和基于环境数据库的蔬菜专家系统，均未见他人相同报道，本项目属首次报道。

项目集成以上关键技术，创建了设施蔬菜高产高效技术体系，设施蔬菜肥水气一体化施用装置还获得了科技部等 4 部委联合颁发的国家重点新产品证书。项目总结出番茄、甜椒、黄瓜等不同蔬菜高效栽培技术规程 12 项，蔬菜产品达国家绿色食品标准，实现了设施蔬菜的优质高产和均衡供应。为推广交流新技术，培训农业科技人员和菜农，项目组编写了相关的技术培训资料 4 本，在全国园艺学核心期刊上发表技术宣传和试验研究的相关研究论文 68 篇，出版著作 5 部，加快了新技术的推广。应用新技术可使温室蔬菜单产比普通栽培增产 20% 以上，营养品质显著改善，产值增加 30% ~50%，新技术使肥水利用率大幅度提高，节肥 30% 以上，节水 40%。本项技术指标具体，便于操作，应用范围广，安全性高。项目实施期间，在全国建立生产示范基地 12 个，累计技术示范 2 000多亩，技术辐射面积 20 多万亩，累计创社会经济效益 4.6 亿元，效益显著，推广应用前景良好。

3. 中国蜜蜂主要寄生螨种类鉴定及防治技术

主要完成单位 中国农业科学院蜜蜂研究所

主要完成人员 周　婷、王　强、代平礼、孙继虎、姚　军、罗其花、王　星、吴艳艳、徐书法、黄双修、黄智勇

起 止 时 间 2000 年 1 月 ~2009 年 12 月

获 奖 情 况 2010 年中国农业科学院科学技术成果奖一等奖

内 容 提 要

狄斯瓦螨和热厉螨是对世界养蜂业危害最大的蜜蜂病虫害，中国饲养的主要经济蜂种意大利蜜蜂（占我国饲养蜂群的 80% 以上）100% 感染这两种寄生螨，每年由于这两种螨寄生造成的蜂群损失达 30% 以上，而这两种寄生螨每年的防治费用占总防治费用的 70% 以上。

从 2000 年起，在国家自然科学基金（39970573、30371090、30571408、30871831）、科技部科研院所社会公益研究专项（2005DIB4J036）、科技部自然资源平台项目（2005DKA21100）（2005 ~2008）、农业公益性行业科研专项（nyhyzx07-041）、“十一五”支撑项目（2006BAD06B04）、科技部农业成果转化项目（2008GB23260399）和现代蜂产业体系建设（nycytx-43-kxj6）的资助下，本项目组从蜜蜂狄斯瓦螨和热厉螨在中国自然种系构成、分布、流行病学调查；蜜蜂寄生螨种质资源标准化整理、整合和资源共享；蜜蜂抗螨机制研究；杀螨剂对蜜蜂生物学和电生理学的安全性评价；蜜蜂主要寄生螨诊断的行业标准制定；以及绿色杀螨剂研制开发与示范推广等方面，对蜜蜂寄生螨进行了全面系统的研究，并对研究成果进行示范推广，2007 ~2009 年，共在全国范围内推广药剂 52 万份，覆盖蜂群数 52 万群。平均防治效果达到 87% 以上。以平均每群用药因为增产和提高产品质量而多创造经济价值 100 元计算，该杀蜂螨药剂为蜂农创造经济效益 5 200万元。以每十群蜂有一群用于为农作物授粉，每群蜂可为农作物

多创造经济价值 1 000元计算（据统计，授粉产生的经济价值是蜂产品的 100 ~ 140 倍），则可为农业生产创造经济价值约 5.2 亿元。收到了良好的经济效益及社会效益，从根本上提升了中国蜜蜂寄生螨防治技术水平，保证了中国养蜂业的健康发展。

4. 花生黄曲霉抗性遗传改良基础及中花 6 号的培育与应用

主要完成单位 中国农业科学院油料作物研究所

主要完成人员 廖伯寿、雷　永、任小平、王圣玉、姜慧芳、刘登望、黄家权、李　栋、肖达人、晏立英、王晓林、唐荣华、崔富华、方先兰

起止时间 1989 年 1 月 ~2009 年 12 月

获奖情况 2010 年中国农业科学院科学技术成果奖一等奖

内容提要

项目针对中国花生品种遗传改良研究中缺乏有效的黄曲霉抗性鉴定方法、抗性种质少、抗性遗传基础研究薄弱等关键问题，开展花生黄曲霉抗性的快速鉴定方法和分子标记辅助选择技术研究，探索抗黄曲霉兼抗青枯病种质的创新途径，明确花生黄曲霉抗性的遗传属性和聚合育种潜力，在此基础上培育优良的抗黄曲霉兼抗青枯病品种并推广应用。本成果达到的技术经济指标：①研究建立了花生黄曲霉抗性快速鉴定方法，在国际上率先建立了花生黄曲霉侵染抗性分子标记辅助选择技术，为抗性种质的发掘和抗病品种的培育提供了技术支撑。②首次研究明确了黄曲霉抗性持久性和种皮完整性对产毒抗性的作用，为花生运输、贮藏和加工过程中的安全管理提供了技术指导。③研究明确了花生黄曲霉抗性的生理生化反应机制，为抗病种质及杂交后代的评价奠定了基础。④首次研究明确了花生黄曲霉产毒抗性的遗传特性及与其他性状协同改良的潜力，为创造和培育高产优质兼抗黄曲霉和其他病害的优良种质和品种奠定了基础。⑤通过杂交和遗传重组，首次创造出一批高产高油兼抗黄曲霉和青枯病的优良种质。⑥首次培育出兼抗黄曲霉和青枯病的高产高蛋白品种中花 6 号。

获得知识产权情况：建立了具有自主知识产权的花生黄曲霉抗性鉴定技术和分子标记辅助选择技术，获国家发明专利 1 项，培育出抗黄曲霉兼抗青枯病的高产高蛋白品种中花 6 号，发表论文 70 篇，出版著作 11 本。项目的开展，培育出高产高蛋白抗黄曲霉兼抗青枯病品种中花 6 号并在湖北、湖南、四川、江西、广西和河南推广应用 1 209.9 万亩，创经济效益 17.51 亿元。建立的抗性鉴定方法被全国花生研究相关单位采用。项目对于促进花生科技进步、发展花生生产、增加农民收入和保护生态环境等方面起到了重要作用。

5. 苹果全程质量控制技术标准体系建立与应用

主要完成单位 中国农业科学院果树研究所

主要完成人员 聂继云、刘凤之、李　莉、冯　岩、董雅凤、张尊平、李　静、黄　毅、丛佩华、王文辉、李海飞、毋永龙、王志华、徐国锋、刘小娟

起止时间 1994 年 1 月 ~2009 年 5 月

获奖情况 2010 年中国农业科学院科学技术成果奖一等奖

内容提要

基于苹果生长发育规律和生理特性及产业发展对质量控制的技术需求，经技术创新、组装和集成，首次研究构建了苹果全程质量控制技术体系，为苹果全程质量控制技术标准体系的建立奠定了理论和技术基础。制定修订苹果产前、产中、产后全程质量控制系统配套的 16 项农业行业/国家标准，填补 13 项标准空白，实现了苹果全程质量控制技术成果标准化，首次建立了从产前苗木质量控制，到产中苹果产品质量控制，再到产后苹果商品质量控制的苹果全程质量控制技术标准体系。

建立的苹果全程质量控制技术标准体系，从根本上解决了苹果质量过程控制的技术难题，在苹果主产区得到大面积推广应用，有力地促进了苹果产业效益提升及果农技术水平和素质的提高，加快了苹果产业由“数量效益型”向“质量效益型”的转变。通过有效规范苹果及其苗木的生产技术和产品质量，累积新增经济效益 76.34 亿元。规范化技术的推广应用和苹果分等分级，促进了果区农民就业，累积增加就业 203.67 万（人·年）。产地环境和生产技术的规范，使果园平均每年减少农药使用 3 ~4 次，苹果质量安全水平已接近或达到先进生产国同等水平。培训人员 1.34 万人次，促进了苹果规范化技术和标准化知识的普及，果农技术水平和素质大幅提高。

6. 优质草产品生产加工与高效利用关键技术研究

主要完成单位 中国农业科学院草原研究所

主要完成人员 孙启忠、玉　柱、徐春城、韩建国、侯向阳、李志强、张晓庆、陶　雅、高凤芹、刘爱萍、徐丽君、李　峰、许庆方、赵淑芬

起止时间 2002 年 1 月 ~2009 年 12 月

获奖情况 2010 年中国农业科学院科学技术成果奖一等奖

内容提要

项目针对中国草原生态恶化严重，草畜矛盾日益加剧，而长期饲草供应不足、调制加工和利用技术落后等问题，开展了优质适生饲草筛选、饲草优质栽培管理、多样化饲草产品调制加工和饲草产品质量检测与安全评价及高效利用等技术的研究，在关键技术上取得了突破性进展，形成了系统性、整体性和综合性较强的技术体系。选育 2 个牧草新品种，从 114 个牧草和 45 个青贮玉米中选出适推牧草 28 个和玉米品种 5 个；阐明苜蓿受冻机理和多年生禾草双峰型分蘖特性，采用优化技术使寒旱区苜蓿和驼绒藜及盐碱地混播草地建植成功率达 90% 以上，“一炮轰”播种技术使青贮玉米 + 秣食豆混播产量

达75～80吨/公顷；明确57种饲草、13种混合组配和48个饲草+添加剂组合的可青贮性和营养成分变化，研发出苜蓿干草调制技术和草颗粒加工工艺；研究苜蓿、羊草及青贮玉米等饲草中有害物质，建立以其为主的饲草质量检测与安全评价技术体系；提出饲草型TMR调制技术和工艺及其应用优化技术；获国家发明专利2项，分别制定国家、行业标准和地方标准各1个、3个和10个。

目前，成果已在京津风沙源治理、退耕还草、退牧还草及种植业结构调整等工程和畜牧业特别是奶牛养殖业等领域中得到广泛应用，取得了明显的经济效益、生态效益和社会效益。

7. 农用地膜污染现状与防控技术

主要完成单位 中国农业科学院农业环境与可持续发展研究所

主要完成人员 严昌荣、何文清、梅旭荣、王序俭、刘 爽、曹肆林、刘 勤、刘恩科、赵彩霞、祝光富、常蕊芹

起止时间 1986年1月～2005年11月

获奖情况 2010年中国农业科学院科学技术成果奖二等奖

内容提要

地膜应用极大地促进了农业产量和效益的提高，带动了农业生产力的飞跃和生产方式的改变。据统计，截至2008年，中国地膜覆盖面积已达1 561.3万公顷，比1982年增加了133倍，年增长率达19.9%。地膜投入量为117.8万吨，比1991年增加了4倍，年增长率为7.9%。随着地膜应用量的增加和应用区域的扩大，地膜残留给农业生产和环境带来的一系列负面影响也越来越严重，残留地膜污染治理已经成为了一个迫在眉睫的问题。

2002年以来，受国家科技部、农业部和新疆生产建设兵团的资助，中国农业科学院农业环境与可持续发展研究所、新疆农垦科学研究院、广东上九生物降解材料有限公司和河北成安县农业局的科研人员组成科研团队，开展了农用地膜污染现状与防控技术的研究，并取得了重要进展。

（1）获得了中国主要残留地膜污染区的基本特点

针对新疆和华北地区棉田地膜污染日益严重的现状，选择新疆石河子和河北省成安县进行了棉田地膜残留现状研究。从时空上分析地膜残留量、形态的变化趋势，弄清了新疆和华北地膜残留现状，并对残留地膜的形态、空间分布和影响因子进行了分析，完成了《农田地膜污染调查技术规程》，建立了典型地区农田地膜残留量数据库。研究结果显示华北地区棉田地膜残留量一般在59.1～103.4千克/公顷。残留数量与棉花覆膜种植年限有关，覆膜时间越长，残膜量越多，覆膜种植棉花10年耕地土壤中平均残膜量为103.4千克/公顷，2年的为59.1千克/公顷。棉田土壤中的残膜质量具有空间分布特点，0～10厘米土层中残膜量最高，达69.7千克/公顷，占残膜量的78.5%，20～

30 厘米土层中残膜量最少，为 1.0 千克/公顷，占残膜量的 1.3%。新疆棉田土壤中地膜残留量很大，一般在 200 ~ 400 千克/公顷，残膜量也与覆膜年限有关，连续覆膜 20 年和 10 年棉田中地膜残留量分别为（307.9 ± 35.84）千克/公顷和（259.7 ± 36.78）千克/公顷，同时，种植模式对残膜量也产生一定程度的影响，连续 20 年覆膜种植棉花 - 番茄的土壤中残留量最高，达到 334.4 ± 47.88 千克/公顷，并主要集中在 0 ~ 30 厘米耕层中，耕作层以下残膜极少，且 0 ~ 10 厘米、10 ~ 20 厘米和 20 ~ 30 厘米土层中残膜量所占比率分别为 38.7% ± 12.3%、31.2% ± 11.3% 和 30.2% ± 15.8%，这种空间分布特点与河北邯郸棉田残留地膜主要集中在 0 ~ 10 厘米的情况差异较大。

（2）开展了可生物降解地膜的比较研究

在新疆、河北开展了不同可生物降解地膜性能评价和应用模式研究。研究发现降解地膜是减轻农田残膜污染的一种有效途径，降解地膜降解与周围环境关系密切，充足的光照和水分有助于生物降解膜的降解，地表膜的降解速度比土壤内地膜的降解速度快；降解地膜在较完整的时候都具有良好的保温性能，基本上能够满足生产的需要，研究结果显示，与常规地膜相比，可生物降解地膜的韧性差，但基本上都能满足生产上的需要。

（3）开展了残膜回收联合作业机研究

根据新疆棉区地膜污染情况与农业生产的实际，研制了 4SJ-2.0 残膜回收与茎秆粉碎联合作业机和 1QZ-5.4 清膜整地联合作业机。4SJ-2.0 残膜回收与茎秆粉碎联合作业机能够一次可完成秸秆粉碎还田和残膜回收两项作业，工作效率高、功耗低，清膜率高，使用方便可靠。生产效率达到 1.2 公顷/小时，工作深度达到 40.5 毫米，当年残膜回收率达到 82%，棉秆粉碎长度为 123 毫米。1QZ-5.4 清膜整地联合作业机采用半悬挂的方式与拖拉机进行挂接，操作简单、方便，将碎土、镇压、平地等整地部件和搂膜弹齿、轧膜辊进行了合理配置，方案合理新颖。一次作业可完成碎土整地和清除残膜两道作业工序，适应新疆农业生产的农艺要求，减少了拖拉机的进地次数和作业费用，提高了作业效率，作业速度达到 2.5 公顷/小时，工作深度 89 毫米，地表残膜回收率达到 76.6%。

本成果系统地研究了新疆和华北地区有代表性棉田地膜污染现状及特点，分区域进行了不同配方的可生物降解地膜产品的适宜性评价，同时，研制了实用性更强的残膜回收联合作业机。同国内外同类研究相比，本成果具有以下几方面的特点。

第一，首次制定了我国农田地膜污染调查技术规程，并对新疆和华北棉田地膜残留进行了系统研究，通过对新疆和华北棉田地膜残留差异的比较研究，揭示了这两个地区地膜残留与种植模式与覆膜方式的关系。

第二，分区域评价了可生物降解地膜的分解速率、保墒增温能力和主要覆盖模式，筛选出适合不同区域农业生产的可生物降解地膜产品，为可生物降解地膜研究和应用提供了理论支撑。

第三，研制了适合农业生产需要的秸秆粉碎与残膜回收联合作业机和清膜整地联合作业机，这两款残留地膜回收机具能够将农事活动与残膜回收有机地结合起来，具有很好的创新性、实用性和应用前景。

8. 生猪及其产品溯源关键技术集成与示范

主要完成单位 中国农业科学院北京畜牧兽医研究所、江苏省农业科学院、天津市畜牧兽医局、东营市畜牧局、河北省动物疫病预防控制中心

主要完成人员 熊本海、罗清尧、陆昌华、庞之洪、杨 亮、胡肄农、傅润亭、林兆辉、白云峰、许其成、白玉坤、潘佳一、吕健强、白红武、耿 直

起止时间 2003 年 8 月 ~2009 年 12 月

获奖情况 2010 年中国农业科学院科学技术成果奖二等奖

内容提要

该成果主要应用于中国生猪及其产品安全生产的数字化监控，以及从生产源头到消费者终端的跟踪及反方向的溯源。主要技术内容是将现代各种信息技术、通信技术、标识技术等集成应用于猪肉质量安全生产全过程的跟踪和溯源，针对我国生猪集约化饲养和农户散养模式，按照中华人民共和国第 67 号令关于《畜禽标识及养殖档案管理办法》的要求，研究提出了适合两种模式下养殖电子档案建立的数据采集、数据传输、储存的解决方案；以及从生猪个体、到屠宰中间产品及终端分割产品的编码方法、标识技术与标识编码的转换对接方案等；采用 .net 技术、网络数据库技术、WAP 技术和 Web Services 等技术，开发了养殖环节、屠宰环节和超市销售环节的数据记录系统和面向政府监管和消费者查询的公共网络平台 4 个，基本实现了两种模式下猪肉安全生产全过程的数字化监控、跟踪及反方向的溯源。

该成果主要达到的技术指标如下：对猪只个体的标识和识读率达到 99% 以上；在屠宰环节对耳标和对胴体的识读率（机读 + 肉眼识读）可达 98% 以上；在超市对溯源标签的查询信息反馈率可达到 98% 以上；开通了面向公众服务的网络溯源查询平台 4 个，即项目测试平台、天津市猪肉质量溯源公共平台、山东东营市猪肉质量溯源公共平台和河北省猪肉质量溯源公共平台，WAP 查询平台 3 个和短信查询平台 3 个；当政府或者消费者需要对猪肉产品质量进行溯源时，一般可以在 24 小时内定位在最后的饲养场和生产的猪的批次或者圈栏号；每年在参与示范的猪场、可溯源的猪只达到 15 万头以上，成果研发与示范应用期间实现可追溯的猪只头数达到 60 万头以上。

知识产权情况：本成果获得专利 9 项，软件著作权登记 12 项，出版学术专著 2 部，发表相关论文 29 篇，其中，SCI，EI 和 ISTP 等收录论文 6 篇。此外，2009 年形成国家标准报批稿 1 项。

成果示范应用主要涉及天津地区主要规模化养猪场和典型专业养殖户 50 家以上，10 家定点屠宰企业，山东东营市的 20 多家规模化养殖场和专业养殖户、河北省石家庄地区的 12 家养殖场；以及上述养殖企业和屠宰企业供货的猪肉零售店和超市等，均采

用了本研究成果。示范应用的情况受到主要新闻媒体的关注并多次报道，包括科技日报、农民日报、天津晚报、天津日报、昆明日报、人民网天津视窗等。此外，据不完全统计，自项目实施以来，为参与示范的养殖企业、屠宰企业和零售超市，因增加养殖过程的数字化管理水平，以及溯源查询提高消费者的信心带来的销量和价格的提升，产生的经济效益累计达 1. 14 亿元以上，并为保障食品安全，维护社会稳定，产生了巨大的社会效益。

9. 甘薯淀粉加工废液蛋白回收技术及功能特性研究

主要完成单位　中国农业科学院农产品加工研究所

主要完成人员　木泰华、陈井旺、王彦波、李鹏高、梅　新、孙艳丽、薛友林、吴广辉、熊志冬、邓　乐

起 止 时 间　2003 年 6 月 ~2009 年 3 月

获 奖 情 况　2010 年中国农业科学院科学技术成果奖二等奖

内 容 提 要

该研究成果首次将长期困扰我国甘薯淀粉加工废液中存在的蛋白质作为再利用和开发的研究对象，采用酸沉与超滤相结合的蛋白生产工艺提取出了纯度达 85% 以上的甘薯蛋白，甘薯活性蛋白的回收技术是国内外领先的自主创新技术，该工艺属国际首创。尽管国内有对甘薯糖蛋白提取方法的报道，但提取工艺比较复杂。先将甘薯在 40 ~ 50℃温度下烘干粉碎后，再使用不同的有机溶剂（乙醚、丙酮、氯仿、正丁醇）反复提取、纯化，进而使用 DEAE-52 和 Sephadex-100 柱层析纯化，最终只能获得分子量为 62 000、蛋白质含量约 10% 的甘薯糖蛋白。众所周知，上述有机溶剂均含有不同程度的毒性，不仅不适用于食品工业化生产，而且提取步骤繁琐，很难满足食品企业投资少、效益大的要求。

该研究首次发现，甘薯蛋白含有较高含量的人体必需氨基酸，并具有良好的溶解性、乳化性、凝胶形成性、热稳定性和抗氧化活性。经细胞试验和动物模型实验验证，本项目制备的甘薯蛋白能够以剂量依赖的方式抑制 3T3-L1 前脂肪细胞的增殖与分化，抑制脂肪细胞的形成，预防因脂肪细胞增多引起的肥胖。对小鼠营养性肥胖具有预防及减肥作用，能够降低小鼠体重，抑制小鼠的摄食；同时，能够降低小鼠血清总胆固醇、甘油三酯，而且对预防动脉粥样硬化具有一定作用。甘薯蛋白还能通过减低裸鼠的瘤重、血液中 CEA 含量以及腹水量来减轻 HCT-8 裸鼠腹膜弥散型转移模型裸鼠的肿瘤负担，且腹腔注射方式由于药物直接接触肿瘤，所以给药效果更佳。因此，从甘薯中提取出来的甘薯蛋白质具有抗肿瘤作用，它对肿瘤细胞的增殖、迁移、侵袭和体内的转移均具有显著的抑制作用。

甘薯蛋白作为一种具有较高生物活性和保健特性的新资源食品，不仅可作为食品添加剂广泛地应用于生产肉制品、乳制品和蛋白制品，以改善食品结构、肉制品等的口感

风味，提高产品的营养价值，还在保健食品和医药制品领域中具有广阔的应用前景。该研究成果总体上达到同类研究的国际先进水平，具有很广阔的市场开发前景。本项研究成果为综合开发和利用我国甘薯资源，解决甘薯淀粉加工企业废水污染问题开辟了一条新途径。

10. 防堵渗灌系统研制与应用

主要完成单位 中国农业科学院农业资源与农业区划研究所

主要完成人员 逄焕成、梁业森、李玉义、刘　彧、王秀珍

起止时间 2001年6月~2009年11月

获奖情况 2010年中国农业科学院科学技术成果奖二等奖

内容提要

本项目以研制防堵渗灌系统为目标，发展有中国特色的防堵渗灌技术，构建我国拥有自主知识产权的高效节水灌溉技术平台，为节水和农民增收提供科技支撑。

（1）主要技术内容

具体包括：①成功研制出了高分子渗透材料。该材料具有多孔性、孔径小的特点，可有效阻挡5微米以上的固体颗粒物、具有透水，耐酸碱腐蚀、耐高低温等优点，突破了渗灌易堵塞、使用寿命短的技术弊端；②研制出了防堵渗灌头。解决了渗灌头泥沙回流和生物根系堵塞的问题；③研制出了渗灌过滤器。解决了管道进水口泥沙等固体颗粒物质堵塞的问题，保证了进入渗灌管道的水是清洁的；④研制出了不同出水量型号的防堵渗灌头。解决了渗灌量不均匀的问题；⑤研制出了防堵渗灌系统。由系列防堵渗灌头和过滤器等自主研制的关键部件与现代灌溉设备良好结合，研制出防堵渗灌系统。

（2）技术经济指标

防堵渗灌系统具有安装维护简单、使用寿命长、使用方便、节省灌溉用工、防堵性能可靠、低压灌水均匀、适宜于不同地形应用和节本增效等优点，在山西、山东、河南、河北大棚蔬菜以及露地果园连续多年应用，无管道堵塞现象出现，取得了较漫灌节水70%，较滴灌节水20%，增产30%以上，增收35%以上的效果。

（3）知识产权情况

研制的防堵渗灌系统具有自主知识产权，其核心技术已获国家专利1项（专利号：ZL 00 2 53686.2），通过农业部农业科技成果鉴定1项，通过项目验收3项。发表论文5篇。

（4）推广应用及效益情况

建立了防堵渗灌关键部件生产线，年生产能力10万套。防堵渗灌系统在我国北方山东、山西、河南、河北、天津、内蒙古、北京7个省（区、市）的大棚蔬菜、果树、林木以及城市园林上进行了广泛试验示范，研究制定了防堵渗灌系统安装与应用技术规程。累计示范应用面积50多万亩，新增直接效益超10亿元；部分产品销售到美国加

州。产品被农业部科技发展中心推荐参加“俄罗斯中国年”农业成果展。培训农民5 000人次。在2004年4月的全国节水农业理论与技术学术研讨会上专门进行了大会发言和推介，《瓜果蔬菜报》《建设科技》等也对本项目进展进行了报道，推动了该技术在大棚蔬菜、城市园林绿化等方面的应用。

11. 水稻分子遗传图谱的构建、重要农艺性状的基因定位及育种应用

主要完成单位 中国农业科学院水稻研究所

主要完成人员 曾大力、寒川一成、马良勇、张光恒、胡　江、季芝娟、董国军、孙宗修、郭龙彪、钱　前、藤本宽、刘　坚、高振宇、朱　丽、颜美仙、李西明、杨长登、胡兴明、黄大年

起止时间 1986年1月～2005年11月

获奖情况 2010年中国农业科学院科学技术成果奖二等奖

内容提要

该项目完成了各种重要农艺性状调查60余项，相关重要性状QTL座位检测到180余个，取得了系统的重要研究结果；获得综合农艺性状优良、有重大育种潜力的抗虫种质50余份，向国内育种单位提供200余份优异新种质用于抗虫育种改良，形成自主知识产权的专利1项。

该研究应用水稻白背飞虱抗性综合鉴定体系，结合大田和实验室检测，开展水稻春江06高抗白背飞虱的遗传机理研究，利用DH系构建的染色体片断置换近等基因系，精细定位了水稻抗白背飞虱基因，并建立了水稻白背飞虱抗虫性的分子育种技术平台。

该研究创新性强，所定位和发展的重要基因的分子标记，已应用于分子标记辅助育种；创建的57份优异中间材料已供给浙江省农科院、嘉兴农科院、江苏省农科院等育种单位用于水稻育种或品种改良；研究开发的水稻分子设计育种平台，将有助于水稻分子生物学研究的发展和分子育种水平的提高，为水稻遗传改良奠定了坚实的基础。

12. 中国水稻生产能力与产业政策研究

主要完成单位 中国农业科学院水稻研究所

主要完成人员 方福平、周锡跃、陈惠哲、徐　青、王丹英、徐春春、李凤博、江建设、申红芳、王志刚

起止时间 2004年1月～2009年12月

获奖情况 2010年中国农业科学院科学技术成果奖二等奖

内容提要

该研究在农业部种植业管理司“优势农产品新品种推广专项”、“土壤有机质提升

专项”和财政部“中央级公益性科研机构基本科研业务费项目”等大力支持下，从水稻全产业链角度进行了长期性、连续性研究，取得了一批具有较强应用价值的对策性研究成果，特别是该研究从政策制度、技术进步、资源条件等方面，系统分析了中国水稻生产能力与未来发展潜力、科技需求特征与技术推广、市场供求关系和价格波动规律、世界水稻产业与国际贸易趋势、体制环境与政策效果等，创新性提出了我国水稻产业持续稳定发展的措施和建议。

该研究成果主要体现在4个方面：一是中国水稻生产发展实证研究。采用HP滤波法、DEA模型以及市场价值法、制氧系数法等计量分析方法，对中国水稻生产波动、粳稻生产效率以及稻田生态系统服务功能与价值等进行了测定与分析，得出相应研究结论，提出相应政策建议。二是中国水稻生产能力问题研究。测定和评价了我国水稻现实生产力、现实生产能力、潜在生产能力，分析了三者之间的差距，提出了提升水稻生产能力的可行途径；分析了宏观政策调整与水稻生产波动之间的相关性，构建稳定水稻生产发展的政策体系；比较分析水稻科技进步对生产发展的促进作用，探明了科技进步影响水稻生产的发生规律，提出水稻科技进步的发展方向、技术发展趋势和支撑性技术；分析市场价格波动与种稻投入产出的关系，研究不同品种成本收益与稻谷市场变化的内在联系，并提出了相应政策建议。三是中国水稻生产发展热点专题研究。基于2004年以来双季稻比重下降、直播稻面积迅速扩大、粳稻消费增长等生产和市场发展的热点问题，持续开展了南方早稻、东北粳稻、南方再生稻、直播稻和蒸谷米等产业和技术经济研究，提出相应政策和技术措施。四是国内外水稻产业发展问题研究。从全产业链角度，分析了国内外水稻生产、加工、市场、贸易以及产业技术体系的发展现状、存在问题、发展趋势，提出了相应政策建议。

该研究共发表学术论文22篇，出版学术专著2本，提交专题研究报告26份，并为5本专著提供了相关章节内容。研究成果直接为国家水稻生产政策提供了决策依据，其中包括3份农业部文件和2份工作方案，以及3个全国水稻产业发展规划，为全国水稻生产稳定发展发挥了决策支持作用。

13. 果树盆栽技术研究与产业化示范

主要完成单位 中国农业科学院果树研究所

主要完成人员 姜淑苓、丛佩华、程存刚、马　力、张红军、李　敏、方成泉、欧春青、王　斐、王志刚、贾敬贤

起止时间 2005年1月~2008年12月

获奖情况 2010年中国农业科学院科学技术成果奖二等奖

内容提要

（1）首次对苹果、梨、桃、葡萄、枣等多个树种及不同品种进行盆栽试验研究，筛选出适宜盆栽的苹果、梨、桃、葡萄、枣等果树品种20个。

（2）通过对盆栽果树土肥水管理、造型及根系修剪等技术研究和组装集成，率先制定了盆栽果树生产技术规程，形成了一套完整的适宜盆栽果树生产技术体系，总结提出了适宜果树盆栽的营养土配方 2 种、肥料 3 种、促花保果方法 4 种、造型技术 4 种，以及果树盆栽周年换土修根等技术。

（3）研究提出的果树盆栽不同成熟期关键调控技术，解决了制约果树盆栽周年供应的瓶颈技术问题，最大限度地延长了果树盆景的观赏期和上市期，提高了果树盆栽的产业化水平。

该成果形成新的果树栽培模式和产业，为果树生产提供了新的栽培途径，既满足了人们周年不出户就可吃到新鲜水果的愿望，又可陶冶人们的情操。经济效益、生态效益和社会效益显著。

14. 西部茶叶优质原料安全生产的关键技术及示范应用

主要完成单位　中国农业科学院茶叶研究所

主要完成人员　叶　阳、王　云、唐美君、曾建明、肖　强、彭　萍、侯渝嘉、段新友、金基强、郭华伟、李春华、吴用刚、马　隽、吴　全、周　杰

起 止 时 间　2005 年 12 月 ~ 2009 年 10 月

获 奖 情 况　2010 年中国农业科学院科学技术成果奖二等奖

内 容 提 要

（1）根据中国西部茶产业生产的特点，研究筛选确定了适宜四川、重庆区域的优良品种为“中茶 102”、“中茶 108”、“中茶 302”等，并建立了新品种示范基地。

（2）研究提出改善西部土壤状况的茶树专用生物活性有机无机复混肥配方 1 个，并试制产品 100 吨，开展了示范应用。

（3）针对西部茶园主要靶标害虫及其发生规律，应用茶毛虫病毒制剂 1 种，防治效果达 90% 以上的，筛选确定防治茶跗线螨效果达 77% 以上的植物源和矿物源农药 2 种，结合频振式杀虫灯、色板和高效低毒化学农药新品种，提出了以生物防治、物理防治为主的安全生产技术措施，经示范应用，农药使用次数下降 24%、用药成本节约 50%，产品符合国家无公害茶叶标准。

（4）首次制定了《西部茶叶优质原料安全生产技术规程》和《西部茶叶加工全程质量控制管理规程》，并通过专家审议；获得国家发明专利授权 1 项；发表科技论文 10 余篇；出版专著 3 部。

（5）在北川、荣昌、永川等地建立茶树新品种示范基地 1 150亩、应用各项技术累计达 10 000余亩、辐射推广 50 000余亩。2006 ~ 2009 年重点在四川省应用推广各类新品种及各项技术累计达 20.0 余万亩、辐射推广面积 35.0 余万亩，增产 20% 左右，增加经济效益 3.0 亿元，培训各类人员 2 000余人次。

经查新和成果鉴定专家委员会认定“该成果整体水平达到国内领先水平”。

15. 水禽呼肠孤和细小病毒诊断技术

主要完成单位 中国农业科学院哈尔滨兽医研究所

主要完成人员 张 云、刘 明、耿宏伟、张 序、温纳相、黄 鹤、李永峰、郭凤宇、王洪峰、刘益民

起 止 时 间 2005 年 1 月 ~2009 年 12 月

获 奖 情 况 2010 年中国农业科学院科学技术成果奖二等奖

内 容 提 要

本成果（RT-）PCR 方法建立的水禽细小病毒和水禽呼肠孤病毒病抗原学分子诊断试剂盒。可从基因水平检测鸡、鸭和鹅呼肠孤病毒 RNA 基因；水禽细小病毒一管 PCR 分子鉴别诊断试剂盒只需一管 PCR 就可鉴定细小病毒的基因型，具有快速、灵敏、准确的特点。解决了以往病原诊断费时、成本高等技术难题；利用基因工程技术生产了大量抗原蛋白，建立了水禽细小病毒病 VP3-ELISA 和呼肠孤病毒病 σB-σC-ELISA 抗体检测试剂盒。试剂盒简化了操作程序，大大缩短了诊断的时间，实用性强，为防治措施的实施奠定基础。

16. 新型天然中草药饲料添加剂“杰乐”的研制与应用

主要完成单位 中国农业科学院兰州畜牧与兽药研究所

主要完成人员 蒲万霞、陈国顺、陈亚民、邓海平、李银霞、刘博涛、魏云霞、胡振英、李国智、谢家声、李世宏、严作廷、徐振飞、高海霞

起 止 时 间 2005 年 10 月 ~2009 年 12 月

获 奖 情 况 2010 年中国农业科学院科学技术成果奖二等奖

内 容 提 要

运用中兽医理论和现代药理学、营养学理论选取当归、丹参、地榆、黄芩、黄芪等 11 味中草药组方，利用超微粉碎技术研制出天然中草药饲料添加剂“杰乐”，并制定了相应的质量标准。研究了该添加剂对白羽鸡生产性能、肉质风味的影响，证实“杰乐”可以显著提高白羽鸡屠宰性能、肌肉品质、改善肉质风味；研究了中草药饲料添加剂“杰乐”对三黄鸡生产性能、肉质风味及血液生理生化指标的影响，结果表明“杰乐”可提高饲料转化效率、增强机体的代谢水平，提高营养物质的利用率，改善肉质风味，并且检测到 50 多种影响风味的挥发性物质；还首次进行了中草药饲料添加剂对獭兔生产性能、肉质风味及皮毛质量影响研究，证实“杰乐”可以提高獭兔肉中人体必需脂肪酸含量和风味物质含量，并且可以提高毛皮厚度、皮张面积、抗张强度、负荷伸长率等指标；试验证实“杰乐”还可提高伊莎蛋鸡和罗曼蛋鸡产蛋性能，降低料蛋比 0.21。

整个试验研究和推广期间，在甘肃、宁夏等地共计销售“杰乐”285. 442 吨，销售收入达到 856. 3302 万元，税后利润总额达到 156. 2311 万元。此外，因为“杰乐”为纯天然源饲料添加剂，使用后不会引起畜产品中违禁药物的残留，故以绿色或无公害畜产品论价，则每吨“杰乐”带来的间接经济效益至少在 12 万元以上，销售 285. 442 吨“杰乐”的间接经济效益至少是 3 425万元。

“杰乐”为天然饲料添加剂，可以部分或全部替代化药及抗生素类添加剂。在减少抗菌药物使用量的同时，还可减少药物在动物及环境中的残留，亦可改善肉质风味。该添加剂的研制与应用，将对食品安全及公共卫生作出较大贡献，具有深远的社会意义。

经专家鉴定，该项目紧密结合生产实际和市场需求，目标明确，试验手段先进，数据翔实，结果可信，具有良好的应用前景和一定的创新性，成果达到国际先进水平。

17. 蕨麻多糖的免疫调节作用机理研究与临床应用

主要完成单位 中国农业科学院兰州畜牧与兽药研究所

主要完成人员 陈炅然、胡庭俊、程富胜、张 霞、高 芳、孟聚诚、帅学宏、董鹏程、魏兴军、孙治雄、高丽萍、李 倬、严作廷、梁纪兰、崔东安

起 止 时 间 2000 年 1 月 ~2006 年 12 月

获 奖 情 况 2010 年中国农业科学院科学技术成果奖二等奖

内 容 提 要

该项目对广泛分布于中国西北等地的藏药蕨麻（鹅绒委陵菜，Potentilla anserine L.）中所含蕨麻多糖进行了系统的生物学研究。首次开展了蕨麻多糖的免疫调节作用及机理研究。结果表明，蕨麻多糖可促进体外培养的脾淋巴细胞的增殖，提高小鼠血清中的 IFN、IL-6 和 TNF 等细胞因子水平，改善中性粒细胞呼吸爆发功能，拮抗 CY 所致的免疫抑制效应，升高小鼠血清溶菌酶含量；蕨麻多糖可通过调节细胞内信号分子水平、相关基因的表达、免疫细胞凋亡及激活信号通道，介导免疫细胞的氧化还原信号转导，抑制免疫细胞凋亡等途径，达到免疫增强和调控作用。

首次开展了蕨麻多糖免疫调节作用与机体自由基反应相关性研究。结果表明，蕨麻多糖能通过清除体内自由基，降低免疫抑制状态下体内自由基产生酶的水平，从而提高机体抗氧化能力，发挥免疫调节功能。

首次将蕨麻多糖作为高效畜禽免疫增强剂应用于临床，结果表明，在不同管理程度的鸡场，以不同途径、不同剂量给予生长期鸡只，对鸡的免疫调节、疫苗增效和增重作用有明显的影响，通过不同剂量蕨麻多糖配合新城疫疫苗免疫鸡只，可提高新城疫疫苗效价 10% ~30%，日增重提高 10% ~50%，饲料转化率提高 1.5% ~4%，对整群鸡的发病率和死亡率都有明显的影响，可显著降低鸡的发病率和死亡率 10% ~30%，提高存活率，同时由于减少了化学药物的使用量，明显改善了畜产品的风味，极大幅度增加

了经济收益。

经专家鉴定，该项目初步探明了蕨麻多糖的免疫调节机理，明确了蕨麻多糖对细胞凋亡、免疫细胞呼吸暴发以及细胞内自由基和氧化还原状态的调节作用。该研究成果达到国际同类研究的先进水平。

18. 凉山清香型优质烟叶研究与开发

主要完成单位 中国农业科学院烟草研究所

主要完成人员 刘好宝、宋 俊、史万华、邢小军、戴培刚、殷 英、窦玉青、陈学壮、张成省、余祥文、高 林、屈建康、元 建、吴晓彦、杨云高

起止时间 2005 年 1 月 ~2009 年 11 月

获奖情况 2010 年中国农业科学院科学技术成果奖二等奖

内容提要

该项目首次提出了“清甜香型”烟叶概念。准确定位中国凉山烟叶清香型质量风格特色，研究确定“红花大金元”为凉山清香型烟叶生产的主栽品种，筛选出清香型后备新品种“中烟 103”，定向选育出适合凉山生态条件、清香型风格突出、具有自主知识产权的烤烟优良新品系“QL-3”，优化了凉山清香型烟叶生产的品种结构和布局。系统研究了清香型特色烤烟品种“红花大金元”和“中烟 103”优质高效种植技术，研制出“红花大金元”适熟采收标准与特色烘烤工艺，开发出“红花大金元烤烟用复合肥料”和“烟草专用有机肥料”，攻克了“红花大金元”栽培难、烘烤难、病害重、效益低的重大技术难题，凉山“红花大金元”种植技术居国内领先水平，种植规模位居全国第一。研究确定了粮烟平衡增收的种植制度，探索出解决粮烟矛盾的可行途径。凉山烟叶清香型风格特色进一步彰显，工业可用性显著提高，为我国发展中式卷烟提供了优质特色烟叶原料。凉山清香型烟叶已进入全国 15 个重点卷烟工业企业，17 个高档卷烟品牌系列的主配方。至 2008 年，凉山州从一个名不见经传的小烟区一举跃入全国五大优质烤烟基地的第二大产区。凉山烟叶成为“中华”、“芙蓉王”、“娇子”和“大红鹰”等 15 个著名卷烟品牌不可或缺的核心原料。

该研究立足于凉山彝族自治州生产实际，研究创新性强，通过科技创新与技术推广，培植特色产业，帮助农民实现了脱贫致富，改善了民族地区生产生活条件，对我国烟草行业发展与科技进步起到了良好促进作用，取得了巨大的社会效益、经济效益和生态效益，为我国农业科学技术和社会主义新农村建设作出了突出贡献，达到国内同类研究领先水平。

19. 中国家禽业信息体系的构建与应用

主要完成单位　中国农业科学院家禽研究所

主要完成人员　戴有理、邹剑敏、章　明、黄胜海、杨恒东、吴荣富、窦新红、吴兆林、顾华兵、刘向萍、程军波、王　冬、贾雪波、范梅华、李　新

起止时间　1997年1月~2009年12月

获奖情况　2010年中国农业科学院科学技术成果奖二等奖

内容提要

通过构建功能完善的"中国家禽业信息服务平台"，在实践中不断完善家禽业信息采集、加工、发布和服务系统，提高了我国家禽业信息的利用和共享效率。在项目的研究中，结合家禽行业的需求，成功构建9个家禽业特色数据库，并创造性地研发成功"畜禽遗传资源动态监测与预警系统"、"白羽肉鸡生产监测系统"和"养禽场现代化信息管理系统"。在家禽信息资源的综合利用中，课题组人员举办了多场次的送家禽科技下乡活动，并通过网络进行远程教育；同时，针对行业和不同企业的需求，开展了信息咨询和市场调研等。

"中国家禽业信息体系构建和应用"研究的成果，对有效整合我国家禽业信息资源，最大化地利用家禽信息资源起到了非常巨大的作用。对促进我国家禽业的健康、有序、可持续发展，必将发挥越来越大的作用。

通过中国家禽业信息服务体系的建设与应用，累计向有关畜牧行政主管部门、行业协会和全国重点家禽生产企业每年发布生产数据和分析报告数十万次，先后为广东温氏食品集团、北京市华都峪口禽业有限责任公司、石家庄华牧牧业有限责任公司、山东益生种畜禽股份有限公司、江苏京海集团等100多家家禽生产企业以及江苏东台、河北馆陶等5 000多万养殖户，提供调研报告40多篇、专项咨询120多次、定题跟踪服务30多次、文献服务300多次、专题培训20多场次、技术服务近1 000次。大大提高了我国家禽生产企业与养殖户的生产管理水平，降低了生产经营成本，为我国家禽业的科学决策与适时战略调整提供了强有力的信息支撑，有力推进了我国家禽行业整体信息化进程，使广大家禽养殖户感受到信息化带来的巨大益处，引导了中国8 000多万家禽养殖者及相关从业者利用现代通信技术、计算机技术、网络技术指导生产，应用效果显著。

中国农业科学院2010年获得的其他形式成果

2010年获得专利清单

序号	专利名称	类别	授权公告日	专利号	第一发明人	单位
1	玉米“四穴成方”定量集成栽培方法	发明专利	2010.6	ZL200710176943.X	赵　明	作物科学所
2	一种小麦黄色素含量性状相关蛋白及其编码基因与应用	发明专利	2010.8	ZL200810113256.8	夏先春	作物科学所
3	一种抗病相关的小麦MYB蛋白及其编码基因与应用	发明专利	2010.8	ZL200810101619.6	张增艳	作物科学所
4	条深松多层施肥补水精量播种机	实用新型	2010.7	ZL200920160482.1	赵　明	作物科学所
5	一株可高效降解杀菌剂百菌清的降解菌及其应用	发明专利	2010.7	ZL200710122834.X	郭荣君	植物保护所
6	转基因水稻品系科丰6号的外源插入片段的旁侧序列	发明专利	2010.6	ZL200710063780.4	谢家建	植物保护所
7	一种鉴别新棉33B和GK12的PCR方法及所依赖的Bt基因表达框	发明专利	2010.9	ZL200810225725.5	谢家建	植物保护所
8	一种提高植物抗性促进植物生长的蛋白质及其编码及基因	发明专利	2010.5	ZL200610152700.8	邱德文	植物保护所
9	对鞘翅目害虫高效的苏云金芽胞杆菌 *cry8G* 基因、蛋白及其应用	发明专利	2010.10	ZL200710118289.7	束长龙	植物保护所
10	对鞘翅目害虫高效的苏云金芽胞杆菌 *cry8H* 基因、蛋白及其应用	发明专利	2010.8	ZL200710120020.2	闫贵欣	植物保护所

（续表）

序号	专利名称	类别	授权公告日	专利号	第一发明人	单位
11	抗黄萎病性棉花的育种方法	发明专利	2010. 8	ZL200810222492. 3	张永军	植物保护所
12	快速脱除百合三种病毒的方法	发明专利	2010. 3	ZL200710178692. 9	明　军	蔬菜花卉所
13	蔬菜残株微生物－蚯蚓分步接种转化法	发明专利	2010. 10	ZL200710175708. 0	尚庆茂	蔬菜花卉所
14	容器育苗介导菜田土壤修复法	发明专利	2010. 2	ZL200710175707. 6	尚庆茂	蔬菜花卉所
15	鉴定西花蓟马的巢式PCR方法及特异引物	发明专利	2010. 11	ZL200810102530. 1	吴青君	蔬菜花卉所
16	甘薯吸收根－块根功能分离栽培方法	发明专利	2010. 6	ZL200710122589. 2	杨其长	环境发展所
17	开放式空气中二氧化碳浓度增高实验系统	实用新型	2010. 10	ZL200920292511. X	魏　强	环境发展所
18	一种自动控制的水处理装置	实用新型	2010. 09	ZL200920108645. 1	刘丽辉	环境发展所
19	一种水处理设备	实用新型	2010. 03	ZL200920108646. 6	刘丽辉	环境发展所
20	一种水培甘薯连续结薯装置	实用新型	2010. 01	ZL200920105305. 3	程瑞锋	环境发展所
21	一种水培甘薯槽式栽培系统	实用新型	2010. 1	ZL200920105304. 9	程瑞锋	环境发展所
22	天祝山白牦牛耳缘组织成纤维细胞系及其构建方法	发明专利	2010. 7	ZL200610161944. 2	马月辉	畜牧兽医所
23	五指山小型猪耳缘组织成纤维细胞系及其培养方法	发明专利	2010. 6	ZL200610161943. 8	关伟军	畜牧兽医所
24	赖氨酸添加剂及其制备方法	发明专利	2010. 3	ZL200710063904. 9	王加启	畜牧兽医所
25	瘘管灌注置留装置	实用新型	2010. 6	ZL200920222987. 6	王加启	畜牧兽医所

（续表）

序号	专利名称	类别	授权公告日	专利号	第一发明人	单位
26	仔猪日粮酸度和电解质平衡耦合调控的方法	发明专利	2010.6	ZL200510086658.X	张宏福	畜牧兽医所
27	单胃动物仿生消化设备	外观设计	2010.4	ZL200930126303.8	赵峰	畜牧兽医所
28	一种平面式超高频 RFID 阅读器	实用新型	2010.1	ZL200920148790.2	傅润亭	畜牧兽医所
29	一种超高频 RFID 阅读器	实用新型	2010.5	ZL200920148791.7	傅润亭	畜牧兽医所
30	一种畜禽胴体有源超高频电子标签	实用新型	2010.9	ZL201020180988.1	熊本海	畜牧兽医所
31	一种检测牛 X、Y 精子分离纯度的引物	发明专利	2010.10	ZL200810055708.1	王栋	畜牧兽医所
32	一种检测牛 CVM 携带者的特异性扩增引物	发明专利	2010.6	ZL200710121859.8	朱化彬	畜牧兽医所
33	食源性土霉素残留快速半定量检测试纸条及试纸卡	实用新型	2010.6	ZL200920110157.4	徐书法	蜜蜂所
34	蜂王控制器	实用新型	2010.5	ZL200990172911.7	刘福秀	蜜蜂所
35	用葡萄糖或淀粉替代乳清粉（乳糖）在犊牛代乳品中的应用	发明专利	2010.8	ZL200810097548.7	刁其玉	饲料所
36	犊牛两阶段代乳品	发明专利	2010.11	ZL200710097789.7	刁其玉	饲料所
37	具有黏孢子虫孢子壁降解能力的几丁质酶及其编码基因	发明专利	2009.7	ZL200910088808.9	周志刚	饲料所
38	β-葡聚糖酶、其编码基因、重组质粒和菌株及其应用	发明专利	2010.5	ZL200610112092.8	姚斌	饲料所
39	一种新的植酸酶及其编码基因以及包含该酶的细胞和饲料添加剂	发明专利	2010.9	ZL200710120342.7	姚斌	饲料所

（续表）

序号	专利名称	类别	授权公告日	专利号	第一发明人	单位
40	一种酸性木聚糖酶XYL10A及其基因和应用	发明专利	2010. 10	ZL200810113342. 9	姚　斌	饲料所
41	一种嗜酸β-甘露聚糖酶MAN5A及其基因和应用	发明专利	2010. 11	ZL200810113343. 3	姚　斌	饲料所
42	一种海藻糖合成酶及其应用	发明专利	2010. 5	200710100350. 5	丁宏标	饲料所
43	一种生产组织化植物蛋白的方法	发明专利	2010. 5	ZL200510066126. X	魏益民	农产品加工所
44	一种冷冻面制品的复合改良剂	发明专利	2010. 8	ZL200710018695. 6	魏益民	农产品加工所
45	甘薯果胶及其制备方法	发明专利	2010. 5	ZL200610065633. 6	木泰华	农产品加工所
46	一种胰蛋白酶抑制剂的灭菌方法	发明专利	2010. 10	ZL200710177342. 0	木泰华	农产品加工所
47	一种生产共轭亚油酸的方法及其专用菌株	发明专利	2010. 4	ZL200710099652. 5	吕加平	农产品加工所
48	从亚油酸异构酶产生菌中提取纯化亚油酸异构酶的方法	发明专利	2010. 3	ZL200710099653. X	吕加平	农产品加工所
49	生产生物有机鉻的方法及其专用菌株	发明专利	2010. 7	ZL200810224266. 9	吕加平	农产品加工所
50	一种膨化哈密瓜及其制备方法	发明专利	2010. 5	ZL200610165347. 7	毕金峰	农产品加工所
51	一种膨化柑橘及其制备方法	发明专利	2010. 2	ZL200610165349. 6	毕金峰	农产品加工所
52	一种红曲素、安卡红曲黄素纯品液相色谱制备方法	发明专利	2010. 6	ZL200810103599. 6	张德权	农产品加工所
53	一种表达植酸酶的转基因植物的制备方法	发明专利	2010. 5	ZL200610137652. 5	范云六	生物技术所
54	生育酚合成相关蛋白及其编码基因与应用	发明专利	2010. 10	ZL200810106450. 3	王　磊	生物技术所

（续表）

序号	专利名称	类别	授权公告日	专利号	第一发明人	单位
55	一种口蹄疫抗原的制备方法	发明专利	2010. 10	ZL200710090035. 9	张志芳	生物技术所
56	γ-生育酚甲基转移酶基因、其表达载体及应用	发明专利	2010. 7	ZL200610001855. 1	张　伟	生物技术所
57	快速联检试剂盒	实用新型	2010. 10	ZL201020116572. 3	张　维	生物技术所
58	一种快速联检 IrrE 和 G2-EPSPS 蛋白的试剂盒	实用新型	2010. 10	ZL201020114178. 6	张　维	生物技术所
59	一步法快速联检 IrrE 和 BT 蛋白的试剂盒	实用新型	2010. 10	ZL201020114181. 8	张　维	生物技术所
60	一种快速检测耐盐 IrrE 蛋白的试剂盒	实用新型	2010. 10	ZL201020107248. 5	张　维	生物技术所
61	高耐受草甘膦的 EPSP 合酶及其编码序列	发明专利	2010. 08	ZL200710177090. 1	林　敏	生物技术所
62	提高植物耐盐及抗旱性的基因及其应用	发明专利		已授权，未公告	林　敏	生物技术所
63	培育抗草甘膦植物的双价表达载体	发明专利		已授权，未公告	林　敏	生物技术所
64	农田养分流失途径模拟装置	实用新型	2010. 5	ZL200920109872. 6	张继宗	资源区划所
65	自流式农田地下淋溶液收集装置	发明专利	2010. 7	ZL200810102682. 1	任天志	资源区划所
66	一种狗尾草平脐蠕孢菌株及其用于防除杂草的用途	发明专利	2010. 10	ZL200910086284. X	邓　晖	资源区划所
67	一种测量草本植物的方法和装置	发明专利	2010. 6	ZL200810222077. 8	徐　斌	资源区划所
68	一种测定大气蒸发潜力的装置	实用新型	2010. 4	ZL201020165524. 3	巩永凯	资源区划所
69	一种自动控制土壤水势恒定的方法	发明专利	2010. 6	ZL200710178524. X	龙怀玉	资源区划所
70	一种自动控制土壤水势恒定的装置	发明专利	2010. 8	ZL200710178527. 3	龙怀玉	资源区划所

（续表）

序号	专利名称	类别	授权公告日	专利号	第一发明人	单位
71	一种缓释尿素及其制备方法	发明专利	2010. 9	ZL200810103916. 4	李菊梅	资源区划所
72	一种秸秆磷肥及其制备方法	发明专利	2010. 11	ZL200910081316. 2	李菊梅	资源区划所
73	一种白灵菇新品种及菌种生产和栽培方法	发明专利	2010. 4	ZL200510052226. 7	张金霞	资源区划所
74	一种文本语音转换装置	实用新型	2009. 11	ZL200920152200. 3	农业信息所	农业信息所
75	一种图像采集灯箱	实用新型	2010. 11	ZL201020182975. 8	胡　林	农业信息所
76	硫酸庆大霉素酶联免疫快速检测方法	发明专利	2010. 1	ZL200610010569. 1	王　静	质量标准所
77	一种检测三聚氰胺的酶联免疫试剂盒	发明专利	2010. 11	ZL200710179476. 6	杨曙明	质量标准所
78	一种检测三聚氰胺的直接竞争法酶联免疫试及剂盒	发明专利	2010. 11	ZL200710179475. 1	杨曙明	质量标准所
79	自适应地埋式灌水器	发明专利	2010. 4	ZL200410060266. 1	仵　峰	灌溉所
80	植物茎流流速测量方法及其装置	发明专利	2010. 4	ZL200710189755. 0	高盛国	灌溉所
81	微灌系统毛管级流量调节器	实用新型	2010. 5	ZL20090092094. 4	吕谋超	灌溉所
82	微喷灌专用流量补偿器	实用新型	2010. 5	ZL20090092095. 9	吕谋超	灌溉所
83	一种网式过滤器	实用新型	2010. 5	ZL20090092093. X	冯俊杰	灌溉所
84	自适应地下滴灌灌水器	发明专利	2010. 6	ZL200710189693. 3	冯俊杰	灌溉所
85	基于蒸发量的灌溉预警装置及其操作方法	发明专利	2010. 8	ZL200810049312. 6	张寄阳	灌溉所
86	微灌沙石过滤器水气同时冲洗装置	发明专利	2010. 9	ZL200910189664. 7	翟国亮	灌溉所

（续表）

序号	专利名称	类别	授权公告日	专利号	第一发明人	单位
87	分离式土壤负压计	实用新型	2010. 9	ZL200920276544. 5	刘战东	灌溉所
88	一种地中渗透仪	实用新型	2010. 6	ZL200920223925. 7	肖俊夫	灌溉所
89	一种控制稻米重金属镉积累的方法	发明专利	2008. 3	ZL200710070666. 4	邵国胜	水稻所
90	一种控制水稻重金属镉积累的方法	发明专利	2009. 8	ZL200910097196. X	邵国胜	水稻所
91	水稻叶形态建成调控基因RLAL1 的应用	发明专利	2010. 1	ZL200710156693. 3	钱　前	水稻所
92	水稻花分生组织控制基因EG1 的应用	发明专利	2010. 6	ZL200610053180. 5	钱　前	水稻所
93	水稻转座子基因	发明专利	2010. 5	ZL200480018694. 6	返田滋	水稻所
94	一种利用发酵废水制备发酵培养基及生产生物农药的方法	发明专利	2010. 6	200610053322. 8	黄世文	水稻所
95	蟋蟀草平脐蠕孢菌的培养方法及其用途	发明专利	2010. 3	ZL200610155406. 2	张建萍	水稻所
96	蟋蟀草平脐蠕孢菌粗毒素提取工艺及其制剂	发明专利	2010. 6	ZL200610051832. 1	张建萍	水稻所
97	鸭舌草提取物及其提取方法和用途	发明专利	2010. 5	ZL200410053666. X	余柳青	水稻所
98	棉花粗线期染色体荧光原位杂交方法	发明专利	2010. 4	ZL200610171573. 6	王坤波	棉花所
99	棉花 DNA 纤维原位杂交技术	发明专利	2010. 8	ZL200710175813. 4	彭仁海	棉花所
100	逆境鉴定筛选抗性作物的育种方法	发明专利	2010. 8	ZL200710099574. 9	郭香墨	棉花所
101	一种棉花工厂化育苗方法	发明专利	2010	ZL200610088967. 5	毛树春	棉花所

（续表）

序号	专利名称	类别	授权公告日	专利号	第一发明人	单位
102	一种自动分苗机	实用新型	2010	ZL200920173013.3	毛树春	棉花所
103	一种生物柴油改良剂及其制备方法	发明专利	2010.5	ZL200710052650.0	黄凤洪	油料作物所
104	转基因油菜 MS8 事件外源插入载体旁侧序列及应用	发明专利	2010.9	ZL200710051351.5	卢长明	油料作物所
105	转基因油菜 OXY235 事件外源插入载体左边界旁侧序列及其应用	发明专利	2010.9	ZL200710051352.X	卢长明	油料作物所
106	利用野芥不育细胞质制备油菜及十字花科蔬菜杂种的方法	发明专利	2010.4	ZL200710052080.5	胡　琼	油料作物所
107	毛白杨木质素单体合成基因 4-CL 及应用	发明专利	2010.6	ZL200810047778.2	王汉中	油料作物所
108	油菜热激蛋白基因 HSP17.8 及其应用	发明专利	2010.9	ZL200910061810.7	王汉中	油料作物所
109	无溶剂系统中固定化全细胞酶催化生产植物甾醇酯的方法	发明专利	2010.6	ZL200710168653.0	胡小加	油料作物所
110	纳豆功能活性成分高效连续化生产新工艺	发明专利	2010.5	ZL200610124856.5	陈　洪	油料作物所
111	一种抗虫转基因油菜的培育方法	发明专利	2010.10	ZL200810046824.7	伍晓明	油料作物所
112	一种黄曲霉毒素 G1 人工抗原的制备方法	发明专利	2010.9	ZL200810047639.X	李培武	油料作物所
113	一种油水分离的流化吸附装置	实用新型	2010.7	ZL200920087760.5	黄凤洪	油料作物所
114	欧文氏杆菌工厂化发酵快速提取苎麻纤维工艺	发明专利	2010.7	ZL200710305340.5	刘正初	麻类所
115	一种酶法降解苎麻韧皮纤维生产燃料乙醇的方法	发明专利	2010.11	ZL200510124496.4	熊和平	麻类所

（续表）

序号	专利名称	类别	授权公告日	专利号	第一发明人	单位
116	横向喂入式苎麻剥麻机	发明专利	2010. 6	ZL200710192493. 3	吕江南	麻类所
117	双滚筒苎麻剥麻机	实用新型	2010. 9	ZL200920259409	龙超海	麻类所
118	从浓缩苹果汁生产过程中提取苹果多酚的方法	发明专利	2010. 9	ZL200510017666. 9	王思新	郑州果树所
119	从浓缩苹果汁生产过程中提取苹果多糖的方法	发明专利	已批准，待公告	ZL200510017665. 4	王思新	郑州果树所
120	石榴快速繁殖方法	发明专利	2010. 7	ZL200710054323	曹尚银	郑州果树所
121	成品茶的加工原料品种识别方法	发明专利	2010. 8	ZL200810063621. 9	成　浩	茶叶所
122	地理标志保护的西湖龙井的真伪鉴别方法	发明专利	2010. 8	ZL200810063620. 4	成　浩	茶叶所
123	降低茶叶铅含量的土壤改良剂及方法	发明专利	2010. 1	ZL200710068073. 4	韩文炎	茶叶所
124	一种制备四种茶黄素单体的方法	发明专利	2010. 5	ZL200610154852. 1	江和源	茶叶所
125	一种红外测温的自动杀青机	实用新型	2010. 1	ZL200920116490. 6	林　智	茶叶所
126	一种自动揉捻装置	实用新型	2010. 5	ZL200920117314. 4	林　智	茶叶所
127	用于原核表达系统表达外源蛋白的复合自动诱导培养基	发明专利	2010. 8	ZL200710003048. 8	王云峰	哈尔滨兽医所
128	用于诊断马流感病毒和鉴定其亚型的多重 RT-PCR 引物及其应用	发明专利	2010. 8	ZL200810132409. 3	郭　巍	哈尔滨兽医所
129	一种快速检测 H5N1 亚型禽流感病毒抗体的胶体金测试试纸条	实用新型	2010. 2	ZL200920150677. 8	崔尚金	哈尔滨兽医所

（续表）

序号	专利名称	类别	授权公告日	专利号	第一发明人	单位
130	一种快速检测猪繁殖与呼吸道综合征病毒的胶体金测试试纸条	实用新型	2010. 2	ZL200920150675. 9	崔尚金	哈尔滨兽医所
131	新城疫病毒 D90 毒株及其应用	发明专利	2010. 11	ZL200710003046. 9	李　曦	哈尔滨兽医所
132	检测猪圆环病毒、猪细小病毒、猪伪狂犬病毒、猪瘟病毒的多重实时荧光定量 PCR 方法	发明专利	2010. 9	ZL200710079766. 3	李　曦	哈尔滨兽医所
133	抗猪瘟病毒野毒株 E2 蛋白的单克隆抗体及其制备方法和应用	发明专利	2010. 8	ZL200810110791. 8	仇华吉	哈尔滨兽医所
134	猪传染性胃肠炎华毒弱毒疫苗株及其应用	发明专利	2010. 8	ZL200710003045. 4	冯　力	哈尔滨兽医所
135	猪流行性腹泻病毒弱毒疫苗株及其应用	发明专利	2010. 7	ZL200710003047. 3	冯　力	哈尔滨兽医所
136	猪繁殖与呼吸综合征病毒强毒株、其弱毒疫苗株及其应用	发明专利	2010. 10	ZL200810097546. 8	童光志	哈尔滨兽医所
137	表达狂犬病病毒糖蛋白（GP 蛋白）的重组新城疫 LaSota 弱毒疫苗株	发明专利	2010. 8	ZL200810222777. 7	步志高	哈尔滨兽医所
138	表达禽流感病毒 H9 亚型 HA 蛋白的重组新城疫 LaSota 弱毒疫苗株	发明专利	2010. 9	ZL200810222776. 2	步志高	哈尔滨兽医所
139	人工重组的 H7 亚型流感病毒和应用	发明专利	2010. 5	ZL200410043863. 3	陈化兰	哈尔滨兽医所
140	禽流感病毒标记疫苗及其制备方法和应用	发明专利	2009. 12	ZL200610114408. 7	陈化兰	哈尔滨兽医所
141	一种猪疫苗使用的 pIFN-γ 基因佐剂及制备方法	发明专利	2010. 3	ZL200510119720. 0	景志忠	兰州兽医所
142	口蹄疫 A 型灭活疫苗	发明专利	2010. 6	ZL200710018544. 0	王永录	兰州兽医所

（续表）

序号	专利名称	类别	授权公告日	专利号	第一发明人	单位
143	口蹄疫病毒定型试纸条及其制备方法	发明专利	2010. 7	ZL200610043143. 6	蒋　韬	兰州兽医所
144	一种口蹄疫抗原的制备方法	发明专利	2010. 10	ZL200710090035. 9	柳纪省	兰州兽医所
145	治疗猪附红细胞体病药物及其制备方法和用途	发明专利	2010. 7	ZL200810017521. 2	苗小楼	兰州牧药所
146	丁香酚阿斯匹林酯药用化合物及其制剂和制备方法	发明专利	2010. 6	ZL200810017950. X	李剑勇	兰州牧药所
147	一种可拆装的烈犬诊疗保定架	实用新型	2010. 10	ZL201020126594. 8	周绪正	兰州牧药所
148	喹羟酮的化学合成工艺	发明专利	2010. 8	ZL200710122910. 7	梁剑平	兰州牧药所
149	金丝桃素口服液的准备方法	发明专利	2010. 10	ZL200710122912. 6	梁剑平	兰州牧药所
150	用重离子束辐照效应获得的喹羟酮	发明专利	2010. 1	ZL200710123574. 8	梁剑平	兰州牧药所
151	日本血吸虫信号转导蛋白Sjwnt4 基因的克隆、表达及应用	发明专利	2010. 10	ZL200610167531. 5	傅志强	上海兽医所
152	复合型天然植物除臭剂	发明专利	2010. 5	ZL200710044704. 9	王　米	上海兽医所
153	从牧草尖叶胡枝子中提取和纯化总黄酮的方法	发明专利	2010. 11	ZL200810150710. 7	吴洪新	草原所
154	一种养殖废水综合处理工艺及系统	发明专利	2010. 11	ZL200910068114. 9	张克强	环境保护所
155	大中型沼气池恒温加热装置	实用新型	2010. 1	ZL2009200956626	赵建宁	环境保护所
156	户用型生活污水净化罐	实用新型	2010. 6	ZL200920242745. 3	胡启春	沼气所
157	一种厌氧微生物转移装置	实用新型	2010. 10	ZL201020109196. 5	承　磊	沼气所

（续表）

序号	专利名称	类别	授权公告日	专利号	第一发明人	单位
158	链条刮板式沼气工程除砂装置与除砂方法	发明专利	2010. 11	ZL201010248880. 6	朱德文	农机化所
159	小粒种子排种器	发明专利	2010. 1	ZL200710191906. 6	吴崇友	农机化所
160	间歇推土移栽机	发明专利	2010. 6	ZL200810236217. 7	吴崇友	农机化所
161	油菜捡拾脱粒机	发明专利	2010. 7	ZL200810124343. 3	石　磊	农机化所
162	前悬挂式油菜割晒机	发明专利	2010. 4	ZL200810124342. 9	金诚谦	农机化所
163	自卸粮仓	发明专利	2010. 6	ZL200810234314. 2	张玉同	农机化所
164	智能施药无人直升机	发明专利	2010. 10	ZL201010508041. 3	梁　建	农机化所
165	一种电磁泵注入式混药装置	发明专利	2010. 10	ZL201010298655. 3	薛新宇	农机化所
166	基于 GPS 导航的无人机施药作业自动控制系统及方法	发明专利	2010. 10	ZL201010508046. 6	薛新宇	农机化所
167	根茎类作物联合收获机	发明专利	2010. 3	ZL200710020357. 6	胡志超	农机化所
168	扁形茶杀青成形工艺方法及专用设备	发明专利	2010. 5	ZL200610161349. 9	肖宏儒	农机化所
169	沼气厌氧干式发酵装置	实用新型	2010. 3	ZL200920042499. 7	朱德文	农机化所
170	带齿式割台搅龙喂入装置	实用新型	2010. 2	ZL200920039146. 1	吴崇友	农机化所
171	捡拾装置喂入导板	实用新型	2010. 2	ZL200920039142. 3	石　磊	农机化所
172	免少耕复式开沟播种机	实用新型	2010. 2	ZL200920045544. 4	吴崇友	农机化所

（续表）

序号	专利名称	类别	授权公告日	专利号	第一发明人	单位
173	油菜捡拾脱粒机齿带防跑偏装置	实用新型	2010. 2	ZL200920039145. 7	梁苏宁	农机化所
174	基于物联网的作物施药智能控制装置	实用新型	2010. 10	ZL201020576701. 7	薛新宇	农机化所
175	一种组合式旋耕刀轴	实用新型	2010. 6	ZL200920042612. 1	陈永生	农机化所
176	精准施药农作物定位装置	实用新型	2010. 10	ZL201020563981. 8	薛新宇	农机化所
177	智能型微波滚筒杀青烘干设备	实用新型	2010. 6	ZL200920236121. 0	朱德文	农机化所
178	一种移动式挤奶设备	实用新型	2010. 5	ZL2009202308844	胡志超	农机化所
179	单冷阱多冻干仓式微波真空冷冻干燥设备	实用新型	2010. 5	ZL2009202308859	胡志超	农机化所
180	一种可自动称重的储奶桶	实用新型	2010. 7	ZL200920236058. 0	胡良龙	农机化所
181	一种平模制粒机	实用新型	2010. 7	ZL200920257105. X	肖宏儒	农机化所
182	一种夹持式移栽机	实用新型	2010. 5	ZL200920231044. X	肖宏儒	农机化所
183	青大豆脱荚机	实用新型	2010. 5	ZL200920039340. X	秦广明	农机化所
184	烟田管理作业拖拉机	实用新型	2010. 2	ZL200920042016. 3	肖宏儒	农机化所
185	一种茶叶微波杀青机	实用新型	2010. 3	ZL200920042783. 4	肖宏儒	农机化所
186	多功能烟草移栽机	实用新型	2010. 8	ZL200920282076. 2	张忠锋	烟草所
187	用于防止柑橘果实果顶黄化脱落的制剂及其制备方法和使用方法	发明专利	2010. 8	ZL200810069872. 8	彭良志	柑橘所

（续表）

序号	专利名称	类别	授权公告日	专利号	第一发明人	单位
188	具催熟功能的湿冷气调库	实用新型	2010. 11	ZL201020192216. X	王日葵	柑橘所
189	用于蚕体蚕座消毒的蚕用复合消毒剂	发明专利	2010. 2	ZL200810020439. 5	黄可威	蚕业所

2010 年获新品种保护权清单

序号	品种名称	作物种类	培育人（第一、二）	申请国	公告日	公告号	品种权人
1	中麦 12	小麦	肖世和	中国	2010. 9	CNA003405G	作物科学所
2	中杂 108	番茄	杜永臣 王孝宣	中国	2010. 1	CNA002976G	蔬菜花卉所
3	中杂 105	番茄	杜永臣 王孝宣	中国	2010. 9	CNA003438G	蔬菜花卉所
4	中恢 9308	水稻	陈深广 程式华	中国	2010. 3	CNA20060769. 3	水稻所，浙江国稻高科技种业公司
5	春优 58	水稻	吴明国 林建荣	中国	2010. 3	CNA003310G	水稻所、浙江农科种业有限公司
6	中棉所 64	棉花	范术丽 喻树迅	中国	2010. 3	CNA006118E	棉花所
7	中棉所 68	棉花	宋美珍 喻树迅	中国	2010. 3	CNA006119E	棉花所
8	中棉所 72	棉花	严根土 黄　群	中国	2010. 5	CNA006471E	棉花所
9	中棉所 73	棉花	范术丽 喻树迅	中国	2010. 3	CNA006120E	棉花所
10	中棉所 74	棉花	宋美珍 喻树迅	中国	2010. 5	CNA006473E	棉花所
11	中棉所 75	棉花	严根土 黄　群	中国	2010. 5	CNA006472E	棉花所

（续表）

序号	品种名称	作物种类	培育人（第一、二）	申请国	公告日	公告号	品种权人
12	金玉玲珑	西瓜	徐志红 徐永阳	中国	2010.3	CNA006124E	郑州果树所
13	中梨4号	梨	李秀根 杨　健	中国	2010.7	CNA006723E	郑州果树所
14	绿佳	苹果	阎振力 过国南	中国	2010.9	CNA006838E	郑州果树所

2010年审定品种清单

序号	品种名称	作物种类	审定时间	审批号	审定部门	单位
1	中麦8号	小麦	2010	津审麦2010002	天津市农作物品种审定	作物科学所
2	中麦12	小麦	2010		河北省品种审定委员会	作物科学所
3	中麦533	小麦	2010		北京市农作物品种审定	作物科学所
4	中饲1887	小黑麦	2010	394	全国草品种审定委员会	作物科学所
5	中黄39	大豆	2010	国审豆2010018	国家农作物品种审定	作物科学所
6	中黄50	大豆	2010	京审豆2010001	北京市农作物品种审定	作物科学所
7	中黄52	大豆	2010	京审豆2010002	北京市农作物品种审定	作物科学所
8	中黄53	大豆	2010	京审豆2010003	北京市农作物品种审定	作物科学所
9	中黄55	大豆	2010	国审豆2010003	国家农作物品种审定	作物科学所
10	中龙1号	玉米	2010	黑审玉2010032	黑龙江省农作物品种审定	作物科学所

（续表）

序号	品种名称	作物种类	审定时间	审批号	审定部门	单位
11	中黄 56	大豆	2010	国审豆 2010011	国家农作物品种审定	作物科学所
12	中黄 57	大豆	2010	国审豆 2010005	国家农作物品种审定	作物科学所
13	中植 4 号	小麦	2010	甘审麦 2010009	甘肃省农作物品种审定委员会	植物保护所
14	宝凤	西瓜	2010. 4	京审瓜 2010001	山西省农作物品种审定委员会	蔬菜花卉所
15	瑞鑫	西瓜	2010. 4	京审瓜 2010006	山西省农作物品种审定委员会	蔬菜花卉所
16	园杂 5 号	茄子	2010. 5	晋审菜（认）2010011	山西省农作物品种审定委员会	蔬菜花卉所
17	中椒 104	辣椒	2010. 5	晋审菜（认）2010013	山西省农作物品种审定委员会	蔬菜花卉所
18	绿奇	青花菜	2010. 4	甘认菜 2010041	山西省农作物品种审定委员会	蔬菜花卉所
19	中椒 105	辣椒	2010. 8	国品鉴菜 2010011	全国农业技术推广服务中心	蔬菜花卉所
20	中甘 192	甘蓝	2010. 8	国品鉴菜 2010015	全国农业技术推广服务中心	蔬菜花卉所
21	中甘 196	甘蓝	2010. 8	国品鉴菜 2010016	全国农业技术推广服务中心	蔬菜花卉所
22	中甘 96	甘蓝	2010. 8	国品鉴菜 2010023	全国农业技术推广服务中心	蔬菜花卉所
23	中薯 17	马铃薯	2010. 9	国审薯 2010001	农业部国家农作物品审委员会	蔬菜花卉所
24	中薯 16	马铃薯	2010. 9	国审薯 2010003	农业部国家农作物品审委员会	蔬菜花卉所
25	中苜 6 号	苜蓿	2010. 4	422	农业部全国草品种审定委员会	畜牧兽医所
26	中苜 4 号	苜蓿	2010. 7	009	山东省草品种审定委员会	畜牧兽医所

（续表）

序号	品种名称	作物种类	审定时间	审批号	审定部门	单位
27	列宁格勒	苜蓿	2010. 7	010	山东省草品种审定委员会	畜牧兽医所
28	内 5 优 8015	水稻	2010		农业部国家农作物品审委员会	水稻所
29	中谷 A	水稻	2010		浙江省农作物品种审定委员会	水稻所
30	中富 A	水稻	2010		浙江省农作物品种审定委员会	水稻所
31	中天 A	水稻	2010		浙江省农作物品种审定委员会	水稻所
32	春江 063	水稻	2010	浙审稻 2010002	浙江省农作物品种审定委员会	水稻所
33	春优 658	水稻	2010	国审稻 2010035	国家农作物品种审定委员会	水稻所
34	春江 18A	水稻	2010		浙江省农作物品种审定委员会	水稻所
35	春江 19A	水稻	2010		浙江省农作物品种审定委员会	水稻所
36	株两优 173	水稻	2010	国审稻 2010004	农业部国家农作物品审委	水稻所
37	中 3 优 286	水稻	2010	湘审稻 2010009	湖南省农作物品种审定委员会	水稻所
38	株两优 1733	水稻	2010	湘审稻 2010001	湖南省农作物品种审定委员会	水稻所
39	益丰优 218	水稻	2010		江西省农作物品种审定委员会	水稻所
40	协优中 1 号	水稻	2010	浙审稻 2010010	浙江省农作物品种审定委员会	水稻所
41	中早 35	水稻	2010	国审稻 2010005	国家农作物品种审定委员会	水稻所
42	中 99A	水稻	2010		浙江省农作物品种审定委员会	水稻所

（续表）

序号	品种名称	作物种类	审定时间	审批号	审定部门	单位
43	培两优 612	水稻	2010	浙审稻 2010008	浙江省农作物品种审定委员会	水稻所
44	中棉所 77	棉花	2010. 4	豫审棉 2010016	河南省农作物品种审定委员会	棉花所
45	中棉所 78	杂交棉	2010. 4	豫审棉 2010010	河南省农作物品种审定委员会	棉花所
46	中棉所 79	棉花	2010. 4	豫审棉 2010006	河南省农作物品种审定委员会	棉花所
47	中棉所 80	棉花	2010. 4	冀审棉 2010011	河北省农作物品种审定委员会	棉花所
48	中油杂 15	油菜	2010	（待发）	浙江省农作物品种审定委员会	油料作物所
49	中油杂 6212	油菜	2010	（待发）	上海市农作物品种审定委员会	油料作物所
50	中双 12	油菜	2010	（待发）	湖北省农作物品种审定委员会	油料作物所
51	中芝 15	芝麻	2010	鄂审油 2010003	湖北省农作物品种审定委员会	油料作物所
52	中芝 16	芝麻	2010	苏鉴芝麻 201001	江苏省农作物品种审定委员会	油料作物所
53	中芝 17	芝麻	2010	苏鉴芝麻 201002	江苏省农作物品种审定委员会	油料作物所
54	中芝 2771	芝麻	2010	皖品鉴登字第 0904001	安徽省非主要农作物品种鉴定登记委员会	油料作物所
55	中芝杂 2 号	芝麻	2010	（待发）	湖北省农作物品种审定委员会	油料作物所
56	中苎 2 号	麻类	2010. 2	国品鉴麻 2009001	全国农业技术推广服务中心	麻类所
57	华脆	苹果	2010	辽备果［2009］322 号	辽宁省非主要农作物品种备案办公室	果树所

（续表）

序号	品种名称	作物种类	审定时间	审批号	审定部门	单位
58	华月	苹果	2010	辽备果［2009］322号	辽宁省非主要农作物品种备案办公室	果树所
59	早金香	梨	2010.4	辽备果［2009］325号	辽宁省非主要农作物品种备案办公室	果树所
60	早白蜜	梨	2009.1	S-SV-PP-004-2009	云南省林木品种审定委员会	郑州果树所
61	翠丽	西瓜	2010.5	豫审西瓜2010002	河南省农作物品种审定委员会	郑州果树所
62	郑抗2008	无籽西瓜	2010	赣审西瓜2010001	江西省农作物品种审定委员会	郑州果树所
63	绿野无籽	无籽西瓜	2010	桂审瓜2010003	广西壮族自治区作物品审委员会	郑州果树所
64	白玉满堂	甜瓜	2010	待颁发	国家西甜瓜品种鉴定委员会	郑州果树所
65	中茶108	茶树	2010.8		全国茶树品种鉴定委员会	茶叶所
66	中茶302	茶树	2010.8		全国茶树品种鉴定委员会	茶叶所
67	中草3号	苜蓿	2010.6	416	全国牧草品种审定委员会	草原所
68	中烟203	烟草	2010.11		全国烟草品种审定委员会	烟草所
69	甜研312	甜菜	2010.3	黑审糖2010003	黑龙江省农作物品种审定委员会	甜菜所

2010年获软件著作权目录

序号	软件名称	批准时间	登记号	第一著作权人	单位
1	玉米咨询短信平台软件V1.0	2010.2	2010SR007115	李少昆	作物科学所

（续表）

序号	软件名称	批准时间	登记号	第一著作权人	单位
2	染色体片段置换系群体模拟软件 V1.0	2010. 11	2010SR060150	作物科学所	作物科学所
3	基于数字图像的玉米群体特征分析系统 V1.0	2010. 2	2010SR007114	李少昆	作物科学所
4	玉米病虫草害诊断手机版软件 V1.0	2010. 7	2010SR036177	李少昆	作物科学所
5	玉米病害数字图像病斑分割与特征提取子系统 V1.0	2010. 9	2010SR046062	李少昆	作物科学所
6	连锁图谱构建和 QTL 作图集成软件 V3.0	2010. 11	2010SR058287	作物科学所	作物科学所
7	基于日光温室环境模型的结构优化设计软件	2010. 4. 9	2010SRBBJ4210	环境发展所	环境发展所
8	转基因动物（猪）生物安全性溯源公共平台软件	2010. 1. 5	2010SR015223	熊本海	畜牧兽医所
9	奶牛营养精准预测系统	2010. 3. 2	2010SR009343	熊本海	畜牧兽医所
10	奶牛良种登记系统	2010. 9. 28	2010SR051501	熊本海	畜牧兽医所
11	奶牛后裔测定系统	2010. 9. 28	2010SR051491	熊本海	畜牧兽医所
12	奶牛日粮精准供给计算系统	2010. 3. 2	2010SR009353	熊本海	畜牧兽医所
13	肉牛日粮配方优化与养分诊断系统	2010. 5. 27	2010SR025292	熊本海	畜牧兽医所
14	天津市奶牛数字化育种数据共享服务平台软件	2010. 7. 26	2010SR036773	熊本海	畜牧兽医所
15	基于 TD-SCDMA 猪产品溯源应用系统	2010. 8. 29	2010SR044290	熊本海	畜牧兽医所
16	肉鸡产业技术体系生产监测与产品质量溯源系统 1.0	2010. 5. 20	2010SR023747	张宏福	畜牧兽医所

（续表）

序号	软件名称	批准时间	登记号	第一著作权人	单位
17	中国试验用小型猪信息管理系统 V2010	2010. 7. 27	2010SR037100	李奎	畜牧兽医所
18	蜂产品销售溯源管理系统	2010. 12	待发	蜜蜂所	蜜蜂所
19	不规则地块拆分归并系统	2010. 6	2010SR028092	周清波	资源区划所
20	对地抽样空间化样本抽选系统	2010. 6	2010SR028090	周清波	资源区划所
21	对地抽样样本信息管理系统	2010. 6	2010SR028091	周清波	资源区划所
22	叶面积指数提取系统	2010. 11	2010SR057852	邹金秋	资源区划所
23	遥感影像自动几何校正软件	2010. 11	2010SR060228	邓　辉	资源区划所
24	MODIS 云检测软件	2010. 11	2010SR060143	邓　辉	资源区划所
25	遥感植被指数时间序列数据噪声平滑软件	2010. 11	2010SR060104	邓　辉	资源区划所
26	作物施肥设计软件	2010. 9	2010SR045878	张云贵	资源区划所
27	现代农作制数据管理与评价系统	2010. 11		张云贵	资源区划所
28	现代农作制数据资源管理与评价系统 V1. 0. 0	2010	2010R11S065813	资源区划所	资源区划所
29	中国草原植被遥感监测信息系统	2010. 3	2010SR006885	徐　斌	资源区划所
30	中国草原植被产草量遥感监测系统	2010. 2	2010SR006887	徐　斌	资源区划所
31	中国草原植被长势遥感监测系统	2010. 3	2010SR006890	徐　斌	资源区划所
32	中国草原植被返青遥感监测系统	2010. 3	2010SR006883	杨秀春	资源区划所

（续表）

序号	软件名称	批准时间	登记号	第一著作权人	单位
33	中国草原草畜平衡监测系统	2010. 2	2010SR006888	徐　斌	资源区划所
34	空间数据边界自动匹配系统	2010. 1	2010SR012508	资源区划所	资源区划所
35	土壤空间数据融合系统	2010. 1	2010SR012507	资源区划所	资源区划所
36	图层自动加载渲染系统	2010. 11	2010SR060794	资源区划所	资源区划所
37	土壤剖面柱状图及理化性状表自动生成系统	2010. 11	2010SR060795	资源区划所	资源区划所
38	土壤图图例自动生成系统	2010. 11	2010SR060828	资源区划所	资源区划所
39	基于 IPhone 的土壤野外剖面信息采集系统	2010. 11	2010SR060019	资源区划所	资源区划所
40	蜂产品销售溯源信息管理系统	2010. 12	2010SR064749	农业信息所	农业信息所
41	蜂产品加工企业溯源信息管理系统	2010. 12	2010SR064698	农业信息所	农业信息所
42	蜂产品收购溯源信息管理系统	2010. 12	2010SR064462	农业信息所	农业信息所
43	小麦病害模拟三维可视化系统	2010. 7	2010SR037333	农业信息所	农业信息所
44	水稻病害图像识别子系统［简称：水稻图像处理V1. 0］	2010. 4	2010SR015964	农业信息所	农业信息所
45	数字图像预处理子系统 V1. 0	2010. 4	2010SR015994	农业信息所	农业信息所
46	数字图像处理与识别系统 V1. 0	2010. 4	2010SR015995	农业信息所	农业信息所
47	支持个性化的农业信息资源查询系统	2010. 3	2010SRBJ4035	农业信息所	农业信息所
48	农业信息资源查询扩展软件	2010. 3	2010SRBJ4034	农业信息所	农业信息所

（续表）

序号	软件名称	批准时间	登记号	第一著作权人	单位
49	农业科技资源分类整合平台	2010. 3	2010SRBJ4033	农业信息所	农业信息所
50	基层农技推广体系信息化应用平台系统	2009. 6	2010SR015288	农业信息所	农业信息所
51	DNDC 模型与数据库交互及数据上报系统	2010. 1	2010SRBJ5360	农业信息所	农业信息所
52	物理化学中的量、符号、及单位制转换软件 V1. 0	2010. 3	2010SR018963	李　路	农业信息所
53	国家农产品质量安全监测信息平台数据采集系统	2010. 6	2010SR030365	质量标准所	
54	微灌工程规划计算机辅助设计软件	2010. 5	2010SR022941	宰松梅	灌溉所
55	灌溉管理与决策支持系统 V1. 0	2010. 1	2010SR001541	王景雷	灌溉所
56	全国棉花数字信息管理决策系统 V1. 0	2010	2010SR048753	毛树春	棉花所
57	序列熵值计算软件：V1. 0. 0		软著登字第 0188227 号	王靖飞	哈尔滨兽医所
58	人工草地建植辅助决策系统 V1. 0	2010. 3	2010SR013337	袁　清	草原所
59	循环式谷物干燥机模拟软件	2010. 3	2010SR013716	陈怡群	农机化所
60	循环式谷物干燥控制软件	2010. 1	2010SR005494	常　春	农机化所
61	烟草种质资源信息系统 V1. 0	2010. 4	2010SR015016	任　民	烟草所
62	烟草分子标记软件	2010. 11	2010SR059772	任　民	烟草所

2010 年新药（疫苗）登记目录

序号	新药名称	类别	批准时间	证书号	主要完成人	单位
1	猪圆环病毒 2 型灭活疫苗（LG 株）	二类	2010. 9	（2010）新兽药证字 30 号	刘长明、危艳武、陆月华等	哈尔滨兽医所
2	口蹄疫 O 型、A 型、亚洲 I 型三价灭活疫苗（O/HB/HK/99 株 + AF/72 株 + Asia- I /XJ/KLMY/04 株）	二类	2010. 1	（2010）新兽药证字 04 号	王永录、张永光、方玉珍等	兰州兽医所
3	山羊支原体肺炎灭活疫苗（MOGH3-3 株 + M87-1 株）	二类	2010. 7	（2010）新兽药证字 21 号	逯忠新、储岳峰、越　萍等	兰州兽医所
4	二氯异氰脲酸钠、百菌清粉	三类	2010. 2	（2010）新兽药证字 08 号	康国平	蚕业所

中国农业科学院2010年科技论文等有关数据统计表

单　位	科技论文（篇）		科技专著（部）	获得专利（个）	其他成果形式			
	总计	其中SCI、EI等收录			审定品种	获品种权	新农药兽药	软件著作权
作物科学所	320	107	5	4	12	1		6
植物保护所	375	118	17	7	1			
蔬菜花卉所	125	16	3	4	11	2		
环境发展所	125	31	7	7				1
畜牧兽医所	367	94	13	11	3			10
蜜蜂所	57	9	3	2				1
饲料所	132	41	2	8				
农产品加工所	115	13	9	10				
生物技术所	112	39	2	11				
农经所	87	2	8					
资源区划所	286	60	18	10				21
农业信息所	197	26	10	2				13
质量标准所	49	12	3	3				1
灌溉所	36	8		10				2
水稻所	170	32	4	9	16	2		
棉花所	120	9	3	5	4	6		1
油料作物所	142	17	3	11	8			
麻类所	32	1		4	1			
果树所	78	1	3		3			

（续表）

单　位	科技论文（篇）		科技专著（部）	获得专利（个）	其他成果形式			
	总计	其中SCI、EI等收录			审定品种	获品种权	新农药兽药	软件著作权
郑州果树所	74	5	7	3	5	3		
茶叶所	80	4	5	6	2			
哈尔滨兽医所	276	59	4	14			1	1
兰州兽医所	190	35		4			2	
兰州牧药所	211	4	9	6				
上海兽医所	151	51		2				
草原所	104	2	5	1	1			1
特产所	159	4	12					
环境保护所	65	11		2				
沼气所	26	5		2				
农机化所	77	22	2	28				2
烟草所	60	3	1	1	1			2
柑橘所	75	12	1	2				
甜菜所	20		1		1			
蚕业所	40		2	1			1	
遗产室	11		3					
合计	4 544	853	165	192	69	14	4	62

中国农业科学院科技平台目录

（1）国家重大科学工程

序号	平台名称	依托单位
1	农作物基因资源与基因改良国家重大科学工程	作物科学所
2	国家农业生物安全科学中心	植物保护所

（2）重点实验室

国家重点实验室

序号	实验室名称	依托单位
1	植物病虫害生物学国家重点实验室	植物保护所
2	动物营养学国家重点实验室	畜牧兽医所、中国农大
3	水稻生物学国家重点实验室	水稻所浙江大学
4	兽医生物技术国家重点实验室	哈尔滨兽医所
5	家畜疫病病原生物学国家重点实验室	兰州兽医所

农业部重点开放实验室（第五批）

序号	实验室名称	依托单位
1	农业部作物种质资源利用重点开放实验室	作物科学所
2	农业部果树种质资源利用重点开放实验室	果树所
3	农业部作物生物技术重点开放实验室	生物技术所
4	农业部作物遗传改良与育种重点开放实验室	作物科学所
5	农业部油料作物生物学重点开放实验室	油料作物所

（续表）

序号	实验室名称	依托单位
6	农业部棉花遗传改良重点开放实验室	棉花所
7	农业部蚕桑遗传改良重点开放实验室	蚕业所
8	农业部园艺作物遗传改良重点开放实验室	蔬菜花卉所
9	农业部作物生理生态与栽培重点开放实验室	作物科学所
10	农业部作物营养与施肥重点开放实验室	资源区划所
11	农业部作物需水与调控重点开放实验室	农田灌溉所
12	农业部旱作节水农业重点开放实验室	环境发展所
13	农业部生物防治重点开放实验室	植物保护所、中国农大
14	农业部农药化学与应用技术重点开放实验室	植物保护所、中国农大
15	农业部畜禽遗传资源与利用重点开放实验室	畜牧兽医所
16	农业部饲料生物技术重点开放实验室	饲料所
17	农业部授粉昆虫生物学重点开放实验室	蜜蜂所
18	农业部草食动物疫病重点开放实验室	兰州兽医所
19	农业部动物流感重点开放实验室	哈尔滨兽医所
20	农业部动物寄生虫学重点开放实验室	上海兽医研
21	农业部兽医公共卫生重点开放实验室	哈尔滨兽医所、兰州兽医所
22	农业部能源微生物与利用重点开放实验室	沼气所
23	农业部茎纤维生物质与工程微生物重点开放实验室	麻类所
24	农业部农产品加工与质量控制重点开放实验室	农产品加工所
25	农业部茶及饮料植物产品加工与质量控制重点开放实验室	茶叶所
26	农业部烟草类作物质量控制重点开放实验室	烟草所
27	农业部农业环境与气候变化重点开放实验室	环境发展所
28	农业部草原资源与生态重点开放实验室	草原所

（续表）

序号	实验室名称	依托单位
29	农业部产地环境与农产品安全重点开放实验室	环境保护所
30	农业部农业机械重点开放实验室	农机化所
31	农业部资源遥感与数字农业重点开放实验室	资源区划所
32	农业部智能化农业预警技术重点开放实验室	农业信息所、畜牧兽医所

中国农业科学院重点开放实验室

序号	实验室名称	单位
1	中国农业科学院作物种质资源与生物技术重点开放实验室	作物科学所
2	中国农业科学院作物遗传改良与生物技术重点开放实验室	作物科学所
3	中国农业科学院粮棉油料作物生理与栽培重点开放实验室	作物科学所
4	中国农业科学院植物病虫害生物学重点开放实验室	植物保护所
5	中国农业科学院农药化学与应用技术重点开放实验室	植物保护所
6	中国农业科学院生物入侵与生物防治重点开放实验室	植物保护所
7	中国农业科学院杂草鼠害生物学与治理重点开放实验室	植物保护所
8	中国农业科学院园艺作物遗传与生理重点开放实验室	蔬菜花卉所
9	中国农业科学院农业环境与气候变化重点开放实验室	环境发展所
10	中国农业科学院旱作节水农业重点开放实验室	环境发展所
11	中国农业科学院动物营养学重点开放实验室	畜牧兽医所
12	中国农业科学院家养动物遗传资源与种质创新重点开放实验室	畜牧兽医所
13	中国农业科学院牧草遗传改良与利用重点开放实验室	畜牧兽医所
14	中国农业科学院授粉昆虫生物学重点开放实验室	蜜蜂所
15	中国农业科学院饲料生物技术重点开放实验室	饲料所
16	中国农业科学院农产品加工与质量控制重点开放实验室	农产品加工所
17	中国农业科学院农作物分子生物学与生物技术重点开放实验室	生物技术所

（续表）

序号	实验室名称	单位
18	中国农业科学院国家农业政策分析与决策支持系统重点开放实验室	农业经济所
19	中国农业科学院植物营养与养分循环重点开放实验室	资源区划所
20	中国农业科学院资源遥感与数字农业重点开放实验室	资源区划所
21	中国农业科学院土壤质量重点开放实验室	资源区划所
22	中国农业科学院智能化农业预警技术与系统重点开放实验室	农业信息所
23	中国农业科学院农产品质量与食物安全重点开放实验室	质量标准所
24	中国农业科学院农业水资源高效安全利用重点开放实验室	灌溉所
25	中国农业科学院水稻生物学重点开放实验室	水稻所
26	中国农业科学院棉花遗传改良重点开放实验室	棉花所
27	中国农业科学院油料作物生物学重点开放实验室	油料作物所
28	中国农业科学院茎纤维生物质与工程微生物重点开放实验室	麻类所
29	中国农业科学院麻类遗传育种与生物加工重点开放实验室	麻类所
30	中国农业科学院果树种质资源与育种技术重点开放实验室	果树所
31	中国农业科学院果树生长发育与品质控制重点开放实验室	郑州果树所
32	中国农业科学院茶及饮料植物产品加工与质量控制重点开放实验室	茶叶所
33	中国农业科学院兽医生物技术重点开放实验室	哈尔滨兽医所
34	中国农业科学院动物流感重点开放实验室	哈尔滨兽医所
35	中国农业科学院人兽共患病重点开放实验室	哈尔滨兽医所、兰州兽医所
36	中国农业科学院家畜疫病病原生物学重点开放实验室	兰州兽医所
37	中国农业科学院草食动物疫病重点开放实验室	兰州兽医所
38	中国农业科学院新兽药工程重点开放实验室	兰州牧药所
39	中国农业科学院动物寄生虫学重点开放实验室	上海兽医所
40	中国农业科学院兽药安全评价与兽药残留研究重点开放实验室	上海兽医所

（续表）

序号	实验室名称	单位
41	中国农业科学院草地资源生态重点开放实验室	草原所
42	中国农业科学院特种经济动物种质资源遗传改良重点开放实验室	特产所
43	中国农业科学院农业环境与农产品安全重点开放实验室	环境保护所
44	中国农业科学院能源微生物重点开放实验室	沼气所
45	中国农业科学院农业机械重点开放实验室	农机化所
46	中国农业科学院烟草遗传改良与生物技术重点开放实验室	烟草所
47	中国农业科学院柑橘学重点开放实验室	柑橘所
48	中国农业科学院北方糖料作物资源与利用重点开放实验室	甜菜所
49	中国农业科学院蚕桑遗传改良与生物技术重点开放实验室	蚕业所
50	中国农业科学院草地农业系统学重点开放实验室	草原生态所
51	中国农业科学院家禽遗传资源评价与繁育重点开放实验室	家禽所
52	中国农业科学院甘薯遗传改良重点开放实验室	甘薯所

（3）野外台站

国家级野外台站

序号	野外台站名称	依托单位
1	全国农作物种质资源野外观测研究圃网	作物科学所
2	全国农业土壤肥力效益野外研究站网络	资源区划所
3	南方红黄壤地区农业生态环境监测试验站	资源区划所
4	内蒙古呼伦贝尔草原生态系统国家野外科学观测研究站	资源区划所
5	河南商丘农田生态系统国家野外科学观测研究站	灌溉所

农业部野外台站

序号	野外台站名称	依托单位
1	农业部迁西燕山生态环境重点野外科学观测试验站	资源区划所
2	农业部洛阳旱地农业重点野外科学观测试验站	资源区划所
3	农业部呼伦贝尔草甸草原生态环境重点野外科学观测试验站	资源区划所
4	农业部祁阳红壤生态环境重点野外科学观测试验站	资源区划所
5	农业部昌平潮褐土生态环境重点野外科学观测试验站	资源区划所
6	农业部德州农业资源与生态环境重点野外科学观测试验站	资源区划所
7	农业部长白山野生生物资源重点野外科学观测试验站	特产所
8	农业部杭州茶树资源重点野外科学观测试验站	茶叶所
9	农业部寿阳旱地农业重点野外科学观测试验站	环发所
10	农业部鄂尔多斯沙地草原生态环境重点野外科学观测试验站	草原所
11	农业部沙尔沁牧草资源重点野外科学观测试验站	草原所
12	农业部玉树高寒草原资源与生态环境重点野外科学观测试验站	草原所
13	农业部沅江麻类资源重点野外科学观测试验站	麻类所
14	农业部廊坊有害生物防治重点野外科学观测试验站	植保所
15	农业部锡林浩特草原有害生物防治重点野外科学观测试验站	植保所
16	农业部兴城北方落叶果树资源重点野外科学观测试验站	果树所
17	农业部武昌花生资源重点野外科学观测试验站	油料作物所
18	农业部商丘农业资源与生态环境重点野外科学观测试验站	灌溉所
19	农业部兰州黄土高原生态环境重点野外科学观测试验站	兰州牧药所
20	农业部昌平畜禽资源重点野外科学观测试验站	北京畜牧兽医所
21	农业部新乡矮败小麦重点野外科学观测试验站	作科所
22	农业部大理农业生态环境重点野外科学观测试验站	环保所
23	农业部镇江桑树资源重点野外科学观测试验站	蚕业所
24	农业部徐州甘薯资源重点野外科学观测试验站	甘薯所

（4）工程中心

国家工程技术研究中心（科技部）

序号	工程技术研究中心名称	依托单位
1	国家昌平综合农业工程技术研究中心	中国农业科学院
2	国家饲料工程技术研究中心	中国农大饲料所
3	国家油菜工程技术研究中心	华中农大油料作物所
4	国家茶产业工程技术研究中心	茶叶所
5	国家柑橘工程技术研究中心	柑橘所

国家工程实验室和工程研究中心（发改委）

序号	中　心　名　称	依托单位
1	作物分子育种国家工程实验室	作物科学所
2	作物细胞育种国家工程实验室	蔬菜花卉所
3	棉花转基因育种国家工程实验室	棉花所
4	动物用生物制品国家工程研究中心	哈尔滨兽医所
5	生物饲料开发国家工程研究中心	饲料所

（5）改良中心（分中心）

国家农作物、畜禽改良中心（分中心）

序号	改良中心（分中心）名称	依托单位
1	国家小麦改良中心	作物科学所
2	国家大豆改良北京分中心	作物科学所
3	国家蔬菜改良中心	蔬菜花卉所
4	国家畜禽分子育种中心	畜牧兽医所
5	国家牛奶质量改良中心	畜牧兽医所

（续表）

序号	改良中心（分中心）名称	依托单位
6	国家水稻改良中心	水稻所
7	国家棉花改良中心	棉花所
8	国家油料作物改良中心	油料作物所
9	国家麻类作物育种中心	麻类所
10	国家苹果育种中心	果树所
11	国家桃、葡萄改良中心	郑州果树所
12	国家茶叶改良中心	茶叶所
13	国家烟草改良中心	烟草所
14	国家柑橘品种改良中心	柑橘所
15	国家糖料改良中心	甜菜所
16	国家蚕桑育种中心	蚕业所
17	国家禽类实验动物种子中心	哈尔滨兽医所

（6）国家级作物种质库（圃）

国家级农作物种质库

序号	种质库名称	依托单位
1	国家作物种质长期库	作物科学所
2	国家农作物种质资源保存中心	作物科学所
3	国家蔬菜中期库	蔬菜花卉所
4	国家水稻中期库	水稻所
5	国家棉花中期库	棉花所
6	国家油料作物中期库	油料作物所
7	国家麻类作物中期库	麻类所
8	国家西甜瓜中期库	郑州果树所

（续表）

序号	种质库名称	依托单位
9	国家牧草中期库	草原所
10	国家烟草中期库	烟草所
11	国家甜菜中期库	甜菜所

国家级农作物种质圃

序号	种质圃名称	依托单位
1	国家种质北京多年生小麦野生近缘植物圃	作物科学所
2	国家种质海南野生棉圃	棉花所
3	国家种质武昌野花生圃	油料作物所
4	国家种质沅江苎麻圃	麻类所
5	国家种质兴城梨、苹果圃	果树所
6	国家种质郑州桃、葡萄圃	郑州果树所
7	国家种质杭州茶树圃	茶叶所
8	国家种质多年生牧草圃	草原所
9	国家种质左家山葡萄圃	特产所
10	国家种质重庆柑橘圃	柑橘所
11	国家种质镇江桑树圃	蚕业所
12	国家种质徐州甘薯试管苗库	甘薯所

（7）质检中心

国家质检中心

序号	质检中心名称	依托单位
1	国家饲料质量监督检验中心（北京）	质量标准所
2	国家化肥质量监督检验中心（北京）	资源区划所
3	国家植保机械质量监督检验中心	农机化所

部级质检中心

序号	质检中心名称	依托单位
1	农业部谷物品质监督检验测试中心	作物科学所
2	农业部植物抗病虫性及农药监督检验测试中心（北京）	植物保护所
3	农业部转基因植物环境安全监督检验测试中心（北京）	植物保护所
4	农业部蔬菜品质监督检验测试中心（北京）	蔬菜花卉所
5	农业部畜牧环境设施设备质量监督检验测试中心（北京）	环境发展所
6	农业部奶及奶制品质量监督检验测试中心（北京）	畜牧兽医所
7	农业部转基因动物及饲料安全监督检验测试中心（北京）	畜牧兽医所
8	农业部蜂产品质量监督检验测试中心（北京）	蜜蜂所
9	农业部辐照产品质量监督检验测试中心	农产品加工所
10	农业部微生物肥料和食用菌菌种质量监督检验测试中心	资源区划所
11	水利部节水灌溉设备质量检测中心	灌溉所
12	农业部稻米及制品质量监督检验测试中心	水稻所
13	农业部转基因植物环境安全监督检验测试中心（杭州）	水稻所
14	农业部棉花品质监督检验测试中心	棉花所
15	农业部转基因植物环境安全监督检验测试中心（安阳）	棉花所
16	农业部油料及制品质量监督检验测试中心	油料作物所
17	农业部转基因植物环境安全监督检验测试中心（武汉）	油料作物所
18	农业部麻类产品质量监督检验测试中心	麻类所
19	农业部果品及苗木质量监督检验测试中心（兴城）	果树所
20	农业部果品及苗木质量监督检验测试中心（郑州）	郑州果树所
21	农业部茶叶质量监督检验测试中心	茶叶所
22	农业部实验动物质量监督检验测试中心（哈尔滨）	哈尔滨兽医所
23	农业部动物毛皮及制品质量监督检验测试中心（兰州）	兰州牧药所
24	农业部特种经济动植物及产品质量监督检验测试中心	特产所
25	农业部环境质量监督检验测试中心	环境保护所

（续表）

序号	质检中心名称	依托单位
26	农业部转基因生物生态环境安全监督检验测试中心（天津）	环境保护所
27	农业部沼气产品及设备质量监督检验测试中心	沼气所
28	机械工业旋耕机械产品质量监督检测中心	农机化所
29	机械工业茶叶加工机械质量监督检测中心	农机化所
30	农业部烟草产业产品质量监督检验测试中心	烟草所
31	农业部转基因烟草环境安全监督检验测试中心（青岛）	烟草所
32	农业部转基因植物用微生物环境安全监督检验测试中心（北京）	生物技术所
33	农业部柑橘及苗木质量监督检验测试中心	柑橘所
34	农业部甜菜品质监督检验测试中心	甜菜所
35	农业部蚕桑产业产品质量监督检验测试中心（镇江）	蚕业所

强化实施管理　谋划未来发展
全面完成“十一五”科技工作任务

——在中国农业科学院第六届学术委员会第五次会议上的讲话

主任委员　翟虎渠

各位委员，同志们：

2010 年是中国农业科学院全面完成“十一五”科技计划任务的最后一年，也是统筹谋划“十二五”工作的关键一年。中央农村工作会议把“抓好农业科技创新和推广能力建设，力争在关键领域和核心技术上实现重大突破”作为 2010 年的重点工作内容之一；2010 年的中央一号文件提出了“提高农业科技创新和推广能力，加快农业生物育种创新和推广应用体系建设，培养农业科技领军人才，发展农业产学研联盟，加强农业科技基础条件平台建设，推进现代农业产业技术体系建设”的工作任务。党和国家给我们的工作提出了新要求，形势的发展给我们提出了新的工作目标和任务。

这次会议的主要任务是：贯彻落实中央农村工作会议和中央一号文件精神，进一步强化工作措施，提高科技自主创新能力，加快培育重大科技成果，努力完成全院“十一五”工作任务，研究谋划全院科技发展工作，为“十二五”的发展做好储备。评审 2010 年度院科技成果奖。

下面，我简要讲三个问题。

一、2009 年主要工作回顾

在过去的一年里，全体委员积极努力工作，认真履行职责，紧紧围绕国家重大战略需求和我院的中心工作，开展了形式多样的学术活动，取得了良好的成效，有力地推动了全院科技工作又好又快地发展。

（一）组织召开了第六届学术委员会第四次会议

我们于 2009 年 3 月 31 日在北京召开了第六届学术委员会第四次会议。参加会议的委员，以高度负责的精神，认真研究讨论了我院科研项目管理、科技自主创新、科技成果培育、人才培养与团队建设等工作，以战略发展的眼光，提出了“加大科研项目管理工作力度，提高产出效率；强化科技自主创新，培育重大科技成果；开展战略研究，谋划全面发展”的工作重点。通过研究讨论，委员们对我院的项目管理、自主创新、学科建设、团队建设、平台建设、成果培育和报奖等工作提出了一系列建设性的意见和建议。这些意见和建议已经被我们纳入了工作计划，作为重要工作内容加以考虑和实施，有力地促进了我院科技工作的发展。希望这次会议，各位委员继续发挥聪明才智，提出更多更好的意见和建议，推动和改进我们的工作。

各位委员还以高度负责的精神，评审出了2009年度中国农业科学院科技成果奖27项，其中特等奖1项、一等奖7项、二等奖19项。通过成果奖的评审，肯定了广大科技人员的劳动成果，激发了他们工作的积极性，也为进一步形成重大科技成果奠定了基础。

（二）开展了丰富多彩的学术活动

在过去的一年里，全院组织开展了丰富多彩的学术活动。据不完全统计，共主办和承办国际国内学术活动240多场次，活跃了我院的学术氛围，提高了全院的学术水平。

主办了有38个国家和地区2 000多位代表参加的第八届世界大豆研究大会，就大豆种质资源、贸易政策等问题进行了深入的交流和研讨，展示了最新研究成果，拓展了新的交流合作领域；主办了有150多名专家学者参加的第二届中、日、韩作物科学研讨会，就水稻、大豆新基因发掘定位、分子育种等问题进行了研究探讨，对推动亚洲各国农业科技发展、提高作物产量和品质具有重要意义；与国际农经学会共同主办了有70个国家和地区的1 400多名专家、官员和国际机构代表参加的第27届国际农经大会。国务院副总理回良玉出席了开幕式并作重要讲话。会议以“全球农业新景观”为主题进行了广泛的交流和讨论。通过这次大会，我国向世界展示了现代化农业和社会主义新农村建设成就，为深化我国农业经济研究和拓宽对外合作领域构建了新的平台；与加拿大圭尔夫大学成功举办了首届科学家峰会，研讨农业科技合作战略问题，围绕作物育种和品种改良、食品安全和质量标准、农业生物技术应用等主题进行了广泛讨论和交流，为进一步合作打下了基础；主办了全国农业信息分析理论与方法学术研讨会，就农业科技信息、网络技术和遥感技术等方面进行交流与研讨；组织举办了国际园艺作物育种技术培训班，有效地提高了我院在国际上的影响和地位。

此外，还先后与美国温洛克国际农业开发中心共同举办了“温洛克－中国农业科学院学术交流会”，与国际生物多样性中心联合主办了高层论坛，与国际热带农业中心联合举办了国际热带农业研讨会，与英国驻华使馆联合承办了中英食品安全研讨会。在国内主办了第四届全国水稻突变体、功能基因组与生物技术育种研讨会，家畜寄生虫学术研讨会，第五届农业政策理论与实践研讨会等一系列具有重要意义和深远影响的学术活动，有效地推动了我院学术水平的提高和科技事业的发展。

我院有关专家还应邀参加了一系列国际学术交流活动，并先后邀请一大批国际知名专家学者来我院就气候变化、生物技术、食品安全等普遍关注的问题进行学术交流，取得了良好的效果。

各位委员还在选题建议、项目论证、学科建设、人才培养、战略研究、发展规划、成果培育等方面，发挥了重要作用，为全院的建设与发展作出了积极的贡献。

（三）有力地推动了全院科技事业的发展

活跃的学术氛围，卓有成效的学术活动，有力地推动了中国农业科学院科技事业的发展。2009 年，按照“提升管理效能，提高科研项目产出率，提高成果影响度，加强科技平台与学科和团队结合度，提升科技兴农社会显示度，为科技创新提供保障”等工作任务和目标，以科学发展观为指导，紧紧围绕“三个中心、一个基地”的战略目标，工作力度进一步加大，全院科技工作取得了新进展。

一是科研项目管理工作成效显著。2009 年，通过主动与各级主管部门沟通联系，积极参加各种科技规划和计划起草，为我院科研立项争取了主动。各研究所紧紧围绕优势学科建设和产业技术发展目标，设计与布局重大科研项目，不断加强项目储备和项目建议工作，积极争取主持重大项目，充分显示了“国家队”的作用。各所学术委员会积极发挥咨询参谋作用，凝练研究选题，筹划项目建议，认真审查把关，有效提高了立项成功率。在不断加强科研立项的同时，启动了全院 54 个重点跟踪项目管理工作，确定了所级重点管理项目，并对全院项目进行信息化管理，有效提升了项目管理水平和产出效能。

经过广大科技人员的共同努力，全院新增主持立项 1 421项，参加 248 项，项目合同经费总额 11.6 亿元。科研项目和经费的落实，为我院科技事业的发展提供了保障。

二是科技成果培育与报奖工作得到有效加强。经过不断的探索和发展，我院初步建立起了与项目管理相衔接的成果培育机制，研究所的成果培育责任进一步强化，形成了院、所统一的跟踪培育制度，不断提升国家和省部级奖备选成果的数量与质量。初步建立起了依靠学术委员会审核推荐成果奖的制度，制定了 2009 ~ 2010 年全院成果奖申报方案，不断加大宣传力度，报奖渠道不断拓宽。

2009 年，全院共获得科技成果 127 项，其中，获奖成果 70 项。以第一完成单位获国家二等奖 6 项，以参加单位获国家二等奖 9 项；以第一完成单位获省部级奖 26 项，其中省部级一等奖 8 项，二等奖 10 项；以参加单位获省部级奖 26 项；获中华农业科技奖 11 项，其中一等奖 4 项；评审出中国农业科学院科技成果奖 27 项；获得各种专利授权 155 项，其中获发明专利授权 92 项。

三是科技平台建设进一步完善。按照“三级三类”的建设发展布局，进一步建立和完善了科技平台运行与管理机制，制定了相关规章制度，修订完成了院“十一五”科技平台规划，出台了院级野外台站管理办法，修改完善了院重点实验室管理办法。制度的建立和机制的完善，促进了平台作为相对独立科研实体的运转，运行效率明显提高，推动了与人才团队的实质性结合。相继组织召开了全院重点实验室、质检中心和野外台站建设与管理现场观摩会，广泛地交流了工作经验，推动了我院平台的建设和发展。重点加强了重点实验室的建设和管理，组建了有关实验室学术委员会，进一步明确了工作任务和目标。通过多方协调和院、所共同努力，推进了棉花生物学和特种经济动物分子生物学等国家重点实验室的立项工作。通过深入调研和严格评审，评估命名了首批59个院级野外试验站。另外，国家工程实验室、工程技术中心、质检中心等平台建设与管理也取得了新的成效，为我院科技创新工作提供了有力的支撑。

四是科技兴农工作取得新成效。围绕农业部等主管部门的工作安排，结合我院的具体情况，我院研究制定并启动实施了“三百”科技支农行动计划。通过开展科技支撑行动计划，组建了科技特派团赴四川省崇州市开展地震灾后对口帮扶活动，为灾区恢复生产提供科技支撑，受到四川省人民政府和科技部的表彰；通过实施科技示范行动计划，推进了我院广阳现代农业综合示范区、华南科技成果转化中心、贺兰现代农业综合示范县等科技示范基地的建设工作，促进了当地农业和农村经济的发展；通过推进科技服务行动计划，帮助青海省培训农业科技人才100人，配合农业部在四川、宁夏等地开展了百万农技人员和农村实用人才培训活动，受到当地政府和广大农民群众的欢迎。同时，通过积极展览展示科技成果，工作显示度进一步提高，全院科技成果转化步伐进一步加快。

五是科研试验基地建设工作稳步发展。全院试验基地建设与管理取得新进展，院科技局成立了园区基地管理处，各研究所也明确了基地管理部门，初步形成了试验基地专门管理机构与队伍。通过摸底调查研究，初步编制了《中国农业科学院试验基地发展规划》，为基地的长远发展勾勒了蓝图。廊坊产业园的建设与管理不断完善，北京昌平等综合试验基地建设稳步发展，新乡综合试验基地筹建工作积极推进，为全院科研工作搭建了新的平台。

二、2010 年主要工作任务

2010年是中国农业科学院全面完成“十一五”科技计划任务和谋划“十二五”工作“承上启下”的关键一年。根据国际农业科技形势的发展，结合我国农业发展的战略需求以及我院的具体情况，建议重点抓好以下几项工作。

（一）努力工作，力争圆满完成“十一五”工作任务

今年是“十一五”最后一年，我们要认真做好各项工作，加快进度，按期保质保量地完成各项计划任务，为“十一五”画上一个圆满的“句号”，充分展示几年来我院的科研成就与工作业绩。首先要以高度的责任感做好各类计划项目的结题验收工作，保证我们的工作“善始善终”。要认真分析科研工作的创新点和突破点，凝练形成相应的

科技成果和高水平的论文，同时要积极申报专利、申报成果、报审品种，全面提高科研的产出效率。认真总结学科建设、平台建设、团队建设、基地建设、成果培育、科技兴农等各方面的工作，总结经验，肯定成绩，找出不足，为更好地开展“十二五”的工作提供经验和借鉴。

（二）积极开展战略研究，认真谋划“十二五”的工作

组织开展“十二五”科技发展战略研究，完成各类科技发展规划的编制工作，为中国农业科学院科技事业的发展做好顶层设计，为“十二五”科技工作提供依据，将是我院 2010 年的重点工作之一，也是院、所学术委员会的重点工作。要积极组织专家，深入研究国内外农业科技发展动态，根据国家农业生产的实际需求，结合我院的具体情况，系统研究设计今后 5 年全院科技工作，编制完成我院“十二五”科技发展规划。在院“十二五”科技规划的框架下，编制科技平台、试验基地等专项规划以及各研究所的科技发展规划。同时，要及时了解掌握国家各部门工作动态，积极参加和推荐专家参加国家有关部委的战略研究和科技规划编制工作，把我院的优势纳入国家的规划和计划中，为全院“十二五”科技工作争取主动。

（三）强化工作措施，重点做好科技成果培育和报奖工作

加强重大科技成果的培育工作，提高科研产出效率，是 2010 年我院科技工作的核心任务，也是全院“十一五”工作成效的具体体现。要按照我院科技成果培育计划，结合院、所重点跟踪项目管理工作，确定具体培育目标，制定有效工作措施，力争取得更大成效。学术委员会要提前介入，重点帮助有望取得重大突破的项目，研究凝练创新点和突破点，提高项目的学术水平和科技含量，推动形成重大科技成果。

研究制定全院 2010～2012 年成果培育与国家奖申报方案。重点组织做好国家奖申报工作，协调做好省部级奖申报。继续完善学术委员会推荐报奖制度，帮助科技人员审核申报材料，提高规范性和质量。合理分流申报渠道，加强组装集成，协调同类或领域相近的成果，进行联合申报或分期申报，提高申报质量和获奖率。同时，要进一步加强对重大科技成果的宣传，提高社会的影响力。

（四）加强重大科研项目管理，着力提高产出效率

要科学规划、统筹布局学科，全力做好“十二五”科研项目的储备工作，构建项目储备库，为我院“十二五”科研立项工作做好准备。各位委员要充分发挥在各自专业领域的优势和影响力，做好项目选题建议工作，积极推荐我院的优势领域进入国家各级规划和计划，为我院科技事业的进一步发展创造条件。

要探索建立科研项目管理新机制，切实提高管理成效与产出水平。要突出抓好院、所重点跟踪项目的管理工作，帮助科研人员分析研究思路和对策，确定切实可行的研究目标和科学合理的技术路线，为科技创新和重大成果培育奠定基础。要继续推进我院科研项目信息化管理工作，全面提高工作效率和水平。

（五）进一步加快建设步伐，全面提高科技创新能力

一是进一步加强学科建设。继续推进学科、人才、团队、平台、项目“五位一体”的现代农业学科发展体系建设。要根据国家的战略需求和我院的基础优势，进一步调整优化学科结构和发展方向。按照经济建设和发展的需要，培育新的学科增长点。不断强化对农业产业发展有重大影响的学科，巩固和加强新兴学科与交叉学科，努力提升学界的影响力和地位，建立起优势显著、支撑创新的学科发展体系。

要进一步加强学科共建工作，按照“做优有特色学科、做大有影响学科、做强有地位学科”的原则，全面梳理与有关省农科院、农业院校共建的122个学科，不断深化共建工作。与有特色、优势明显的地区农科所开展学科共建，提出具体工作方案，拓展中国农业科学院的发展空间。继续加强与中国热带农业科学院和深圳华大基因研究院等优势明显的单位开展共建，提高我院相关学科的实力。

二是重点加强创新团队建设。要加强领导、统筹协调、积极配合、共同推进创新团队建设工作，努力打造一流的科技创新团队。要培养和造就具有国内外先进水平的领军人才和优秀创新团队，以团队建设促进我院科技事业的发展，以科技事业的发展凝聚创新团队，形成人才队伍和科技创新相互支撑、相互促进的良好局面，努力构建科学合理的人才梯队。

三是继续强化科技平台建设。科技平台是保障和促进科技创新的重要物质基础和条件。经过多年的建设和发展，我院已初步建成了支撑科技创新体系发展的平台建设格局。我们要继续围绕学科建设目标，按照“三级三类”的发展布局，优化配置资源，规范科技平台的管理，加快平台作为相对独立科研实体的运行，促进与学科、项目、团队、成果的有机结合，形成科学高效的运行机制。要积极争取新建平台立项，拓展学科发展空间，继续推进棉花生物学和特种经济动物分子生物学国家重点实验室的立项，筹划推进作物分子育种、油料生物学、植物营养等重点实验室进入国家计划。积极争取水稻生物学、植物病虫害生物学、动物营养、兽医生物技术等实验室被列入第一批农业部综合性重点开放实验室。

四是加快提升科技自主创新能力。以科技自主创新为目标，依托现有的基础和优势，结合院、所重点跟踪项目的管理，攻克一批核心技术，解决一批关键问题，获得一批自主创新成果，引领我国农业科技的发展，全面提高我院自主创新能力和国际竞争力。要围绕国家农业生产的重大战略需求，围绕建设国家农业科技创新体系的需要，围绕我院学科发展计划，按照新形势下农业科技特点，以重大科研项目为载体，以学科建

设为引领，深入开展科学研究，加快自主创新步伐，培育原创性科研成果，加速推进科技创新工作。继续开展农业科研大协作，组织创新力量联合攻关，完善科研协作网，实现产、学、研的紧密结合，从整体上提升我国农业科技创新能力和国际竞争力。

（六）完善布局与管理，加快试验基地建设

试验基地建设是 2010 年我院工作的重点内容。科研试验基地是科技创新的第二实验室，是支撑院、所持续发展的重要平台，是培育科技成果和培养人才的重要基础条件。院、所要充分考虑长远发展和支撑现代农业建设的需要，加强组织领导，创新管理机制，结合学科建设与发展计划，确定科学的基地建设布局和发展模式，争取把我院试验基地建设纳入国家相关规划中，以获得国家的进一步支持。要统筹全院试验基地的建设与发展，着力做好北京、黑龙江、吉林、海南等综合性试验基地的规划与建设工作，努力做好南繁和北繁基地、粮食主产区基地、不同生态区基地的建设工作，力争全院试验基地规划建设取得新的成效。院里 2010 年要全面启动新乡综合试验基地的建设工作，统一规划，统一建设，力保主要设施基本建成，具备开展科学试验的条件。要继续抓好廊坊产业园的建设与管理，全面提高服务能力和支撑水平，做好对周边地区的科技示范与服务工作，创造良好的发展环境。

（七）加大科技兴农工作力度，促进科技成果转化

围绕农业部的中心工作，结合中国农业科学院的优势和特点，全力做好科技兴农工作。做好全院主要科技成果、主导新品种、主推实用技术的储备与推广工作。继续组织开展科技援疆、科技援藏、科技扶贫、科技培训工作，充分发挥科技兴农“领头羊”作用。继续推进“三百”科技支农行动计划，全面提高工作成效。积极探索科技兴农工作新方法和新模式，在做好中西部地区科技兴农工作的同时，探索与东南部及沿海发达地区进行实体性合作。落实好与有关地方政府和单位的科技合作，在相关区域建立科技示范基地，推广先进实用的科学技术，推动建立与地方政府以项目、试验基地和产业园为纽带的深层次合作关系，开辟我院科技成果转化的新领域。加强宣传，提高工作的影响度，为我院科技成果转化创造条件。

三、关于学术委员会的工作

同志们，2010 年是我院培育重大科技成果、全面提高科技创新能力的关键一年。为了进一步做好各项工作，建议院、所学术委员会重点考虑抓好以下几个方面的工作。

一是做好院奖评审工作。评审中国农业科学院科技成果奖是本次会议的一项重要内容，今年仍然按照申报项目的学科与领域分成 6 个组进行评审。请各位委员一如既往地

按照“科学、公平、公正、从严”的原则，按规定的评审条件和办法，在充分研究讨论的基础上，评选出2010年我院科技成果奖。详细情况和具体要求由王小虎秘书长再作介绍。

二是继续发挥咨询参谋作用。各位委员要继续发挥聪明才智，为院、所发展出谋划策。要深入开展调查研究，了解国际农业科技发展动态，掌握国家重大战略需求，提出发展建议。要充分利用我们的人才与科技优势，主动为上级部门服务，为国家农业科技事业的发展献计献策，为我院的进一步发展争取更多的机会和空间。

三是积极协助做好科技发展工作。要协助院、所圆满完成“十一五”的科研任务，推动全院科技工作再上一个新台阶。凝练重大建议选题，做好项目储备，在论证、评审、推荐等关键环节上把好关，为“十二五”的工作打好基础。要协助院、所编制和审定各类科技规划，积极参加国家有关部门规划、计划、决策的论证与制定工作，为我院下一步工作创造条件。

四是积极协助做好人才培养工作。随着国际竞争的日趋激烈和我院科技事业的不断发展，人才的重要性越来越明显。我们的各位委员都是相关领域的知名专家，要在做好本职工作的前提下，积极帮助院、所培养和造就战略科学家、学术领军人才、优秀学科带头人和青年创新骨干。对青年科技人员进行传、帮、带，帮助他们早日成长为科研主力军，壮大我们的后备力量。

五是要积极开展学术活动。要积极组织开展和参加国内和国际学术活动，通过广泛的学术交流，学习和吸收国内外先进的技术和经验，提高我院的学术水平，提升国际影响力和知名度，提升我院在国际上的话语权。

六是要做好换届准备工作。同志们，这是我们这一届学术委员会的最后一次会议了，按照院学术委员会章程规定，2011年我们第六届学术委员会就要换届了。在过去的几年里，各位委员勤奋工作，认真履行职责，为我院科技事业的发展作出了不可磨灭的贡献。希望在这最后的一年里，各位委员继续努力工作，为我院的进一步发展作出新的更大的成绩。院、所要积极筹备，为2011年的换届工作提前做好准备。关于下一届学术委员会，要进一步优化结构，吸纳更多在学术领域造诣高深、在国内外有重大影响的专家参加，吸纳更多的院外知名专家加盟，促进国内外的学术交流，推动全院科技事业的发展。

各位委员、同志们，“十一五”的科技工作已经进入了尾声，高质量地完成“十一五”的各项任务，为“十二五”的工作做好充分的准备，是我院2010年的中心工作。强化管理措施、谋划未来发展、着力提高科研项目的产出效能、培育重大科技成果、培养一流创新人才，是我们工作的核心任务。我们要认真学习中央一号文件和中央农村工作会议精神，深入学习实践科学发展观，抓住机遇，不辱使命，以高度的责任感和求真务实的精神，完成党和人民赋予我们的各项工作任务，努力开创我院科技工作新局面！

谢谢大家！

刘旭副院长在中国农业科学院农业标准化管理与技术培训班上的讲话

（2010 年 8 月 26 日）

各位领导，各位专家，同志们：

上午好！

今天，中国农业科学院农业标准化管理与技术培训班在青岛开班了！多年来，农业部的领导对我院的农业标准技术研究工作十分关心，在标准项目立项、研究和管理等方面给予了悉心的指导和大力支持。我院举办这次培训班得到农业部相关领导的高度重视，农业部农产品安全质量监管局金发忠副局长、董洪岩处长、农业部科技发展中心崔野韩处长亲临培训班给我们大家讲课。在此，我首先代表中国农业科学院向农业部的相关领导多年来对农科院以及对本次培训班的关心、支持表示衷心感谢，同时，也向参加这次培训的同志表示热烈的欢迎，对烟草所给予此次培训工作的大力支持表示感谢。

参加这次培训的很多同志都是农业标准战线的老兵了，但是随着形势的发展，随着任务的不断扩大，随着全民对农产品质量安全要求的提高，需要我们重新认识形势，重新看待我们的工作。另外，还有一批新同志，他们既需要学习老同志的经验，也需要系统地学习农业标准相关知识。举办这次培训班的目的，就是让大家深入了解当前我国农业标准化工作的形势，明确标准项目管理目标任务和工作要求，学习农业标准编写知识和农业标准审查程序规范，进一步提高我院农业标准项目实施和管理水平，更好地为保障我国农产品质量安全提供科技支撑。

参加这次培训的同志都是来自我院各研究所从事农业标准研究工作的科研人员和管理人员，你们不但是我院农业标准项目研究工作的实施者，也是各研究所农业标准项目的组织者，肩负着我院农业标准项目实施和管理的重要职责，你们业务水平的高低，直接关系我院农业标准工作的研究水平和管理水平的高低。因此，举办好这次培训，对于进一步加强我院农业标准项目管理工作，提升我院农业标准研究工作水平，具有十分重要的作用，希望各位同志要以高度的自觉性和强烈的责任感投入这次培训活动，全面理解掌握培训内容，为今后组织实施农业标准项目研究工作奠定良好的基础。下面，我就有关方面谈三点意见。

一、提高认识，增强做好农业标准研究工作的责任感和使命感

民以食为天，食以安为先。农产品质量安全是食品安全的基础环节，直接关系人民

身体健康和生命安全，关系农业发展和农民增收，关系政府形象和社会稳定。农产品质量安全是牵动社会各界、世界各国的重大问题，我国对农产品质量安全工作高度重视。2010 年中央一号文件对做好农产品质量安全监管工作提出了明确要求，全国农业工作会议强调要把农产品质量安全作为夯实农业基础、实现农业农村经济又好又快发展的关键环节，明确提出了“努力确保不发生重大农产品质量安全事件”的目标。

实施农业标准化生产是解决农产品质量安全问题的治本之策。农业标准来源于农业科研成果和农业生产实践，是科技成果和实践经验的结晶，也是推广农业科技成果的重要措施和手段。农业标准作为科学组织农业生产、评价农产品质量、规范农产品市场秩序和促进农产品进出口贸易的重要技术措施，在保障农产品质量安全、促进农业产业结构调整、提高农产品国际竞争力中具有十分重要的地位和作用。

在农业部的正确领导和大力支持下，中国农业科学院在农业标准制定修订方面取得了很大进展。“十一五”期间，农业部正式下达我院的农业行业标准制定修订项目共计 308 项，经费 3 812万元，其中：标准制定修订项目 262 项，经费 2 362万元，支持强度平均 9 万元/项；工作任务项目 46 项，经费 1 450万元。我院每年承担的标准项目占到全部批准项目的 1/6 左右，主要为产品标准和检测方法标准居多。通过标准项目的实施，涌现出了一批重要的研究成果。如我院油料质检中心研究集成 4 大类 20 多项技术标准，把产前、产中、产后全过程纳入标准化轨道，实现了双低油菜保优栽培技术成果标准化转化，解决了制约我国双低油菜产业发展和行业科技进步的重大关键技术难题，为我国双低油菜产业的发展提供了技术支撑，在我国油菜主产区得到广泛推广应用，产生了显著社会效益和经济效益。2009 年，“双低油菜全程质量控制标准”荣获国家科技进步奖二等奖，实现了农业标准国家奖励零的突破。

在农业部农产品质量安全监管局的指导下，为了督促我院标准项目研究工作，最近，我院针对标准项目的执行情况，组织开展了摸底调查工作。结果显示，从 2006 ~ 2008 年，我院共承担标准项目 141 项，已完成标准送审稿 128 项，完成标准制定修订 104 项，占项目总数的 91%；未完成项目 37 项，占项目总数的 26%。为了认真做好 2011 年标准项目组织申报工作，我院组织开展了 2011 年标准项目申报指南建议工作。在各研究所的共同努力下，征集了 300 多个农业标准项目课题建议。目前，科技局已把项目建议报送给农业部农产品质量安全监管局和农业部各相关业务主管司局，同时，还抄送了各专业技术标委会，为政府部门决策提供参考。

2009 年年底召开的全国农业工作会议对标准化创建工作作出了明确部署，在标准制定修订方面，明确提出以农兽药残留标准为重点，制定修订 450 项农业国家标准和行业标准，加快构建统一、科学、合理的农产品质量安全标准体系，组织各地制定配套的生产技术规范和操作规程，鼓励农业企业、生产基地和有条件的协会、专业合作社，制定严于国家标准的技术标准等。中国农业科学院作为农业科研领域的排头兵，在农业国家标准和行业标准制定修订方面要勇于承担更多的责任。我们知道，我院现在从事质量标准安全检验人员，大多从事过科研或者还在兼职从事科研工作，这有个好处，可以把我们农业科研的最新成果，运用到的质量标准和安全检验方面来，这样就把科研检测和生产的环节连接起来，这是我们的优势。各研究所要进一步提高认识，增强做好农业标准研究工作的责任感和使命感，特别是在农业投入品的使用、无公害农产品生产技术要求和操作规程，农产品生产者质量安全知识和技能的培训，以及农产品质量安全检测等方面，充分发挥各自的学科优势，为保障我国农产品质量安全作出积极贡献。

二、加强标准项目管理工作，确保农业标准项目研究任务目标落到实处

虽然中国农业科学院在农业标准研究方面取得了一些成绩，但是也还存在一些问题。主要体现在以下几个方面：一是某些研究所对参与农业标准制定修订工作重视程度不够。近年来，随着国家各类科研计划项目越来越多，科研经费投入强度也不断加大，因此，大家将更多的精力投入到了科研项目中，对经费较少的标准研究工作缺乏足够重视。另外，标准项目研究工作不易引起学界关注，所以，个别研究所，个别学科带头人，不太愿意参与标准制定工作，研究所的管理部门对此也缺乏足够的重视。虽然这是个别现象，但应该引起我们注意。二是部分研究所标准项目的实施质量和数量有下滑趋势。由于重视程度不够和缺乏有效管理，标准项目不能及时按照合同书规定的进度完成，存在延期现象。个别项目课题负责人手里不仅有一两个标准项目，还有其他项目，由于疏于管理，谁催得紧，就先给谁交账，标准项目工作就相对滞后些，这要引起大家重视。近年来，年轻人参与标准项目研究工作越来越多，年轻人实践机会相对较少，再缺乏老专家的指导，标准编写质量有些下滑。所以，我们希望标准研究工作要老中青专家相结合，制定标准参数时，多看看最新的科研成果，多参与最新的生产实践，确保农业标准制定修订的质量。三是科研管理部门缺乏有效的指导、监督和管理。由于项目经费少，一些研究所科研管理部门对该项工作不够重视，忽视了对标准项目的管理，对标准项目申报、实施和标准送审过程缺失有效的指导、监督和管理。如：标准项目申报环节缺乏必要的初审程序，仅仅是盖盖章，导致一些未完成项目重复申报；项目过程管理环节跟踪不够，认为是课题组的事情，缺乏有效监督管理机制；项目执行期满不及时上报备案，不组织预审工作，一些送审标准缺乏规范性、科学性、时效性等。这些问题也是发生在个别所，个别项目，但有时有的问题还比较普遍，我希望所领导和我们的质量标准的负责人要引起高度注意。

为了确保我院承担的农业标准项目研究任务目标落到实处，针对我院标准项目实施过程中存在的问题，规范和加强标准项目管理工作显得尤为重要。

（一）院所两级科技管理部门要明确职责、各尽其责，切实抓好我院标准项目管理工作

院科技局要在农产品质量安全监管局的指导下，认真抓好我院农业标准制定修订项目的管理工作。一是要积极配合各业务主管司局做好每年标准项目申报征集及储备工作，定期组织开展对我院已立项标准完成情况的摸底调查工作，督促标准项目研究课题的实施。二是要认真做好我院年度标准项目的申报、遴选、上报等工作，不断提高我院标准项目申报质量，把真正符合国家产业发展需求和为确保农产品质量安全提供科技支撑的项目报上去。三是要认真组织开展我院立项标准送审稿的初审、送审、报批等工作，确保标准项目研究任务计划目标的实现。四是要适时组织开展标准技术培训工作，不断提高标准项目研究人员业务水平，提升标准项目研究成果质量。各研究所科研管理部门也要按照这一要求，切实加强对标准项目申报、实施和标准送审过程的指导、监督和管理。在这我要强调一下，关于农业标准项目管理工作，院科技局、所科研处要有专职人员负责，要能够把握标准项目管理工作的规律，熟悉标准项目研究工作的基本要求和流程，建立标准项目工作档案，做到有案可查。

（二）要认真贯彻落实《中国农业科学院关于加强科研项目管理工作的指导意见》，强化对标准项目的管理

各研究所在标准项目管理工作中，要做到科学规划、统筹布局，加强对标准项目的实施管理，提高服务水平，不断提高标准项目立项水平和产出能力。重点抓好以下几个环节：一是积极参与标准指南建议的顶层设计。要及时跟踪标准指南的起草流程，按照农业部各专业司局的要求，及时组织行业内专家，遴选标准项目，形成指南建议，报送相关主管部门（各研究所要把握行业发展趋势，做到心中有规划，每年有思路，形成本行业的标准储备库，提出项目建议，及时上报科技管理局。科技局将积极和业务主管司局汇报，并抄送各标准化委员会，争取把各研究所的项目列入各主管司局的标准制定修订规划之中）。二是加强对标准项目申报指导和把关。各研究所要加强对标准申报项目审查工作，严把项目申报形式关和质量关。科技管理局在各研究所申报基础上，除了做好标准申报项目形式审查工作之外，要重点检查重复申报的问题。这种重复申报大概有两种类型，一种是前两年报了，今年又报，另一种是不同研究所同一年报了同一个项目。要避免各研究所重复申报现象的出现，真正形成合力，抓好标准项目管理工作。三是加强对标准项目实施过程的监督管理。在科技管理局的指导下，各研究所要建立标准项目数据库，强化对项目实施过程的监督与管理，掌握标准研究工作的动态，了解标准项目实施进度，认真做好标准项目预审工作。

（三）加强制度建设，提高服务与协调能力

院所两级科技管理部门，要通过加强制度建设，规范和加强对标准项目的管理，不断提高服务与协调能力。一是建立项目执行情况年度总结制度。研究所要在每年年终对所有承担的标准项目的执行情况，形成书面总结报告报科技局科技平台处。报告的内容包括：项目进展状况、标准审定情况、标准的实施效果、项目延期时间及原因等内容。二是探索建立标准项目绩效考评制度。对任务完成好、进度快的项目完成人，在项目申报时予以优先推荐；对任务完成不好、工作进度受影响的项目执行人，在项目申报时采取必要的惩罚措施。三是建立院所协同机制。院一级要积极与上一级主管部门和各标委会沟通协调，将动态信息及时传达到研究所，所一级要及时将有关项目立项与实施管理动态、问题与建议等及时上报科技局，确保信息上下畅通；院或所要不定期组织项目管理研讨会、工作经验交流会、标准知识培训班等，不断提高我院标准项目实施和管理水平。

三、学以致用，切实提高学习培训的实际效果

这次培训班的举办，得到了农业部农产品质量安全监管局的大力支持。金发忠副局长、董洪岩处长以及农业部科技发展中心崔野韩处长，从百忙之中抽出时间，亲自参会，给大家作报告，充分说明各位领导对我院科技工作——特别是标准项目管理工作的关心和支持，在此，我代表农科院向他们表示感谢。另外，我们还邀请到了国家标准技术审查部王长林主任以及中国农业科学院油料研究所李培武研究员，给大家做专业培训，在此一并表示感谢。

此次培训时间虽短，只有两天时间，但是层次很高。给大家授课的要么是业内的大领导，要么就是标准制定修订方面的大专家，他们既有较高的政策水平和理论水平，也有较为丰富的实践经验，对大家从事农业标准研究和管理工作，一定会有较大的启示和帮助作用。由于学习内容较多，时间较短，机会难得，希望大家把握重点，联系实际，认真学习，深刻领会，加强交流，学有所获。我提几点要求：

一是要珍惜机会，虚心学习。学习是立身之本、兴业之基。学则智，不学则愚；学则治，不学则乱。在座的各位平时工作都比较忙，很少有机会集中一起来听专家讲课。这次培训学的都是业务知识，希望大家倍加珍惜这次难得的学习机会，静下心来参加学习，认真听课，深入思考，实实在在地学点东西，不断提高业务素质，为做好标准研究和管理工作奠定专业基础。

二是要联系实际，学以致用。学习的目的是为了指导实践、解决问题、促进工作。在学习培训中，要坚持理论联系实际，结合工作中遇到的困难和问题以及当前新形势下农业标准化工作的需要，深入思考，努力增强学习的针对性和实效性。对于科研人员，

要充分认识农产品质量安全工作的重要性，充分认识抓好我院农业标准项目研究和管理工作的重要性，要充分利用我院科研、人才和专业优势，积极承担农业标准制定修订工作，提高标准编写质量，成为全国农业标准研究工作的领跑者。对于管理人员，培训结束后回到所里，要把培训内容，特别是标准项目管理工作的要求，向所领导汇报，所里要狠抓落实，要把农业标准科研工作作为研究所科研管理工作的一项重要工作内容，予以高度重视，要在人员配置、条件建设等方面对标准研究和管理工作给予支持。

三是要端正态度，遵守纪律。培训期间希望大家自觉维护个人自身形象，自觉遵守培训班的作息时间，自觉遵守课堂纪律；听课时，自觉关闭手机或调到静音状态，不得随意在课堂上接打电话，没有特殊情况，中途不要离开；要坚持良好的学风，提高学习效果。培训结束后，出行要注意安全。

我相信，通过大家的共同努力，这次培训班一定会取得圆满成功！

谢谢大家！

三、产业发展与企业管理

中国农业科学院2010年科技开发调查统计简况

据院属32个单位报来的《中国农业科学院2010年科技开发情况调查表》统计：

一、2010年开发收入情况

2010年全院开发毛收入77 731.66万元，支出60 765.82万元，开发纯收入16 964.84万元。

二、2010年开发纯收入构成情况

表1 **2010年开发纯收入构成情况表** （金额单位：万元）

项目	合计	其中				
		技术收入	经营收入	房地产收入	其他收入	附属单位上交收入
开发纯收入	16 964.84	12 373.17	1 682.56	957.97	1 327.14	624
%		72.93	9.92	5.65	7.82	3.68

三、2010年开发纯收入层次构成情况

表2 **2010年开发纯收入层次构成情况表** （金额单位：万元）

项目	合计	3 000万元以上（2个单位）	1 000万～3 000万元（2个单位）	500万～1 000万元（5个单位）	200万～500万元（6个单位）	100万～200万元（4个单位）	50万～100万元（3个单位）	50万元以下（10个单位）
纯收入	16 964.84	8 307	2 394	3 433.9	1 970.24	572.64	217.3	69.76
%		48.97	14.11	20.24	11.61	3.38	1.28	0.41

表3　**2010年开发纯收入超过1 000万元的单位情况表**

（金额单位：万元）

单位名称	特产所	哈兽医所	兰兽医所	植保所
开发纯收入	5 082	3 225	1 344	1 050

四、2010年人均创收层次构成情况

2010年被统计单位人均创收2.61万元，其中人均创收超过2万元的有12个单位，占被统计单位的37.5%，人均创收低于2万元的有20个单位，占被统计单位的62.5%。

五、其他方面情况

2010年签订各种合同1 332项，成交金额55 937.83万元，当年实收金额39 440.68万元。技术（产品）开发推广的直接经济效益在10万元以上的共36项。有50个项目，转让75次，转让总收入16 501.41万元。茶叶所、哈兽医所的产品出口创汇金额64万元。参加各种技术（产品）交易会132次，成交金额806万元。

六、附表

表一　开发收入情况汇总表
表二　科技开发经费投入情况汇总表
表三　科技开发人员投入情况汇总表
表四　合同签订情况汇总表
表五　开发推广成效较大的技术（产品）情况汇总表
表六　技术转让情况汇总表
表七　出口创汇情况汇总表
表八　参加技术（产品）交易会情况汇总表

表一　**中国农业科学院2010年开发收入情况汇总表**　（金额单位：万元）

序号	填报单位	总收入			占事业费拨款(%)	技术收入			经营收入			房地产收入			其他收入			附属单位上交收入	人均创收
		收入	支出	净利润		收入	支出	净利润	收入	支出	净利润	收入	支出	净利润	收入	支出	净利润		
1	作物科学所	1 738	1 628	110	5.70	423	313	110				1 315	1 315						0.327
2	资源区划所	1 962	1 830	132	10.10	1 012	917	95				820	785	35	130	128	2		0.43
3	植保所	2 113.79	1 063.79	1 050		1 513.79	1 063.79	450										600	5.276
4	蔬菜所	3 800	3 750	50	80.00	2 800	2 750	50				800	800		200	200			0.256
5	环发所	79.71	79.71			79.71	79.71												0
6	畜牧所	1 285.25	654.57	630.68	71.03	856.52	430.44	426.08							428.73	224.13	204.6		4.017
7	蜜蜂所	944.54	919	25.54	5.74	487.41	477	10.41				35	27	8	422.13	415	7.13		0.246
8	饲料所	1 089.77	884.25	205.52	63.81	771.48	771.48					105.36	84.57	20.79	212.93	28.2	184.73		1.886
9	农产品加工所	1 002	577	425	82.87	160	82	78	210	145	65	632	350	282					4.381
10	生物所	489.09	489.09			210.3	210.3								278.79	278.79			0
11	农经所	582.36	582.36			12.36	12.36								570	570			0
12	农业信息所	2 079.29	1 982.25	97.04	5.23	1 513.25	1 459.25	54	370.99	327.95	43.04	195.05	195.05						0.42
13	质标所	308.43	308.43			308.43	308.43												0
14	灌溉所	152.48	108.26	44.22	2.50	13	10.2	2.8	70.08	52.56	17.52	66	42.9	23.1	3.4	2.6	0.8		0.295
15	水稻所	2 033	1 584	449	13.00	1 167	909	258	10	5	5	450	370	80	406	300	106		2.069
16	棉花所	10 951	10 046	905	41.00	653	653		10 298	9 393	905								2.16

（续表）

序号	填报单位	总收入			占事业费拨款（%）	技术收入			经营收入			房地产收入			其他收入			附属单位上交收入	人均创收
		收入	支出	净利润		收入	支出	净利润	收入	支出	净利润	收入	支出	净利润	收入	支出	净利润		
17	油料所	1 403.3	1 403.3			638.6	638.6					764.7	764.7						0
18	麻类所	482.55	277.37	205.18	36.58	151.84	79.33	72.51	38.39	24.95	13.44				292.32	173.09	119.23		1.179
19	果树所	401.84	221.95	179.89	19.72	90.6	40.67	49.93	311.24	181.28	129.96								0.814
20	郑果所	1 375.94	853.64	522.3	63.00	1 314.7	792.4	522.3				34.5	34.5		26.74	26.74			2.612
21	茶叶所	1 860.93	1 045.01	815.92	108.98	1 820.83	1 037.39	783.44				40.1	7.62	32.48					4.975
22	哈兽医所	14 425	11 200	3 225	127.00	14 425	11 200	3 225											6.45
23	兰州兽医所	8 960	7 616	1 344	166.00	5 605.78	4 764.91	840.87							3 354.22	2 851.09	503.13		30.68
24	兰州牧药所	482.74	331.99	150.75	7.00	49.11	19.84	29.27	330	274	56	103.63	38.15	65.48					0.725
25	上海所	93	93									93	93						0
26	草原所	226.78	226.78			24.28	24.28		0.63	0.63		200	200		1.87	1.87			0
27	特产所	10 060	4 978	5 082		6 440	1 825	4 615	3 520	3 058	462				100	95	5		10.04
28	环保所	486	486			434	434		20	20					32	32			0
29	沼气所	742.88	672.62	70.26	15.66	686.92	616.66	70.26	55.96	55.96									0.717
30	农机化所	2 398.7	2 121.6	277.1	12.00	1 705.3	1 611	94.3	411.7	426.1	-14.4	40	12	28	241.7	72.5	169.2		1.189
31	烟草所	3 224	2 664	560	97.70	3 200	2 664	536										24	2.902
32	研究生院	497.29	88.85	408.44	137.50							470.5	87.38	383.12	26.79	1.47	25.32		5.304
	合计	77 731.66	60 766.82	16 964.84		48 568.21	36 195.04	12 373.17	15 646.99	13 964.43	1 682.56	6 164.84	5 206.87	957.97	6 727.62	5 400.48	1 327.14	624	2.61

表二 **中国农业科学院 2010 年科技开发经费投入情况汇总表**

（金额单位：万元）

序号	填报单位	合计	国家拨款	地方拨款	主管部门拨款	本所自身投入	开发部门投入	国外投入	借(贷)款	其他
1	蔬菜所	600				600				
2	蜜蜂所	919					504			415
3	饲料所	55				55				
4	灌溉所	5				5				
5	油料所	3 000				3 000				
6	麻类所	42.45				42.45				
7	果树所	48.2				48.2				
8	郑果所	680	50	60		570				
9	哈兽医所	681	106	126						449
10	农机化所	830		75	186	278	291			
11	烟草所	1 820				296				1 524
	合计	8 680.65	156	261	186	4 894.65	795	0	0	2 388

表三

中国农业科学院2010年科技开发人员投入情况汇总表

序号	填报单位	当年末在编职工数	其中科技人员数	从事科技开发人员数			专职科技开发人员中							兼职科技开发人员中						
				合计	专职	兼职	科技人员	行政人员	工人	高级职称	中级职称	初级职称	其他	科技人员	行政人员	工人	高级职称	中级职称	初级职称	其他
1	作物科学所	336	274	12	12		11		1	1	7	2	2							
2	资源区划所	307	228	60	12	48	12			5	6	1		48			39	8	1	
3	植保所	199	179	3	3		3			3										
4	蔬菜所	195	160	46	20	26	16	1	3	7	4	3	6	26			18	8		
5	环发所	158	149	30		30								28	2		12	8	10	
6	畜牧所	157	132	5	3	2	3			1	2			2			2			
7	蜜蜂所	104	101	101	78	23	61		17	21	29	17	11		21	2	10	6	7	
8	饲料所	109	85	58	30	28	25	5		15	13	2		28			10	15	3	
9	农产品加工所	97	75	75	45	30	45			25	16	4		30			10	13	7	
10	生物所	112	99	2		2								1	1		1		1	
11	农经所	99	89	6		6								4	1	1	1	4	1	
12	农业信息所	231	189	40	40		9	7	24	4	9		27							
13	质标所	68	53	30	30		25	5		20	5	5								
14	灌溉所	150	99	21		21								14		7	4	7	3	7
15	水稻所	217	13	13	13		11	2		3	4		6							

（续表）

序号	填报单位	当年末在编职工数	其中科技人员数	从事科技开发人员数			专职科技开发人员中							兼职科技开发人员中						
				合计	专职	兼职	科技人员	行政人员	工人	高级职称	中级职称	初级职称	其他	科技人员	行政人员	工人	高级职称	中级职称	初级职称	其他
16	棉花所	419	259	46	46		15	9	22	13	8	1	24							
17	油料所	252	186	47	20	27	16	1	3	10	4	2	4	23	1	3	13	9	3	2
18	麻类所	174	86	50	50		20	2	28	7	4	1	38							
19	果树所	221	112	43	18	25	7	3	8	4	4	10		23		2	4	10	5	6
20	郑果所	200	167	108	26	82	21	1	4	3	8	7	8	77		5	31	35	9	7
21	茶叶所	164	127	135	34	101	17	2	15	1	10	6	17	95	6		46	34	21	
22	哈兽医所	500	315	500	240	260	75	30	135	24	61	20	135	180	30	50	64	140	6	50
23	兰州兽医所	292	245	121	86	35	75		11	15	28	27	16	35			8	7	16	4
24	兰州牧药所	208	158	53	38	15	26	7	5	7	15	13	3	12	2	1	3	6	4	2
25	上海所	129	98																	
26	草原所	167	117	14		14								7		7	5	5	4	
27	特产所	506	350	74	70	4	33	2	35	5	16	14	35	4			3	1		
28	环保所	127	109	28	6	22	4	1	1	2	2	2		20	1	1	7	9	4	2
29	沼气所	98	76	15		15								15			7	4	4	
30	农机化所	233	198	48	32	16	21	9	2	4	16	9	3	11	5		3	7	6	
31	烟草所	193	114	52	28	24	28			10	12	6		24			13	8	3	
32	研究生院	77																		
	合计	6 499	4 642	1 836	980	856	579	87	314	210	283	152	335	707	70	79	314	344	118	80

表四

中国农业科学院2010年合同签订情况汇总表

序号	填报单位	合同总数（份数）	合同交易总金额（万元）	当年实收金额（万元）	技术合同总数（份数）				其他合同总数（份数）		合同买方类型（份数）					
					技术开发	技术转让	技术咨询	技术服务	产品销售	其他	政府部门	科研机构	大、中专院校	大、中型企业	乡镇企业	其他
1	作物科学所	6	425	425		6								6		
2	资源区划所	24	1 012	526			11	13			5			19		
3	植保所	150	1 513.79	1 513.79				150				50	30	70		
4	蔬菜所	3	2 880	2 880				3			3					
5	环发所	1	79.71	79.71		1								1		
6	畜牧所	22	197.56	274.66	4	4		8		6	2	1		19		
7	蜜蜂所	4	303	3	1	3								4		
8	饲料所	20	903.7	687.91	2	1		17						20		
9	农产品加工所	6	460	160	2		4							2	4	
10	生物所	4	1 955	210.3		4								4		
11	农经所	1	520	520						1						1
12	农业信息所	311	191	191	7		298	6			2	210	70	29		
13	质标所	1	100	100				1						1		
14	灌溉所	2	18	13				2						1		1
15	水稻所	23	700	221		23								23		

（续表）

序号	填报单位	合同总数（份数）	合同交易总金额（万元）	当年实收金额（万元）	技术合同总数（份数）				其他合同总数（份数）		合同买方类型（份数）					
					技术开发	技术转让	技术咨询	技术服务	产品销售	其他	政府部门	科研机构	大、中专院校	大、中型企业	乡镇企业	其他
16	棉花所	79	11 060	10 951		1		8	60	10				32		47
17	油料所	38	638.6	638.6	20	18								18		20
18	麻类所	8	150	92.5		1		1		6				2		6
19	果树所	147	64	64				147						145		2
20	郑果所	60	260	195	3			8	48	1	8			2	10	40
21	茶叶所	48	670.3	481.4	3	3	2	40			4	1	1	6		36
22	哈兽医所	41	19 327	14 552	16	24		1						41		
23	兰州兽医所	65	7 114.06	514.06		2			63		32			33		
24	环保所	34	470	434		4	18	12			3	2	2	23	3	1
25	沼气所	133	719	425.88			38	95						133		
26	农机化所	78	978.11	586.87	24		1	9	42	2	2	2	1	62	11	
27	烟草所	23	3 228	2 700	17		6							23		
	合计	1 332	55 937.8	39 440.7	99	95	378	521	213	26	61	266	104	719	28	154

表五　**中国农业科学院 2010 年开发推广成效较大的技术(产品)情况汇总表**

序号	技术(产品)名称	推广面积(万亩)	产品数量	效益情况(万元)		填报单位
				社会效益	直接经济效益	
1	农药残留检测		检测样品 7 000 份		407	茶叶所
2	有机茶认证		379 家		270	
3	茶叶质量检测		检测样品 3 000 份		206	
4	茶树叶面肥	0.8 万亩	4 万包		40	
5	茶树生物农药	11.3 万亩	8 700 千克		60	
6	茶树良种	0.025 万亩	115 万株		20	
7	中棉所 41	31	35	3 200	170	棉花所
8	中棉所 63	30	13	3 310	100	
9	中棉所 66	12	5	1 000	60	
10	中油系列油料品种	4 000	36	160 298	412.2	油料所
11	节水灌溉技术	2.3		210	16	灌溉所
12	甘蓝新品种推广	230	5.8	18 481	516	蔬菜所
13	椒类新品种推广	11	0.5	1 743	227	
14	番茄新品种推广	11	0.3	1 812	39	
15	黄瓜新品种推广	13	1.3	1 877	170	
16	白菜新品种推广	8	1	412	20	
17	国产转基因抗虫棉	5 000 万亩		500 000		生物所
18	三系杂交抗虫棉	400 万亩		50 000		
19	禽流感系列疫苗		300 万瓶		2 200	哈兽医所
20	新型沼气灯	1 000 户	2 000 盏	3		沼气所
21	测土配方施肥	3 800		3 800		资源区划所
22	食用菌栽培	164		164		
23	果树苗木	0.75	60 万株	6 000	166	郑果所
24	西甜瓜蔬菜种子	60	3 万千克	120 000	150	
25	果实套袋	2	5 000 万只	2 000	10	
26	植物生长调控产品	6	23.23 万瓶(袋)	2 200	23.23	

（续表）

序号	技术(产品)名称	推广面积(万亩)	产品数量	效益情况(万元)		填报单位
				社会效益	直接经济效益	
27	微灌设备	0.2		600	227.7	农机化所
28	喷雾机		1 800	700	300	
29	烟雾机		12			
30	微耕机		18			
31	生测喷雾塔		10	120	45.8	
32	茶叶微波杀青干燥设备		2	30	13	
33	清洗机		2	20	11.4	
34	烘干机		2	50	25.6	
35	茶叶生产线		4	50	26.95	
36	中浙优系列	500			150	水稻所
37	国稻 1 号	210			50	
38	国稻 6 号	110			25	
39	天优华占	120			80	
40	现代烟草农业基地单元建设	850		190 000	3 228	烟草所
41	提高奶牛合成乳蛋白能力的技术集成与示范		3 000 头	3 000	900	畜牧所
42	中黄 13	1 100				作物科学所
43	CA0045	120				
44	中单 808	120				
45	轮选 987	98				
	合计			1 071 080	10 365.88	

表六 **中国农业科学院 2010 年技术转让情况汇总表**

序号	技术转让项目名称	转让次数	转让总收入（万元）	填报单位
1	γ-氨基丁酸茶加工技术	3	36	茶叶所
2	蜂胶辅助降血脂功能及其产业化的研究	1	100	蜜蜂所
3	蜂王浆褐变机理及保鲜剂的研究	1	100	
4	蜂花粉抗氧化和减肥胶囊类产品研制与产业化	1	100	
5	中棉所 41 技术服务	2	56	棉花所
6	中棉所 71 技术服务	1	10	
7	中棉所 70 品种权转让	1	100	
8	优质棉品种技术服务	1	214.6	
9	中棉所 66 技术服务	1	80.4	
10	中棉所 63、66 技术服务	1	40	
11	中棉所 52 技术服务	1	145	
12	中棉所 49 技术服务	1	7	
13	中油系列油菜品种	5	30.3	油料所
14	中油系列花生芝麻品种	3	9.9	
15	油料加工专利技术	10	41.7	
16	两种编码杀虫蛋白质基因和双价融和表达载体及其应用	3	150	生物所
17	双价抗虫基因专利实施许可	1	20	
18	禽流感等兽用生物防制技术转让	1	11 220	哈兽医所
19	猪传染性胃肠炎与猪流行性腹泻二联灭活疫苗	1	380	
20	猪繁殖与呼吸综合征活疫苗（CH-1R）种毒、生产工艺技术转让	4	2 400	
21	芝麻生物脱胶技术	1	45	麻类所
22	口蹄疫系列疫苗生产技术	1	0	兰州兽医所
23	口蹄疫疫苗生产技术	1	0	
24	微型植物工厂等设施农业专利技术转让项目	1	79.71	环发所

（续表）

序号	技术转让项目名称	转让次数	转让总收入（万元）	填报单位
25	中3优1681等	1	50	水稻所
26	协中优1号	1	30	
27	中嘉早17	3	30	
28	陆两优19	1	30	
29	中早39	1	10	
30	中组7	1	10	
31	Ⅱ优8006	1	15	
32	中早25	1	10	
33	长粳米	1	10	
34	新胚稻1号	1	10	
35	中佳3号	1	8	
36	中早33	1	5	
37	中优9918	1	3	
38	一种鉴别牛及早期胚胎的方法	1	10	畜牧所
39	一种反刍动物专用双效微生物饲料添加剂及其制备	1	10	
40	一种改善牛肉大理石花纹等级的方法	1	19.8	
41	一种生产风干牛肉的方法	1	20	
42	热应激对奶牛营养代谢的影响及其缓解技术的研究	1	20	
43	制备天然抗菌剂牛至油微囊粉的方法	1	10	饲料所
44	中单4338	1	30	作物科学所
45	中东青1号	1	15	
46	中龙1号	1	40	
47	中单909	1	300	
48	中单558	1	20	
49	生长调节剂专利	1	20	
50	农药配方	1	400	植保所
	合计	75	16 501.41	

表七　**中国农业科学院2010年出口创汇情况汇总表**（金额单位:万元）

序号	技术(产品)名称	技术产品数量	创汇金额	出口国家	填报单位
1	龙井茶	200千克	24	阿曼	茶叶所
2	甘蓝、番茄、西瓜新品种的种子	724千克	40	俄罗斯、越南、印度	蔬菜所
	合计		64		

表八　**中国农业科学院2010年参加技术（产品）交易会情况汇总表**

序号	填报单位	参展次数(次)	参展项目(项)	成交金额(万元)
1	兰州牧药所	3	7	
2	果树所	4	品种：苹果、梨、葡萄，技术：贮藏、栽培、质量安全、植物保护	
3	特产所	4	新品种、新技术、饲料、参茸制品	
4	茶叶所	4	28	
5	棉花所	10	8	500
6	油料所	6	油菜新品种、中油牌康欣宁保健胶囊及专利营养油	
7	灌溉所	3	7	
8	蔬菜所	26	12	126
9	生物所	2	三系杂交转基因抗虫棉	
10	哈兽医所	6	10	
11	沼气所	5	2	
12	兰州兽医所	2	7	
13	资源区划所	12	36	
14	郑果所	16	58	
15	环发所	2	2	
16	农机化所	7	17	180
17	水稻所	6	超级杂交稻	
18	畜牧所	4	15	
19	饲料所	7	30	
20	作物科学所	3	农作物新品种	
	合计	132		806

中国农业科学院2010年各类科技企业基本情况统计表

截至2010年12月31日，中国农业科学院及其所属科研事业单位对外投资设立的各类科技企业91个，其中国有独资、国有资本控股的58个，国有资本参股的33个。58个国有独资、国有资本控股的企业资产总额合计152 287.05万元，负债总额合计66 808.69万元，资产负债率43.87%，所有者权益合计85 478.35万元，年度增长13.13%，国有资本及权益总额66 438.81万元，保值增值率112.90%。2010年实现营业总收入94 481.70万元，年度增长8%，利润总额13 545.36万元，净利润11 157.30万元，缴纳各项税费8 462.32万元。

序号	1	2	3	4	5	6	7
企业名称	水利部中国农科院农灌所科技开发中心	新乡中灌节水工程技术有限公司	浙江国稻高科技种业有限责任公司	中国水稻研究所科技咨询开发服务部	浙江大地农作物产品安全质量检测中心	河南省安阳中国农业科学院棉花研究所科技贸易公司	中棉种业科技股份有限公司
成立时间	1988.4	2007.7	1997.9	1990.4	2001.12	1994.6	2009.9
注册资本（万元）	50	60	500	200	15	1 000	5 000
经济性质	国有独资	有限责任	有限责任	国有独资	国有独资	国有独资	股份有限
法定代表人	吕谋超	樊志升	程式华	倪建平	程式华	喻树迅	喻树迅
总经理	吕谋超	樊志升	李春生	倪建平		喻树迅	刘金海
经营范围	农田水利技术开发技术转让技术咨询技术服务	节水灌溉，给排水工程，园林工程，环保除尘工程规划设计施工	水稻种子的生产销售及品种转让，大米销售	科研仪器及农业机械化产品销售	农作物产品安全质量检测	棉种销售，技术咨询，技术服务	棉种销售，技术推广，技术服务
主办单位	农田灌溉所	农田灌溉所	中国水稻所	中国水稻所	中国水稻所	棉花所	棉花所

（续表）

序号	8	9	10	11	12	13	14
企业名称	安阳惠民科技咨询服务有限责任公司	三亚中棉科技服务有限公司	武汉中油科技新产业有限公司	武汉中油种业科技有限公司	武汉中油大地希望种业有限公司	武汉中油阳光种业科技有限公司	武汉中油天隆种业科技有限公司
成立时间	2008. 7	2006. 3	2000. 6	2004. 12	2004. 12	2005. 12	2005. 5
注册资本（万元）	50	50	3 000	500	500	500	100
经济性质	有限责任	有限责任	有限责任	有限责任	有限责任	有限责任	有限责任
法定代表人	李付广	喻树迅	王汉中	刘贵华	李云昌	张学昆	周新安
总经理	李付广	张西岭	廖伯寿	黄加华	徐育松	邹崇顺	吴学军
经营范围	技术咨询和技术服务	基地建设和科技服务	新技术新品种新成果研发、推广；农产品加工及生物制品研发	油菜品种的生产经营和销售	农作物新品种新技术新成果研制推广，种子销售，技术服务，农机及配套设备销售	农作物新品种新技术的研制推广，种子销售，技术服务，农机及配套设备销售	大豆新品种，新技术，新成果研发，种子销售
主办单位	棉花所	棉花所	油料作物所	油料作物所	油料作物所	油料作物所	油料作物所

（续表）

序号	企业名称	成立时间	注册资本（万元）	经济性质	法定代表人	总经理	经营范围	主办单位
15	武汉中油康尼科技有限公司	2003.3	118	有限责任	黄凤洪	黄庆德	食用油和油脂产品及设备生产销售，保健食品，农用机械，农副产品批发零售	油料作物所
16	武汉中油科技服务有限公司	2007.12	30	有限责任	马志勇	马志勇	油料作物基地建设和田间试验管理	油料作物所
17	中国农业科学院麻类研究所新技术推广中心	1994.6	50	国有独资	熊和平	熊和平	麻类作物种子、种苗，麻类加工机具及麻类科技成果转化	麻类所
18	中国农业科学院果树所科技开发部	2003.6	40	国有独资	刘凤之	刘凤之	果树苗木开发和技术咨询服务	果树所
19	葫芦岛市中农果业科技开发有限责任公司	2009.3	10	有限责任	刘凤之	刘凤之	果树的技术服务技术咨询，果袋和化肥销售	果树所
20	兴城果研科技咨询服务有限责任公司	2008.8	10	有限责任	程存刚	程存刚	果树的技术咨询技术服务	果树所
21	郑州科丰脱毒种苗有限公司	2002.5	100	有限责任	刘君璞	叶永刚	果树种苗的生产经营	郑州果树所

（续表）

序号	22	23	24	25	26	27	28
企业名称	郑州宏科园林景观工程有限公司	郑州金穗果袋有限责任公司	新河中果果业科技发展有限公司	杭州龙冠实业有限公司	杭州中茶技术服务公司	杭州中农质量认证中心	江西绿康天然产物有限责任公司
成立时间	2004.5	2005.4	2008.5	1996.3	1994.1	2003.6	2002.1
注册资本（万元）	1 100	50	100	211	50	300	1 340
经济性质	有限责任	有限责任	有限责任	有限责任	国有独资	国有独资	有限责任
法定代表人	刘君璞	方金豹	刘君璞	杨亚军	杨亚军	杨亚军	单江闽
总经理	栗纪轩	杨朝选	尹喆	姜爱芹	杨亚军	傅尚文	单江闽
经营范围	园林绿化工程施工及苗木花卉、草坪种植与销售	果袋的加工生产和销售	果业科研生产加工销售，中高档新奇特果品及加工销售，农业综合开发技术服务	茶叶，茶具，茶叶包装，茶制品等生产加工批发	茶叶及制品，茶叶加工机械，茶树苗，农药肥料，技术咨询推广服务	茶叶有机产品的认证	茶叶提取物生产销售经营
主办单位	郑州果树所	郑州果树所	郑州果树所	茶叶所	茶叶所	茶叶所	茶叶所

（续表）

序号	29	30	31	32	33	34	35
企业名称	中国茶叶股份有限公司	浙江中茗科技开发公司	浙江东方茶业科技有限公司	哈尔滨维科生物技术开发公司	哈尔滨动物生物技术国家工程研究中心有限公司	中农威特生物科技股份有限公司	中国农业科学院中兽医研究所药厂
成立时间	2000.10	2004.8	1999.4	1992.10	2010.12	2003.6	1984.10
注册资本（万元）	18 000	100	2 900	3 000	3 000	5 000	11.6
经济性质	股份有限	国有独资	有限责任	国有独资	有限责任	股份有限	国有独资
法定代表人	朱福堂	杨亚军	江再华	孔宪刚	孔宪刚	殷宏	杨志强
总经理	贾鹏		江再华	高士军	王笑梅	殷宏	杨耀光
经营范围	茶叶加工贸易，茶叶咖啡可可商品进出口及国内销售业务	茶叶产品销售，茶产品开发经营咨询，产销服务和技术转让	茶深加工，茶籽饼综合加工，茶高科技产品开发	畜禽用生物制品的生产销售	动物疫病防治技术及产品的研发监测生产和销售	家畜口蹄疫灭活疫苗系列的生产经营	兽药的生产加工销售
主办单位	茶叶所	茶叶所	茶叶所	哈尔滨兽医所	哈尔滨兽医所	兰州兽医所	兰州畜牧兽药所

（续表）

序号	36	37	38	39	40	41	42
企业名称	兰州先锋草业工程技术有限公司	兰州西部草业工程技术研究有限公司	中国农业科学院兰州牧药所综合试验站	上海思而行生物技术有限责任公司	上海依诺科技发展有限公司	内蒙古中农草业发展有限公司	吉林特研科技有限公司
成立时间	2000.12	2000.9	1984.6	2009.4	1999.5	2005.7	2006.4
注册资本（万元）	100	110	175	100	50	500	60
经济性质	有限责任	有限责任	国有独资	有限责任	有限责任	有限责任	有限责任
法定代表人	杨志强	刘自学	杨志强	童光志	童光志	侯向阳	孙长伟
总经理	时永杰	吴序卉		徐富荣		杨玉平	高选东
经营范围	草产品生产加工，农牧园林机械，园林工程规划设计，科技开发咨询服务	草坪草，牧草，水保植物种子，种苗和设施设备的产业化生产研发	科研基地实验技术服务	生物制品开发，技术服务，销售兽药饲料添加剂	科技开发，成果转让，技术咨询服务，物业管理	草业开发推广，技术服务，草产品生产经营	特种动植物产品生产经营所需物资备购销售，物业管理经营
主办单位	兰州畜牧兽药所	兰州畜牧兽药所	兰州畜牧兽药所	上海兽医所	上海兽医所	草原所	特产所

（续表）

序号	43	44	45	46	47	48	49
企业名称	吉林中特生物技术有限责任公司	吉林特研药业有限公司	吉林中农特研饲料有限责任公司	特产研究所参茸制品厂	天津市东方绿色技术发展公司	成都环能国际合作公司	农业部成都沼气研究所科技开发公司
成立时间	2005.6	2002.4	2004.7	1987	1992	1994.4	1994.5
注册资本（万元）	200	200	100	10	25	54.8	50
经济性质	有限责任	有限责任	有限责任	国有独资	国有独资	国有独资	国有独资
法定代表人	杨福合	杨福合	董学	王再幸	陈璐	李谦	李谦
总经理	吴威	齐俊生	李光玉	王再幸	张俊亭	张密	李谦
经营范围	特种经济动物生物制品研制生产销售	中成药制造生产和经营	饲料加工生产和销售	果酒，保健酒，参茸制品生产销售	环境检测产品经营，技术咨询技术服务	能源环境工程，技术咨询服务，技术转让培训	沼气能源，环境工程设计，资源综合利用，检测节能和产品开发
主办单位	特产所	特产所	特产所	特产所	环保监测所	沼气科学所	沼气科学所

（续表）

序号	50	51	52	53	54	55	56
企业名称	农业部成都能源环境工程设计所	江苏大浩科技实业有限公司	南京春浩科技有限公司	中国农业科学院烟草研究所青岛科技开发中心	玉溪中烟种子有限责任公司	北京中农作科技发展有限公司	北京中品开元种子有限公司
成立时间	1993.2	2004.8	2004.8	2004.10	2001.8	1987.11	2000.4
注册资本（万元）	300	500	150	3	2 000	1 000	50
经济性质	国有独资	有限责任	有限责任	国有独资	有限责任	有限责任	有限责任
法定代表人	李谦	胡志超	侯志洁	陈刚	赵振山	万建民	王述民
总经理	邓良伟	黄振新	侯志洁	陈刚	马文广	王步军	任军
经营范围	工业沼气工程设计和小型工业及民用建筑设计	农林机电，化工涂料的开发，食品生产销售	科技开发，成果产业化，技术转让咨询服务	烟草农业技术咨询服务，成果转化，农药销售	烟草种子市场化，烟草种子技术生产和管理	销售农作物种子及自育杂交种	生产经营甜玉米糯玉米特种玉米种子
主办单位	沼气科学所	南京农机化所	南京农机化所	烟草所	烟草所	作物科学所	作物科学所

（续表）

序号	57	58	59	60	61	62	63
企业名称	北京特品降脂燕麦开发公司	中国农业科学院植物保护研究所廊坊农药中试厂	北京中保绿农高新科技有限公司	北京中保科农生物科技有限公司	北京中蔬园艺良种研究开发中心	北京蔬卉科技开发公司	北京中蔬卉园宾馆
成立时间	1993. 6	1994. 4	2003. 4	2009. 6	1988	1993. 8	1994. 8
注册资本（万元）	60	500	450	50	500	30	230
经济性质	国有独资	国有独资	有限责任	有限责任	国有独资	国有独资	国有独资
法定代表人	王述民	冯平章	吴孔明	吴孔明	杜永臣	杜永臣	杜永臣
总经理	白建军	冯平章	冯平章		刘伟	梁励	宗明虎
经营范围	生产加工销售燕麦保健品	杀虫剂，杀菌剂，除草剂，植物生产调节剂，农药技术咨询服务	农药销售	科学研究实验用品经营服务	蔬菜良种及相关领域的技术开发转让咨询服务	花卉肥料农药及相关的农业生产资料	宾馆住宿和会议接待
主办单位	作物科学所	植物保护所	植物保护所	植物保护所	蔬菜花卉所	蔬菜花卉所	蔬菜花卉所

（续表）

序号	64	65	66	67	68	69	70
企业名称	北京中环易达农业科技有限公司	北京中畜阳光牧业科技发展有限公司	北京华谷生物营养科技发展有限公司	北京中畜东方草业科技有限责任公司	北京中农蜂蜂业技术开发中心	北京中蜜科技发展有限公司	北京挑战农业科技有限公司
成立时间	1999.9	2002	1999.6	2003.11	1981.1	2002.9	2001.10
注册资本（万元）	100	100	250	100	35	200	500
经济性质	有限责任	有限责任	有限责任	有限责任	国有独资	有限责任	有限责任
法定代表人	梅旭荣	时建忠	时建中	王加启	吴杰	吴杰	蔡辉益
总经理	王沼滨	张军民	张敏红	吕会刚	高凌宇	高凌宇	谢宁
经营范围	非法律法规规定禁止的经营活动	饲料产品加工及销售	饲料添加剂及饲料生产销售，技术产品出口，鸡蛋和生鸡销售	主要经营草种和豌豆种子	生产销售蜂产品	生产经营蜂产品蜂产品研制开发	饲料及其添加剂的生产经营
主办单位	环境发展所	北京畜牧兽医所	北京畜牧兽医所	北京畜牧兽医所	蜜蜂所	蜜蜂所	饲料所

（续表）

序号	71	72	73	74	75	76	77
企业名称	北京精准动物营养研究中心	北京天可瀚传媒科技有限公司	北京特迅农产品检测技术有限公司	北京中农盛世农业科技有限公司	北京龙科方舟生物工程技术中心	北京华思联认证中心	北京科佰瑞生物技术有限公司
成立时间	2000.11	2006.4	2010.7	2008.7	2001.9	2003.12	2005
注册资本（万元）	300	100	200	200	100	360	500
经济性质	有限责任	有限责任	有限责任	有限责任	有限责任	有限责任	有限责任
法定代表人	屠焰	蔡辉益	蔡辉益	蔡辉益	谯士彦	刘同占	林敏
总经理	段学民	王湘黔	周志刚	梅霖	谯士彦	李燕松	吴燕民
经营范围	代乳粉，预混料的生产经营	杂志广告，技术咨询，论坛培训	饲料及其添加剂产品技术检测和销售，技术转让咨询服务	销售定型包装食品，饮料，酒，水果，蔬菜，茶叶	饲料安全工程建设，组装转化成果，研发高新技术产品	质量管理体系，食品安全管理体系，饲料产品，农业规范认证	技术咨询，技术转让，技术服务
主办单位	饲料所	饲料所	饲料所	饲料所	饲料所	饲料所	生物技术所

（续表）

序号	78	79	80	81	82	83	84
企业名称	中咨国业工程规划设计【北京】有限公司	北京金农信息高科技有限责任公司	农牧产品开发杂志社	北京海淀国际农业开发中心	北京立业时代图书经销中心	北京中农研科技服务中心有限公司	北京中农仪拓科技发展有限责任公司
成立时间	2010.7	2004.11	1999.11	1988.6	1993.6	2003.12	2000.11
注册资本（万元）	100	150	60	11	70	60	50
经济性质	有限责任	有限责任	国有独资	国有独资	国有独资	有限责任	有限责任
法定代表人	王道龙	许世卫	冯艳秋	邵长磊	申和平	王秀玲	孟子园
总经理	高万清	王文生	冯艳秋	邵长磊	李锁平		孟子园
经营范围	工程勘探设计	信息技术研发服务信息工程建设	期刊出版，技术培训，信息咨询，文化艺术交流	技术开发服务，草坪种植，销售良种果树牧草，农作物种子	图书营销	技术培训和住宿接待	电子产品，仪器仪表，普通机械，通信设备，宽带服务
主办单位	资源区划所	农业信息所	农业信息所	农业信息所	出版社	研究生院	院后勤服务中心

（续表）

序号	85	86	87	88	89	90	91
企业名称	北京中固生物新技术开发公司	北京中农种业有限责任公司	北京市中农良种有限责任公司	北京泛太科技发展有限公司	北京中农福得绿色科技有限公司	北京中农科技术开发公司	北京中农世纪虫草科技发展中心
成立时间	1988.12	2003.12	1993.9	1994.4	2002.8	1988.7	2004.3
注册资本（万元）	110	3 000	500	4 680	1 000	500	200
经济性质	国有独资	有限责任	有限责任	中外合作	有限责任	国有独资	国有独资
法定代表人	雷茂良	崔亚超	罗全起	陈万金	屈冬玉	张逐陈	张富
总经理	牛力平	王卫中	王振乾	史志国	郭春雨	葛正焱	李育慧
经营范围	物业管理和技术服务	农作物种子生产经营	农作物种子生产经营	寰太大厦写字楼出租与经营管理	绿色有机无公害农产品生产经营	进出口业务，保健品经营销售，技术开发服务	冬虫夏草的培育及其保健品销售
主办单位	中国农业科学院	中国农业科学院	中国农业科学院	中国农业科学院	中国农业科学院	中国农业科学院	中国农业科学院

中国农业科学院关于印发《中国农业科学院科技成果转化特别奖励暂行办法》（试行）的通知

农科院财〔2010〕265号

院属各单位、院机关各部门：

现将《中国农业科学院科技成果转化特别奖励暂行办法》（试行）印发给你们，请认真执行。

附件：中国农业科学院科技成果转化特别奖励暂行办法（试行）

二〇一〇年十一月三十日

中国农业科学院科技成果转化特别奖励暂行办法（试行）

第一章　总则

第一条　为了促进科技成果转化为现实生产力，更好地为“三农”服务，根据《中共中央、国务院关于加强技术创新，发展高科技，实现产业化的决定》《中华人民共和国促进科技成果转化法》《关于促进科技成果转化的若干规定》和《中国农业科学院科技开发管理暂行办法》，结合我院实际情况，制定本办法。

第二条　本办法所称特别奖励，是指中国农业科学院对实施科技成果转化起重要决策和管理作用并取得显著成效的院属单位领导班子成员，按年度颁发的奖励。

第三条　科技成果转化包括：自行投资实施转化，向他人转让科技成果，许可他人使用科技成果，以科技成果作为合作条件与他人共同实施转化，以科技成果作价投资折算股份或者出资比例，引入他人科技成果进行开发转化、技术咨询和技术服务等。

第二章　奖励程序

第四条　中国农业科学院科技产业发展办公室（以下简称院产业办）是院科技成果转化归口管理的职能部门，负责起草相关管理办法，并组织实施。

第五条　每年1月31日前，院属各单位应向院产业办报送本单位上年度科技成果转化情况报告，内容包括：单位年度科技成果转化工作组织实施情况、取得的社会经济效益、工作经验、体会、下一年度成果转化工作计划安排等，同时填报科技成果转化特别奖励表，内容包括：科技成果转化项目名称、转化方式、净收入及汇总金额等。经院产业办审核后，提出特别奖励的意见，报院常务会议审定。

第六条　受奖单位应根据院常务会议决定，在科技成果转化净收入中提取经院常务会审定的奖励金额。

第三章　奖励条件与标准

第七条　奖励条件：单位年科技成果转化项目净收入合计达到500万元以上。

净收入是指单位当年通过科技成果转化实际收到的、能够作为自有资金支配的收入，包括对科技成果折股企业的分红收入，成果转让收入，成果许可使用收入，技术咨询服务收入扣除直接成本后的收入。

第八条 奖励标准：按单位年科技成果转化项目净收入合计的下列比例分段计算（含个人所得税）：

500 万 ~ 1 000 万元	不高于 8%
1 000 万 ~ 5 000 万元	不高于 5%
5 000 万元以上	不高于 3%

第九条 特别奖励的具体分配方案由单位领导班子集体研究决定，并将分配结果报送院产业办。

第四章 保障措施

第十条 科技成果转化项目应单独核算，年净收入的核算应符合国家财务会计制度的有关规定。

第十一条 严禁弄虚作假，虚报收入，骗取奖励。有以上行为，经查实后追回奖金，并视情节轻重给予批评或处分，构成犯罪的，依法追究其刑事责任。

第十二条 受奖人员应依法缴纳个人所得税，并按有关规定申报收入情况。

第五章 附则

第十三条 各单位对为科技成果转化作出贡献的中层干部及其他人员的奖励，可根据《中华人民共和国促进科技成果转化法》等相关法律法规及本办法的规定，结合本单位实际制定办法。

第十四条 本办法自下发之日起施行。本办法由院产业办负责解释。

首都农业高端发展“5+1”战略合作协议

甲方：北京市科学技术委员会　北京市农村工作委员会
中关村科技园区管委会　北京市海淀区人民政府
北京中关村发展集团股份有限公司
乙方：中国农业科学院

为推动首都世界城市建设和“人文北京、科技北京、绿色北京”发展战略，发挥中央在京科研院所的科技创新优势，加快发展高端农业和培育农业新型战略产业，北京市科学技术委员会、北京市农村工作委员会、中关村科技园区管委会、北京市海淀区人民政府和北京中关村发展集团股份有限公司5家单位与中国农业科学院，本着“真诚合作、互利共赢、共同发展”的原则，建立首都农业高端发展“5+1”战略合作关系，大力培育农业高端产业，共同推进中关村国家自主创新示范区建设。

一、合作目的

加强北京市与中国农业科学院的全方位合作，形成院市合作的新机制，通过科技、产业和服务的结合，加快首都农业科技成果转化与产业化，推动北京都市现代农业发展和城乡一体化建设。

二、合作内容

围绕中关村国家自主创新示范区建设和首都农业高端产业的发展需求，充分发挥双方的农业科技资源优势，重点在创新体系建设、科技成果产业化、农业产业链打造、国家农业科技城建设、籽种产业、设施农业、农产品安全、人才培养等方面深化合作。具体合作框架内容：

1. 强化资源共享，共同推动首都农业科技创新体系建设。中关村生物、农业企业与中国农业科学院共同开展国家工程中心、国家工程技术研究中心和国家重点实验室建设；中国农业科学院进一步向中关村企业开放科技资源，并提供检测、研发等服务；共同推进国家产业技术创新战略联盟建设。

2. 促进产学研结合，共同推动农业科技成果产业化。支持中国农业科学院企业进入中关村国家自主创新示范区试点，提供企业投融资与上市服务；支持中国农业科学院京外企业在北京的发展，促进企业重大科技成果转化；支持中国农业科学院科技企业改制，提供投资参股和中介服务。

3. 培育新型产业，共同打造特色农业产业链。共同推动中国农业科学院的优势资源与北京特色产业对接，打造首都“花卉产业链”、“草莓产业链”、“城市园林绿化产业链”和“农业物联网产业链”。

4. 聚集创新要素，共同建设国家农业科技城。中国农业科学院为国家农业科技城建设提供人才、成果、信息等全方位支撑，将最新的技术成果优先在国家农业科技城进行示范和推广；北京市为中国农业科学院的科技研发及成果产业化落地提供相应的条件和服务；共同组织国际、国内农业高端论坛和科技会展交流活动。

5. 加强育种合作，共同推动首都籽种产业创新发展。种质资源开放、共享，推动北京育种创新基础研究平台的深化建设；共同开展作物、蔬菜、园艺花卉等优新品种选育与推广，加强畜禽养殖新品种及新技术的推广与应用，推动北京“种业之都”建设。

6. 提升农业装备水平，共同促进设施农业发展。加强农业机械装备领域的合作力度，开展标准化体系研究与设施农业配套装备的研发和推广，提升农产品品质；共同建设高端设施农产品生产基地。

7. 强化科技支撑，共同促进首都农产品安全生产。开展农产品质量安全标准研究，研发实用有效的农产品安全检测技术，加强生物肥料、安全饲料、兽药等安全投入品的开发和转化，为首都农产品安全提供科技支撑。

三、合作机制

1. 成立“5+1”战略合作协调委员会。由北京市科学技术委员会、北京市农村工作委员会、中关村科技园区管委会、北京市海淀区人民政府、北京中关村发展集团股份有限公司和中国农业科学院6家单位相关负责人组成。委员会下设办公室，办公室具体负责日常协调工作。

2. 建立定期会商机制。“5+1”战略合作协调委员会原则上每半年会商一次，研究和部署相关工作，协调重大合作事项。

3. 搭建产学研合作平台。充分利用中国农业科学院科技研发和实验室条件、北京市政府部门政策资源、中介机构服务资源，搭建产学研合作平台，建立互利共赢的合作机制。

4. 共同探索产学研合作模式。利用中关村的股权激励、科技融资等先行先试政策，探索建立有利于成果转化与产业化的院市合作新机制、新模式。

四、各方权利义务

1. 甲、乙双方应为“5+1”战略合作提供必要的组织、管理和条件保障。

2. 甲、乙双方负责确定合作项目内容，明确合作机制，在项目实施中，甲方为乙方提供必要的场地、设施、人员及其他条件支持和服务，乙方为甲方提供技术成果、技术指导和人员培训等科技支持和服务，确保项目顺利实施。

3. 甲方设立“5+1”战略合作管理机构，负责协调北京市参与合作单位，提出北京市农业科技需求，组织相关单位参与实施。

4. 甲方为乙方在北京市开展企业上市、科技融资等事项提供支持和服务。

5. 乙方设立“5+1”战略合作管理机构，负责协调院内各所专家、企业及成果资源，完善合作项目管理。

6. 甲、乙双方共同争取国家有关科技计划项目在北京市实施。

五、共同条款

1. 双方合作项目所产生的知识产权按照国家有关规定进行管理。

2. 本协议适用于甲方相关参与单位和乙方参与合作的研究所。

3. 本协议未尽事宜由各方协商解决。

4. 本协议一式6份，参与单位各持1份。

5. 本协议有效期为3年，自甲、乙双方签字盖章后生效。

甲方：(签章)

北京市科学技术委员会 法人代表签字：	北京市农村工作委员会 法人代表签字：
中关村科技园区管委会 法人代表签字：	北京市海淀区人民政府 法人代表签字：

北京中关村发展集团股份有限公司
法人代表签字：

乙方：(签章)
中国农业科学院
法人代表签字：

2010年4月27日

四、国际合作

中国农业科学院2010年国际合作工作概况

2010年，在农业部的大力支持下，在中国农业科学院党组的坚强正确领导下，坚持以邓小平理论和“三个代表”重要思想为指导，全面落实科学发展观，认真贯彻落实党的十七届五中全会精神，紧紧围绕提高我院科技创新水平、创新能力和科技竞争力，扎实有效地推进全方位、多层次、宽领域的国际科技合作与交流工作，在外事审批权运行、国际合作渠道拓展、战略伙伴关系建立、国际合作平台建设、国际合作重大项目争取和国际合作能力建设等方面均取得良好成效。全年共派出团组266个649人次，邀请外宾来华1 187人次。精心策划14个院级代表团出访，新签署10个重要科技合作备忘录或协议。协助推动“国际马铃薯中心亚太分中心（CCCAP）东道国协议”的签署及建设方案等的起草和磋商，与IRRI联合建立“中国农业科学院－国际水稻研究所水稻分子育种研究中心”（深圳），筹建APEC农业技术合作工作组（ATCWG）牵头人办公室，推动中－巴联合实验室在我院和巴西农业科学院的建设工作，强化外国机构办事处和23个联合实验室/研究中心的管理，与外国专家局签署“加强引进外国智力合作协议”，建立了国际合作系统网上办公系统和护照签证管理平台，推动《中国农业科学》（英文版）入选SCI收录期刊。共组织申报各类国际合作项目291项，落实国际合作经费1.1825亿元，引进各类资源材料2万多份。主办和承办重大国际合作会议/科学家峰会20余次。与人事局共同组织我院第二期赴加拿大圭尔夫大学英语和业务强化培训活动，取得丰硕成果，并形成长效机制。深入调研，起草了《中国农业科技全球战略布局》和《中国农业科学院“十二五”国际合作发展规划》，为我院未来5～10年国际合作明确了发展思路。

一、外事管理制度、机制建设

2010年是我院获得一定外事审批权的第一年，为了规范外事管理程序，我局组织起草了《中国农业科学院外事管理办法（试行）》并经院常务会议通过下发执行，指导全院的国际合作工作的展开，确保我院外事审批权的顺利实施。成立了签证办公室，配备了专门人员负责护照签证业务办理，制定了《中国农业科学院因公护照申办程序及管理办法》和《中国农业科院处级以上干部因私出国（境）审批及管理办法》，编制了护照签证办公手册，开发了护照签证电子化管理系统和外事审批网上办公系统。

在出国（境）计划管理方面，严格执行中办发［2008］9号、中办发［2009］12号文件精神，制定了《中国农业科学院2010年出国（境）计划》，指派专人负责全院的出国（境）计划管理，确保在2009年的基础上，保持出国（境）团组数、人数和经费的零增长，年度内完成审批派出专家合作649人次、邀请外宾来华1 187人次的任务。外交部外管司和农业部国际合作司在听取我院2010年外事审批工作运行情况后，一致认为我院管理规范、运转高效、成效显著，是新授予一定外事审批权限单位的典范。

二、战略伙伴关系的拓展

2010年，按照我院提出的《中国农业科技全球战略布局》方案，根据重点区域、重点国家、重点机构和重点领域的合作要求，精心策划了14个院级代表团赴国际农业研究磋商组织（CGIAR）及其下属研究中心、国际原子能机构（IAEA）、联合国粮农组织（FAO）、欧盟（EU）以及美国、加拿大、德国、法国、巴西、阿根廷、墨西哥、乌克兰、以色列、埃及、保加利亚、捷克、斯洛伐克等19个国家和国际组织访问，新签署10个重要科技合作备忘录或协议，进一步拓展和加深了合作伙伴关系、提高了合作层次和水平。

三、平台建设

按照院党组的工作部署和要求，2010年我院着力国际合作“大平台”建设的推进工作。一是积极推动“国际马铃薯中心亚太分中心（CCCAP）东道国协议”的签署，同时，按照农业部的要求，在筹备领导小组的指导下，积极推进CCCAP技术需求、基建等方案的调整和磋商工作，完成了调整的建设方案的起草工作；二是根据外交部和农业部的要求和指示，在我院成立了APEC农业技术合作工作组牵头人办公室，组织落实5个相关的重大项目申报和实施及3次工作年会，为强化APEC成员体的农业技术合作提供了良好的平台；三是积极推动中－巴联合实验室分别在我院和巴西农业科学院的建设工作，双方专家完成了实验室条件考察和优先合作领域的确定；四是跟踪23个国际联合实验室/研究中心的运作，积极争取项目支持；五是加强了对各国际组织或国外农业科研单位驻京办事处的管理工作，有效利用其桥梁和纽带作用；六是推进我院与国家外国专家局的合作，并签署了关于引进国外智力和技术合作协议；七是依托全球水稻科技合作伙伴重大项目，积极推进在深圳建立中国农业科学院－国际水稻研究所水稻分子育种研究中心的设计工作；八是完成了全院国际合作系统网上办公系统（OA系统）和护照签证管理信息平台建设；九是推动《中国农业科学》（英文版）入选SCI期刊并获得成功，为科研人员发表高质量的论文提供平台。

（一）中－巴联合实验室

10月，我院派专家代表团赴巴西，与巴西农业科学院就中－巴联合实验室建设进行了磋商，确定了由我院生物技术研究所牵头组织畜牧所、作物所在巴西建立联合实验室，开展生物技术、家禽和资源评价等方面的合作。11 月初，巴西农业科学院派两位专家到我院考察生物技术、重大科学工程、畜牧和兽医研究所等，标志着两国联合实验室建设工作已正式启动。同时，我院积极申请专项项目经费，现已落实经费 300 余万元，为 2011 年开展工作奠定了良好的基础。

（二）国际马铃薯中心亚太分中心（CCCAP）

2 月 4 日，农业部与国际马铃薯中心签署了关于建立国际马铃薯中心亚太分中心的东道国协议，这标志着“亚太分中心”的建设正式启动。协议签署后，在农业部相关司局的领导下，我院积极配合，从技术层面协助农业部国际合作司起草建设调整方案，并组织专家进行论证。

（三）中国农业科学院－国际水稻研究所水稻分子育种研究中心

2010 年 11 月，深圳市人民政府与我院签署了共建现代化农业生物育种创新示范园区的框架协议，双方拟在协议框架下共同建设“中国农业科学院深圳生物育种创新研究院”，其中包括“中国农业科学院－国际水稻研究所水稻分子育种研究中心”。为加快和推进“中国农业科学院深圳生物育种创新研究院”的建设步伐，我院邀请国际水稻研究所所长 Robert Zeigler 博士和副所长 Achim Dobermann 博士于 11 月 25～26 日赴深圳考察该项目，并就“中国农业科学院－国际水稻研究所水稻分子育种研究中心”建设的具体事宜与深圳市政府领导进行磋商，2011 年 3 月将对联合分子育种研究中心项目的整体设计进行讨论，双方目前正在起草关于建立“中国农业科学院－国际水稻研究所水稻分子育种研究中心”的相关协议。

（四）中国—阿根廷食品科学技术中心

根据中国、阿根廷两国科技部签署的“建立中国—阿根廷食品科学技术中心议定书”，积极协助加工所向科技部申报该中心的挂牌事宜。2010 年度向科技部争取到专项合作经费 72 万元，主要用于资助双方科学家交流以及在华举办学术研讨会等。

（五）加大已有联合实验室/研究中心的管理和项目争取工作

2010 年，国际合作局对设立在我院的 23 个联合研究中心和联合实验室加强了项目组织力度和管理评价，组织召开了联合实验室（中心）的运行情况汇报会，对各个联合实验室（中心）运行中存在的问题进行深入分析并对下一步的工作重点进行了梳理。

我局充分利用我国对国际农业研究磋商组织（CGIAR）和国际应用生物科学中心（CABI）的定向捐款和伙伴基金，扶持经费相对薄弱的联合实验室/研究中心，本年度向已有合作平台提供资金支持 23 万美元，同时以这些联合实验室（中心）为平台，组织申报国家部委和国际组织的相关项目，确保这些联合实验室（中心）的高效运转，提升我院在不同学科领域的国际影响。

（六）加强对各国际组织驻京办事处的管理

2010 年我局协助 IRRI、CABI 完成相应助理工作人员招聘。协助宁夏自治区人民政府联络相关国际组织驻京办事处，促进相关国际组织在宁夏科技园开展项目示范；积极协助各办事处与国内相关科研单位开展合作。2010 年，积极组织办事处争取国际组织与国内相关单位开展合作项目经费约合人民币 1 500万元；落实国家自然基金委针对国际农业研究磋商组织专项项目合作经费 1 250万元。同时，加强了对办事处人员选聘和考核的管理。

四、国际合作项目

2010 年，我局充分利用已有的国际合作渠道以及长期的合作伙伴关系，同时结合我院科技创新的需要，以争取“大项目”为重点，积极争取各类国际合作项目，引进智力、技术和资金，力争解决科研中的技术瓶颈问题。全年共组织申报各类国际合作项目 291 项（包括科技部重大专项含追加项目 4 项、政府间合作 24 项、国际组织间合作项目 15 项、农业部国际合作专项 32 项、外国专家局项目 28 项、教育部留学基金项目 52 项，国际多边、双边合作项目及其他合作项目等 136 项），争取经费总额达 1. 1825 亿元。我院主要主持和参与的国际合作重点项目如下。

（一）国际农业研究磋商组织（CGIAR）项目

1. Mega Program 项目

CGIAR 改革后将通过 Mega Program 项目形式协调各中心的优势资源，开展工作。积极推进我院科学家参与 Mega Program。例如，水稻研究所参与 IRRI 发起的水稻研究项目，作物所参与 CIMMYT 发起的玉米、小麦项目，项目预算和内容正在专家评估和审核之中。其中，配合 Mega Program，我们正在启动在深圳建立“中国农业科学院－国际水稻研究所深圳水稻分子育种研究中心”，未来该中心项目运转经费的主要来源是通过 IRRI 牵头的全球水稻合作伙伴计划项目支付，这也是在 CGIAR 第一个通过的 Mega Program，为我院利用国外资源和智力，提升科研水平和竞争力奠定了良好的基础。

2. 挑战计划项目（GCP）

2010 年，国际合作局积极协调、管理我院与国际农业研究磋商组织的挑战计划项目，通过 CGIAR 挑战计划（GCP）资助作物科学研究所“小麦抗热性选育”项目和 CGIAR 挑战计划（GCP）资助作物科学研究所“分子平台育种”项目，共获得 159 万美元资助。

（二）比尔·盖茨基金会项目

2010 年度，该项目到院经费 132 万美元，我院协调华中农业大学、北大分子设计中心、上海农业基因中心等单位按项目合同要求，对大量的水稻育种材料进行了分析，并按要求，在经农业部批准的基础上，将有关材料分发给国外合作单位开展评价试验。

（三）欧盟项目

2010 年积极进行两个欧盟第七框架项目“国家联系点建设项目二期”（bio-circle 2）和“重大人畜共患病协作研究全球战略联盟”（STAR-IDAZ）的申请并获得成功，签署了中国农业科学院和欧盟食品安全项目（MoniQA）/国际谷物协会合作协议。积极推进与欧盟作物育种中国合作专项的启动，欧盟提供 50 万欧元用于和中国开展在育种领域的合作，我局目前正积极争取科技部的专项经费支持。

（四）国际应用生物科学中心（CABI）项目

在我局的积极协调和沟通下，“农业部-CABI 生物安全联合实验室”在植保所和 CABI 共同策划下，以植保所为主报单位，CABI 为主要参加单位，成功申请到欧盟项目（EuroAid）“湄公河流域水稻虫害的综合治理技术和应用”，并获得欧盟 178.5 万欧元的项目资助。

（五）国际原子能机构项目

积极协调我国核农学领域申报国际原子能机构 2012～2013 年度技术合作项目，农产品加工研究所申报的食品辐照项目，福建农林大学、武汉华中大学和我院柑橘研究所联合申报的昆虫不育项目通过国家原子能机构评选并报送国际原子能机构立项。涉及金额大约 60 万美元。

（六）与私营部门的奖学金项目

2010 年，我院通过国际合作争取奖学金项目取得了新的突破，继先正达奖学金项目后，拜耳作物科学公司已与我院研究生院签订协议并于 2010 年启动奖学金项目，孟山都公司也与我局签署合作协议并启动奖学金项目。获得奖学金项目人数共 34 人，金额 19.9 万元。

（七）科技部项目

以科技部重点合作项目为抓手，积极向科技部沟通汇报，抓住科技部征求国际合作项目备选项目建议的机会，在广泛征求各研究所意见的基础上，认真研究和分析，提出科技部专题项目。2010 年，获得科技部国际科技合作项目立项 7 项，项目经费 2 610万元。另外，经积极与科技部沟通，追加申报重大专项 3 项（中比药用植物资源利用与作物病虫害防控新技术合作研究、中国与埃及动物疫苗合作研究项目以及中巴农业科学研究联合实验室项目等），落实追加项目经费达 1 200万元。这些项目的申报和实施，对促进我院的科技创新能力和推动我院的科技成果“走出去”起到了重要作用。

（八）农业部国际合作专项

2010 年，共组织申报农业部国际交流与合作专项 32 项，获批 28 项，总经费 608 万元。其中包括我局承担的项目 6 项、组织各研究所申报获批准 22 项。

（九）国家留学基金项目

2010 年，申报国家留学基金 46 人，录取 26 人，总录取率为 56%，学生录取率为 87%。录取人员涉及我院 15 个主要研究所，覆盖了 8 大学科群。国别主要集中在美、加、澳、英、德、日和新西兰 7 个发达国家。获得留学基金折合人民币约 560 万元，再创我院历史新高；获得教育部留学回国人员科研启动基金项目 6 项 7 人，共计 16.5 万元。

（十）援外项目管理工作

一是积极组织我院专家为国家开发银行援助委内瑞拉农业项目进行前期论证和提供技术支撑，二是在埃及建立我院的禽流感疫苗销售网络点和国外的病毒源和样本的采集点，2010 年项目整体进展良好，除我院的疫苗在埃及销售良好之外，我院对该地区主要动物疫病的流行和致病毒源进行了完整的调查。

（十一）国家外国专家局引智项目管理工作

对中国农业科学院所有研究所展开“十二五”农引推项目调查，共收集汇总了71个项目，涉及11个大类；组织申报了2011年出国（境）培训项目11项（其中包括我院加拿大英语培训班项目），共79人，所报培训项目涉及10个国家；推动院属相关研究所执行2010年度引进国外技术和管理人才及农引推项目，聘请外国专家31人，获经费支持53万元。执行8项农引推项目，涉及经费100万元；申报了两个引智成果示范基地，其中设施农业项目已通过审批；组织申报了2011年引智项目29项，涉及邀请70名国外专家来华，农引推项目7项。

五、重大国际合作会议与科学家峰会

2010年，为进一步提升我国农业科技合作的层次、质量和水平，也为“十二五”农业国际合作和开展全球科技合作战略布局奠定良好基础，我院积极通过在国内举办或联合兄弟单位举办各类高层国际研讨会与科学家峰会，进一步扩大了我院的影响力和号召力。全年共主办和承办各种国际会议20余次，包括“第三届国际农业科学院院长高层研讨会”、“中国农业科学院第二届顾问委员会”、“经济快速增长国家在全球农业发展中的作用”、“亚太经合组织农业技术合作工作组年会”等重要国际会议，在海内外引起了很大反响，赢得了国际同行的高度评价。

六、国际合作能力建设

2010年，通过组织召开“中国农业科学院国际合作专题会议”、“农业部外事系统总结会”、“中国农业科学院第三期外事培训班”、“第十五届全国农业科学院系统外事协作网会议”等重要国内会议，提升了我院国际合作工作的整体水平和能力。针对研究所不同学科国际合作工作的需要，与人事局一道选派28名科研骨干赴加拿大圭尔夫大学参加第二期英语培训活动；同时还通过积极组织申报国家留学基金项目，选派26名科研骨干赴国外开展合作研究；积极推荐我院青年科学家赴国际组织学习，争取各种渠道的奖学金用于培养青年人才，全年安排7人到CGIAR下属的6个研究中心开展短期合作研究。

七、规划与战略研究

2010年，既是“十一五”收官之年，又是“十二五”的谋划之年。我局根据目前国际农业科技环境和发展趋势，在对全院各所国际合作情况进行梳理分析和调研国外主要合作伙伴的基础上，组织起草了《中国农业科技全球战略布局》和《中国农业科学院“十二五”国际合作发展规划》。提出了未来 5 ~ 10 年我院国际合作的主要任务和目标及整体推进思路。

八、护照签证手续办理及护照管理工作

2010 年，国际合作局根据要求制定了详细的护照签证办理程序，筹建了功能完善的护照签证办公场所，设计并购买了签证办公室软硬件工作设备，组建并完善了签证机构配制，编制了详细的签证办公工作手册，编制签证信息发布网站，顺利从农业部移交了我院出国人员已有护照。同时，为保证签证工作的顺利进行，还组织相关人员参加了多次签证工作培训会，以适应不断变化的需求。签证护照工作自 2010 年 2 月 26 日开始正式运作以来，已为我院因公出国办理团组 251 个 520 多人次，其中，新办护照 200 余本，涉及 46 个国家和 2 个地区。

九、宣传工作方面

积极充分利用各种宣传手段对我院的科技成果进行宣传，是扩大中国农业科学院在国际上的知名度、增强我院在国际舞台的话语权、拓展对外合作的深度与广度的重要手段。2010 年，我院充分利用网络、电视、广播、报刊等宣传手段，发布我院重大国际合作与交流新闻 118 条，编印《国际农业科技快讯》18 期，发送 2 196份，编印《中国农业科学院简讯》（英文版）2 期。同时向社会各主要媒体提供了大量我院重要外事活动、重大合作项目成果及国际合作动态的宣传报道材料，进一步扩大了我院在社会上的影响力。

中国农业科学院与欧盟食品质量安全检测项目/国际谷物科技协会合作谅解备忘录

中国农业科学院、欧盟食品质量安全检测项目（MONIQA）和国际谷物协会（ICC）以下简称为“协议方”。

中国农业科学院隶属于中华人民共和国农业部，是国家级农业科研单位，主要从事农业应用研究、应用基础研究和高新技术研究，致力于解决中国农业及农村经济建设中带有全局性、方向性、关键性的重大科技问题。

欧盟食品质量安全检测项目是由欧盟“卓越研究网络”资助、国际谷物科技协会主持的国际合作项目，旨在整合全球的食品质量安全检测工具和控制战略。

国际谷物科技协会是谷物科技领域的知名的行业协会，主要从事谷物检测规则的国际标准的宣传、研究开发和国际合作。

协议方达成以下协议。

目标

1. 本合作谅解备忘录的主要目标是促进协议方在食品安全领域的国际合作。

优先领域

2. 合作优先领域包括但不限于以下几个方面。

a）双方共同感兴趣的领域：

· 中国食品安全检测标准、方法的国际化

· 小麦、水稻的品种认定以及在国际谷物科技协会标准化项目框架下开展水稻的原产地评价

· 适用于发展中国家的成本低廉的快速检测方法的研发

· 中欧食品溯源技术经验交流

· 食品安全检测抗体尤其是霉菌毒素检测试剂的信息交流和研究

· 科学家交流和联合培训项目

· 混合油成分比例分析方法的开发和认定

· 标准认定工具与参考物质和参考方法的合作研发

· 气候变化对粮食安全和食品安全的影响

b）联合申请项目

协议方可以在条件成熟时，联合申请欧盟第七框架项目或由协议方共同资助的配对项目

初步行动

3. 协议方拟在如下领域开展初步合作。

· 食品真实性

· 食品溯源

· 霉菌毒素

· 食品过敏源

经费

4. 协议方在本合作谅解备忘录下开展的项目活动应以各自的资金情况为基础，协商解决。

知识产权

5. （a）本合作谅解备忘录中涉及的各项活动不涉及知识产权问题。

（b）若协议方预见到在本合作谅解备忘录下开展的活动有可能涉及知识产权问题，需经事先协商确定知识产权的归属及其他相关权利，并由协议方另外签署法律文件。

生效和期限

6. （a）本合作谅解备忘录自签署之日起生效，至欧盟食品质量安全检测项目（MoniQA）结束日截止（2012 年 1 月 31 日）。协议方可以书面同意后，延长备忘录生效期限。

（b）协议方可随时经书面同意后修改备忘录内容。

（c）如协议任一方要求终止本合作谅解备忘录，需提前 90 天书面通知其他协议方。备忘录的终止不影响备忘录终止时已经开展的相关活动。

本合作谅解备忘录（英文）于 2010 年 8 月 12 日在哈尔滨签署。

欧盟食品质量安全检测项目/ 国际谷物科技协会	中国农业科学院

中国农业科学院与罗马尼亚农林科学院会谈纪要

根据中国农业科学院与罗马尼亚农林科学院于2003年12月9日在布加勒斯特签署的合作协议，为进一步探讨双方共同感兴趣的合作议题，应中国农业科学院翟虎渠院长的邀请，以罗马尼亚农林科学院 Gheorghe Sin 院长为团长的罗马尼亚农林科学院代表团于2010年8月9~16日，来北京和哈尔滨访问。

1. 考虑到双方对合作协议条款中所确定的合作领域具有相同的意向，双方一致同意拓展双方现有的科技合作领域，如当前最新的生物技术、替代能源以及农业食品研究体系等相关技术，以应对能源和气候变化所带来的新挑战。合作领域可在双方同意的基础上进行细化和补充。

2. 推动双方合作机构之间的直接沟通与交流。为使双方合作活动的开展获得更多的资金支持，双方机构应在两国政府科教部门达成的双边合作协议框架下，根据中国和罗马尼亚政府间科技合作委员会会议议定书内容和结果，争取尽可能的支持。

3. 为争取更多参与欧盟第七框架计划下的联合项目的机会，中国农业科学院和罗马尼亚农林科学院应进行充分的沟通和协调，定期取得联系，共同制定符合欧盟第七框架计划专题“粮食、农业、渔业及生物技术合作”的新的合作议题和方案，或共同确定其他优先领域的合作方案。

经商定，双方于2010年8月12日在哈尔滨签署此会谈纪要。该会谈纪要以英文签署，一式两份，具有同等效力。

翟虎渠 教授	Gheorghe Sin 教授
中国农业科学院院长	罗马尼亚农林科学院院长

中国农业科学院与蒙古农业科学院农业科技合作谅解备忘录

该谅解备忘录由中国农业科学院与蒙古农业科学院（以下简称“双方”）共同签署。

鉴于双方在促进农业科技领域各学科的发展方面具有共同的目标，决定签署本谅解备忘录并同意如下各条款。

第一条

双方同意开展双边农业科技合作，形式如下。

· 讨论和交换在农业、农业食品、中小企业发展、技术转让等方面的信息；

· 确定农业、农业食品、农产品加工领域内有关技术转让与推广的具体合作内容；

· 鼓励开展各项合作活动，从而提高两国的农业生产力，如作物、果蔬的生产与耕作、家畜集约化养殖、采后加工、动物遗传改良、饲料生产、农产品加工、农牧产品的包装、运输和贮藏等；

· 为通过农业技术转让，实现农业生产力的提高，鼓励中蒙相关农业机构和研究所之间加强对话关系；

· 鼓励双方研究和培训机构在草地管理、饲料生产、温室开发、家畜集约化养殖、动物繁育与健康、植物保护、果实采后处理和农业推广等领域开展直接合作；

· 鼓励双方在动物育种和新品种繁育方面先进技术引进的试验和联合研究；

· 根据双方国家法律和国际生物多样性保护相关规定，开展动植物遗传资源交换，包括抗旱和早熟小麦、谷物、饲料作物和蔬菜的品种资源；

· 探索在蒙古建立培训与技术转让示范农场的可能性；

· 科研人员和专家互访；

· 交换农业科技信息和文献；

· 联合召开研讨会、座谈会和其他学术性会议；

· 经双方同意的其他形式合作。

第二条

为保证本谅解备忘录正确与有效的执行，双方各指定一人就合作内容制定详细的规划。

第三条

在本备忘录框架下，双方每两年制定一次工作计划，具体描述双方需完成的活动及预期投入。工作计划可以由任何一方提出，需经双方共同认可方能执行。

第四条

双方知识产权应受到保护。通过联合研究所获得的成果及知识产权由双方共同拥有。合作成果的转让需经双方书面同意方可进行。

第五条

为保证本备忘录的执行，并对双方的合作提出必要性建议，如需要，双方将指派代表组成联合工作组，每两年轮流在中国和蒙古召开工作组会议。双方应努力寻求一切可获得的资金支持合作活动的开展。

第六条

双方科学家为进行学术访问所发生的全部费用（国际旅费、在访问国期间的食宿及交通费用）均由派遣方承担。

第七条

本备忘录自签字之日起生效，有效期5年，期满后自动延期。如一方欲终止本备忘录，需在本备忘录有效期结束前6个月以书面形式通知另一方。本备忘录可以随时进行补充、修改和删减，但需经双方书面同意方可实施。

本备忘录于2010年1月11日在北京以英文签署，一式两份，双方各持一份。

中国农业科学院	蒙古农业科学院
____________________	____________________
翟虎渠教授	B. Byambaa 教授
院长	院长

中国农业科学院与非洲水稻中心
农业科研合作谅解备忘录

本谅解备忘录由中华人民共和国中国农业科学院与贝宁非洲水稻中心签署。

为了促进和协调中国农业科学院与非洲水稻中心（以下简称“双方”）之间的合作，双方在相互谅解的基础上达成如下条款。

第一条　合作性质

一、双方同意就促进和推动农业技术的发展，特别是在水稻新品种（包括自交品种和杂交品种）及相关水稻种植技术等领域开展合作，这将有助于提高非洲和中国的水稻产量，使当地农民获益。

二、一般情况下，双方的合作是按照计划，执行事先确定的、双方同意的研究项目。

三、如果需要以其他方式进行合作，双方须经过协商达成共识后付诸实施。

第二条　总体投入

一、根据人员及资金状况并经双方同意，中国农业科学院将提供以下投入并收取适当费用。

1. 办公室、实验室及科研场所；

2. 合作项目实施所必需的行政支持；

3. 为来访的非洲水稻中心科研人员（也包括其他科研机构的科研人员）安排对等的中国农业科学院科研人员，以确保合作项目合理、有效的实施；

4. 与提供给中国农业科学院科研人员相同的安全保障；

5. 帮助来访的非洲水稻中心科研人员寻找合适的住房；

6. 帮助来访的非洲水稻中心科研人员及家属按照当地政府部门的规定办理相关手续，以获得签证和居留许可；

7. 帮助非洲水稻中心为支持合作项目的开展并经双方同意、在中国引进设备和相关用品办理海关及免税手续；

8. 派遣中国农业科学院科研人员到非洲水稻中心指定地点及其所属单位进行长期或短期合作。中国农业科学院长期科研人员的选派须得到双方的同意；

9. 为派遣的中国农业科学院科研人员提供工资、补助及差旅费。

二、根据人员及资金状况并经双方同意，非洲水稻中心将提供以下投入并收取适当费用。

1. 办公室、实验室及科研场所；

2. 合作项目实施所必需的行政支持；

3. 为来访的中国农业科学院科研人员（也包括其他科研机构的科研人员）安排对等的非洲水稻中心科研人员，以确保合作项目合理、有效的实施；

4. 与提供给非洲水稻中心科研人员相同的安全保障；

5. 帮助来访的中国农业科学院科研人员寻找合适的住房；

6. 帮助来访的中国农业科学院科研人员及家属按照当地政府部门的规定办理相关手续，以获得签证和居留许可；

7. 帮助中国农业科学院为支持合作项目的开展并经双方同意、在贝宁及其他非洲水稻中心设有科研分支机构的国家引进设备和相关用品办理海关及免税手续；

8. 派遣非洲水稻中心科研人员到中国农业科学院指定地点及其所属单位进行长期或短期合作。非洲水稻中心长期科研人员的选派须得到双方的同意；

9. 为派遣的非洲水稻中心科研人员提供工资、补助及差旅费。

三、根据活动内容及资金状况并经双方同意，双方开展的合作项目将提供以下投入。

1. 开展合作项目所必需的、经费预算范围以内的设备及用品；

2. 为开展合作项目所雇佣的田间和实验室助理等当地人员的工资。

第三条　工作计划

一、本谅解备忘录将由为每个合作项目单独制定的工作计划加以补充，这些工作计划将由双方及其他国家合作伙伴（如果需要）共同制定和批准。

二、工作计划可围绕一个或多个研究主题制定。

三、工作计划将明确研究计划细节，包括研究主题、目标、范围、方法、时间安排及其他项目实施所必须的要素。

四、经双方同意，工作计划可在合作项目实施过程中加以修订。

五、未来合作计划和建议可由一方或其他国家合作伙伴提出，但须经过合作各方的同意后才能实施。

第四条　成果、出版物和知识产权

一、合作项目所获得的研究成果和材料将被视为双方的共同财产，并根据双方知识产权的相关政策，归双方共有。

二、研究成果可由任何一方或双方使用，但须对双方各自的贡献给予适当的承认。

三、经双方同意，研究成果可发表在公共刊物上。

四、根据需要，研究成果可由双方共同或由一方单独发表。如果双方不能就发表方式及对研究成果的解释达成一致（年度报告除外），希望单独发表研究成果的一方，须在听取另一方的意见和建议后，发表上述研究成果。

五、发表研究成果的任何一方，须对另一方的贡献给予承认，但同时应对其所得出的结论和作出的解释负完全责任。

六、如果双方同意就所取得的研究成果申请专利，双方应就申请专利的细节进行讨论，如分担申请专利所需的费用等。

七、如果中国农业科学院为了合作项目需要或为了做进一步研究，从贝宁引进遗传资源到中华人民共和国，这些遗传材料的转移将遵守非洲水稻中心的“材料转让协议”的相关规定。同样，如果非洲水稻中心为了合作项目需要或为了做进一步研究，从中华人民共和国向贝宁或向其他非洲水稻中心设有研究分支机构的国家引进遗传资源，这些遗传材料的转移将遵守中国农业科学院的“材料转让协议”的相关规定。

八、由一方向另一方披露的或由合作项目所取得的保密信息，获得信息的一方须对此信息保密。

第五条　协议的修改和终止

一、经双方同意，可对本谅解备忘录中的字、词、句或条款加以修改、补充或删减。

二、本谅解备忘录的有效期将维持至一方通知另一方，表达其终止本谅解备忘录的意愿，并在此通知发出之日的 6 个月后终止。

第六条　一般性规定

本谅解备忘录将取代之前中国农业科学院与非洲水稻中心的前身——西非水稻发展协会（WARDA）——签署的所有其他谅解备忘录或协议。

双方在如下时间和地点签署本谅解备忘录。

中国农业科学院代表：	非洲水稻中心代表：
____________	____________
唐华俊	Papa Abdoulaye Seck
副院长	主任
日期	日期

中国农业科学院与法国国家食品、环境及劳动卫生署科技谅解备忘录

法国国家食品、环境及劳动卫生署（以下简称 ANSES）与中国农业科学院（以下简称 CAAS）（两者在下文中简称“双方”），具有共同感兴趣的科研领域，希望通过项目联合研究、参与风险评估活动以及交换信息等方式开展合作。

为实现共同的目标，双方同意将根据联合研究项目以及风险分析活动的需要共同寻求资金。其前提是任何一方不以任何方式干涉另一方的独立行为、责任和权力。

该备忘录确定了双方合作的基本原则。具体项目将根据双方另行签署的协议实施，具体项目实施协议将详述各方的投入（包括人员、经费、材料及设备）以及联合研究成果的所有权和使用权。

第一条　目的

该备忘录签署的目的是在双方各自职能范围和科研活动领域内，在尊重各自独立、法规和政策的前提下，推动双方科学技术的合作。为此，双方将寻求并实施第二条款中阐述的共同感兴趣的合作研究。

第二条　合作领域

双方将根据各自的专业技术领域共同开展风险分析研究，其产出的新知识将为各自政府决策提供科学技术支撑。

共同感兴趣的合作领域涵盖动物卫生、食品安全、水质量以及生态病毒学，具体内容详见附录名单，该名单也将根据合作需要定期更新。

双方同意就共同感兴趣项目开展联合研究，包括项目的规划及实施。

双方计划轮流在中国和法国召开年度工作会议，以促进双方科研团队在其共同感兴趣的合作领域内的信息沟通和交流，从而评估当年的工作进展情况，同时确定下一年度的合作计划。

第三条　总则

双方将签署具体协议确定单个合作项目的研发和实施，尤其是项目目标、工作计

划、研究方法和草案以及参与人员和团队。双方签署的具体项目实施协议将包括双方均可接受的知识产权保护、保密及研究成果出版规定等条款，并遵循以下原则。

— 任何一方均不得在未获得另一方许可的情况下出版双方共同的研究成果。此条款不适用于合作研究前已公布的数据。

— 任何一方在其出版物中使用双方共同研究成果时，须注明另一方的贡献。

— 联合公布共同研究成果时均须注明所有研究参与者。

— 经双方同意，发表双方共同研究成果的条件、方式与内容可在具体协议中注明。

该备忘录不包括经费方面的规定。有关经费条款将根据各方的条例在具体协议中明确。

双方有权自主采购并使用相关设备，所采购设备属买方财产，买方有权自主支配。

第四条　联络人

为推动上述合作项目的实施，双方同意任命联络人，负责共同感兴趣的合作项目的规划和实施。双方各自的联络人为：

— 法国国家食品、环境及劳动卫生署

Lilian PUECH 博士

欧洲及国际事务主管

27 ~ 31 avenue du Général Leclerc

94701 Maisons-Alfort Cedex, France

Tél.：+ 33 1 49 77 13 56

Fax：+ 33 1 49 77 26 26

Email：lilian. puech@ anses. fr

— 中国农业科学院

国际合作局副局长

贡锡锋

中国　北京　100081

电话：+86-10-82105700

传真：+86-10-62174060

邮箱：gongxifeng@ mail. caas. net. cn

第五条　期限

该备忘录自双方签字之日起生效，有效期 5 年。经双方书面同意，可延长本备忘录的有效期或对其内容加以修改。

双方同意在其实施的 5 年内进行评估。任何一方如欲终止本谅解备忘录，须提前

30 天以书面形式通知另一方。

本备忘录于 2010 年 11 月 17 日在中法两国农业部长的见证下在巴黎签署，中文版、法文版、英文版各一式两份，3 个版本具有同等法律效力。

唐华俊	Marc MORTUREUX
副院长	署长
中国农业科学院（CAAS）	法国国家食品、环境及劳动卫生署（ANSES）

附录：

共同感兴趣的合作领域（此目录日后将定期补充完善）

— 动物健康领域：日本乙型脑炎、禽流感和猪流感，新城疫，偏肺病毒病，传染性法氏囊病，猪繁殖与呼吸综合征，猪瘟，断奶仔猪多系统衰竭综合征，猪链球菌，禽和猪支原体病，分支杆菌病，布鲁氏菌病，口蹄疫，虫媒病毒病（如西尼罗河病毒病），戊型肝炎，蜜蜂疾病。

— 畜牧业牲畜保护，动物福利。

— 食品安全卫生领域，双方关注如下病菌：沙门氏菌，李斯特菌，禽和猪弯曲杆菌，猪耶尔森氏菌和抗生耐药性。

— 水质卫生。

— 动物源性食品兽药残留监测。

— 寄生虫病：弓形虫病、旋毛虫病等。

— 环境污染相关的生态毒物学及安全风险。

中国农业科学院与阿根廷国家农牧业科学院技术合作协议

中国农业科学院与阿根廷国家农牧业科学院（以下简称“阿根廷农业科学院”），以下简称“双方”：

— 鉴于中国农业科学院和阿根廷农业科学院分别是亚洲和拉丁美洲技术创新的重要机构；

— 鉴于双方都把进行研究并将其成果应用到农牧领域，以解决本国和本地区的问题作为重要使命；

— 鉴于双方有过合作并在2001年签署过谅解备忘录；

— 鉴于从2006年会议纪要签署以后，双方在一些共同感兴趣的领域积极地进行了专业人员交流，如：园艺、养蜂、植物遗传资源、棉花和农业机械等；

— 鉴于双方都认为国际合作是科技全球化的重要内容。

双方达成协议如下。

第一条　协议宗旨

中国农业科学院和阿根廷农业科学院同意，根据双方申请或第三方的资金资助的情况推动科技合作。这些活动包括项目合作研究、技术人员交流和任何双方共同感兴趣的相关业务活动。

第二条　双方的义务

1. 双方开展必要的工作，以完成第一条中制定的目标。

2. 双方根据附件一中规定的共同感兴趣的领域，指定每个领域内项目的联系人（各方一名或一名以上），来负责项目的协调以及技术和管理方面的工作。附件一的规定不妨碍本协议签署后再选定其他课题领域。

3. 双方承诺，选派合适的专业人员参加科学家交流项目计划。

4. 双方承诺，投入必要的财力和物力来完成第一条中制定的目标，同时也可以共同向第三方申请开展合作所需要的经费。

第三条　协调委员会

1. 为了达到合作目标，双方共同成立一个合作协调委员会，各出一名正式委员和一名候补委员。该委员会需在本协议签署后30日内成立。双方可以在认为必要的时候替换其委员代表，并立即以书面形式通知对方指定的替换人员。

2. 若有可能，协调委员会每两年分别在中国、阿根廷两国轮流举行一次工作会议。

3. 中国农业科学院国际合作局和阿根廷农业科学院国际合作局，可通过阿根廷驻北京大使馆农业处，负责协调委员会的日常沟通。

第四条　协调委员会的权利和职责

1. 协调委员会拥有以下权利和职责。

1）制定年度工作计划、相应的年度经费预算以及开展活动所需的资金流转方案；

2）根据工作进展情况，必要时可对年度工作计划和相应的资金预算进行修改，以完成本协议的目标；

3）跟踪本协议相关工作的进展，制定各个项目的进展计划；

4）讨论与合作项目有关的计划、提议和建议；

5）对保密资料有对其保密的义务；

6）审批出版物和文件资料。

2. 协调委员会应向双方主管机构准备和呈报经其审批签字后的会议纪要。会议纪要里要记录工作计划、年度工作时间表、年度计划预算和与会人员。中国农业科学院的主管机构是其国际合作局，阿根廷农业科学院的主管机构是其国际合作局。

第五条　出版物

借助于本协议取得的部分或最终成果，可在双方都同意的情况下发表，并在出版物上署上参与各方的名字。任何情况下，单方面发表的和本协议有关的文章，均需提及本协议。双方应明确说明对方给予的协助和贡献。

第六条　知识产权

若本协议框架下的工作成果产生知识产权，则双方将通过一个“专门的技术联合协议”，确定双方的所有权比例以及产权开发的条件。

第七条　用于工作计划的财产

1. 中国农业科学院和阿根廷农业科学院的与本协议执行有关的并用于开展工作的动产和不动产，应为所属方或提供资金获得产权者所有。

2. 由一方借给另一方的物品，需在用完后被完好归还，正常使用的损耗和时间的作用不对其构成损害。接收方被认作是实际意义上的被接收物品的法定保管人。

第八条　双方的责任和独立性

1. 中国农业科学院和阿根廷农业科学院承诺，双方分别承担各自人员为完成本协议目标而开展工作时发生事故或疾病的风险，同时各自负责对财产的维护。此外，双方对因其人员的行为或疏忽造成的问题负责。

2. 在和本协议相关的各种情况或行为中，双方同意保持各自机构的技术和管理结构的特性和独立性，同时承担有关的责任。

第九条　第三方协议

本协议的签订不妨碍中国农业科学院和阿根廷农业科学院共同或单独和本国或别国其他团体或机构签订同样目的的协议。如遇到这种情况，应提前通知另一方，使其获得必要的信息，以便协调相关的任务。

第十条　正常运行的保证

中国农业科学院和阿根廷农业科学院共同或分别采取必要的预防措施，避免发生任何影响落实本协议要求和工作的干扰，这些工作是与本协议各项义务所要求的以及明确与这些义务有关的。

第十一条　分歧解决

1. 按照本协议双方共同追求的目标，中国农业科学院和阿根廷农业科学院建立在诚信和诚挚的关系基础上，实现可贵合作的精神。

2. 若在工作的讨论和执行过程中出现不一致或分歧，双方承诺将以直接和友好的方式，通过相应级别部门予以解决。若有分歧无法通过协商进行解决，则签约双方交由一个双方都认可的独立仲裁方裁决。

第十二条　通知

双方注册的地址如下：

1. 中国农业科学院：中华人民共和国北京中关村南大街12号，邮编100081；

2. 阿根廷农业科学院：Avenida Rivadavia 1439，CP 1033，de la Ciudad Autónoma de Buenos Aires，República Argentina。

第十三条　期限

本协议自签订之日起生效，有效期4年；协议期满后，双方将依据评估结果决定其是否延期。

第十四条　终止

1. 若对方未履行本协议的义务，则任何一方可以解约。任何未履行本协议的行为将会被以书面形式告知，违约方则在30个自然日内完成应履行相关的义务，若不遵从，协议将终止。

2. 任何一方可以在协议失效之前单方解除本协议，并提前30天以书面方式正式通知对方。解约本身并不赋予双方提出任何类型的赔偿的权利。即便发生此类单方面的解约行为，正在进行的工作还将继续，直至完成。

本协议于2010年1月27日签订于北京，一式两份，分别由中文、西班牙文和英文书写，两份文本具有同等效力。若有分歧，则以英文版本为准。

中国农业科学院　　　　阿根廷国家农牧业科学院

附件一

合作领域

- 园艺
- 花卉栽培
- 养蜂
- 作物基因物质
- 种子
- 饲料
- 动物繁殖（肉和奶）
- 动物基因
- 棉花
- 棉花机械
- 植物保护
- 生物燃料
- 直耕
- 生物技术

中国农业科学院与意大利国家研究委员会科技合作协议

中国农业科学院与意大利国家研究委员会（以下简称“双方”）同意如下条款。

第一条　目的

本协定的目的是进一步加强意大利共和国和中华人民共和国研发领域的合作。缔约双方将在平等互利的基础上，促进和支持研究人员之间在相互感兴趣的研究领域的合作。

第二条　合作形式与执行

1. 在这一合作协议框架下将征集双方联合研究项目，还将包括联合讲习班、研讨会、会议以及相互商定的其他合作活动。

2. 每种合作形式的工作计划和细节应由双方共同决定。缔约双方应至少每两年更新合作的工作计划。除其他规定外，工作计划应包括：联合研究项目的标题、描述、期限和资金投入，讲习班或经双方同意的任何其他措施以及参与的科学家和学者的姓名。

第三条　实施

双方将各自承担参与合作研究的本国研究人员的全部费用。根据缔约各方的可获得的资金预算而确定的合作项目、研讨会和其他合作活动的数目，将形成每两年所制定的工作计划。

第四条　遵循法规

参与合作活动的研究人员须遵守东道国的法律以及访问机构的规定。

第五条　知识产权

知识产权应归属参与的研究人员或研究人员所在的研发机构。对研究成果进行公开发表时，需阐明是缔约双方共同支持的成果。

第六条　其他事项

管理程序和实施细则不在本协议中作规定，将通过交换信函同意或签署单独的合作计划明确。

第七条　有效期、变更、终止

本协议自签字之日起生效，有效期为 4 年。缔约任何一方如预终止本协议可通知另一方，在这种情况下，任何正在执行的计划将按程序终止。通知应在终止本协议前 6 个月提出。协议到期前，如任何一方没有接到另一方终止协议的通知，该协议将自动延长，有效期为 4 年。

本协议由英文签署，一式两份，具有同等效力。

意大利国家研究委员会	中国农业科学院
Luciano MAIANI 教授	翟虎渠　教授
主席	院长

中国农业科学院与德国哥廷根大学合作谅解备忘录

德国格奥格－奥古斯特－哥廷根大学（以下简称哥廷根大学）与中国农业科学院（以下简称 CAAS）（两者以下共同简称为“双方”），希望拓宽共同感兴趣的领域，并开展合作研究计划和交流。

双方认为合作不仅仅是资金方面的合作或者是共同参与研究活动，通过合作可以实现共同的目标，达到双赢的目的。双方还认识到，成功的合作只有通过相互理解和有效的项目管理才能够实现。本条的广泛理解，须解释为双方不以任何方式干涉对方独立行为的基本责任和权力。

本谅解备忘录（MOU）明确双方合作的总体原则。个别项目双方需通过起草具体研究项目纲要落实。

第一条　目的

本谅解备忘录的目的，是通过加强双方的努力合作，提供科学和技术的解决方案，以促进双方农业和农村发展。为此，双方同意共同探讨和协调以下共同感兴趣的领域的研究活动，并在双方相互理解和共同遵守法规、政策的条件下付诸实施。

第二条　合作范围

双方同意在遵守各自国家法律和农业法规的前提下，根据互惠互利的原则，开展如下领域的共同感兴趣的科研合作。具体的合作领域包括：

· 农业与农村的可持续发展
· 植物保护
· 作物和粮食安全
· 土地使用
· 环境风险
· 植物品种改良
· 农产品质量检测与标准
· 兽医科学
· 知识管理

双方同意通过合作规划和执行研究项目实现互利共赢。

双方计划轮流在德国和中国召开年度科学家峰会，以鼓励科学家之间在相互感兴趣的领域进行面对面的沟通和交流。

为了促进上述合作研究工作，双方同意根据需要指派其工作人员履行其职责，并帮助规划和确定双方共同感兴趣的合作项目。

基于双方建立的良好合作关系，在中国农业科学院和德国哥廷根大学建立联合实验室将列入双方未来的合作规划。该联合实验室将作为加强双边农业科技、教育等领域的一个合作平台。

联合实验室的主要任务是促进农业科技合作的基础和应用研究领域，诸如土壤科学、兽医学、生物技术和植物遗传的设计和实施，并加速成果的转化和应用，提高农业高新技术产业化。双方的农业科技和教育机构可将该联合实验室作为一个合作平台，开展务实、高效的合作与交流。双方可根据另行签署的协议，进行良好的规划，指派研究人员到联合实验室开展长期或临时的合作研究。

第三条　总则

双方将另外签署协议，以制定和执行详细的未来合作计划。

双方应共同制定包括项目目标、工作计划、研究方法和程序等内容的合作框架。双方应在今后单独签署的协议中，以双方均能接受的条款形式，对知识产权加以保护。

任何一方均可在其官方通讯和出版物上使用合作研究所取得的成果，但应对另一方作出的贡献加以承认。任何一方在未征得另一方同意的情况下，不得发表任何合作研究的成果，但这不包括之前已经在公共刊物上发表的技术数据。经双方同意，一方可与另一方共同或单独发表合作研究的成果，但须对合作研究的所有参与者给予承认。如果双方未对合作研究成果的发表方式和内容达成一致，任何一方均可在向另一方提交相关通知及论文的 90 天后发表这些成果。在这种情况下，发表成果的一方应对合作的另一方加以承认，但应对所发表的成果负完全责任并尽解释的义务。

本谅解备忘录不构成涉及经费开支的强制性内容。双方各自管理及使用各自的经费，双方根据各自的规定决定其经费开支。

双方根据本谅解备忘录的目标，自行决定各自应购买和使用的设备。任何一方购买的设备均为购买一方所拥有，购买一方可在任何时候对所购设备加以处置。

双方的职责应根据各自的资金能力来决定，以便使经费支出符合法律规定。本谅解备忘录须经双方书面同意方可加以修改。任何一方均可提出要求终止本谅解备忘录。对本谅解备忘录的重大修改意见，应在所提修改意见生效前至少 90 天通知另一方。

第四条　期限

本谅解备忘录自双方签字之日起生效，有效期5年。双方同意在5年中对合作协议进行评估。经双方书面同意，可延长本谅解备忘录的期限，或对其内容加以修改。任何一方如欲终止本谅解备忘录，须提前30天以书面形式通知另一方。

本谅解备忘录于2010年5月27日在德国哥廷根市签署，一式两份。

德国格奥格－奥古斯特－哥廷根大学：	中国农业科学院：
____________________	____________________
Hiltraud Casper-Hehne 教授	薛　亮　教授
副校长	党组书记

中国农业科学院与美国俄亥俄州立大学合作谅解备忘录

中国农业科学院与美国俄亥俄州立大学食品、农业与环境学院（以下简称“俄亥俄州立大学”），自 1989 年建立合作关系以来，双方主要开展了学生交换、研究生联合培养以及科研人员互访等一系列合作。本谅解备忘录基于双方原有协议，并将代替原有协议作为新的合作依据，旨在拓展双方合作领域、提升双方合作层次。

鉴于俄亥俄州立大学拟进一步加强与中国一流科研机构之间的科技与学术关系；

鉴于中国农业科学院拟进一步加强与美国及其他国家的国际合作和学术交流；

鉴于双方业已建立了互惠互利的合作关系；

鉴于双方均希望为其科教人员和学生提供更多的提高教学技能和学术水平的机会。

中国农业科学院和俄亥俄州立大学同意签署如下框架协议，以加强双方的合作关系。

条款一　合作形式

中国农业科学院和俄亥俄州立大学应在培训和研究方面寻求建立更多更广泛的学术联系，进一步推动双方合作关系的发展，同时配合双方各自的独立科研机构或部门及其员工之间的交流合作活动。上述合作不排除第三方的参与，如美国农业研究局农业研究中心、美国及其他国家的大学等。

优先合作领域包括：

1. 学者交流与培训；
2. 共同制定留学生交换计划；
3. 共同感兴趣的农业学科领域的合作项目包括作物生产与保护、生理学、育种、农业机械、农业经济、教育、食品科学与食品安全、其他园艺与农作物、动物科学和自然资源保护管理等；
4. 交换科技文献，包括文献情报和研究成果论著；
5. 共同制定宽泛的指导性的合作方案；
6. 针对重大农业和环境问题，共同组织国际学术会议。

条款二　经费

本谅解备忘录框架下开展的合作活动所需经费，由双方根据预算情况或具体内容，决定共同或独立承担。双方同意将共同或独立向第三方寻求资金支持。未经对方关于经费保证的书面确认，任何一方不得启动本谅解备忘录框架下的具体合作计划或活动。一方所有外部资金及其使用目的不受对方限制，双方不存在任何财务约束。

条款三　实施

双方各指派一人负责本谅解备忘录的实施：

中国农业科学院：负责国际合作事务的副院长；

俄亥俄州立大学：负责农业科研管理的副校长；

经与对方沟通并征得同意，各方可另行指定上述负责人。

条款四　有效期限

本谅解备忘录自签署之日起生效，有效期为 5 年。有效期满 6 个月前，由任何一方书面照会并经双方一致同意，本谅解备忘录可继续生效 5 年。

条款五　文本格式

本谅解备忘录以中、英文两种文本格式签署，各一式两份，中、英文文本具有同等效力。

条款六　签署

本协议由以下双方代表签署：

____

翟虎渠　博士

中国农业科学院院长

日期：

____

E. Gordon Gee　博士

俄亥俄州立大学校长

日期：

____

Geoffrey S. Chatas

俄亥俄州立大学副校长

日期：

中国农业科学院与澳大利亚昆士兰大学科技合作谅解备忘录

一、缔约方

本谅解备忘录由中国农业科学院与澳大利亚昆士兰大学（以下简称“昆士兰大学”）共同签署。

二、目的

1. 本谅解备忘录的主要目的是通过联合培养研究生、教研人员交流、资源共享等方式，加强双方在教学、科研及服务等方面的合作。

2. 基于双方共识，在经费许可的范围内，双方（包括昆士兰大学科研管理部门在内）同意开展以下方式（但不限于此）的合作。

（1）学术人员互访；

（2）技术和管理人员互访；

（3）学术信息共享；

（4）学术合作和共同发表学术文章；

（5）共同组织举办学术会议、讲座和报告会；

（6）共同制定和实施课程方案。

3. 附件中明确了本谅解备忘录框架下可能实施的具体合作项目及其管理细节。在双方签字同意后，其他附加条款可作为附加执行。

4. 本谅解备忘录及相关附件系双方科技合作的框架性文件，目的是提高双方的国际化水平。双方之间不存在任何法律上的依附关系，一方亦不得向另一方强加任何法律义务。

三、联合主任、协调人和工作组

1. 双方各自指派一人作为本谅解备忘录的联合主任；

2. 根据本款第 1 条规定，昆士兰大学指定其国际合作部主任为澳方联合主任（详见附件）；

3. 根据本款第 1 条规定，中国农业科学院指定其国际合作局副局长为中方联合主任（详见附件）；

4. 联合主任可指定协调人或成立工作组来负责实施具体的合作活动，详见本谅解备忘录附件。

四、出版和宣传

1. 双方均有权出版或发表本谅解备忘录框架下合作产生的成果，前提对方需书面出具该合作成果不涉及保密内容；

2. 昆士兰大学出版的任何涉及中国农业科学院的材料，须于正式发行前交中方联合主任审核；

3. 中国农业科学院出版的任何涉及昆士兰大学的材料，须于在正式发行前交澳方联合主任审核。

五、有效期

1. 本谅解备忘录自签字之日起生效，有效期为 5 年。期满后，经双方重新审核修改后，可继续生效。

2. 在双方同意，且得到双方书面批准的前提下，联合主任可对本谅解备忘录框架下的合作活动或计划进行修改。

3. 若一方提出终止或修改本谅解备忘录，应提前 6 个月以书面形式通知另一方。正在开展的合作，可在符合通知要求的情况下继续实施直到完成。

4. 本谅解备忘录用中、英文签署，两种文本具有同等法律效力。

昆士兰大学校长	中国农业科学院院长
Professor Paul Greenfield	翟虎渠　博士
2010 年　月　日	2010 年　月　日

附件：

1. 中国农业科学院方

联合主任：贡锡锋
职　　务：国际合作局副局长
地　　址：北京中关村南大街 12 号
电　　话：+86-10-82105700
传　　真：+86-10-62174060
电子邮件：gongxifeng@ mail. caas. net. cn

2. 昆士兰大学方

联合主任：Andrew Everett
职　　务：国际合作部主任
地　　址：St Lucia, Brisbane, AUSTRALIA, 4072
电　　话：+61-7-33651662
传　　真：+61-7-33651683
电子邮件：a. everett@ uq. edu. au

五、人事管理与人才建设

中国农业科学院2010年人事人才工作综述

2010年，中国农业科学院人事人才工作在院党组的正确领导下，以全面提高我院科技自主创新能力为目标，坚持以人为本、以研为本，全面总结“十一五”工作成效，统筹谋划“十二五”工作思路，不断加强高层次人才队伍建设、农业科技创新团队建设、领导班子和干部队伍建设、组工干部队伍自身建设，做好收入分配政策调研、离退休管理与服务等，取得良好成效。主要工作有以下几个方面。

一、坚持引进和培养高层次人才，推动海外高层次人才创新创业基地建设

一是大力加强高层次人才队伍建设，积极推进海外高层次人才引进工作。做好拟进人选的申报工作，督促指导研究所尽快落实引进人才的工作条件及待遇，协商签订聘用合同。系统总结我院千人计划工作，进一步理清思路，明确了方向。修订我院专业技术职务评审制度，规范职称评审工作。2009年度评审通过正高级专业技术职务资格人员69人，副高级专业技术职务资格人员139人。截至2010年底我院共有高级职称人员2 002人。二是探索、创新高层次人才管理政策。起草了《中国农业科学院“千人计划”人才管理暂行办法》（初稿），对引进人才的聘用管理、工作条件和平台支持、待遇及兑现方式、考核评价等方面作出明确规定，规范了管理和服务；举办第二期团队首席科学家研修班，提高首席科学家的团队引领能力和管理水平；组织召开人才工作座谈会，努力打造人才特区；认真调研，积极向中组部提交有关高层次人才管理方面的政策建议。三是加大专家宣传力度。组织我院植保所王国梁参加党中央组织的休假活动，受到习近平同志的接见。经组织推荐，6人入选“新世纪百千万人才”，2人荣获第十一届“中国青年科技奖”，13人获政府特贴专家荣誉；获得科技活动启动类资助项目3项；1人获得高层次留学回国资助项目。做好“博士服务团”成员的考察、推荐工作。

杰出人才工程实施以来，我院在高层次人才队伍建设方面取得显著成效，得到上级领导和有关部门的认可。李源潮同志专门作出批示，对我院三管齐下，做好高层次人才工作给予充分肯定。在2010年的全国农业人才工作会上，我院作了典型发言。

二、认真贯彻《党政领导干部选拔任用工作条例》，不断加强干部选拔任用工作，推动领导班子建设

一是按照干部管理权限，严格执行干部选拔任用程序，做好干部考察工作。全年共任免所局级干部77人次，其中部党组管理的干部17人次，院党组管理的干部60人次。任职中提拔正所（局）级干部3人，副所（局）级干部19人。完成2009年度副院级、所（局）级后备干部推荐工作。二是加强中层干部队伍建设，进一步优化了队伍结构，推动了干部交流轮岗。全年共任免机关处级干部20人次，完成20个单位94人次中层干部任免职备案工作。开展院机关处级干部交流6人次。根据院机关岗位聘用实施方案，对七级及以下干部进行了管理岗位首次聘用。三是积极为研究所内设机构调整工作做好服务，办理了蔬菜所等12个单位内设机构调整，重新核准院直属单位内设机构情况，清楚掌握院直属单位机构编制基础数据。完成对油料所、研究生院党委、纪委换届相关事宜的批复和指导工作。根据院党组要求，对我院各单位纪委设置情况进行摸底，督促有关单位健全纪委。完成水稻所等7家单位纪委成立批复工作。

三、狠抓干部教育培训，加强干部队伍的能力建设

一是积极选派我院领导干部参加农业部等上级部门组织的各类培训班。全年共选派我院领导干部参加部级以上培训50余人次。其中，组织京区39名司局级干部参加中央党校举办的自主选学培训班。选派薛亮书记等7人分别参加中央党校第48期省部级干部进修班、中央党校第54期地厅级干部进修班等；选派郝志强等13人参加农业部组织举办的副局级领导干部培训班、处级干部培训班、组织人事干部培训班等。二是落实计划，积极开展我院自主举办的各类培训。组织举办了2010年度所局级干部培训班，共有40名所局级干部参加了培训。组织举办了第三期南京英语培训班，来自全院23个单位的23名科研骨干参加了培训。选派28名优秀业务骨干赴加拿大奎尔夫大学进行英语强化培训和学术交流。举办2010年度新入职人员岗前培训班，院属单位新接收毕业生共计220余人参加了培训。组织我院参加农业部中青年干部学习论坛活动，我院11篇文章入选优秀论文。三是积极选派、推荐专家参加人社部、中组部等部委组织的各类研修班、培训班。选派棉花所李付广副所长参加人社部组织的百千万人才工程国家级人选赴英国培训考察任务。推荐水稻所唐绍清研究员赴云南省开展技术服务活动。组织推荐作科所专家李立会参加人社部举办的“百千万人才工程”国家级人选高级研修班。推荐作科所专家何中虎参加中组部举办的2010年高级专家理论研究班。组织落实我院12位专家参加2010年农业部高级专业技术人员业务培训班。通过大规模培训，干部队伍的创新能力、管理能力和执行力明显提高。

四、抓好干部监督工作，不断提高选任用人的公信度

一是完成院直属单位2009年年度任务目标考核和全院所局级领导干部年度考核工作。协助中组部、农业部完成2009年度院领导班子和院领导年度考核及测评工作，并加大了对考核结果的运用。2009年评出年度考核优秀等次的所局级以上领导干部37人，对1名考核结果较差的领导干部进行了组织处理。二是协助中组部、农业部完成我院2009年度组织工作满意度调查。据农业部反馈结果显示，广大干部职工对干部选拔任用、条例执行情况、提拔干部总体评价、防止和纠正用人不正之风、人事制度改革、组工干部形象的满意度分别为97.4分、98.2分、96.5分、95.6分、93.9分和98.2分，均高于农业部直属单位平均水平。三是根据农业部要求，制定我院《干部选拔任用工作“一报告两评议”实施细则》，结合年度考核工作，组织院属各单位领导班子在述职述廉的同时，向干部群众专题报告本单位年度干部选拔任用情况，并进行民主评议。2010年5月，中组部检查组对我院选人用人工作进行专项检查，对选人用人、选人用人风气、人事制度改革三方面总体评价，满意和基本满意之和分别为95.7%、90.6%和94.9%，群众对我院选人用人工作总体评价较好。四是严格按照院党组《贯彻落实〈建立健全惩治和预防腐败体系2008~2012年工作规划〉的实施办法》和分工意见，严格决策制度，从源头上预防和治理用人上的不正之风。组织所局级领导干部在退休（离职）前签订从业承诺书；对院属单位党政主要负责人离任时开展履行干部选拔任用工作职责情况民主评议。配合监察局对后勤服务中心等6家单位开展了巡视工作，进一步加强了对院属单位领导班子及其成员的监督，并注重科学运用巡视成果。

五、认真做好离退休人员的管理和服务工作

一是加强机关离退休党总支建设，发挥好党支部在政治学习、沟通情况、凝聚人心、传递信息方面的重要作用。坚决执行党的离退休政策，做好“两费”的落实与监督，保证离退休人员待遇。二是积极争取经费，按照“管理统一化、功能一体化、服务社区化”的原则，对老干部活动站进行全面装修和改造，大大改善了老同志活动场所的硬件条件。农业部副部长牛盾、国务院机关事务管理局副局长尚晓汀等领导出席老年活动中心启用仪式。三是做好老同志的思想工作，通过召开座谈会和入户走访等形式，分析、解决老同志的困难和关心的热点问题。积极向上级有关部门反映，争取政策支持。四是组织丰富多彩的文娱活动，丰富老同志生活。2010年3月，成立院离退休“文体活动管理委员会”，进一步加强了对活动组织的管理。组织老同志参加农业部的文艺演出和选拔3次。组织各类春游、秋游活动10多批400余人次。组织参加农业部离退休职工运动会，并取得团体第二名。

六、深入做好收入分配及相关调研工作

一是按照收入分配制度改革的总体要求，加强绩效工资改革和工资政策执行情况调研。组织院属单位参加人事部、农业部的测算和数据审核工作，对我院 7 219名在职人员和3 209名退休人员的收入情况进行调研，对各单位现执行津补贴数量情况全面调研，分析摸底。积极向有关部门反映我院在收入分配方面面临的实际困难，争取政策支持，努力推动国有事业单位退休职工规范津补贴工作的工作进程。对近年的人事政策进行梳理，编印了《人事工作文件汇编》和《工资政策汇编》。二是认真做好工资的日常管理工作。编制下达 2010 年度工资总额计划，组织完成了院属单位正常增加薪级工资，完成各类工资异动审批约 2 400人次，调整伤残人员等优抚对象的抚恤和生活补助标准，做好监督执行和政策解释工作。三是围绕人事人才工作热点难点问题积极开展调查研究，强化人事人才管理的科学性。组织开展《中国农业科学院科研辅助人员队伍建设与管理机制研究》《农业科研院所中层干部队伍能力素质及选拔培养》《中国农业科学院“十二五”科技人才队伍建设规划专题研究》。拟定工作方案、明确进度要求，并组织了课题启动会和研究进展汇报会。组织课题组成员深入研究所，开展调研，发放并收回调研问卷 1 439份。参与农业部离退休干部局关于“老年大学”、“发挥作用”、“特困救助”、“老年党支部建设”4 个专题的调研工作。通过深入开展调研，进一步提升了人事人才管理工作的科学化水平。

七、全面总结“十一五”人事人才工作，认真谋划“十二五”发展

按照农业部和我院工作部署，组织召开全局职工大会，认真学习传达农业部及我院抓落实工作会议精神，结合中央一号文件、全国农业工作会议精神和有关领导的重要讲话，紧紧围绕推进“三农”事业发展，实现“两个千方百计”和“两个努力确保”的目标，突出“抓巩固、抓提高、抓能力、抓重点、抓落实”，研究制定《人事局抓落实工作方案》和《人事局抓落实的重点工作和具体措施》，进一步增强抓好工作落实的责任感和紧迫感。全面总结我院“十一五”人事人才工作，认真谋划“十二五”发展，围绕领导班子和干部队伍建设、科技人才队伍建设、深化人事制度改革等重点工作，明确各项措施，增强抓好人事人才工作的主动性和针对性，推动各项工作扎实有序开展。

八、统筹做好其他日常工作

一是做好人事劳动统计，科学运用统计结果。组织召开全院统计工作会议，对全院干部队伍、科技人员队伍、工人队伍人员构成情况以及工资现状进行了全面数据统计和

汇总。编印《中国农业科学院人事劳动统计资料汇编》，为领导和有关部门制定政策提供基础数据。二是做好出国境人员的审查与管理。全年办理因公出国人员政治审查 753 人次，因私出国人员审查 53 人次。认真完成京区单位因私出国境人员备案管理工作，办理变更备案 151 人。三是做好“西部之光”访问学者和“西藏特培”学员的培养工作。顺利完成 2009 年度 15 名“西部之光”访问学者和 2 名“西藏特培”学员的培养工作，落实接收 2010 年度“西部之光”访问学者的培养工作，共有来自西部 11 个省（区、市）的 16 名访问学者在我院研究所进行访问研修。四是做好调配工作。制定并组织落实 2010 年度接收高校毕业生计划，全年接收高校毕业生 228 人，其中京内 93 人，京外 135 人。接收复转军人 1 名，办理了 6 人的解决夫妻分居调配偶进京手续。五是做好人事档案管理工作。认真组织档案管理自查工作，并接受了中组部、农业部的检查。对近 3 年提拔任职的 32 位所局级领导干部档案进行整理、补充和完善，组织院属各单位人事档案管理人员参加农业部组织的业务培训。

中国农业科学院组织机构图

院长、党组书记

副院长、党组副书记、党组成员

院机关

- 院办公室
- 科技管理局
- 人 事 局
- 财务局（科技产业发展办公室）
- 基本建设局
- 国际合作局
- 直属机关党委
- 监察局

后勤服务中心

在京研究所

- 作物科学研究所
- 植物保护研究所
- 蔬菜花卉研究所
- 农业环境与可持续发展研究所
- 北京畜牧兽医研究所（中国动物卫生与流行病学中心北京分中心）
- 蜜蜂研究所
- 饲料研究所
- 农产品加工研究所
- 生物技术研究所
- 农业经济与发展研究所
- 农业资源与农业区划研究所
- 农业信息研究所
- 农业质量标准与检测技术研究所（农业部农产品质量标准研究中心）

中国农业科学院研究生院

中国农业科学技术出版社（中国农业科学院农业传媒与传播研究中心）

京外研究所

- 农田灌溉研究所
- 中国水稻研究所
- 棉花研究所
- 油料作物研究所
- 麻类研究所
- 果树研究所
- 郑州果树研究所
- 茶叶研究所
- 哈尔滨兽医研究所（中国动物卫生与流行病学中心哈尔滨分中心）
- 兰州兽医研究所（中国动物卫生与流行病学中心兰州分中心）
- 兰州畜牧与兽药研究所
- 上海兽医研究所（中国动物卫生与流行病学中心上海分中心）
- 草原研究所
- 特产研究所
- 农业部环境保护科研监测所
- 农业部沼气科学研究所
- 农业部南京农业机械化研究所
- 烟草研究所

共建单位

- 柑橘研究所
- 甜菜研究所
- 蚕业研究所
- 农业遗产研究室
- 水牛研究所
- 草原生态研究所
- 家禽研究所
- 甘薯研究所

中国农业科学院及院属单位领导人员名单

（以2010年12月底在职为准）

院长、党组副书记：翟虎渠
党组书记：薛　亮
副院长：王　韧　刘　旭　屈冬玉　李金祥　唐华俊
党组副书记、党组纪检组组长：罗炳文
党组成员：翟虎渠　薛　亮　王　韧　刘　旭　屈冬玉　罗炳文　李金祥　唐华俊　贾连奇

院办公室

主任：刘继芳
副主任：汪飞杰　方宜文（兼）

科技管理局

局长：王小虎
副局长：王晓举　袁龙江　王长江

人事局

局长：贾连奇（兼）
副局长：李增玉　汪学军　李奇剑

财务局（科技产业发展办公室）

局长（主任）：史志国
副局长（副主任）：吴胜军　潘燕荣　刘瀛弢（女）　范　静（女）

基本建设局

局长：付静彬
副局长：周　霞（女）　夏耀西

国际合作局

局　　　　　　长：张陆彪
副　局　　　　长：贡锡锋　申和平　冯东昕（女）

直属机关党委

书　　　　　　记：罗炳文（兼）
常务副书记：高淑君（正所级，女）
副　书　　　　记：林定根（正所级）
工会常务副主席：项伯纯（副所级）

监察局

局长、党组纪检组副组长：张逐陈
副　局　　　　长：姜维民（正所级）　林聚家

后勤服务中心（局）

主任、党委副书记：孟祥云（女）
党委书记、副主任、纪委书记：方宜文
副主任、党委副书记：赵玉林
副　主　　　　任：孙启刚　牛力平

作物科学研究所

所　　　　　　长：万建民
党委书记、副所长：张保明
副所长、纪委书记：齐秀改（女）
副　所　　　　长：王述民　曹永生

植物保护研究所

所长、党委副书记：吴孔明
党委书记、副所长：刘现武

副所长、纪委书记：陈万权
副所长：邱德文　郑永权

蔬菜花卉研究所

所长、党委副书记：杜永臣
党委书记、副所长：蒋淑芝（女）
副所长、纪委书记：孙日飞（副局级）
副所长：张宝玺　胡　鸿（女）

农业环境与可持续发展研究所

所长、党委副书记：梅旭荣
党委书记、副所长：栗金池（女）
副所长、纪委书记：张燕卿（副局级）
副所长：董红敏（女）　朱昌雄

北京畜牧兽医研究所（中国动物卫生与流行病学中心北京分中心）

所长（主任）、党委副书记：时建忠
党委书记、副所长（副主任）：袁学志
副所长(副主任)、党委副书记、纪委书记：文　杰
副所长（副主任）：何胜才　王加启

蜜蜂研究所

所长、党委副书记：吴　杰
党委书记、副所长：王　勇
副所长、纪委书记：周　玮
副所长：彭文君
党委副书记：刘凤彦

饲料研究所

所长、党委副书记：蔡辉益

党委书记、副所长：张步江
副所长、党委副书记、纪委书记：秦玉昌
副所长：齐广海

农产品加工研究所

所长、党委副书记：戴小枫
党委书记、副所长：舒文华
副所长、纪委书记：王志东
副所长：王　强

生物技术研究所

所长：林　敏
党委书记、副所长：田小薇（女）
副所长：路铁刚　张洪岭　张春义
党委副书记、纪委书记：孙丽萍（女）

农业经济与发展研究所

所长、党委副书记：秦　富
党委书记、副所长：任爱荣（女）
副所长、纪委书记：马　飞
副所长：王济民　孙东升

农业资源与农业区划研究所

所长、党委书记：王道龙
副所长、党委副书记、纪委书记：任天志
副所长：徐明岗　周清波　郭同军　邱建军

农业信息研究所

所长、党委副书记：许世卫
党委书记、副所长：王东阳
党委副书记、副所长、纪委书记：刘　俐（女）

副所长：孟宪学　王文生　骆建忠

农业质量标准与检测技术研究所（农业部农产品质量标准研究中心）

所长（主任）、党委副书记：叶志华
党委书记、副所长（副主任）：李恩普（女）
副所长（副主任）：钱永忠
副所长（副主任）、纪委书记：苏晓鸥

研究生院

院长：翟虎渠（兼）
党委书记、常务副院长：韩惠鹏
副院长、党委副书记、纪委书记：李思经（女）
副院长：刘荣乐　孙　红（女）

中国农业科学技术出版社

社长、直属党支部副书记：李锁平（副所级）
总编辑：黄　卫（正处级）

农田灌溉研究所

所长、党委副书记：段爱旺
党委书记、副所长：黄修桥
副所长、纪委书记：周子奎

中国水稻研究所

所长、党委副书记：程式华
党委书记、副所长：周晓震
副所长：李西明　廖西元
党委副书记、纪委书记：姜仁华

棉花研究所

所长、党委书记：喻树迅
党委副书记、副所长、纪委书记：侯志勇
副所长、党委副书记：李付广
副所长：王坤波　刘金海　李建萍（女）

油料作物研究所

所长、党委书记：王汉中
党委副书记、副所长、纪委书记：李光明
副所长：王移收　廖　星　廖伯寿　黄凤洪

麻类研究所

所长、党委书记：熊和平
党委副书记、副所长、纪委书记：王朝云
副所长：贺德意　臧巩固　李德芳　黄志辉

果树研究所

所长：刘凤之
党委书记、副所长：郝志强
副所长、党委副书记、纪委书记：丛佩华
副所长：陆致成　程存刚

郑州果树研究所

所长、党委书记：刘君璞
副所长：王志强
党委副书记、副所长：李松章
副所长：方金豹

茶叶研究所

所长、党委副书记：杨亚军
党委书记、副所长：陈　直
副所长、纪委书记：江用文
副所长：鲁成银

哈尔滨兽医研究所
（中国动物卫生与流行病学中心哈尔滨分中心）

所长（主任）：孔宪刚
党委书记、副所长（副主任）：高士军
副所长（副主任）：管国忠　魏凤祥　王笑梅（女）
副所长（副主任）、纪委书记：赵国辉

兰州兽医研究所
（中国动物卫生与流行病学中心兰州分中心）

副所长（副主任）（主持工作）：殷　宏
党委副书记、副所长（副主任）、纪委书记：白银梅（女）
副所长（副主任）：火德昌　张永光

兰州畜牧与兽药研究所

所长、党委副书记：杨志强
党委书记、副所长：刘永明
副所长、纪委书记：张继瑜
副所长：杨耀光

上海兽医研究所
（中国动物卫生与流行病学中心上海分中心）

所长（主任）：童光志
党委书记、副所长（副主任）：杨　瑾（女）

党委副书记、副所长(副主任)、纪委书记：林矫矫（正所级）
副所长（副主任）：丁铲 徐富荣

草原研究所

所长、党委副书记：侯向阳
党委书记、副所长：王育青
副所长：徐柱
副所长、纪委书记：李志勇

特产研究所

所长、党委副书记：杨福合
党委书记、副所长：沈育杰
党委副书记、纪委书记：董学
副所长：孙长伟 程世鹏 王英平 李光玉

农业部环境保护科研监测所

所长、党委书记：高尚宾
副所长：李玉浸（正所级）
副所长、纪委书记：陈璐
副所长：唐世荣 周其文

农业部沼气科学研究所

所长、党委副书记：李谦
党委书记、副所长：方向
副所长：胡国全 邓宇

农业部南京农业机械化研究所

所长、党委副书记：易中懿
党委书记、副所长：曹曙明
副所长、纪委书记：梁建

副所长：陈巧敏　胡志超

烟草研究所

所长、党委副书记：王元英
党委书记：管　辉
副所长：王树声
副所长、纪委书记：张忠锋
党委副书记、副所长：赖燕萍（女）

蚕业研究所

党委书记：王文义（兼）
常务副所长：张国政
党委副书记：张光明
副所长：李　龙

甜菜研究所

所长：陈连江
党委书记、副所长：韩卫平
副所长：杨　骥　姜志军

柑橘研究所

所长：周常勇（兼）
党委书记：龙　力
常务副所长：陈善春
副书记：邓　烈
副所长：焦必宁　彭良志　钟广炎

农业遗产研究室

主任：王思明

2010 年中国农业科学院院属各单位人员情况统计表

序号	单位	职工总数	专业技术人员					管理人员								工勤技能人员				
			小计	正高级	副高级	中级	初级及以下	小计	相当副部	正司局级	副司局级	副所级	正处级	副处级	科级及以下	小计	技工一级	技工二级	技工三级	技工四级及以下
	全院合计	7 268	4 606	702	1 185	1 834	885	874	2	37	43	205	146	263	178	1 788	14	186	1 165	423
	京内合计	2 671	1 886	414	571	675	226	436	2	18	21	111	60	138	86	349	11	91	193	54
	京外合计	4 597	2 720	288	614	1 159	659	438		19	22	94	86	125	92	1 439	3	95	972	369
1	院机关	205	86	22	37	17	10	119	2	5	9	39	12	33	19					
2	后勤中心	221	44		3	37	4	61			2	9	6	20	24	116	1	15	73	27
3	作科所	335	262	79	82	76	25	26		1	1	6	5	10	3	47	2	12	31	2
4	植保所	199	164	45	55	59	5	16			1	4	2	8	1	19	2	8	7	2
5	蔬菜所	195	140	31	41	51	17	25		1		5	3	9	7	30	2	9	16	3
6	环发所	158	115	17	29	26	43	37		3	4	9	8	5	8	6		2	2	2
7	畜牧所	157	120	32	41	42	5	14		1	1	3	3	6		23		13	10	
8	蜜蜂所	104	68	10	14	27	17	17		2		6	2	5	2	19	2	6	8	3
9	饲料所	109	92	16	27	42	7	14		1		6	3	2	2	3			2	1
10	加工所	96	64	13	17	26	8	11			1	3	4	3		21		5	15	1

（续表）

序号	单位	职工总数	专业技术人员					管理人员								工勤技能人员				
			小计	正高级	副高级	中级	初级及以下	小计	相当副部	正司局级	副司局级	副所级	正处级	副处级	科级及以下	小计	技工一级	技工二级	技工三级	技工四级及以下
11	生物所	112	99	24	32	31	12	10		1		2		6	1	3	1		2	
12	农经所	99	85	22	27	27	9	12		1		4	1	6		2	1		1	
13	资划所	270	230	52	73	96	9	32				5	6	11	10	8		2	5	1
14	信息所	232	174	23	58	59	34	21		1	1	5	4	3	7	37		16	15	6
15	质标所	68	61	9	18	28	6	4			1	3				3		2	1	
16	研究生院	77	54	14	10	20	10	11		1		1	1	8		12		1	5	6
17	出版社	34	28	5	7	11	5	6				1		3	2					
18	灌溉所	150	98	12	25	38	23	9			1	2	2	1	3	43		2	41	
19	水稻所	592	222	24	52	89	57	45		2	1	9	7	13	13	325		14	213	98
20	棉花所	418	177	20	51	77	29	29			2	8	2	9	8	212		10	191	11
21	油料所	253	171	21	43	88	19	16		1	2	4	5	3	1	66		1	54	11
22	麻类所	174	76	15	16	34	11	22			2	1	6	8	5	76		2	63	11
23	果树所	219	74	9	11	39	15	36		1	2	5	9	6	13	109		5	71	33
24	郑果所	193	145	14	41	71	19	16		1	1	5	3	4	2	32		2	26	4

（续表）

序号	单位	职工总数	专业技术人员					管理人员								工勤技能人员				
			小计	正高级	副高级	中级	初级及以下	小计	相当副部	正司局级	副司局级	副所级	正处级	副处级	科级及以下	小计	技工一级	技工二级	技工三级	技工四级及以下
25	茶叶所	164	114	14	27	51	22	16		1		5	1	6	3	34		6	16	12
26	哈兽医	450	281	30	56	132	63	34		1	2	5	6	19	1	135		6	115	14
27	兰兽医	292	234	26	41	103	64	15			1	1	2	9	2	43		3	23	17
28	兰畜牧	207	148	11	41	59	37	21		1	1	6	4	5	4	38		5	30	3
29	上兽医	120	91	13	19	50	9	17		2	1	2	3	6	3	12				12
30	草原所	165	101	10	28	34	29	17		2	1	6	3	2	3	47	3	27	11	6
31	特产所	506	297	14	36	115	132	54		1	2	12	9	16	14	155		2	38	115
32	环保所	126	109	11	19	50	29	11			2	2	2	2	3	6			6	
33	沼气所	97	69	11	13	18	27	18		2	1	3	7	3	2	10			3	7
34	农机化所	233	167	15	52	52	48	30		2		10	10	6	2	36		4	27	5
35	烟草所	192	120	17	33	49	21	23		2		7	3	3	8	49		3	39	7
36	祁阳站	19	13		4	6	3	4						3	1	2			2	
37	德州站	17	13	1	6	4	2	2						1	1	2			1	1
38	廊坊基地	10						3				1	2			7		3	2	2

注：1. 本表数据以工资统计口径为准。即以本人实际执行的岗位工资类别进行分类统计。

2010年中国农业科学院院属各单位专业技术人员情况统计表

序号	单位	科技人员总数	职称情况				学历情况			学位情况		年龄情况						专家情况				
			正高级	副高级	中级	初级及以下	研究生	大学	大专及以下	博士	硕士	35岁及以下	36～40岁	41～45岁	46～50岁	51～54岁	55岁及以上	两院院士	国家级专家	部级专家	政府特贴	百千万人才
	全院总计	5 266	755	1 336	2 111	1 064	2 619	1 758	889	1 371	1 467	1 868	764	711	1 017	550	356	10	5	101	109	45
	机关小计	197	30	74	56	37	101	86	10	35	72	63	25	28	40	18	23	2		4	3	1
	京内合计	2 221	442	656	799	324	1 317	635	269	859	561	677	342	322	492	224	164	8	4	54	71	29
	京外合计	3 045	313	680	1 312	740	1 302	1 123	620	512	906	1 191	422	389	525	326	192	2	1	47	38	16
1	院办公室	28	10	9	6	3	22	4	2	11	10	6	3	6	5		8	2		4	3	1
2	科技局	29	6	10	9	4	15	12	2	8	10	8	5	3	8	3	2					
3	人事局	27	1	12	7	7	9	15	3	2	9	8	3	5	4	3	4					
4	财务局	40	2	18	12	8	14	24	2	3	12	12	7	4	10	5	2					
5	基建局	20	1	9	5	5	7	13		2	7	8	3	2	3	2	2					
6	国合局	27	6	6	9	6	20	6	1	8	11	11	3	5	4	2	2					
7	机关党委	13	1	5	5	2	8	5			8	6		1	3	1	2					
8	监察局	13	3	5	3	2	6	7		1	5	4	1	2	3	2	1					
9	服务中心	75		5	50	20	1	33	41		2	1	11	17	19	17	10					

（续表）

序号	单位	科技人员总数	职称情况				学历情况			学位情况		年龄情况						专家情况				
			正高级	副高级	中级	初级及以下	研究生	大学	大专及以下	博士	硕士	35岁及以下	36～40岁	41～45岁	46～50岁	51～54岁	55岁及以上	两院院士	国家级专家	部级专家	政府特贴	百千万人才
10	作科所	278	80	86	89	23	164	68	46	131	56	53	35	52	78	34	26	2		10	15	7
11	植保所	179	45	57	61	16	128	31	20	112	25	48	39	19	44	18	11	1	1	8	7	2
12	蔬菜所	160	32	44	57	27	78	60	22	47	42	47	33	21	27	16	16	1	1	4	8	3
13	环发所	149	26	38	38	47	107	26	16	68	39	62	21	13	37	9	7			4	4	2
14	畜兽所	132	33	44	47	8	87	33	12	75	24	43	22	21	25	13	8	1		8	8	6
15	蜜蜂所	82	11	21	32	18	31	49	2	12	28	39	9	7	15	9	3				1	
16	饲料所	101	17	31	46	7	77	15	9	46	30	27	28	20	14	9	3			3	3	2
17	加工所	75	15	19	30	11	44	20	11	21	23	22	10	9	15	12	7				3	
18	生物所	104	25	32	35	12	73	21	10	58	19	33	19	17	25	3	7	1	1	2	4	5
19	农经所	93	23	31	28	11	62	27	4	47	16	26	12	13	22	9	11			1	2	
20	资划所	247	51	75	101	20	182	50	15	129	53	82	38	41	54	22	10		1	7	9	1
21	信息所	190	25	63	65	37	94	62	34	46	65	65	20	30	38	24	13			2	2	
22	质标所	65	9	20	30	6	38	23	4	17	26	32	11	4	11	1	6				1	

（续表）

序号	单位	科技人员总数	职称情况				学历情况			学位情况		年龄情况						专家情况				
			正高级	副高级	中级	初级及以下	研究生	大学	大专及以下	博士	硕士	35岁及以下	36~40岁	41~45岁	46~50岁	51~54岁	55岁及以上	两院院士	国家级专家	部级专家	政府特贴	百千万人才
23	研究生院	63	15	8	23	17	33	24	6	11	28	23	6	8	19	5	2			1	1	
24	出版社	31	5	8	11	7	17	7	7	4	13	11	3	2	9	5	1					
25	灌溉所	105	12	27	41	25	45	39	21	19	40	41	9	6	37	10	2			1		
26	水稻所	248	27	57	106	58	127	76	45	69	70	86	31	32	60	27	12			5	2	2
27	棉花所	201	22	54	79	46	56	91	54	31	25	54	22	50	45	22	8		1	4	4	3
28	油料所	187	21	48	98	20	108	44	35	64	45	69	21	16	49	17	15			7	5	3
29	麻类所	76	15	16	34	11	28	36	12	12	23	35	7	3	21	6	4			2	1	
30	果树所	91	11	15	45	20	46	22	23	6	40	38	14	7	12	12	8			1		
31	郑果所	161	16	42	81	22	54	64	43	9	52	55	17	23	24	31	11			2		
32	茶叶所	126	14	32	56	24	34	69	23	9	36	54	20	23	13	13	3	1		1	1	
33	哈兽研	315	31	59	159	66	153	104	58	78	75	131	57	44	33	27	23	1		2	4	2
34	兰兽所	245	26	42	109	68	117	98	30	49	84	112	44	27	33	16	13			4	4	2
35	兰牧药	166	12	45	68	41	81	44	41	20	61	61	20	16	39	23	7			1	1	

（续表）

序号	单位	科技人员总数	职称情况				学历情况			学位情况		年龄情况						专家情况				
			正高级	副高级	中级	初级及以下	研究生	大学	大专及以下	博士	硕士	35岁及以下	36～40岁	41～45岁	46～50岁	51～54岁	55岁及以上	两院院士	国家级专家	部级专家	政府特贴	百千万人才
36	上兽所	102	15	22	55	10	62	28	12	40	26	53	19	15	8	4	3			4	3	3
37	草原所	117	13	35	40	29	50	56	11	21	39	42	3	7	34	20	11			3	2	
38	特产所	351	16	45	131	159	132	125	94	29	103	118	78	63	38	31	23			3	4	
39	环保所	110	12	19	50	29	68	34	8	28	40	73	10	7	11	6	3					
40	沼气所	77	12	16	24	25	26	43	8	5	20	31	7	9	11	11	8			2	1	
41	农机化所	195	17	58	64	56	50	94	51	5	57	70	26	25	25	31	18			2	1	
42	烟草所	143	20	38	60	25	56	45	42	18	61	58	17	16	25	12	15			3	5	1
43	祁阳站	16		4	8	4	5	4	7		5	6			4	2	4					
44	德州站	13	1	6	4	2	4	7	2		4	4			3	5	1					
45	廊坊基地																					

2010年中国农业科学院院属各单位离退休人员情况统计表

序号	单位	离退休人员情况							中共党员	高级专业职务	
		小计	离休干部	退休干部	工人	退养	退职	街道代管		正高级	副高级
	全院总计	5 647	268	3 281	1 955	57	55	31	2 084	829	1 225
	京内小计	1 976	122	1 492	286	43	3	30	923	470	604
	京外小计	3 671	146	1 789	1 669	14	52	1	1 161	359	621
1	院机关	376	40	211	86	24	2	13	213	43	67
2	作物所	338	20	262	50	3		3	149	96	115
3	植保所	149	9	115	19	3		3	56	42	48
4	蔬菜所	147	9	104	30	1		3	63	36	42
5	环发所	79	5	74					39	25	30
6	畜牧所	158	6	120	26	5		1	63	35	42
7	蜜蜂所	76	2	64	9			1	35	18	24
8	饲料所	11		11					5	6	1
9	加工所	125	3	104	16	1	1		63	26	46
10	生物所	14		10	4				5	4	1
11	农经所	48	3	44	1				32	19	20
12	资划所	194	11	165	10	4		4	73	42	91
13	信息所	183	10	141	29	1		2	85	47	61
14	质标所	21		21					12	10	5
15	研究生院	38	4	28	5	1			21	11	8
16	出版社	19		18	1				9	10	3

（续表）

序号	单位	离退休人员情况							中共党员	高级专业职务	
		小计	离休干部	退休干部	工人	退养	退职	街道代管		正高级	副高级
17	灌溉所	113	8	75	29	1			43	19	32
18	水稻所	653	3	134	498		18		129	34	33
19	棉花所	353	7	124	220		2		79	30	24
20	油料所	201	7	90	104				73	20	38
21	麻类所	111	2	38	65	6			40	11	12
22	果树所	217	6	108	102	1			58	11	36
23	郑果所	132	14	67	50		1		43	13	32
24	茶叶所	110	3	70	30		6	1	44	22	29
25	哈兽研	312	23	154	135				96	32	48
26	兰兽研	157	7	105	43		2		45	33	41
27	兰牧药	176	13	136	27				65	28	55
28	家寄所	62	4	45	13				27	14	15
29	草原所	136	5	104	27				61	23	34
30	特产所	337	14	153	163		7		72	11	39
31	环保所	98	6	76	15		1		57	17	34
32	沼气所	98	2	87	9				50	7	36
33	农机化所	237	16	158	57	6			114	21	63
34	烟草所	142	6	58	63		15		59	13	18
35	廊坊站 德州站 祁阳站	26		7	19				6		2

中国农业科学院关于公布2009年度晋升专业技术职务任职资格人员名单的通知

农科院人〔2010〕87号

院属各单位、院机关各部门：

我院2009年度晋升高级专业技术职务任职资格人员已经农业部人事劳动司备案批复（农人技函〔2010〕3号），中级专业技术职务任职资格人员已经院人事局审核，现将人员名单予以公布（见附件）。

2009年度晋升高级专业技术职务人员的任职资格时间自2010年1月1日起计算；晋升中级专业技术职务人员的任职资格时间自你单位中级专业技术职务评审委员会评审通过之日起计算（其中，初聘人员自办理初聘手续之日起计算）。

请你单位接通知后，按照专业技术岗位需要，在核准的岗位数量范围内，办理专业技术岗位聘任手续。

附件：中国农业科学院2009年度晋升专业技术职务任职资格人员名单

二〇一〇年四月十九日

附件：

中国农业科学院 2009 年度
晋升专业技术职务任职资格人员名单

作科所

研　究　员：王春连　陶　梅　侯文胜　徐　江　李学勇
副 研 究 员：段灿星　郝晨阳　金龙国　乔卫华　孙　石
高级工程师：顾　平
助理研究员：李　昂　吴赴清　朱明珠　王红武　李慧慧　宋振伟　翁建峰
郭刚刚　方　沩　胡学旭

资划所

研　究　员：黄绍文　曹卫东　吴永常　苏胜娣
副 研 究 员：毛克彪　吴文斌　孙静文　张文菊　徐　方　张晓霞　李　力
孙　楠
高级农艺师：唐继伟
助理研究员：李　虎　李　刚　庄　严　周振亚　高懋芳　姜慧敏　王　贺

质标所

副 研 究 员：吴　伟　金　芬　邱　静
助理研究员：李　颖　陈天金　陈　松　金茂俊　张　维　张　妍

植保所

研　究　员：郑传临　张永军　宋福平　陈巨莲
副 研 究 员：陈华民　董丰收　魏守辉　王秋霞　高　利　王海鸿
助理研究员：孙　蕾　张　莹　张艳军　高玉林　李　宁　吕志创

郑果所

编　　审：陈新平
副研究员：周厚成　田莉莉　庞荣丽
高级农艺师：蒯传化
助理研究员：周红平　夏　雨　魏志峰　薛华柏　高登涛　张恒涛
实　验　师：赵　霞

沼气所

研　究　员：方　向　张　敏
副研究员：李　谦　张国治　李淑兰
助理研究员：宋　立
工　程　师：尚加奉

院机关

研　究　员：王晓举　付静彬　史志国
副研究员：刘振虎　王登山　王宇鸿　真少青　孟祥云
高级工程师：原　敏
助理研究员：胡铁华　左　旭　苗水清　于　辉　黄丹丹　汤承超　王　琤

油料所

研　究　员：张春雷　黄庆德
副研究员：张　奇　刘　静　马　霓　黄家权　魏　芳
助理研究员：余常兵　刘　佳　马　飞　闫贵欣　罗军玲　师家勤　王林海
詹高淼　金梦阳　李　俊　周海燕　董绪燕　印南日

研究生院

研　究　员：毛晓霞　李志平
副研究员：肖　阳
助理研究员：刘宇航　陈　婺　高　雷　李文才　王海胜　秦　方
会　计　师：周　燕

烟草所

研　究　员：时　焦
副 研 究 员：杨爱国　张久权　董建新　陈德鑫　吴　洁　冀永清
助理研究员：龚达平　巨常德
实　验　师：艾红丽

牧医所

研　究　员：李俊雅　张军民
副 研 究 员：赵　峰　李向臣　任红艳　刘振奇
副　编　审：程金华
助理研究员：史利军　贾　红　王涌鑫　赵学明　狄　冉　孙　鹏

信息所

研　究　员：孙君茂　王义明
编　　　审：李云霞
副 研 究 员：严定春　崔运鹏　韩　晋　程海鹏
副研究馆员：王鹭飞
副　编　审：田惠岳
助理研究员：谢　辉　王燕军　海占广　王　剑　张玉梅　王　宁　李干琼
樊景超　郑火国
会　计　师：郑庆春

特产所

研　究　员：李光玉
副 研 究 员：王桂武　苏伟林　赵家平　韩春丽　张秀莲
助理研究员：王　炜　张　宇　张海玲　罗国良　钟　伟　李一清　李少英
冷　雪　涂剑锋　赵靖波　王长凤　鲁月英　郑培和　郭　利
商云帅　齐巧玲
会　计　师：周玉月

饲料所

研　究　员：周志刚
副研究员：闫海洁　罗会颖　张海军
助理研究员：解　沛　田　园　田子罡　吴万灵　黄火清

水稻所

研　究　员：林贤青　颜红岚
副研究员：占小登　李春生　高振宇
高级经济师：葛爱娟（通过地方评审）
高级实验师：赖凤香
助理研究员：黄得润　魏祥进　曾宇翔　熊　杰
农　艺　师：汪森煜

蔬菜所

研　究　员：李君明　刘　佳
副研究员：张圣平　王立浩　张　彦　石延霞
副　编　审：姚　蔚
助理研究员：李海芬　刘　杰　刘新艳　刘　磊　袁素霞　姜丽娅

生物所

研　究　员：平淑珍　陈茹梅　孙丽萍
副研究员：权瑞党　张治国　张　霞　蔡晶晶　王俊英
助理研究员：郭惠明　董铁博

上兽所

研　究　员：陈兆国　程国锋　李泽君
副研究员：韩红玉　龙进学　沈　阳
助理研究员：黄　燕　张厚双　史子学　郑　浩　仇旭升　郭素霞　宋翠萍
高　飞　王霄旸

农经所

研　究　员：王明利　薛桂霞　任爱荣
副 研 究 员：辛　岭　刘合光　孙炜琳
副研究馆员：姚　瑾
助理研究员：杨　春　崔奇峰　孙翠清　魏　赛

农机所

研　究　员：陈小兵　谢焕雄
副 研 究 员：刘　燕　李良波　陈长林　胡　桧　丁素明　王素珍
助理研究员：张　敏　袁文胜　张宗毅　吴　峰

牧药所

研　究　员：高雅琴
副 研 究 员：王晓力　李锦宇
高级实验师：牛春娥
助理研究员：焦增华　王　瑜　路　远　裴　杰
实　验　师：张　梅　巩亚东

棉花所

研　究　员：范术丽
编　　　审：刘全义
副 研 究 员：王俊娟　吴建勇　王秋岩
高级农艺师：周忠丽
助理研究员：李俊文　陆才瑞　吕丽敏　庞朝友　马雄风　商海红　张　帅
　　　　　　李志芳　马小艳
农　艺　师：王晓辉　刘爱英　刘淑青

蜜蜂所

研　究　员：孙丽萍　彭文君
副 研 究 员：罗术东　胡长安

助理研究员：刘世丽　丁桂玲　黄家兴　陈　芳
经　济　师：马　健
实　验　师：王　鹏

麻类所

研　究　员：喻春明
副 研 究 员：段盛文
高级实验师：严　理
助理研究员：马　兰　王晓飞　邓　欣　邱财生　陈基权　程　毅
实　验　师：张翠萍

兰兽所

研　究　员：刘光远　刘西兰
编　　　审：张文举
副 研 究 员：郭慧琛　兰　喜　李有全　郑海学
高级工程师：陈荣花
助理研究员：高鹏程　房永祥　龚真莉　董金杰　张克山
实　验　师：丁小龙　杨亚民

加工所

研　究　员：毕金峰
副 研 究 员：邢福国　王　锋
助理研究员：李　娟　刘红芝　刘　鹭　李庆鹏　彭　博

环发所

研　究　员：游松财　栗金池
编　　　审：雷水玲
副 研 究 员：朱志平　武永峰　陈敏鹏　杨春莉
助理研究员：耿　兵　马　欣　李迎春　陕　红　张爱平　刘　硕　董一威

环保所

研　究　员：王继军
副研究员：修伟明　黄治平　张　泽
高级工程师：赵玉杰
助理研究员：孙　扬　戴礼洪　王　伟　梁军锋　杨　鹏　张贵龙　张长波
　　　　　　冯人伟　彭　祎
馆　　　员：王宪仁

哈兽所

研　究　员：王秀荣　付朝阳　崔尚金　李呈军
副研究员：祁小乐　安同庆　李　娜　李昌文　王牟平　袁　远　关云涛
高级实验师：张　坦
助理研究员：乔祖健　高　艳　孙　元　刘慧芳　曾显营　童申军　张传东
　　　　　　胡井雷　崔永镇　杨　丹　毛胜刚　陈志宇　李　雪　高　锐
　　　　　　王宝庆　常玉明
会　计　师：陈义全　杨丽娟
实　验　师：礼　源　赵聪颖　万文英

果树所

研　究　员：张静茹
副研究员：张红军　迟福梅
助理研究员：杨　玲　吴玉星　佟　伟　胡成志　李　壮　张彩霞　王　斐
　　　　　　王志刚　徐　锴　毋永龙　徐国锋　贾晓辉
会　计　师：曹瑞玲
实　验　师：张少瑜

灌溉所

研　究　员：孟兆江
副研究员：冯俊杰　范永申
助理研究员：申孝军　刘　杨　胡　超　刘　浩　李彩霞　赵志娟

出版社

编　　审：李　芸
副 编 审：梅　红
编　　辑：邬震坤　李　华

茶叶所

研 究 员：尹军峰
副研究员：王新超　楼正云
助理研究员：赵晓红　朱俊峰　刘守安　金基强　许勇泉　韦　康　张新忠
农 艺 师：马秀芬　杨耀虎

草原所

研 究 员：师文贵
副研究员：高书晶　任卫波　赵金梅
助理研究员：塔　娜　高凤芹　高　丽　庞立东　德　英　杨婷婷　解继红　吴洪新
编　　辑：陈双燕

关于印发《中国农业科学院干部选拔任用工作“一报告两评议”实施细则》的通知

农科院党组发〔2010〕45号

院属各单位、院机关各部门：

为加强对干部选拔任用工作的民主监督，防止和纠正选人用人上的不正之风，提高选人用人公信度，根据中组部、农业部有关文件精神，结合我院实际，制定《中国农业科学院干部选拔任用工作“一报告两评议”实施细则》，现予印发，请认真贯彻执行。

中国共产党中国农业科学院党组

二〇一〇年十二月一日

中国农业科学院干部选拔任用工作“一报告两评议”实施细则

第一条 为加强对干部选拔任用工作的民主监督，进一步规范选人用人行为，提高选人用人质量，根据中共中央组织部《关于加强中央和国家机关干部选拔任用工作监督检查的意见》和《农业部干部选拔任用工作“一报告两评议”实施细则》有关规定和精神，制定本细则。

第二条 干部选拔任用工作“一报告两评议”，是指院属各单位、院机关各部门领导班子在述职述廉的同时，向干部群众专题报告本单位（部门）年度干部选拔任用情况，并在一定范围内对本单位（部门）干部选拔任用工作和新选拔任用的干部进行民主评议。

第三条 院党组“一报告两评议”由人事局配合上级组织人事部门组织实施。院属各单位、院机关各部门“一报告两评议”在人事局的统一指导下，由本单位（部门）组织人事部门组织实施。

第四条 “一报告两评议”一般安排在当年年底或者次年年初，与领导干部年度考核结合进行。参加评议的人员范围，按照《中国农业科学院领导干部选拔任用工作办法》（农业科学院党组发〔2006〕28号）中有关民主推荐的参加人员范围执行。

第五条 各单位（部门）主要负责同志代表领导班子报告干部选拔任用工作。干部选拔任用工作专题报告可作为单独的报告，也可作为领导班子述职报告的一个专项内容。报告内容由领导班子集体审定，并提前发给参加评议的人员。报告一般包括下列内容。

（一）选拔任用干部的总体情况（包括提拔、交流轮岗等）；

（二）贯彻执行党的干部路线方针政策的情况；

（三）创新选人用人措施和方法，建立健全干部选拔任用和监督机制的情况；

（四）整治用人上不正之风的情况（包括上年度评议整改措施落实情况）；

（五）存在的主要问题和改进的措施；

（六）其他需要报告的情况。

第六条 参加评议人员采取无记名方式填写《干部选拔任用工作民主评议表》和《新选拔任用干部民主评议表》。新选拔任用干部民主评议的对象为本单位（部门）近一年内选拔任用的处级干部。

第七条 各单位（部门）组织人事部门应提前将开展“一报告两评议”的具体安

排报告人事局，人事局视情况可参加各单位（部门）的“一报告两评议”工作。

第八条 “一报告两评议”采取赋分加权的方法计算得分。

（一）评议得分为干部选拔任用工作民主评议与新选拔任用干部民主评议两项得分之和，满分 100 分；

（二）干部选拔任用工作民主评议计分方式；

干部选拔任用工作民主评议满分 60 分，为 4 个单项分之和。

单项分 = “满意”比重 ×15 + “基本满意”比重 ×9 + “不满意”比重 ×0，满分为 15 分。

当年度没有新选拔任用干部的单位（部门），只进行干部选拔任用工作民主评议，其单项分计算方式如下：

单项分 = “满意”比重 ×25 + “基本满意”比重 ×15 + “不满意”比重 ×0，满分为 25 分。

（三）新选拔任用干部民主评议计分方式；

得分 = 平均“满意”比重 ×40 + 平均“基本满意”比重 ×24 + 平均“不满意”比重 ×0，满分为 40 分。

（四）以上公式中的比重均为剔除填写“不了解”和未作评价的人员后的比重。

第九条 “一报告两评议”结束后，民主评议表的收集汇总工作一般由本单位组织人事部门负责，并将干部选拔任用工作民主评议表（原始票）、干部选拔任用工作民主评议情况汇总表、新选拔任用干部民主评议表（原始票）及新选拔任用干部民主评议情况汇总表报人事局。人事局负责计算各单位（部门）“一报告两评议”的得分，并按照总分进行排名（分院属各单位、院机关各部门两组），报院党组审定后，报部人事劳动司备案。民主评议结果及排名情况由人事局向各单位（部门）反馈。

各单位（部门）领导班子应当对民主评议结果及排名情况进行认真分析，研究提出加强和改进工作的措施，并及时向干部群众通报干部选拔任用工作民主评议结果和相关整改措施。

第十条 根据民主评议结果，对民主评议满意度高、工作成绩突出的，予以表扬；对民主评议满意度分值明显偏低、干部群众反映强烈的单位（部门），要将其列为重点检查对象，派出检查组或结合巡视工作，对其干部选拔任用工作进行重点了解，并根据检查结果作出相应处理。对新选拔任用干部民主评议中“不满意”率较高（超过 20%，尚未达到 30%）的干部，本单位（部门）领导班子要进行分析，并与干部本人进行谈话提醒。对“不满意率”超过 30%、干部群众意见集中的干部，本单位（部门）领导班子应当对其选拔任用情况作出说明，并提出处理建议报人事局。必要时，由人事局直接进行调查处理。

第十一条 开展“一报告两评议”应当严格遵守纪律。不得弄虚作假、隐瞒真实情况，不准干扰参加评议人员表达真实看法，不准更改、伪造民主评议结果，不得以征求意见等方式代替民主评议。违反上述纪律，视情节轻重，对相关责任人进行组织处理或纪律处分。

第十二条 本细则由人事局负责解释。

第十三条 本细则自印发之日起施行。

中国农业科学院关于印发《中国农业科学院机关管理岗位七级以下职员晋级聘用工作实施细则》的通知

农科院人〔2010〕240 号

院机关各部门：

为做好院机关管理岗位七级以下职员等级考核、晋升、聘用的组织实施工作，现将《中国农业科学院机关管理岗位七级以下职员晋级聘用工作实施细则》印发给你们，请遵照执行。

中国农业科学院

二○一○年十一月四日

中国农业科学院机关管理岗位七级以下职员晋级聘用工作实施细则

为切实做好院机关管理岗位七级以下职员等级考核、晋升、聘用的组织实施工作，引导机关干部加强学习、努力工作、提高素质，根据《中国农业科学院岗位设置管理暂行规定》（农业科学院人〔2008〕316号）和《中国农业科学院管理岗位聘用暂行办法》（农业科学院人〔2008〕317号）等文件规定，结合院机关实际，制定本细则。

第一条　适用范围

本细则适用于院机关管理岗位人员晋升七级、八级、九级职员。新录用人员试用期（见习期）满和新调入人员确定职员等级，按照《中国农业科学院管理岗位聘用暂行办法》的有关规定进行。

第二条　晋级资格条件

（一）具备《中国农业科学院管理岗位聘用暂行办法》中要求的职员基本条件；
（二）晋升上一级职员岗位的，需在下一职级职员岗位上工作3年以上；
（三）晋升上一级职员等级的，要求在下一职级聘期内年度考核结果在称职以上。

第三条　晋级考核方法

机关管理岗位职员等级晋升考核主要采取个人述职答辩和民意测验相结合的方式进行。

第四条　晋级考核内容

对拟晋升上一级职员岗位人员任现职以来的思想政治素质、工作作风、管理水平、工作实绩和廉洁自律等方面进行全面考核。考核内容包括德、能、勤、绩、廉5个方面，重点考核工作实绩。

第五条　实施步骤

机关七级以下职员等级晋升工作由人事局负责组织，院机关各部门具体实施。

（一）提出晋级申请

申请人对任现职以来的工作进行总结，提出晋级聘用申请，并填写《晋级申请表》，报送本部门综合处。

（二）资格审查

综合处根据本细则第二条，对申请晋级人员的资格、条件进行审查。

（三）述职答辩

申请人在本部门全体干部职工大会上作任职以来工作述职，并进行答辩。

述职应包括以下主要内容：政治理论和业务知识学习情况；履行岗位职责情况；取得的工作成绩；存在的主要不足及下一步打算。

答辩问题由本部门领导根据其岗位职责确定。

（四）民意测验

由参会人员根据申请人述职情况和平时工作表现进行综合评价，填写《民意测验票》。《民意测验票》包括任职以来的总体评价和民主推荐两个部分。

（五）考核结果使用

民意测验结果应作为申请人晋升上一级职员等级的重要依据。其中，任职以来总体评价优秀加称职比例和同意推荐率均达到80%以上者方可晋级。

（六）确定拟晋级人选

根据考核结果，本部门领导班子集体研究提出晋级人选报人事局审批，报送材料包括《晋级申请表》、表现材料、任免审批表等。

（七）审批聘用

经人事局局务会议研究，确定晋级人选，并办理相关聘用手续。
本实施细则自下发之日起施行。
本实施细则由人事局负责解释。

关于雷茂良同志免职的通知

农党组发〔2010〕40 号

中国农业科学院党组：

经部党组 2010 年 8 月 20 日会议研究，决定：免去雷茂良同志的中国农业科学院党组成员职务。

中国共产党农业部党组

二〇一〇年八月二十五日

关于雷茂良免职的通知

农任字〔2010〕49号

中国农业科学院：

经部党组2010年8月20日会议研究，决定：免去雷茂良的中国农业科学院副院长职务。

中华人民共和国农业部

二〇一〇年八月二十五日

关于王韧同志任职的通知

农党组发〔2010〕60 号

中国农业科学院党组：

经部党组 2010 年 9 月 19 日会议研究，决定：王韧同志任中国农业科学院党组成员。

中国共产党农业部党组

二〇一〇年十月十三日

关于王韧任职的通知

农任字〔2010〕53号

中国农业科学院：

经部党组2010年9月19日会议研究，决定：王韧任中国农业科学院副院长。

中华人民共和国农业部

二〇一〇年十月十三日

关于李金祥同志任职的通知

农党组发〔2010〕68 号

中国农业科学院党组：

经部党组 2010 年 11 月 26 日会议研究，决定：李金祥同志任中国农业科学院党组成员。

中国共产党农业部党组

二〇一〇年十一月三十日

关于李金祥任职的通知

农任字〔2010〕59号

中国农业科学院：

经部党组2010年11月26日会议研究，决定：李金祥任中国农业科学院副院长。

中华人民共和国农业部

二〇一〇年十一月三十日

培养集聚农业科技高层次人才
助力现代农业大发展

——在全国农业农村人才工作会议上的发言

中国农业科学院党组成员、人事局局长　贾连奇

近年来，中国农业科学院认真贯彻落实科学发展观，坚持科学的人才观，以国家科技发展战略为出发点，以“三农”需求为落脚点，以建设世界一流农业科研院所为宗旨，大力实施“人才强院”战略，着力打造一支高层次人才集中、梯队结构合理、创新能力强的农业科技人才队伍，为发展现代农业和建设社会主义新农村提供了坚实的人才保障和智力支持。

一、实施“三大工程”，聚集培养高端农业科技人才

中国农业科学院深刻认识到人才在农业科技创新中的重要作用，“十五”以来，先后实施了人才—团队—基地“三步走”的人才建设系统工程，初步构建了一个“引育并举”、“以用为本”的人才工作新机制，开创了农业科技人才工作新局面。

一是实施“杰出人才工程”，引进培养学科带头人。2002 年年初，我院在大力调整和完善学科设置的基础上，根据学科和人才梯队建设需要，确定了“学科领军、学术带头、专业骨干”三个层级的杰出人才岗位标准，并通过互联网、报纸等新闻媒体，面向海内外公开招聘高层次人才。“杰出人才工程”实施以来，共招聘到一级岗位杰出人才 43 人，二级岗位 124 人，三级岗位 239 人。其中，从美国、日本、澳大利亚等国引进 37 人，从国内其他单位引进 24 人，初步形成了以杰出人才为主体的学科带头人队伍。经过 8 年的培养锻炼，这批优秀人才已逐渐成长为我国农业科技创新的一支中坚力量。

二是实施“科技创新团队建设工程”，发挥人才整体效应。加强联合与协作是解决重大科技问题的内在要求。我院从 2007 年起迈出了人才工作的第二步，即实施科技创新团队建设工程。提出了“学科引领、资源优化、重点突出、整体带动”的建设原则，明确了“以院引领、以所为主”的职责分工，经过 2 年多的动员酝酿、整合论证，遴选产生了 13 个院级优秀科技创新团队和 90 个所级重点科技创新团队。知名的首席科学

家、稳定的研究方向、持续的经费支撑、合理的成员结构，打造出一批业绩成果突出、引领作用显著的国际知名团队，使我院的农业科技创新从原来单兵分散的“点”突破，逐步走向紧密连续的“集群”研究，人才资源初步得到整合，整体效应逐步呈现。

三是实施“海外高层次人才引进工程”，延揽国际顶尖科学家。2008年底，我院被确定为国家首批“海外高层次人才创新创业基地”。为建好农业领域首个国家级人才基地，我院决定实施海外高层次人才引进“1351计划”，今后5~10年，从海外引进10名国家级人才、30名部级人才、50名院级人才，并通过国际合作与交流，柔性引进100名左右海外高层次人才。制定人才评价、考核、激励、流动、服务的特殊政策，着力创建人才创新创业特区。截至目前，我院已招聘到入选“千人计划”的3位外籍专家。随着一批国际顶尖农业科学家的加入，我院农业科技创新水平必将得到大大提升。

二、坚持“一体两翼”发展，努力营造拴心留人环境

在实施人才队伍建设“三大工程”过程中，中国农业科学院提出以学科建设为主体，以平台项目和体制机制为保障的“一体两翼”工作思路，切实做到以事业留人，以感情留人，以待遇留人。

一是优化学科布局，为人才搭建施展才华的舞台。学科建设是科研院所提升自主创新能力的生命线，更是会聚人才、培养人才、成就人才的必由之路。“十五”初期，我院结合农业科技发展规律、国际前沿发展趋势和新时期我国农业农村经济发展的需要，规划确定了作物科学、畜牧兽医科学等9大学科领域和41个一级学科、173个二级学科的基本框架，形成了面向现代农业，结构合理、重点突出的现代农业学科体系。经过几年的建设与发展，原有传统学科优势不断巩固和加强，一批新兴学科发展迅速，优势显现。植物基因组学、超级稻育种及理论、动物疫病防控等优势学科已在国际上占有一席之地，为引进培育优秀科技创新人才奠定了坚实的基础，提供了广阔的空间。

二是强化平台项目支撑，为人才创新创业提供必要的条件。以平台建设为依托，为人才成长提供支撑条件。我院累计为杰出人才提供仪器设备费1.3亿元，“十五”以来累计争取国家投资超过20亿元，大力推进科技平台建设。截至目前，已建成5个国家重点实验室、16个国家农作物改良中心（分中心）等一系列重大科技平台，初步形成了以国家重大科学工程为龙头，重点实验室、质检中心、野外台站、种质资源库等为配套的农业科技平台体系，为开展农业科研工作和培养优秀人才提供了强有力的条件支撑。

以科研项目为载体，为人才成长提供实践条件。为保障引进人才科研工作的持续开展，我院一方面自筹资金1.06亿元，为他们提供充足的科研启动经费，使其尽快进入角色，另一方面积极推荐他们参与国家重大科技规划的编制、评审论证等工作，支持他们承担国家级科研项目。“十五”以来，全院共承担国家及行业各类科技项目5 572项，科技经费约43.4亿元，为人才发展提供了丰富的实践条件。

三是创新人才管理方式，构建有利于人才科学发展的体制机制。坚持完善党管人才的领导体制。中国农业科学院各级党组织充分发挥党组（党委）的核心作用，坚持党组（党委）统一领导，组织人事部门牵头抓总，有关职能部门密切配合的人才工作运行机制，着力在发现人才、培养人才、用好人才、服务人才上下功夫。院党组先后出台了《杰出人才招聘实施办法》《优秀科技创新团队管理办法》等一系列规章制度和工作规范，构建了人才培养、引进和使用的制度框架。

探索建立弹性考核评价机制。打破传统的人才评价模式，按照“鼓励创新、宽容失败”的原则，改变过去的行政领导为主的考核模式，充分发挥学术委员会和同行专家的作用；改变评价过于频繁、程序繁琐的考核方式，淡化年度考核和个人考核，实行聘期考核和团队考核；改变过去过度量化的指标考核形式，通过在网上开辟专栏、在院所内开展学术报告和专题研讨等，展示人才工作业绩，逐步探索建立起一套符合人才特点的弹性考核评价机制。

探索建立向优秀人才倾斜的收入分配机制。打破常规，在收入分配上向优秀人才倾斜，建立起杰出人才和海外高层次人才年薪保底、上不封顶的薪酬制度。充分体现“按劳取酬、优劳优酬”原则，为杰出人才一级岗位提供不少于10万元年薪，二级岗位提供不少于8万元年薪，三级岗位提供不少于6万元年薪；为“千人计划”人才提供不少于100万元年薪，为优秀科技创新团队提供60万元的自主支配经费。

探索建立引育并举的培养机制。坚持以服务国家发展需求为导向，探索建立自主培养与人才引进相结合，实践锻炼、继续教育、培训交流等多种方式并举的人才培养开发机制。在研究所领导班子建设中，积极选拔优秀人才担任领导职务，提升他们的职业发展空间。把培养人才作为团队建设的一项重要内容，定期举办团队首席科学家研修班，组织团队首席科学家赴加拿大进行英语培训，提升他们的团队管理水平和对外学术交流能力。

三、坚持“以用为本”，不断增强农业科技创新能力

在实施“三大工程”过程中，我院始终坚持“以用为本”，围绕用好用活人才，在会用、重用上下功夫，鼓励和支持广大科学家面向国家战略需求，大力开展自主创新。如一级岗位人才钱前博士在水稻功能基因研究方面取得重大突破，研究成果分别在《Nature》和《Plant cell》上发表。又如在2006年全球“禽流感”暴发之际，陈化兰博士带领团队联合攻关，取得重大突破，研制的禽流感诊断试剂和疫苗被广泛应用，为我国和有关国家禽流感防控提供了关键科学技术支持。“十五”以来，我院共获得国家一等奖4项、二等奖36项，省部级奖400多项。取得了超级稻、矮败小麦、转抗虫基因三系杂交棉、转基因植酸酶玉米、双低油菜、高油大豆、口蹄疫疫苗等一批具有自主知识产权和世界领先水平的科研成果，为推动现代农业大发展提供了强有力的科技支撑。

我院人才队伍建设取得了显著成效，也积累了宝贵经验，获得了许多有益的启示。

一是坚持党管人才原则，切实加强领导，是顺利实施“三大工程”的关键前提。二是坚持服务大局，面向现代农业发展需求，是有效推动“三大工程”的强大动力。三是坚持人才优先发展，加大资金投入，是快速推进“三大工程”的有效手段。四是坚持以人为本理念，营造宽松和谐环境，是全面推进“三大工程”的强大保证。

扎实进取　锐意创新 开创我院人事人才工作新局面

——贾连奇在中国农业科学院人事劳动工作会议上的讲话

（2010 年 11 月 16 日）

同志们：

在各级领导的关心支持下，经过全体代表的共同努力，为期两天的中国农业科学院人事劳动工作会议圆满完成了各项任务，今天就要结束了。来自院属各单位、院机关各部门的 40 余位同志参加了此次会议。在总结“十一五”、谋划“十二五”、部署 2010 年底重点工作的关键时期，召开这次会议，组织大家深入学习国家人事人才政策，进一步明确我院人事人才制度规范和工作重点，对于我们全面总结过去 5 年人事人才工作，统筹谋划“十二五”发展，具有十分重要的意义。

会上，农业部人事劳动司冯广军副司长针对国家中长期人才发展规划纲要和全国农业人才工作会议精神作了重要讲话，具有很强的指导意义。院人事局各处室对我院人事人才工作规范和近期重点工作进行了全面部署，进一步统一了思想认识，明确了任务方向，理清了工作思路。

总的来看，这次会议主题突出、内容丰富，安排紧凑、成效显著，对提高我院组织人事干部把握大局、开拓创新的能力具有重要作用，对促进我院人事人才工作的科学高效具有重要意义，为全面做好“十二五”人事人才工作打下了良好基础。

下面，我就进一步做好我院人事人才工作讲 4 点意见。

一、“十一五”人事人才工作回顾

在过去的 5 年，我院在农业部党组的正确领导下，以“三个代表”重要思想为指导，深入贯彻落实科学发展观和党的十七大、十七届三中、四中、五中全会精神，以国家科技发展战略为出发点，以“三农”需求为落脚点，以建设世界一流农业科研院所为着力点，按照科学的发展观、人才观要求，大力实施“人才强院”战略，服务中心，突出重点，狠抓落实，人事人才各项工作取得良好成效。

（一）以改革创新为动力，积极推动人事制度改革

一是全面推行岗位设置管理和聘用制。根据《农业部事业单位岗位设置管理试行办法》，结合我院实际情况，制定了我院岗位设置方案，印发了《中国农业科学院岗位设置管理暂行规定》等4个管理办法，基本完成全院岗位设置和首次分级聘用工作。

二是进一步深化选人用人制度改革。积极推进公开招聘、竞聘上岗的选人用人制度，健全选人用人操作程序，完善公开竞争、职责明确、管理规范的用人机制，激发干部队伍活力。积极落实领导班子任期制，统一规范，平稳推进。领导班子和干部队伍的战斗力、凝聚力不断增强。

三是稳步推进收入分配制度改革。适应事业单位聘用制改革和岗位管理的要求，按照人事部《关于印发事业单位工作人员收入分配制度改革方案的通知》等文件要求和部署，认真摸底测算，完成岗位工资、薪级工资套改，初步完成全院工资制度改革。积极开展绩效分配调研，组织完成离退休人员规范津贴补贴工作，不断发挥好工资分配的激励和导向作用。

（二）以人才战略为引领，高层次人才队伍建设打开新局面

一是“杰出人才工程”继续推进。在“十五”期间全院统一引进的基础上，“杰出人才工程”进入自主持续引进阶段，各研究所根据自身需求，自主引进二级人才9人，三级人才7人。截至目前，我院共从国内外招聘到一级岗位杰出人才43人，二级人才124人，三级人才239人，初步形成了以杰出人才为主体的学科带头人队伍。

二是“海外高层次人才基地”建设初见成效。2008年底，根据《中央人才工作协调小组关于实施海外高层次人才引进计划的意见》，我院被确定为国家首批“海外高层次人才创新创业基地”。作为农业领域首个国家级人才基地，我院成立了基地建设领导小组，积极实施海外高层次人才引进“1351计划”，制定人才管理配套政策，着力创建人才创新创业特区。截至目前，已招聘到入选“千人计划”的外籍专家3位。

三是专家队伍建设不断加强。积极组织，加强宣传，专家推荐工作取得明显效果，专家的知名度和影响力不断提高。5年间，新增工程院院士1人，获得省部级以上奖励或荣誉称号58人，基本形成了以院士为“龙头”，以国家级专家、部级专家、政府特殊津贴专家、杰出人才为主体的高层次专业技术人才队伍。

（三）以资源优化为目标，人才团队建设取得新进展

一是着力打造科技创新团队。印发了《中共中国农业科学院党组关于加强科技创新团队建设的意见》，科技创新团队建设工程有了良好开端。遴选产生了首批13个院

级优秀科技创新团队、90 个所级重点科技创新团队。成功举办两期团队首席科学家培训班，创新管理机制，有效推动了科技创新团队的健康快速发展。在科技人员中，逐步确立围绕主要学科的团队发展理念，围绕学科建设争项目、聚人才。人才资源得到初步整合，整体效应逐步呈现。

二是科技人员队伍平稳发展，高级专业技术人员的比例不断提高。不断加强高级专技人员的培养和评审工作，平均每年评审通过正高 70 人左右、副高 150 人左右。截至 2009 年底，全院共有科技人员 5 000余人，其中，高级专业技术职务人员 2 000余人，将近科技人员总量的40%，较“十一五”初期稳步提高。

三是不断提升科技人员的综合素质和学历层次。加强调配工作管理，实行新进毕业生公开招聘，强化在职人员学历教育与业务培训。高学历人员比例逐年提高，目前具有博士、硕士学位的人员已将近科技人员总数的一半。

（四）以能力建设为重点，领导班子和干部队伍建设取得新成效

一是加强规章制度建设，规范选人用人行为，提高选人用人公信度。修订完善了《中国农业科学院领导干部选拔任用工作办法》等一系列规章制度，严格选拔程序，普遍推行干部考察预告制、任前公示制、任职试用期制和任职回避制。这些制度在院内得到了较好的落实，得到了干部职工的认可，也得到了上级部门的肯定。2010 年 5 月，中组部组织选人用人工作检查组到我院评估检查，给予高度评价，广大干部职工对我院选人用人工作总体评价为“满意”和“基本满意”的占 95.7%。

二是加强领导班子和后备干部的选拔培养。2006 年至今，共任免所（局）级领导干部 270 余人次（其中提拔使用 70 余人）。2009 年，我院专门召开首次领导班子和干部队伍建设工作会议，进一步作出全面部署。按照上级部门的部署，每两年开展一次后备干部推荐工作，稳定保持近 100 名左右的正、副所级后备干部，实行动态管理。加强后备干部培养，基本完成副局级以上后备干部轮训，提高他们实际工作能力和行政管理的能力。领导班子的年龄结构和知识结构进一步优化。

三是加大干部教育培训工作力度。实施新一轮大规模干部培训工作，进一步加强我院干部作风建设和能力建设。院党组高度重视，加大投入。“十一五”期间，共组织 827 人次参加各类培训班 84 个班次。成功举办所局级领导干部培训班两期（71 人）、南京英语培训班三期（87 人）、加拿大英语培训班两期（48 人）、组织人事干部培训班三期（104 人），组织参加中组部、农业部的调训，组织参加省部级以上培训 374 人次（其中自主选学 39 人），开阔了眼界，提高了素质，结识了同行，加强了联系，受益匪浅。开展全院范围的新进人员培训，使京外的同志全面了解我院总体情况，搭建了年轻同志的交流平台。

四是加强干部监督管理。重新制定了《中国农业科学院干部年度考核工作暂行规定》，改进干部年度考核工作；积极推进院属单位领导班子任期目标考核工作；健全纪

委机构，完善监督体系和监督制度；严格执行“一报告两评议”；组织完成对14家单位的巡视工作。

（五）以开展主题活动为抓手，人事部门形象不断改善

一是认真开展深入学习实践科学发展观活动。根据我院工作方案，全面开展深入学习实践科学发展观活动，认真查找影响和制约我院人事人才工作科学发展的突出问题，进一步理清了思路，明确了方向。

二是积极开展“讲党性、重品行、作表率”树组工干部新形象活动。认真制定活动方案，切实加强组织领导，开展专题讲座、参观学习、主题征文等活动，提高了全院组织人事系统贯彻落实科学发展观的能力。

三是切实加强“三基一化”建设，不断提高工作水平。制定实施方案，明确要求，组织开展人事部门基础工作建设情况抽查，不断提高人事工作围绕中心、服务大局的能力和水平。

上述成绩的取得，离不开全院组织人事干部的辛勤工作。在此，我代表院党组，向大家表示感谢！

二、统筹规划，进一步明确“十二五”工作思路

学习贯彻党的十七届五中全会精神，要积极研究制定中国农业科学院人事人才规划。回首过去的5年，人事人才工作成绩令人振奋，经验弥足珍贵。展望未来，继续加强人才队伍建设任重道远，机遇与挑战并存。在肯定成绩的同时，我们必须清醒的看到，当前农业和农村经济形势正在发生深刻变化，对农业科研工作提出了新任务、新要求，我院人事人才工作也面临着许多新情况、新问题。11月初，韩部长在农业部中心组学习会议上的讲话，对“十二五”我国农业发展面临的形势任务进行了全面分析，提出了工作要求。在耕地减少、人口增加的双重压力下，保证农业持续增长、农民持续增收，关键在科技支撑。“十二五”时期，我院面临着非常艰巨繁重的任务，发挥着关键性的支撑、保障作用。要完成这些任务，关键在人。面对机遇和挑战，我们必须进一步增强责任感、使命感和危机感，积极应对日趋激烈的国际农业科技人才竞争，主动适应国家农业科技发展需求，科学规划，深化改革，重点突破，整体推进，努力开创人事人才工作新局面。

“十二五”期间，我们将继续高举中国特色社会主义伟大旗帜，以邓小平理论和“三个代表”重要思想为指导，深入贯彻落实科学发展观，大力实施人才强院战略，紧紧围绕“三个中心、一个基地”建设目标，以重大人才工程建设为重点，以加强组工干部自身建设为基础，着力推进我院领军人才培养工程、科技创新团队建设工程，继续深化干部人事制度改革，大力加强领导班子和干部队伍建设，探索适合科研院所特点的

人事人才工作机制，为全面提升我院农业科技自主创新能力提供更加坚实的智力支撑和人才保障。在具体安排上，要重点抓好以下 5 个方面的工作。

（一）着力推进重大人才建设工程

一是推进领军人才培养工程。围绕学科、平台和团队，加快培养一批具有开阔战略视野、较强前瞻和预见能力，能敏锐把握学科前沿发展动态，能领导创新团队攀登科学高峰、突破技术瓶颈的农业科学家和农业科技领军人才。加大专家推荐、支持和宣传力度。

二是推进科技创新团队建设工程。重点抓好院级优秀团队和所级重点团队建设。加大项目倾斜、制度倾斜和人才倾斜力度，着力完善团队内部管理运行机制，在全院范围内打造 100 个左右在重点学科领域具有明确稳定的主攻方向，特色鲜明，竞争有力，在国内外具有一定影响和发展潜力的科技创新团队。加大优秀创新团队扶持力度，加强团队骨干和青年人才的培养。

三是推动海外高层次人才引进工程。大力实施海外高层次人才引进计划。到 2015 年，从海外引进 10 名"千人计划"人才、30 名部级海外高层次人才、50 名院级海外高层次人才，并通过国际合作与交流，柔性引进 100 名左右海外高层次人才。积极争取经费支持，加强人才使用。要提高认识，加大力度，高度重视，特别要解放思想、消除顾虑，把握标准，大胆引进。加大对急需加强的学科或重要研究领域引进人才的支持力度。

四是实施青年科技人才培养工程。围绕一级、二级学科所涉及的专业方向，重点在急需紧缺专业，引进培养 1 000名左右具有高学历和发展潜力的青年科技人才。对优秀中青年科技人才，在职称晋升、科技奖励、项目申报、实践锻炼等方面予以支持。

五是启动科研辅助人才优化工程。加强科研辅助队伍研究。依托重点学科团队，配备科研辅助人才，建立一支规模适度、结构合理、能够有力支撑科技创新的科研辅助人才队伍，规范科辅人员职称管理和待遇管理；用好用活社会技能人才。

（二）大力加强干部队伍建设

一是加强思想政治建设。强化理论武装，坚定理想信念，提高思想政治素质；以深入开展创先争优活动为契机，推动学习实践科学发展观向深度和广度发展；完善领导干部学习制度，加强学习型组织建设，加强调查研究，理论联系实际；建立"务虚研究"制度，不断增强大局意识、创新意识。

二是增强推动科学发展的能力。加强教育培训，丰富培训内容和培训形式，提升培训效果，提高推动科学发展的本领；注重后备干部和年轻干部的实践锻炼；加大干部交流轮岗力度。

三是优化领导班子和干部队伍结构。重点落实 2009 年院领导班子和干部队伍建设工作会议上的部署。进一步加大对年轻干部选拔培养力度，优化领导班子的年龄结构；

改善领导班子知识结构，丰富他们的工作经历；加大女干部和党外干部工作力度；调整充实后备干部队伍，坚持动态管理；加强管理干部队伍的建设。

四是强化干部监督管理。进一步从严管理干部，扎实开展整治用人上不正之风，不断完善干部管理制度，狠抓制度落实；坚持和健全民主集中制，普遍开展“一报告两评议”工作，强化考察结果使用；加强领导干部作风建设；加强反腐倡廉建设；加强干部监督，贯彻落实党政领导干部问责制度。

（三）继续深化干部人事制度改革

一是进一步加强岗位设置管理。按照我院岗位设置和岗位聘用有关规定，进一步加强岗位管理，完善聘用程序，做好各类人员分级聘用及岗位变动后的工资待遇兑现工作。结合单位实际，加紧研究，积极沟通，加强总量管理和结构调整，通过5年的过渡期，使全院岗位总量和结构比例进一步优化。

二是建立健全干部选拔任用提名制度。根据国家规定，探索实行干部选拔任用多种提名方式，扩大民主监督，坚持权利与责任相统一，做到权责明确、失责追究，逐步形成主体清晰、程序科学、责任明确的干部选拔任用提名制度。

三是不断加大竞争性选拔干部工作力度。坚持竞争上岗、公开选拔和常规的选拔任用方式相结合，更加注重干部的日常表现，树立积极的用人导向。逐步扩大中层干部竞争上岗的比例。探索完善差额选拔干部的规范性程序，完善操作办法，健全配套措施。

四是建立健全党政领导干部考核评价机制。探索建立适合农业科研单位特点，涵盖不同层次、不同类型领导班子和领导干部的考核评价体系，形成比较完善的考核评价机制。加大考核结果运用的力度，继续完善工作业绩和任务目标考核制度。

五是稳步推进领导干部任期制度和任期目标管理。遵循任用有期、职责明确、严格考核、规范管理、到期解职的原则，积极稳妥地推进研究所领导干部任期制试点工作。通过任期考核和届中考核，加强对班子任期目标管理和领导班子工作情况的监督指导，并根据考核结果，严格执行任期、连任限制和最高任职年限等规定。

六是继续推进收入分配制度改革。按照国家工资制度改革的有关要求，研究探索与农业科研工作特点相适应、与现行工资总额计划管理相对接的绩效工资总量核定办法和分配制度，积极探索多种生产要素参与分配的管理办法，继续发挥好工资分配的激励和导向作用，保持和谐稳定。

（四）创新人事人才工作机制

一是健全人才培养开发机制。探索建立自主培养与人才引进相结合，实践锻炼、继续教育、访问交流等多种方式并举的人才培养开发机制。加大人才培训力度，创新培训方式，拓宽培训渠道；促进科技人才在实践中成长；充分利用国内国际两种资源，引进急需紧缺人才。

二是完善人才评价发现机制。以岗位职责要求为基础，以品德、能力和业绩为导向，完善评价标准，改进评价方式，拓宽评价渠道，把评价和发现相结合，促进科技人才评价发现机制的科学化、社会化。深化职称制度改革。

三是改革人才选拔使用机制。完善科技人员聘用制度和岗位管理制度，建立健全“按需设岗、公开招聘、择优聘用、合同管理”的选拔聘用机制；完善高层次引进人才使用机制，大胆使用中青年科技骨干；创造良好的科研环境。

（五）统筹做好人事劳动各项工作

统筹做好人事人才各项常规工作；进一步完善人事人才工作制度规范，提高工作效率；加强人事干部队伍建设，创先争优，全面树立组工干部良好形象。

三、扎实做好近期人事人才重点工作

会上，人事局各处结合本职工作对年底有关工作进行了部署。在此，我再重点强调一下，做好以下 5 个方面的工作。

一是总结“十一五”，规划“十二五”。按照全院“十二五”规划工作部署和要求，做好人事人才工作规划。希望各研究所要给予高度重视，做好本单位的人才发展规划。

二是做好 2010 年年度考核工作。今年除了做好年度考核各项常规工作，还要认真准备、组织做好选人用人工作的“一报告两评议”工作。

三是做好专业技术职称评审和分级评审工作。分级评审工作两年一次，2010 年是第二次，希望大家按照院里的部署做好相关工作。总的来看，分级评审数量有限，竞争激烈，各研究所要做好组织工作。

四是做好劳资统计、报送备案等有关工作。希望人事部门把好关，坚持原则，实事求是，明确统计口径，确保数据一致，要及时更新报送备案材料，确保材料真实有效。

五是做好绩效工资分配、规范退休人员津贴补贴相关准备工作。人事部、财政部正在研究相关政策，各单位要做好政策学习、摸底调查等准备工作。

四、创先争优，加强自身建设

人事部门是管人的部门，人事干部自身素质要过硬，办事能力、政策水平、服务态度等方面都要体现先进。李源潮同志在多个场合强调，组织人事干部要起表率作用。我们要严格要求自己，在执行国家政策、做好本职工作、廉洁自律、加强服务等方面都要作表率。要在人事工作上下功夫、花时间，切实提高人事人才工作质量，提高围绕中心、服务大局的能力和水平。

（一）要认真学习、深入分析面临的形势和任务，把握人事人才工作的主动权

中国农业科学院作为农业科研的国家队，承担农业科技创新的重要任务。组织人事部门作为提供组织保障和人才支撑的职能部门，承担着重要职责。我们只有深刻认识并准确把握我院人事人才工作面对的新形势新变化新特点，准确把握中央赋予农业科研单位的职责任务，围绕中心，服务大局，切实找准组织人事工作服务科学发展的切入点和实现途径，努力提高服务科学发展的能力和水平，才能真正为推动农业科技创新提供坚强的组织保证和人才支撑。

（二）要加强党性修养，提升做好人事人才工作的能力和水平

当前，是深化干部人事制度改革开放的重要时期，各项人事人才工作也出现了许多新情况、新问题，许多新出台的政策和法规对我们的工作有着深刻的影响。大家要充分认识加强人事干部自身建设的重要性和紧迫性，增强责任感和使命感，要加强政策学习，提高政策水平。要继续坚持政治理论学习，增强大局意识、服务意识、法律意识；解放思想，开拓创新，提高履行职责的能力，不断提高人事人才工作的工作效率和服务水平。

（三）要严格工作制度规范，提高我院人事人才工作效能

要严格人事工作各项制度规范的贯彻执行，狠抓制度落实。此次会议安排了人事局各处专门讲解了工作程序和操作规范，旨在加强我院组织人事工作的效能建设。希望大家认真学习、完善制度，加强对本单位人事干部的指导，科学、规范地做好本单位人事人才工作。

（四）立足本职，在组织人事系统扎实开展创先争优活动

中央、农业部、院里都高度重视、组织开展创先争优活动。院组织人事系统要重视起来，要认真领会活动精神，立足本职行动起来，避免形式主义。要将开展创先争优活动与做好本职工作相结合，在本职岗位创先争优，通过创先争优，促进本职工作。

同志们，“十二五”期间是我院人事人才工作的关键时期，对促进我院科技创新具有重要意义。让我们在院党组的正确领导下，团结协作，扎实进取，继往开来，开拓创新，推动我院人事人才各项工作顺利开展，为全面提升我院科技自主创新能力提供强有力的人才保障和智力支持！

最后，希望大家在成都愉快开心，年底各项工作圆满顺利！

六、计划财务管理与条件建设

中国农业科学院2010年财务管理工作概况

2010年，在中国农业科学院党组的领导下，院财务管理工作围绕“基地建设、产业开发”两项重点，深入贯彻落实科学发展观，不断强化全心全意为科研服务的理念，始终坚持求真务实的工作作风，在上级有关部委和院属各单位、院机关各部门的大力支持和配合下，付出了艰辛的劳动，圆满完成了各项工作任务。

一、预算编制与预算执行两手抓，全面提高科研保障能力

2010年，经过不懈努力，我院财政预算规模实现了持续增长，经费结构进一步优化，预算执行进度不断加快，科研保障能力进一步提高。

（一）预算规模保持稳定增长

2010年，全院财政拨款总计25.14亿元，其中，基本支出5.37亿元，项目支出19.77亿元。经费总量创历史新高，是2005年的2.56倍（图6-1）。

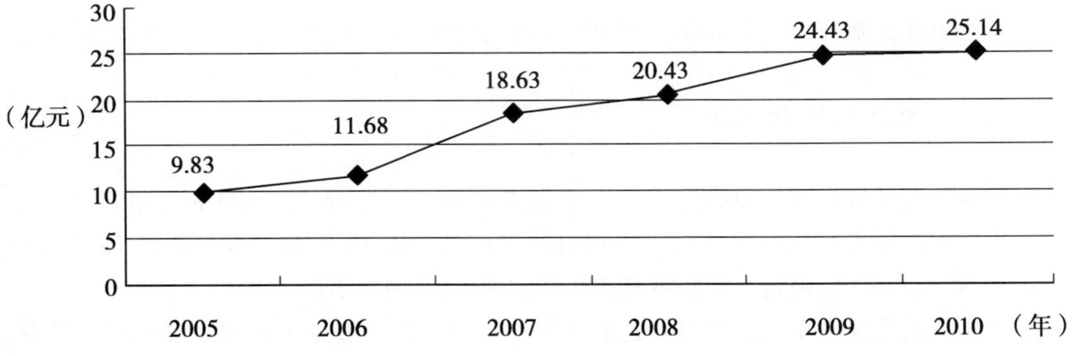

图6-1 2005~2010年我院财政经费收入情况

下达全院2009年、2010年离休干部津贴868.6万元，2010年预算追加1.49亿元，解决了部分研究所的急需资金。

经过不懈努力，“十一五”期间全院财政经费规模持续增加，2006~2010年全院财政经费总量达100.31亿元，是“十五”期间经费总量的2.5倍，是“九五”期间的4.73倍（图6-2）。

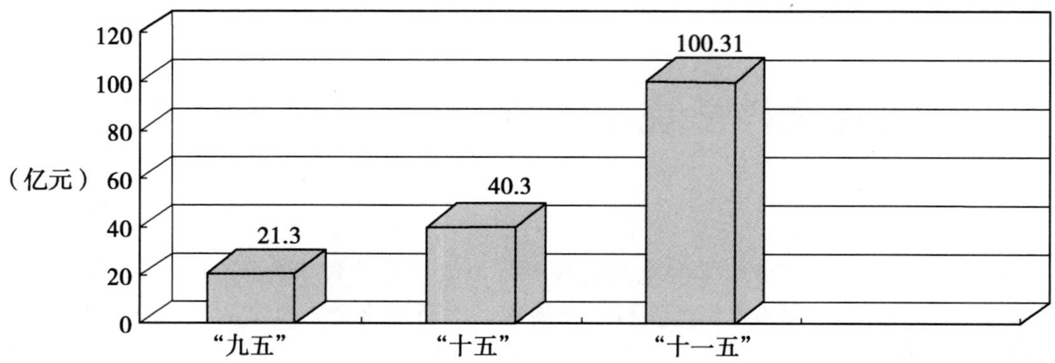

图 6－2　我院“九五”、“十五”、“十一五”期间财政经费总量对比

（二）投入结构进一步优化

基本支出经费逐年增长。2010 年基本支出经费 5.37 亿元，比 2005 年增加 188%，其中：事业费增加 177%，住房经费增加 240%。

定员定额试点稳步推进。经过努力争取，兰州牧药所纳入基本支出定员定额试点，成为继我院农机化所、灌溉所、草原所之后的第四家试点单位。四家单位 2011 年事业费年增长 2 792万元，增幅达 48%，事业费紧缺的问题得到解决。

运转费持续增加。2010 年增加 3 个项目 590 万元。2011 年新增运转费 130 万元，我院有专门运转费的单位达到 16 家，总计 4 750万元。

非竞争性经费比重逐步提高。2010 年，非竞争性经费数额已达总经费的 50% 以上。

（三）重点保障合理满足

围绕重点学科领域，以推进共建共享试点的方式，打造与国家队地位相匹配（国际一流、国内领先）的科研平台。利用财政专项共计 1.18 亿元，重点装备 10 个实验室，基本上达到按需配置，实验室整体水平达到 10 年内不落后。

根据院党组统一布局，大力推进基地建设，全力保证重点基地的建设和运转经费。如新乡综合试验基地改造和农业科技信息体系建设项目分别安排经费 4 535万元和 5 200万元。

（四）预算执行进度不断加快

从源头抓起，从预算编制开始，科学预计、合理测算，提高预算的科学性、准确性，为加快预算执行打好基础。同时采取各种措施加快执行进度，2010 年全院预算支出23.54亿元，执行进度为82.08%。同比加快4.39%，结余资金减少2.02亿元。确保全院实现农业部“不低于上年执行进度、不高于上年结转资金”的预算执行目标(图6－3)。

图6－3 多种措施加快预算执行进度

二、产业开发效益稳步提高

2010年，我院科技产业工作得到了较快的发展，全院产业收入、净利润再创新高，院本级产业开发取得较好的成绩。

（一）大力推进科技产业的改革、规范与发展

组织召开2010年全院科技产业工作研讨会，研究科技企业改制相关问题，明确改制工作的重点、方向和内容，推进科技企业二次创业。

针对12个研究所的科技企业情况及改制相关问题进行专题调研，启动特产所4个所办企业的改革试点。

完成饲料所等单位6个公司的股权转让、对外投资的审批程序。

协调完成“5+1”战略合作协议签署，推进战略合作协议中一些重大项目的落实及后续工作开展。

成功举办2010年中国农业科技与经济高层论坛。

（二）全院产业开发收入明显提高

2010年，全院实现产业开发收入12.5亿元，净利润近2.5亿元，有22个单位产业开发收入比2009年有所增长，4家单位收入超过1亿元（图6－4）。

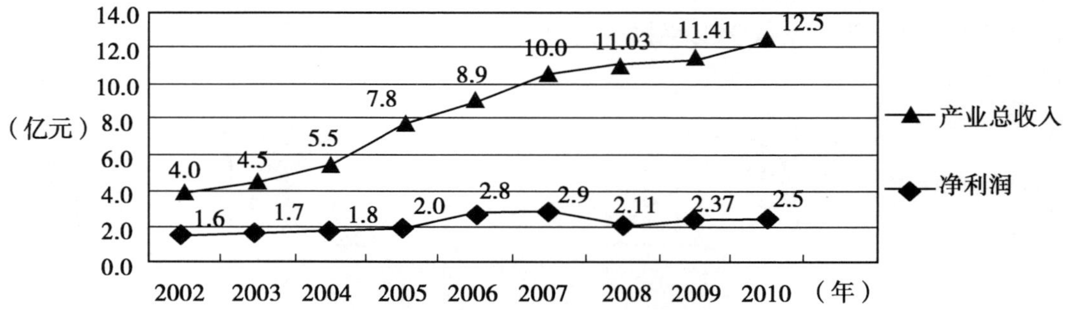

图 6－4　2002～2010 年全院产业开发总收入、净利润

（三）院本级产业开发取得新的突破

完成天作国际等项目的物业招租并取得稳定收入。

完成泛太公司的分置改革，寰太大厦出租率达到 100%，出租率与房租收入均创历史最高水平。

2 号地合作项目被北京市列为“绿通项目”，已经完成项目设计方案的初审上报。

加强院办公司名称的监管，推进公司的清理整顿。

马连洼与国管局合作项目按合同顺利执行完成。

三、院党组交办工作顺利完成

2010 年，完成了院党组交办的 3 件事：一是科技经济政策研究中心平稳运行；二是职工经济适用房出售工作顺利推进；三是院部大院环境治理工作有序开展。

（一）保障科技经济政策中心高效运转

受财政部、农业部委托，研究中心承担了 4 个全国性管理信息系统（MIS）的研发、运行、维护工作，为多个专项的申报、实施、验收管理提供了重要的支撑和保障。管理的各类财政专项涉及国家部门超过 30 个，涉及的单位 5 000余家，涉及资金总量近百亿元。

通过研究中心安排课题，组织发改委宏观研究院、财政部财科所、国务院发展研究中心等单位的有关专家，针对当前财政科技政策中的一些热点、难点问题进行专题研究，提出决策建议。

利用研究中心渠道，为我院与农业部、财政部等部门直接沟通、协调和交流，搭建了一个互动平台。

通过不断拓展和完善功能，研究中心在提升我院科研保障能力方面发挥着越来越重要的作用。

（二）完成了职工经济适用房出售和大院环境治理工作

启动2008年职工及2009年人才的经济适用住房的出售工作，已完成房源情况梳理及相关材料的准备。

推进院部大院环境治理，查处虚假宣传的商户，保护我院品牌和广大消费者的利益；严格审核在我院内经营种子的企业的经营条件和资质，为种子经营管理部门把好关。

四、财务管理水平大幅提升

重点抓服务，抓质量，抓规范，千方百计为基层着想，采取多项措施，开展多种形式的工作，为全院各项工作的顺利开展提供了有力的保障。

（一）加强财务管理制度建设

全年制定印发《中国农业科学院基本建设项目审计监督管理办法》《中国农业科学院科技成果转化特别奖励暂行办法》等业务规范性文件10个，在制度上进一步建立和完善我院财务监管体系，使财务管理工作有据可依，更有力地指导和保障各项工作的顺利开展。

（二）组织召开2010年全院财务工作会议

2010年5月份，组织召开2010年全院财务工作会议，系统总结过去两年财务管理与产业开发工作中的经验与不足，加强财务管理规章制度和业务常识的学习和普及，强调财务管理队伍的建设，对今后财务工作提出了新的要求，为全院一段时期财务工作指明了方向。财务工作会议的召开，统一了思想，促进了工作，为推进我院财务工作稳步开展奠定了良好的基础。

（三）开展检查、验收、评比等常规监管工作

按照农业部要求，组织开展事业单位“小金库”专项治理“回头看”和企业“小金库”治理活动。严格按照部署启动、自查自纠、重点核查、总结整改4阶段开展工作，汇总上报全院各阶段报告。通过“小金库”治理及“回头看”活动发现了一些问题，并得到了妥善的解决。

按照院里统一安排，组织对资划所等10个单位的联合财务检查；组织了强农惠农

资金专项清理和检查、资产保值增值专项检查等专项检查。通过检查摸清了各单位财务管理现状、专项执行情况、仪器设备采购与使用情况等信息，对存在的问题提出了整改要求和建议，达到了了解信息，督促实施，推进整改，保障运行的目的。

组织修购专项验收 22 次 133 项，3. 6 亿元。2006 年度项目全部验收完毕，2007 ~ 2008 年度项目完成 64. 3%。

按照农业部统一部署，组织开展全院会计基础性工作评比，通过交叉评比，我院有 19 个单位的财务工作获得农业部表彰。

（四）组织各类业务培训

2010 年，面向财务、资产、产业、项目等人员举办各类业务培训会、培训班 5 次，参加培训的人员超过 500 人次，包括：全院财务培训、财政专项管理培训、政府采购信息和计划执行编报培训、大型仪器设备信息共享培训等。通过各种形式的培训，提高了参训人员的业务能力与管理水平。

（五）规范国有资产管理

编报 2010 年全院政府采购计划 5. 22 亿元；完成汇总审核 2011 年度全院政府采购预算 12. 33 亿元。组织我院政府采购进口产品申报审批 9 批，进口仪器设备共 984 台/套 2. 55 亿元；完成 34 个单位 2009 年国有资产保值增值考核，全院国有资产保值增值率达 103. 25%。

按照规定对全院设备招投标进行有效监管；按程序对资产的处置的全过程进行监管；对全院国有土地新增、置换、使用等进行审核、审批、报批。

在管理过程中，既要严格执行国家有关规定，又要保证院所科研的实际需求，做到了统筹兼顾，最大限度为基层提供方便、解决难题。

（六）提高各类经费支出中的服务质量

做好全院基本建设财务支出管理，2010 年全院基本建设资金超过 10 亿元，涉及 160 多个在建项目；做好全院“三项经费”支出管理，特别是外汇支出的管理；做好院机关各项经费支出的管理。

支出管理中需求与规定之间，差距大、矛盾多，我们注重创新工作方法，提高工作效率，提升工作质量，保证了各项工作的圆满完成。

（七）抓好审计监督工作

开展对农经所、兰兽医两所的所长任期经济责任审计，审计总额7.21亿元，针对财务管理中存在的问题，提出整改建议。

完成基建项目工程造价审核35项，金额总计5.23亿元，审减金额2 409万元，审减率4.6%。

完成竣工财务决算审计25项，金额总计3.84亿元。完成基本建设项目竣工财务决算评审27项，金额总计2.07亿元。

（八）加强财务管理信息化

开发应用“预算控制和项目经费查询系统”、“资产管理信息系统”、“大型科研仪器装备信息共享管理系统”、“修缮购置专项管理系统”、“基本科研业务费专项管理系统”5个信息管理系统，创新了工作形式，提高了工作效率，保证了工作质量。

五、自身能力建设全面推进

围绕“创先争优”活动，加强支部建设，多种形式开展自身能力建设，着力打造学习型、创新型、服务型的财务管理团队。

（一）加强支部建设，提高综合实力

研究制定工作方案，明确支部建设思路和重点，积极开展创先争优活动，扎实推进党风廉政建设和反腐倡廉活动，全面加强支部建设。

2010年财务局1人被评为院级优秀党员，1人被评为院级文明职工标兵，1人被授予“中央国家机关优秀共青团员”荣誉称号；1人晋升为研究员，3人晋升为副研究员，1人考取会计师。

（二）加强业务学习，建设学习型团队

坚持月月有计划、处处有安排、人人有参加，每月一次组织开展形式多样的集体学习、参观活动，提高全局职工的思想认识、政治素养和业务能力。

（三）加强调查研究，提高业务水平

重视调查研究，通过承担农业部、财政部委托课题，承担我院基本科研业务费课题以及自主立题开展财务管理相关研究活动，学习财务制度，了解财政形势，把握政策方向，积极向有关部门建言献策，用准确数据作支撑，为有关部门提供决策依据。

全年主持课题研究 7 项，其中基本科研业务费支持课题 3 项，其他研究课题 4 项。全年公开发表研究论文 5 篇，向上级有关部门提出建议报告 6 份；主编《农业科研经济管理》杂志。

（四）加强宣传工作，树立良好形象

改版局网页，定期更新宣传展板，加强宣传，普及知识，丰富生活和工作内容。

通过多种途径加强对财务管理工作的宣传力度，2010 年全年在院报、院网上发表稿件 11 篇。

定期制作宣传展板，在宣传财务管理工作的同时，积极倡导环保理念，培养职工爱护和珍惜环境的健康意识，展示职工精神风貌，提升办公室和谐文化氛围。

（五）发挥工青妇组织作用，推动全局文化建设

成立财务局团支部，实现党建与工青妇组织建设同步发展。组织开展纪念一二九运动主题团日、金秋登山等集体活动；积极创造条件，筹建活动室，给办公室配备毽子、跳绳等健身用品，租借运动场地，推动开展体育锻炼活动，增强职工体质。通过丰富多彩的活动，丰富了职工业余文化生活，增强了财务局的凝聚力。

中国农业科学院2010年基本建设工作总结及“十一五”工作回顾

第一部分　2010年工作总结

2010年是中国农业科学院加速完成“十一五”各项部署，积极谋划“十二五”的关键之年。在农业部的大力支持下，在院党组的正确领导下，基本建设局紧紧围绕我院“三个中心、一个基地”战略目标，站在深入学习实践科学发展观、实现“两个千方百计”和“两个努力确保”目标的高度，深刻领会韩部长关于“转变工作作风，抓好工作落实”的讲话要求，落实我院“提升能力、谋划未来，以科技创新支撑现代农业发展”的工作任务，坚持以研为本、科学谋划，努力实现科研基础设施条件建设的跨越式发展，确立了“四个着力”的工作思路，即着力开展“规范管理年”活动，着力提高项目申报水平，着力提升项目监管能力，着力增强院本级项目的管理示范作用。

一、着力开展“规范管理年”活动，整体提升基本建设管理水平

为提高全院基本建设规范管理能力，规范基本建设管理行为，组织开展了基本建设“规范管理年”活动。着力解决基本建设项目实施管理中存在的突出问题和薄弱环节，努力构建符合中国农业科学院院情的管理规范和管理体系，建立基本建设管理长效机制。

一是扎实推进活动。牵头制定《中国农业科学院基本建设“规范管理年”活动方案》，协同有关部门，通过宣传动员、研究讨论、分片交流和检查督导等推动活动有序开展，牵头组织对全院12个研究所的32个在建项目进行检查，形成中期检查报告，提出整改意见并督导整改落实。

二是创造性地提出“片区互助管理”工作方式。将院属单位划分为5个片区，设立片区负责人、牵头单位、聘请业务指导员、联络员等，充分调动院所积极性，最大限度地实现全院基建管理人才与先进经验的共享。

三是加速完善基本建设管理制度范本。制定了《中国农业科学院基本建设管理办法（试行）》《中国农业科学院基本建设管理“八要八不”》《中国农业科学院基本建设项目设计、监理、施工总承包招标文件示范文本》等6项全院性制度范本。

二、重视规划编制工作，指导基本建设工作科学发展

强化规划引领发展，按照“立足当前、科学前瞻”的原则，积极调动院所两级力量，有序推进基本建设规划编制。

一是进一步完善《中国农业科学院基本建设规划（2011～2020 年）》，为我院基本建设长期发展指明方向。

二是重点抓好《中国农业科学院“十二五”基本建设规划（2011～2015 年）》编制。与全院规划、科技发展规划、基本建设长期规划等紧密衔接，切实为“十二五”我院整体目标实现提供坚实的基础条件保障。

三是推进《中国农业科学院圆明园西路 2 号院大院修建性详细规划》报批。深入分析马连洼三所需求，进一步修订修建性详细规划；积极与北京市规划部门协调沟通，争取早日获得批复，为三所建设谋求更大发展空间。

三、争取国家基本建设投资，支撑科技自主创新能力提升

紧紧围绕“加快科研基础条件建设，支撑科技自主创新能力提升”主线，加强调研，了解科研基础条件需求和国家基本建设投资政策；主动服务，为院属单位出思路出主意，谋划项目题材，仔细审查材料，提高申报质量；加强沟通，与上级部门积极协调，密切跟踪项目审批过程，及时了解项目审批情况，做好项目立项衔接。

在农业部的关心和支持下，全年共新申请立项 21 个基建项目，立项总投资 56 510 万元，是“十一五”以来年度立项投资最多的一年，其中获得 3 000万元以上重大项目 2 个，分别是“国家畜禽改良研究中心”（立项投资 21 725万元）和“作物分子育种国家工程实验室建设项目”（立项投资 4 079万元）。全年共获得中央预算内投资 29 642万元，为我院科研基础条件建设持续快速发展提供了有力支撑。

四、推动重大项目筹划、立项与开工，努力搭建国际一流科研平台

采取“多汇报、紧跟踪、勤调度、常指导”的策略，深入推进重大项目筹划与建设。

一是积极谋划。深入调研，酝酿农业应用微生物科学中心和国家耕地质量与土壤改良研究中心两项目。

二是协调审批。国家畜禽改良研究中心可行性研究报告已获得批复，立项投资 21 725万元；国家作物种质库项目建议书已批复，初步核定投资 19 952万元；国家动物疫病防控生物安全高级别实验室由原批复 2. 59 亿元调增至 3. 8 亿元，国家口蹄疫参考实验室由原批复的 1. 03 亿元调增至 1. 9 亿元。

三是推动建设。中国农业科学院图书馆进入全面施工阶段，为2011年竣工并投入使用打下了坚实基础；国家农业生物安全科学中心项目于2010年9月25日正式开工建设；航天育种科研楼已完成收尾工作。

五、推进基地布局和项目建设，落实院产业发展与基地建设工作会议精神

一是加强调研，理清思路。深入昌平南口、马池口、顺义、廊坊、新疆阿克苏、河南新和县等京内外试验基地调研，深入挖掘基地布局与建设思路，推进基地建设规划编制与建设项目实施，确立了未来5年我院试验基地建设总体思路，即重点支持国家级综合性试验基地和解决农业科学院地域布局性基地，适度支持专业性试验基地。

二是明确目标，推进建设。2010年4月24日院长办公会议决定由我局具体承担新乡基地建设任务后，仅用了4个多月的时间完成了立项、设计、报批和招标等一系列工作，于2010年9月开工建设；同时，认真抓好新疆、海南、青海等综合试验基地建设，科研楼建设进展顺利，田间工程已基本完成；农机试验基地已获得立项，云南大理试验基地即将立项。

六、狠抓项目建设进度，加速科研基础条件支撑能力形成

在继续执行进度月报、通报制度的基础上，实施关键节点控制，充分利用“农业基本建设管理信息系统”提高管理效能，将项目执行进度快慢作为衡量管理能力的一项重要指标。2010年新下达投资计划2.96亿元，全年完成投资3.48亿元，国拨资金结余3.89亿元（其中国家动物疫病防控生物安全四级实验室项目结余1.72亿元，国家口蹄疫参考实验室项目结余0.78亿元）；全年完工并已申请验收的项目37个，其中已通过验收项目18个；全院在建项目降至58个。

一是采取有效措施加快执行进度。2010年初，在对全院在建项目全面摸底、与建设单位进行有效沟通的基础上，制定《2010年在建项目执行进度控制目标》，编印《中国农业科学院基本建设项目进度通报》，同时在编报2011年基本建设项目投资计划草案中，采取将在建项目进度与投资计划安排挂钩的有力措施，推动全院在建项目执行。

二是督导检查重点单位和重点项目。以约谈、现场督促等方式，指导个别单位、个别项目进行整改。先后对麻类所、烟草所、油料所、灌溉所等16个单位的在建项目进行现场检查和督导，约谈了2个研究所，分析进度缓慢的原因，提出加快执行进度的对策。

三是注重管理队伍的培养。立足全院，组织院属单位分管基建的所领导、基建部门负责人召开进度研讨会两次，总结教训、交流经验、开阔思路，确保项目按计划实施，资金按进度拨付。立足全局，调整管理职能，加强项目监管力量，细化管理任务，落实

目标到人。

七、抓好院直管建设项目实施，努力打造精品工程

2010 年，我局共承担 12 个项目建设任务（其中基建项目 6 个，修购专项 6 个），总投资 7.1 亿元。按照“出精品、出经验”的要求，举全局之力推进“重点工程、民心工程”。

一是全力推进工程实施。中国农业科学院图书馆于 2009 年 11 月 18 日正式开工，2010 年底完成主体结构和部分二次结构施工。该工程结构已顺利通过结构长城杯专家组两次检查和评估，可望获得北京市结构长城杯金杯，并被推荐为北京市结构长城杯示范工程。

马连洼职工住宅于 2009 年 7 月 10 日开工，2010 年底完成主体结构、已全面开展二次结构和装修安装工作。为确保职工 2012 年尽早乔迁新居，我局一方面精心安排，统筹各方面施工进度，全力推进项目建设进度；另一方面统筹各方面的力量，抓好工程质量，竭尽所能为职工打造一个宜居精品。

新乡基地科研及辅助用房、农业科技展示园以及新疆、海南综合试验基地等项目全面顺利推进。

二是加快项目验收与收尾。全年共有中国农作物基因资源与基因改良重大科学工程、10 千伏变配电改造、院旧主楼修缮等 11 个项目顺利通过验收，其中中国农作物基因资源与基因改良重大科学工程是我院承担的第一个，也是迄今为止农业领域唯一的一个重大科学工程，国家验收委员会一致同意通过验收，并对项目建设与运行给出了“完成全部建设任务，项目管理规范，工程质量合格，运行良好，开放共享度高，成效显著，使我国具有了世界先进、国内领先的作物基因资源与基因改良研究核心设施和技术平台”的高度评价。同时积极采取有力措施，农产品质量标准与检验检测中心科研楼、院部办公楼等项目工程结算与审计工作获得突破性进展，正在开展项目竣工决算和竣工验收准备。

八、2011 年工作安排

2011 年，紧紧围绕“搭建科技创新平台，提升自主创新能力”的中心任务，巩固和扩大“规范管理年”活动成果，加强“十二五”规划内容与上级管理部门的有效衔接，按照“保重点保质量”的思路，着力推进重大项目筹划与实施；坚持“抓进度抓规范”的要求，加速科研基础设施能力形成；探索“骨干力量统筹”的方法，加强全院基建队伍建设；现确立如下重点工作及目标。

一是修订《中国农业科学院基本建设“十二五”规划（2011 ~ 2015 年）》。根据《中国农业科学院“十二五”发展规划》，加快基建规划修订，加强规划宣传和衔接，

切实按照规划推进我院基本建设工作。

二是推进重大项目的筹划与实施。加强调研，加大重大项目的筹划力度，推进重大及重点项目建设。推进农业应用微生物科学中心和国家作物种质库立项，筹划耕地资源与土壤改良研究中心项目；加快动物疫病防控生物安全高级别实验室、口蹄疫参考实验室、农业生物安全科学中心、国家畜禽改良研究中心、中国农业科学院图书馆改扩建等项目建设。

三是加快在建项目的执行进度。继续做好进度月报、季度督导、重点项目检查、个别单位约谈，进一步落实建设单位目标责任制，把项目扫尾工作作为加快进度的工作重点，确保全院在建项目保持在60个以内，年底沉淀资金降至3.5亿元以内。

四是加强试验基地建设的指导。深入了解需求，围绕优势农产品区域和重点建设领域，科学指导试验示范基地的规划与建设。

五是创新管理方式方法。通过减量提质，加强申报材料审查、坚持立项与撤项并重等具体措施，实现从源头上强化管理；全院立足发挥片区业务指导员作用，打造一支配置科学、管理科学的正规军；局内立足实现自我学习、自我管理、自我提升，提高对项目指导的针对性和巡视监管力度。

六是抓好院直管建设项目实施。全面完成中国农业科学院图书馆改扩建、马连洼职工住宅楼、农业科技展示园的工程建设；做好新疆基地、海南基地建设收尾和竣工验收；扎实推进新乡基地建设。

七是组织召开中国农业科学院2011年基建工作会。组织全院各单位分管基建工作的所领导、基建管理部门负责人、基建工作骨干、基建会计等，围绕规范基建项目管理程序、提升管理能力、加快在建项目的执行进度、加强财务核算与监督等展开研讨；总结我院“十一五”期间基本建设工作。

八是巩固和扩大“规范管理年”成果。继续坚持“规范管理年”活动的各项措施，进一步完善各项制度范本，加大执行力度，建立我院基本建设规范管理的长效机制。

第二部分 “十一五”工作总结

“十一五”以来，在农业部的关心和支持下，中国农业科学院基本建设工作紧紧围绕“三个中心、一个基地”战略目标，以科技创新平台建设为核心，以支撑科技创新能力提高为导向，不断提高基本建设管理水平，努力实现基本建设跨越式发展，为全院各项事业快速发展提供有力物质保障。

一、主要工作与成效

“十一五”以来，全院基本建设工作始终坚持“以研为本，科学谋划”的原则，切实推进“三个转变”，即基本建设从生存型向发展型转变，基本建设管理由经验式向科学化转变，建设项目申报由自由滚动式向规划引导式转变。

（一）努力争取投资，基本建设投资持续增长

“十一五”期间，我院共获得项目总投资20.6亿元，其中国家投资20.1亿元，国家投资占总投资的97.6%。累计下达投资15.7亿元，较“十五”下达投资增长49.5%。共建设科研用房27.7万平方米，科研辅助用房8.5万平方米，改造各类实验用房（畜禽舍等）5.9万平方米，温网室4.2万平方米，购置科研仪器设备7 897台（套），快速增长的基本建设投资，大幅度地提升了科研基础条件，有力促进了我院各项事业的发展。

（二）调整投资结构，突出建设重点

1. 着力推进重大科研基础设施建设

按照“筹划一批、申报一批、设计一批、建设一批”的思路，着力推进重大科研基础设施项目建设。“十一五”期间，我院新争取重大项目7个，已建成农产品质量标准与检验检测中心、航天育种工程2个重大科研基础设施，正在建设和设计的有中国农业科学院图书馆扩建、国家农业生物安全科学中心、国家动物疫病防控生物安全高级别实验室和国家口蹄疫参考实验室、国家畜禽改良研究中心5个项目，同时积极申请国家作物种质库（项目建议书已批复）、哈尔滨兽医研究所新所区科研楼2个重大项目立项，筹划农业应用微生物科学中心和国家耕地质量与土壤改良研究中心2个重大项目。

通过重大科研基础设施的建设，已经或即将在农作物基因资源挖掘和改良、农产品质量标准与检测、动物疫病防控、植物保护等领域构建一批具有较强国际影响力的科研平台，为九大学科群及41个一级学科体系建设和自主创新能力提升起到了重大支撑作用。

2. 着力推进新所区建设

“十一五”期间，我院上海兽医所、烟草所、麻类所3个所通过集中建设，实现了新所区搬迁，哈兽研、特产所正在进行新所区建设。新所区建设和搬迁，不仅为研究所提供了良好的发展空间和环境，而且也为研究所吸引人才、稳定人才以及科技交流提供了有利条件，为研究所快速发展带来新的机遇。

3. 着力加强试验基地（台站）和质检中心建设

“十一五”期间，建成试验基地7个，已完成或即将立项试验基地2个，建成野外科学观测台站9个。海南、新疆、青海、新乡等综合试验基地的建设，不仅完善了我院科研条件体系，而且优化了我院科研条件的战略布局；新建（改造升级）部级农产品质检中心17个和区域农产品质检中心1个，极大地完善了我院及我国的质检体系，提升了农产品检测能力，有效地保障了我国农产品质量安全。

（三）以人为本，全力推进科研和居住条件及环境建设

“十一五”是我院院部大院、马连洼三所建设任务最重、发展速度最快、条件改善最大的历史阶段。按照“以研为本、以人为本”的原则，筹划和实施了25个建设项目（含修购专项），总投资10.04亿元。

2万平方米的院部办公楼建成，彻底改善了我院机关办公条件，同时也提升了我院外部形象。大院绿化改造工程改善了院部办公区环境，使院容院貌焕然一新，马连洼院区综合改造为马连洼三所职工打造了一个“环境优美、保障有力、氛围和谐”的工作生活环境，提升了干部职工的工作信心，为院庆50周年献上了一份厚礼。

14万平方米的高八、高九职工住宅楼及马连洼职工住宅楼的建设，极大地改善了京区职工的住房条件，对稳定我院科技人才队伍、激发广大科研人员的工作热情具有重大意义，是贯彻落实我院“高层次农业科研人才培养基地”战略目标的直接体现。

（四）推进规划编制工作，突出规划引领作用

按照“规划引领发展”的思路，先后编制了《中国农业科学院“十一五”基本建设规划》《中国农业科学院基本建设“十二五”规划（2011~2015年）》《中国农业科学院基本建设规划（2011~2020年）》《中国农业科学院院属单位基本建设规划（2008~2020年）汇编》等，其中，《中国农业科学院基本建设规划（2011~2020年）》是全院第一部指导农业科研基础条件建设的长期规划，对院属单位“十二五”期间科研平台建设和重大项目申报具有重要指导意义。针对专项投资，编制了《中国农业科学院本级修缮购置专项规划（2009~2012年）》《全国动物防疫体系（2009~2015年）规划（建议书）》等，有效拓宽了我院科研基础条件建设投资渠道。

编制了《中国农业科学院院部大院控制性详细规划》《中国农业科学院圆明园西路2号院大院修建性详细规划》《中国农业科学院南口基地总体规划》等，有力提高了院属各单位的土地利用规划意识，并在项目申报中予以强化引导。

（五）推进基建管理队伍建设，着力培养一批管理骨干

为适应农业基本建设项目投资增长快、管理要求高的形势与要求，2007年8月，院党组研究决定成立基本建设局，负责全院基本建设工作的宏观管理。基本建设局自成立以来，按照“苦练内功、引进外脑、资源共享”的思路，通过聘请专业人员、购买中介服务等方式引入“外脑外力”，充实自身管理队伍；通过强化职业培训、开展“传帮带”等形式，增强专业管理能力；通过实行“全局职工目标考核”、“干部轮岗与培养计划”等，充分调动广大全局同志的积极性和创造力，不断优化配置团队的软硬实力，实现人尽其才。

按照“加强培训、检查督导、制度建设”并重的策略，整体提高全院基本建设规范管理水平。2007~2009年间组织召开3次全院基本建设现场交流会，2010年组织开展基本建设“规范管理年”活动，开展互助管理交流，院属各单位基建管理人员的管理能力、管理水平逐步提高，一支科学化、规范化的管理队伍发展壮大。

（六）夯实规范管理基础，加快在建项目执行

一是重视制度建设。制定了《中国农业科学院基本建设管理办法（试行）》《中国农业科学院试验基地建设项目管理办法（试行）》等一系列全院性规章制度，为科学规范管理奠定基础；建立完善在建项目例行检查指导机制，每年按1/3的比例对全院在建项目进行检查，重点检查项目“四制”落实情况等，确保问题及时发现、及时整改，不断总结提高，推进我院基本建设管理逐步向规范化、科学化发展。

二是狠抓执行进度。通过实施在建项目月报、通报、约谈等举措，实行在建项目执行进度与新项目申报、年度投资申请挂钩制度，全面推进在建项目建设进度，2008 年全院在建项目由 115 个下降到 86 个，结余资金降至 5 亿元，2009 年全院在建项目由 118 个下降至 70 个，结余资金降至 4. 2 亿元，2010 年全院在建项目由 70 个下降到 58 个，结余资金降至 3. 89 亿元，有力地促进了全院科研基础设施能力的快速形成，确保了国家投资效益及时发挥。

（七）坚持创新引领理念，促进团队全面发展

基本建设局以理念创新为先导，确立了“科学定位、规范管理、提高能力，促进发展”的发展原则，明确了“管理讲规范、出经验；工程保质量、出精品；能力靠学习、求提升；行为讲自律、求廉洁；团队讲协作、求和谐”的工作要求，凝练出“业绩上台阶、管理讲创新、行为保廉洁、权力有制衡、工作比奉献、团队求和谐”的团队文化。通过理念创新，带动工作创新，通过工作创新，带动自身发展迈上新台阶。

制定了《基本建设局工作规则》《基本建设局目标考核办法》《基本建设局培训工作指导意见》《院本级基建项目、修购专项财务登记办法（试行）》等，确保职工行为规范；制定了《基本建设局创新文化建设实施方案》《基本建设局创先争优活动实施方案》《基本建设局加强宣传工作的实施意见》等，以制度创新为保障，促进全局工作迈上新台阶。

3 年来，先后培养出两名院级优秀共产党员夏耀西、杨照斌同志，院优秀党务工作者和文明职工于辉同志、院级文明职工标兵蒋大雄同志；基建局党支部 2009 年被评为“标准党支部”，基建局被评为“2007 ~ 2008 年度院级文明单位”。

二、主要经验与做法

“十一五”以来，特别是 2006 年我院提出把科研平台和人才团队建设作为今后一个时期的工作重点之后，院党组高度重视基本建设工作，2007 年专门成立了基本建设局，在工作思路、项目规划筹划、项目管理、人才培训和制度建设等方面开展了卓有成效的工作。

（一）强化思路理念，注重工作原则

在抓好全院基本建设工作中，提出了要努力实现“三转变”的总体目标；针对基建立项，提出了“两确保、两增加、两完善”的项目申报思路，即确保项目申报质量不断提高，确保年度投资规模稳步增长；增加重大项目在基建投资中的比例，增加争取国家投资的渠道；完善试验基地区域布局，完善现有基地的科研基础条件。

在狠抓基建局自身建设中，提出了“科学定位、规范管理、提高能力，促进发展”的发展原则和“规划指导工作，制度规范管理”的工作原则，牢固树立向院属单位提供“主动、准确、超前”的精准服务理念，为提升管理效能，加快自身发展打好基础。

（二）强化工作重点，注重衔接协调

在认真分析院情、所情的基础上，把“强化规划引领发展、推进科研平台和基地建设、争取投资与加快执行并重”作为工作重点。

重视规划编制，通过规划进一步梳理工作思路。大力推进重大科研基础设施、新所区以及试验基地建设，大幅度提升我院科技创新和事业发展支撑能力。把加快在建项目建设进度放在更加重要的位置，通过召开专题会议部署、实施分类督导、开展专项问题研究、实施月报周报、重点约谈、进度通报等方法，全方位、立体化地调度院所管理力量，促进我院科技创新能力快速形成。

坚持“请进来、走出去”相结合的方式，一方面请主管部门到我院来了解科研需求，另一方面积极主动地向主管部门反映、呼吁、引导。加强与主管部门的沟通，跟踪行业规划编制和项目审批进程，及时衔接，提高项目申报立项成功率。

（三）强化规范管理，注重基础性工作

一是坚持“制度规范管理”。为规范自身工作行为，提高工作效率，先后制定了《基本建设局工作规则》《基本建设局目标考核办法》等一系列内部规章；为营造良好的工作氛围，形成“比学赶超”的浓郁气氛，制定了《基本建设局创新文化建设实施方案》《基本建设局创先争优实施方案》等；为提高全院基本建设管理水平，开展了基本建设“规范管理年”活动，研究制定了6项全院性制度范本；通过狠抓制度建设，有力推进全局、全院基本建设工作可持续发展。

二是把夯实基础作为提升管理能力的有效手段。为了理清工作思路，特别是向院属单位提供“精准”服务，基建局主动开展了《中国农业科学院基本建设管理信息调查》，全面掌握基础性信息；深入院属单位开展投资计划、建设项目管理、试验基地布局与建设等专题调研，了解需求与问题；积极申请《保障国家粮食安全科技投入研究》《中国农业科学院科研平台建设研究》《中国农业科学院基本建设项目管理文件范本研究》《农业基本建设项目管理过程控制关键点研究》等课题研究，不断提高管理工作的科学性、准确性、前瞻性。

（四）强化管理创新，注重工作实效

开展“片区互助管理”，将院属单位按地域分为5个片区，每个片区设1个牵头单位与1名协调人、5名业务指导员，通过检查、交流，促进了院与院属单位之间、院属单位与院属单位之间及基建管理部门与财务管理部门之间的交流融合，增强了单位之间、部门之间的协作，实现了相互指导、共享经验、共同提高。

加快在建项目的执行进度，年初制定在建项目年度执行计划目标、节点进度控制表、年终进行目标考核、执行进度与新项目申报、下年度投资申请挂钩、个别项目检查与个别单位约谈、全院通报执行进度等一系列措施，加速了科研基础设施能力的形成。

强化院直管建设项目的管理示范作用，全面实施招标控制价；创新设计理念、创新分包管理方式，解决了一批技术难题，确保了工程的质量与效益。

三、存在问题与原因

（一）重大科研基础设施缺乏，思路谋划、题材凝练的能力还需进一步提高

重大科研基础设施是构建综合性科技创新平台的重要物质基础。我院目前在动物种质资源的保存与新品种定向培育、农产品精深加工与现代储运、农业生物质综合开发利用、农业资源高效利用与农业生态环境、多功能农业装备与设施等重点优势领域尚无重大科研基础设施和综合性科技创新平台，科技资源难以有效整合。一方面科技发展的多元化，需要全方位、多层次的支持，另一方面在国家投资总量与增量保持稳定的背景下，重大项目立项的难度增大，必须在题材、思路、能力上有显著提高。

（二）全方位基础保障能力还不高，项目建设与支撑需求还需进一步整合

“十五”以来我院在实验室、试验基地、野外科学观测台站、资源保存设施等科研设施方面取得了一定成效，但从完善创新链条、优化创新区域布局、突破科技创新技术路线瓶颈等层面，还急需加强试验示范基地、长期资源收集保存设施、科技合作与交流、人才培养以及公共服务等配套设施建设。

（三）项目建设进度缓慢，认识水平和管理能力需要进一步提高

尽管“十一五”以来，我院把在建项目建设进度作为一项重要工作来抓，并采取了多种措施，但整体进度还是偏慢，特别是沉淀建设资金量大，预算执行进度慢。主要原因有：一是基本建设项目执行程序复杂，政策性强，需办理手续多，不可预见因素多，影响项目进度；二是重争取，轻管理。注重项目立项前的争取工作，对项目后期建设的关注不够；三是前期工作不扎实。项目筹划申报仓促，缺乏系统地考虑建设条件的落实和建设方案的可行合理，项目立项后出现建设方案的变更或建设条件不能落实，影响项目建设进度。

（四）整体管理能力、水平与承担任务还有差距，管理机构、队伍和素质还需进一步加强

受体制机制的影响，我院从事基本建设管理的队伍人才十分匮乏，在编制、待遇、发展等方面均存在较多制约因素和不利条件，管理机构不够健全、专业人才总量不足且结构不合理、工作人员老化、缺乏激励机制等，与快速发展的管理需求和定位难以匹配。

四、“十二五”工作部署

“十二五”期间是中国农业科学院全面实现“三个中心、一个基地”战略目标的关键阶段，也是我院基本建设工作全面实现由生存型向发展型转变的重要时期。一方面，经过“十一五”的建设与发展，我院基本解决了生存型需求的基本建设任务，全院对于依靠重大科研基础设施建设，搭建国际一流的科研平台的共识更加统一，加强试验基地布局与建设的需求更加紧迫，为全院在“十二五”期间抓好科研平台与试验基地建设奠定了基础；另一方面，依据“十五”、“十一五”经验，未来5年在国家固定资产投资规模和增量基本保持稳定的背景下，我院凝练大题材、谋划大平台的思路和能力还有限，保持全院基本建设投资稳定增长的基础还很薄弱；重大科研基础设施项目筹划与建设需要对现有条件进行大规模的整合，甚至涉及学科和机构的整合，难度大、困难多、战线长，造成部分单位筹划重大项目动力不足；长期以来我院在建项目较多，沉淀建设资金较高，新上项目和年度投资计划的压力进一步增大。

要有效支撑我院“十二五”发展目标实现，我院基本建设工作必须站在代表国家参与国际竞争，引领创新科技方向，服务“三农”的层面上，多出思路、多谋项目，着力加强科研平台基础条件建设，着力推进试验基地建设，进一步优化科研条件布局，进一步提高投资质量效益，从规划编制、项目筹划、组织实施、自身建设等环节加强和提高，为中国农业科技和中国农业科学院实现跨越式发展提供强有力的物质支撑。

（一）发展思路

紧紧围绕我院“三个中心、一个基地”战略目标，以支撑自主创新能力提升为中心，支撑九大学科群建设，坚持以研为本、以人为本的原则，着力抓好“两优一快”工程，即优先加强重大科技平台基础设施建设，优先加强综合试验基地、地域布局型试验基地建设，快速推进现代科研院所基础设施建设进程，全面实现中国农业科学院科研基础条件建设由生存型向发展型的历史性转变。

（二）发展目标

坚持“以研为本”，以支持自主创新能力提升为核心，整体提升我院实验室条件与设施装备水平，重点建设5个具有国际一流试验条件与设施装备的综合性研究平台，实现4个学科群创新基础设施的整体提升；坚持农业主产区、生态区导向，重点建设13个规模效益明显、地域布局急需、专业功能突出的试验基地，基本实现我院试验基地战略布局和体系化建设；加快完善院所基础设施，重点打造3~5个基础设施条件在国内外达到标杆标准的现代科研院所。

坚持“以人为本”，推进基本建设管理人才队伍建设，通过引进、培养等方式，构建一支50人左右的骨干队伍，在全院范围内统筹使用；遴选8个左右基本建设项目，特别是将院直管建设项目作为项目管理示范工程，在打造精品的同时，通过示范管理培养人才、出管理经验。

（三）主要任务

1. 重大科技平台基础设施建设任务

重点推进国家生物安全科学中心、国家畜禽改良研究中心、国家动物疫病防控生物安全高级别实验室、国家口蹄疫参考实验室、中国农业科学院图书馆等项目的建设；推进国家作物种质库、农业应用微生物科学中心、国家耕地质量与土壤改良研究中心、国家园艺科技创新中心等项目的筹划和立项。

2. 试验基地布局与建设任务

重点新建 4 个能够进行多学科、大规模试验的国家级综合试验示范基地：黄淮海国家农业综合试验示范基地（新乡）、华南现代农业综合示范基地（深圳）、东北平原国家农业综合试验示范基地（黑龙江垦区、吉林）、国家农业高新技术转移中心（北京）；4 个能够解决我院地域布局型基地（南繁、北繁、江西进贤、云南大理）和 5 个专业功能突出的试验基地（现代农业、茶叶、烟草、农机、特产），实现农业科研、野外观测、示范推广等科技创新链条的纵向、横向一体化。

3. 现代科研院所基础设施建设任务

以全面增强科研院所的可持续发展能力为目标，重点打造 3 ~ 5 个基础设施在国内外有较强示范性的现代科研院所，兼顾院所均衡发展，彻底解决我院部分研究所实验室条件和设施装备差，业务用房不达标，院所区基础设施老化、不配套等问题，逐步完善院所信息化，整体推进创新设施精良、配套设施完善、支撑体系完整的现代化科研院所基础设施建设。

4. 基本建设管理能力建设任务

在队伍建设、示范工程、管理创新和制度建设 4 个方面着力，力争“十二五”末，在全院打造一支 50 人左右规模的基本建设管理骨干队伍；“十二五”期间要打造 8 个左右的示范工程，力争每个片区都有一个示范工程，院直管建设项目全部纳入示范工程；进一步加强片区互助管理方式的探索和完善，加快全院人才统筹使用机制，加强工程质量和进度管理创新，探索质量溯源方式和跟踪管理方式等；进一步完善基本建设制度，加强制度的宣传和贯彻。

中国农业科学院 2010 年财政专项管理工作概况

2010 年，在中国农业科学院党组的正确领导下，全院财政专项管理工作以“三个代表”重要思想和党的十七届四中、五中全会精神为指导，深入贯彻落实科学发展观，加强资金管理，强化服务意识，为我院实现“三个中心、一个基地”战略目标提供了有力的支撑。

一、修缮购置专项项目申报、执行和验收工作有序开展

完成 2011 ~2012 年修购专项规划的修改工作。按照上级有关部门的要求，对我院 2011 ~2012 年修购专项规划进行了调整，使得调整后的修购规划更加符合科研单位的定位发展与实际需求。

完成 2011 年度修购专项的项目申报。2011 年我院申报项目 82 个、资金 4.1 亿元。配合有关部门做好项目审核和预算批复工作，根据预算“一下”控制数，我院获得 2011 年度修购项目 70 个、资金 2.76 亿元，经过努力争取，“一下”又增加批复了“中国农业科学院新乡综合试验基地一期试验场基础设施改造”项目，批复金额 4 535万元。合计我院 2011 年修购专项获批项目 71 项，金额 32 201万元。

完成 2010 年修购专项项目实施方案编报批复。2010 年度修购项目实施方案编报工作历时约 3 个月，经过我院聘请专业的中介机构审核修改，上报农业部专家审核，项目实施方案分两批得到农业部批复。各环节工作有序进行、环环相扣，相关人员紧密合作、层层把关，实施方案的编报工作顺利完成。

加强修购项目预算执行工作，开展执行检查与督导活动。年初提出修购专项预算执行进度要求，中期开展项目执行情况报告，分析审核各项目单位执行情况及存在的问题，研究解决重点难点问题，提出具体的建议，有效地推动了全院修购专项预算执行进度，2010 年度我院修购专项执行进度达到了 78%。

修购专项验收工作稳步推进，全部完成 2006 年修购专项项目验收，2007 ~2008 年度项目的 2/3 已经完成验收或初审。

加强制度建设，拟定了《中国农业科学院修缮购置专项项目档案管理办法》，拟定了《关于修购专项项目审计报告的指导性意见》。

二、基本科研业务费专项经费管理日常工作与院本级项目管理进一步规范

完成2010年度项目申报评审、公示和任务书签订工作，院本级2010年共确定支持立项56个项目，金额480万元；院本级2011年项目申报工作已完成，送院学术委员会确定支持项目；组织开展基本科研业务费管理信息系统与执行情况调研工作，目前，基本科研业务费管理信息系统已正式建立试用；协助科技部评估中心调研小组完成对我院基本科研业务费和行业科研政策执行情况的实地调研工作。完成全院基本科研业务费专项资金项目日常管理工作。

三、开展财政专项检查活动，推进专项的执行和问题整改，保障财政专项资金使用效益

组成联合检查组分3个小组对资划所、畜牧所、油料所等10个单位开展重点检查。通过检查摸清了各单位财政专项管理现状、专项执行情况、仪器设备采购与使用情况等信息，对存在的问题提出了整改要求和建议，达到了了解信息，督促实施，推进整改，保障运行的目的。

四、召开全院财政专项管理培训会，提高管理水平

通过召开财政专项管理培训会对我院专项预算执行进度情况进行通报，并对我院专项预算执行进度分不同年度项目和月度提出具体的达标要求。为院属单位系统全面地了解和掌握财政专项与政府采购等工作的具体要求，创造了条件。针对具体业务问题，相关业务处室做了现场辅导与互动，部分单位作了经验介绍。通过专题组织开展各类培训活动，为上级部门与基层单位之间、兄弟单位之间提供上下互相学习交流的一个平台，为更好地完成业务工作提供了帮助。

科技经济政策研究中心 2010 年工作概况

2010 年，在财政部、农业部和中国农业科学院领导的关心支持下，科技经济政策研究中心（以下简称“研究中心”）围绕年度工作重点，圆满完成了有关部门交办的各项事务。印发章程和成立专家咨询委员会为当年和今后工作奠定了基础；提供了专业、及时的科技专项数据分析报告；建立并完善了课题管理制度，科技经济政策相关研究顺利进行；各类会议服务优质高效。现将相关工作总结汇报如下。

一、成立过程回顾

为加快我国科技事业特别是农业科技事业发展，促进决策和政策实施科学化，经充分协商，2008 年 4 月，中国农业科学院向农业部请示启动研究中心筹建工作。农业部于 10 月商请财政部支持研究中心建设。2009 年初财政部复函同意依托中国农业科学院组建研究中心。中国农业科学院高度重视、周密部署，按时完成了人员配备、办公场所布置以及管理制度拟定等工作，2009 年初研究中心正式挂牌并试运行。

2009 年，受财政部和农业部委托，研究中心承担了修购专项、行业科技等专项管理信息系统的研发和运行维护工作；完成了修购专项稳定支持机制研究、农业行业科技专项项目绩效考评试点、农业科研单位公用经费测定研究、美国农业 R&D 分析模型和工具引进等课题研究工作；从人员、制度、财物等方面加强了内部建设工作。

二、2010 年主要工作

一年来，研究中心承担的信息系统保障、数据分析、课题研究以及会议服务等工作均达到了预期目标。

（一）加强自身建设和管理，各项工作进一步规范有序

本年度正式印发了章程，成立专家咨询委员会，同时通过完善内部规章，各项工作进一步规范。

1. 召开工作会议，全面布置年度工作

研究中心 2010 年工作会议于 2 月在京举行，指导委员会成员单位领导出席会议，指导委员会主任翟虎渠主持。研究中心主任史志国汇报 2009 年工作。讨论修改章程和

研究选题，审议了专家咨询委员会推荐人选，对全年工作作出部署。

2. 召开专家会议，成立专家咨询委员会

2010 年 3 月 18 日，召开了研究中心专家咨询委员会第一次全体会议。指导委员会成员单位领导出席，正式聘任了咨询委员会专家。咨询委员会由科研机构、高等院校、国家机关等不同单位的 12 位专家组成，专业领域涉及农业科技、社会科学、财政管理、宏观经济、微观经济、行政管理等。会议经推举和讨论确定由中国农业科学院刘旭院士任专家组长。

3. 加强规章建设，促进内部管理规范化

根据年度工作会议精神，2010 年度着力加强了内部管理。

一是修改并正式印发了研究中心章程（试行），明确了研究中心性质、主要任务、内设机构、人员管理、课题和数据信息管理原则、经费管理原则，为全面开展工作奠定了基础。

二是制定、完善了一系列内部管理制度，包括：课题管理细则、课题任务书范本，保密规定、经费报销规定、会议服务规范等；修改完善了信息系统团队工作制度、软件系统运行规范与指南、软件系统研发规范与指南等。

4. 规范会议服务，为有关部门各类会议提供优质服务

为做好会议服务工作，商讨制定了会议服务规范，安排专人负责内部管理工作。年内承接了有关部门、不同规模的各类办公会议和座谈会，高效、细致、周到的会议服务工作得到了有关领导的高度好评，研究中心已经成为科技经济政策相关管理和磋商工作的重要场所。

5. 严格预算编制，为自身运转提供经费保障

研究中心年度预算编制工作严谨细致，保障研究中心有效运转，确保课题研究、专项管理信息系统更新等工作顺利开展。部门预算安排 2010 年度专项经费 400 万元，用于委托课题、保障中心运转的房租、聘用人员、办公等支出，包括：委托课题经费 159 万元，房租 140 万元，网络光纤租用费 18 万元，软件开发、修缮工程等委托业务费 53 万元，调研差旅费用、临时聘用人员劳务费、办公用品、资料等其他费用支出 30 万元。

（二）持续完善科技专项信息管理系统，进一步加强科技经济信息收集与数据平台管理

1. 着力做好现有系统功能完善与升级改造工作

一是针对财政部有关科技专项经费管理需求，对中央修缮购置专项资金管理系统完善了中介评审、财政部终审模块等功能。对公益性行业科研专项经费管理系统重点完善了部门项目维护、中介评审、实时申报动态、财政部终审模块等功能，针对管理需求，通过系统升级同时支持 2010 年度和 2011 年度项目申报与评审，增加了项目执行进度填报功能。对国家重点实验室设备专项管理系统新增了分领域、分年度仪器设备项目申报

等功能。

二是根据基本科研业务费专项管理需求，完善了中国农业科学院基本科研业务费管理信息系统。

三是完善 VPN 功能保证各专项信息系统数据安全。将系统用户分为外网普通用户和内网超级管理用户，取消外网直接用管理员登录功能，对外网用户访问日志进行全天监控。

2. 研发通用项目管理信息系统开发平台

数据信息支持服务小组整理近年用户反馈，研究制定了更完善的系统架构和功能规范，开发了通用项目管理信息系统平台，提高了开发系统规范性和运行稳定性。

3. 初步搭建科技经济政策中心数据仓库

经过 4 年发展，研究中心积累了大量专项信息数据，数据支持小组采用数据仓库技术，将不同来源数据整合成科技条件数据、科研单位数据、项目数据、经费数据、科研人才数据等，为宏观决策提供数据支持。

4. 提供专业的科技专项经费分析报告

配合有关部门管理需要，研究人员利用研究中心积累的专项经费数据，针对当年修购专项、行业科技等专项经费管理各环节的信息需求，及时提供了各类科技专项经费数据分析报告，很好地完成了数据分析服务工作。

（三）协调并组织开展科技经济政策相关研究，部分课题取得阶段成果

2009 年，研究中心研究队伍尚在筛选组建之时，便着手在财政部、农业部支持下开展部分科技经济政策相关研究工作，包括：中央级农业科研机构修购专项经费稳定支持机制研究；农业行业科研专项项目绩效考评试点；中央级农业科研院所公用经费测定；美国农业 R&D 分析模型和工具引进与应用研究。

针对研究中心开展科技经济政策研究工作的特殊性，2010 年，研究中心积极探索并初步理顺了课题选题、确定人选、签订任务书等相关环节，保障相关研究顺利进行。

1. 经充分酝酿和协商，确定年度研究课题

年初，结合财政科研经费管理中面临问题，研究中心负责同志与指导委员会成员单位领导多次沟通，取得政策研究需求信息，形成年度选题建议。年度工作会议对选题建议进行充分讨论，形成研究工作建议，于 3 月再次听取专家咨询委员会专家意见。吸纳各方意见后，研究中心正式致函指导委员会成员单位征求 2010 年研究选题承担人建议。后经与财政部、农业部多次研究，确定年度研究选题及主持人。

2. 商讨课题管理办法，签订课题委托书

为规范课题管理流程，于 4 月致函指导委员会成员单位，就课题管理细则和课题合同书（范本）征求意见。根据反馈意见，以及 6 月初指导委员会部分单位负责人座谈会意见，我们修改了《课题管理细则（试行）》和《课题合同书（范本）》，于 6 月底

再次征求意见。7 月我们与部分指导委员讨论修改。7 月底，课题任务书范本经征求律师意见后正式定稿。

按照课题任务书范本，我们组织各课题负责人与指导委员会有关成员单位分别沟通了课题研究目的、内容及计划进度等具体内容，9 月初完成委托书签订并支付课题经费。

3. 各项课题研究已全面展开，研究进展顺利

各课题均由长期从事科技经济政策的研究力量承担，相关调查研究进展顺利，部分课题已经取得阶段成果。

一是委托课题 3 项：

（1）“符合预算管理要求与科研活动规律相适应的财政科技经费管理模式研究”。针对财政科技经费管理模式与预算要求及科研活动规律之间存在差距的问题，由国务院发展研究中心社会部葛延风主持课题，拟研究我国财政科技经费管理体制变革历史，分析存在问题，提出完善财政科技经费管理的政策建议。

（2）“现代农业产业技术体系运行管理机制研究”。自 2007 年我国建设现代农业产业技术体系，已形成了有效的农业产业科技支撑网络。为使体系运转顺畅高效，由华中农业大学邓秀新主持课题，分析体系运行绩效水平和各个环节、主体之间协调性，拟从人员、经费、组织等方面，提出管理政策建议。

课题组已开展深入细致的工作，形成初步成果，包括：根据 2 300多份问答卷，形成分析与研究工作报告；收集文献，形成了综合研究报告；编制了《国家现代农业产业技术体系管理办法》。

（3）“中央科技资源推动区域经济发展的组织方式研究”。我国科技资源包括公共财政投入，以及企业和其他私营部门投入。为整合各种渠道、各个部分科技资源以推动区域经济发展，由财政部财政科学研究所刘尚希主持课题，运用优化配置理论分析科技资源在区域经济发展中的作用，提出科技资源推动区域经济发展的体制创新及相关政策建议。

课题组已召开了两次全体会议及若干分组会议，明确了研究重点、范围及框架，确定了分专题。各专题研究工作拟于近期完成，拟 7 月底提交研究成果初稿。

二是研究中心自主开展课题 1 项：

“中央级农业科研单位保障经费需求研究”。我国中央级农业科研单位主要承担全国公益性农业基础研究任务，为保障财政科技经费对中央级农业科研单位投入，提高资金效率，由南京农业大学易中懿主持课题，研究中央级农业科研单位保障性财政经费投入现状，测算对保障性中央财政科技经费需求，提出政策建议。

课题组按照研究者专长进行了分工，已完成前期准备和数据收集，拟于第三季度提交研究报告。

三、存在的问题

本年度研究中心的自身建设、数据信息服务以及课题研究管理等方面均取得了较好的成绩，尤其是自身建设和数据信息服务方面的工作成果，得到了有关部门充分肯定。同时，由于研究工作刚刚起步，因基础研究信息累积时间有限、研究中心自身研究队伍力量薄弱等因素，在研究和课题管理方面需要进一步加强。一是研究中心的学术活动平台作用未得到充分发挥，比如原计划组织论坛、座谈会等工作由于种种原因未能实施。二是自主研究不够，研究中心自身研究力量亟待加强。

四、2011 年工作重点

经初步商议，2011 年拟做好以下工作。

一是深化信息收集，继续做好专项信息系统保障以及数据平台管理与服务支撑工作。

在做好现有信息系统保障工作基础上，加强国内外科技经济政策相关信息收集。借助电子化手段，发挥信息网络功能，使电子文档取代纸质材料；做好数据备份整理工作；利用数据信息收集管理平台，做好信息收集分析工作，使信息图表化。

二是发挥平台作用，加强科技经济政策研究课题管理并推动科技经济论坛。

1. 完善课题管理，促进科技经济政策研究成果产出

第一接受上级部门委托，继续开展 2011 年度科技经济政策研究，着力于宏观性、前瞻性、战略性研究；第二自主思考，开展科技管理体制与机制创新研究以及典型科技专项管理案例研究；第三做好 2010 年度委托课题执行管理。

2. 拓展利用平台，积极开展多种形式学术活动

（1）组织开展专题研讨活动，充分发挥咨询专家作用。年内拟组织“当前科技经济政策管理前沿论坛”，充分展示咨询委员会及相关领域专家智慧，为完善我国科技经济政策建言献策。

（2）定期组织“科技经济座谈”活动。邀请指导委员会、咨询委员会成员以及相关领域专家，围绕科技经济政策热点专题、年度课题研究进展等主题，听取各方意见，形成政策建议简报。

三是研究 5 年规划，为中长期发展指明方向。

重点针对信息系统运行保障和数据分析以及科技经济政策研究工作提出规划建议，为研究中心中长期发展明确思路。

四是强化自身建设，提高运行保障能力。

结合研究中心运行两年来发现的问题，第一继续完善内部规章制度，确保各项服务工作稳定、高效。第二加强内部队伍建设，补充研究人员力量，加强课题管理和自身研究能力。第三通过专题学习，不断提升现有人员素质。第四积极开展对外交流，借鉴知名智库管理经验，拓展研究中心对外交流渠道。

五是做好各项准备，完成好领导交办的其他任务。

中国农业科学院2010年一般预算财政拨款收入支出决算表

（金额单位：万元）

支出功能分类科目编码（类 款 项）	科目名称	上年待转和结余	本年收入		本年支出			年末结转和结余
			合计	其中：基本建设资金收入	合计	基本支出	项目支出	
	栏次	1	2	3	4	5	6	7
	合计	90 127.37	214 963.40	29 642.00	230 836.10	53 898.22	176 937.88	74 254.68
202	外交	49.58	123.00	0.00	97.58	0.00	97.58	75.00
20299	其他外交支出	49.58	123.00	0.00	97.58	0.00	97.58	75.00
2029900	其他外交支出	49.58	123.00	0.00	97.58	0.00	97.58	75.00
206	科学技术	62 322.52	162 487.68	11 530.00	179 396.20	37 188.54	142 207.66	45 414.00
20602	基础研究	21 121.64	14 270.87	7 640.00	13 736.57	929.82	12 806.75	21 655.93
2060201	机构运行	0.00	1 243.27	0.00	929.82	929.82	0.00	313.45
2060204	重点实验室及相关设施	20 205.49	9 288.00	4 640.00	11 391.81	0.00	11 391.81	18 101.68
2060206	专项基础科研	500.04	3 000.00	3 000.00	276.26	0.00	276.26	3 223.78
2060299	其他基础研究支出	416.10	739.60	0.00	1 138.68	0.00	1 138.68	17.02
20603	应用研究	12 142.29	89 958.81	0.00	95 288.26	36 258.72	59 029.54	6 812.84
2060301	机构运行	843.31	36 201.81	0.00	36 258.72	36 258.72	0.00	786.39
2060302	社会公益研究	11 298.99	53 657.00	0.00	58 938.18	0.00	58 938.18	6 017.81

（续表）

项目		上年待转和结余	本年收入		本年支出			年末结转和结余
支出功能分类科目编码（类 款 项）	科目名称		合计	其中：基本建设资金收入	合计	基本支出	项目支出	
	栏次	1	2	3	4	5	6	7
	合计	90 127.37	214 963.40	29 642.00	230 836.10	53 898.22	176 937.88	74 254.68
2060303	高技术研究	0.00	100.00	0.00	91.36	0.00	91.36	8.64
20604	技术研究与开发	2 780.55	40.00	0.00	2 395.73	0.00	2 395.73	424.82
2060402	应用技术研究与开发	2 208.37	40.00	0.00	1 823.55	0.00	1 823.55	424.82
2060403	产业技术研究与开发	572.18	0.00	0.00	572.18	0.00	572.18	0.00
20605	科技条件与服务	15 601.12	31 340.00	3 890.00	30 420.72	0.00	30 420.72	16 520.40
2060503	科技条件专项	14 454.82	27 450.00	0.00	26 160.74	0.00	26 160.74	15 744.07
2060599	其他科技条件与服务支出	1 146.30	3 890.00	3 890.00	4 259.97	0.00	4 259.97	776.33
20609	科技重大专项	10 187.47	26 878.00	0.00	37 065.47	0.00	37 065.47	0.00
2060900	科技重大专项	10 187.47	26 878.00	0.00	37 065.47	0.00	37 065.47	0.00
20699	其他科学技术支出	489.45	0.00	0.00	489.45	0.00	489.45	0.00
2069999	其他科学技术支出	489.45	0.00	0.00	489.45	0.00	489.45	0.00
207	文化体育与传媒	27.48	6 104.02	6 000.00	4 085.05	104.02	3 981.03	2 046.45
20701	文化	27.48	6 000.00	6 000.00	3 981.03	0.00	3 981.03	2 046.45
2070104	图书馆	27.48	6 000.00	6 000.00	3 981.03	0.00	3 981.03	2 046.45
20705	新闻出版	0.00	104.02	0.00	104.02	104.02	0.00	0.00

（续表）

项目		上年待转和结余	本年收入		本年支出			年末结转和结余
支出功能分类科目编码（类 款 项）	科目名称		合计	其中：基本建设资金收入	合计	基本支出	项目支出	
	栏次	1	2	3	4	5	6	7
	合计	90 127.37	214 963.40	29 642.00	230 836.10	53 898.22	176 937.88	74 254.68
2070505	出版发行	0.00	104.02	0.00	104.02	104.02	0.00	0.00
208	社会保障和就业	0.00	944.22	0.00	944.22	944.22	0.00	0.00
20805	行政事业单位离退休	0.00	944.22	0.00	944.22	944.22	0.00	0.00
2080502	事业单位离退休	0.00	944.22	0.00	944.22	944.22	0.00	0.00
211	环境保护	31.79	450.00	0.00	470.58	0.00	470.58	11.21
21104	自然生态保护	31.79	450.00	0.00	470.58	0.00	470.58	11.21
2110402	农村环境保护	31.79	450.00	0.00	470.58	0.00	470.58	11.21
213	农林水事务	25 998.91	33 091.57	12 112.00	33 621.05	3 440.01	30 181.03	25 469.43
21301	农业	25 998.91	33 091.57	12 112.00	33 621.05	3 440.01	30 181.03	25 469.43
2130102	一般行政管理事务	8.48	145.00	0.00	134.19	0.00	134.19	19.29
2130104	农业事业机构	0.00	3 442.57	0.00	3 425.01	3 425.01	0.00	17.56
2130106	技术推广	1 903.04	7 763.00	3 215.00	6 698.64	0.00	6 698.64	2 967.40
2130107	技能培训	0.00	5.00	0.00	5.00	0.00	5.00	0.00
2130108	病虫害控制	7 360.09	885.00	0.00	1 423.42	0.00	1 423.42	6 821.66
2130109	农产品质量安全	4 016.33	8 160.50	3 497.00	10 007.20	0.00	10 007.20	2 169.63

（续表）

项目		上年待转和结余	本年收入		本年支出			年末结转和结余
支出功能分类科目编码	科目名称		合计	其中：基本建设资金收入	合计	基本支出	项目支出	
类 款 项	栏次	1	2	3	4	5	6	7
	合计	90 127.37	214 963.40	29 642.00	230 836.10	53 898.22	176 937.88	74 254.68
2130110	执法监管	1.70	190.00	0.00	179.78	0.00	179.78	11.92
2130111	信息服务	298.84	2 183.50	0.00	2 188.07	0.00	2 188.07	294.27
2130113	农业资金审计	0.00	20.00	0.00	10.65	0.00	10.65	9.35
2130114	对外交流与合作	110.06	750.00	0.00	725.20	0.00	725.20	134.87
2130115	耕地地力保护	62.79	10.00	0.00	69.89	0.00	69.89	2.90
2130118	农业资源调查和区划	12.03	0.00	0.00	12.03	0.00	12.03	0.00
2130125	农产品加工与促销	505.25	1 000.00	1 000.00	1 184.49	0.00	1 184.49	320.76
2130131	农业国有资产维护	61.26	600.00	0.00	643.02	0.00	643.02	18.23
2130132	农业前期工作与政策研究	36.62	515.00	0.00	236.60	0.00	236.60	315.02
2130135	农业资源保护	1 182.01	2 135.00	0.00	2 450.40	0.00	2 450.40	866.61
2130138	农村能源综合建设	2.45	1 010.00	830.00	180.85	0.00	180.85	831.59
2130199	其他农业支出	10 437.96	4 277.00	3 570.00	4 046.59	15.00	4 031.59	10 668.37
221	住房保障支出	1 697.10	11 762.91	0.00	12 221.42	12 221.42	0.00	1 238.59
22102	住房改革支出	1 697.10	11 762.91	0.00	12 221.42	12 221.42	0.00	1 238.59
2210201	住房公积金	259.82	5 636.00	0.00	5 581.17	5 581.17	0.00	314.64
2210202	提租补贴	114.41	488.39	0.00	500.87	500.87	0.00	101.94
2210203	购房补贴	1 322.87	5 638.52	0.00	6 139.38	6 139.38	0.00	822.01

中国农业科学院2010年行政事业类项目收入支出决算表

（金额单位：万元）

项目		资金来源				支出数			年末结转和结余	
支出功能分类科目编码（类 款 项）	科目名称（项目）	合计	上年结转和结余	财政拨款	其他资金	合计	财政拨款	其他资金	合计	其中：财政拨款结转和结余
	栏次	1	2	3	4	5	6	7	8	9
	合计	231 534.00	48 262.47	131 607.60	51 663.94	201 143.67	149 386.14	51 757.53	30 390.33	28 144.33
202	外交	172.58	49.58	123.00	0.00	97.58	97.58	0.00	75.00	75.00
20299	其他外交支出	172.58	49.58	123.00	0.00	97.58	97.58	0.00	75.00	75.00
2029900	其他外交支出	172.58	49.58	123.00	0.00	97.58	97.58	0.00	75.00	75.00
2029900	其他外交支出	172.58	49.58	123.00	0.00	97.58	97.58	0.00	75.00	75.00
206	科学技术	207 900.75	43 437.80	113 512.60	50 950.35	182 067.24	131 028.94	51 038.30	25 833.51	23 609.57
20602	基础研究	7 696.53	1 953.26	5 387.60	355.67	6 274.09	5 888.01	386.08	1 422.44	1 414.22
2060204	重点实验室及相关设施	6 562.63	1 914.63	4 648.00	0.00	5 148.41	5 148.41	0.00	1 414.22	1 414.22
2060204	重点实验室及相关设施	6 562.63	1 914.63	4 648.00	0.00	5 148.41	5 148.41	0.00	1 414.22	1 414.22
2060299	其他基础研究支出	1 133.90	38.63	739.60	355.67	1125.68	739.60	386.08	8.22	0.00
2060299	其他基础研究支出	1 133.90	38.63	739.60	355.67	1 125.68	739.60	386.08	8.22	0.00
20603	应用研究	68 923.48	13 423.25	53 757.00	1 743.23	60 773.77	59 029.54	1 744.23	8 149.71	6 026.45
2060302	社会公益研究	68 823.48	13 423.25	53 657.00	1 743.23	60 682.41	58 938.18	1 744.23	8 141.07	6 017.81
2060302	社会公益研究	68 823.48	13 423.25	53 657.00	1 743.23	60 682.41	58 938.18	1 744.23	8 141.07	6 017.81
2060303	高技术研究	100.00	0.00	100.00	0.00	91.36	91.36	0.00	8.64	8.64

（续表）

项目		资金来源				支出数			年末结转和结余	
支出功能分类科目编码（类 款 项）	科目名称（项目）	合计	上年结转和结余	财政拨款	其他资金	合计	财政拨款	其他资金	合计	其中：财政拨款结转和结余
	栏次	1	2	3	4	5	6	7	8	9
	合计	231 534.00	48 262.47	131 607.60	51 663.94	201 143.67	149 386.14	51 757.53	30 390.33	28 144.33
2060303	高技术研究	100.00	0.00	100.00	0.00	91.36	91.36	0.00	8.64	8.64
20604	技术研究与开发	3 267.55	2 929.55	40.00	298.00	2 750.27	2 395.73	354.54	517.28	424.82
2060402	应用技术研究与开发	2 695.37	2 357.37	40.00	298.00	2 178.09	1 823.55	354.54	517.28	424.82
2060402	应用技术研究与开发	2 695.37	2 357.37	40.00	298.00	2 178.09	1 823.55	354.54	517.28	424.82
2060403	产业技术研究与开发	572.18	572.18	0.00	0.00	572.18	572.18	0.00	0.00	0.00
2060403	产业技术研究与开发	572.18	572.18	0.00	0.00	572.18	572.18	0.00	0.00	0.00
20605	科技条件与服务	41 909.24	14 454.82	27 450.00	4.42	26 165.16	26 160.74	4.42	15 744.07	15 744.07
2060503	科技条件专项	41 909.24	14 454.82	27 450.00	4.42	26 165.16	26 160.74	4.42	15 744.07	15 744.07
2060503	科技条件专项	41 909.24	14 454.82	27 450.00	4.42	26 165.16	26 160.74	4.42	15 744.07	15 744.07
20609	科技重大专项	85 614.50	10 187.47	26 878.00	48 549.03	85 614.50	37 065.47	48 549.03	0.00	0.00
2060900	科技重大专项	85 614.50	10 187.47	26 878.00	48 549.03	85 614.50	37 065.47	48 549.03	0.00	0.00
2060900	科技重大专项	85 614.50	10 187.47	26 878.00	48 549.03	85 614.50	37 065.47	48 549.03	0.00	0.00
20699	其他科学技术支出	489.45	489.45	0.00	0.00	489.45	489.45	0.00	0.00	0.00
2069999	其他科学技术支出	489.45	489.45	0.00	0.00	489.45	489.45	0.00	0.00	0.00
2069999	其他科学技术支出	489.45	489.45	0.00	0.00	489.45	489.45	0.00	0.00	0.00
211	环境保护	481.79	31.79	450.00	0.00	470.58	470.58	0.00	11.21	11.21
21104	自然生态保护	481.79	31.79	450.00	0.00	470.58	470.58	0.00	11.21	11.21
2110402	农村环境保护	481.79	31.79	450.00	0.00	470.58	470.58	0.00	11.21	11.21

（续表）

项目		资金来源				支出数			年末结转和结余	
支出功能分类科目编码	科目名称（项目）	合计	上年结转和结余	财政拨款	其他资金	合计	财政拨款	其他资金	合计	其中：财政拨款结转和结余
类 款 项	栏次	1	2	3	4	5	6	7	8	9
	合计	231 534.00	48 262.47	131 607.60	51 663.94	201 143.67	149 386.14	51 757.53	30 390.33	28 144.33
2110402	农村环境保护	481.79	31.79	450.00	0.00	470.58	470.58	0.00	11.21	11.21
213	农林水事务	22 978.89	4 743.30	17 522.00	713.59	18 508.27	17 789.04	719.23	4 470.61	4 448.55
21301	农业	22 978.89	4 743.30	17 522.00	713.59	18 508.27	17 789.04	719.23	4 470.61	4 448.55
2130102	一般行政管理事务	153.48	8.48	145.00	0.00	134.19	134.19	0.00	19.29	19.29
2130102	一般行政管理事务	153.48	8.48	145.00	0.00	134.19	134.19	0.00	19.29	19.29
2130106	技术推广	5 809.73	1 236.73	4 548.00	25.00	4 905.76	4 875.11	30.65	903.97	881.91
2130106	技术推广	5 809.73	1 236.73	4 548.00	25.00	4 905.76	4 875.11	30.65	903.97	881.91
2130107	技能培训	5.00	0.00	5.00	0.00	5.00	5.00	0.00	0.00	0.00
2130107	技能培训	5.00	0.00	5.00	0.00	5.00	5.00	0.00	0.00	0.00
2130108	病虫害控制	1 042.28	157.28	885.00	0.00	1 039.54	1 039.54	0.00	2.74	2.74
2130108	病虫害控制	1 042.28	157.28	885.00	0.00	1 039.54	1 039.54	0.00	2.74	2.74
2130109	农产品质量安全	5 982.34	1 318.84	4 663.50	0.00	5 000.81	5 000.81	0.00	981.53	981.53
2130109	农产品质量安全	5 982.34	1 318.84	4 663.50	0.00	5 000.81	5 000.81	0.00	981.53	981.53
2130110	执法监管	191.70	1.70	190.00	0.00	179.78	179.78	0.00	11.92	11.92
2130110	执法监管	191.70	1.70	190.00	0.00	179.78	179.78	0.00	11.92	11.92
2130111	信息服务	2 482.34	298.84	2 183.50	0.00	2 188.07	2 188.07	0.00	294.27	294.27
2130111	信息服务	2 482.34	298.84	2 183.50	0.00	2 188.07	2 188.07	0.00	294.27	294.27
2130113	农业资金审计	20.00	0.00	20.00	0.00	10.65	10.65	0.00	9.35	9.35
2130113	农业资金审计	20.00	0.00	20.00	0.00	10.65	10.65	0.00	9.35	9.35
2130114	对外交流与合作	1 548.65	110.06	750.00	688.59	1 413.78	725.20	688.59	134.87	134.87

（续表）

项目		资金来源				支出数			年末结转和结余	
支出功能分类科目编码（类 款 项）	科目名称（项目）	合计	上年结转和结余	财政拨款	其他资金	合计	财政拨款	其他资金	合计	其中：财政拨款结转和结余
	栏次	1	2	3	4	5	6	7	8	9
	合计	231 534.00	48 262.47	131 607.60	51 663.94	201 143.67	149 386.14	51 757.53	30 390.33	28 144.33
2130114	对外交流与合作	1 548.65	110.06	750.00	688.59	1 413.78	725.20	688.59	134.87	134.87
2130115	耕地地力保护	72.79	62.79	10.00	0.00	69.89	69.89	0.00	2.90	2.90
2130115	耕地地力保护	72.79	62.79	10.00	0.00	69.89	69.89	0.00	2.90	2.90
2130118	农业资源调查和区划	12.03	12.03	0.00	0.00	12.03	12.03	0.00	0.00	0.00
2130118	农业资源调查和区划	12.03	12.03	0.00	0.00	12.03	12.03	0.00	0.00	0.00
2130125	农产品加工与促销	21.07	21.07	0.00	0.00	21.07	21.07	0.00	0.00	0.00
2130125	农产品加工与促销	21.07	21.07	0.00	0.00	21.07	21.07	0.00	0.00	0.00
2130131	农业国有资产维护	661.26	61.26	600.00	0.00	643.02	643.02	0.00	18.23	18.23
2130131	农业国有资产维护	661.26	61.26	600.00	0.00	643.02	643.02	0.00	18.23	18.23
2130132	农业前期工作与政策研究	551.62	36.62	515.00	0.00	236.60	236.60	0.00	315.02	315.02
2130132	农业前期工作与政策研究	551.62	36.62	515.00	0.00	236.60	236.60	0.00	315.02	315.02
2130135	农业资源保护	2 727.23	592.23	2 135.00	0.00	2 108.04	2 108.04	0.00	619.19	619.19
2130135	农业资源保护	2 727.23	592.23	2 135.00	0.00	2 108.04	2 108.04	0.00	619.19	619.19
2130138	农村能源综合建设	182.45	2.45	180.00	0.00	180.85	180.85	0.00	1.59	1.59
2130138	农村能源综合建设	182.45	2.45	180.00	0.00	180.85	180.85	0.00	1.59	1.59
2130199	其他农业支出	1 514.91	822.91	692.00	0.00	359.17	359.17	0.00	1 155.74	1 155.74
2130199	其他农业支出	1 514.91	822.91	692.00	0.00	359.17	359.17	0.00	1 155.74	1 155.74

中国农业科学院2010年基本建设投资计划情况表

（金额单位：万元）

序号	项目名称	建设性质	建设地点	主要建设内容	建设年限	下达投资	
1	中国农业科学院作物科学研究所作物分子育种国家工程实验室建设项目	新建	北京市海淀区	建立重要性状的基因发掘和标记选择、品种分子设计、高效分子育种等技术研发平台。建设内容为试验设备购置等	2008～2010	700	
						基金拨款	700
						自有资金	
2	国家农业生物安全科学中心	新建	北京市海淀区圆明园西路	主要建设高危植物病原、高危昆虫和高危植物科学研究专业实验室，其中包括相应的高级、中级生物安全隔离室和温室及相关的科研仪器设备；农业生物安全信息分析处理网络等设施，为实验室提供相关配套的附属用房、工程配套用房等	2009～2012		3 000
						基金拨款	3 000
						自有资金	
3	农业部果品及苗木质量安全监督检验中心（郑州）	新建	河南省郑州市管城回族区航海东路63号果树所院内	改造实验室54平方米，新建人工气候室50平方米，购置仪器设备89台（套）	2008～2010		519
						基金拨款	519
						自有资金	
4	农业部草业产品质量安全监督检验中心	改建	内蒙古自治区呼和浩特市赛罕区乌兰察布东街120号	改造实验室1 362平方米，购置仪器设备61台（套）	2010～2011		778
						基金拨款	778
						自有资金	

（续表）

序号	项目名称	建设性质	建设地点	主要建设内容	建设年限	下达投资	
5	农业部谷物及制品质量安全监督检验中心	新建	北京市海淀区中关村南大街12号	购置仪器设备139台（套）	2010～2011		800
						基金拨款	800
						自有资金	
6	农业部区域性果品及苗木质量安全监督检验中心	改建	辽宁省葫芦岛市兴城市兴海路三段	改造实验室1 209平方米，购置仪器设备129台（套）	2010～2011		600
						基金拨款	600
						自有资金	
7	农业部乳制品及畜禽环境质量安全监督检验中心	改建	北京市海淀区圆明园西路2号中国农业科学院北京畜牧兽医研究所	改造实验室1 359平方米，购置仪器设备57台（套）	2010～2011		800
						基金拨款	800
						自有资金	
8	中国农业科学院畜牧兽医研究所畜禽舍搬迁项目	新建	北京市昌平区马池口乡	实验猪场2 120平方米，实验鸡场2 640平方米，反刍动物实验养殖场510平方米，实验鸭场2 720平方米，配套用房1 500平方米，购置配套养殖设备	2007～2010		400
						基金拨款	400
						自有资金	

（续表）

序号	项目名称	建设性质	建设地点	主要建设内容	建设年限	下达投资	
9	中国农业科学院北京畜牧兽医研究所宠物源人畜共患病研究诊断实验室	改建	北京市海淀区圆明园西路2号	改造实验室310平方米，建设预警预报及远程诊断专家平台，购置仪器设备72台套	2010～2011		400
						基金拨款	400
						自有资金	
10	中国农业科学院南京农业机械化研究所科研实验室	新建	江苏省南京市玄武区柳营100号	新建8 000平方米农业机械科研实验室	2007～2011		420
						基金拨款	420
						自有资金	
11	农业机械化技术创新试验基地	新建	江苏省南京市溧水县白马镇	新建试验室1 800平方米、维修车间及机具库1 908平方米、试验温室450平方米、试验田200亩，其中：水田80亩、旱田80亩、经济作物20亩、林果类20亩；新建灌溉干渠500米、支渠600米、排水斗沟1 486米、排水农沟2 259米、过路涵洞25座、主干道6米宽734米、田间机耕路3米宽2 879米、试验田平整、田埂护坡、灌溉水池1 500立方米、晒场1 024平方米、试验基地围栏1 600米等；购置配套设备6台（套）、运输车1辆；征地220亩等	2010～2011		100
						基金拨款	100
						自有资金	
12	中国农业科学院烟草研究所科研综合实验室	新建	山东省青岛市崂山区	新建科研综合实验室7 995平方米，及其配套室外工程	2007～2010		400
						基金拨款	400
						自有资金	

（续表）

序号	项目名称	建设性质	建设地点	主要建设内容	建设年限	下达投资	
13	国家蜜蜂遗传资源保护中心	新建	北京市昌平区中国农业科学院南口试验基地	建设国家蜜蜂遗传资源保护中心科研楼1 500平方米及室外配套工程；购置仪器设备40台（套），冷冻储藏室制冷系统及库体1套	2008～2010		270
						基金拨款	270
						自有资金	
14	中国农业科学院院所信息化建设项目	新建	北京市海淀区中关村南大街12号	购置服务器、核心路由器、交换机、存储设备、防火墙、机柜以及UPS机组等硬件设备，购置操作系统、中间件、双机备份工具、数据库、全文检索以及安全管理等系统软件，开发科研资源管理系统、信息共享与服务系统和科研网络协作系统等应用系统，并进行系统集成	2010～2011		600
						基金拨款	600
						自有资金	
15	农牧交错区试验示范基地基础设施建设	新建	内蒙古自治区呼和浩特市土默特左旗沙尔沁乡	新建混凝土道路69 950平方米，砂石路15 720平方米，建设630KVA箱式变电站1座，敷设高压电缆4 000米，低压电缆入地敷设4 500米，购置太阳能庭院灯35套；加固防护堤8 493米，防护沟清淤25 479米，建设围栏9 030米及配套设施	2008～2010		500
						基金拨款	500
						自有资金	
16	中国农业科学院温带荒漠草原监测站	新建	内蒙古锡林郭勒盟苏尼特右旗赛汉塔拉镇	新建实验室及库房等1 357平方米，建设场区配套工程，购置仪器设备14台（套）	2010～2011		200
						基金拨款	200
						自有资金	

（续表）

序号	项目名称	建设性质	建设地点	主要建设内容	建设年限	下达投资	
17	寿阳旱地农业重点野外科学观测试验站	新建	山西省晋中市寿阳县农业部旱农野外试验站	新建综合科研楼1 320平方米；建设仓库等595平方米；修建道路4 000平方米，围墙600米；晒场1 000平方米，机井及配套设备1套，维修各类沟渠2 000米，田间道路2 000平方米，新建径流场、肥料试验场、气象观测场等10亩；购置仪器设备19台（套）	2008～2010		395
						基金拨款	395
						自有资金	
18	中国农业科学院农业资源综合利用研究中心	新建	北京市海淀区	新建科研用房7 400平方米及室外工程，购置配套试验台	2008～2011		900
						基金拨款	900
						自有资金	
19	中国农业科学院祁阳红壤试验站	新建	湖南省永州市祁阳县文富市镇祁阳红壤试验站内	新建试验辅助及生活用房832.92平方米，温室308.46平方米，网室394.93平方米，大型径流观测场3 632平方米，田间气象观测场1 200平方米，规范化观测样地15 074平方米，长期定位试验观测场6 667平方米，机井1眼，蓄水池160立方米，购置配套野外观测和试验仪器设备36台（套），征地66.53亩	2008～2010		300
						基金拨款	300
						自有资金	
20	中国农业科学院特产研究所综合实验室	新建	吉林省长春市市辖区净月潭旅游经济开发区	总建筑面积9 896平方米，配套建设室外工程，并购置安装试验台	2008～2010		1 695
						基金拨款	1 695
						自有资金	

（续表）

序号	项目名称	建设性质	建设地点	主要建设内容	建设年限	下达投资	
21	中国农业科学院棉花研究所杂交棉综合试验基地	新建	安徽省合肥市国家高新技术开发区	新建综合实验室及科研人员生活用房4 500平方米，种子挂藏风干室600平方米，晒场2 400平方米以及水、电、路、气等场区工程，购置配套仪器设备	2008～2010		710
						基金拨款	710
						自有资金	
22	中国农业科学院郑州果树研究所综合实验室	新建	河南省郑州市管城回族区航海东路	总建筑面积8 000平方米（含室外工程、试验台）	2008～2011		630
						基金拨款	630
						自有资金	
23	中国农业科学院油料作物研究所阳逻综合试验基地	新建	湖北省武汉市新洲区阳逻经济开发区	新建综合试验楼4 054平方米，种子仓库698.48平方米，挂藏室和种子工作间3 040平方米，风雨晒场1 600平方米，晒场3 163.2平方米，干旱棚及干旱池1 440平方米，智能温室315平方米，繁殖隔离网室9 450平方米，田间繁殖塑料大棚1 275平方米，建设配套室外工程，购置配套农机具8台（套）	2009～2011		800
						基金拨款	800
						自有资金	
24	中国农业科学院油料作物研究所北方繁育基地	新建	青海省海东地区平安县小峡镇上红庄村	新建综合实验室2 960平方米，种子仓库610平方米，挂藏室1 108平方米，智能温室240平方米，农机具库293平方米，锅炉房37平方米，配电室79平方米；建设田间工程180亩，其中田间灌溉180亩，蓄水池1 200平方米，排灌渠3 000米，基地主干道9 663平方米，田间机耕路7 872平方米，晒场4 000平方米，田埂3 000平方米；建设配套场区工程，包括围墙1 850米，室外给水管道500米，室外排水管道490米，电缆1 300米，热力管道1 100米，绿化3 500平方米；购置农机具62台（套）	2008～2011		500
						基金拨款	500
						自有资金	

（续表）

序号	项目名称	建设性质	建设地点	主要建设内容	建设年限	下达投资	
25	中国农业科学院饲料中药物研究基准实验室	新建	北京市海淀区中关村南大街12号	改造实验室240平方米，购置仪器设备43台（套）	2010～2011		100
						基金拨款	100
						自有资金	
26	国家农产品加工技术研发体系专业研发中心	新建	北京市海淀区圆明园西路2号等	购置农产品加工研发、检测和中试等仪器设备90台（套），建设薯类加工、饲料加工、葡萄加工、梨加工、蔬菜加工、牛肉加工、禽肉加工、乳制品加工和食用菌加工9个技术研发专业分中心，完善国家农产品加工技术研发中心	2010		1 000
						基金拨款	1 000
						自有资金	
27	中国农业科学院新疆综合试验基地	新建	新疆阿克苏地区阿克苏市南工业园区、石河子总场、阿克苏市温宿县青年农场	新建试验用房3 000平方米，宿舍及食堂等配套用房2 000平方米，种子库和挂藏室1 500平方米，晒场4 000平方米，建设室外配电、供暖、道路、绿化等场区工程；建设试验田2 000亩，打机井4眼，新建田间道路、灌溉设施和电力设施等；购置试验仪器设备33台（套），工作用越野车和面包车各1辆，试验台450延米及家具	2008～2011		980
						基金拨款	980
						自有资金	
28	中国农业科学院农业科技展示园	新建	北京市海淀区	主要建设内容包括展示温室13 500平方米，植物工厂1 500平方米，停车场3 000平方米，道路2 240平方米，绿化1 260平方米，以及配套基础设施	2009～2011		2 000
						基金拨款	2 000
						自有资金	

（续表）

序号	项目名称	建设性质	建设地点	主要建设内容	建设年限	下达投资	
29	中国农业科学院图书馆	扩建	北京市海淀区中关村南大街12号	总建筑面积30 800平方米，其中新建21 800平方米，改造9 000平方米	2008～2010		6 000
						基金拨款	6 000
						自有资金	
30	中国农业科学院海南综合试验基地	新建	海南省三亚市市辖区田独镇荔枝沟	新建实验室及配套用房5 101.75平方米，建设标准化试验田500亩，田间工作用房716.82平方米，购置试验仪器设备、农机具及后勤用设备243台（套）	2008～2011		1 200
						基金拨款	1 200
						自有资金	
31	国家牧草改良中心建设项目	新建	内蒙古自治区呼和浩特市土默特左旗沙尔沁乡公布板村北	建设中心试验楼等土建工程3 450平方米，完善田间工程，购置仪器设备62台（套）	2010～2011		445
						基金拨款	445
						自有资金	
32	农业部沼气科学研究所沼气科技研发基地建设项目	新建	四川省成都市	新建沼气科研测控设备用房300平方米，购置仪器设备138台（套）	2010～2011		830
						基金拨款	830
						自有资金	
33	中国农业科学院哈尔滨兽医研究所新所区66KV变电所及园区电网建设项目	新建	黑龙江省哈尔滨市香坊区	新建66KV变电所1 500平方米，66KV进线1回，10KV进线1回，10KV出线20回；新建10KV变电所50平方米，10KV进线2回	2008～2011		640
						基金拨款	640
						自有资金	
34	项目前期工作费	新建	北京市海淀区	中国农业科学院“十二五”科研条件建设规划编制及国家农业微生物研究中心等重点项目评审论证等前期工作费用	2010		30
						基金拨款	30
						自有资金	

中国农业科学院2010年建成项目一览表

（金额单位：万元）

序号	项目名称	项目单位	主要建设内容	完成投资（国拨）
1	中国农业科学院基本建设规划及国家耕地质量科学中心等重点项目评审论证等前期工作费	院部		30
2	中国农业科学院“十二五”科研条件建设规划编制及国家农业微生物研究中心等重点项目评审论证等前期工作费用	院部		30
3	马连洼三所所区综合改造	院部	拆除原有建筑12 350平方米、道路14 208平方米，建设厂区各类道路广场48 097平方米、场区架空线路入地2 211米、电缆4 000米、路灯124套、中水管线2 133米、供热管道6 473米、给水管道3 294米、污水管道2 048米、雨水管道5 090米、绿化39 375平方米	1 996
4	院部大院和马连洼三所安防监控系统	院部	建设闭路电视监控系统、周界防范报警系统和离散式巡更子系统3个部分	300
5	国家农作物大豆改良中心北京分中心二期	作科所	新建大豆抗旱棚400平方米，购置仪器设备84台（套）	595

（续表）

序号	项目名称	项目单位	主要建设内容	完成投资（国拨）
6	出口创汇型蔬菜生产新品种繁育及良种高技术产业化示范工程	蔬菜所	廊坊：建设日光温室和温光可调温室共30栋，建设塑料大棚30栋，建网棚6 783平方米，建宿舍378平方米，工作间189平方米，铺水泥道路7 694平方米，水井1眼，给水管线2 190米，排水沟600米，热水锅炉1台，铺设供热管线353米及建设锅炉房156平方米，铺设电缆1 394米，土壤改良200，亩。所区：改造实验楼5 000平方米，建设所内低温春化室131平方米，改造低温种子库216平方米，原供暖锅炉房改建为工人宿舍1 700平方米，建设300平方米中蔬良种营销中心，购置仪器设备186台套。南口温光可调温室5栋	2 455.44
7	作物细胞育种国家工程实验室	蔬菜所	改造实验室1 214平方米，购置仪器设备176台（套）	1 796.08
8	畜禽舍搬迁	畜牧所	建设实验猪场2 199.54平方米，实验鸡场2 538.96平方米，牛舍491.43平方米，实验鸭场3 290.03平方米，配套用房1 635.8平方米，饲料加工车间1 621.28平方米（其中992平方米建于廊坊国际农业高新技术产业园区），值班室、中转站55.1平方米，购置生产工具1台（套）	2 433
9	饲料安全评价基准实验室	饲料所	建设鸡精细饲养实验室569.5平方米、猪精细饲养实验室693.08平方米、发酵间103.32平方米、沉淀池59.26立方米、糖化池各59.26立方米，配套场区工程，购置仪器设备159台（套）	771
10	2008年全国农产品加工技术研发中心体系	加工所	购置农产品加工、试验、检测等仪器设备281台（套）	1 340

（续表）

序号	项目名称	项目单位	主要建设内容	完成投资（国拨）
11	全国重点农产品加工技术研发中心体系	加工所	购置农产品加工基础研究、应用开发、中试和检测等仪器设备59台（套）	880
12	放射性废水处理系统退役	加工所	放射性废水处理系统退役，包括拆除蒸发池2座、放射性废水管道470米、废物填埋坑1个以上及废水井、泵房等，对放射性废物进行永久处置。退役后，原场址达到了无限制开放水平，完成适用于民用住宅的建设和使用	800
13	植物营养与养分循环重点开放实验室试验仪器设备购置	资划所	购置仪器设备55台（套）	900
14	洛阳旱作农业重点野外科学观测试验站	资划所	新建实验辅助及生活用房1 934平方米，试验温室896平方米，购置配套仪器设备39台（套）	575
15	祁阳红壤试验站	资划所	新建实验辅助及生活用房832. 92平方米，温室308. 46平方米，网室394. 93平方米，大型径流观测场3 632平方米，田间气象观测场1 200平方米，规范化样地15 074平方米，长期定位试验场6 667平方米，机井1眼，蓄水池160立方米，购置配套野外观测和试验仪器设备45台（套），征地63. 1亩	600
16	饲料及畜产品安全监测设备购置	饲料所	购置液相色谱串联四级杆质谱联用仪、气象色谱与串联四极杆质谱联用仪、超高效液相色谱仪等3套仪器设备，2套仪器设备专用不间断电源	500
17	旱作节水野外观测研究站	灌溉所	建设综合实验楼1 162m^2，锅炉房105m^2，进入内外装修阶段，移动防雨棚2 037m^2，蒸渗地下观测室300m^2，温室704m^2等配套附属设施，购置配套仪器设备	736

（续表）

序号	项目名称	项目单位	主要建设内容	完成投资（国拨）
18	农业部植物新品种测试（杭州）分中心	水稻所	改建田间工作用房 454 平方米，新建网室 1 403平方米，晒场 641 平方米，购置仪器设备 14 台（套），配套设备 3 台（套）	225. 2
19	转基因抗虫棉种子产业化示范工程	棉花所	安阳开发区中心基地：新征项目建设用地 103. 4 亩；新建综合实验楼 5 264平方米；中心基地供暖购置地温空调 2 台；购置与安装 350KVA 箱式变电站 1 套；办公家具及交通工具购置 692 套；新建种子物流仓库 2 167平方米。南繁基地：长期租用试验用地 500 亩，购买土地 37 亩。种子加工厂：新建中子流酸脱绒加工厂和种子物流仓库，购置设备 37 台（套）。建设 4 个生态育种试验站等	9 203. 34
20	细胞工程与诱变技术的超高产双低杂交油菜产业化	油料所	技术创新体系：中试车间 1 634平方米，轻钢雨棚 30 平方米，购置设备 188 台（套）。良种繁育体系：排涝站 40 平方米、排涝值班室 34 平方米、围墙 2 250米、道路及晒场 18 039平方米、蓄水池 1 980平方米、平整土地 212 132 平方米、主排水管 830 米、道路排水 600 平方米、机具仓库 241. 2 平方米、门楼门牌 60 平方米、水井 5 座及田埂排水沟、围墙边护坡、绿化、水电安装工程；购置设备 11 台（套）。种子加工体系：种子加工车间 1 385平方米，购置设备 125 台（套）。服务保障体系：建设综合服务房 758 平方米，临时房 260. 55 平方米，车库 435. 19 平方米。征地 583 595平方米	7 470. 16

（续表）

序号	项目名称	项目单位	主要建设内容	完成投资（国拨）
21	所区配套设施	麻类所	新建传达室 161. 32 平方米，所区道路 1 805平方米，青石板路 452 平方米、广场砖铺装 2 810平方米、篮球场 420 平方米、门球场 456 平方米、蓄水池贴面 1 096平方米；围墙 777 米；挡土墙 1 977立方米；购置并安装大门 1 个，中央试验台 73 套，改造室外供电系统、排水系统并进行所区环境绿化	500. 88
22	兴城北方落叶果树资源重点野外科学观测试验站	果树所	新建工作用房 760 平方米，改造锅炉房及洗澡房 165 平方米，场区混凝土道路 1 125平方米，田间混凝土道路 4 596 平方米，砂石道路 7 480平方米，围墙 238 延长米，浸塑围栏 210 延长米，刺线围网 900 延长米，改造蓄水池 200 立方米，二级提水管线 300 延长米，灌溉管线 1 200延长米，平整土地 5 000平方米，更换高压线路 400 米、敷设高压电缆 450 米、低压电缆 324 米、安装 200KVA 变压器 1 台，购置仪器设备及农机具 27 台（套）	510
23	西瓜甜瓜种质资源中期库	郑果所	新建中期库 370. 7 平方米，农机具库及田间辅助用房 123. 01 平方米，土地平整 6 亩，厂区电缆敷设 706. 5 米，厂区给排水管线 587. 18 米，购置仪器设备 25 台（套）	270
24	动物医学实验室配套	上海所	新建室外道路、围墙、绿化、污水处理系统，改造洁净室，购置试验台、排毒柜等配套试验设施	2 230. 03

（续表）

序号	项目名称	项目单位	主要建设内容	完成投资（国拨）
25	沙尔沁牧草资源重点野外科学观测试验站	草原所	新建试验站实验室、种子储藏库及农机库805.6平方米，日光温室215.7平方米，网室及旱棚416平方米，改造实验室54.95平方米，晒场510.55平方米，灌溉工程100亩，绿化1 040平方米，围栏1 200米，试验站至国道混凝土道路10 861.55平方米，购置仪器设备及农机具19台（套）	481.73
26	农业部农业环境质量安全监督检验中心	环保所	改造实验室1 881平方米，改造室外通风管道100米，室外气路管道240米，新建室外气瓶间20平方米，建设试验台100米等辅助设施，购置仪器设备57台（套）	1 707
27	科研综合实验室	烟草所	新建科研综合实验室一栋，建筑面积7 902.6平方米	2 081.9
28	部级柑橘及苗木质量安全监督检验中心	柑橘所	改造实验室及附属用房1 355平方米，购置仪器设备68台（套）	1 806
29	部级种禽质量安全监督检验中心	家禽所	新建水禽测定舍及基础配套设施3 033平方米、改造实验室847.07平方米、购置仪器设备199台（套）	2 143

中国农业科学院 2010 年修购专项项目批复情况

中国农业科学院 2010 年获批复的修购专项项目 78 个，批复预算总金额 27 450万元。其中，房屋修缮类项目 9 个，批复预算 2 365万元，基础设施改造类项目 32 个，批复预算 12 335万元，仪器设备购置类项目 32 个，批复预算 12 460万元，仪器设备改造升级类项目 5 个，批复预算 290 万元。批复单价在 200 万元以上的大型仪器设备 3 台（套），金额 820 万元。

中国农业科学院 2010 年中央级科学事业单位
修缮购置专项资金项目预算表

主管部门：农业部

编号	项目名称	财政预算数（万元）	其中：大型设备	
			数量	金额(万元)
—	中国农业科学院合计	27 450.00	3	820
125161001	农业部沼气科学研究所	410.00		
125161002	农业部环境保护科研监测所	440.00		
125161003	中国农业科学院（本级）	1 185.00		
125161004	中国农业科学院研究生院	230.00		
125161005	中国农业科学院农业经济与发展研究所	100.00		
125161008	中国农业科学院农业信息研究所	610.00		
125161009	中国农业科学院作物科学研究所	1 515.00		
125161010	中国农业科学院蔬菜花卉研究所	595.00		
125161012	中国农业科学院农业环境与可持续发展研究所	720.00		
125161013	中国农业科学院农业资源与农业区划研究所	1 305.00		
125161014	中国农业科学院植物保护研究所	955.00		

（续表）

编号	项目名称	财政预算数（万元）	其中：大型设备	
			数量	金额(万元)
125161015	中国农业科学院农产品加工研究所	305. 00		
125161016	中国农业科学院棉花研究所	2 710. 00		
125161017	中国农业科学院油料作物研究所	1 780. 00		
125161018	中国农业科学院果树研究所	500. 00		
125161019	中国农业科学院郑州果树研究所	920. 00		
125161021	中国农业科学院茶叶研究所	735. 00		
125161023	中国农业科学院烟草研究所	830. 00		
125161024	中国农业科学院麻类研究所	140. 00		
125161028	中国农业科学院北京畜牧兽医研究所	1 220. 00	1	280. 00
125161029	中国农业科学院蜜蜂研究所	530. 00		
125161030	中国农业科学院哈尔滨兽医研究所	1 655. 00	1	290. 00
125161031	中国农业科学院兰州兽医研究所	1 085. 00		
125161032	中国农业科学院兰州畜牧与兽药研究所	1 105. 00		
125161033	中国农业科学院草原研究所	60. 00		
125161034	中国农业科学院特产研究所	1 265. 00		
125161035	中国农业科学院上海兽医研究所	1 630. 00	1	250. 00
125161036	中国水稻研究所	1 200. 00		
125161038	中国农业科学院饲料研究所	655. 00		
125161039	中国农业科学院生物技术研究所	1 060. 00		

中国农业科学院 2010 年
基本科研业务费项目批复情况汇总表

（金额单位：万元）

序号	编码	单位名称	数量	金额
—	合计	—	437	8 556
1	125161002	环保所	16	330
2	125161003	院（本级）	56	480
3	125161004	研究生院	10	90
4	125161005	农经所	14	240
5	125161008	信息所	26	210
6	125161009	作科所	20	1 215
7	125161012	环发所	24	390
8	125161013	资划所	40	480
9	125161014	植保所	15	420
10	125161016	棉花所	33	660
11	125161017	油料所	26	480
12	125161028	北兽医	30	465
13	125161030	哈兽研	28	726
14	125161032	兰牧药	37	630
15	125161033	草原所	12	435
16	125161035	上兽医	26	315
17	125161036	水稻所	6	720
18	125161039	生物所	18	270

中国农业科学院2010年度资产概况

根据中国农业科学院《2010年度部门决算报表》，全院2010年末资产状况为：院本级和33个院属单位资产合计7 975 927 586.31元，其中，流动资产4 022 040 458.32元，对外投资188 812 761.02元，固定资产原值3 502 048 425.49元，财政应返还额度206 611 619.06元，国有资产总量5 472 318 307.09元。各项资产比例如图6－5所示。

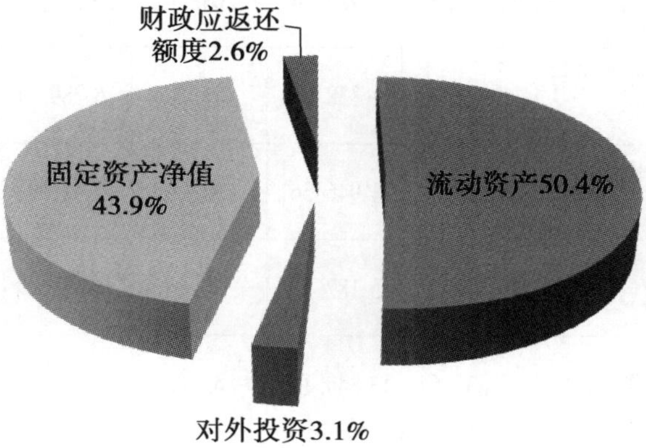

图6－5　中国农业科学院2010年末各项资产比例

中国农业科学院2010年末资产状况一览表（金额单位：万元）

序号	单位名称	资产合计	流动资产	对外投资	固定资产净值	财政应返还额度	净资产合计
1	中国农业科学院合计	797 592.76	402 204.05	18 881.28	351 592.14	20 661.16	547 231.83
2	农业部沼气科学研究所	5 086.45	2 271.30	135.00	2 317.31	362.84	3 341.42
3	农业部环境保护科研监测所	8 834.16	3 321.25	0.00	5 277.56	235.35	6 716.45
4	中国农业科学院（本级）	92 884.20	67 834.63	4 000.00	19 962.48	2 474.39	74 347.78
5	中国农业科学院研究生院	8 702.63	3 003.23	128.00	5 257.95	313.45	7 342.01
6	中国农业科学院农业经济与发展研究所	5 463.00	3 532.91	0.00	1 197.49	732.60	2 471.58
7	中国农业科学院农业质量标准与检测技术研究所	6 801.14	2 886.72	0.00	3 193.68	720.74	3 912.39

（续表）

序号	单位名称	资产合计	流动资产	对外投资	固定资产净值	财政应返还额度	净资产合计
8	中国农业科学院农业信息研究所	30 699.36	6 298.32	181.00	24 193.90	26.15	26 786.93
9	中国农业科学院作物科学研究所	72 038.92	43 150.81	276.21	25 848.26	2 387.65	30 956.31
10	中国农业科学院蔬菜花卉研究所	29 216.21	12 240.94	500.00	15 952.17	523.10	18 589.73
11	中国农业科学院农业环境与可持续发展研究所	24 883.26	5 782.04	204.38	17 767.39	1 129.45	18 586.15
12	中国农业科学院农业资源与农业区划研究所	27 731.20	11 338.87	84.00	15 289.71	1 018.61	17 984.51
13	中国农业科学院植物保护研究所	34 953.05	21 946.56	654.00	12 121.48	231.01	18 453.04
14	中国农业科学院农产品加工研究所	10 332.01	5 182.57	0.00	4 939.14	210.30	6 147.90
15	中国农业科学院棉花研究所	33 832.64	13 849.14	45.00	18 446.30	1 372.20	22 302.92
16	中国农业科学院油料作物研究所	33 668.04	15 574.07	2 604.13	11 518.27	351.24	26 000.85
17	中国农业科学院果树研究所	6 531.76	1 819.91	120.00	4 513.16	78.69	5 474.11
18	中国农业科学院郑州果树研究所	9 049.60	2 492.21	161.00	6 188.29	208.10	7 216.53
19	中国农业科学院茶叶研究所	15 991.30	7 415.95	919.00	6 790.69	860.47	9 507.55
20	中国农业科学院烟草研究所	20 703.59	14 462.46	203.00	5 584.79	110.87	12 979.64
21	中国农业科学院麻类研究所	10 445.52	2 967.76	42.06	5 571.50	864.20	8 230.08
22	中国农业科学院农田灌溉研究所	5 575.86	1 621.75	51.29	3 562.22	340.60	4 025.59
23	中国农业科学院北京畜牧兽医研究所	31 772.06	17 380.95	507.00	13 216.09	654.56	16 588.42

（续表）

序号	单位名称	资产合计	流动资产	对外投资	固定资产净值	财政应返还额度	净资产合计
24	中国农业科学院蜜蜂研究所	7 549.23	1 427.76	160.00	5 567.23	394.24	6 659.85
25	中国农业科学院哈尔滨兽医研究所	52 016.78	31 545.15	780.00	19 546.93	19.70	41 454.65
26	中国农业科学院兰州兽医研究所	64 177.77	30 153.24	2 400.00	31 335.14	289.39	53 040.88
27	中国农业科学院兰州畜牧与兽药研究所	10 673.00	3 102.71	51.00	7 297.40	221.89	9 125.12
28	中国农业科学院草原研究所	9 721.72	1 898.55	39.00	7 330.95	414.23	8 623.15
29	中国农业科学院特产研究所	20 559.05	13 088.59	438.06	6 822.22	210.18	11 655.84
30	中国农业科学院上海兽医研究所	13 563.18	5 085.44	100.00	8 197.18	180.56	9 633.41
31	中国水稻研究所	47 798.23	23 812.23	909.15	20 306.77	2 770.08	34 577.80
32	农业部南京农业机械化研究所	10 004.51	3 926.19	448.00	5 205.41	424.91	6 889.27
33	中国农业科学院饲料研究所	10 298.14	4 746.91	596.00	4 845.83	109.40	6 884.05
34	中国农业科学院生物技术研究所	22 995.54	14 541.59	2 075.00	5 961.70	417.25	8 925.96
35	中国农业科学技术出版社	3 039.66	2 501.31	70.00	465.56	2.80	1 799.99

中国农业科学院 2010 年度政府采购情况

根据中国农业科学院 2010 年度《政府采购信息统计报表》，全院 2010 年采购预算金额 38 496. 92万元，实际采购金额 32 306. 12万元。实际采购相对预算的节约资金总额 6 190. 80万元，总节约率 16. 08%；货物类节约金额 3 818. 88万元，节约率 17. 1%；工程类节约金额 1 916. 09 万元，节约率 13. 33%；服务类节约金额 455. 83 万元，节约率 25. 44%。

一、政府采购资金来源

实际采购中财政性资金 30 284. 59 万元，占总采购金额的 93. 74%；其他资金 2 021. 53万元，占总采购金额的 6. 26%。

二、政府采购构成情况

实际采购中货物类采购金额 18 510. 83万元，占总采购金额的 57. 29%，工程类采购金额 12 459. 12万元，占总采购金额的 38. 57%，服务类采购金额 1 336. 17万元，占总采购金额的 4. 14%。

三、政府采购组织形式

实际采购中集中采购金额 8 394. 04万元，占总采购金额的 25. 98%，分散采购金额 23 912. 08万元，占总采购金额的 74. 02%。

四、政府采购方式

实际采购中公开招标采购金额 30 518. 26 万元，占总采购金额的 94. 47%，邀请招标采购金额 990. 04 万元，竞争性谈判采购金额 399. 29 万元，询价采购金额 337. 53 万元，单一来源采购金额 61. 00 万元。

五、政府采购合同授予

实际采购中进口采购金额 10 340. 26 万元，国内采购金额 21 965. 86万元，占总采购金额的 67. 99% 。

六、节能专项统计

实际采购中节能节水专项同类产品采购金额 4 421. 97万元，节能节水采购金额 3 638. 78万元，占总采购金额的 82. 29%，非节能节水采购金额 783. 19 万元，占总采购金额的 17. 71% 。

七、环保专项统计

实际采购中环保专项同类产品采购金额 4 624. 94万元，环保采购金额 3 099. 79万元，占总采购金额的 67. 02%，非环保采购金额 1 525. 15 万元，占总采购金额的 32. 98% 。

中国农业科学院基本建设管理办法（试行）

第一章　总则

第一条　为加强中国农业科学院基本建设管理，规范管理程序和行为，提高管理质量和效率，更好地发挥基本建设投资效益，根据国家和农业部有关规定，制定本办法。

第二条　本办法适用于投资计划下达到中国农业科学院的中央投资基本建设项目和经中国农业科学院批复立项或转发批复立项的自筹资金基本建设项目（以下简称"项目"）。

第三条　中国农业科学院基本建设局是中国农业科学院基本建设工作归口管理部门。基本建设任务较重的建设单位应当有专门基本建设管理机构，其他建设单位应当有基本建设归口管理机构，负责本单位基本建设管理工作。

第四条　基本建设管理要严格实行"四制"，即项目法人负责制、招投标制、工程监理制、合同制。

第五条　基本建设管理要严格按照基本建设程序办事。基本建设程序包括：项目建议、可行性研究、方案设计、初步设计、施工图设计、施工准备、建设实施、项目验收、后评价。

第二章　立项管理

第六条　建设单位根据事业发展需要申请项目立项。投资规模超过3 000万元以上（含3 000万元）的项目或含有征地建设内容的项目，应当委托具有相应工程咨询资质的单位编制项目建议书，待项目建议书批复后，委托具有相应工程咨询资质的单位编制可行性研究报告。其他项目直接委托具有相应工程咨询资质的单位编制可行性研究报告。

第七条　建设单位在报送可行性研究报告之前应当落实相应条件，建设内容有新建房屋建筑的应当有土地使用权证和用地规划意见（条件）；有房屋装修改造的应当有房屋所有权证；有田间试验设施的应当有土地使用权证；根据国家环境保护规定需要编制环境影响评价报告或评价表的，应当取得相应批复；涉及资产处置的，应当根据相关程序处置完毕；涉及自筹资金的，应当提供资金筹集方式和自筹能力的证明。

第八条　建设单位在完成项目申报材料和落实相应条件后，以请示文件的形式将项目建议书或可行性研究报告报院，文件要求详见《中国农业科学院基本建设项目申报材料范本（试行）》，同时将项目建议书或可行性研究报告提交所在基本建设管理片区业务指导员，片区业务指导员在收到材料后5个工作日内出具书面审核意见，报院基本建设局。

院基本建设局在收到文件后10个工作日内完成审查，符合要求的项目报农业部审批，全部申请自筹资金的项目由院审批或根据情况报农业部审批；对不符合要求的项目提出审查意见，建设单位按意见办理。

第三章　初步设计管理

第九条　对中央投资项目，建设单位应当在可行性研究报告批复后4个月内(3 000万元以上的项目在6个月内）完成初步设计编制，以请示文件的形式报院，文件要求详见《中国农业科学院基本建设项目申报材料范本（试行)》。同时将项目初步设计提交所在基本建设管理片区业务指导员，片区业务指导员在收到材料后10个工作日内出具书面审核意见，报院基本建设局。

院基本建设局在收到文件后10个工作日内完成审查，符合要求的项目报农业部审批，对不符合要求的项目提出审查意见，建设单位按意见修订完善后重新申报。资金来源全部为自筹资金的项目不申报初步设计。

第十条　建设内容主要为房屋建筑的项目在编制初步设计前应当上报设计方案，收到函复意见后再编制初步设计。

第十一条　初步设计应当由具有相应工程设计资质的单位编制，建设内容主体为农业工程的项目，应当由具有相应农业类设计资质的单位编制。初步设计编制依据为可行性研究报告批复和国家相关规定，初步设计要符合《建筑工程设计文件编制深度规定》。

第四章　投资计划管理

第十二条　建设单位于每年6月份编报下一年投资计划建议，报院基本建设局。院根据各单位项目进展情况并结合年度投资总体情况，编报院基本建设投资计划建议，于每年7月份报农业部。

第十三条　年度投资计划建议应当根据项目进展情况，科学合理测算下一年投资需求，已获得立项批复或即将获得立项批复，但尚未获得初步设计批复的项目，可以申报适量投资用于前期工作。

第十四条　年度投资计划建议要做到年度投资不结余。院对基本建设资金结余量较大的单位将少安排或暂不安排下一年投资计划。

第十五条　年度投资计划建议编报使用“中央投资项目编报系统软件”，项目信息填报要完整准确。

第五章　采购管理

第十六条　采购方式包括公开招标、邀请招标、竞争性谈判、单一来源采购、询价，以及国务院政府采购监督管理部门认定的其他采购方式。

第十七条　纳入政府集中采购目录的项目须按照其采购方式采购。竞争性谈判、单一来源采购、询价等采购方式遵照《中华人民共和国政府采购法》执行。

第十八条　符合下列条件之一的项目或批复中明确要求公开招标的项目必须进行公开招标。

（一）施工单项合同估算价在 200 万元人民币以上（含 200 万元）的；

（二）仪器、设备、材料采购单项合同估算价在 100 万元人民币以上（含 100 万元）的；

（三）勘察、设计、监理等单项合同估算价在 50 万元人民币以上（含 50 万元）的；

（四）单项合同估算低于第（一）、（二）、（三）项规定的标准，但项目总投资额在 3 000万元人民币以上（含 3 000万元）的。

任何单位和个人不得将依法必须招标的项目化整为零或者以其他任何方式规避招标，不得将一个合同分解成若干个合同，规避公开招标。

第十九条　按规定必须公开招标的项目，有下列情形之一的，经批准可以采用邀请招标。

（一）项目技术性、专业性较强，环境资源条件特殊，符合条件的潜在投标人有限的；

（二）受自然、地域等因素限制，实行公开招标影响项目实施时机的；

（三）公开招标所需费用占项目总投资比例过大的；

（四）法律法规规定的其他特殊项目。

第二十条　按规定必须公开招标的项目，有下列情况之一的，经批准可以不进行招标，采取竞争性谈判、单一来源采购、询价，以及国务院政府采购监督管理部门认定的其他采购方式。

（一）涉及国家安全或者国家秘密不适宜招标的；

（二）勘察、设计采用特定专利或者专有技术的，或者其建筑艺术造型有特殊要求不宜进行招标的；

（三）潜在投标人为 3 家以下，无法进行招标的；

（四）抢险救灾及法律法规规定的其他特殊项目。

第二十一条　招标组织形式分为自行招标和委托招标。自行招标的招标人应当具备编制招标文件和组织评标的能力，招标人自行招标应具备的条件：

（一）具有与招标项目规模和复杂程度相应的工程技术、概预算、财务和工程管理等方面专业技术力量；

（二）有从事同类工程建设项目招标的经验；

（三）设有专门的招标机构或者拥有3名以上专职招标业务人员；

（四）熟悉和掌握招标投标法及有关法规规章。

委托招标是指委托有资质的招标代理机构办理招标事宜。招标人不具备本条前四项规定的，应当委托招标。

第二十二条 建设单位在完成施工图编制后、送审前，向院基本建设局报送施工图及编制情况说明。院基本建设局收到资料后5个工作日内，依据初步设计批复完成施工图的符合性审查，符合要求的项目通知建设单位开展后续工作，对不符合要求的项目提出审查意见，建设单位按意见修订完善后重新报送。

第二十三条 建设单位发出的招标文件，应当使用《中国农业科学院基本建设项目招标文件范本（试行）》，如有特殊要求或与地方政策不一致的，可以书面向院基本建设局说明情况，收到函复意见后再开展招标工作。

第二十四条 房屋建筑面积在5 000平方米以上（含5 000平方米）或建筑安装工程投资在1 500万元人民币以上（含1 500万元）的项目，院基本建设局将派人参与项目设计和施工招标的资格预审。

第二十五条 公开招标的项目，招标人应当在国家发展和改革委员会指定的媒介（《中国日报》《中国经济导报》《中国建设报》《中国采购与招标网》）之一或建设行政主管部门认定的有形建筑市场发布招标公告；土建工程应当在当地有形建筑市场（建设工程发包承包交易中心）进行招标。

第二十六条 施工、货物和监理招标应当设投标控制价，投标控制价原则上控制在概算批复范围内。

第二十七条 技术、经济评标专家应当从国家相关部门的专家库中抽取，评标委员会为5人以上（含5人）单数，其中技术、经济等方面的专家不得少于成员总数的2/3。

第二十八条 建设单位自确定中标候选人之日起3个工作日内，向院基本建设局提交招标投标情况的书面报告。书面报告一般包括以下内容。

招标项目基本情况；

投标人情况；

评标委员会成员名单；

开标情况；

评标标准和方法；

废标情况；

评标委员会推荐的经排序的中标候选人名单；

中标结果；

未确定排名第一的中标候选人为中标人的原因；

其他需说明的问题。

第二十九条　院基本建设局收到书面报告后，10 个工作日内（含农业部审核 7 个工作日）无不同意见，建设单位可向中标人发放中标通知书。

第三十条　基本建设项目招标应当接受院和建设单位纪检和监察部门的监督。

第六章　实施管理

第三十一条　取得初步设计批复后方可进行仪器设备招标和施工图设计。

第三十二条　土建工程应当按照当地建设行政主管部门要求办理施工许可证后开工建设。

第三十三条　进口仪器设备采购前应当按照相关规定履行进口产品报批程序。

第三十四条　确定供应商、承包商后按照《中华人民共和国合同法》签订合同。国家或行业有标准格式合同的，应当采用标准格式合同。合同签订应当严谨，必须明确合同范围、数量、质量、金额、工期、验收方式、支付方式和双方权利与义务以及违约责任。应当按要求盖章和签字。

第三十五条　土建或田间工程总投资在 100 万元以上（含 100 万元）的项目，或房屋建筑面积在 1 000平方米以上（含 1 000平方米）的项目，必须由具有相应资质的单位进行监理。

第三十六条　建设单位必须在项目纳入年度投资计划并下达第一次投资计划、取得初步设计批复后的 6 个月内开工。因故不能按期开工的，必须向院申请延期开工，延期以两次为限，每次不超过 3 个月；既不开工又不申请延期，或者因故不能开工超过 6 个月的，造成项目进度缓慢、资金大量结余的，将严格限制新项目申报和投资计划安排，并通报批评。

第三十七条　建设单位必须严格控制工程质量，选用质量合格的材料和设备，选择符合相应资质要求的承包商和供应商，加强对施工现场的检查和对监理单位的管理。

第三十八条　严格按照概算控制投资，严格控制变更洽商、暂估价材料采购价格和暂估项目发包价格。

第七章　变更管理

第三十九条　项目批复后，必须严格按照批复执行，不得擅自变更项目建设地点、建设性质、建设单位、功能定位、建设内容、建设规模、建设标准、建设资金和建设期限等。

第四十条　确因客观原因需要进行重大变更的项目，要重新报批可行性研究报告。有下列情形之一的属重大变更。

（一）变更建设地点的；

（二）变更建设单位的；

（三）变更建设性质的；

（四）变更建设内容、建设标准、建设规模导致项目主要使用（服务）功能发生变化的；

（五）初步设计概算的总投资变动超过立项批复总投资的10%以上（含10%）的，施工图预算或项目实施过程中总投资变动超过批准的初步设计概算总投资10%以上（含10%）的。

第四十一条 施工图预算或项目实施过程中总投资变更超过批准的初步设计概算总投资5%以上（含5%）的，须重新报批初步设计。

第四十二条 有下列情形之一的，须申请批准。

（一）变更建设期限的；

（二）变更招标方案的；

（三）变更建设内容、建设标准、建设规模，但不属于本办法第四十条第四项情形的；

（四）变更初步设计概算的总投资超过立项批复总投资10%以下的。

以上变更发生在初步设计阶段时，必须在初步设计说明中详细说明变更原因，随初步设计进行报批；以上变更发生在实施阶段时，必须先提出变更申请，经批复后实施。

第四十三条 项目实施过程中必须严格控制投资，除因国家政策因素出现较大投资调整外，超出部分由建设单位自行解决，不得申请追加投资。

第八章 财务管理

第四十四条 建设单位必须建立健全基本建设财务管理制度，严格执行财政部《基本建设财务管理规定》和《国有建设单位会计制度》，加强基本建设资金的管理，按照批准的概算内容，做好账务设置和财务管理。

第四十五条 基本建设资金应当专账管理，专款专用，不得截留、挤占和挪用。

第四十六条 建设单位应当严格按照基本建设程序、支出预算、年度投资计划及工程进度拨付资金。

第四十七条 建设单位应当严格按照规定的内容和标准控制待摊投资支出，不得将非法的收费、摊派等计入待摊投资支出。

第四十八条 建设单位应当严格执行工程价款结算的制度，按照规范的工程价款结算程序支付资金。建设单位与施工单位签定的施工合同中确定的工程价款结算方式应当符合财政支出预算管理的有关规定。项目所有款项支付后应当及时取得发票或其他支付凭证。

第四十九条 包工包料工程的预付款应按合同约定拨付，原则上不得高于合同金额的30%，对重大工程，预付款应当按年度工程计划逐年拨付；未签订合同或不具备施工条件的工程，不得拨付预付款。

第五十条　建设单位必须按合同约定的支付方式和工程进度支付工程款，由施工企业提出的已完工程量报表和工程价款结算单，应当经监理单位审核，报建设单位审核后才能办理工程价款支付。工程进度款支付不得高于工程价款的85%，并按合同约定扣回预付款。工程完工后，根据约定的合同价款和调整内容，进行工程竣工结算。

第五十一条　建设单位管理费是指建设单位为进行建设项目筹建、建设、联合试运转、验收总结等工作发生的管理性质的开支。建设单位管理费开支范围包括：不在原单位发工资的工作人员工资、基本养老保险费、基本医疗保险费、失业保险费，与项目管理相关的办公费、差旅交通费、劳动保护费、工具用具使用费、固定资产使用费、零星购置费、招募生产工人费、技术图书资料费、印花税、业务招待费、施工现场津贴、竣工验收费和其他管理性质的开支。

业务招待费支出不得超过建设单位管理费总额的10%。

施工现场津贴比照当地财政部门制定的差旅费标准执行。

建设单位管理费实行总额控制，分年度据实列支。

第五十二条　项目完工后，3个月内完成项目工程结算和竣工财务决算，并委托具有相应资质的单位进行审计。

第五十三条　编制项目竣工财务决算的依据，主要包括：可行性研究报告，初步或扩大初步设计，概算调整及批复文件；招投标文件；历年投资计划、财务决算及批复文件；合同、工程结算等资料；有关财务核算制度及其他有关资料。

第五十四条　项目竣工财务决算的内容，包括竣工财务决算报表和财务决算报表说明两部分。

（一）项目竣工财务决算报表主要包括：封面、基本建设项目概况表、基本建设项目竣工财务决算表、基本建设项目交付使用资产总表、基本建设项目交付使用资产明细表。建设单位不得擅自更改报表栏目和指标，但可根据实际情况和有关要求，增加待摊投资明细表、转出投资明细表、待核销基建支出明细表等；

（二）竣工财务决算说明书主要包括：基本建设项目概况、会计账务的处理、财产物资清理及债权债务的清偿情况、待摊投资构成情况及分配方法、待核销基建支出构成情况及核销原因、转出投资构成情况及转出原因、基建结余资金的分配情况、主要技术经济指标的分析和计算情况、基本建设项目管理及决算中存在的问题和建议、决算与概算的差异和原因分析、需说明的其他事项等。

第五十五条　项目通过竣工验收后，建设单位根据相关要求完成竣工决算审批，并根据批复的项目竣工财务决算及时调整有关账务，办理资产移交手续，进行资产产权登记。

第九章　档案管理

第五十六条　建设单位应当设专人负责项目档案收集、整理和归档工作。

第五十七条　项目立项后，档案管理人员按照项目实际情况编制档案收集大纲，项目管理人员按照收集大纲定期向档案管理人员移交项目资料。参建方的资料分阶段向建设单位移交。

第五十八条　一般项目档案收集归档按照《建设工程文件归档整理规范》执行，重大项目档案收集归档按照《国家重大建设项目文件归档要求与档案整理规范》执行。

第五十九条　建设单位应当进行预立卷，根据基建文件形成的各个阶段设置若干预立卷盒，并以问题（事件）为单位分别编制盒号，随时将工作中形成的文件放入相应卷盒中。盒中文件以“件”为单位编制临时文件目录，便于平时查找利用，为立卷归档打好基础。

第六十条　基建档案整理要按照文件的自然形成规律，保持文件之间的有机联系，便于档案的保管利用，并符合相关标准规范。整理步骤包括：分类组卷、卷内文件整理、填写卷内目录与备考表、填写案卷封面、装订等。

第六十一条　建设单位应当规范项目档案的借阅和使用，防止档案丢失；有条件的建设单位可以建立电子档案，便于使用。

第十章　验收管理

第六十二条　申请竣工验收的项目必须具备下列条件。

（一）完成批准的项目可行性研究报告、初步设计和投资计划文件中规定的各项建设内容；

（二）系统整理项目前期及技术文件材料并分类立卷，技术档案和施工管理资料齐全、完整。包括：项目审批文件和年度投资计划文件，设计（含工艺、设备技术）、施工、监理文件，招投标、合同管理文件，基建财务档案（含账册、凭证、报表等），工程总结文件，勘察、设计、施工、监理等单位签署的质量合格文件，施工单位签署的工程保修证书，工程竣工图；

（三）土建工程质量经当地建设工程质量监督机构备案，并获得工程竣工备案证；

（四）主要工艺设备及配套设施能够按批复的设计要求运行，并达到项目设计目标；

（五）环境保护、劳动安全卫生及消防设施已按设计要求与主体工程同时建成，并经相关部门审查合格；

（六）编制了竣工决算，并经有资质的中介审计机构或由当地审计机关审计。

第六十三条　项目在具备竣工验收条件后，建设单位应当在15日内组织有关专家进行初验。初验不合格的项目在30日内完成整改，初验合格的项目，应当编制竣工报告。竣工报告包括以下主要内容。

（一）项目批复及执行概况。主要包括项目概况、进展情况、招投标制和监理制执行情况；

（二）项目批复内容完成情况。对批复的建设地点、建设内容、建设规模、建设标准、投资、工期等逐项对照总结，建设内容和投资完成情况应有批复与执行对照分析表；

（三）项目变更及批复情况；

（四）土建、田间工程和设备等质量情况。单位工程和单项工程验收情况，仪器、设备开箱验收及安装调试情况；

（五）执行相关法律、法规情况。主要是土地、规划、环保、人防、消防等报批、报建情况；

（六）项目资金到位及使用情况。包括中央投资、地方配套及自筹资金到位时间、实际落实情况，资金支出结构情况，项目资金管理情况（包括专账独立核算、入账手续及凭证完整性、支出结构合理性等），工程结算及审计情况，项目竣工财务决算及审计情况；

（七）档案资料情况。建设项目批准文件、设计文件、竣工文件、监理文件及各项技术文件归档情况；

（八）投产或者投入试运行情况；

（九）初步验收结论；

（十）相关附件。

第六十四条 建设单位在初步验收合格后10个工作日内，以请示文件的形式向院申请验收，同时报送项目竣工报告。院收到文件后10个工作日内完成审查，符合验收条件的项目转报农业部申请验收，由农业部或国家发改委组织验收，院根据需要在转报农业部之前安排预验收；对不符合验收条件的项目，院提出审查意见，建设单位按意见整改后重新申报。

第六十五条 200万元以下的建设项目，由建设单位自行组织验收，合格后将验收结果报院。验收组由组织单位、相关部门及工艺技术、工程技术、基建财会等方面的专家组成。成员人数原则上为5人以上（含5人）单数，其中工程、技术、经济等方面的专家不得少于成员总数的2/3。

第十一章 监督检查

第六十六条 建设单位应当加强项目自查自纠，每年6月底前上报项目自查自纠报告。自查内容及自查自纠报告主要包括：

（一）项目管理程序及进度检查。检查项目是否按基本建设程序组织实施，是否按照批复进度执行；

（二）前期工作检查。检查项目立项报批是否符合规定；初步设计是否由具有相应资质的单位编制，内容是否与立项批复衔接；施工图是否按照有关规定及初步设计批复要求编制；是否按有关规定履行项目报建程序；

（三）施工检查。检查是否按照批复的建设内容和期限组织施工，是否存在肢解发包、转包、违法分包现象；施工单位是否具备相应资质，施工技术方案和施工机械设备、技术人员、施工方法、安全控制、设备材料使用、工程进度是否符合要求；

（四）工程质量检查。检查是否建立设备材料质量检查制度；施工单位是否建立工程质量保证体系和现场工程质量自检、重要结构部位和隐蔽工程质量预检复检制度；监理单位是否有完善的质量管理体系和监理大纲并严格履行监理职责；施工单位和监理单位是否落实质量责任制；工程质量是否符合设计要求，是否达到验收标准，是否出现过重大质量事故；

（五）项目资金检查。检查项目的资金来源是否符合有关规定，资金（包括地方配套资金）下达、拨付、到位情况；概算控制措施是否落实，概算调整是否符合国家有关规定；实行专户储存、专账核算、专款专用情况；资金的使用是否符合概算和有关规定，支付是否按照合同和进度执行；财务制度是否健全，财务管理是否规范，有无套取、挤占、挪用、截留、滞留资金，有无虚列工程资金支出、白条抵账、虚假会计凭证和大额现金支付；资金支出是否符合年度计划和预算进度要求；

（六）招标投标及合同检查。检查是否按批准的招标方案组织招投标；招投标运作是否规范；合同是否合法、严密、规范；是否履行合同；

（七）项目组织机构检查。检查建设单位是否建立项目建设组织机构，是否有完善的规章制度，是否配备专职人员、是否对项目建设全过程依法实施有效监督、管理；

（八）开工条件检查。检查初步设计及概算是否已经批复，建设资金是否落实，施工图设计是否完成，施工招标和监理招标是否完成，施工组织设计是否编制；

（九）工程监理检查。检查监理单位是否具备相应资质，现场监理人员数量和素质是否符合合同约定，监理手段和措施是否满足工程建设要求；

（十）项目档案管理检查。相关文件材料是否齐全、整理归档是否规范；

（十一）项目运行情况检查。检查项目是否能正常运行并达到预期效果。

第六十七条 院根据各单位自查自纠情况，每年7月份组织抽查，抽查单位数量原则上不少于全部建设单位的1/3。抽查一般为现场检查，检查程序主要包括：

（一）听取建设单位汇报，进行询问和质疑；

（二）查阅、摘录、复制有关文件资料、档案、财务资料；

（三）实地查看项目实施情况；

（四）与相关人员座谈，核实情况；

（五）形成检查报告初稿，与建设单位交换意见；

（六）形成检查报告。

第六十八条　院每年 8 月份通报全院项目检查情况，对需要整改的项目提出具体整改要求。建设单位根据整改要求逐一落实，10 月底前上报整改情况。

第六十九条　对于项目监督检查中发现的重大违纪、违规问题或整改落实不到位的单位，院根据情节轻重采取以下处理措施。

（一）全院通报批评并上报上级有关部门；

（二）暂停安排新上项目和下一年年度投资；

（三）上报农业部撤销项目，收回项目资金。

对违纪、违法人员，建议上级主管部门和地方有关部门进行查处并追究相关责任。

第七十条　对管理制度健全、执行规范、投资效益显著的建设单位，院给予通报表扬，并在年度投资及项目安排时给予倾斜。

第十二章　其他

第七十一条　建设单位在上报项目建议书、可行性研究报告、初步设计时，应当同时在"农业基本建设项目管理信息系统"填报相关信息。

第七十二条　项目立项后，建设单位应当按月报送《在建项目月报表》，即每月 5 日前报上月项目执行情况。

第十三章　附则

第七十三条　本办法依据国家相关规定和中国农业科学院实际情况制定，由中国农业科学院基本建设局负责解释。

第七十四条　本办法自发布之日起执行。

中国农业科学院基本建设局
建设项目安全生产管理办法

为了加强安全生产监督管理，有效防控建设项目实施中的生产安全责任事故，保障施工现场人员人身和财产安全，根据《中华人民共和国安全生产法》和农业部有关安全生产的规章制度制定本办法。

本办法适用于由院基本建设局负责实施的基本建设及修缮项目。

第一条 安全生产管理坚持“安全第一、预防为主”的方针。

第二条 安全生产管理从源头抓起。在项目施工、监理招标文件及合同中，必须明确安全生产责任制，详细规定违反安全生产责任、问题整改不力或屡教不改等情况下的罚则。在制定项目建设管理办法中，必须包含项目的安全生产日常管理方案及应急预案。

第三条 在项目实施过程中，要检查、督促、协调施工单位、监理单位加强安全生产管理，宣传贯彻安全生产管理制度、先进经验等。

第四条 实行安全生产管理责任制。基本建设局局长为安全生产第一责任人，项目分管局长为安全生产主要责任人，项目甲方代表为安全生产直接责任人。

第五条 安全监管实行巡视制、周检查制。

巡视制。项目甲方代表每次到施工现场检查施工情况时，一并巡视安全生产情况。

周检查制。每周组织一次安全生产全面检查，检查人员包括：甲方代表、施工单位（含分包施工单位）、监理单位安全生产负责人。

项目分管局长每月至少参加两次安全生产检查。

第六条 项目甲方代表负责安全生产日常管理。主要职责：

1. 督促检查施工单位安全生产管理制度制定与落实。

2. 承担安全生产巡视、周安全检查工作，形成检查记录，并归档保存。

3. 对检查中发现的安全生产隐患，要求立即排除或限期整改，并跟踪整改情况。出现重大事故隐患的，责令停止施工，撤出危险区域内的作业人员，并立即报告上一级领导；重大事故隐患排除后，经核查同意，方可恢复施工。

第七条 安全生产监督检查主要内容包括：施工及监理单位制度建设、人员培训、持证上岗情况，消防、用电、防护等安全措施落实情况。

第八条 进行安全生产现场检查时，如发现问题，检查人员应当将检查的时间、地点、内容、发现的问题及处理情况，作出书面记录，并由检查人员和被检查单位的负责人签字；被检查单位的负责人拒绝签字的，检查人员应当将情况记录在案，并向上一级负有安全生产监督管理责任的领导和部门报告。

第九条　当发生重大安全生产责任事故时，必须立即启动应急预案，立即逐级上报安全生产事故情况。基本建设局局长、项目分管局长、甲方代表必须第一时间赶到事故现场处理事故。各级安全管理人员对事故情况不得隐瞒不报、谎报或者拖延不报。

施工现场发生安全生产事故，经调查确定为责任事故的，除了事故单位依法承担责任外，还应当查明项目甲方代表、项目分管局长、局长的管理责任，对有失职、渎职行为的，应当追究管理责任。

第十条　本办法由基本建设局负责解释。

二〇一〇年十二月三十日

关于印发《中国农业科学院基本建设项目审计监督管理办法》的通知

院属各单位、院机关各部门：

我院原《中国农业科学院基本建设项目审计监督管理办法》（农科院监审〔2008〕157号文）自2008年5月实施以来，在规范基本建设项目管理方面发挥了积极作用，起到了强化管理的实效。现根据该办法实施以来的实际情况对办法中的部分内容进行了修订，请各单位遵照执行。

附件：《中国农业科学院基本建设项目审计监督管理办法》

二〇一〇年七月五日

附件：

中国农业科学院基本建设项目审计监督管理办法

农科院财〔2010〕104 号

第一条 为了加强对基本建设项目的审计监督，促进基本建设项目规范管理，提高投资效益，根据《中华人民共和国审计法》《审计机关国家建设项目审计准则》和《农业基本建设项目管理办法》等规定，结合本院实际，制定本办法。

第二条 本办法适用于我院院部及各研究所、研究生院和出版社等单位（以下简称各单位）承担的部分或全部利用中央预算内资金（含国债资金）新建、改建、扩建的基本建设项目。

第三条 各单位承担的基本建设项目，除以下特殊情况外，必须按规定对基本建设项目进行工程造价结算审核和竣工财务决算审计。

（一）对特殊行业、特殊部门执行的以无洽商、包总价的方式支付工程款的基本建设项目，需进行工程预算审核（视需要进行工程造价结算审核）；

（二）基建项目中设备购置项目只进行财务决算审计，不进行造价结算审核；

（三）通过招标确定的固定总价合同，且无变更洽商的项目不进行工程造价（预）结算审核。如发生变更、洽商，则要对变更部分及相关内容进行结算审核。

第四条 院部的基本建设项目由基建局、科技局等具体实施，由财务局进行审计监督。其他各单位的基本建设项目按照实施和监督分离的原则参照执行。院财务局负责对各单位的审计工作进行监督。

第五条 基本建设项目的审计由各单位的审计监督部门代表本单位委托社会中介机构进行，与社会中介机构签订《审计业务约定书》。

第六条 基本建设项目的工程造价结算审核和竣工财务决算审计必须委托有行政主管部门颁发相应资质证书的社会中介机构进行。采取招投标委托方式确定社会中介机构的，委托审计招投标活动应严格遵守《中华人民共和国招标投标法》。

第七条 具有以下情形之一的社会中介机构，各单位不得委托其实施审计。

（一）不具备相应资质和能力的；

（二）受到审计、财政、监察、税务、工商、证券监管、银行监管等有关部门查处且尚未解除从业限制的；

（三）依据本办法第十条规定受到从业限制的。

第八条 各单位与有关单位签订建设工程合同时，应当在合同中约定经工程造价结算审核后方可办理工程结算；各单位在进行工程造价结算审核前，支付给施工单位的工程款总额不得超过合同价的85%。

第九条 各单位应在《审计业务约定书》中明确规定项目竣工财务决算审计报告必须包括的主要内容，即工程概况、资金来源、审核说明、审核依据、审核结果、意见和建议，并附有基本建设工程决算审核情况汇总表、待摊投资明细表、转出投资明细表、待摊投资分配明细表；并要求受托社会中介机构对审计的财务决算报告是否符合国家有关基本建设财务管理规定和会计制度作出明确表述。

第十条 受托社会中介机构提供的审计报告如出现严重失实、审计结论意见不准确，且拒绝进行重新审计或纠正的，各单位应终止委托审计业务，停止支付审计费用，并在5年内不得委托其从事审计业务。

第十一条 审计费用在国家规定的收费标准范围内，由各单位与受托社会中介机构协商确定。审计费用按照国家有关规定列支。

第十二条 各单位在接受审计时，相关部门应该向委托审计的社会中介机构提供真实、完整的资料，做好配合审计的各项工作。

第十三条 各单位应按照基建项目档案管理的要求加强对审计报告和所委托的社会中介机构的相关资质证明材料的管理。财务局视情况可对审计工作进行质量检查或复审。

第十四条 各单位应根据本办法制定本单位的基本建设项目审计监督实施细则。

第十五条 本办法由财务局负责解释。

第十六条 本办法自发布之日起施行。原《中国农业科学院基本建设项目审计监督管理办法》（农科院监审〔2008〕157号文）同时废止。

基本建设“规范管理年”活动方案

为了认真贯彻落实中国农业科学院 2010 年院工作会议精神，确保我院的基本建设管理迅速跟上并适应投资增长快、管理要求高的新形势，院研究决定在 2010 年开展基本建设“规范管理年”活动。

一、“规范管理年”活动总体要求

以科学发展观为指导，紧紧围绕基本建设“搭建科技创新平台，提高自主创新能力”的中心任务，以提高全院基本建设规范管理能力为核心，统一认识，院所联动。坚持因地制宜、因所而异、抓住重点、突出特色，切实取得管理成效。力求通过一系列活动，进一步提高对基本建设规范管理重要性的认识，进一步提升基本建设管理的能力，进一步规范基本建设管理行为。在基本建设管理薄弱环节、关键环节的规范度上实现质的转变和提升，努力实现全院基本建设工作又好又快发展。

“规范管理年”活动是我院基本建设规范管理的起点，通过“规范管理年”活动形成好的经验做法、完善的规章制度，将在今后全院基本建设管理中持之以恒执行下去，并坚持不懈地积极探索新方法、新经验，形成长效机制，使全院基本建设管理进入科学化、制度化、规范化的轨道。

二、“规范管理年”活动安排

（一）成立组织机构

1. 院“规范管理年”活动组织机构

（1）领导小组。负责“规范管理年”活动方案审定，检查“规范管理年”活动方案落实，进行“规范管理年”活动总结表彰。

组长：雷茂良

副组长：付静彬、范静、林聚家

成员：夏耀西、杨照斌、王欣、谢惠娟、解小慧

（2）实施小组。负责组织协调“规范管理年”活动。

组长：付静彬

副组长：周霞、谢惠娟、解小慧

成员：夏耀西、杨照斌、王欣、徐欢、蒋大雄、万桂林、李朝明、蔡莹盈、李冠男、于辉、刘洪业、崔君红、高于

（3）办公室。具体承担“规范管理年”活动日常工作。设在院基本建设局投资计划处。

2. 院属单位“规范管理年”活动组织机构

院属各单位相应成立“规范管理年”活动组织机构，由各单位主要领导任组长。

（二）动员部署

各单位根据《关于开展基本建设“规范管理年”活动的通知》的要求，开展“规范管理年”活动研讨，结合各单位实际情况制定“规范管理年”实施方案，按照“规范管理年”实施方案开展宣传、动员和工作部署。

为加强“规范管理年”活动宣传工作，院将不定期印发活动简报，请各单位及时总结活动中好的做法，报送院“规范管理年”活动办公室。

（三）中期检查

为督促指导“规范管理年”活动有效开展，确保活动不走过场，院“规范管理年”领导小组和实施小组将结合项目检查开展“规范管理年”活动中期检查，并对检查中发现的问题及时进行督促和指导整改。

（四）总结评比

1. 单位总结。为全面总结“规范管理年”活动开展效果，各单位主要围绕“规范管理年”活动组织机构建立、活动动员部署及宣传、基本建设管理队伍建设、管理制度建设、自查及整改、管理机制创新等方面情况进行全面总结。以正式发文件的形式一式 2 份报院。

2. 全院总结。院“规范管理年”实施小组在各单位总结的基础上，全面梳理活动成果，挖掘、总结、提升活动中好的经验做法、规章制度、创新成果，在全院范围内进行推广应用，形成长效机制，推进我院基本建设规范管理的持续、纵深发展。

3. 评比表彰。由院“规范管理年”活动领导小组、实施小组、办公室以及片区牵头单位、业务指导员等组成“规范管理年”评比小组，根据各单位总结材料、全院总结以及自查、检查情况进行评比，评出“规范管理年”活动先进单位和基本建设管理先进个人，在 2011 年全院基本建设工作会上进行表彰。

三、"规范管理年"活动主要内容

（一）项目检查与督促整改

1. 开展自查。各单位按照以下自查要点开展在建项目（已经立项未通过正式验收的项目）自查工作，发现问题及时进行整改。自查要点如下。

（1）计划执行情况。设计内容与立项批复内容情况、实施内容与设计批复内容情况、有无重大变更、建设进度与计划进度情况；

（2）基建程序履行情况。前期及建设手续报批情况、变更报批情况；

（3）资金落实与管理情况。包括项目资金来源是否符合有关规定，资金计划下达、拨付、到位情况；概算控制、审批和调整是否符合国家有关规定；专户储存、专账核算、专款专用情况；资金的使用是否符合概算和有关规定，支付是否按照合同执行，是否按照实际进度付款，支付票据是否及时入账；单位的财务制度是否健全，财务管理是否规范；

（4）建设任务完成质量情况。工程设计质量情况、工程施工质量情况、设备购置质量情况，是否出现过重大质量事故；

（5）项目"四制"落实情况。项目法人责任制、招投标制、工程监理制和合同制等是否落实；

（6）项目档案管理情况。包括项目前期准备、执行、验收等阶段档案资料是否齐全，并符合国家有关部门的规范。

2. 检查通报。根据各单位自查情况，院"规范管理年"实施小组组成5个检查组对重点项目开展现场检查，每个组现场检查不少于3个单位。院"规范管理年"实施小组总结自查和检查情况，通报检查中发现的问题，并提出具体整改意见，对自查中隐瞒问题，或暴露出问题而没有进行实质性整改的单位提出批评。

3. 指导整改。各单位根据自查和检查通报情况进行整改，院"规范管理年"实施小组指派专人按片区进行指导。

（二）制度与规范建设

1. 院级制度与规范建设。根据我院基本建设管理实际情况，院将制定一个管理办法；编制一个管理要点、一个指导意见和三个推荐范本，即制定《中国农业科学院基本建设管理办法》；编制《中国农业科学院基本建设管理要点》《中国农业科学院基本建设档案管理指导意见》《中国农业科学院基本建设项目招标文件范本》（含设计、监理和施工招标的资格预审文件、招标文件）《中国农业科学院建设工程合同范本》（含设计、施工和监理）《中国农业科学院基本建设项目申报材料范本》（含可行性研究报告、初步设计和验收报告）。

2. 院属单位制度与规范建设。各单位根据基本建设管理实际情况制定和完善基本建设管理制度、规范。

（三）人才与队伍建设

1. 引进专业人员或固定专职人员。院基本建设局将加大专业人员引进，并进一步优化专业人员结构。基本建设项目较多的院属单位要积极引进专业人员从事基本建设管理工作，其他有基建项目或拟申报项目的院属单位至少要落实一名固定的专职管理人员。

2. 培训交流。结合项目检查、指导，按片区开展培训交流活动，每个片区培训交流时间不少于2天。

（四）体制与机制创新

基本建设管理体制与机制创新是“规范管理年”活动的重要组成部分，各单位要积极探索有利于规范管理的新体制、新机制。

1. 分片互助管理。拟将院属单位划分为5个片区，第一片区为上海兽医所、南农机、水稻所、茶叶所、烟草所；第二片区为棉花所、灌溉所、郑果所、油料所、麻类所、沼气所；第三片区为哈兽研、特产所、果树所、草原所；第四片区为院部（含有在建项目的共建单位）、环保所、兰兽医所、兰牧药所、植保所、畜牧所、加工所、蜜蜂所；第五片区为作科所、蔬菜所、资划所、环发所、饲料所、生物所、信息所、出版社、研究生院、农经所。每个片区确定一个单位作为该片区牵头单位，负责该片区互助管理组织协调工作。每个片区确定2~3名专业技术人员作为该片区业务指导员，协助片区牵头单位及院基本建设局做好业务指导和项目检查工作。基本建设局按片区派专人负责联络。

2. 积极探索专业化管理模式。积极推进专业化项目管理和总承包项目管理以及其他专业化管理模式试点工作，特别是基本建设管理力量薄弱的单位要大力开展专业化管理模式探索，借助社会专业技术力量服务基本建设管理工作。已经开展专业化项目管理和工程总承包等项目管理方式的单位，要及时总结经验，并报送院基本建设局。

3. 积极探索项目管理激励机制。基本建设项目管理工作能动性很强，要充分提升管理人员能力和调动管理人员积极性。院所积极探索项目管理绩效考核方法和项目管理激励机制，如对优秀的管理人员采取表彰、提供培训机会等方式给予奖励。

4. 进度督导措施常态化。2009年实行的进度督导措施，如年度进度目标计划、进度月报、进度与项目申报挂钩、约谈等措施将作为基本建设管理制度，纳入项目管理常态工作。

四、“规范管理年”活动时间安排

“规范管理年”活动时间安排如下。

2 月底前院下发《关于开展基本建设“规范管理年”活动的通知》。

3 月份各单位成立机构和动员部署，3 月底前将“规范管理年”组织机构、固定专职人员情况及拟引进专业人员计划、活动方案报院“规范管理年”活动办公室。院“规范管理年”活动实施小组确定片区牵头单位和片区业务指导员。

4 月份至 5 月份各单位开展项目自查和整改，开展制度与规范建设，以及人才与队伍建设。

6 月底前将自查和整改情况报院“规范管理年”活动办公室。

7 月份至 8 月份院结合工程建设领域突出问题专项治理工作，组织项目抽查，并总结和通报，同步开展片区业务交流培训。

9 月份至 10 月份各单位根据通报进行整改，院“规范管理年”实施小组及片区业务指导员进行指导和检查。

9 月底完成院级制度与规范建设，并下发至院属各单位。

11 月底各单位完成制度与规范建设，并报院“规范管理年”活动办公室。

12 月上旬各单位开展“规范管理年”活动总结，12 月 15 日之前报院“规范管理年”活动办公室。

12 月中旬院“规范管理年”活动实施小组进行总结。

12 月下旬开展“规范管理年”活动评比。

“规范管理年”活动分片互助管理实施方案

根据《基本建设“规范管理年”活动方案》中体制与机制创新要求，中国农业科学院将实行分片互助式管理。为切实做好互助管理工作，制定实施方案如下。

一、总体目标

通过分片互助管理，加强院属单位之间的协作，充分发挥院基本建设管理骨干的作用。同时促进院与院属单位之间、院属单位之间以及基本建设管理部门与财务管理部门之间的交流融合，达到相互指导、共享经验、共同提高的作用。

二、分片方案

第一片区：上海兽医所、南农机、水稻所、茶叶所、烟草所；

第二片区：棉花所、灌溉所、郑果所、油料所、麻类所、沼气所；

第三片区：哈兽研、特产所、果树所、草原所；

第四片区：院部（含有在建项目的共建单位）、环保所、兰兽医所、兰牧药所、植保所、畜牧所、加工所、蜜蜂所；

第五片区：作科所、蔬菜所、资划所、环发所、饲料所、生物所、信息所、出版社、研究生院、质标所、农经所。

三、机构及职责

（一）片区牵头单位。负责该片区互助管理组织协调工作，指导和协调片区业务指导员开展工作。

第一片区为南京农机化研究所，协调人曹曙明；

第二片区为油料研究所，协调人黄凤洪；

第三片区为草原研究所，协调人王育青；

第四片区为农产品加工研究所，协调人王志东；

第五片区为作科研究所，协调人齐秀改。

（二）业务指导员。负责该片区日常管理咨询和指导，受院基本建设局委托开展基建项目检查。

第一片区：徐富荣、蔡虎鸣、徐国产、杨志胜、谢居力；

第二片区：王秋岩、蒋锐、许云峰、徐欢；

第三片区：周琦、陈林红、贾华、张利军、夏耀西；

第四片区：周霞、蔡雪雁、李明、肖堃；

第五片区：齐秀改、张天明、王秀芳、蒋大雄。

（三）联络员。负责联络、督促、检查该片区“规范管理年”活动。

第一片区：王欣（责任人）、蔡莹盈；

第二片区：徐欢（责任人）、刘洪业；

第三片区：夏耀西（责任人）、郝宁；

第四片区：李朝明（责任人）、于辉；

第五片区：杨照斌（责任人）、李冠男。

四、工作内容与要求

（一）申报材料审查与指导。片区项目单位项目建议书、可行性研究报告、初步设计及概算、竣工验收报告报院后，院委托该片区业务指导员进行初审，并根据需要委托片区指导员指导完善。

（二）项目现场指导与业务交流。暂定每个片区每半年开展一次现场指导与业务交流，其中一次结合每年在建项目例行检查开展。由片区联络员负责联系，由协调人带领该片区业务指导员和其他人员对该片区在建项目进行指导和开展业务交流。各片区每半年向院基本建设局提供一份指导与业务交流报告。

（三）协助院开展项目检查与验收。院每年开展一次在建项目例行检查，由该片区协调人、业务指导员和联络员及其他相关人员组成检查小组，在院统一部署下开展检查工作；根据院项目管理需要，临时性抽调片区业务指导员协助院开展项目检查和验收工作。

（四）受院委托开展片区项目检查与调查。根据院工作需要，由院出具委托函并与被检查单位协调后，对该单位项目进行检查与调查，并向院出具检查与调查报告。

（五）片区项目管理年终总结。每年 12 月 25 日前各片区协调人负责总结该片区互助管理情况并报院基本建设局。

五、培训与考核

业务指导员是院基本建设管理的骨干力量，院着力加强骨干力量的业务培训工作。第一，有计划地安排业务指导员参加社会上和系统内培训；第二，每年召开一次全院片区业务指导员交流会，并请业内专家指导；第三，不定期组织业务指导员学习和交流先进管理经验；第四，组织业务指导员开展基本建设管理专题研究。

每年对片区协调人、业务指导员和联络员进行考核，重点考核片区互助管理活动开展情况、活动成效等，院根据考核结果对表现突出的协调人、业务指导员和联络员给予表彰。院还将在聘期结束后研究重新聘任协调人和业务指导员。

二〇一〇年四月二十八日

中国农业科学院基本建设“规范管理年”活动总结

为适应基本建设管理工作的新形势，有效提升全院基本建设管理水平，中国农业科学院研究决定 2010 年开展基本建设“规范管理年”活动。活动由基本建设局牵头组织，监察局、财务局等部门密切配合，现将全年工作总结如下。

一、背景与思路

活动背景：近年来，国家关于基本建设管理的法规不断推出，基建管理工作适应新形势、符合新规定、满足新要求的需求十分紧迫；“十一五”以来，我院基本建设投资快速增长，国家投资总量较“十五”增长了 49.5%；院属单位重投资争取轻实施管理、年度预算执行缓慢、资产移交不及时、管理力量薄弱等问题还十分突出；2010 年全院在建项目仍然偏多，并有 14 个单位被农业部列为暂停新项目申报单位；抓好我院基本建设管理责任重大、任务艰巨。

总体思路：紧紧围绕“搭建科技创新平台，提升自主创新能力”的中心任务，以提高基本建设规范管理能力为核心，以机制体制创新为突破，注重经验总结，强化院所互动，构建长效机制，使我院基本建设管理迅速跟上并适应投资增长快、管理要求高的新形势，为“十二五”再上新台阶打好基础。

具体目标：一是进一步提高院属单位对基本建设规范管理重要性的认识，规范基本建设管理行为，提升规范管理能力；二是及时发现存在的问题与整改，保障我院基本建设又好又快发展；三是以活动为新起点，对经验做法、规章制度、创新成果等进行提炼，着力构建长效机制，使我院基本建设管理全面进入科学化、制度化、规范化的轨道。

二、部署与实施

活动分院所两级推进。从 2010 年 3 月起，院陆续下发了《关于开展基本建设“规范管理年”活动的通知》《基本建设“规范管理年”活动方案》等文件，成立了活动组织机构，召开了部署片区互助管理方案的专题会议；6 月至 7 月对全院 12 个单位 32 个在建项目进行集中检查，下发整改意见并督导落实；9 月召开全院基建制度建设研讨会议；12 月召开片区工作总结会议。

院属各单位按要求于3月底上报了活动组织机构、年度工作方案等；4月至11月开展在建项目自查与整改、修订完善本单位基建管理相关制度、自主开展片区互助管理活动、积极总结经验与探索机制创新思路；12月中旬上报本单位活动总结。

三、创新与成效

一是规范管理意识普遍增强。院属共31个单位参与本次活动，有78%的单位确立了单位法人或党委书记为活动主要负责人；近200多人次参与了“制度建设研讨会”、“《中国农业科学院基本建设管理办法（试行）》培训”等活动；5个片区先后自主开展互助活动13次；对32个在建项目进行了全面细致的检查，完成整改任务（整改方案）128项，其中12项共性问题得到普遍改进；制定（修订）规章制度64项，其中6项制度范本在全院执行；各单位建立了以基建办或条财处为主，其他部门积极配合支持的工作机制，重视基建、规范管理的意识明显增强。

二是管理要点简明易懂。针对研究所“一把手”等所领导工作忙、业务不专、基建管理专业性强、程序繁琐等特点，院制定了《中国农业科学院基本建设管理“八要八不”》《基本建设项目实施关键点控制图》等简洁易懂的标语、图表等，对基建管理的程序、要求、周期等进行了细致划分和说明。如：“八要八不”针对报批程序、前期工作、招标管理、合同签署、造价控制、建设周期、基建财务、工程档案8个环节的主要内容与要求进行了说明；“关键点控制图”给出了从项目立项到验收的管理全程示意，清晰反映了管理中的关键点和各环节之间的逻辑关系，成为院属单位主要领导和分管领导全局掌控基建项目管理的有力助手。

三是制度范本先进适用。本着先进、适用和可操作性强的原则，院制定了《中国农业科学院基本建设管理办法（试行）》《中国农业科学院基本建设项目申报、验收全过程范本》《中国农业科学院基本建设项目设计、监理、施工总承包招标文件示范文本》《设计任务书示范文本（试行）》等一系列制度范本，为基建工作人员进一步规范管理行为提供了有力的指导和借鉴。其中：“管理办法”有针对性地增加了片区审核、施工图符合性审查等环节，以提高项目申报质量与严控项目随意变更，并细化了变更调整的标准与程序。“申报、验收全过程范本”用案例方式，清晰简明地阐述了从申请立项至项目验收各阶段的报送材料要求。“招标文件范本”涵盖资格预审和招标文件两个层次，增加了对设计质量及违约责任、监理协调工作职责、施工招投标评分表中项目管理班子的权重、施工合同中变更洽商程序等约定。“设计任务书范本”第一次明确了甲方委托设计时必须提供的准确信息。

四是管理力量共享互助。根据我院基本建设管理队伍中专业人员少、管理力量分布不均衡等特点，创造性地提出“片区互助管理”工作方式，即根据研究所地域邻近、学科相同、项目任务相似等特征，将31个院属单位划分为5个片区，通过设立片区协调人、牵头单位、聘请业务指导员、联络员等，最大限度地实现片区内专业骨干人才与先进经验的共享，以传帮带的方式提高片区和全院基建规范管理能力。如：院针对部分单位基建项目筹划能力与专业力量较薄弱，通过调度片区业务指导员协助管理，开展互助研讨等，有效提高研究所项目申报文本质量；第四片区针对即将申请项目验收的环保所，组织了验收资料及档案专题调研学习；第二片区针对目前正在整改中的麻类所，选派 2 名业务指导员深入该所，协助研究落实整改任务。

五是先进经验广泛推广。通过挖掘与共享，活动中提炼出的 15 条先进经验在全院广泛推广，显著增强了院所互助管理功效，对于整体提升我院基本建设规范管理能力具有重要意义。如：上海兽医研究所的投资监理举措，较好地实现了投资控制目标，成为国家与地方联合投资建设项目管理的示范；茶叶所、哈兽医等通过细化基建管理人员责任，搞好保密制度等，从源头杜绝腐败问题发生；植保所对基建财务档案实施电子化管理，大幅提高工作效率；兰兽医通过引进人才、调配力量等建立起一支专业化水平较高的队伍；资划所通过编制流程图等方法，使管理程序更加简单易懂。

四、下一步打算

为了更好地巩固和提升活动取得的成效，我院将以《中国农业科学院“十二五”基本建设规划（2011～2015 年）》为指导，牢牢把握“重大科技平台基础设施建设、试验基地布局与建设”两项重点，加大先进经验、创新成果及制度范本的推广应用，着力解决院属单位管理中的突出问题，着力构建基本建设规范管理的长效机制，努力为基建管理队伍建设创造更好的发展环境，推进我院基本建设规范管理的持续、纵深发展。

二〇一一年一月十七日

中国农业科学院2010年基本建设项目检查报告

按照《农业部关于开展2010年农业建设项目专项检查工作的通知》（农计发〔2010〕2号）要求，中国农业科学院制定了2010年项目检查方案，在全院各单位对各自承担的基本建设项目自查的基础上，于2010年6月按文件要求对全院在建项目进行抽查，共计抽查水稻、烟草、麻类、油料、果树、草原、植保、北京畜牧兽医、环保、环发、饲料及研究生院12个研究所（单位）的在建基本建设项目。本着增加检查力度和不给项目建设单位增加负担的原则，我院将2010年农业建设项目专项检查工作，与"规范管理年"活动中期检查和工程建设领域突出问题专项治理等有效结合。现将检查情况报告如下。

一、项目概况

本次检查基本建设项目共计32个，项目总投资63 701万元，其中，中央预算内投资48 725万元，单位自筹资金10 876万元，银行贷款4 100万元。截至检查之日，已到位总投资33 745万元，其中，中央预算内投资27 657万元，单位自筹资金3 388万元，银行贷款2 700万元；实际完成支出投资27 498万元，其中，中央预算内投资21 410万元，单位自筹投资3 388万元，银行贷款2 700万元。

检查项目包括：水稻研究所生物科学研究实验室、水稻所植物新品种测试（杭州）分中心、烟草所科研综合实验室、麻类所所区配套设施、麻类酶制剂中试车间、农业部沅江麻类野外试验站、阳逻综合试验基地、北方繁育基地、国家油料改良中心二期、细胞工程与诱变技术的超高产双低杂交油菜产业化、果树所综合实验楼、果树所所区基础设施改造、农业部兴城北方落叶果树资源重点野外科学观测试验站、农业部区域性果品及苗木质量安全监督检验中心、牧草收获机械成果中试熟化、农业部沙尔沁牧草资源重点野外科学观测试验站、农牧交错区试验示范基地基础设施、温带荒漠草原监测站、廊坊有害生物防治野外科学观测试验站、国家农业生物安全科学中心、畜禽舍搬迁、部级乳制品及畜禽环境安全监督检验中心、宠物源人畜共患病研究诊断实验室、结核病和宠物疫病诊断实验室、农业部环境保护科研监测所综合实验室、农业部农业环境质量安全监督检验中心、旱作节水农业技术研发和创新基地、寿阳旱地农业重点野外科学观测试验站、饲料中药物基准实验室、饲料工艺标准参考实验室、饲料安全评价基准实验室、研究生宿舍楼等。

检查项目中已建设完成具备竣工条件的项目共11个，其中2个已上报验收，9个正在进行竣工验收准备工作，包括：水稻所植物新品种测试（杭州）分中心、麻类所所区配套设施、麻类加工酶制剂科技成果中试熟化、国家油料改良中心二期、细胞工程与诱变技术的超高产双低杂交油菜产业化、果树所综合实验楼（已上报验收）、果树所所区基础设施改造（已上报验收）、牧草收获机械成果中试熟化、沙尔沁牧草资源野外科学观测试验站、结核病和宠物疫病诊断实验室、旱作节水农业技术研发和创新基地等，占抽查项目总数的 34. 38%。已基本完工，预计年内可上报竣工验收的项目共 2 个，包括：农业部农业环境质量安全监督检验中心和农业部环境保护科研监测所综合实验室，占抽查项目总数的 6. 25%；其余 18 个项目中，正在建设当中的项目 13 个，占抽查项目总数的 40. 63%；尚未开工的项目 4 个，占抽查项目总数的 12. 5%；初步设计待批的项目 3 个，占抽查项目总数的 9. 37%。

二、项目计划执行情况

（一）已完工和基本完工项目计划执行情况

已完工和基本完工的 13 个项目中，果树所综合试验楼和果树所所区基础设施改造 2 个项目已上报验收申请，本次抽查结合项目验收一并进行。已完工的 11 个项目中央预算内投资 8 247万元，已全部到位；实际支出 8 072万元，还有 175 万元尚未支出，未支出资金占项目中央预算内投资的 2. 12%。年内可上报竣工验收的 2 个项目中央预算内投资 2 807万元，已全部到位；实际支出 2 662万元，还有 145 万元尚未支出，未支出资金占项目中央预算内投资的 5. 17%。

（二）在建项目计划执行情况

在建的 12 个项目中央预算内投资 21 359万元，已到位 13 193万元；实际支出 10 160万元，还有 3 033 万元尚未支出，未支出资金占项目到位中央预算内投资的 22. 99%。尚未开工和初步设计待批的 7 个项目中央预算内投资 16 312万元，已到位 3 410万元；实际支出 515 万元，还有 2 895万元尚未支出，未支出资金占项目到位中央预算内投资的 84. 9%。

三、资金落实与使用情况

（一）资金落实情况

32 个项目的中央预算内资金均已按投资计划落实，单位自筹资金已基本落实，其中，油料所细胞工程与诱变技术的超高产双低杂交油菜产业化项目由于产业技术体系变动较大，为使项目更加合理，满足产业发展需要，油料所已上报项目建设内容与投资的调整请示。经过调整，该项目单位自筹资金由原批复的4 062万元降至2 748万元，银行贷款由原批复的4 100万元降至2 700万元，已基本到位；农业部环境保护科研监测所综合实验室项目单位自筹资金933万元，目前已到位637万元；麻类加工酶制剂科技成果中试熟化项目批复单位自筹资金194万元，经过与修购项目合并建设，完成项目建设内容，达到项目预期建设目标，由于该所创收能力有限，未能对该项目配套自筹资金；草原所牧草收获机械成果中试熟化项目批复单位自筹资金176万元，经过优化项目设计，完成主要建设内容，达到了预期目标，该项目单位自筹资金未予配套。

（二）资金使用情况

抽查的项目单位在资金使用上基本能够做到专款专用，专账管理。各单位均制定了专门的基建财务管理办法，并按照管理办法进行管理。

四、建设任务完成情况

（一）项目建设进度

项目总体进展顺利，部分项目未严格按批复的建设期限完成。项目延期的主要因素有：一些地方的规划、建设、环保、消防等部门办理相关建设手续时间过长，我院研究所作为中央驻地方单位在办理手续上难度更大；在建设过程中出现较大变更；项目建设内容统筹实施以及与其他项目统筹考虑不足；项目收尾不及时，与施工单位结算时发生分歧等，致使项目建设期限延误。

（二）工程质量

建设单位对工程建设质量都很重视，所检查的32个项目中未发现有重大工程质量问题。“百年大计，质量第一”，在本次抽查的各个工程上都能有所体现。选择的设计单位和施工单位都具备相应资质，基本上都是当地大企业。应该实行监理制的项目都选择了有相应资质的监理单位，对质量进行控制。建设单位负责人和项目管理人员经常深入项目现场，检查工程质量。

（三）竣工验收

从2005年开始，我院加强了项目竣工验收工作，要求各单位不但要重视项目前期申报工作，还要重视项目的后期验收工作。通过几年的努力，目前，项目验收工作已形成了一个良性循环。本次检查的项目中，年内可申请验收的项目占抽查项目总数的1/3，在建时间在 3 年以上的项目已基本建设完成。

五、管理制度执行情况

（一）制度的制定情况

针对基本建设项目头绪多、任务重、时间紧的特点，各单位通过认真总结，相继出台了行之有效的管理办法。抽查的 12 个研究所都制定了基本建设项目的管理办法、财务管理办法、仪器设备采购管理办法，为基本建设项目管理提供了制度保障。

（二）“四制”的落实情况

1. 法人负责制

检查的各单位全部实施了“法人负责制”，成立项目领导小组，绝大部分单位均由单位法定代表人担当项目领导小组组长，主管基本建设工作的副所长担任执行小组组长。各单位基本成立了一支由基建、财务、科研及后勤等部门相关人员所组成的基建管理队伍，“法人负责制”总体落实较好。

2. 监理制

检查的 32 个项目均按要求聘请了有相关资质的监理单位作为工程的监理。大部分监理单位能够遵守国家对工程建设领域监理工作的各项要求，但也存在项目建设过程中，更换总监、监理工程师的现象，在检查中，我院已要求各单位加强监理合同的执行力度，提高对监理人员的监督管理，确保监理人员到位。

3. 合同制

经过检查各单位均能按要求签订合同，但在合同签订的一些细节上，存在着合同条款不够严谨，不能严格按合同条款执行，代理人签订合同，但无委托书，合同无日期、账号、单位地址等问题。检查组在发现问题后，及时与项目单位进行了沟通，要求各单位要重视合同签订和执行工作，对于尚未执行完的合同，尽快补充完善相关内容。

4. 招投标制

除个别项目外，所抽查的项目均按要求进行了设计、监理、施工、仪器设备采购等建设内容的招标工作。各单位对招投标工作重视程度较高，严格按国家招投标法的有关精神执行，对招投标代理单位的选择十分慎重，严格审查招标文件，在当地招投标规定允许的范围内，尽量通过招标节约项目建设资金。

（三）管理队伍的建立情况

通过2010年“规范管理年”活动的开展，对我院各单位的基本建设管理队伍建设起到了极大的促进作用，许多单位聘请了专业的技术人员或接收应届毕业生充实基建队伍，大大提高了基建管理水平。

六、存在的主要问题

（一）项目进展缓慢

19个项目未严格按批复的建设期限完成，占抽查项目总数的59.38%，其中4个项目拖延时间较长。进展缓慢的主要原因有：前期工作不扎实，办理规划、建设、环保、消防等前期手续耗费时间过长；相关批复周期较长；建设过程中变更较多；与施工单位结算发生严重分歧；未能统筹安排进度，致使延误项目按时建设完成。

（二）部分项目执行批复不严格

1. 未严格执行初步设计批复

6个项目根据实际情况调整了部分建设内容，如调整了部分工作量，调整建筑材质，增加或减少部分建设内容等，但未履行报批手续，占抽查项目总数的18.75%。

2. 未严格执行可行性研究报告批复的招标形式

2个项目可行性研究报告批复要求设计公开招标，但由于实际设计费低于50万元，项目单位采取了直接委托方式选择设计单位，占抽查项目总数的6.25%。

2个项目可行性研究报告批复施工公开招投标，但由于建设内容较零散或实际合同价款低于200万元等原因，项目单位采取了邀请招标的方式选择施工单位，占抽查项目总数的6.25%。

1个项目仪器设备购置金额超过100万元，但由于该项目仪器设备为非标设备，未进行公开招投标，占抽查项目总数的3.13%。

（三）项目档案管理不规范

16个项目档案不完整或不规范，缺少工程资料，如施工图、招投标资料、监理资料等，缺少仪器设备资料，如开箱单、说明书等；未严格按照国家相关规定和规程归档。占抽查项目总数的50%。

（四）个别项目财务管理不严谨

1 个项目未实行专账核算，占抽查项目总数的 3. 13%；7 个项目支出凭证不完整，建设成本归集不合理等，占抽查项目总数的 21. 88%。

七、下一步工作及安排

（一）针对检查中暴露的主要问题，督导整改

1. 加快项目进度。要求各单位严格按照农科院〔2010〕71 号文件制定的进度目标，落实责任，责任到人，全力推进项目建设进度。第一，抓紧落实项目前期工作，办理项目相关手续，开展招标工作，争取还没有开工的项目早日开工建设；第二，督导各项目单位严格按照施工合同约定的建设进度，检查落实在建项目施工进度和采购进度。按照进度和合同约定，加快支付工程款和货款，减少资金结余；第三，对于快完工的项目，加快项目收尾，抓紧完成结算和财务决算以及审计工作，尽快申报验收。

2. 严格执行批复内容。要求未严格按初步设计批复完成项目建设内容的单位认真分析原因，对于较大变更，要求各单位严格按照《农业基本建设项目管理办法》，履行报批程序。并要求举一反三，引以为戒，加强项目前期工作，减少建设内容变更；对于没有达到公开招标限额的，但批复文件要求公开招标的必须公开招标。

3. 进一步规范基建档案和财务管理。要求各单位明确基建档案管理职责，专人负责。加强档案管理人员培训和交流，提高业务水平。要求各单位严格按照国家档案管理规定，加强收集和归档管理工作。加强基建财务人员的培训，进一步规范资金支出与会计核算。

我院向检查单位通报了检查情况，对 25 个项目提出整改要求。

（二）扎实开展“规范管理年”活动，全面提高管理水平

通过“规范管理年”活动，全面加强制度与规范建设。根据我院基本建设管理实际情况，我院将制定一个管理办法；编制一个管理要点、一个指导意见和三个推荐范本，即制定《中国农业科学院基本建设管理办法》；编制《中国农业科学院基本建设管理要点》《中国农业科学院基本建设档案管理指导意见》《中国农业科学院基本建设项目招标文件范本》（含设计、监理和施工招标的资格预审文件、招标文件）《中国农业科学院建设工程合同范本》（含设计、施工和监理）《中国农业科学院基本建设项目申报材料范本》（含可行性研究报告、初步设计和验收报告）。

着力加强人才与队伍建设。一方面引进专业人员或固定专职人员，另一方面开展培

训交流，提高管理人员素质和能力。

开展体制与机制创新。将我院院属单位划分为5个片区，开展片区互助管理，每个片区确定2~3名专业技术人员作为该片区业务指导员，做好业务指导和项目检查工作。积极推进专业化项目管理和总承包项目管理以及其他专业化管理模式试点工作，特别是基本建设管理力量薄弱的单位要大力开展专业化管理模式探索，借助社会专业技术力量服务基本建设管理工作。

通过扎实开展基本建设“规范管理年”活动，进一步提高我院基本建设管理能力和水平，规范我院基本建设管理行为。

雷茂良副院长在中国农业科学院 2010 年财务工作会议上的讲话

（2010 年 5 月 30 日）

各位领导、同志们：

今天，我们在这里召开中国农业科学院财务工作会议，主要任务是以科学发展观和中央农村工作会议精神为指导，传达和贯彻农业部财务工作会议的各项要求，总结我院财务工作，分析目前财务工作中的难点，查找不足，研究部署下一阶段工作，同时进行财务管理知识培训，进一步增强依法科学理财意识和能力。今天，农业部财务司邓庆海巡视员和科教司杨礼胜处长到会指导，我代表院党组表示热烈欢迎。下面我讲几点意见。

一、财务工作情况

在农业部、院党组的正确领导下，在各单位领导班子的高度重视下，广大财务人员积极进取、扎实工作，我院财务工作取得显著成绩。

（一）财政投入快速增长，经费保障能力进一步加强

2008 年我院收入总计达到 34. 46 亿元，2009 年增长到 37. 44 亿元。财政拨款规模快速增长，2008 年 20. 43 亿元，2009 年增加 4 个亿，达到 24. 43 亿元，2010 年部门预算批复财政拨款 19. 99 亿，与 2009 年预算批复（17. 72 亿元）相比，增长了 12. 81%。财政投入水平达到一个新的高度。近几年，我院抓住中央财政向农业科研倾斜的难得机遇，开拓创新，加强调查研究，把握政策方向，用准确数据做支撑，积极向有关部门建言献策，确保我院财政经费大幅增长，经费结构有所优化：一是事业费尤其是人员经费的显著增长，我院已有 3 家单位纳入定员定额试点，增长幅度最大的一家试点前后人员经费（2010 年与 2008 年比较）相差 472. 17 万元，增长 53. 76%，部分单位基本支出经费紧张的状况得到缓解。二是京外单位住房补贴的历史欠账问题全部解决，离退休人员于 2008 年全部解决，在职职工截至今年全部予以解决，3 年京外单位争取住房补贴资金累计已达 2. 28 亿元。三是财政专项经费（不含基建）大幅增长，2008 年 11. 74 亿元，2009 年 14. 93 亿元，增长了 27. 17%，一部分是运转费、修缮购置等保障能力的持

续稳定支持。运转费项目 2009 年 11 个，金额 3 630万元，比 2008 年增加 11.69%。2010 年部门预算，中国农业科学院又新增运转费项目 3 个，支持金额 590 万元，净增长 16.3%，使我院有专门运转费支持的单位达到 14 家，总计达 4 160万元；2009 年获得修购专项金额 2.93 亿元，比 2008 年（2.40 亿元）增长 22%。2010 年，在中央财政形势严峻的情况下，我院仍获得专项经费 2.75 亿元。另一部分是行业科研、转基因专项等一大批重大科研项目启动实施，科研条件水平和科研创新能力大幅提升。其中，2009 年度我院行业科研专项金额（含年初预算和年度内追加经费）1.69 亿元，比 2008 年度增长 25.6%。经过多方努力争取，2010 年度部门预算获得 1.59 亿元，比 2009 年同比增长 30.8%。转基因专项，2009 年我院获得 3 次追加经费共 4.23 亿元，是 2008 年底追加经费的 11.4 倍，2010 年部门预算又获得经费 2.69 亿元。

（二）提高资金使用效益，预算执行进一步加快

我院围绕加快预算执行这一中心要求做了大量工作，院党组和单位领导班子高度重视，建立全院执行情况通报和约谈提醒制度，及时解决执行难点，提前启动工作，简化批复手续等，在同志们的共同努力下，我院的预算执行进度工作成效显著：2008 年我院预算执行进度为65%，2009 年则达到78%，提高 13 个百分点，结转和结余资金也由 2008 年的近 13 亿元减少到 2009 年的 9 亿元。在财政经费规模大幅增长的情况下，我院的预算执行情况仍保持较好势头，实现了农业部“结转和结余不高于上年，执行进度不低于上年”的目标。

（三）强化预算管理，财务管理水平进一步提高

一是预算编制的综合性加强，各单位积极应对部门预算改革，转变观念，领导班子总把关、总协调，业务、财务部门沟通合作，单位上下共同完成部门预算编制，我院的项目预算编制质量得到农业部的充分肯定。二是预算控制力度逐步加强，从过去的粗线条管理过渡到精细化管理，每个项目按预算控制支出，严格落实 3 项经费压缩政策，绝大多数单位控制在压缩后的预算规模之内。三是政府采购工作有序开展，全院 2009 年采购预算 10.6 亿元，实际采购 10.3 亿元，实际采购较上年增长 124.16%，相对预算节约 2 752万元，总节约率达到 2.6%，另外圆满完成了院集中招标采购，中标金额 4 753万元。招标采购过程院监察局监督指导，从执行效果看，节约了资金，引导供应商积极参与市场公平竞争。四是管理手段的信息化水平显著提高。预算执行实时监控系统在 6 家单位试运行，试行状况良好，实现了预算执行实时、动态查询和监控；中央级科学事业单位修缮购置专项资金管理信息系统在全院运行顺利，确保了年度申报管理、监督执行工作顺利开展；行政事业单位资产管理信息系统全面实施，推进了资产的网络化监管。

（四）积极落实各项监督检查，财务行为进一步规范

近两年，各项监督检查较为集中、更为深入。各单位高度重视，积极应对，严格整改，财务规范化程度进一步提高。一是根据中央部署、农业部要求组织开展“小金库”专项治理工作，各单位按要求开展自查自纠，治理过程中反映的问题，逐一整改，为建立防治“小金库”的长效机制打下基础。二是接受各层面监督检查，进一步完善制度。全院组织开展的预算执行情况自查、财务检查，院本级、作科所、农经所、研究生院接受审计署农林水审计局审计，水稻所、农机化所、烟草所、灌溉所等接受地方财政专员办的检查。各单位以监督检查为契机，结合实际，全面清理财务制度，建立健全财务规章制度，严格财务工作程序，自我规范、自我纠正和风险防范意识显著加强。

（五）加强培训与交流，财务队伍素质进一步提升

一是加大培训力度。资产管理方面举办了全院政府采购培训研讨班、海关监管知识培训和政府采购进口产品审核培训，专项管理方面举办了全院财政专项资金管理培训以及各单位积极参加农业部组织的各类培训，财务人员的业务水平进一步提高。二是加强工作交流。根据单位地域不同，全院组织了分片研讨，交流经验，探讨问题，实现了相互借鉴、共同提高。三是加强队伍建设，各单位重视财务人员引进，我院财务队伍结构进一步优化，作科所等单位新成立计划财务处，我院的财务机构配备进一步加强。

同志们，以上成绩的取得，得益于财政部、农业部的大力支持，得益于各单位领导和广大财务人员的努力工作，在此我代表院党组对上级部门多年以来对农业科学院的关心和支持表示衷心的感谢，对各单位领导和广大财务人员多年以来的辛勤劳动，表示衷心的感谢！

二、做好新形势下的财务工作，要重点处理好四个关系

当前，财务工作面临着新的形势和新的任务，精细化、科学化程度越来越高，要求越来越严，工作量越来越大，需要在座各位不断提升依法理财、科学理财能力，切实加强领导，进一步重视和做好财务工作。应对当前的财务工作，要重点处理好四个关系：

（一）处理好“要钱”与“花钱”的关系

“要钱”对应着预算编制，“花钱”对应着预算执行。“要钱”的时候，要考虑“花钱”的问题：需要花和能够花。一是考虑必要性和紧迫性，“要钱”是为做事服务的，“做事”的需要才是“要钱”的方向。因此，要认真研究本单位基本职能，根据履

行职责的业务工作需要争取资金和安排资金。我们一些单位这两年在运转费和基本支出的经费保障上下了很多功夫，这就是从“需要花”出发来开展“要钱”工作。这两方面是农业科研单位的急需之用。二是要考虑可行性，“要钱”是手段，最后目的是“花钱”，是做事，要量力而行、量事而为，钱要多了形成结余和结转造成资源浪费，如果胡支乱花，后果就更严重，就会违法违规，就会出大问题。“要钱”是一种水平，一种能力，从做事的需要出发，以执行能力为基础，设计好项目、研究好政策、测算好资金，为“花钱”打下基础。总之，“要钱”和“花钱”是统一的、互动的，不能割裂开来。我们说钱花得好，事做得漂亮，要钱就不难；反之，钱花不好，花钱不干事，再要钱就不那么容易了。

（二）处理好预算执行“好”与“快”的关系

中央财政对加快预算执行的要求越来越高，我们一直强调预算执行工作加快预算执行，是近两年来一项非常重要的财务工作，大家要继续并且更加重视预算执行工作，将预算执行做得又好又快。我曾经多次强调，抓预算执行必须遵循两个原则：好和快。一个是质量，一个是速度。质量是基础，是保证，速度是动力，是效益。围绕预算执行开展工作首先是保证资金安全，努力争取不出事、确保不出大事，把牢质量关；然后就要千方百计提高执行速度，业务工作动手早、基础牢，争取预算时就应搞透项目内容，拿到预算就应计划好支出进度，执行预算就应不折不扣，预算结束还要及时总结分析，减少资金结余和结转，提高财政资金使用效益。

（三）处理好财政保障与合理创收的关系

近几年，各单位的财政拨款收入有了较大幅度增长，但经费结构不合理问题仍未彻底解决，财政保障的基本支出、特别是人员经费不足的矛盾仍然突出，各单位需要开展经营创收来弥补经费缺口。这种状况的根本原因是事业单位分类改革不到位，而且很难在短期内得到根本解决。大家除了管好用好财政资金外，还要努力创收。这是客观现实的需要。在具体工作中要注意把握 3 条原则：一是要坚持以科研为本。作为农业科研的国家队，中国农业科学院肩负着以科技创新支撑现代农业发展的神圣使命，我们必须集中精力围绕全国农业科技发展、农业部中心工作、院党组发展规划做好主体业务，全面提高农业科技创新能力，不能本末倒置。二是要立足于科技成果产业化、技术服务开展创收。开展科技成果转化既是农业科研单位的职责，也是最有效的创收渠道。各单位要对兴办的实体进行清理，对符合单位发展方向的实体，要加强规范，建立现代企业制度，真正做大做强。对方向不明，经营不善，甚至隐蔽着风险的实体，尽快清理、撤销。三是坚持依法、合理创收。严禁通过挤占挪用、转移套取财政专项资金的方式变相创收，以及通过所办企业搞关联交易创收，创收收入要全部纳入单位预算，在符合规定的账簿内统一核算、统一管理。

（四）处理好内部规范行为与外部监督检查的关系

从 2010 年财政财务改革趋势看，科学化、精细化管理是基本方向，主要内容是完善财务制度，规范财务行为。在实际工作中，预算执行进度管理、结余和结转资金管理、政府采购管理等工作的要求不断强化，一系列新的资产管理制度陆续出台，会议费、出国费等费用报销的规定进行了重新修订等。围绕财务规范开展工作，要从内、外两方面着手。单位内部要健全制度、规范程序、明确责任、加强宣传，让单位所有人员都知道该做什么、不该做什么、该如何做，单位领导管理、决策时，务必充分考虑财务规范；财务部门提供财务服务时，要积极发挥决策参谋作用，主动为业务工作安排提出合理化建议，把好关、服好务；业务部门在开展业务工作时，要善于听取财务部门意见，自觉遵守财务规定，树立良好工作风范。单位外部则是各层次的财务监督检查。上有中央“小金库”专项治理、审计署预算执行审计、农业部的各类专项检查，院内部有财务检查、经济责任审计、项目验收，还有地方政府的专项检查和一些社会中介机构审计，这些外部的监督检查对单位财务规范起到很好的促进作用，各单位要积极配合，主动沟通，发现问题认真整改，并举一反三，进一步健全制度，规范管理。

三、强化基础，突出重点，全面提升我院的财务管理水平

今明两年，是国家“十一五”科技计划结束，“十二五”计划开始的关键时期。进一步提升我院财务管理水平，为全面完成“十一五”科技创新目标，为“十二五”计划开好头、起好步提供有力的支撑和保障，是我院财务工作者光荣而神圣的职责。为此，我代表院党组，就下一步的工作提出几点要求。

（一）牢固树立领导责任意识

当领导就要负责任。《会计法》明确规定，单位负责人是本单位财务工作的第一责任人，“对本单位的会计工作和会计资料的真实性、完整性负责”。一个单位财务工作搞得好不好，关键取决于领导班子重视的程度如何，发挥的作用如何。农业部党组对领导责任有明确要求，“各单位‘一把手’要对本单位财务工作负主要领导责任，分管财务的领导负直接领导责任，同时，其他每一位领导班子成员要‘守土有责’，对分管的工作中涉及资金使用和管理问题也负有责任”。在座的有单位“一把手”，也有分管财务的副所长、书记，大家务必保持头脑清醒，增强责任意识，并切实将责任意识贯穿于财务工作的始终。“在其位，谋其政，行其权，尽其责”。从近两年的一些重大专项检查，尤其是“小金库”专项治理看出，单位发现财务违规违纪问题，领导都要承担责

任。因此，重视财务工作是对工作负责，也是对干部职工负责，更是对自己负责。

（二）加强财会队伍建设

新形势下的财务工作对我们的财会队伍提出更新、更高的要求，加强财会队伍建设要重点关注几个方面：一是转变观念，重视财务。我们有个别领导对财务重要性认识不够，认为财务部门只是记账、报销的辅助部门，在这里，我提一点要求，希望在座的单位领导们能像重视科研队伍建设一样重视财会队伍的建设。二是配备机构和引进人员。当前的财务工作兼具专业性和综合性，涵盖会计核算、预算管理、资产管理、政府采购、财政专项管理等，一个财务机构仅配备几个人，或是简单地挂靠着其他部门，机构、人员不到位，工作质量势必受影响，各单位要根据编制、实际情况，配备相应机构和足够的岗位，注重引进财会专业毕业生，改善人员结构，逐步提升财会队伍的活力和战斗力。三是关心支持财务人员的工作。当前财务人员工作量大、要求高、压力重，我们领导要理解、要关心、要支持，对工作成绩予以肯定，职称上要相应跟进，注重振奋财会队伍士气。四是加强业务知识学习。学习是加强队伍建设的动力。一方面单位领导要支持财务人员学习，注重在实践中锻炼干部，在使用中培养，在培养中使用，着力培养复合型财务管理人员。另一方面财务人员自身要加强学习，进一步提高业务能力，国家政策规定要了解要掌握，新的文件、办法要了解要学习。

（三）努力营造依法理财氛围

良好的依法理财氛围对一个单位财务工作的健康运行至关重要。一个单位要形成良好的财务氛围需要做到两点：一是要建立健全制度。要根据国家有关财务制度，结合本单位实际情况，建立起一套完善、严密的内部财务管理和控制制度，保证财务管理的合规性，实现所有的财务活动都有章可循、有轨可依。二是要不打折扣地执行制度。再完善的制度若不贯彻落实，就是形同虚设。单位领导班子要树立制度面前没有特权、制度约束没有例外的意识，带头学习制度，严格遵守制度，在执行制度上率先垂范；财务部门要严格执行制度，按制度办事，不能办的坚决不办，财务管理上不能破例，不能讲情面；业务部门要严格遵守制度，加强按制度办事的意识，多多学习财务制度，充分听取财务部门的意见，尊重并遵守财务制度。要采取多种方式加强对全体员工进行财经制度的宣传，使广大职工特别是课题负责人和科研骨干了解基本的财务规章制度，自觉遵守规章制度。我强调一点：领导班子一定要支持财务部门严格执行制度，财务部门是个容易得罪人的部门，没有领导支持，工作很难开展。领导班子尤其是“一把手”要多过问财务工作，坚持原则、敢抓敢管，支持财务部门依法履行职责。

（四）继续做好做实重点工作

这两年财务工作任务量大、要求高，新事难事多，各单位要一如既往的做好做实各项工作，重点关注几个方面：

第一，继续做好预算执行工作。中国农业科学院这两年在预算执行上做了大量工作，也取得了成绩，但横向比较仍不理想，2009 年在农业部 50 家事业单位中排名 42 位，落后于农业部平均进度 18 个百分点，结转结余资金高达 9 亿元。各单位对财政部颁布的结转结余资金管理办法和农业部最新的预算执行管理办法要充分学习，统一认识，抓预算执行的劲头丝毫不能放松，要努力确保全年成绩再好于上年。各单位要继续按照“进度不低于上年、结余不高于上年”的目标，一个部门一个部门、一个项目一个项目、一笔资金一笔资金地去落实，切实加快执行进度，减少结转结余资金，努力实现预算执行又好又快的要求。

第二，继续抓好“小金库”专项治理。2009 年的“小金库”专项治理反映出我院一些单位财务制度还不够完善，法制意识、纪律意识还不够强，财务监管还比较薄弱，同时也反映出，建立和完善防治“小金库”的长效机制，是一项长期而艰巨的任务。2010 年“小金库”治理工作已经布置，各单位务必高度重视，把这项工作抓实抓牢。这里特别提醒大家注意，中央明确规定，两办《意见》下发后再设立“小金库”的，对主要领导、分管领导和直接责任人要严肃处理，按照组织程序先予以免职，再依据党纪政纪和有关法律法规追究责任。大家务必统一思想，高度重视，“小金库”的治理工作不是表面的应付，而是保护资金，保护我们的领导干部。

第三，继续加强国有资产管理。各单位要进一步提高认识，切实采取措施，加强国有资产管理。一要全面摸清家底。以此次实施“行政事业单位资产管理信息系统”为契机，真正实现资产的动态监管。二要严格履行资产管理程序。最近，农业部印发了国有资产、土地资产和房产 3 个资产管理办法，各单位要认真贯彻落实，及时修订、制定各单位的管理办法，严格按权限、按规定履行报批程序，履行好国有资产管理责任。三要加紧研究建立大型科研仪器设备共享信息系统，促进共享，提高国有资产使用效益。要重视资产管理。

第四，继续做好政府采购工作。一要继续做好政府采购预算和计划工作，严格执行规定，依法开展政府采购活动，切实维护制度的严肃性。二要继续做好院统一招标采购工作，要根据项目批复情况和政府采购进口产品审核情况，抓紧落实招标方案，加快招标采购进度。在工作上安排如何把各个环节衔接好，环环相扣地开展进口采购工作。

第五，继续开展内部监督检查。积极开展内部监督检查是主动发现管理漏洞、规避财务风险的有效措施。各单位应积极创造条件，开展内部监督检查。首先将内部监督检查工作常态化，最好以制度规定的形式固定下来。其次是要针对四个关键点加强监督检查：“国家政策监控的关注点”、“资金使用的集中点”、“制度监管的疏漏点”和“经济活动关键点”。最后是要善于利用外部资源，主动邀请财务局审计处、聘请财务专家或中介机构进行检查。

第六，严格落实“三项经费”压缩要求。2009 年我院已经有部分单位的部分项目经费被核减。2010 年，财政部、农业部已经针对部门预算对“三项经费”作了全年控制，各单位要认真落实，进一步强化节约意识，倡导“低碳办公”，务必控制好支出，哪个单位都不能超指标。

同志们，财务工作是我院各项工作有序推进的基础，做好财务工作责任重大、任务艰巨、使命光荣。我们一定要按照院党组的要求，振奋精神、开拓创新、履行职责、狠抓落实，努力把各项工作推上新台阶，为中国农业科学院“十二五”的发展打下坚实的基础。

谢谢大家！

雷茂良在中国农业科学院 2010 年度修缮购置专项管理培训班上的讲话

（2010 年 3 月 24 日）

一年之计在于春，在这个春暖花开的季节，把大家请来参加这次全院修购专项管理培训，目的是想通过学习国家财政资金管理制度，布置专项工作安排，分析专项管理新形势，交流专项管理经验，探讨专项执行的措施，从而进一步推进修购专项执行的制度化和规范化，保障专项资金使用安全，发挥资金的最大效益。下面，我分三个方面来谈。

一、举办培训班的目的、意义

修缮购置专项资金作为国家致力于规范财政科技经费管理，优化财政科技投入结构，用于改善科研机构基础条件，推进科技创新能力建设而设立的一项财政专款，其执行和使用的好坏，执行成效与结果，直接体现于科研机构基础条件的改善与科研能力的提升情况，也直接关系专项政策的延续性与稳定性。而修购专项执行的成效，重点取决于全院各级各位项目管理人员的责任意识和业务能力。

修购专项管理工作是一项专业性非常强的工作，各个环节都牵涉到专项政策的落实、科研单位的实际需求、科研单位的长期发展等。特别是在修购专项执行进入 2009 ~2012 年规划阶段中期的情况下，提高专项管理能力，强化专项管理培训就显得更为重要。抓好修购专项管理人员培训，不仅是适应专项管理现代化、规范化的迫切需要，也是提高财政专项管理人员队伍整体素质的一条重要途径。修购专项管理人员只有充分熟悉并加以运用房修、基础设施建设、仪器设备采购等方面的政策和法律、法规，具备做好业务工作的能力，才能把专项管理工作从根本上做好。

修购专项各级管理人员是修购专项的直接执行人，专项管理人员责任心的强弱，管理水平的高低，直接决定着专项执行的成效。因此，加强对修购专项管理人员进行责任意识与业务技能培训，提高专项管理人员队伍综合素质和整体能力，对于进一步推动新时期修购专项管理规范化、科学化具有十分重要的意义。

二、对加强修购专项管理的几点看法

（一）开展专项管理培训是加强和推进专项执行管理的重要保障

国家财政专项资金的立项下达，是国家落实相关财政政策而采取的一项重要的经费使用管理措施。专项资金与其他资金有着显著的不同，专项资金预算用途明确，管理严格，具有极强的目标性。修购专项资金的安排目标集中于改善中央级科学事业单位的科研基础条件，推进科技创新能力建设。对于科研机构而言，修购专项是一个新生事物。无论从资金额度，还是立项的数量，都比往常要大得多，资金的使用、项目的管理都十分严格。立项执行初期，年度结余资金较多，也主要是因为缺乏管理经验所致。

就专项的执行管理而言，目前我们已经走出了探索阶段，然而在一些重点、关键点上还存在着许多认知模糊的地方，认识上还存在一些误区，包括项目的申报、项目审计、项目档案的管理等问题。因此，需要上级有关部门，相关技术专家来给我们答疑解惑，助力支招。这次培训我们请到农业部财务司、工程中心的领导专家，目的是给我们传达政策，解释技术难题，解决我们的问题。

近几年，中国农业科学院下大力气抓专项执行、抓进度管理，取得了显著的成效。2009 年底我院修购专项 2006 ~ 2009 年 4 年总体预算执行进度为 88.98%，在部属“三院”中，排名第二，比农业部总体进度低 0.8 个百分点，比上年提高了 15 个百分点。成绩的取得与各单位的努力分不开，与在座各位的辛勤工作分不开。然而目前我们还不能松懈，抓好专项执行管理的任务仍然任重而道远。在专项资金的使用、项目的规划申报、项目的实施管理、人员队伍建设、项目验收等各个方面，仍然需要我们不懈的努力，来保障专项的顺利执行。

（二）加强专项组织管理与人才队伍建设是强化专项执行管理的现实需要

就专项的组织管理而言，获得修购专项支持的各项目单位都按照要求建立了三级修购专项管理体系，形成了本单位修购专项领导小组以及项目实施小组，制定了修购专项管理办法。然而，在修购专项的组织管理和制度落实方面仍然存在着许多不尽人意的地方。个别单位领导重视程度还不够，项目组织管理松懈，决策程序性不严谨，具体实施人员在工程技术、设备购置等方面的管理经验不足，从而延误了项目实施进程，影响了整体执行质量和效率。

在专项管理人员队伍方面，5 年来，随着修购专项资金的持续支持，各单位的项目经费大幅增加，专项管理工作任务量也在不断增大，对管理人员的数量和素质都提出了新的要求。落后的管理人员队伍与高标准、高要求之间的矛盾也凸显出来。一方面，专项管理人员队伍的整体能力与专项管理工作要求不能完全匹配。现有的修购专项管理人员的专业素质、业务能力、知识结构，与现在项目资金量越来越多，要求越来越高的要求，形成了很大的差距；另一方面。修购专项管理人员业务不熟、专业性不够的情况在许多单位当中普遍存在，由于工作繁忙，参加培训与业务学习的时间也不足，长期下去，必将影响专项管理又好又快、科学发展的基本要求。

三、近期的几项重点工作

一是要立足于本单位的修购规划，做好规划调整工作，重点推进科研基地建设。各单位要按照财政部、农业部的有关要求，面向本单位实际科研需要，认真研究，妥善调整本单位 2011 ~ 2012 年修购规划，根据各自的实际情况，结合学科特点，制定符合自身的科研基地建设规划。将符合专项管理办法的基地建设内容纳入修购专项当中来，切实推进本单位的科研试验基地建设。

二是继续强化财务规范化管理，抓好项目管理财务基础工作。要在 2009 年“小金库”检查和会议费检查的基础上，强化制度建设，加强规范管理，加强会计基础工作，积极开展自查自纠活动，妥善处理各类问题，主动落实整改意见。按照国家的有关财政政策和财经法规，严格执行农业部与我院相关财务管理制度，尤其是在专项执行过程中，要严格做到专款专用、专账核算，切实保障项目资金的使用安全。院里将在 4 月份组织联合检查组，对部分单位开展年度财务检查活动，并对修购专项的执行情况进行重点抽查。各单位要认真准备，积极配合，提前做好自查工作。

三是要继续做好项目预算执行工作，妥善安排项目资金的使用。在项目申报阶段，要科学合理编制本单位项目预算，提高预算精细化水平，做好项目评估和可行性论证，确保列入规划和年度预算的项目切实可行。同时，要完善预算编制与预算执行相结合的机制，加强往年项目的执行管理，在加快项目预算执行进度的同时，要进一步加强项目支出管理，避免借加快预算执行名义违规支出资金，严格按照规范的程序支付资金，确保专项资金的安全、规范、有效。同时，要合理安排项目资金，严格按照批复的实施方案组织项目实施工作，努力按期组织施工和仪器设备采购，努力避免形成结余资金。由于客观因素导致的无法避免的结余资金，应按照有关规定妥善处理。

四是要加强制度建设，强化组织管理和人员培训工作，全面提升研究所管理水平。在专项管理中各单位要领导重视，落实责任，明确专项管理工作目标。要充分调动全所人员的力量，共同做好专项执行工作。修购管理负责人要进一步加强项目执行主体意识，切实担负起严格项目执行的责任和义务，履行专项执行管理职责，提升专项管理能力，要将专项执行管理作为本单位的一项重要工作来抓，把财政专项的管理水平提升到一个新的高度。同时，要努力提高专项管理人员队伍的素质，积极培养和吸纳有专业、有能力，责任心强的人员充实进专项管理队伍。尽力保证专项管理人员队伍稳定，不要频繁换人。另外，还要多借助于专业化的中介机构的技术力量，协助我们做好专项的执行管理工作。

最后，希望各位抓住这次培训班的机会，认真学习政策文件，积极做好经验交流，力争多掌握专项管理业务知识，切实提高专项管理水平。

谢谢大家。

七、研究生教育与管理

中国农业科学院研究生院 2010 年工作概要

2010 年是“十一五”规划实施的最后一年，也是研究生院教育事业不断发展、取得重要突破的一年。2010 年，中国农业科学院研究生院紧密围绕科教兴国战略和人才强国战略，准确把握农业科技创新的时代脉搏，坚持以人为本，遵循教育发展规律和人才成长规律，按照“一体两翼”的发展思路，勤奋进取、不断创新，在招生就业、学位管理、师资建设、国际合作、文化建设等方面取得新的发展，为顺利完成“十一五”规划发展任务提供了有力保障。

一、全日制研究生教育健康发展　教学培养质量不断提高

（一）招生规模再创新高　毕业生就业保持良好势头

增加招生规模，提高生源质量。按照“十一五”人才规划的发展要求，研究生院继续做好招生录取工作。2010 年，我院共录取新生 860 人，博士 217 人、硕士 643 人（全日制专业学位硕士 50 名，少数民族骨干计划 5 名），比 2009 年增加近 10%，其中，博士招生计划首次突破 200 人。在校生规模达到 3 922人，其中，全日制研究生 2 411人（硕士 1 572人、博士 697 人、全日制专业学位 142 人），专业学位研究生 1 331人，留学生 58 人，在职申请学位 122 人。

通过拓宽宣传渠道、实施“入学成绩优秀生奖励办法”、提高在校生待遇等措施吸引优秀生源，使生源结构不断优化。2010 年录取考生中来自“211”高校的 156 人，占 24. 3%。2011 年，我院硕士报名人数首次突破 2 000人，达到 2 082人。

加强指导、优化服务、提高就业率。面对日益严峻的就业形势，我院立足专业、提前准备，采取多种措施为毕业生提供就业服务。及时发布就业信息，开展就业指导讲座，加强与兄弟院校、单位联系，为毕业生创造更多就业机会。2010 年，我院毕业生共计 633 人，博士 147 人，硕士 486 人，总体就业率为 95. 42%，首次达到北京市研究生平均就业率（95. 2%），其中，15 人支援西部，9 人成为北京“村官”和社区工作者。

（二）学位管理规范有序　优博评选榜上有名

严格学位授予，完善导师培训。学位论文评阅和审核系统投入应用，实现学位论文形式审查、网上评阅、学位委员网上审核，学位授予工作全程网络化。2010 年，召开

我院5个分委员会会议和第七届学位评定委员会第三、第四次会议，批准授予博士学位151人、硕士学位801人（其中全日制硕士481人，同等学力11人，农业推广硕士305人）。继续做好导师遴选工作，加强导师自身素质提高，2010年新增导师51人，举办两期导师研讨会，共培训导师286人。

继续实施优培计划，优博评选取得突破。继续实施"优秀博士论文培育计划"，经学位会审议，本年度共有14位博导和6名博士研究生进入该计划。2010年，评选院级优秀博士学位论文3篇，提名3篇。作物科学研究所邱丽娟研究员指导的2005级博士研究生周国安的博士学位论文《大豆抗逆基因GmUBC2、GmPK和GmNHX2的克隆与功能研究》获"北京市优秀博士学位论文"；上海兽医研究所所长童光志研究员指导的2005级博士研究生于海的博士学位论文《中国部分地区猪流感病毒的分子流行病学研究》获得了"全国百篇优秀博士学位论文"，作物科学研究所何中虎研究员指导的2005级博士研究生何心尧的博士学位论文《普通小麦及其近缘种籽粒多酚氧化酶活性与黄色素含量相关基因的克隆与功能标记开发》获"全国百篇优秀博士学位论文"提名，这是自2002年以来我院首次获得"全国百篇优秀博士学位论文"，优博论文评审取得开创性成果。

（三）教学培养突出特色　课堂教学逐步优化

深化教学改革，提高培养质量。全年组织完成硕士研究生40个专业的教学任务，累计完成141门课程的设置、教学和评估工作。组织召开第二届教学委员会第二次会议，通过《蛋白质组学与分析技术》等11门课程验收，3年共完成24门课程的验收工作，课程建设成果显著。创新课堂教学方式：新增前沿交叉课程2门，开展研讨式教学的课程增至12门、专题课程27门、实验课程3门，活跃了课堂气氛，培养学生的创造性思维，取得较好的课堂效果，全年网上课程教学评估优良课程达97%以上。

加强过程管理，完善激励机制。在完善课堂教学的同时，强化研究生回所后的培养环节的监管。派管理人员到部分研究所参加中期考核，及时发现问题并解决。审核批准了32名研究生硕博连读，人数比2009年提高25%。对中期考核及课程学习优秀生予以奖励，表彰2008级中期考核优秀硕士生75名、博士生30名，2009级课程学习优秀生63名。充分发挥"两段式培养"的特色优势，按照《中国农业科学院研究生院关于研究生管理先进集体和先进个人评选办法》，评选表彰了13个研究所为"2009年度研究生管理先进集体"，23位同志为"2009年度研究生管理先进个人"。

建设高水平教师队伍，强化专职教师职能。我院采取多种激励措施吸引和鼓励优秀教师为我院研究生授课，努力建设一支高水平、多元化、教学和科研并重的教师队伍。2010年，我院选聘任课教师401人，新聘任教师38人，与外聘教师签订"外聘兼职教师聘用协议书"，加强和规范了外聘教师的管理。按照我院《优秀教师评选办法》评选表彰优秀教师111名，其中本院专兼职教师8人，提高了教师们的教学积极性。

本院现有专职教师11人，2010年共承担了15门课程的教学工作，紧跟形势发展，注重课程内容的更新完善，使研究生的所学知识与社会实际需求相结合。加强专职教师的业务学习及培训，2010年共计11人次参加了相关培训和专业会议，为历年最高。

二、专业学位教育独具特色　社会服务职能逐渐增强

（一）专业学位教育

2010年，研究生院专业学位教育围绕部门中心工作，服务农业生产主战场，继续实施农业部基层农技骨干素质提升计划，积极做好报名录取工作，2010年新报名1 470人，其中基层农技骨干742人。成立中国农业科学院研究生院黑龙江分院、武汉分院。2010年共录取农业推广硕士、兽医硕士432人，全日制专业学位50人，授予专业学位309名，在校生1 331人，在全国共有13个教学点，教育规模名列前茅。全年开设专业学位课程130余门，聘请教师122名。实现培养过程全程跟踪，全面实施论文不端行为检测和双盲评阅，采取双导师制培养模式，规范管理，保证教学质量。

（二）培训工作

2010年，我院配合农业部、科技部、农业科学院举办了多期培训班，主要有农业部国际贸易职业经理人培训班、中国农业科学院2010年新入职人员岗前培训班、中国农业科学院2010年所（局）级领导干部培训班等，举办培训班11个，培训近1 000人。通过培训工作的开展，有效地提高了我院的社会知名度和影响力。

（三）博士后工作

结合农业科学院人才队伍建设规划，认真做好博士后管理及基金申报工作。2010年，共计招收博士后84人，出站56人。积极组织中国博士后科学资助金的申报，有5人获博士后科学基金特别资助，占申报人数的45%，高于全国获资助比率的平均水平，组织开展形式多样的联谊活动，增进相互之间的交流与沟通。2010年，我院有6个博士后流动站参加全国博士后流动站的评估工作，评估结果全部为良好以上，其中畜牧学流动站被评为优秀，1名同志被评为“全国优秀博士后管理人员”。

（四）“西部之光”工作

配合农业科学院人事局，举行第六届“西部之光”访问学者总结欢送会，认真做好第七届“西部之光”访问学者的接待工作。组织讲座和考察活动，增进了访问学者

间的相互交流，充分发挥上传下达的沟通作用。共接待访问学者 18 人。

三、留学生教育稳步推进　国内外交流逐步提高

（一）留学生教育

2010 年，研究生院留学生工作有了长足的发展，长期来华留学生总数达到 37 人，较 2009 年增长近 2 倍，生源国增至 18 个，涉及食品科学等 16 个学科。留学生中博士研究生 40 人，占总数的 69%。设立“研究生院外国留学生奖学金”，使 93% 的留学生获得了各类奖学金的资助。新增中国政府奖学金名额 21 个，达到 30 人；孟加拉农业研究院首次选派 5 名奖学金留学生来我院；接收比尔·盖茨基金会“绿色超级稻”项目 5 人，比 2009 年增加了 4 人；新增研究生院奖学金获得者 7 名。

制定了《留学生管理办法》和《留学生手册》，提高留学生管理的规范化水平；开设英文授课的《中国概况》等 3 门必修课程，帮助留学生了解中国，学习汉语和文化，开展法制宣传，组织留学生开展社会实践，以专题形式开设了全英文的《农业科技进展专题》学位课程，得到了留学生们的欢迎和好评。

（二）加强国际交流，积极拓展战略合作伙伴

2010 年，美国俄亥俄州立大学校长 Gordon Gee 博士、副校长 William Brustein 、农业、食品和环境学院院长 Bobby Moser 等多次访问我院并达成合作意向；启动了与孟加拉农业研究院在研究生教育方面的高层次合作；与泰国瓦莱卡大学就学生培养、师资交流和合作研究等方面的合作签订了合作意向书；美国堪萨斯州立大学及附属的“美中动物卫生中心”与我院积极探讨合作项目的开展。圆满完成美国俄亥俄州立大学来华学习和世界粮食基金会实习等 2 个项目。继续接受世界粮食基金会选派的项目实习生 1 名。积极做好请进、派出工作，全年共有 7 个代表团 67 人次访问研究生院，较 2009 年增加了 54 人。派出 3 个代表团 5 人次参加“中国教育展”，开展宣传工作。外事接待安排工作的顺利开展，为进一步增进我院的对外交流和合作奠定了良好基础。

（三）国内合作进展顺利

2010 年，我院作为科研机构学位与研究生教育工作网的轮值主席单位，组织召开了首届主席论坛和工作网常务理事会议，承办了工作网研究生乒乓球赛，于 12 月初在广西召开了“科研院所学位与研究生工作网年会”，增进了与其他科研单位的沟通与交流，得到了与会单位的肯定和认可。

四、完善条件建设营造良好环境

外部条件建设。研究生院园区条件建设取得新进展，为创造一个氛围和谐、基础设施完善的校园环境奠定了坚实的基础。建筑面积 15 500平方米的学生公寓楼于 9 月 30 日竣工并已投入使用，大大缓解了我院的学生住宿压力；完成教学楼二层、四层卫生间装修改造及门前周边道路改造，对学生食堂的污水管线及浴室管线进行局部改造；投入大量资金为原博士楼配备了空调、电视等电器和床、书柜、桌椅等全套家具，完成了留学生公寓的建设。对原停车场进行地面整修并对本院职工发放停车证，规范了停车场的使用管理。此外，对院区周边进行绿化，及时清除建筑垃圾及杂草杂物，做到干净整洁、安全卫生，为全体师生营造了一个良好的学习、工作、生活环境。

优化教学实验条件。完成教学用多媒体设备购置项目及视频教室和远程教学设备购置项目的招投标及项目执行工作，设备已全部安装到位并投入使用，实验教学条件全面升级。完成 2011 年修缮购置项目申报工作和协助中介评审工作，目前已获批准 2011 年教学用分子生物学实验室设备 15 台（套），下达资金 643 万元。及时更新教学办公设备，保证了教学管理工作的正常开展。

中国研究生教育评价报告 2009 ~ 2010 出炉 中国农业科学院研究生院竞争力评价名列前三十强

武汉大学中国科学评价研究中心 2009 ~ 2010 中国研究生教育评价报告出炉，中国农业科学院研究生院竞争力排名第二十九位，在农林学科类型排名第一（中国农大第二，南京农大第三，西北农林大学第四）。在北京地区综合排名第七，在国家科学院研究生院（中国科学院研究生院、中国农业科学院研究生院、中国社会科学院研究生院、中国医学科学院研究生院）排名第二。

中国农业科学院学位授权点一览表
(56 个硕士点，44 个博士点)

学科门类	一级学科（名称与代码）	二级学科（名称与代码）
理学	大气科学（0706）	气象学（070601）
	生物学（0710）	微生物学（071005）
		*生物化学与分子生物学（071010）
		*生物物理学（071011）
		生态学（071012）
工学	农业工程（0828）	农业机械化工程（082801）
		*农业水土工程（082802）
		农业生物环境与能源工程（082803）
	环境科学与工程（0830）	环境科学（083001）
		环境工程（083002）
	食品科学与工程（0832）	食品科学（083201）
		农产品加工及贮藏工程（083203）
农学	*作物学（0901）	*作物栽培学与耕作学（090101）
		*作物遗传育种（090102）
		*作物种质资源学（090120）
		*农产品质量与食物安全（090121）
		*作物生态学（090122）
		*作物信息科学（090123）
		*作物气象学（090124）
		***药用植物资源学（090125）**

（续表）

学科门类	一级学科（名称与代码）	二级学科（名称与代码）
农学	* 园艺学（0902）	* 果树学（090201）
		* 蔬菜学（090202）
		* 茶学（090203）
		*** 观赏园艺（090220）**
	* 农业资源利用（0903）	* 土壤学（090301）
		* 植物营养学（090302）
		*** 农业水资源利用（090320）**
		*** 农业区域发展（090321）**
		*** 农业遥感（090322）**
		*** 草地资源利用与保护（090323）**
	* 植物保护（0904）	* 植物病理学（090401）
		* 农业昆虫与害虫防治（090402）
		* 农药学（090403）
		* 杂草科学（090420）
		* 病虫测报（090421）
		* 生物安全（090422）
		* 农业微生物学（090423）
	* 畜牧学（0905）	* 动物遗传育种与繁殖（090501）
		* 动物营养与饲料科学（090502）
		* 草业科学（090503）
		* 特种经济动物饲养学（含：蚕、蜂等）（090504）
		*** 动物信息科学（090520）**

（续表）

学科门类	一级学科（名称与代码）	二级学科（名称与代码）
农学	*兽医学（0906）管理 profession consult	*基础兽医学（090601）
		*预防兽医学（090602）
		*临床兽医学（090603）
		***中兽医学（090620）**
		***兽药学（090621）**
	林学（0907）	野生动植物保护与利用（090705）
管理学	管理科学与工程（1201）	
	*农林经济管理学（1203）	*农业经济管理（120301）
		***农业资源与环境经济学（120320）**
		***农产品贸易（120321）**
		***农业技术经济（120322）**
		***农业信息管理学（120323）**
		***农业经营管理（120324）**
	图书馆、情报与档案学（1205）	情报学（120502）

注：带*为博士学位授权点，加粗字体为2005年、2006年新增自主设置学科。

关于授予柴国华等 15 人博士学位、黄娟等 219 人硕士学位的决定

中国农业科学院第七届学位评定委员会第三次全体会议于 2010 年 1 月 13 日在北京召开，根据《中华人民共和国学位条例》和《中国农业科学院学位授予工作细则》规定，决定授予柴国华等 15 人博士学位、黄娟等 219 人硕士学位，详细名单见下表，学位授予时间为 2010 年 1 月 13 日。

一、中国农业科学院 2009 年冬季授予博士学位名单（15 人）

序号	姓名	性别	身份证号	专业	学位类别	证书编号
1	郭萍梅	女	510725197809137122	农产品质量与食物安全	农学博士	8210122010001029
2	孙丽萍	女	150102196507172046	农业经济管理	管理学博士	8210122010001030
3	李玉勤	男	110108196206227112	农业经济管理	管理学博士	8210122010001031
4	孙晓明	女	110101196902081044	农业信息管理	管理学博士	8210122010001032
5	于　江	男	210204198108150978	农业微生物	农学博士	8210122010001033
6	宫伟娜	女	130102198111181267	生物安全	农学博士	8210122010001034
7	吴季荣	男	320902198106067012	生物化学与分子生物学	理学博士	8210122010001035
8	柴国华	男	152301198103256513	生物化学与分子生物学	理学博士	8210122010001036
9	田美娜	女	130202197807153628	预防兽医学	农学博士	8210122010001037
10	薛高峰	男	412728198002050538	植物营养学	农学博士	8210122010001038
11	张建君	女	130323197608155628	作物气象学	农学博士	8210122010001039
12	王迎春	女	150102197312184586	作物生态学	农学博士	8210122010001040
13	赵永国	男	370902197810190932	作物遗传育种	农学博士	8210122010001041

（续表）

序号	姓名	性别	身份证号	专业	学位类别	证书编号
14	胡亚平	男	421023198102237536	作物遗传育种	农学博士	8210122010001042
15	徐　鑫	女	410702790808054	作物种质资源学	农学博士	8210122010001043

二、中国农业科学院 2009 年冬季授予硕士学位名单（3 人）

序号	姓名	性别	身份证号	专业	学位类别	证书编号
1	马丽颖	女	130702198208261223	农业昆虫与害虫防治	农学硕士	8210132010002782
2	谢扬军	男	430419198106093398	植物病理学	农学硕士	8210132010002783
3	孙福贵	男	230223198108082314	作物遗传育种	农学硕士	8210132010002784

三、中国农业科学院 2009 年冬季授予同等学历硕士学位名单（2 人）

序号	姓名	性别	身份证号	专业	学位类别	证书编号
1	马　鑫	女	110108198209247126	生物化学与分子生物学	理学硕士	T8210132009000428
2	黄　娟	女	452227197702100021	作物遗传育种	农学硕士	T8210132009000429

四、中国农业科学院 2009 年冬季授予专业硕士学位名单（214 人）

序号	姓名	性别	身份证号	专业领域	学位类别	证书编号
1	毕力格	男	152825197810206017	农村与区域发展	农业推广硕士	Z8210132010000449
2	蔡良绥	男	352224195910030038	园艺	农业推广硕士	Z8210132010000450
3	常　剑	女	110105197003264146	农村与区域发展	农业推广硕士	Z8210132010000451
4	朝　克	男	150423197903221439	农村与区域发展	农业推广硕士	Z8210132010000452
5	陈　刚	男	37072319690504001X	农村与区域发展	农业推广硕士	Z8210132010000453
6	陈日春	男	350103196304270379	作物	农业推广硕士	Z8210132010000454

（续表）

序号	姓名	性别	身份证号	专业领域	学位类别	证书编号
7	程本义	男	330127197708235213	作物	农业推广硕士	Z8210132010000455
8	楚治中	男	370704196309030238	农村与区域发展	农业推广硕士	Z8210132010000456
9	丛义周	男	370602196309235518	养殖	农业推广硕士	Z8210132010000457
10	崔德文	男	370902197804021235	农村与区域发展	农业推广硕士	Z8210132010000458
11	崔建臣	男	110227197103076138	植物保护	农业推广硕士	Z8210132010000459
12	单浩仁	男	371081197706200018	农村与区域发展	农业推广硕士	Z8210132010000460
13	邓　媛	女	210111197002191521	作物	农业推广硕士	Z8210132010000461
14	丁国浩	男	410421196510130014	农村与区域发展	农业推广硕士	Z8210132010000462
15	丁丽文	女	370728197003200244	农村与区域发展	农业推广硕士	Z8210132010000463
16	丁艳杰	女	370721197506190020	农村与区域发展	农业推广硕士	Z8210132010000464
17	董国军	男	33082519740501411X	作物	农业推广硕士	Z8210132010000465
18	冯玉建	男	370728197311276611	农村与区域发展	农业推广硕士	Z8210132010000466
19	扶　晓	男	41302119700322007X	园艺	农业推广硕士	Z8210132010000467
20	高　岗	男	370602197910010752	农村与区域发展	农业推广硕士	Z8210132010000468
21	高显达	男	350524197611063570	农村与区域发展	农业推广硕士	Z8210132010000469
22	高玉龙	男	520112198004050013	农村与区域发展	农业推广硕士	Z8210132010000470

（续表）

序号	姓名	性别	身份证号	专业领域	学位类别	证书编号
23	管　涛	男	371102197906301331	农村与区域发展	农业推广硕士	Z8210132010000471
24	郭玉凤	女	152801196405127926	农村与区域发展	农业推广硕士	Z8210132010000472
25	郝德光	男	370902196708010996	农村与区域发展	农业推广硕士	Z8210132010000473
26	何卫中	男	33252919730402001X	园艺	农业推广硕士	Z8210132010000474
27	何讯民	男	330106197202052434	园艺	农业推广硕士	Z8210132010000475
28	侯成果	男	370721197310042974	农村与区域发展	农业推广硕士	Z8210132010000476
29	胡利峰	男	130603197212210919	农村与区域发展	农业推广硕士	Z8210132010000477
30	华晓梅	女	370702196307170066	农村与区域发展	农业推广硕士	Z8210132010000478
31	黄爱萍	女	350103196511190187	作物	农业推广硕士	Z8210132010000479
32	纪　韬	男	210112197504014038	农村与区域发展	农业推广硕士	Z8210132010000480
33	季小明	男	340104196506303516	园艺	农业推广硕士	Z8210132010000481
34	贾令国	男	370723197911123334	农村与区域发展	农业推广硕士	Z8210132010000482
35	姜成嘉	男	370622196405185616	养殖	农业推广硕士	Z8210132010000483
36	靳淑平	女	110224197007314424	农村与区域发展	农业推广硕士	Z8210132010000484
37	鞠立强	男	37072319680714005X	农村与区域发展	农业推广硕士	Z8210132010000485
38	赖凤香	女	330103196804110087	植物保护	农业推广硕士	Z8210132010000486

（续表）

序号	姓名	性别	身份证号	专业领域	学位类别	证书编号
39	李炳霞	女	220222197005100804	农村与区域发展	农业推广硕士	Z8210132010000487
40	李臣波	男	370728197210170236	农村与区域发展	农业推广硕士	Z8210132010000488
41	李臣玉	男	370602196206270732	农村与区域发展	农业推广硕士	Z8210132010000489
42	李春生	男	33010319730926071X	农村与区域发展	农业推广硕士	Z8210132010000490
43	李春玉	男	370702197001311836	农村与区域发展	农业推广硕士	Z8210132010000491
44	李德新	男	230206196405220415	种植	农业推广硕士	Z8210132010000492
45	李国徽	男	371021196911210038	农村与区域发展	农业推广硕士	Z8210132010000493
46	李　虹	女	510102196308153763	农村与区域发展	农业推广硕士	Z8210132010000494
47	李井泉	男	230621197004300414	农村与区域发展	农业推广硕士	Z8210132010000495
48	李靖国	男	230107197604231016	农村与区域发展	农业推广硕士	Z8210132010000496
49	李仁崑	男	110101196808111534	种植	农业推广硕士	Z8210132010000497
50	李文建	男	370702196406081317	农村与区域发展	农业推广硕士	Z8210132010000498
51	李相彪	男	370782196306290279	农村与区域发展	农业推广硕士	Z8210132010000499
52	李艳玲	女	620105197205192021	农业信息化	农业推广硕士	Z8210132010000500
53	李英俊	男	370721197209192572	农村与区域发展	农业推广硕士	Z8210132010000501
54	李　瑜	女	370704196902030220	养殖	农业推广硕士	Z8210132010000502

（续表）

序号	姓名	性别	身份证号	专业领域	学位类别	证书编号
55	李增席	男	370702196612186515	农村与区域发展	农业推广硕士	Z8210132010000503
56	李振祥	男	370721196806071491	农村与区域发展	农业推广硕士	Z8210132010000504
57	李　征	男	110228197510240018	农村与区域发展	农业推广硕士	Z8210132010000505
58	李志刚	男	370725197412150015	农村与区域发展	农业推广硕士	Z8210132010000506
59	栗明来	男	110229196912072231	兽医	兽医硕士	Z8210132010000507
60	梁爱文	男	370786197003060046	农村与区域发展	农业推广硕士	Z8210132010000508
61	梁　斌	男	370702197211150516	农村与区域发展	农业推广硕士	Z8210132010000509
62	刘承臻	女	370823197107120023	农村与区域发展	农业推广硕士	Z8210132010000510
63	刘凤芹	女	132627197001132124	作物	农业推广硕士	Z8210132010000511
64	刘公梅	男	352101196912078910	作物	农业推广硕士	Z8210132010000512
65	刘丽娜	女	120104196210254320	农村与区域发展	农业推广硕士	Z8210132010000513
66	刘连强	男	37010219690524451X	农村与区域发展	农业推广硕士	Z8210132010000514
67	刘　鹏	男	110105198108150852	农村与区域发展	农业推广硕士	Z8210132010000515
68	刘淑英	女	230302197204165821	农村与区域发展	农业推广硕士	Z8210132010000516
69	刘晓东	男	370602196710313455	农村与区域发展	农业推广硕士	Z8210132010000517
70	刘兴忠	男	370704196401260618	农村与区域发展	农业推广硕士	Z8210132010000518

（续表）

序号	姓名	性别	身份证号	专业领域	学位类别	证书编号
71	刘以文	男	22010219761228371X	农村与区域发展	农业推广硕士	Z8210132010000519
72	刘　勇	男	370983196701032314	农村与区域发展	农业推广硕士	Z8210132010000520
73	柳永春	女	370728196311100240	农村与区域发展	农业推广硕士	Z8210132010000521
74	卢建伟	男	370725721216379	农村与区域发展	农业推广硕士	Z8210132010000522
75	吕　英	女	232700197410260628	农村与区域发展	农业推广硕士	Z8210132010000523
76	吕传昌	男	37072419721127615X	农村与区域发展	农业推广硕士	Z8210132010000524
77	吕艳秋	女	110221196909268320	兽医	兽医硕士	Z8210132010000525
78	马继山	男	370902196805200919	农村与区域发展	农业推广硕士	Z8210132010000526
79	马　群	男	370602197212310731	农村与区域发展	农业推广硕士	Z8210132010000527
80	马亚平	男	339011196203150019	园艺	农业推广硕士	Z8210132010000528
81	孟丽霞	女	370704197909260445	农村与区域发展	农业推广硕士	Z8210132010000529
82	穆桂玲	女	110229197108310328	兽医	兽医硕士	Z8210132010000530
83	牛瑞萍	女	410728196902266106	兽医	兽医硕士	Z8210132010000531
84	潘　鑫	男	370724710616207	农村与区域发展	农业推广硕士	Z8210132010000532
85	裴伟琦	男	37072219750222201X	农村与区域发展	农业推广硕士	Z8210132010000533
86	亓文强	男	370783197406143330	农村与区域发展	农业推广硕士	Z8210132010000534

（续表）

序号	姓名	性别	身份证号	专业领域	学位类别	证书编号
87	齐丽艳	女	13060419671024032X	农业资源利用	农业推广硕士	Z8210132010000535
88	曲善村	男	370602197003263414	养殖	农业推广硕士	Z8210132010000536
89	曲秀琴	女	230805197403200227	农村与区域发展	农业推广硕士	Z8210132010000537
90	任海燕	女	150121197901131027	农村与区域发展	农业推广硕士	Z8210132010000538
91	商晓东	男	152104196606045936	农村与区域发展	农业推广硕士	Z8210132010000539
92	沈西宁	男	640203197008130514	农村与区域发展	农业推广硕士	Z8210132010000540
93	石子领	男	210111197511204618	农村与区域发展	农业推广硕士	Z8210132010000541
94	时志勇	男	370802198006095116	农村与区域发展	农业推广硕士	Z8210132010000542
95	宋淑文	女	320402197503131426	园艺	农业推广硕士	Z8210132010000543
96	苏洪亮	男	370782197707070810	农村与区域发展	农业推广硕士	Z8210132010000544
97	苏召波	男	370705197712072017	农村与区域发展	农业推广硕士	Z8210132010000545
98	孙秉明	男	370724196809230012	农村与区域发展	农业推广硕士	Z8210132010000546
99	孙海森	男	370728197408290217	农村与区域发展	农业推广硕士	Z8210132010000547
100	孙和梅	女	110229197601102522	兽医	兽医硕士	Z8210132010000548
101	孙洪亮	男	370721197510222419	农村与区域发展	农业推广硕士	Z8210132010000549
102	孙　健	女	370725197609215265	农村与区域发展	农业推广硕士	Z8210132010000550

（续表）

序号	姓名	性别	身份证号	专业领域	学位类别	证书编号
103	孙金江	男	370723197112263330	农村与区域发展	农业推广硕士	Z8210132010000551
104	孙君生	男	232127196801210014	农村与区域发展	农业推广硕士	Z8210132010000552
105	孙　琳	女	370782197608280222	农村与区域发展	农业推广硕士	Z8210132010000553
106	孙晓非	男	37072719710308001X	农村与区域发展	农业推广硕士	Z8210132010000554
107	孙　涌	男	370725198006025272	农村与区域发展	农业推广硕士	Z8210132010000555
108	孙志梁	男	37072819771014021X	农村与区域发展	农业推广硕士	Z8210132010000556
109	唐守营	男	410224198008200037	养殖	农业推广硕士	Z8210132010000557
110	田洪波	男	37010219691009451X	农村与区域发展	农业推广硕士	Z8210132010000558
111	田洪文	男	370782197811210211	农村与区域发展	农业推广硕士	Z8210132010000559
112	田　峥	女	370705198002262021	农村与区域发展	农业推广硕士	Z8210132010000560
113	王佰刚	男	370704196912300255	农村与区域发展	农业推广硕士	Z8210132010000561
114	王传清	女	370123196510245245	兽医	兽医硕士	Z8210132010000562
115	王纯华	女	232700197106150846	农村与区域发展	农业推广硕士	Z8210132010000563
116	王　东	男	230606198005112053	农村与区域发展	农业推广硕士	Z8210132010000564
117	王东星	男	11022919690218431X	兽医	兽医硕士	Z8210132010000565
118	王冬霓	女	150102198212280022	农村与区域发展	农业推广硕士	Z8210132010000566

（续表）

序号	姓名	性别	身份证号	专业领域	学位类别	证书编号
119	王福刚	男	370811197601182013	养殖	农业推广硕士	Z8210132010000567
120	王　红	女	620202196609050240	兽医	兽医硕士	Z8210132010000568
121	王嘉夫	男	152127196810083010	农村与区域发展	农业推广硕士	Z8210132010000569
122	王建伟	男	370622196410160018	农村与区域发展	农业推广硕士	Z8210132010000570
123	王江涛	男	230104197703143311	农村与区域发展	农业推广硕士	Z8210132010000571
124	王金莲	女	370722197102031820	农村与区域发展	农业推广硕士	Z8210132010000572
125	王　玲	女	370702197402162624	农村与区域发展	农业推广硕士	Z8210132010000573
126	王清源	男	232321197112271417	农村与区域发展	农业推广硕士	Z8210132010000574
127	王树华	男	370728197408172616	农村与区域发展	农业推广硕士	Z8210132010000575
128	王天坤	女	13070219670920122X	兽医	兽医硕士	Z8210132010000576
129	王铁楼	男	370786196405030611	农村与区域发展	农业推广硕士	Z8210132010000577
130	王　伟	男	370725197708045273	农村与区域发展	农业推广硕士	Z8210132010000578
131	王玮琢	男	232301197910080011	农村与区域发展	农业推广硕士	Z8210132010000579
132	王希财	男	370722197211303813	农村与区域发展	农业推广硕士	Z8210132010000580
133	王希惠	男	370704196301110217	农村与区域发展	农业推广硕士	Z8210132010000581
134	王逍啉	男	370702196901161816	农村与区域发展	农业推广硕士	Z8210132010000582

（续表）

序号	姓名	性别	身份证号	专业领域	学位类别	证书编号
135	王晓玲	女	370783198209123343	农村与区域发展	农业推广硕士	Z8210132010000583
136	王晓文	男	370724197009306917	农村与区域发展	农业推广硕士	Z8210132010000584
137	王雪梅	女	230702196909260922	农村与区域发展	农业推广硕士	Z8210132010000585
138	王　勇	男	370728197010220219	农村与区域发展	农业推广硕士	Z8210132010000586
139	王玉兴	男	370725197412143771	农村与区域发展	农业推广硕士	Z8210132010000587
140	王振康	男	352229197503113531	园艺	农业推广硕士	Z8210132010000588
141	王之旭	女	210122197101060622	作物	农业推广硕士	Z8210132010000589
142	王志刚	男	130821197012201675	作物	农业推广硕士	Z8210132010000590
143	蔚　然	男	150102196408041550	农村与区域发展	农业推广硕士	Z8210132010000591
144	温　斌	男	350322197111120096	农村与区域发展	农业推广硕士	Z8210132010000592
145	吴东碧	男	35052419760126685X	农村与区域发展	农业推广硕士	Z8210132010000593
146	吴　进	男	220102196509035211	农村与区域发展	农业推广硕士	Z8210132010000594
147	吴开成	男	372831197304020031	作物	农业推广硕士	Z8210132010000595
148	夏建军	男	132525196710034516	农村与区域发展	农业推广硕士	Z8210132010000596
149	肖胜南	男	430524198109102516	兽医	兽医硕士	Z8210132010000597
150	徐　彬	女	370306197903022025	养殖	农业推广硕士	Z8210132010000598

（续表）

序号	姓名	性别	身份证号	专业领域	学位类别	证书编号
151	徐东旭	男	130721197210122630	作物	农业推广硕士	Z8210132010000599
152	徐　峰	男	152825196209126011	农村与区域发展	农业推广硕士	Z8210132010000600
153	徐国青	男	440105196609040130	园艺	农业推广硕士	Z8210132010000601
154	徐　森	男	370728197012260230	农村与区域发展	农业推广硕士	Z8210132010000602
155	徐志敏	男	370702196510211847	农村与区域发展	农业推广硕士	Z8210132010000603
156	许敬畏	男	210104196810122032	农村与区域发展	农业推广硕士	Z8210132010000604
157	薛凤仁	男	352129196309220034	园艺	农业推广硕士	Z8210132010000605
158	杨长军	男	220104196702199018	农村与区域发展	农业推广硕士	Z8210132010000606
159	杨春辉	男	231283196911180018	农村与区域发展	农业推广硕士	Z8210132010000607
160	杨付津	男	370726196410270015	农村与区域发展	农业推广硕士	Z8210132010000608
161	杨宏勃	男	610403197712070055	植物保护	农业推广硕士	Z8210132010000609
162	杨锦涛	男	370723197211080011	农村与区域发展	农业推广硕士	Z8210132010000610
163	杨　柳	女	230202197311141627	园艺	农业推广硕士	Z8210132010000611
164	杨永山	男	110229197309012714	兽医	兽医硕士	Z8210132010000612
165	姚学军	男	110221196406270031	兽医	兽医硕士	Z8210132010000613
166	叶胜海	男	332528197803072416	作物	农业推广硕士	Z8210132010000614

（续表）

序号	姓名	性别	身份证号	专业领域	学位类别	证书编号
167	殷劲松	男	230522196609112279	兽医	兽医硕士	Z8210132010000615
168	游卫东	男	370703197410200017	农村与区域发展	农业推广硕士	Z8210132010000616
169	虞国平	男	330103197212020736	农村与区域发展	农业推广硕士	Z8210132010000617
170	袁京京	女	11010819721130712X	植物保护	农业推广硕士	Z8210132010000618
171	袁卫东	男	33010619691123245X	园艺	农业推广硕士	Z8210132010000619
172	袁英学	男	370723197410023319	农村与区域发展	农业推广硕士	Z8210132010000620
173	曾　英	女	430111197707220426	农业信息化	农业推广硕士	Z8210132010000621
174	张宝军	男	370725198105255276	农村与区域发展	农业推广硕士	Z8210132010000622
175	张碧海怡	女	120104198108067640	农村与区域发展	农业推广硕士	Z8210132010000623
176	张冰欣	女	23900519760302316X	农村与区域发展	农业推广硕士	Z8210132010000624
177	张丙来	男	370902196401060913	农村与区域发展	农业推广硕士	Z8210132010000625
178	张长虹	女	230103196406245126	农村与区域发展	农业推广硕士	Z8210132010000626
179	张　超	男	310110197702180038	养殖	农业推广硕士	Z8210132010000627
180	张恩光	男	370723197312240555	农村与区域发展	农业推广硕士	Z8210132010000628
181	张恩亮	男	23270019700316003X	农村与区域发展	农业推广硕士	Z8210132010000629
182	张金良	男	370723197009030934	农村与区域发展	农业推广硕士	Z8210132010000630

（续表）

序号	姓名	性别	身份证号	专业领域	学位类别	证书编号
183	张　莉	女	370702196907051327	农村与区域发展	农业推广硕士	Z8210132010000631
184	张立永	男	130721196803014219	兽医	兽医硕士	Z8210132010000632
185	张少春	男	370283198103065811	养殖	农业推广硕士	Z8210132010000633
186	张守兵	男	370724197409030032	农村与区域发展	农业推广硕士	Z8210132010000634
187	张守富	男	370722196304290076	农村与区域发展	农业推广硕士	Z8210132010000635
188	张思佩	女	370702197005082225	农村与区域发展	农业推广硕士	Z8210132010000636
189	张维芬	女	330106196710042422	园艺	农业推广硕士	Z8210132010000637
190	张　伟	男	370723197506080211	农村与区域发展	农业推广硕士	Z8210132010000638
191	张小惠	男	321025197006223016	农村与区域发展	农业推广硕士	Z8210132010000639
192	张续周	男	370223197206020033	园艺	农业推广硕士	Z8210132010000640
193	张学宽	男	110229197104042514	兽医	兽医硕士	Z8210132010000641
194	张延光	男	110229197004080310	兽医	兽医硕士	Z8210132010000642
195	张照云	男	230805197602281015	农村与区域发展	农业推广硕士	Z8210132010000643
196	张志勇	男	350102196704250338	作物	农业推广硕士	Z8210132010000644
197	张志尊	男	370723197202270032	农村与区域发展	农业推广硕士	Z8210132010000645
198	张壮志	男	370613197601022513	养殖	农业推广硕士	Z8210132010000646

（续表）

序号	姓名	性别	身份证号	专业领域	学位类别	证书编号
199	张作智	男	370786196307045131	农村与区域发展	农业推广硕士	Z8210132010000647
200	赵宝贵	男	210112198111101231	农村与区域发展	农业推广硕士	Z8210132010000648
201	赵洪军	男	370786196709190016	农村与区域发展	农业推广硕士	Z8210132010000649
202	赵　剑	男	370705198509060074	农村与区域发展	农业推广硕士	Z8210132010000650
203	赵　莉	女	37078219710307022X	农村与区域发展	农业推广硕士	Z8210132010000651
204	赵显伟	男	370602197304040732	农村与区域发展	农业推广硕士	Z8210132010000652
205	赵映红	男	23262219630220431X	农村与区域发展	农业推广硕士	Z8210132010000653
206	赵永波	男	370702197503104212	农村与区域发展	农业推广硕士	Z8210132010000654
207	赵　勇	男	370783197904213311	农村与区域发展	农业推广硕士	Z8210132010000655
208	郑旭霞	女	330723196905052368	园艺	农业推广硕士	Z8210132010000656
209	郑有川	男	330104196708071619	作物	农业推广硕士	Z8210132010000657
210	郑志松	男	370728197305070211	农村与区域发展	农业推广硕士	Z8210132010000658
211	周　彬	男	370728197302277217	农村与区域发展	农业推广硕士	Z8210132010000659
212	朱蕴琦	女	230123197309080446	农村与区域发展	农业推广硕士	Z8210132010000660
213	朱兆军	男	350600196801220055	农村与区域发展	农业推广硕士	Z8210132010000661
214	邹　霞	女	370726197310173925	农村与区域发展	农业推广硕士	Z8210132010000662

关于授予宋清晓等582人硕士学位的决定

中国农业科学院第七届学位评定委员会第四次全体会议于2010年7月5日在北京召开，根据《中华人民共和国学位条例》和《中国农业科学院学位授予工作细则》规定，决定授予宋清晓等582人硕士学位，其中全日制硕士研究生473人，农业推广硕士专业学位研究生96人，同等学历申请硕士学位人员13人，详细名单见下表，学位授予时间为2010年7月5日。

一、中国农业科学院2010年夏季授予全日制硕士研究生硕士学位名单（473人）

序号	姓名	性别	身份证号	专业	学位类别	证书编号
1	宋清晓	男	130522198502121058	草业科学	农学硕士	8210132010002785
2	杨冬梅	女	152502198511190549	草业科学	农学硕士	8210132010002786
3	张文娟	女	152627198612053722	草业科学	农学硕士	8210132010002787
4	张银敏	女	130535198302053128	草业科学	农学硕士	8210132010002788
5	张文杰	女	412727198501041306	草业科学	农学硕士	8210132010002789
6	白永琴	女	612731198501082820	草业科学	农学硕士	8210132010002790
7	景艳霞	女	152631198410200063	草业科学	农学硕士	8210132010002791
8	胡　娟	女	420281198510080084	动物遗传育种与繁殖	农学硕士	8210132010002792
9	宫雪莲	女	23010519840106052X	动物遗传育种与繁殖	农学硕士	8210132010002793

（续表）

序号	姓名	性别	身份证号	专业	学位类别	证书编号
10	冯海永	男	13212919781015381X	动物遗传育种与繁殖	农学硕士	8210132010002794
11	王　磊	男	370921198311040335	动物遗传育种与繁殖	农学硕士	8210132010002795
12	林　博	女	350111198506232425	动物遗传育种与繁殖	农学硕士	8210132010002796
13	刘　欣	女	140105198306231827	动物遗传育种与繁殖	农学硕士	8210132010002797
14	贺建宁	男	612725198403062618	动物遗传育种与繁殖	农学硕士	8210132010002798
15	李　姣	女	140402198406081624	动物遗传育种与繁殖	农学硕士	8210132010002799
16	宋咏梅	女	152825198401125720	动物遗传育种与繁殖	农学硕士	8210132010002800
17	鞠光伟	男	370781198603073118	动物遗传育种与繁殖	农学硕士	8210132010002801
18	徐　超	男	37112119850915401X	动物遗传育种与繁殖	农学硕士	8210132010002802
19	孙　丰	女	230622198303071069	动物营养与饲料科学	农学硕士	8210132010002803
20	吕文龙	男	610632198406202010	动物营养与饲料科学	农学硕士	8210132010002804
21	云　强	男	150104198401142617	动物营养与饲料科学	农学硕士	8210132010002805
22	陈　娴	女	110105198501171166	动物营养与饲料科学	农学硕士	8210132010002806
23	刘　宏	女	230523198507040425	动物营养与饲料科学	农学硕士	8210132010002807
24	孙长春	男	370781198602164018	动物营养与饲料科学	农学硕士	8210132010002808
25	王　成	男	230125198406044014	动物营养与饲料科学	农学硕士	8210132010002809

（续表）

序号	姓名	性别	身份证号	专业	学位类别	证书编号
26	武　磊	男	230102198406051017	动物营养与饲料科学	农学硕士	8210132010002811
27	葛红云	女	230422198206232245	动物营养与饲料科学	农学硕士	8210132010002812
28	胡　亮	男	510322198412156716	动物营养与饲料科学	农学硕士	8210132010002813
29	陈瑞东	女	372928198410255266	动物营养与饲料科学	农学硕士	8210132010002814
30	韩少锋	男	410322198106180052	动物营养与饲料科学	农学硕士	8210132010002815
31	李　平	女	210423198509063023	动物营养与饲料科学	农学硕士	8210132010002816
32	王晓亮	男	420683198203137815	动物营养与饲料科学	农学硕士	8210132010002817
33	王　爽	女	230321198507305004	动物营养与饲料科学	农学硕士	8210132010002818
34	王　爽	女	231181198311120821	动物营养与饲料科学	农学硕士	8210132010002819
35	沈素芳	女	130532198207071521	动物营养与饲料科学	农学硕士	8210132010002820
36	刘晴雪	女	372501198312261126	动物营养与饲料科学	农学硕士	8210132010002821
37	刘树云	女	13098119821014134X	动物营养与饲料科学	农学硕士	8210132010002822
38	申军士	男	410224198403155010	动物营养与饲料科学	农学硕士	8210132010002823
39	颜志辉	男	130528198308201896	动物营养与饲料科学	农学硕士	8210132010002824
40	庞建建	女	372426198209043544	动物营养与饲料科学	农学硕士	8210132010002825
41	王诵涛	男	410821198402150510	动物营养与饲料科学	农学硕士	8210132010002826

（续表）

序号	姓名	性别	身份证号	专业	学位类别	证书编号
42	伊　涛	男	37030319830816661X	动物营养与饲料科学	农学硕士	8210132010002827
43	胡光源	男	232303198303316819	动物营养与饲料科学	农学硕士	8210132010002828
44	刘胜军	男	429004198407051597	动物营养与饲料科学	农学硕士	8210132010002829
45	程　聪	男	32062119851218871X	动物营养与饲料科学	农学硕士	8210132010002830
46	赵春付	男	130221198204064814	动物营养与饲料科学	农学硕士	8210132010002831
47	李　倩	女	530111198111032027	基础兽医学	农学硕士	8210132010002832
48	杨峰昆	男	370725198510161230	基础兽医学	农学硕士	8210132010002833
49	秦俊杰	男	410182198504010716	基础兽医学	农学硕士	8210132010002834
50	王胜义	男	411381198101296516	临床兽医学	农学硕士	8210132010002835
51	黄娇娇	女	370682198306081120	临床兽医学	农学硕士	8210132010002836
52	赵亚周	男	130635198303130434	特种经济动物饲养	农学硕士	8210132010002837
53	陈文锋	男	350583198507143110	特种经济动物饲养	农学硕士	8210132010002838
54	王修业	男	132201198412174774	特种经济动物饲养	农学硕士	8210132010002839
55	耿文静	女	372330198405213028	特种经济动物饲养	农学硕士	8210132010002840
56	杨镒峰	男	411324198109220535	特种经济动物饲养	农学硕士	8210132010002841
57	刘汇涛	男	370983198405086616	特种经济动物饲养	农学硕士	8210132010002842

（续表）

序号	姓名	性别	身份证号	专业	学位类别	证书编号
58	岳志刚	男	132201198111036415	特种经济动物饲养	农学硕士	8210132010002843
59	秦红艳	女	37252219840201346X	野生动植物保护与利用	农学硕士	8210132010002844
60	李　伟	女	370982198403212467	预防兽医学	农学硕士	8210132010002845
61	范晓娟	女	32058619850924746X	预防兽医学	农学硕士	8210132010002846
62	王秀东	男	220122198004021855	预防兽医学	农学硕士	8210132010002847
63	罗　彬	女	130602198211230326	预防兽医学	农学硕士	8210132010002848
64	姚志利	男	130229198204046414	预防兽医学	农学硕士	8210132010002849
65	李庆超	男	370112198511142539	预防兽医学	农学硕士	8210132010002850
66	徐晓琴	女	321284198406274221	预防兽医学	农学硕士	8210132010002851
67	徐　磊	男	371121198308260035	预防兽医学	农学硕士	8210132010002852
68	胡义彬	男	370724198011141415	预防兽医学	农学硕士	8210132010002853
69	孙英杰	男	321181198512070017	预防兽医学	农学硕士	8210132010002854
70	王孝波	女	320682198305217648	预防兽医学	农学硕士	8210132010002855
71	李　洋	男	210124198310094017	预防兽医学	农学硕士	8210132010002856
72	郭凡吉	男	412724198210216138	预防兽医学	农学硕士	8210132010002857
73	王　艳	女	320324198403061608	预防兽医学	农学硕士	8210132010002858

（续表）

序号	姓名	性别	身份证号	专业	学位类别	证书编号
74	王素娟	女	320982198309282769	预防兽医学	农学硕士	8210132010002859
75	刘　超	男	370682198306261615	预防兽医学	农学硕士	8210132010002860
76	赵新宇	男	32032419840810331X	预防兽医学	农学硕士	8210132010002861
77	李燕华	男	362427198503290313	预防兽医学	农学硕士	8210132010002862
78	郭凤琤	女	142732198310100022	预防兽医学	农学硕士	8210132010002863
79	刘林涛	男	230523198304280410	预防兽医学	农学硕士	8210132010002864
80	李丽琴	女	140211198311045220	预防兽医学	农学硕士	8210132010002865
81	冯华朋	男	370828198312261032	预防兽医学	农学硕士	8210132010002866
82	许　静	女	231181198502201122	预防兽医学	农学硕士	8210132010002867
83	常天明	男	421023198611130438	预防兽医学	农学硕士	8210132010002868
84	李宏宇	男	15012119811128113X	预防兽医学	农学硕士	8210132010002869
85	张振梅	女	230102198406123228	预防兽医学	农学硕士	8210132010002870
86	李　印	男	372922198304149111	预防兽医学	农学硕士	8210132010002871
87	陈小金	女	14021119850218002X	预防兽医学	农学硕士	8210132010002872
88	周　刚	男	430721198210023718	预防兽医学	农学硕士	8210132010002873
89	王国俊	男	150104198107103617	预防兽医学	农学硕士	8210132010002874

（续表）

序号	姓名	性别	身份证号	专业	学位类别	证书编号
90	宋　扬	女	230104198301080228	预防兽医学	农学硕士	8210132010002875
91	孙委委	女	371082198403105321	预防兽医学	农学硕士	8210132010002876
92	李海忠	男	372928198308157037	预防兽医学	农学硕士	8210132010002877
93	张　翼	男	230106198405160858	预防兽医学	农学硕士	8210132010002878
94	张　锋	男	371421198608145713	预防兽医学	农学硕士	8210132010002879
95	张新涛	男	370703198212022218	预防兽医学	农学硕士	8210132010002880
96	何小卫	男	320682198501177954	预防兽医学	农学硕士	8210132010002881
97	闫宝龙	男	230121198206130414	预防兽医学	农学硕士	8210132010002882
98	亓英芳	女	371202198308142924	预防兽医学	农学硕士	8210132010002883
99	田　进	男	13028119830601411X	预防兽医学	农学硕士	8210132010002884
100	郭利敏	女	140225198209210048	预防兽医学	农学硕士	8210132010002885
101	熊　梅	女	511623198411146106	预防兽医学	农学硕士	8210132010002886
102	许傲天	男	412321198101015432	预防兽医学	农学硕士	8210132010002888
103	郭莹莹	女	230122198206220061	预防兽医学	农学硕士	8210132010002889
104	高　立	女	370982198308201364	预防兽医学	农学硕士	8210132010002890
105	孙芬芬	女	370181198501283429	预防兽医学	农学硕士	8210132010002891

（续表）

序号	姓名	性别	身份证号	专业	学位类别	证书编号
106	王馥梅	女	37078419830822842X	预防兽医学	农学硕士	8210132010002892
107	高宏博	男	650108198502260018	预防兽医学	农学硕士	8210132010002893
108	马健男	男	210404198312201833	预防兽医学	农学硕士	8210132010002894
109	黄文强	男	36072919851005093X	预防兽医学	农学硕士	8210132010002895
110	张美晶	女	152105198303200324	预防兽医学	农学硕士	8210132010002896
111	史鸿飞	男	429006198409023090	预防兽医学	农学硕士	8210132010002897
112	姜志刚	男	230103198410282236	预防兽医学	农学硕士	8210132010002898
113	薛　美	女	370982198407242663	预防兽医学	农学硕士	8210132010002899
114	李永锋	男	370523198401100312	预防兽医学	农学硕士	8210132010002900
115	曹学智	男	321281198401047936	预防兽医学	农学硕士	8210132010002901
116	史　楠	女	230105198110141645	预防兽医学	农学硕士	8210132010002902
117	李　菁	女	62010519831114102X	预防兽医学	农学硕士	8210132010002903
118	王景锋	男	622427198412136496	预防兽医学	农学硕士	8210132010002904
119	盖文燕	女	370682198209292743	预防兽医学	农学硕士	8210132010002905
120	赵　娜	女	230204198307041946	预防兽医学	农学硕士	8210132010002906
121	张丽艳	女	420621198406298660	预防兽医学	农学硕士	8210132010002907

（续表）

序号	姓名	性别	身份证号	专业	学位类别	证书编号
122	何建辉	男	610429198508093434	预防兽医学	农学硕士	8210132010002908
123	杨顺利	男	130321198110232413	预防兽医学	农学硕士	8210132010002909
124	陈江涛	男	410104198201217614	预防兽医学	农学硕士	8210132010002910
125	马艳平	女	371422198408251921	预防兽医学	农学硕士	8210132010002911
126	吴　磊	女	372527198311176329	预防兽医学	农学硕士	8210132010002912
127	郭　晗	男	412325198210030979	预防兽医学	农学硕士	8210132010002913
128	杨朝霞	女	372925198412266525	预防兽医学	农学硕士	8210132010002914
129	刘　涛	女	130503198404230323	预防兽医学	农学硕士	8210132010002915
130	杨吉飞	男	622225198510020610	预防兽医学	农学硕士	8210132010002916
131	王　刚	男	61062919830901321X	预防兽医学	农学硕士	8210132010002917
132	唐　鹏	男	370724198511240030	管理科学与工程	管理学硕士	8210132010002918
133	贺鹏举	男	411425198409212117	管理科学与工程	管理学硕士	8210132010002919
134	徐　洋	男	370123198412024739	管理科学与工程	管理学硕士	8210132010002920
135	罗婷婷	女	320623198511198783	管理科学与工程	管理学硕士	8210132010002921
136	徐彦超	男	342622198608207315	管理科学与工程	管理学硕士	8210132010002922
137	张文婧	女	140110198412190564	农产品加工及贮藏工程	工学硕士	8210132010002923

（续表）

序号	姓名	性别	身份证号	专业	学位类别	证书编号
138	李　安	男	36242219851107351X	农产品加工及贮藏工程	工学硕士	8210132010002924
139	钟　昕	女	110108198309239326	农产品加工及贮藏工程	工学硕士	8210132010002925
140	王兆丹	男	372924198201142710	农产品加工及贮藏工程	工学硕士	8210132010002926
141	张丙虎	男	371502198601135535	农产品加工及贮藏工程	工学硕士	8210132010002927
142	曲亚琳	女	370683198401070928	农产品加工及贮藏工程	工学硕士	8210132010002928
143	夏玉静	女	133029198403130928	农产品加工及贮藏工程	工学硕士	8210132010002929
144	刘怀桔	男	23230119850731031X	农产品贸易	管理学硕士	8210132010002930
145	梁仕莹	女	371525198411221082	农产品贸易	管理学硕士	8210132010002931
146	李　欣	女	130203198506301544	农产品质量与食物安全	农学硕士	8210132010002932
147	刘亚伟	女	130182198404100549	农产品质量与食物安全	农学硕士	8210132010002933
148	张　曦	女	210105198504154322	农产品质量与食物安全	农学硕士	8210132010002934
149	吕晓玲	女	411503198409172327	农产品质量与食物安全	农学硕士	8210132010002935
150	肖　航	男	23080419830110091X	农产品质量与食物安全	农学硕士	8210132010002936
151	岳　兵	男	13080219830213201X	农产品质量与食物安全	农学硕士	8210132010002937
152	李萍萍	女	370284198503250027	农产品质量与食物安全	农学硕士	8210132010002938
153	李菊芳	女	152628198307076481	农产品质量与食物安全	农学硕士	8210132010002939

（续表）

序号	姓名	性别	身份证号	专业	学位类别	证书编号
154	姜　娟	女	370282198501034627	农产品质量与食物安全	农学硕士	8210132010002940
155	肖　智	男	152630198310031972	农产品质量与食物安全	农学硕士	8210132010002941
156	周　茜	女	130637198612260024	农产品质量与食物安全	农学硕士	8210132010002942
157	刘　杰	女	152105198311150021	农产品质量与食物安全	农学硕士	8210132010002943
158	孙　敏	女	130705198312130628	农产品质量与食物安全	农学硕士	8210132010002944
159	周良富	男	36232319830922651X	农业机械化工程	工学硕士	8210132010002945
160	于修刚	男	370321198206263315	农业机械化工程	工学硕士	8210132010002946
161	王　勇	男	371481198505212115	农业经济管理	管理学硕士	8210132010002947
162	王昭军	男	131122198403032817	农业经济管理	管理学硕士	8210132010002948
163	沈　萌	男	612422198311050016	农业经济管理	管理学硕士	8210132010002949
164	卢丽娜	女	410922198209132769	农业经济管理	管理学硕士	8210132010002950
165	陈　琼	女	421121198504164846	农业经济管理	管理学硕士	8210132010002951
166	吕　品	男	371002198403111033	农业经济管理	管理学硕士	8210132010002952
167	王玉庭	男	330127198404295019	农业经济管理	管理学硕士	8210132010002953
168	杨　俐	女	440105198503254527	农业经济管理	管理学硕士	8210132010002954
169	付继伟	男	410181198402024037	农业经济管理	管理学硕士	8210132010002955

（续表）

序号	姓名	性别	身份证号	专业	学位类别	证书编号
170	毕洁颖	女	371202198402281541	农业经济管理	管理学硕士	8210132010002956
171	柴玲玲	女	232103198405010465	农业经济管理	管理学硕士	8210132010002957
172	翁凌云	女	362321198402140048	农业经济管理	管理学硕士	8210132010002958
173	陶　莎	女	110108198308317126	农业经济管理	管理学硕士	8210132010002959
174	许奇峰	男	429004198609150112	农业经济管理	管理学硕士	8210132010002960
175	王彦炯	男	142234198508282218	农业经济管理	管理学硕士	8210132010002961
176	王晓森	男	410926197509070011	农业水土工程	工学硕士	8210132010002962
177	赵红书	男	130428198109150517	农业水土工程	工学硕士	8210132010002963
178	向　猛	男	511321198505226773	农业资源与环境经济学	管理学硕士	8210132010002964
179	王世清	男	612727198502281157	情报学	管理学硕士	8210132010002965
180	刘利亚	女	130524198408270527	情报学	管理学硕士	8210132010002966
181	周鹏举	男	321027198510182417	情报学	管理学硕士	8210132010002967
182	陈志娟	女	371402198601247320	食品科学	工学硕士	8210132010002968
183	刘　畅	女	230224198407213923	食品科学	工学硕士	8210132010002969
184	谢跃杰	男	500108198503292318	食品科学	工学硕士	8210132010002970
185	闫　坤	女	410703198502053541	食品科学	工学硕士	8210132010002971

（续表）

序号	姓名	性别	身份证号	专业	学位类别	证书编号
186	郭　庆	男	371525198410020051	食品科学	工学硕士	8210132010002972
187	郭亚姿	女	132521198012246064	食品科学	工学硕士	8210132010002973
188	乔亚奇	男	410301198312078516	食品科学	工学硕士	8210132010002974
189	张丽杰	女	372523198407163922	食品科学	工学硕士	8210132010002975
190	刘　丽	女	429006198510140646	食品科学	工学硕士	8210132010002976
191	刘媛媛	女	659001198404053224	食品科学	工学硕士	8210132010002977
192	杨远剑	男	370882198311075535	食品科学	工学硕士	8210132010002978
193	任向楠	女	14240119840417032X	食品科学	工学硕士	8210132010002979
194	杨佳林	男	511123198311163518	食品科学	工学硕士	8210132010002980
195	齐　静	女	211381198105260046	病虫测报	农学硕士	8210132010002981
196	乔婷婷	女	140321198308151223	茶学	农学硕士	8210132010002982
197	姜燕华	女	330881198410212327	茶学	农学硕士	8210132010002983
198	尧　渝	女	510106198410176245	茶学	农学硕士	8210132010002984
199	杨双旭	男	142326198312220133	茶学	农学硕士	8210132010002985
200	王　力	男	342901198402015857	茶学	农学硕士	8210132010002986
201	张　佳	女	142621198509050048	茶学	农学硕士	8210132010002987

（续表）

序号	姓名	性别	身份证号	专业	学位类别	证书编号
202	王志岚	女	511502198501121263	茶学	农学硕士	8210132010002988
203	张瑞莲	女	412722198307010109	茶学	农学硕士	8210132010002989
204	司　鹏	男	130128198308282110	果树学	农学硕士	8210132010002990
205	魏　潇	女	410503198107261542	果树学	农学硕士	8210132010002991
206	徐启贺	男	371324198410111511	果树学	农学硕士	8210132010002992
207	李　萍	女	341226198306165802	果树学	农学硕士	8210132010002993
208	颜冬冬	男	429004198612030373	农药学	农学硕士	8210132010002994
209	郭勇飞	男	439004197911306437	农药学	农学硕士	8210132010002995
210	滑海涛	男	130981198408230014	农药学	农学硕士	8210132010002996
211	黄宝欢	女	440782198409080327	农药学	农学硕士	8210132010002998
212	刘　娟	女	500384198411072825	农药学	农学硕士	8210132010002999
213	苏奎丽	女	130826198112252820	农药学	农学硕士	8210132010003000
214	王　旭	男	410183198304280013	农药学	农学硕士	8210132010003001
215	王泽华	女	130828198312230645	农业昆虫与害虫防治	农学硕士	8210132010003002
216	王　冰	女	130705198311170644	农业昆虫与害虫防治	农学硕士	8210132010003003
217	胡　月	女	230404198307030447	农业昆虫与害虫防治	农学硕士	8210132010003004

（续表）

序号	姓名	性别	身份证号	专业	学位类别	证书编号
218	于文娟	女	210283198309062662	农业昆虫与害虫防治	农学硕士	8210132010003005
219	张洪刚	男	370783198409040390	农业昆虫与害虫防治	农学硕士	8210132010003006
220	龙　颖	女	430105198412192023	农业昆虫与害虫防治	农学硕士	8210132010003007
221	翟会芳	女	41090119820317232X	农业昆虫与害虫防治	农学硕士	8210132010003008
222	梁兴慧	女	14230119850730054X	农业昆虫与害虫防治	农学硕士	8210132010003009
223	罗宗秀	男	431221198410030238	农业昆虫与害虫防治	农学硕士	8210132010003010
224	张　谦	男	130984198201201637	农业昆虫与害虫防治	农学硕士	8210132010003011
225	田晓霞	女	231083198203246125	农业昆虫与害虫防治	农学硕士	8210132010003012
226	张　颖	女	130802198511060446	农业昆虫与害虫防治	农学硕士	8210132010003013
227	王丽丽	女	370782198303116821	农业昆虫与害虫防治	农学硕士	8210132010003014
228	姜晓环	女	150430198202063608	农业昆虫与害虫防治	农学硕士	8210132010003015
229	顾新丽	女	370323198503232227	农业昆虫与害虫防治	农学硕士	8210132010003016
230	谷少华	男	130182198203266219	农业昆虫与害虫防治	农学硕士	8210132010003017
231	涂雄兵	男	421182198312083710	农业昆虫与害虫防治	农学硕士	8210132010003018
232	张　洋	男	130528198501016019	农业昆虫与害虫防治	农学硕士	8210132010003019
233	潘建红	女	32118119831226516X	农业昆虫与害虫防治	农学硕士	8210132010003020

（续表）

序号	姓名	性别	身份证号	专业	学位类别	证书编号
234	江丽容	女	429006198302281866	农业昆虫与害虫防治	农学硕士	8210132010003021
235	杜军利	女	130481198304196029	农业昆虫与害虫防治	农学硕士	8210132010003022
236	曲　东	女	142202198210040127	生物安全	农学硕士	8210132010003023
237	阮泓越	女	522501198407271229	生物安全	农学硕士	8210132010003024
238	丛　林	女	500103198408206547	生物安全	农学硕士	8210132010003025
239	万欢欢	男	421002198303091914	生物安全	农学硕士	8210132010003026
240	孙拿拿	女	110102198306280421	生物安全	农学硕士	8210132010003027
241	王　鑫	男	370203198501297931	生物安全	农学硕士	8210132010003028
242	孟祥钦	男	410926198312260019	生物安全	农学硕士	8210132010003029
243	孙桂乐	男	370811198303031238	蔬菜学	农学硕士	8210132010003030
244	王庆彪	男	372926198412038617	蔬菜学	农学硕士	8210132010003031
245	郭　宁	男	130904198308080618	蔬菜学	农学硕士	8210132010003032
246	程周超	女	130525198312263687	蔬菜学	农学硕士	8210132010003033
247	王林闯	男	372924198305040073	蔬菜学	农学硕士	8210132010003034
248	张芳芳	女	142625198311130048	蔬菜学	农学硕士	8210132010003035
249	李学峰	男	230902198502151716	蔬菜学	农学硕士	8210132010003036

（续表）

序号	姓名	性别	身份证号	专业	学位类别	证书编号
250	王深浩	男	370681198408162216	蔬菜学	农学硕士	8210132010003037
251	赵金华	男	370783198404255579	蔬菜学	农学硕士	8210132010003038
252	单友蛟	男	370481198204113518	蔬菜学	农学硕士	8210132010003039
253	窦欣欣	女	211481198205020643	蔬菜学	农学硕士	8210132010003040
254	陆　鹏	女	230702198305251426	蔬菜学	农学硕士	8210132010003041
255	姜新超	女	130821198405240629	蔬菜学	农学硕士	8210132010003042
256	周亚君	女	370826198404286824	蔬菜学	农学硕士	8210132010003043
257	孙继峰	男	370783198411021754	蔬菜学	农学硕士	8210132010003044
258	常冬梅	女	13110219841108024X	蔬菜学	农学硕士	8210132010003045
259	刘雪梅	女	371526198410190487	蔬菜学	农学硕士	8210132010003046
260	李全辉	男	632122198308255237	蔬菜学	农学硕士	8210132010003047
261	邸　青	女	130683198301148025	蔬菜学	农学硕士	8210132010003048
262	程　坤	男	370783198304230278	蔬菜学	农学硕士	8210132010003049
263	张若纬	女	132337198110042647	蔬菜学	农学硕士	8210132010003050
264	李　琨	男	110108198312097111	蔬菜学	农学硕士	8210132010003051
265	刘　鹏	男	142603198203033058	蔬菜学	农学硕士	8210132010003052

（续表）

序号	姓名	性别	身份证号	专业	学位类别	证书编号
266	史 伟	男	130103198411090013	杂草科学	农学硕士	82101320100003053
267	刘 艳	女	370302198412251746	杂草科学	农学硕士	82101320100003054
268	王 磊	女	371002198404281026	植物病理学	农学硕士	82101320100003055
269	张吉清	女	370126198407290062	植物病理学	农学硕士	82101320100003056
270	徐国凯	男	370321198407300039	植物病理学	农学硕士	82101320100003057
271	刘 洋	男	210302198404232110	植物病理学	农学硕士	82101320100003058
272	蒋丽芬	女	372523198310140046	植物病理学	农学硕士	82101320100003059
273	潘 广	男	370181198501012418	植物病理学	农学硕士	82101320100003060
274	王秀娜	女	131181198303042364	植物病理学	农学硕士	82101320100003061
275	张丽勍	女	370305198506170428	植物病理学	农学硕士	82101320100003062
276	王升正	男	421125198407153331	植物病理学	农学硕士	82101320100003063
277	钟增明	男	352625820415287	植物病理学	农学硕士	82101320100003064
278	付月灵	女	412702198403274125	植物病理学	农学硕士	82101320100003065
279	赵 琨	女	372526198304230028	植物病理学	农学硕士	82101320100003066
280	郄彦敏	女	130131840903002	植物病理学	农学硕士	82101320100003067
281	王 琼	女	421003198310301568	植物病理学	农学硕士	82101320100003068

（续表）

序号	姓名	性别	身份证号	专业	学位类别	证书编号
282	崔增杰	男	130123198310070035	植物病理学	农学硕士	8210132010003069
283	陈　新	男	422127198302042735	植物病理学	农学硕士	8210132010003070
284	王　伟	男	410183198404243818	植物病理学	农学硕士	8210132010003071
285	郑亚明	女	152326198303070024	植物病理学	农学硕士	8210132010003072
286	李佰乐	男	371002198404183514	植物病理学	农学硕士	8210132010003073
287	刘晓霞	女	130106198312030049	植物病理学	农学硕士	8210132010003074
288	张　帅	男	370921198501091213	植物病理学	农学硕士	8210132010003075
289	裴光前	男	370982198209241651	植物病理学	农学硕士	8210132010003076
290	徐海红	男	412728198411017536	草地资源利用与保护	农学硕士	8210132010003077
291	习佳林	男	130125198304018516	环境工程	工学硕士	8210132010003078
292	赵　伟	男	152822830421661	环境工程	工学硕士	8210132010003079
293	郑　芳	女	142401198309047227	环境工程	工学硕士	8210132010003080
294	霍九春	女	13110219841203304X	环境工程	工学硕士	8210132010003081
295	白丽静	女	130225198201302923	环境工程	工学硕士	8210132010003082
296	王　淼	女	110108198403233449	环境科学	工学硕士	8210132010003083
297	刘　洋	男	500103198310030918	农业区域发展	农学硕士	8210132010003084

（续表）

序号	姓名	性别	身份证号	专业	学位类别	证书编号
298	杨　娜	女	222301197702110026	农业区域发展	农学硕士	8210132010003085
299	钱静斐	女	34252219820818004X	农业区域发展	农学硕士	8210132010003086
300	高晓鸥	女	130421198201291844	农业区域发展	农学硕士	8210132010003087
301	裴永辉	男	130523198208240810	农业区域发展	农学硕士	8210132010003088
302	余强毅	男	432502198606250011	农业区域发展	农学硕士	8210132010003089
303	倪　葭	男	65010419831118001X	农业区域发展	农学硕士	8210132010003090
304	王　烁	女	120102198503064121	农业生物环境与能源工程	工学硕士	8210132010003091
305	杨雅婷	女	622101198405181424	农业生物环境与能源工程	工学硕士	8210132010003092
306	孙万刚	男	231025198412131515	农业生物环境与能源工程	工学硕士	8210132010003093
307	许新国	男	13080219830331021X	农业遥感	农学硕士	8210132010003094
308	李宗南	男	450122198311165130	农业遥感	农学硕士	8210132010003095
309	唐鹏钦	男	511381198001140032	农业遥感	农学硕士	8210132010003096
310	单　琨	女	130204198401240323	气象学	理学硕士	8210132010003097
311	王芳栋	女	装字第 01321198	气象学	理学硕士	8210132010003098
312	贾小妨	女	13082219850204102X	生态学	理学硕士	8210132010003099
313	倪秀菊	女	132529198312142225	生态学	理学硕士	8210132010003100

（续表）

序号	姓名	性别	身份证号	专业	学位类别	证书编号
314	晁江涛	男	410923198503134817	生态学	理学硕士	8210132010003101
315	王　涛	男	42112719850320391X	生态学	理学硕士	8210132010003102
316	王　玲	女	429001198409111224	生态学	理学硕士	8210132010003103
317	张永生	男	132530198203300015	生态学	理学硕士	8210132010003104
318	李　瑶	女	421127198512131743	生物物理学	理学硕士	8210132010003105
319	孙长娇	女	210623198411160942	生物物理学	理学硕士	8210132010003106
320	阿拉腾希胡	女	152522198404240462	土壤学	农学硕士	8210132010003107
321	樊晓刚	男	411023198210215076	土壤学	农学硕士	8210132010003108
322	谢安坤	女	13063319830808004X	土壤学	农学硕士	8210132010003109
323	郑　洁	女	130323198301230026	土壤学	农学硕士	8210132010003110
324	段淑辉	女	511024198607200446	土壤学	农学硕士	8210132010003111
325	张金涛	男	370323198501222818	土壤学	农学硕士	8210132010003112
326	蔡泽江	男	130227198212142833	土壤学	农学硕士	8210132010003113
327	张　璐	女	130106198404092423	土壤学	农学硕士	8210132010003114
328	李银坤	男	610425198204102439	土壤学	农学硕士	8210132010003115
329	胡　玮	男	500105198502191516	土壤学	农学硕士	8210132010003116

（续表）

序号	姓名	性别	身份证号	专业	学位类别	证书编号
330	石生伟	男	622123198410111015	土壤学	农学硕士	8210132010003117
331	张　茜	女	120103198409063524	土壤学	农学硕士	8210132010003118
332	张习美	女	410782198404152269	土壤学	农学硕士	8210132010003119
333	刘　佳	男	342401198404220056	植物营养学	农学硕士	8210132010003120
334	黄立梅	女	510521198407141602	植物营养学	农学硕士	8210132010003122
335	刘占军	男	410182198402263317	植物营养学	农学硕士	8210132010003123
336	宁东峰	女	370921198508082125	植物营养学	农学硕士	8210132010003124
337	高　翔	男	142228198409300014	植物营养学	农学硕士	8210132010003125
338	张　杰	女	370104198308225224	植物营养学	农学硕士	8210132010003126
339	何威明	男	130634198311093518	植物营养学	农学硕士	8210132010003127
340	宋　建	男	370982198412061015	植物营养学	农学硕士	8210132010003128
341	张　琳	女	370902198408123322	植物营养学	农学硕士	8210132010003129
342	王　帅	男	130904198501310614	植物营养学	农学硕士	8210132010003130
343	夏范讲	男	370982198408013416	植物营养学	农学硕士	8210132010003131
344	赵凤轩	男	220182198210215737	生物化学与分子生物学	理学硕士	8210132010003132
345	黄立钰	男	370321198308153635	生物化学与分子生物学	理学硕士	8210132010003133

（续表）

序号	姓名	性别	身份证号	专业	学位类别	证书编号
346	金田蕴	女	370282198303013040	生物化学与分子生物学	理学硕士	8210132010003134
347	许凤华	女	230903198203150824	生物化学与分子生物学	理学硕士	8210132010003135
348	王迎波	女	130631198211130423	生物化学与分子生物学	理学硕士	8210132010003136
349	张　军	男	130481198405250012	生物化学与分子生物学	理学硕士	8210132010003137
350	朱艳萍	女	370686198305292220	生物化学与分子生物学	理学硕士	8210132010003138
351	王　慧	女	14230119830802006X	生物化学与分子生物学	理学硕士	8210132010003139
352	杨　君	女	230104198309290924	生物化学与分子生物学	理学硕士	8210132010003140
353	侯晓光	男	370303198310026317	生物化学与分子生物学	理学硕士	8210132010003141
354	李召春	男	130132198510151354	生物化学与分子生物学	理学硕士	8210132010003142
355	王　娟	女	130427198507250023	生物化学与分子生物学	理学硕士	8210132010003143
356	王友华	男	320623198307158776	生物化学与分子生物学	理学硕士	8210132010003144
357	孙　宁	女	131102198410293622	生物化学与分子生物学	理学硕士	8210132010003145
358	赵　宏	男	140603198209171935	生物化学与分子生物学	理学硕士	8210132010003146
359	李鑫鑫	女	231026198308240320	生物化学与分子生物学	理学硕士	8210132010003147
360	李　康	男	370829198307250351	生物化学与分子生物学	理学硕士	8210132010003148
361	李　燕	女	410928198401081242	生物化学与分子生物学	理学硕士	8210132010003149

（续表）

序号	姓名	性别	身份证号	专业	学位类别	证书编号
362	张小芸	女	14233319850228182X	生物化学与分子生物学	理学硕士	8210132010003150
363	叶立涛	男	130982198305143117	生物化学与分子生物学	理学硕士	8210132010003151
364	王　凯	男	610423198407150518	生物化学与分子生物学	理学硕士	8210132010003152
365	姜三杰	男	370921198510100097	生物化学与分子生物学	理学硕士	8210132010003153
366	吕　红	女	362425198511010024	生物化学与分子生物学	理学硕士	8210132010003154
367	孟红岩	女	371525198410011745	生物化学与分子生物学	理学硕士	8210132010003155
368	唐　然	男	230102198501180773	生物化学与分子生物学	理学硕士	8210132010003156
369	杨　萍	女	130604198412250027	生物化学与分子生物学	理学硕士	8210132010003157
370	韦永龙	男	520203198306031810	生物化学与分子生物学	理学硕士	8210132010003158
371	于琳琳	女	220103198108010422	生物化学与分子生物学	理学硕士	8210132010003159
372	黄拔严	男	350124198312292915	生物化学与分子生物学	理学硕士	8210132010003160
373	樊飞宇	男	130603198502100018	生物化学与分子生物学	理学硕士	8210132010003161
374	范亮波	女	142234198511221627	生物化学与分子生物学	理学硕士	8210132010003162
375	李　唐	男	430421198301091859	生物化学与分子生物学	理学硕士	8210132010003163
376	李广悦	男	130922198310240054	生物化学与分子生物学	理学硕士	8210132010003164
377	王　垚	女	232301198409181120	生物化学与分子生物学	理学硕士	8210132010003165

（续表）

序号	姓名	性别	身份证号	专业	学位类别	证书编号
378	张　微	女	130626198210200863	生物化学与分子生物学	理学硕士	82101320l0003166
379	尹富仕	男	430124198511245417	生物化学与分子生物学	理学硕士	8210132010003167
380	周建桥	男	370685198410203713	生物化学与分子生物学	理学硕士	8210132010003168
381	尹　国	男	130430810315195	生物化学与分子生物学	理学硕士	8210132010003169
382	曾小林	男	362427198505060319	生物化学与分子生物学	理学硕士	8210132010003170
383	王琢玉	女	410802198311116561	生物化学与分子生物学	理学硕士	8210132010003171
384	吕佳淑	女	140109198402080024	生物化学与分子生物学	理学硕士	8210132010003172
385	韩　宾	男	370802198504182116	生物化学与分子生物学	理学硕士	8210132010003173
386	兰　军	男	210624198403278218	生物化学与分子生物学	理学硕士	8210132010003174
387	刘钰莹	女	370112198604241069	生物化学与分子生物学	理学硕士	8210132010003175
388	殷中伟	男	371402198401142612	微生物学	理学硕士	8210132010003176
389	张红侠	女	370827198202102544	微生物学	理学硕士	8210132010003177
390	肖文丽	女	42058119850801034X	微生物学	理学硕士	8210132010003178
391	刘甲锋	男	371324198207152457	微生物学	理学硕士	8210132010003179
392	叶　婧	女	352202198401310029	微生物学	理学硕士	8210132010003180
393	张　杰	男	370323198312082713	微生物学	理学硕士	8210132010003181

（续表）

序号	姓名	性别	身份证号	专业	学位类别	证书编号
394	赖红星	男	51072219830820795X	微生物学	理学硕士	8210132010003182
395	石　岩	男	370404198509206851	微生物学	理学硕士	8210132010003183
396	朱　凯	男	320121198504022915	微生物学	理学硕士	8210132010003184
397	杨　磊	男	110106198401164213	微生物学	理学硕士	8210132010003185
398	杨丽丽	女	371302198410012822	微生物学	理学硕士	8210132010003186
399	徐彦胜	男	372523198101255314	微生物学	理学硕士	8210132010003187
400	刘海昌	男	370724198510124812	微生物学	理学硕士	8210132010003188
401	刘全全	男	370523198405290010	微生物学	理学硕士	8210132010003189
402	徐立利	男	370682198309253514	微生物学	理学硕士	8210132010003190
403	王振兴	男	130406198207050335	药用植物资源学	农学硕士	8210132010003191
404	张正海	男	410329198109136051	药用植物资源学	农学硕士	8210132010003192
405	雷秀娟	女	130535198408100025	药用植物资源学	农学硕士	8210132010003193
406	刘宏群	女	152102198408091823	药用植物资源学	农学硕士	8210132010003194
407	曲正义	男	230713198406150615	药用植物资源学	农学硕士	8210132010003195
408	孙　海	男	152625198312286011	药用植物资源学	农学硕士	8210132010003196
409	张力科	男	130582198410023692	作物遗传育种	农学硕士	8210132010003197

（续表）

序号	姓名	性别	身份证号	专业	学位类别	证书编号
410	韩广振	男	370811198402291254	作物遗传育种	农学硕士	8210132010003198
411	于　洋	男	130103198408190013	作物遗传育种	农学硕士	8210132010003199
412	李　亮	男	230121198409200638	作物遗传育种	农学硕士	8210132010003200
413	杨一龙	男	130181198504106714	作物遗传育种	农学硕士	8210132010003201
414	岳美琪	女	130724198501240024	作物遗传育种	农学硕士	8210132010003202
415	赵洪兵	男	13098219820805231X	作物遗传育种	农学硕士	8210132010003203
416	栾　洋	女	210104198304044026	作物遗传育种	农学硕士	8210132010003204
417	张增林	男	370521198306301631	作物遗传育种	农学硕士	8210132010003205
418	孙艳萍	女	13082819850101022X	作物遗传育种	农学硕士	8210132010003206
419	刘　洋	女	150203198409212121	作物遗传育种	农学硕士	8210132010003207
420	周　政	男	430523198410082335	作物遗传育种	农学硕士	8210132010003208
421	申小勇	男	320981198403115215	作物遗传育种	农学硕士	8210132010003209
422	张　晶	女	230803198411210822	作物遗传育种	农学硕士	8210132010003210
423	丁忠涛	男	370781198601227179	作物遗传育种	农学硕士	8210132010003211
424	李　昆	男	23112119841205031X	作物遗传育种	农学硕士	8210132010003212
425	窦俊辉	男	412824198408230619	作物遗传育种	农学硕士	8210132010003213

（续表）

序号	姓名	性别	身份证号	专业	学位类别	证书编号
426	孔德晶	男	130181198302275413	作物遗传育种	农学硕士	8210132010003214
427	王力娜	女	130633198504063861	作物遗传育种	农学硕士	8210132010003215
428	梁　燕	女	371082198403163628	作物遗传育种	农学硕士	8210132010003216
429	王义青	女	130535198307081427	作物遗传育种	农学硕士	8210132010003217
430	吕建伟	男	372901198410193413	作物遗传育种	农学硕士	8210132010003218
431	肖　洋	女	220625198306071520	作物遗传育种	农学硕士	8210132010003219
432	夏玉平	女	420984198411132421	作物遗传育种	农学硕士	8210132010003220
433	吕培军	男	370782198308255230	作物遗传育种	农学硕士	8210132010003221
434	丛　野	男	210603198406030013	作物遗传育种	农学硕士	8210132010003222
435	许靖曼	女	152823198306100020	作物遗传育种	农学硕士	8210132010003223
436	李　震	男	130404830711121	作物遗传育种	农学硕士	8210132010003224
437	李　燕	女	130528198312251220	作物遗传育种	农学硕士	8210132010003225
438	于文静	女	152326198305140022	作物遗传育种	农学硕士	8210132010003226
439	宫本贺	男	21050319840511181X	作物遗传育种	农学硕士	8210132010003227
440	陈代波	女	420803198409252789	作物遗传育种	农学硕士	8210132010003228
441	胡时开	男	421087198301212739	作物遗传育种	农学硕士	8210132010003229

（续表）

序号	姓名	性别	身份证号	专业	学位类别	证书编号
442	刘丙新	男	372523198305286016	作物遗传育种	农学硕士	8210132010003230
443	苏　岩	女	429001198412271229	作物遗传育种	农学硕士	8210132010003231
444	杨　军	男	321322198310104013	作物遗传育种	农学硕士	8210132010003232
445	陈　帅	女	370704198510140622	作物遗传育种	农学硕士	8210132010003233
446	马　倩	女	130202198406172128	作物遗传育种	农学硕士	8210132010003234
447	周　佳	男	220204198402182112	作物遗传育种	农学硕士	8210132010003235
448	高加明	男	371425198401122894	作物遗传育种	农学硕士	8210132010003236
449	裴志超	男	131102198306120617	作物栽培学与耕作学	农学硕士	8210132010003237
450	马少康	男	13112519821011345X	作物栽培学与耕作学	农学硕士	8210132010003238
451	刘高洁	女	130202198307280668	作物栽培学与耕作学	农学硕士	8210132010003239
452	刘小玲	女	342601198403036880	作物栽培学与耕作学	农学硕士	8210132010003240
453	石　磊	女	630103198409290428	作物栽培学与耕作学	农学硕士	8210132010003241
454	王会民	男	36042319840917401X	作物栽培学与耕作学	农学硕士	8210132010003242
455	陈向东	男	370832198410270631	作物栽培学与耕作学	农学硕士	8210132010003243
456	司丛丛	女	370322198410140263	作物栽培学与耕作学	农学硕士	8210132010003244
457	李自强	男	42110219850604083X	作物栽培学与耕作学	农学硕士	8210132010003245

（续表）

序号	姓名	性别	身份证号	专业	学位类别	证书编号
458	张　波	男	370781198504267531	作物栽培学与耕作学	农学硕士	8210132010003246
459	倪　超	男	370481198501126075	作物栽培学与耕作学	农学硕士	8210132010003247
460	郑林林	男	370704198409282036	作物栽培学与耕作学	农学硕士	8210132010003248
461	宋丽艳	女	230281198111163223	作物种质资源学	农学硕士	8210132010003249
462	赵　丹	女	131125198102283240	作物种质资源学	农学硕士	8210132010003250
463	张立娜	女	130982198301165423	作物种质资源学	农学硕士	8210132010003251
464	王　迪	女	231083198503081043	作物种质资源学	农学硕士	8210132010003252
465	南海洋	男	230303198502156617	作物种质资源学	农学硕士	8210132010003253
466	付深造	男	370704198407120017	作物种质资源学	农学硕士	8210132010003254
467	张　岩	女	120113198310220027	作物种质资源学	农学硕士	8210132010003255
468	陈友桃	男	341124198510100813	作物种质资源学	农学硕士	8210132010003256
469	包文风	男	340223198309155132	作物种质资源学	农学硕士	8210132010003258
470	冷　雪	女	230523198211100863	作物种质资源学	农学硕士	8210132010003259
471	肖水平	男	362421198406124139	作物种质资源学	农学硕士	8210132010003260
472	张丽娜	女	372924198209150969	作物种质资源学	农学硕士	8210132010003261
473	郑海燕	女	130322198410062221	作物种质资源学	农学硕士	8210132010003262

二、中国农业科学院2010年夏季授予以同等学历攻读硕士学位名单（13人）

序号	姓名	性别	身份证号	专业	学位类别	证书编号
1	朱仲海	男	340823197503232419	茶学	农学硕士	T8210132009000430
2	孟新宇	女	620102197808270624	基础兽医学	农学硕士	T8210132009000431
3	胡小华	女	510121198007205281	预防兽医学	农学硕士	T8210132009000432
4	王卫锋	男	14262319780320021X	作物遗传育种	农学硕士	T8210132009000433
5	宋志美	女	370282197702275625	作物遗传育种	农学硕士	T8210132009000434
6	张晓娟	女	610403197811160021	农产品加工及贮藏工程	工学硕士	T8210132009000435
7	刘玉玲	女	410711197201130027	作物遗传育种	农学硕士	T8210132009000436
8	罗逢健	男	352128197103130015	农药学	农学硕士	T8210132009000437
9	王国平	男	422323197707244117	植物营养学	农学硕士	T8210132009000438
10	寇丽梅	女	152201198312274026	农业经济管理	管理学硕士	T8210132009000439
11	贺　勇	男	410225198303150016	农业经济管理	管理学硕士	T8210132009000440
12	董　鹏	男	150222197404073817	预防兽医学	农学硕士	T8210132009000441
13	汤兆星	女	650104198101170729	农产品加工及贮藏工程	工学硕士	T8210132009000442

三、中国农业科学院2010年夏季授予专业硕士学位名单（96人）

序号	姓名	性别	身份证号	专业领域	学位类别	证书编号
1	蔡秀珍	女	211303196510240024	农村与区域发展	农业推广硕士	Z8210132010000662
2	曹　颖	男	211002196210206518	农村与区域发展	农业推广硕士	Z8210132010000663
3	陈　阳	男	352121197311250519	作物	农业推广硕士	Z8210132010000664
4	陈桂英	女	352122197601242820	作物	农业推广硕士	Z8210132010000665
5	陈志强	男	130402197003142414	农村与区域发展	农业推广硕士	Z8210132010000666

（续表）

序号	姓名	性别	身份证号	专业领域	学位类别	证书编号
6	褚继青	女	370702197005021326	农村与区域发展	农业推广硕士	Z8210132010000667
7	丁　伟	男	370702196308271395	农村与区域发展	农业推广硕士	Z8210132010000668
8	丁明杰	女	370781197801194362	农村与区域发展	农业推广硕士	Z8210132010000669
9	董　俊	女	370612198002232728	养殖	农业推广硕士	Z8210132010000670
10	董金怀	男	150121197512253813	农村与区域发展	农业推广硕士	Z8210132010000671
11	董玉伦	男	37072319771017651X	农村与区域发展	农业推广硕士	Z8210132010000672
12	冯长春	男	513101197705226138	作物	农业推广硕士	Z8210132010000673
13	冯祥国	男	512301197609060254	作物	农业推广硕士	Z8210132010000674
14	高东海	男	422223197303170013	农村与区域发展	农业推广硕士	Z8210132010000675
15	高建莉	女	532626197212210047	作物	农业推广硕士	Z8210132010000676
16	高中杰	男	370727196911280015	农村与区域发展	农业推广硕士	Z8210132010000677
17	宫　伟	男	210103196804061855	农村与区域发展	农业推广硕士	Z8210132010000678
18	郝建华	男	370722197408190031	农村与区域发展	农业推广硕士	Z8210132010000679
19	胡筱岚	女	411329198206270042	作物	农业推广硕士	Z8210132010000680
20	黄水珍	女	352101197110036123	作物	农业推广硕士	Z8210132010000681
21	姜　爽	女	232301198004060021	农业信息化	农业推广硕士	Z8210132010000682
22	焦嵬嵬	女	230102198101032421	农村与区域发展	农业推广硕士	Z8210132010000683
23	解淑贞	女	370722196310230445	农村与区域发展	农业推广硕士	Z8210132010000684
24	李达敏	男	460035196502021710	园艺	农业推广硕士	Z8210132010000685
25	李继萍	女	231003198311082023	农村与区域发展	农业推广硕士	Z8210132010000686
26	李　健	男	370725197409281217	农村与区域发展	农业推广硕士	Z8210132010000687
27	李　莉	女	152326197112110025	农村与区域发展	农业推广硕士	Z8210132010000688
28	李　龙	男	370704197612020010	农村与区域发展	农业推广硕士	Z8210132010000689
29	李　明	男	372831197301262318	植物保护	农业推广硕士	Z8210132010000690

（续表）

序号	姓名	性别	身份证号	专业领域	学位类别	证书编号
30	李　明	男	370784198301260013	农村与区域发展	农业推广硕士	Z8210132010000691
31	李　强	男	140203197507174716		兽医硕士	Z8210132010000692
32	李晓东	女	230803196811080044	农村与区域发展	农业推广硕士	Z8210132010000693
33	李雅卓	女	110108198010299324	农业信息化	农业推广硕士	Z8210132010000694
34	李振峰	男	232700196911130659	农村与区域发展	农业推广硕士	Z8210132010000695
35	林建麒	男	350425197201083318	作物	农业推广硕士	Z8210132010000696
36	林　梅	女	350203196810154042	农村与区域发展	农业推广硕士	Z8210132010000697
37	刘　博	男	210111197602291518	作物	农业推广硕士	Z8210132010000698
38	刘　超	男	210621197706131076	农村与区域发展	农业推广硕士	Z8210132010000699
39	刘　超	男	370831198009056616	养殖	农业推广硕士	Z8210132010000700
40	刘峰梅	女	370702197012156026	农村与区域发展	农业推广硕士	Z8210132010000701
41	刘　刚	男	37072519770108021X	农村与区域发展	农业推广硕士	Z8210132010000702
42	刘　航	女	210113198607190043	农村与区域发展	农业推广硕士	Z8210132010000703
43	刘贺梅	女	412821197603204922	作物	农业推广硕士	Z8210132010000704
44	刘华恩	女	370702197004281812	农村与区域发展	农业推广硕士	Z8210132010000705
45	刘立辉	男	210113197606110019	农村与区域发展	农业推广硕士	Z8210132010000706
46	刘　琳	女	110105197901230423	农村与区域发展	农业推广硕士	Z8210132010000707
47	刘万秋	男	370702196803101350	农村与区域发展	农业推广硕士	Z8210132010000708
48	刘玉琴	女	352128197710150042	农村与区域发展	农业推广硕士	Z8210132010000709
49	罗建军	男	430103196906181015	农业信息化	农业推广硕士	Z8210132010000710
50	孟　伟	男	370725197001105274	农村与区域发展	农业推广硕士	Z8210132010000711
51	孟宪文	男	370727197204109619	农村与区域发展	农业推广硕士	Z8210132010000712
52	米艳华	女	530111197312242085	农业资源利用	农业推广硕士	Z8210132010000713
53	穆家伟	男	533023196608040376	作物	农业推广硕士	Z8210132010000714

（续表）

序号	姓名	性别	身份证号	专业领域	学位类别	证书编号
54	茹宗玲	女	410502196602030025	农业资源利用	农业推广硕士	Z8210132010000715
55	宋晓明	男	370728196304170857	农村与区域发展	农业推广硕士	Z8210132010000716
56	孙　刚	男	230702196906200510	农村与区域发展	农业推广硕士	Z8210132010000717
57	孙维远	男	210113187602231673	农村与区域发展	农业推广硕士	Z8210132010000718
58	汤　纪	男	210113198201290570	农村与区域发展	农业推广硕士	Z8210132010000719
59	田淑军	男	210113196803130014	农村与区域发展	农业推广硕士	Z8210132010000720
60	王　波	男	370702197211041352	农村与区域发展	农业推广硕士	Z8210132010000721
61	王　波	男	370202196307283530	养殖	农业推广硕士	Z8210132010000722
62	王　冬	男	21100319800106431X	农村与区域发展	农业推广硕士	Z8210132010000723
63	王海波	男	21010619650618213X	农村与区域发展	农业推广硕士	Z8210132010000724
64	王　宏	男	110225196408285531	园艺	农业推广硕士	Z8210132010000725
65	王　洁	女	370723197906093329	农村与区域发展	农业推广硕士	Z8210132010000726
66	王　雷	男	350402197101070013	作物	农业推广硕士	Z8210132010000727
67	王素华	女	350784197301111028	养殖	农业推广硕士	Z8210132010000728
68	王　铁	男	370722197003010012	作物	农业推广硕士	Z8210132010000729
69	王元忠	男	530112198106016010	农业资源利用	农业推广硕士	Z8210132010000730
70	王远伟	男	221323197406240454	农村与区域发展	农业推广硕士	Z8210132010000731
71	王志勇	男	211382197508130213	农村与区域发展	农业推广硕士	Z8210132010000732
72	魏国升	男	211302196709130416	农村与区域发展	农业推广硕士	Z8210132010000733
73	魏　民	男	110108196808279315	园艺	农业推广硕士	Z8210132010000734
74	巫仁高	男	350102196802140511	作物	农业推广硕士	Z8210132010000735
75	吴满霞	女	342921197507110624	园艺	农业推广硕士	Z8210132010000736
76	向东红	男	513028197407150010	作物	农业推广硕士	Z8210132010000737
77	谢冬容	女	352122197101140406	作物	农业推广硕士	Z8210132010000738

（续表）

序号	姓名	性别	身份证号	专业领域	学位类别	证书编号
78	徐　泽	女	510229196605250020	园艺	农业推广硕士	Z8210132010000739
79	徐恺营	男	352122196610121057	作物	农业推广硕士	Z8210132010000740
80	徐连春	男	210603196603134074	农村与区域发展	农业推广硕士	Z8210132010000741
81	徐跃兴	男	352122196102221019	作物	农业推广硕士	Z8210132010000742
82	许彩霞	女	370721197412030560	农村与区域发展	农业推广硕士	Z8210132010000743
83	许景润	男	230804196511111351	农村与区域发展	农业推广硕士	Z8210132010000744
84	杨彦光	男	110224196909263211	农村与区域发展	农业推广硕士	Z8210132010000745
85	于　涛	男	210105198101022819	农村与区域发展	农业推广硕士	Z8210132010000746
86	张大力	男	232626197407130054	农村与区域发展	农业推广硕士	Z8210132010000747
87	张　莉	女	211382198010290046	农村与区域发展	农业推广硕士	Z8210132010000748
88	张　明	男	211103196908021015	农村与区域发展	农业推广硕士	Z8210132010000749
89	张钦松	男	512226197109100012	作物	农业推广硕士	Z8210132010000750
90	张绍芬	女	110221196404252622	农村与区域发展	农业推广硕士	Z8210132010000751
91	张维东	男	152122196912061232	农村与区域发展	农业推广硕士	Z8210132010000752
92	张　鑫	男	211323196808010411	农村与区域发展	农业推广硕士	Z8210132010000753
93	郑作伟	男	370302197205171415	农村与区域发展	农业推广硕士	Z8210132010000754
94	钟　青	女	370102196711022521	植物保护	农业推广硕士	Z8210132010000755
95	周秀勇	男	230302196807014411	农村与区域发展	农业推广硕士	Z8210132010000756
96	周智修	女	330219196509270025	农村与区域发展	农业推广硕士	Z8210132010000757

关于授予白雪晶等 127 人博士学位的决定

中国农业科学院第七届学位评定委员会第四次全体会议于 2010 年 7 月 5 日在北京召开，根据《中华人民共和国学位条例》和《中国农业科学院学位授予工作细则》规定，决定授予白雪晶等 127 人博士学位，详细名单见下表，学位授予时间为 2010 年 7 月 5 日。

中国农业科学院 2010 年夏季授予博士学位名单（127 人）

序号	姓名	性别	身份证号	专业名称	学位类别	证书编号
1	白雪晶	女	370881198211250328	生物化学与分子生物学	理学博士	8210122010001044
2	柏映国	男	372833197707063039	生物化学与分子生物学	理学博士	8210122010001045
3	陈捷胤	男	350425198006201010	生物化学与分子生物学	理学博士	8210122010001046
4	陈　亮	男	210181198111298014	生物化学与分子生物学	理学博士	8210122010001047
5	陈晓博	女	150103198102282023	生物化学与分子生物学	理学博士	8210122010001048
6	付大伟	男	230125198105251634	生物化学与分子生物学	理学博士	8210122010001049
7	高建强	男	372923197501014154	生物化学与分子生物学	理学博士	8210122010001050
8	龚俊义	男	429006198107030631	生物化学与分子生物学	理学博士	8210122010001051
9	管永升	男	371203197708143215	生物化学与分子生物学	理学博士	8210122010001052
10	李　亮	男	231083198202040010	生物化学与分子生物学	理学博士	8210122010001053
11	刘晓璐	女	370781198303081028	生物化学与分子生物学	理学博士	8210122010001054

（续表）

序号	姓名	性别	身份证号	专业名称	学位类别	证书编号
12	罗彦忠	男	150430197304210395	生物化学与分子生物学	理学博士	8210122010001055
13	彭子欣	女	130103198203201567	生物化学与分子生物学	理学博士	8210122010001056
14	唐宏琨	男	411302198102170514	生物化学与分子生物学	理学博士	8210122010001057
15	王　楠	女	210303198105252724	生物化学与分子生物学	理学博士	8210122010001058
16	杨　慧	女	130603780205002	生物化学与分子生物学	理学博士	8210122010001059
17	杨晓杰	男	410711197708151070	生物化学与分子生物学	理学博士	8210122010001060
18	喻修道	男	412727198203016137	生物化学与分子生物学	理学博士	8210122010001061
19	张　欣	女	23010319630202138X	生物化学与分子生物学	理学博士	8210122010001062
20	周峻沛	男	530102820425371	生物化学与分子生物学	理学博士	8210122010001063
21	雷　波	男	510122197612283714	农业水土工程	工学博士	8210122010001064
22	刘　浩	男	152701197709143916	农业水土工程	工学博士	8210122010001065
23	乔冬梅	女	150207780901202	农业水土工程	工学博士	8210122010001066
24	陈传永	男	37098219780804361X	作物栽培学与耕作学	农学博士	8210122010001067
25	高　翔	男	412328197808082153	作物遗传育种	农学博士	8210122010001068
26	兰彩霞	女	152630198305170767	作物遗传育种	农学博士	8210122010001069
27	雷　永	男	412829197210188010	作物遗传育种	农学博士	8210122010001070

（续表）

序号	姓名	性别	身份证号	专业名称	学位类别	证书编号
28	李亚非	男	130406198109290650	作物种质资源学	农学博士	8210122010001071
29	彭　勃	男	210411198111011615	作物种质资源学	农学博士	8210122010001072
30	张中保	男	37292419801129211X	作物种质资源学	农学博士	8210122010001073
31	曹维强	男	230102197509081919	农产品质量与食物安全	农学博士	8210122010001074
32	陈锋亮	男	411221198105285038	农产品质量与食物安全	农学博士	8210122010001075
33	陈兰珍	女	11010819741119932X	农产品质量与食物安全	农学博士	8210122010001076
34	侯召华	男	370923198204270015	农产品质量与食物安全	农学博士	8210122010001077
35	梅　新	男	422101197805251012	农产品质量与食物安全	农学博士	8210122010001078
36	佘永新	男	542621197007060019	农产品质量与食物安全	农学博士	8210122010001079
37	孙　洁	女	620102198006105066	农产品质量与食物安全	农学博士	8210122010001080
38	张　波	男	332603197804020018	农产品质量与食物安全	农学博士	8210122010001081
39	毕于运	男	110108196307087112	作物生态学	农学博士	8210122010001082
40	李茂松	男	110108590621711	作物生态学	农学博士	8210122010001083
41	刘建华	男	150429197210151931	作物生态学	农学博士	8210122010001084
42	刘立波	女	110108197411056046	作物信息科学	农学博士	8210122010001085
43	刘继永	男	220224197101151815	药用植物资源学	农学博士	8210122010001086

（续表）

序号	姓名	性别	身份证号	专业名称	学位类别	证书编号
44	吕桂云	女	370682197512020025	蔬菜学	农学博士	8210122010001087
45	张　慧	女	110103198303161562	蔬菜学	农学博士	8210122010001088
46	余继忠	男	330106196810162413	茶学	农学博士	8210122010001089
47	李　波	女	21112119791224282X	土壤学	农学博士	8210122010001090
48	李中阳	男	412821198010022052	土壤学	农学博士	8210122010001091
49	苏世鸣	男	142402198301255415	土壤学	农学博士	8210122010001092
50	韦东普	女	110106690526274	土壤学	农学博士	8210122010001093
51	杜　伟	男	372425197904073218	植物营养学	农学博士	8210122010001094
52	裴雪霞	女	142623197312130827	植物营养学	农学博士	8210122010001095
53	孙桂芳	女	420111197306075545	植物营养学	农学博士	8210122010001096
54	李滋睿	男	622323197005284138	农业区域发展	农学博士	8210122010001097
55	刘丽军	男	43022519811104751X	农业区域发展	农学博士	8210122010001098
56	罗其友	男	110108196412167114	农业区域发展	农学博士	8210122010001099
57	汪学军	男	320825197201150214	农业区域发展	农学博士	8210122010001100
58	李志斌	男	371421198104191679	农业遥感	农学博士	8210122010001101
59	陈宝瑞	男	152127198106010933	草地资源利用与保护	农学博士	8210122010001102

（续表）

序号	姓名	性别	身份证号	专业名称	学位类别	证书编号
60	娜日苏	女	150105197204137386	草地资源利用与保护	农学博士	8210122010001103
61	王育青	男	150102196010022050	草地资源利用与保护	农学博士	8210122010001104
62	潘哲超	男	43062419810211005X	植物病理学	农学博士	8210122010001105
63	武晓丽	女	130102198110050329	植物病理学	农学博士	8210122010001106
64	张春秋	女	412725198307188221	植物病理学	农学博士	8210122010001107
65	陈浩涛	男	430626197501155413	农业昆虫与害虫防治	农学博士	8210122010001108
66	郭　萧	男	41270219800710743X	农业昆虫与害虫防治	农学博士	8210122010001109
67	黄绍哲	男	350881198206281871	农业昆虫与害虫防治	农学博士	8210122010001110
68	李　菁	女	130104198302112128	农业昆虫与害虫防治	农学博士	8210122010001111
69	王国昌	男	142623197708134314	农业昆虫与害虫防治	农学博士	8210122010001112
70	王帅宇	女	140423197908061241	农业昆虫与害虫防治	农学博士	8210122010001113
71	牙森·沙力	男	652201780620491	农业昆虫与害虫防治	农学博士	8210122010001114
72	马洪菊	女	420528197912110362	农药学	农学博士	8210122010001115
73	张昌朋	男	411324198112155252	农药学	农学博士	8210122010001116
74	隋标峰	男	370502198110123619	杂草科学	农学博士	8210122010001117
75	徐丽娜	女	132525198208060021	生物安全	农学博士	8210122010001118

（续表）

序号	姓名	性别	身份证号	专业名称	学位类别	证书编号
76	李世贵	男	430624197808057719	农业微生物	农学博士	8210122010001119
77	田云龙	男	142601197612275616	农业微生物	农学博士	8210122010001120
78	周　琳	女	130323198106055824	农业微生物	农学博士	8210122010001121
79	凌英会	男	340803198110132539	动物遗传育种与繁殖	农学博士	8210122010001122
80	娜日苏	女	150102198007282029	动物遗传育种与繁殖	农学博士	8210122010001123
81	荣　敏	女	133030197911086442	动物遗传育种与繁殖	农学博士	8210122010001124
82	盛熙晖	女	150402198312060349	动物遗传育种与繁殖	农学博士	8210122010001125
83	杨会强	男	370983198009126938	动物遗传育种与繁殖	农学博士	8210122010001126
84	高占峰	男	130105196410181857	动物营养与饲料科学	农学博士	8210122010001127
85	哈斯额尔敦	男	150102198109032012	动物营养与饲料科学	农学博士	8210122010001128
86	韩爱云	女	130106198108190029	动物营养与饲料科学	农学博士	8210122010001129
87	蒋瑞瑞	女	41302419820502074X	动物营养与饲料科学	农学博士	8210122010001130
88	李家驹	男	132903198109189114	动物营养与饲料科学	农学博士	8210122010001131
89	李　勇	男	410881198212142516	动物营养与饲料科学	农学博士	8210122010001132
90	刘华伟	男	371202198201152911	动物营养与饲料科学	农学博士	8210122010001133
91	娜仁花	女	150102196903082042	动物营养与饲料科学	农学博士	8210122010001134

（续表）

序号	姓名	性别	身份证号	专业名称	学位类别	证书编号
92	杨志刚	男	370784198101197814	动物营养与饲料科学	农学博士	8210122010001135
93	张乐颖	女	130604196611211240	动物营养与饲料科学	农学博士	8210122010001136
94	赵景鹏	男	370911198103042077	动物营养与饲料科学	农学博士	8210122010001137
95	周　怿	男	140103810311571	动物营养与饲料科学	农学博士	8210122010001138
96	闫伟红	女	150430197912080766	草业科学	农学博士	8210122010001139
97	冯　毛	男	412923197901111132	特种经济动物饲养	农学博士	8210122010001140
98	孙红梅	女	220182197803030629	特种经济动物饲养	农学博士	8210122010001141
99	吴　萍	女	321101197802034085	特种经济动物饲养	农学博士	8210122010001142
100	郑爱娟	女	130222197711015525	特种经济动物饲养	农学博士	8210122010001143
101	周变华	女	142603198002033721	基础兽医学	农学博士	8210122010001144
102	陈　樱	女	450203198001161069	预防兽医学	农学博士	8210122010001145
103	郭建宏	男	110108197302209330	预防兽医学	农学博士	8210122010001146
104	刘长龙	男	370283197911036811	预防兽医学	农学博士	8210122010001147
105	马文戈	男	650103197203152897	预防兽医学	农学博士	8210122010001148
106	彭金彪	男	320623198212094693	预防兽医学	农学博士	8210122010001149
107	谭菲菲	女	411282198308011021	预防兽医学	农学博士	8210122010001150

（续表）

序号	姓名	性别	身份证号	专业名称	学位类别	证书编号
108	陶丽红	女	330184198108280725	预防兽医学	农学博士	8210122010001151
109	王承宝	男	370724198104080770	预防兽医学	农学博士	8210122010001152
110	王光华	男	630121197807307115	预防兽医学	农学博士	8210122010001153
111	王晓杜	男	422123197305086311	预防兽医学	农学博士	8210122010001154
112	张善瑞	男	372321198009288056	预防兽医学	农学博士	8210122010001155
113	钟功勋	男	330226198201146573	预防兽医学	农学博士	8210122010001156
114	郭静利	男	130604196902011214	农业经济管理	管理学博士	8210122010001157
115	胡世辉	男	510102196304178453	农业经济管理	管理学博士	8210122010001158
116	马晓春	男	140202810505201	农业经济管理	管理学博士	8210122010001159
117	史君卿	女	110108197309226029	农业经济管理	管理学博士	8210122010001160
118	肖红波	女	411002197705061025	农业经济管理	管理学博士	8210122010001161
119	修文彦	女	152224198110230521	农业经济管理	管理学博士	8210122010001162
120	杨伊侬	女	430302197404253567	农业经济管理	管理学博士	8210122010001163
121	杨永坤	男	342401197810084470	农业资源与环境经济学	管理学博士	8210122010001164
122	丁　强	男	110108196803235719	农业信息管理	管理学博士	8210122010001165
123	黄家章	男	372829198006016037	农业信息管理学	管理学博士	8210122010001166

（续表）

序号	姓名	性别	身份证号	专业名称	学位类别	证书编号
124	秦玉昌	男	11010819631004683X	农业信息管理学	管理学博士	8210122010001167
125	张　博	女	130125198202110047	农业信息管理学	管理学博士	8210122010001168
126	韩　洁	女	370782198202110260	农业经营管理	管理学博士	8210122010001169
127	韩　巍	男	360111197612090915	农业经营管理	管理学博士	8210122010001170

关于公布陈继兰等51人新增为博士生导师的通知

中国农业科学院第七届学位评定委员会第四次全体会议于2010年7月5日在北京召开，根据《中国农业科学院研究生指导教师工作条例》的规定，会议以无记名投票形式表决通过了批准陈继兰等51人新增为我院博士生导师的决定。新增博士生导师的名单在院网上公布，经过公示后未提出异议，现正式公布如下。

2010年新增博士生导师名单

序号	姓名	性别	专业名称	研究所
1	陈继兰	女	动物遗传育种与繁殖	畜牧所
2	杨博辉	男	动物遗传育种与繁殖	兰牧药
3	顾宪红	女	动物营养与饲料科学	畜牧所
4	刘定祥	男	基础兽医学	兰兽医
5	张继瑜	男	基础兽医学	兰牧药
6	孙宝忠	男	食品科学	畜牧所
7	吴福安	男	特种经济动物饲养学	蚕业所
8	吴　杰	男	特种经济动物饲养学	蜜蜂所
9	赵卫国	男	特种经济动物饲养学	蚕业所
10	常惠芸	女	预防兽医学	兰兽医
11	程世鹏	男	预防兽医学	特产所
12	冯　力	男	预防兽医学	哈兽研
13	付宝权	男	预防兽医学	兰兽医
14	景志忠	男	预防兽医学	兰兽医
15	刘思国	男	预防兽医学	哈兽研
16	刘湘涛	男	预防兽医学	兰兽医
17	马军武	男	预防兽医学	兰兽医

（续表）

序号	姓名	性别	专业名称	研究所
18	闫喜军	男	预防兽医学	特产所
19	于圣青	女	预防兽医学	上兽医
20	朱兴全	男	预防兽医学	兰兽医
21	张德权	男	农产品加工与贮藏工程	加工所
22	张光明	男	农业技术经济	蚕业所
23	陈印军	男	农业经济管理	资划所
24	陈志钢	男	农业经济管理	农经所
25	尹昌斌	男	农业资源与环境经济学	资划所
26	方金豹	男	果树学	郑果所
27	黄啟良	男	农药学	植保所
28	梁革梅	女	农业昆虫与害虫防治	植保所
29	张桂芬	女	生物安全	植保所
30	杨丽梅	女	蔬菜学	蔬菜所
31	刘文革	男	蔬菜学	郑果所
32	冯东昕	女	植物病理学	蔬菜所
33	古勤生	男	植物病理学	郑果所
34	周永力	女	植物病理学	作物所
35	邓良伟	男	环境工程	沼气所
36	李书田	男	植物营养学	资划所
37	张　斌	男	土壤学	资划所
38	陈　明	男	生物化学与分子生物学	生物所
39	裴新梧	男	生物化学与分子生物学	生物所
40	王　磊	男	生物化学与分子生物学	生物所
41	张　锐	女	生物化学与分子生物学	生物所
42	吴燕民	男	生物化学与分子生物学	生物所

（续表）

序号	姓名	性别	专业名称	研究所
43	程宪国	男	生物化学与分子生物学	资划所
44	李学勇	男	生物化学与分子生物学	作物所
45	郭龙彪	男	作物遗传育种	水稻所
46	姜慧芳	女	作物遗传育种	油料所
47	雷财林	男	作物遗传育种	作物所
48	陶龙兴	男	作物栽培学与耕作学	水稻所
49	王树声	男	作物栽培学与耕作学	烟草所
50	魏兴华	男	作物种质资源学	水稻所
51	韩贵清	男	农业经济管理	研究生院

关于授予高文永等9人博士学位、冯学环等5人硕士学位的决定

根据《中华人民共和国学位条例》和《中国农业科学院学位授予工作细则》规定，中国农业科学院第七届学位评定委员会决定授予高文永等9人博士学位、冯学环等5人硕士学位，学位授予时间为2010年8月31日。名单如下。

序号	姓名	性别	身份证号	专业名称	学位类别	证书编号
1	郭　勇	男	522321197906210033	作物生态学	农学博士	8210122010001171
2	吴　巍	男	372301198001220318	生物化学与分子生物学	理学博士	8210122010001172
3	高文永	男	370723197403011758	作物栽培学与耕作学	农学博士	8210122010001173
4	国春艳	女	654123198112194526	动物营养与饲料科学	农学博士	8210122010001174
5	娄忠子	男	370982198012127695	预防兽医学	农学博士	8210122010001175
6	王东辉	男	320113196902144855	农业经济管理	管理学博士	8210122010001176
7	魏　琦	男	110108710208633	农业区域发展	农学博士	8210122010001177
8	张　扬	男	412721197309253015	农业经营管理	管理学博士	8210122010001178
9	吕海燕	女	211003197905222224	农业遥感	农学博士	8210122010001179
10	李　宁	女	130582198308170645	动物营养与饲料科学	农学硕士	8210132010002810
11	万晓朋	男	370283198211170432	预防兽医学	农学硕士	8210132010002887
12	冯学环	男	371525198503074112	农药学	农学硕士	8210132010002997
13	李　冉	女	130123198603013923	植物营养学	农学硕士	8210132010003121
14	相怀军	男	371323198204205879	作物种质资源学	农学硕士	8210132010003257

研究生院喜获2010年北京市优秀博士学位论文

2010年，北京市教育委员会、北京市学位委员会评选出50篇北京市优秀博士学位论文（京教研〔2010〕15号），其中，中国农业科学院作物科学研究所邱丽娟研究员指导的2005级博士研究生周国安的博士学位论文《大豆抗逆基因GmUBC2、GmPK和GmNHX2的克隆与功能研究》入选。

研究生院喜获 2010 年
全国百篇优秀博士学位论文

教育部和国务院学位委员会批准并公布了 2010 年全国优秀博士学位论文名单（教研〔2010〕3 号），共评出 100 篇“全国优秀博士学位论文”和 334 篇“全国优秀博士学位论文提名论文”。由中国农业科学院上海兽医研究所所长童光志研究员指导的 2005 级博士研究生于海的博士学位论文《中国部分地区猪流感病毒的分子流行病学研究》获得了 2010 年全国优秀博士学位论文；由中国农业科学院作物科学研究所何中虎研究员指导的 2005 级博士研究生何心尧的博士学位论文《普通小麦及其近缘种籽粒多酚氧化酶活性与黄色素含量相关基因的克隆与功能标记开发》获得了 2010 年全国优秀博士学位论文提名。

关于表彰中国农业科学院 2009 年度优秀博士学位论文的决定

根据《中国农业科学院优秀博士论文评选办法》，经过各个学位评定分委员会推荐和同行专家的通讯评议，中国农业科学院第七届学位评定委员会第三次会议评审确定了 2009 年度院级优秀博士论文的入选名单。黄火清、周国安、樊树芳获得优秀博士论文奖，高玉林、高阳、赵占中获优秀博士论文提名奖。

研究生院对获奖者颁发证书和奖金，奖励优秀博士论文作者和指导教师各 10 000 元，奖励优秀博士论文提名奖作者和指导教师各 5 000元。上述获奖论文可直接推荐参加当年度北京市优秀博士学位论文评选和全国优秀博士学位论文评选。获奖情况如下。

姓　名	专　业	导　师	研究所	论文题目
黄火清	生物化学与分子生物学	姚　斌	饲料所	不同环境中植酸酶基因多样性分析及新基因的克隆与表达
周国安	生物化学与分子生物学	邱丽娟	作科所	大豆抗逆基因 GmUBC2、GmPK 和 GmNHX2 的克隆与功能分析
樊树芳	预防兽医学	陈化兰	哈兽研	H5N1 亚型禽流感病毒弱毒活疫苗株的构建及在不同动物模型上免疫效力的评价
高玉林	农业昆虫与害虫防治	吴孔明	植保所	田间棉铃虫对 Bt 棉花的耐性演化分析
高　阳	农业水土工程	段爱旺	灌溉所	玉米/大豆条带间作群体 PAR 和水分的传输与利用
赵占中	基础兽医学	薛飞群	上海兽医所	硝唑尼特在山羊体内的药物代谢动力学及毒理学研究

关于表彰 2010 年度“三仪助学金”获得者的决定

根据《中国农业科学院研究生院“三仪助、奖学金”评选办法〈试行〉》的有关规定，在个人申请、班委评选的基础上，经过研究生院“三仪助、奖学金”评审委员会的评审、公示和大连三仪动物药品有限公司的审核，最终评选出 2010 年度“三仪助学金”获得者 36 名。

特此通报表彰，并颁发荣誉证书和奖金。名单如下。

序号	姓名	性别	班级	研究所	导师姓名
1	马小定	男	博士 2 班	作科所	翟虎渠
2	房　峰	男	博士 4 班	植保所	张朝贤
3	宋增廷	男	博士 4 班	北京畜牧兽医所	佟健明
4	赵永平	男	硕士 1 班	作科所	谢传晓
5	宋凤景	女	硕士 1 班	作科所	李洪杰
6	王向阳	男	硕士 2 班	区划所	曹卫东
7	张敬业	男	硕士 2 班	区划所	徐明岗
8	周利伟	男	硕士 3 班	生物所	张　伟
9	张莎莎	女	硕士 3 班	生物所	郭三堆
10	杨双娟	女	硕士 4 班	蔬菜所	顾兴芳
11	李香景	女	硕士 4 班	蔬菜所	刘富中
12	王　夏	女	硕士 5 班	环发所	孙忠富
13	房福力	男	硕士 5 班	环发所	李玉忠
14	汤建平	男	硕士 6 班	饲料所	蔡辉益
15	张　琳	女	硕士 7 班	农经所	孙东升
16	康　敏	女	硕士 7 班	农经所	张　峭
17	王新朵	女	硕士 8 班	植保所	李　莉

（续表）

序号	姓名	性别	班级	研究所	导师姓名
18	田迎迎	女	硕士 8 班	植保所	王运浩
19	刘　楠	女	硕士 9 班	北京畜牧兽医所	李　奎
20	罗庆苗	女	硕士 9 班	北京畜牧兽医所	苗向阳
21	张燕燕	女	硕士 10 班	加工所	木泰华
22	孙　琦	男	硕士 10 班	加工所	吕加平
23	王　飞	男	硕士 11 班	哈兽研	李雁冰
24	冯肖肖	女	硕士 11 班	哈兽研	陈化兰
25	胡顺磊	男	硕士 12 班	哈兽研	王云峰
26	孙静静	女	硕士 13 班	兰兽研	常惠芸
27	倪兴维	女	硕士 13 班	兰兽研	贾万忠
28	孙春清	女	硕士 14 班	上兽研	袁世山
29	于丽佳	女	硕士 14 班	上兽研	薛飞群
30	张　丽	女	硕士 15 班	烟草所	刘贯山
31	侯　娜	女	硕士 15 班	烟草所	刘好宝
32	孙亚莉	女	硕士 16 班	棉花所	杜雄明
33	张金凤	女	硕士 16 班	棉花所	袁有禄
34	程飞飞	女	硕士 17 班	果树所	姜淑苓
35	王楠楠	女	硕士 17 班	环保所	李玉浸
36	陈　聪	男	硕士 18 班	农机化所	王忠群

关于表彰 2010 年度“三仪奖学金”获得者的决定

根据《中国农业科学院研究生院“三仪助、奖学金”评选办法〈试行〉》的有关规定，在个人申请及研究所推荐的基础上，经过研究生院“三仪助、奖学金”评审委员会的评审、公示和大连三仪动物药品有限公司的审核，最终评选出“三仪奖学金”获得者 7 名。

特此通报表彰，并颁发荣誉证书和奖金。名单如下。

序号	姓名	性别	学历	专业	研究所	导师
1	周变华	女	博士	基础兽医学	上兽研	薛飞群
2	陈锋亮	男	博士	农产品质量与食物安全	加工所	魏益民
3	刘立波	女	博士	作物信息科学	信息所	周国民
4	李菊芳	女	硕士	农产品质量与食物安全	油料所	李光明
5	杨佳林	男	硕士	食品科学	蜜蜂所	孙丽萍
6	高　立	女	硕士	预防兽医学	哈兽研	王笑梅
7	李永峰	男	硕士	预防兽医学	哈兽研	张　云

翟虎渠在2010届研究生毕业典礼暨学位授予仪式上的讲话

（2010年7月6日）

尊敬的各位来宾、老师们、同学们：

大家早上好！

今天，我们欢聚一堂，隆重举行中国农业科学院研究生院2010届研究生毕业典礼暨学位授予仪式，首先请允许我代表中国农业科学院党组向学业有成、即将告别母校、踏上新的人生征途的全体2010届毕业生表示最热烈的祝贺！在经过3年朝夕与共的1 000多个日日夜夜里，你们刻苦钻研，不畏艰难，大胆实践，勇于创新，今天你们学成毕业，祖国建设和发展又增添了新生力量，母校又增添了新的成就、新的自豪。你们无愧于当今中国一流研究生院的优秀学子！

30年栉风沐雨，30年开拓奋进。2009年，我们隆重举行了纪念中国农业科学院研究生院成立30周年庆典活动，这是对我院开办研究生教育30年来取得的一系列突出成就的集中展现。30年来，几代农科人始终努力践行“以人为本、以研为本、以质量为本”的教育理念，发扬“明德格物，博学笃行”的院训精神，艰苦创业、团结进取、开拓创新、不断前进。研究生教育事业不断发展，办学条件显著改善，导师队伍空前壮大，培养质量不断提高，对外交流日益扩大，社会声誉日渐显赫，已经成为名副其实的一流研究生院。

春华秋实，2010年，又是我们满载丰收的一年，当前我院在校生人数达到了3 600余人，长期留学生规模年内将超过50人，现代化的研究生教育管理系统的启用使我院管理工作进入了信息化时代，15 000多平方米的现代化研究生公寓也即将落成投入使用。此外，我院继2001年以来，2010年又有一篇博士论文通过国务院学位委员会评审，进入全国百篇优秀博士论文。2010年我院共有全日制研究生644人毕业，其中博士毕业生159人，硕士毕业生485人。另有，在职同等学力申请硕士学位13人，农业推广硕士学位310人。有116名同学在校期间光荣地加入了中国共产党，7名同学获得大连三仪公司在我院设立的奖学金，16名同学获得优秀毕业生称号，15名同学志愿支援西部，7名同学将到农村基层担任党支部书记助理、村委会主任助理。

所有这些成绩的取得离不开我院全体师生的共同努力，今天在这里，我要表达三点感谢：

首先，感谢我们的导师，当前我院共有博士生导师450余人，硕士生导师1 200余人，其中两院院士12人，政府特殊津贴专家134人，国家“百千万人才工程”人选29

人。“千军易得，一将难求”，国际一流的科技尖子人才组成的实力雄厚的导师队伍极大地保障了我院研究生教育的培养质量，中国农业科学院实施的“科技创新团队建设工程”和“杰出人才工程”为培养大批高层次农业科技人才奠定了坚实的基础。同学们在研究生学习阶段不仅得到导师们在业务知识和专业技能上的精心指导，而且在科研道德和为人处事上也得到了导师们的悉心培养。今天，在同学们毕业的时刻，首先要感谢各位导师付出的辛勤努力。

其次，感谢研究生院的全体教职员工，研究生院作为农业科学院“三个中心、一个基地”总体构架中的创新型人才培养基地，你们的辛勤耕耘使我院的研究生教育事业发展达到了一个新的历史高度，实现了跨越式的发展。有力地保障了我院“三个中心、一个基地”的发展战略的顺利推进。形成了以研究生教育为主体、专业学位教育和留学生教育为两翼的多层次、多形式的办学体系；学科专业涉及农学、理学、工学、管理学 4 大门类，初步形成面向现代农业、结构合理、门类齐全、重点突出的新型学科体系；并且已与世界上 60 多个国家或地区的农业科研机构、大专院校建立了多种形式的双边交流与合作关系；近年来，学校连续多年加大对基础条件的改善，在提升教育培养质量的同时，研究生院也十分注重精神文明建设，2010 年，研究生院荣获“中央国家机关文明单位”这一光荣称号，所有这一切为研究生的学习生活创造了良好的育人环境。在此，感谢你们对我院研究生教育事业倾注的满腔热情和付出的不懈努力！

最后，我还要感谢我们的全体研究生，你们在校期间热情地关心和支持着学校的建设与发展，并以主人翁的姿态积极投身于学校的各项重大改革和活动中，在中国农业科学院攻克关键技术领域和创新研究工作中，正是你们积极参与、勇于创新和大胆实践，为一项项科研难题的攻克作出了重要贡献；在研究生院教育事业改革和建设中，正是你们对学校各项工作的理解和支持，研究生教育事业才能够以前所未有的速度发展壮大。在你们身上，体现了老一辈农科人的优良传统，你们使农科精神得以发扬和传承，感谢你们的青春身影和奋斗足迹为农科历史写下浓重的一页！

改革开放 30 多年来，我们国家发生了翻天覆地的变化，取得了举世瞩目的伟大成就。面对世界经济危机，中国经济发展一枝独秀，继续保持高速发展势头，成为引领世界经济复苏的重要的新生力量；面对冰雪灾害、地震破坏、洪水泛滥等特大自然灾害，一方有难八方支援，人民生活安居乐业，社会秩序保持稳定。充分体现了党中央国务院的坚强领导和英明决策，体现了全国人民团结奋进和大无畏英雄气概。

当今世界正处在大发展大变革大调整时期。世界多极化、经济全球化深入发展，科技进步日新月异，知识经济方兴未艾，加快人才发展是在激烈的国际竞争中赢得主动的重大战略选择。党中央国务院审时度势，近期连续审议通过和颁布了《国家中长期人才发展规划纲要》及《国家中长期教育改革和发展规划纲要》。未来十几年，是我国人才事业发展的重要战略机遇期。我们必须进一步增强责任感、使命感和危机感，积极应对日趋激烈的国际人才竞争，主动适应我国经济社会发展需要，坚定不移地走人才强国之路，科学规划，深化改革，重点突破，整体推进，不断开创人才辈出、人尽其才的新局面。中国农业科学院，一定要肩负起发展现代农业科学技术的历史使命，成为全国农业科技事业的领头羊、排头兵、主力军和学术高地。我们要全面总结“十一五”以来各项工作进展，按照中国农业科学院“三个中心、一个基地”的发展战略，贯彻落实两个《纲要》的精神，凝练未来5年中国农业科学院研究生教育事业发展的指导思想和战略重点，制定有针对性、可操作性强的发展目标和政策措施；进一步提升研究生教育培养质量，争取在下一个5年实现我院研究生教育事业更好更快的发展，为我国的农业科研事业输送更多的高层次创新人才！

同学们，你们有幸生活在中华民族复兴的伟大时代。希望你们抓住这一良好的发展契机，为我国农业事业的发展注入你们的激情与智慧，用自己的所学为社会创造更多的价值，为我们伟大的祖国繁荣富强贡献一份力量。同学们，很快你们就要离开这片曾经留下无数汗水与梦想的土地，离别朝夕相处的老师和同学。临别之际，我谨提出几点希望，与同学们共勉。

第一，希望同学们志存高远，甘于奉献、胸怀祖国。“士不可不弘毅，任重而道远”，纵览前贤与仁人志士无不以民族兴旺、国家昌盛为己任。在新的历史时期，胡锦涛总书记对中国青年提出要做“理想远大、信念坚定的新一代，品德高尚、意志顽强的新一代，视野开阔、知识丰富的新一代，开拓进取、艰苦创业的新一代”，这应当成为你们每一位毕业同学的人生座右铭。无论你是参加工作，还是继续深造，无论你是留在国内，还是走出国门，无论碰到什么样的困难和挑战，我都希望同学们要树立服务社会、奉献人民、引领未来的远大理想，并将远大理想与脚踏实地、求实创新结合起来，在任何情况下，一定不要放弃驱动自己前行的激情、责任和梦想。

第二，希望同学们坚定信念，脚踏实地，勇于创新。“梅花香自苦寒来，宝剑锋从磨砺出”，回顾科技发展的历史，但凡重大的科学和技术创新，都不是一帆风顺得来的，我们要学习老一辈的创新精神，发扬他们不畏困难、坚忍不拔的高贵品质。当今中国处在前所未有的大变革、大发展中，自主创新已经成为时代的主旋律，你们虽然学有所成即将毕业，具备了一定的科研能力和工作能力，但是，要达到创新还有不小的差距，这就需要你们在工作中不畏困难、大胆实践，不断提高自己的工作水平和实践能力，同时还要具备脚踏实地的作风，坚韧不拔的毅力和追求卓越的品质，希望你们“欲成学问，当为第一等学问；欲成事业，当为第一等事业；欲成人才，当为第一等人才”！

第三，希望同学们砥砺心智，健全人格，超越自我。“非淡泊无以明志，非宁静无以致远”。在纷繁复杂的环境中，学会冷静观察、慎重抉择，有勇有智、敢为人先；明是非、知荣辱，德才兼备，仁智双修；以“胜不骄、败不馁”的心态和自信，勇敢而顽强地迎接挑战、追求卓越，成为社会中最积极、最活跃、最有生气的一支核心力量，用你们不断丰富的知识、持续增长的能力、日渐深刻的思想、日益升华的境界服务社会、奉献人民、超越自我、引领未来！

亲爱的同学们，你们就要离开母校，游学四海，建树八方。泰戈尔说过：“无论黄昏把树的影子拉得多长，它总是和根连在一起”。无论同学们走得有多远，母校永远和你们在一起！青年兴则国运兴，青年强则国家强。你们注定将在民族复兴、国家建设中扮演重要的角色，你们注定将成为新时代的建设者、开拓者和领跑者。母校对你们寄予深深的厚望！

最后，祝各位毕业生前程似锦！祝各位老师工作顺利、合家幸福！

谢谢大家！

翟虎渠在2010级研究生开学典礼上的讲话

（2010年10月11日）

各位来宾、老师、同学们：

金秋十月，丹桂飘香。今天我们怀着喜悦的心情在这里隆重举行2010级研究生开学典礼。在此，我谨代表中国农业科学院党组和研究生院全体师生向在百忙之中应邀出席典礼的各位领导、嘉宾表示热烈的欢迎和诚挚的感谢！向全体教师员工致以诚挚的问候和崇高的敬意！向刚刚迈进中国农业科学院研究生院的861名博士和硕士研究生表示衷心的祝贺和热烈的欢迎！

同学们，中国农业科学院成立于1957年，是国家级综合性农业科研机构，经过50多年的发展和建设，中国农业科学院在我国农业科技攻关、攀登科学高峰、服务宏观决策和经济建设主战场，支撑国家农产品供给实现总量平衡、丰年有余的历史性转变，走向全面建设小康社会的伟大历史进程中作出了不可替代的重要贡献。目前，中国农业科学院有39个研究所和一个研究生院、一个中国农业科学技术出版社，分布在全国17个省（市、自治区）。我院现有两院院士11人，在职国家级专家8人，省、部级专家151人，政府特殊津贴专家134人，国家“百千万人才工程”人选29人。我院现拥有国家重大科学工程2个、拥有保存数量居世界第一的国家作物种质资源长期库1座、拥有藏书量居世界第三、亚洲第一的国家农业图书馆1座，拥有国家重点实验室5个、农业部重点开放实验室32个、国家工程技术研究中心5个、国家及部级质量监督检测中心40个、国家农作物、畜禽改良中心（分中心）16个、国家和部级野外台站29个。“十一五”以来，我院共主持国家及行业各级各类科技项目（课题）4 517项，获得国家级奖励科技成果20项、省部级奖励科技成果118项，科技经费总额达30.3亿元。

同学们，中国农业科学院研究生院成立于1979年，是我国第一批具有博士学位与硕士学位授予单位之一。在30多年的研究生教育历程中，研究生院一直秉承着“明德格物、博学笃行”的办学宗旨，经过不断探索和改革发展，形成了以研究生教育为主体、专业学位教育和留学生教育为两翼的多层次、多形式的办学体系，研究生教育事业取得了骄人的成绩：学科建设不断增强，现拥有7个一级学科博士学位授权点，有44个二级学科博士学位授权点，有8个一级学科硕士学位授权点，56个二级学科硕士学位授权点，设有农业推广硕士和兽医硕士2个专业学位，以及在职人员以同等学历申请硕士和博士学位授权点，还设有8个博士后流动站；办学规模迅速扩大，在校生从“九五”末的500余名增长到目前的3 600多名，长期留学生规模超过50人，已与世界上60多个国家或地区的农业科研机构、大专院校建立了多种形式的双边交流与合作关系；师资队伍不断壮大，拥有500多位博士生导师和1 200多位硕士生导师；培养质量显著提高，研究生院连续8年以农学门类第一名获得“中国一流研究生院”光荣称号，2010年我院一篇博士论文荣获全国百篇优秀博士论文，一篇博士论文荣获北京市优秀博士论文；办学条件逐年完善，目前，研究生院拥有配备先进多媒体设备的教学楼1座；塑胶运动场2块；学生公寓3座，外国留学生公寓1座，2010级新同学全部住进了2010年刚刚落成的1.5万多平方米的崭新公寓，在为同学们提供了现代化学习环境的同时，也为同学们营造了宽松、舒适的生活环境。

同学们，21世纪头20年，对中国来说，是重要的战略机遇期，未来5～15年是我国发展现代农业、建设社会主义新农村和建设创新型国家的重要历史时期，也是建设国家农业科技创新体系、依靠自主创新发展农业科学技术的关键时期。今后，特别是在“十二五”期间，中国农业科学院将以科学发展观为统领，坚持自主创新，在国际竞争性、前沿性的关键领域取得一批重大理论和原始创新成果，在推动农业可持续发展的高新技术领域掌握一批核心技术，抢占农业科技制高点，牢牢把握我国农业和农业科技发展的战略主动权；坚持人才强院战略，积极培养和引进高层次人才，努力造就一批德才兼备、国际一流的顶尖人才和创新团队；坚持机制创新，调动广大科技人员积极性和创造性，促进科技资源高效配置和综合集成，推进和谐院所建设，形成有利于促进农业科技进步和创新、符合农业科技发展规律的充满活力的运行机制。通过“十二五”的发展，使中国农业科学院“三个中心、一个基地”建设达到更高水平，科技创新能力大幅度提升，农业科技对我国农业发展的支撑作用更加稳固。

2010年是“十一五”最后一年，中国农业科学院研究生教育要在全面总结“十一五”成就的基础上，按照中国农业科学院“三个中心、一个基地”的发展战略，贯彻落实《国家中长期人才发展规划纲要》及《国家中长期教育改革和发展规划纲要》的精神，凝练未来5年中国农业科学院研究生教育事业发展的指导思想和战略重点，制定有针对性、可操作性强的发展目标和政策措施；进一步提升研究生教育培养质量，争取在下一个5年实现我院研究生教育事业更好更快的发展，为我国的农业科研事业输送更多的高层次创新人才！

青年朋友们，今天，你们选择中国农业科学院作为迈向新的人生历程的起点，我祝贺你们，你们朝气蓬勃，你们富于希望。你们的选择是正确的，因为你们将直接参与我院“十二五”关键技术领域的创新研究工作。今后，研究生院将在培育和造就创新人才中发挥基地的作用，着力培养研究生的创新能力和实践能力，为创新人才培养，营造学术氛围。你们将在建设国家农业科技创新体系中发挥生力军的作用。

在同学们即将掀开人生新的一页的时候，我想对你们提3点希望：

一是希望你们勤学多思，学以践行；二是希望你们勇于创造，锐意创新；三是希望你们修身立德，和谐发展。

谢谢大家！

八、综合政务管理

关于印发《中国农业科学院工作规则》的通知

农科院办〔2010〕1号

院属各单位、院机关各部门：

为进一步加强我院工作的规范化、科学化水平，提高工作质量和办事效率，院第9次常务会议审议通过修订后的《中国农业科学院工作规则》，现予印发，请遵照执行。

中国农业科学院

二〇一〇年一月四日

中国农业科学院工作规则

第一章　总则

一、为使中国农业科学院工作制度化、规范化、科学化，进一步提高工作质量和办事效率，根据《农业部工作规则》和中国农业科学院工作实际，制定本规则。

二、中国农业科学院工作要以邓小平理论和“三个代表”重要思想为指导，深入贯彻落实科学发展观，认真贯彻执行党的路线、方针、政策，深化科技体制改革，建立“开放、流动、竞争、协作”的新型科技创新体系，把中国农业科学院建设成为具有国际先进水平的国家农业科技创新中心、国内一流的农业科技成果转化中心、国际农业科技合作与交流中心和高层次农业科研人才的培养基地。

三、中国农业科学院机关工作人员在履行职责中，要自觉遵守《中国农业科学院职工守则》和《中国农业科学院科技人员道德准则》，坚持解放思想，实事求是，与时俱进，开拓创新；忠于职守，顾全大局，遵纪守法，保守秘密，为科研服务，为广大科技工作者服务，为农业农村农民服务。

第二章　领导职责

四、中国农业科学院在农业部领导下，实行院长负责制，在院的领导工作中发挥院党组的领导核心作用。院长主持中国农业科学院的全面工作，党组书记主持中共中国农业科学院党组全面工作。副院长、党组副书记协助院长、党组书记工作，分工负责其他方面的工作或专项任务，并可代表中国农业科学院进行其他公务活动。

五、院长召集和主持中国农业科学院院务会议、院常务会议，党组书记召集和主持中国农业科学院党组会议。院领导按分工召集和主持召开院长办公会议，处理日常业务工作。

六、院长出访、出差和离职学习、休假期间，委托一位院领导代行其职责。

七、办公室主任在院长、党组书记领导下，负责协调处理院机关日常工作，重大事项及时向院长和党组书记报告。

八、机关各部门实行局长（主任、书记）负责制，局长（主任、书记）领导本局的工作。局长（主任、书记）出差期间，委托一位副局长（副主任、副书记）主持局内的日常工作。

九、院机关各部门要各司其职，各尽其责，顾全大局，精诚团结，维护政令统一，切实贯彻落实院的各项工作部署。

第三章　决策程序

十、中国农业科学院及机关各部门要健全重大事项决策的规则和程序，完善群众参与、专家咨询和领导决策相结合的决策机制，推进决策的科学化、民主化。

十一、中国农业科学院实行院党组会议、院务会议、院常务会议、院长办公会议制度。

十二、全院发展改革的重大问题，全院思想政治、精神文明和党的建设等重要事项、组织人事制度、人事任免和奖惩等事项，由院党组会议讨论决定。院属机构设置、人员编制、全院的中长期改革发展规划、科研计划、年度经费预决算、院长工作报告、重大科研项目及投资项目规划等重大决策事项，由院务会议或院常务会议讨论决定。

十三、院党组会议、院常务会议、院务会议、院长办公会议的决定事项，以会议纪要形式印发，会议纪要是相关会议的正式决定。

十四、中国农业科学院对重大事项作出决策前，根据需要通过多种形式，听取专家学者、群众及有关方面的意见和建议。院机关各部门提请院审议的重大事项或决策建议，有关部门在会前要认真研究，充分准备；涉及其他部门的事项，主办部门要主动协商，形成一致意见后呈报；经协商不能取得一致意见的，报由分管的院领导协调；如有必要，也可由分管的院领导组织召开院长办公会议研究，形成明确意见后呈报。

十五、中国农业科学院报请农业部等上级部门研究决定的重大事项，都必须经过深入调查研究，并经专家或研究、咨询机构等进行必要性、可行性和合法性论证；涉及地方的，应事先听取意见；涉及群众切身利益的，要广泛征求各方面及群众的意见。

十六、院机关各部门必须坚决贯彻落实国务院、农业部和中国农业科学院的决定，及时跟踪和反馈执行情况。院办公室要加强督促检查，确保政令畅通。

第四章　工作布局与政务公开

十七、中国农业科学院及院机关要加强工作的计划性、系统性和预见性，搞好年度工作安排布局，并根据形势和任务的变换及时作出调整。

十八、中国农业科学院要认真落实农业部年度工作安排布局，并定期向农业部报告执行情况，遇重大事件要及时上报。院机关各部门要按照工作目标责任制认真落实各项目标任务，并在院工作会议上进行述职报告。

十九、中国农业科学院和机关各部门要大力推进政务公开，完善各类公开办事制度，提高工作透明度。

二十、中国农业科学院党组会议、院务会议、院常务会议、院长办公会议研究决定的事项，中国农业科学院制定的各项规章制度，除确需保密的外，应及时在相应范围内公布。

二十一、凡涉及群众切身利益、需要群众广泛知晓的事项及规章制度，均应通过中国农业科学院网站、院报、公告、闭路电视、召开会议等方式，及时、准确地公开。

第五章　监督机制

二十二、中国农业科学院及院机关各部门要自觉接受有关方面的监督，虚心听取批评、意见和建议。要自觉接受纪检、监察、审计等部门监督，对发现的问题要认真查处和整改，重大问题要及时向上级报告。

二十三、中国农业科学院及院机关要重视群众来信来访工作，进一步完善信访制度，确保信访渠道的畅通；院领导及院机关负责人要亲自阅处重要的群众来信。

二十四、中国农业科学院及院机关要接受舆论和群众的监督，对新闻媒体报道和各方面反映的重大问题，院机关各部门要积极主动查处和整改并向院领导报告，重要情况要按程序向上级报告。

第六章　廉政建设

二十五、中国农业科学院及院机关各部门各项公务活动要严格按照财经纪律的相关规定执行。要艰苦奋斗、勤俭节约，切实降低运行成本，建设节约型单位。

二十六、中国农业科学院领导及院机关各部门负责同志要廉洁奉公，严格执行中央有关廉洁自律的规定，不得利用职权和职务影响为本人或特定关系人谋取不正当利益；要严格要求亲属和身边的工作人员，不得利用特殊身份拉关系、谋私利。对越权办事、以权谋私等违规、违纪、违法行为，严肃查处。

第七章　会议制度

二十七、中国农业科学院党组会议由院党组成员组成，非中共党员的院领导列席会议，根据需要可安排其他人员列席会议。会议由院党组书记主持，决定重要事项时，需有半数以上的党组成员参加才能举行。必要时，可召开扩大的院党组会议。会议在作出决策时，执行少数服从多数的原则。院党组会议的主要任务是：

（一）研究贯彻党中央、国务院的重大部署和农业部指示，研究决定向上级部门请示报告的重大问题；

（二）研究决定全院改革发展的重大问题；

（三）研究讨论全院思想政治工作、精神文明建设和党的建设等重要事项；

（四）研究决定组织人事制度、干部任免与奖惩等；

（五）其他需要由院党组研究决定的重大问题。

院党组会议的议题由院党组书记确定。议题的收集和呈报、会议的记录及议定事项的督查与文件材料的归档工作由院办公室负责（党组秘书承担），会议纪要由党组书记签发。

二十八、中国农业科学院院务会议由院领导、院党组成员，院机关各部门主要负责人组成，根据需要可安排有关单位负责人列席。院务会议由院长召集和主持。院务会议的主要任务是：

（一）研究部署中国农业科学院的重要工作；

（二）讨论审议院的中长期改革发展规划等重要问题；

（三）其他需要院务会议讨论的事项。

院务会议的议题由分管院领导协调和审核后提出，报院长确定。会议的组织工作、会议记录、会议纪要的编写印发、有关材料的归档工作及议定事项的督查，由院办公室负责。会议纪要由院长签发。

二十九、中国农业科学院常务会议由院领导组成，由院长召集和主持，院党组成员、院办公室主任列席。根据需要，可安排议题所涉及部门（单位）的负责人和其他有关人员列席会议。每次会议须有半数以上常务会议组成人员出席方可召开。院常务会议的主要任务是：

（一）传达贯彻上级重要指示、决定；

（二）研究向上级部门请示的重要事项和重要决策建议；

（三）听取重要工作汇报，研究布置阶段性工作；

（四）讨论审议院改革发展有关综合规划和专项规划、院年度计划、年度经费预决算、主要科研项目和投资项目、院重要规章制度等；

（五）研究中国农业科学院机构设置、职能、人员编制等事项；

（六）讨论决定其他重要事项。

院常务会议议题由院长确定。会议的组织工作、会议记录、会议纪要的编写印发、有关材料的归档工作及议定事项的督查，由院办公室负责。会议纪要由院长签发。

三十、院长办公会议是处理院日常业务工作的会议，也可以现场办公等形式召开，由院有关领导召集和主持，按院领导分管的业务范围，研究处理有关具体工作，院机关有关部门（单位）负责人参加。会议议题由主持人确定。会议的组织工作、会议记录、会议纪要的起草及议定事项的落实，由院机关主管部门负责。会议纪要由主持会议的院领导签发。

三十一、中国农业科学院及院机关各部门要按照中央精简会议精神，对拟召开的会议实行计划管理，严格审批，减少会议数量。一般每年召开一次中国农业科学院工作会议，院机关各部门以院名义召开的工作会议原则上每两年可召开1次。各部门要在每年11月份之前将下一年度准备举办的各种全院性会议统一报院办公室，经院办公室审核协调后，报院常务会议审定。凡未列入年度会议计划的会议，原则上不予召开。确需召开的，要按程序报批。

三十二、中国农业科学院及院机关各部门召开会议要坚持务实、精简、高效、节约的原则，提倡开短会、讲短话、求实效。要改进会议方式，可以合并或套开的会议就不分别召开；应尽可能采用电视电话会或视频网络会等快捷、节俭的形式召开。会议地址的选择，要紧密结合业务工作，严禁在国家明令禁止的风景名胜区召开会议或借机组织旅游。

第八章　公文审批

三十三、院机关各部门办理的中国农业科学院公文，要符合《中国农业科学院公文处理办法》的规定。

三十四、院机关各部门草拟的中国农业科学院（党组）公文，由院办公室报有关院领导审批。

三十五、分管院领导离京出访、出差和休假期间，其分管工作的公文经主办单位电话请示分管院领导同意后，附上《呈报说明》送院长（党组书记）签发。以院办公室名义发文，原则上由办公室主任签发；如有需要，可由分管院领导签发或核报院长签发；询问或答复有关部门问题、布置工作的发文，由主管部门负责人签发。院机关各部门向院领导的工作请示，以《中国农业科学院院内签报》形式报送，由院办公室按有关规定审核后，呈送院领导审批。

三十六、严格控制发文数量和规格。能通过打电话、发便函等方式处理的事项，就不发正式文件；发办公室文件可以处理的事项，就不发中国农业科学院文件；能通过《中国农业科学院简报》向农业部反映问题或情况的事项，就不报正式文件。

三十七、切实提高公文质量和办理效率。公文起草人员应认真起草公文，各级公文审核人员应层层负责，严格审核。起草的公文在送院办公室审核前，必须经主办部门主要负责人审核签字。在保证公文质量的同时，要切实提高公文办理和运转效率。

第九章　作风纪律

三十八、院领导及院机关各部门负责人要坚决贯彻执行党和国家的路线方针政策，落实上级工作部署。严格遵守纪律，有令必行，有禁必止。

三十九、院领导及院机关各部门负责人要作学习的表率，密切关注国际国内政治、经济、社会、科技等方面发展变化的新趋势，积极参加上级及中国农业科学院举办或组织的学习活动和知识讲座，不断充实新知识、丰富新经验，不断提高思想理论水平。

四十、中国农业科学院及院机关各部门对职权范围内的事项要按程序和时限积极负责地办理，对不符合规定的事项要坚持原则不得办理；对因推诿、拖延等官僚作风及失职、渎职造成影响和损失的，要追究责任。

四十一、院领导及院机关各部门负责人必须坚决执行上级和中国农业科学院的决定，如有不同意见可按组织原则和工作渠道正式反映，在没有重新作出决定前，不得有任何与上级和中国农业科学院决定相违背的言论和行为。

四十二、中国农业科学院及院机关各部门负责人要严格遵守保密纪律和外事纪律，严禁泄露国家秘密、工作秘密或者因履行职责掌握的商业秘密等，坚决维护国家的安全、荣誉和利益。

四十三、院领导和院机关各部门负责人每年要保证一定时间深入基层，调查研究，了解情况，指导工作，解决实际问题。在基层调研或研究所考察工作，要减少陪同和随行人员，轻车简从。

四十四、为保证院领导集中精力研究处理工作中的重大问题，除院里组织安排的活动外，院属各单位需要院领导参加的会议或活动，报院办公室统一安排。

四十五、各类公务接待活动按照国家有关文件规定执行。

四十六、院领导及院机关各部门负责人要严格执行请销假制度。

第十章 附则

四十七、本规则自发布之日起施行。2003 年 6 月 13 日通过的《中国农业科学院工作规则》同时废止。以前的有关规定与本规则不一致的，按本规则执行。

关于重申领导干部外出与单位集体外出报告制度的通知

农科办办〔2010〕110 号

院属各单位、院机关各部门：

《中国农业科学院关于规范领导干部外出报告制度的决定》（农科院办字〔2001〕241 号）文件自印发以来，大多数单位和部门执行较好，少数的单位和部门执行较差。为了进一步落实院属单位主要负责同志外出请假以及单位集体外出报告制度，根据院领导指示精神，现将有关要求重申如下。

一、院属各单位、院机关各部门党政主要负责同志出差、出国（境），须事前填报“外出请假报告单”，由院办公室报院长审批，经批准后，方可外出，回单位后及时销假。

二、院属各单位、院机关各部门组织 10 人以上的集体外出活动（包括市内），须事前填报“集体外出报告单”，报院办公室备案。

请各单位、各部门认真贯彻落实院里相关请假制度，保持良好的工作秩序。院里将定期对各单位、各部门落实请假制度的情况进行检查和通报。

中国农业科学院办公室

二〇一〇年七月九日

中国农业科学院关于印发《中国农业科学院机关节能减排工作实施方案》的通知

农科院服〔2010〕126号

院属京区各单位、院机关各部门：

为确保“十一五”期间各项降低能耗任务的完成和在2009年基础上减少5%能耗的要求，根据农业部《关于加强部在京单位节能减排工作的通知》精神，制定了《中国农业科学院机关节能减排工作实施方案》现将方案发给你们，望遵照执行。

中国农业科学院

二〇一〇年六月十日

中国农业科学院机关节能减排工作实施方案

根据农业部《关于加强部在京事业单位节能减排工作的通知》精神，为确保实现在2009年基础上再减少5%能耗的要求，特制定我院机关2010年节能减排工作实施方案。

一、节能减排的目标

（一）节能指标

在2009年基础上对用水、电、油减少5%的能源消耗。

（二）管理目标

贯彻落实农业部《关于加强部在京事业单位节能减排工作的通知》的有关要求，进一步提高节能意识，加强领导，采取有力措施，保障节能工作持续、有效开展，确保实现节能减排的各项指标。

二、具体实施方案

（一）加强领导，落实工作责任，切实降低能源消耗

各单位领导要进一步提高对节能减排工作重要性的认识，单位主要领导是节能减排工作的第一责任人，分管领导是直接责任人。要把节能减排工作真正当作大事来抓，切实加强节能减排组织领导，落实工作要求，明确专人负责，形成层层有责任逐级抓落实的工作局面。

（二）强化管理，抓好节约用电

2010年，要完成在2009年基础上降低5%的电能消耗，主要采取以下节电措施。

1. 空调系统节电。加强日常管理，夏季室内空调温度设置不低于26摄氏度，空调

运行期间禁止开窗。在节能诊断基础上，实施必要的空调系统节能改造，更换高能耗设备，加装变频器等节电装置。定期对中央空调系统进行节能清洗，提高空调能效水平。做到无人时不开空调，冬季禁止使用空调取暖。2010 年制冷空调启用时间为 6 月 21 日至 9 月 3 日，工作日开启时间控制在 9：00 ~ 16：00，非工作时间不开启空调。

2. 照明系统节电。开展“绿色照明”活动，6 月底前完成对目前照明灯具的检查和更换工作。要充分利用自然光，杜绝白昼灯和长明灯。23：00 后关闭公共卫生间、洗手间的照明。在保证安全的前提下，减少地下车库照明灯具数量。除重大节日外，广场照明一律关闭。

3. 用电设备节电。淘汰高耗能的计算机、打印机等用电设备，合理配置并高效利用办公设施、设备。对电梯和电开水器采取分时分区关停措施。9：00 ~ 11：00，14：00 ~ 16：00 非高峰时期，新办公楼东西两侧各停驶一部电梯。每日 18：00以后及周六、日全天，东、西侧只运行一部电梯。三层及以下区域办公人员原则上不乘用电梯。电开水器从上午分时段停烧，16：00 后全部停烧，周六、周日全天停烧开水。电脑、打印机、复印机等设备停用 1 小时以上的要关机。

（三）加大力度，降低油、水消耗

1. 车辆节能减排。进一步清理我院超编、超标车辆，严格控制车辆编制和规模。按照要求，2010 年完成在用“黄标车”淘汰工作。将公务用车纳入政府节能采购，优先选购节能环保型车辆。加强公车日常节油管理，实行“一车一卡”定点加油制度。

2. 节约用水。加强用水设备日常维护管理，杜绝跑冒滴漏和长流水现象。办公区域绿地禁止使用漫灌方式浇灌。禁止在单位冲洗私家车。6 月 22 日前组织对办公区域用水器具进行全面排查，保证其完好性。

（四）严格建筑节能评审，抓好新建建筑节能

我院所有建设项目实行节能综合评审制度，可行性研究阶段要编制“节能篇”，并按有关规定进行节能设计评审，未通过评审的项目，不予审批。新建以及大中修改造的项目，严格控制使用玻璃幕墙，不使用落地窗，窗墙面积比不超过 50%；推广应用节能环保新型墙材、屋面材料；积极推广空调和采暖系统变频调速技术、空气热回收技术等新技术的应用，扩大太阳能等新能源的使用范围。同时，加大在建项目节能全过程监管，严格执行建筑节能施工标准，保证工程施工质量；加强节能措施和能耗指标等落实情况的督查，实行工程验收能效评定，对未达到节能设计要求的项目，限期整改。

（五）加强政府绿色采购和循环利用工作

落实《节能产品政府采购实施意见》和《环境标志产品政府采购实施意见》，严格执行政府采购节能环保产品清单制度，不断扩大节能环保产品政府采购范围。对空调机、计算机、打印机、显示器、复印机等办公设备和照明产品、用水器具，由同等优先采购改为强制采购高效节能节水环保产品。建立节能环保产品政府采购评审体系和监督制度，保证节能和绿色采购工作落到实处。进一步完善我院节能产品、技术、服务征集制度，建立跟踪、监测和优选淘汰机制，推广先进节能产品和技术。

各单位要组织开展废旧电池、电脑等办公用品耗材和废旧照明灯具的回收利用工作，推广和使用节能环保型办公材料和再生材料，减少日常办公用品的消耗。

三、加强宣传监督确保措施落实

大力开展节约能源资源和环境保护的宣传工作，提高广大干部职工的资源忧患意识和良好的用能、用水习惯，形成“人人节约、事事节约、处处节约”的良好氛围。院节能减排领导小组办公室将不定期对院部大楼整体节能情况进行检查，对不按方案规定要求的行为一经发现，立即给予通报批评，屡教不改的，取消该单位文明单位评选资格。

关于公布中国农业科学院 2010年度好公文评选结果的通知

农科办办〔2010〕122号

院属各单位、院机关各部门：

根据中国农业科学院《关于开展“好公文”评选活动的通知》精神，各单位积极参加该项活动，共推荐参评公文93份。中国农业科学院2010年度“好公文”评审组根据《中国农业科学院公文处理办法》，对报送的公文进行了认真评选，现将评选结果公布如下。

一、综合好公文获奖单位

加工所、生物所、信息所、质标所、研究生院、水稻所、棉花所、油料所、茶叶所、兰州牧药所

二、单项好公文获奖单位

上行文：棉花所

平行文：加工所

下行文：生物所

请院属各单位、院机关各部门进一步加强公文管理工作，严格执行《中国农业科学院公文处理办法》，全面提升我院公文水平。

中国农业科学院办公室

二〇一〇年七月二十一日

关于进一步加强我院宣传工作的通知

农科办办〔2010〕126 号

院属各单位、院机关各部门：

近年来，我院的宣传工作在院党组的统一领导下，在院属各单位、院机关各部门的支持配合以及新闻媒体的大力帮助下，取得了显著成效，为促进我院各项事业的发展发挥了重要作用。为贯彻落实全国农业宣传工作会议和我院宣传工作座谈会精神，进一步做好宣传工作，改进宣传方式，现就加强我院新闻宣传工作的有关意见通知如下。

一、明确分工，认真履行工作职责

院办公室统筹全院的宣传工作，组织实施全院重大题材及综合新闻的策划，协调各单位、各部门的宣传工作，开展相关人员的培训；院属各单位、院机关各部门是宣传工作的主体及主要参与者，要认真做好与本单位工作相关的新闻信息的撰写和报道、做好本部门牵头组织的各类活动的宣传工作、做好新闻线索的提供、完成院里交办的各项宣传任务。

二、抓住重点，积极主动开展宣传工作

在宣传内容上，要做到抓重点、抓焦点、抓亮点。以院党组的中心工作为重点，围绕我院在不同时期的主要任务进行宣传；以院党组和各单位提出的发展新理念和业务新举措为焦点，展开全方位宣传，为科学发展创造良好的内外部舆论氛围；以各单位科技创新成果、人才团队建设成绩为亮点，加强宣传力度。

在宣传形式上，要采取内外宣传相结合的形式，多方位、多形式进行宣传，增强宣传效果。《中国农业科学院简报》《中国农业科学院报》和《中国农业科学院网》是我院信息交流和发布的重要窗口。在新形势下要进一步加强自身建设，努力做到导向性与新闻性、指导性与可读性、专业性与群众性、思想性与服务性的有机结合，把贯彻中央、农业部精神和院党组意图，反映群众呼声统一起来，把思想性、政治性和知识性、可读性统一起来，成为我院新闻宣传的主平台。进一步提高在中央及有关部委主流媒体上宣传中国农业科学院的能力和水平，增加发稿的数量和质量；同时，切实加强与地方主要媒体沟通和合作的力度。

在宣传方式上，要从被动宣传向主动的策划式宣传转变。结合各单位在各阶段的宣

传重点，加强前期策划，组织形式多样的主题新闻宣传工作，主动采编新闻，使新闻报道由静态新闻向动态新闻转化、由浅层次报道向深层次导向型报道转化。

三、发挥优势，配合农业部做好涉农舆论的引导工作

要充分发挥我院作为国家级农业科研机构和学者专家众多、科研成果丰硕、研究平台完善的优势，在诸如动物疫情、农产品质量安全、转基因农作物研发、抗灾救灾、农产品贸易等事件中，配合农业部等有关部门，把握网络舆论引导主动权，化解“三农”舆论风险。

四、创新机制，调动各方参与宣传工作的积极性

坚持和完善中国农业科学院好新闻评选制度，提高新闻媒体对我院新闻报道的质量和积极性；加大对各单位优秀通讯员表彰和奖励力度，激励写作积极性；做好通讯员和有关人员的培训，提高写作水平；建立新闻宣传工作座谈会制度，每年年初召开由院属各单位、院机关各部门和中央及部委主要新闻媒体共同参加的宣传例会，通报上一年宣传工作的总体情况，安排本年度宣传重点工作。

2010 年，是“十一五”的收官之年，为进一步做好“十一五”各项工作成绩的宣传，为“十二五”的发展奠定良好的舆论氛围，希望院属各单位、院机关各部门深入挖掘“十一五”期间在科技创新、成果推广、科技兴农、人才培养、国际合作等方面有价值的新闻线索、创新成果、工作成效、工作经验，凝练出各单位“十一五”宣传重点，并以电子邮件形式于 8 月 31 日前报送院办公室宣传处，同时对我院的宣传工作提出意见和建议。

联系人：院办公室宣传处　倪　葭

联系电话：010-82103003

电子邮件：nijia@ caas. net. cn

中国农业科学院办公室

二〇一〇年八月五日

关于王韧副院长分工的通知

农科办办〔2010〕168 号

院属各单位、院机关各部门：

经 2010 年 10 月 19 日院党组第 12 次会议研究决定，王韧副院长分管院知识产权、科技推广与院地合作工作，协管院办公室、产业与开发工作。

特此通知

中国农业科学院办公室

二〇一〇年十月二十日

关于李金祥副院长分工的通知

农科办办〔2010〕211号

院属各单位、院机关各部门：

经2010年12月16日院党组第15次会议研究决定，李金祥副院长分管院财务局、基本建设局。

特此通知

中国农业科学院办公室

二〇一〇年十二月二十日

关于印发《中国农业科学院 2010 年安全生产工作要点》的通知

农科办办〔2010〕27 号

院属各单位、院机关各部门：

现将《中国农业科学院 2010 年安全生产工作要点》印发给你们，请结合本单位、本部门的工作实际，认真贯彻落实。

中国农业科学院办公室

二〇一〇年二月十日

中国农业科学院2010年安全生产工作要点

2010年安全生产工作总体思路是：全面贯彻党的十七大和十七届三中、四中全会精神，以邓小平理论和“三个代表”重要思想为指导，深入贯彻落实科学发展观，坚持安全发展的理念，坚持“安全第一、预防为主、综合治理”的方针，按照胡锦涛总书记提出的“思想上的弦要绷的紧而又紧，对策上的准备要细而又细，工作上的力度要强而又强”的要求，全力做好安全生产的各项工作，保证中国农业科学院安全发展。

一、进一步加强组织领导，严格落实安全生产工作责任

各单位根据人员变动情况，对本单位、本部门的安全生产委员会组成人员及时进行调整，确保安全生产领导体制健全。严格落实安全生产领导责任制，单位主要领导要亲自参与工作研究部署，加强督导检查，落实防范措施，完善逐级负责制度，一级抓一级，层层抓落实。重要的岗位、要害部位要把责任落实到具体部门、具体岗位，严格责任追究。

院机关有关局要加强对分管工作领域安全生产的检查指导。

院安全生产委员会与院属京区各单位、机关各部门签订2010年安全生产责任书，切实落实安全生产责任。

二、建立健全安全生产工作的各项规章制度

不断完善安全生产的规章制度，做到安全生产管理工作的各项环节都能够有章可循。针对各类岗位工作性质，特别是安全生产的重点部位和重要环节，完善岗位责任制，坚持一把手负全责，分管领导为主要责任人，具体工作人员为直接责任人，层层抓落实，做到职责清楚、任务明确、责任到人、工作到位。

三、定期开展安全生产检查，及时排除安全隐患

院属各单位、院机关各部门每季度要对本单位的安全生产工作进行一次检查。重点检查有毒有害物品、易燃易爆物品、化学危险物品、微生物菌毒种的安全管理情况，确保要害部位安全；加强水电气热等设施的检查，确保安全有效运行；严格落实办公室安全管理，严禁存放易燃易爆等危险物品，严格安全用电管理；加强施工工地和出租场所

的监管，明确与施工方和承租方的安全责任。各单位对排查出的安全隐患要立即整改。

院安委会将不定期对各单位安全生产管理工作进行抽查。

四、深入开展安全生产知识宣传教育活动

院属各单位、机关各部门要采取多种有效形式，充分利用各种载体，积极开展以防火、防盗、防失泄密、防交通事故为主要内容的安全常识宣传教育活动。要加强安全用电、安全防火教育，使干部职工掌握火灾预防、扑救和安全逃生知识。要积极开展安全防范常识教育，增强干部职工对人身安全和财产安全的自我保护意识。根据自驾车增多的情况，加强依法文明驾驶，安全出行的宣传内容，教育干部职工自觉遵守交通规则，坚决杜绝酒后驾车等严重违法行为。

五、加强值班值守，完善应急预案

要严格落实领导带班制度，安全值班人员要在位在岗；要结合实际落实应急处置预案，强化应急处置能力，遇到突发情况要反应迅速、指挥得力、处置及时，确保在第一时间、第一人员、第一现场处置各类突发应急事件。要落实重大情况报告制度，保证通信联络畅通，做到不延迟、不隐瞒、不漏报。

中国农业科学院与
北京中关村发展集团股份有限公司
战略合作框架协议书

甲方：中国农业科学院（简称农科院）
住所：北京市海淀区中关村南大街12号
法定代表人：翟虎渠
联系方式：电话：010-82109396，传真：010-82109396

乙方：北京中关村发展集团股份有限公司（简称集团）
公司住所：北京市海淀区海淀大街3号鼎好电子大厦A座20层
公司注册号：110000012736847
公司法定代表人：于军
联系方式：电话：010-59863038，传真：010-59863038

一、战略合作的背景

甲方中国农业科学院是国家级社会公益性科研机构，担负着发展农业科学技术、培养高级农业科研人才、组织全国农业科研协作、开展国际合作与交流、服务宏观决策的历史使命。在农业科技基础性工作、基础研究、应用基础研究、前沿高技术研究、共性关键技术研究以及重大技术集成与示范、推广与转化，解决农业与农村经济发展中的基础性、方向性、全局性、前瞻性重大问题和关键技术，引领我国农业科学技术发展等方面，行使“国家队”职责。

乙方中关村发展集团是北京市委市政府落实国务院关于“建设中关村国家自主创新示范区”的批复精神，加大统筹协调力度，加快园区建设和产业促进步伐，高标准建设中关村国家自主创新示范区，实现“人文北京，科技北京，绿色北京”和建设世界城市的战略任务、支撑创新型国家建设的一项重要举措。承担着北京市重大项目引进、统筹产业布局、建立融资平台以及受市政府委托进行重大产业化项目股权投资等职能。

二、战略合作的目的

乙方依据政府赋予的各项职能，就甲方在重大科技成果转化和产业化、企业改制、上市、重大项目落地、国家级创新基地建设等方面提供支持，以促进北京地区科技创新能力的提高、产业规模的扩大、产业结构的调整和区域经济的发展。

三、合作内容

经过友好协商，双方就重大科技成果转化和产业化、企业改制、重大项目落地、农科院京外高科技企业到北京发展等方面，达成如下战略合作框架协议。

1. 参与中国农业科学院重大科技成果的转化与产业化，具体包括转基因三系杂交抗虫棉技术（生物技术研究所）、设施农业技术（环境与可持续发展研究所）、转基因玉米（作物科学研究所）等的重大科技成果的转化产业化，根据需要可参与中试基地建设和投资入股。

2. 参与中国农业科学院下属科技企业的改制，具体包括北京中保绿农有限公司（植物保护研究所）、北京中蔬园艺公司（蔬菜花卉研究所）、北京中蜜科技有限公司（蜜蜂研究所）、北京挑战集团公司（饲料研究所）等企业的改制，根据需要可投资参股和提供中介服务。

3. 参与中国农业科学院国家重大项目——生物饲料开发国家工程研究中心的建设，根据需要可参与该研究中心的基本设施建设和投资入股。

4. 支持中国农业科学院京外高科技企业到北京发展，结合相关的国家工程技术中心的建设，进行资源整合，建立激励约束机制，根据需要可提供优惠的政策和条件，吸引、支持京外的兽用生物制品、兽药产业和其他产业到中关村落户，中关村发展集团可以在基地建设、投资入股、股权激励等方面给予支持。

四、建立工作对接机制

甲乙双方将各自明确专门部门和专门人员负责此项工作，建立对接机制，定期举办工作例会，协商下一步的工作计划并负责实施。

五、其他

1. 本协议为合作框架协议，具体合作项目待双方商定后，另择时间签订正式合同予以明确。框架协议与正式合作合同构成不可分割的整体，作为甲乙双方合作的基础文件。

2. 本协议未涉及的其他事宜另行协商。
3. 本协议自双方法定代表人或授权代表签字并加盖公章之日起正式生效。
4. 本协议一式4份，甲乙双方各持2份。

甲方：中国农业科学院

乙方：北京中关村发展集团股份有限公司

授权代表：

授权代表：

签署时间及地点：2010年5月13日于北京

石河子大学与中国农业科学院合作协议书

甲方：石河子大学
乙方：中国农业科学院

为支持国家西部大开发战略的实施，推动新疆生产建设兵团高等教育的发展，石河子大学（以下简称甲方）与中国农业科学院（以下简称乙方）经充分协商，本着“友好平等、互惠互利、资源共享、协同发展”的原则，就建立长期稳定、优势互补的全面合作伙伴关系，达成以下协议。

一、搭建人才平台，共建创新团队

1. 依据双方的学科发展和学术团队建设，双方互聘优秀拔尖人才作为对方重点学科、重点实验室研究方向的学科带头人，并给予相应的本单位政策待遇。

2. 围绕双方优势学科群体与研究方向，共同组织培养或联合引进“国家杰青”、“长江学者”、“百人计划”等高端人才，共同打造特色优势领域智力共享的优秀国家级创新团队。

3. 建立联合培养研究生机制，实施研究生联合培养计划，双方应给予对方相应的优惠支持政策。

4. 依托双方的高层次人才培养平台（博士后站、博士后科研工作站），建立交流访问研究制度，乙方接收甲方青年学术骨干到实验室开展合作研究、访问进修。

二、加强学术交流，促进学科建设

1. 积极推动开展学术互动交流活动，共同营造良好的学术氛围。双方各自牵头组织的全国性、国际性以及其他相关学术交流活动，为对方提供无偿参与机会，促进双方学科发展和学术进步。

2. 立足各自的学科优势，双方支持对方组织申报博士学位点、博士后流动站以及省部和国家重点学科。

三、实施科研合作，促进成果转化

1. 积极开展科研合作，共同组织重大科技项目的选题策划与联合申报，推荐各自优秀拔尖人才组成联合团队，乙方协助甲方组织重大科技项目的选题策划并联合申报国家973计划、863计划、科技支撑计划和国家自然科学基金（重点、重大）等项目。

2. 联合申报国家重大国际科技合作计划项目，尤其在针对中亚及周边国家的科技合作上，乙方发挥已有国际科技合作工作优势，积极支持甲方拓展与中亚及周边国家的合作渠道。

3. 联合实施国家重大科技成果转化与产业化项目，积极支持本单位科研人员参与对方策划申报科技服务、“重大科技服务工程”和全国科技支疆行动等项目。

四、共建开放平台，实现资源共享

1. 构建开放共享的环境。双方共同推动实现重点实验室、试验基地等科研条件资源的共享，共建各级科技创新平台与试验基地，为完成双方承担的国家重大科研项目提供有力支持。

2. 双方合作承担科技项目所取得的科研成果等知识产权以及共同合作获得的成果产出和各自拥有的信息资料，双方共建资料信息数据库，实行共享共用。

3. 乙方在智力、项目、成果等方面积极支持甲方建设农业部重点开放实验室“干旱区作物高产高效栽培生理与栽培技术”并支持申报国家重点实验室。

五、其他

1. 本协议一式2份，双方各持1份。未尽事宜由双方协商解决。

2. 本协议自签字之日起生效，有效期5年。

甲方：石河子大学

代表签字：

2010年9月8日

乙方：中国农业科学院

代表签字：

2010年9月8日

安徽省人民政府与中国农业科学院农业科技战略合作协议

为增强农业科技创新能力，健全现代农业产业技术体系，加快农业科技发展和农业转型升级，促进安徽农业农村经济又好又快发展，实现由农业大省向农业强省跨越，安徽省人民政府与中国农业科学院决定建立长期友好的农业科技战略合作伙伴关系，现达成以下合作协议。

一、合作宗旨

按照优势互补、突出重点、互惠互利和共同发展的原则，促进科技与地方经济结合，提高科技创新能力，构建布局合理、资源共享、运转高效的农业科技体系，实现科技创新、成果孵化、人才培养、资源聚集的多重功能，为安徽农业农村经济发展提供强有力的科技支撑。

二、合作内容

（一）为安徽农业农村经济发展提供战略决策咨询

围绕安徽省优势资源合理利用和区域发展所面临的重大农业科技问题，尤其是农业转型升级和发展方式转变、粮食产能提高等问题，共同组织中国农科界的院士、学者、专家，开展战略研究和决策咨询；参与安徽省农业产业技术政策、农业科技发展规划的研究、制定、组织和实施。

（二）联合组织实施国家农业科技重大项目

双方联合组织申报和实施国家科技支撑计划、“863”、“973”等重大国家科技项目。加强在水稻、大豆、玉米、棉花等农作物转基因以及生物技术育种、畜牧业良种繁育、农业轻简节本技术、无公害生产技术、标准化生产技术、农业防灾减灾技术、动植物重大疫病防控技术、农产品精深加工等领域的合作。在安徽共建农业重点实验室、工程技术研究中心、中试基地、农业高新技术试验示范基地等。共同筹建以安徽省农业科学院为主体的“安徽农业高新技术研究中心”、“动物遗传与健康养殖研究中心”，为高新科技研发及成果转化提供孵化基地。

（三）为实现国家新增千亿斤粮食产能开展联合科技攻关

围绕安徽省新一轮小麦高产攻关、水稻提升行动和玉米振兴计划的目标，双方联合开展科技攻关，强化安徽农业科技创新与应用能力建设，构建现代农业产业体系。中国农业科学院每年派出50名专家到安徽工作，参加安徽省主要农作物高产科技攻关、优质高产高效栽培技术集成与示范推广。安徽省政府积极支持省农业科学院参与联合科技攻关，提供资金支持和优惠政策。

（四）加强农业高新科技人才培养合作

中国农业科学院通过开放科研平台、学术交流、客座研究和联合培养研究生等形式，为安徽省培养各类高级农业研究人才。中国农业科学院在安徽省农业科学院设立研究生培养基地，联合培养高级科技人才。安徽省农业科学院定期或不定期选派科技和管理人员到中国农业科学院相关单位开展合作研究、进修、学习深造以及挂职锻炼。中国农业科学院推荐优秀科技干部到安徽省有关市、县挂职锻炼。

（五）合作建立试验示范基地，加快成果转化推广

根据安徽农业和农村经济发展需要，双方合作在安徽建立“农业技术转移中心”。中国农业科学院为安徽现代农业示范区建设提供技术支撑，优先将其研制的新品种、新技术、新产品在安徽省示范、应用和推广。安徽省提供优惠政策，鼓励中国农业科学院携技术成果到安徽省创办、领办高新技术企业或进行合作开发。

（六）加强农业科技信息交流与服务

中国农业科学院充分利用其信息基础平台，在期刊信息和网络信息方面与安徽共用共享，加强信息沟通与合作。

三、合作组织

成立农业科技合作协调领导小组。组长由安徽人民政府和中国农业科学院负责同志担任，领导小组成员为安徽省人民政府有关部门、安徽省农业科学院负责同志，领导小组下设办公室，办公室设在安徽省农业科学院，负责落实合作具体事宜。

四、协议附则

1. 本协议未尽事宜由双方另行协商。具体合作项目另行签订合作协议，并由双方组织相关部门实施。

2. 本协议有效期为 5 年，签字盖章后生效。协议期满后，经双方协商后可再行续约。

3. 本协议一式 6 份，双方各执 3 份。

安徽省人民政府

签字：

二〇一〇年十月九日

中国农业科学院

签字：

二〇一〇年十月九日

中国农业科学院与福建省人民政府联合共建中国农业科技海峡西岸创新中心协议书

为认真贯彻落实国务院《关于支持福建省加快建设海峡西岸经济区的若干意见》，加强科技创新，推动海西先行，中国农业科学院将全力支持福建省加快建设海峡西岸经济区，建成与海峡西岸经济区相适应的区域农业科技创新体系，经认真协商，就联合共建中国农业科技海峡西岸创新中心（以下简称国家海西农业创新中心）的有关事宜达成如下协议。

第一条 国家海西农业创新中心由中国农业科学院与福建省人民政府以联合共建方式，依托福建省农业科学院组建。

第二条 国家海西农业创新中心以加快海峡西岸经济区发展和开展与中国台湾地区合作为主线，以提高农业科技自主创新能力为核心，通过对海峡西岸经济区农业科学的主题优化、资源整合、平台搭建、投入增加和开放、流动、合作、共享的运行机制建设，在技术创新、成果孵化和产业化3个环节上加强科技力量配置，建立起满足农业产业化技术需求、适应市场竞争要求、具有海峡西岸经济区特色的农业科技创新体系。

第三条 在充分发挥海峡西岸经济区农业科技资源和区位优势的同时，中国农业科学院积极调整本院力量，投入相应的科技条件资源，支持福建省开展农业科技创新活动，促进海峡西岸经济区农业科技创新平台的建设与完善，使国家海西农业创新中心成为国家农业科技创新体系的有机组成部分。

第四条 国家海西农业创新中心紧紧围绕区域农业产业结构调整、农民增收、粮食安全、食品与农产品安全、农业生态环境安全等目标，加强农业科技创新能力建设，建立以福建省为中心，辐射并服务于海峡西岸经济区的农业科技创新平台和成果转化平台。以原有工作为基础，在国家海西农业创新中心框架下先期建设：

1. 国家农业生物安全科学中心华东区域分中心；
2. 中国农业科学院农业立体污染防控中心海西分中心；
3. 国家农作物种质保存中心海西分中心；
4. 中国农业科学院上海兽医研究所南方水禽流感研究中心；
5. 合作共建海峡现代农业研究院（海峡农研院）。

第五条 国家海西农业创新中心坚持服务农业、农村和农民的发展方向，积极推进区域内的人才培养、信息服务、产业发展及农民教育等各项工作，努力建成海峡西岸经济区农业科技的人才培养中心、信息服务中心、产业孵化中心和农民科技培训中心。以原有工作为基础，在国家海西农业创新中心框架下先期建设：

1. 中国农业科学院福建省农业科学院研究生教学实习基地；

2. 海峡西岸经济区农业科技培训中心；

3. 海峡西岸经济区农业信息服务中心。

第六条 中国农业科学院的主要责任是为国家海西农业创新中心的建设和发展提供以下技术支撑。

1. 联合国家海西农业创新中心组织申报和实施国家级农业科技项目，共同推进区域农业科技创新；

2. 共同组织重大农业科技成果的示范、推广和产业化开发；

3. 提供农业科技国际合作的信息服务，联合申报和实施具有区域特色的国际合作项目；

4. 通过国家重大科学工程、国家重点实验室、国家农作物改良中心等科研基地和技术平台，为国家海西农业创新中心提供开放课题及客座研究等科研条件；

5. 联合培养研究生或在职攻读学位的科技人员，共同申报和建设研究生培养基地。

第七条 福建省人民政府的主要责任是为国家海西农业创新中心的建设和发展提供以下人、财、物及政策等多方面的支撑。

1. 围绕区域农业和农村经济发展的整体目标，制定支持国家海西农业创新中心建设和与中国农业科学院联合开展农业科技创新及产业发展的优惠政策；

2. 多渠道筹措资金，支持国家海西农业创新中心大楼和相关的区域试验站的建设，保证各项研究与试验活动的正常开展；

3. 为国家海西农业创新中心与中国农业科学院联合推广科技成果、从事产业化开发等提供便利条件；

4. 为国家海西农业创新中心与中国农业科学院共同实施区域特色的国际合作项目、开展国际农业科技合作与交流提供相关的支撑条件；

5. 为中国农业科学院的科研人员到国家海西农业创新中心进行科学试验，安排学生实习和组织科学考察等提供相应便利条件。

第八条 双方同意成立国家海西农业创新中心建设领导小组。由福建省人民政府和中国农业科学院各出一名领导担任组长，中国农业科学院、福建省农业科学院和福建省人民政府有关部门为领导小组成员单位。

第九条 国家海西农业创新中心建设领导小组负责协调和指导国家海西农业创新中心的建设，并就有关重大事项进行协商和决策；领导小组下设办公室，具体负责国家海西农业创新中心的建设规划、项目申报及组织落实等日常事务的组织与协调，承办领导小组交办的相关工作。

第十条 协议中未尽事宜，由双方另行协商确定。

第十一条 本协议自双方代表签字之日起生效。

第十二条 本协议一式8份，双方各执4份。

中国农业科学院

代表：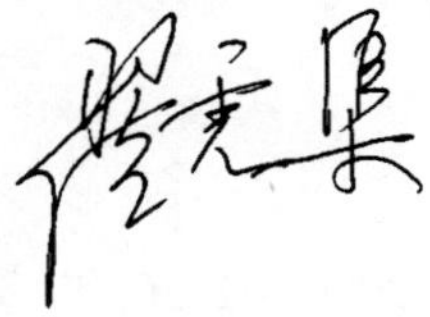

二〇一〇年十月二十日

福建省人民政府

代表：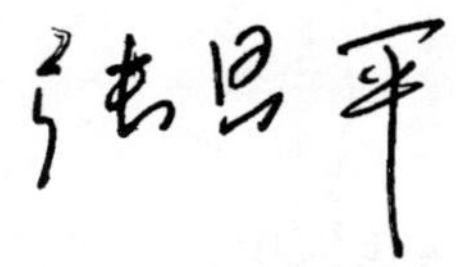

二〇一〇年十月二十日

深圳市人民政府与中国农业科学院关于合作共建现代农业生物育种创新示范区的框架协议

为贯彻落实《国家中长期科学和技术发展规划纲要（2006～2020 年）》和《珠江三角洲地区改革发展规划纲要》精神，充分发挥深圳市在体制机制、创新环境和产业发展等方面优势以及中国农业科学院在技术储备、人才培养、国际合作等方面优势，推进深圳农业核心技术的自主创新，打造国际化农业高技术创新基地，实现深圳现代农业新一轮跨越式发展，经充分友好协商，深圳市人民政府与中国农业科学院在符合相关法律、法规和政策的前提下，就合作共建现代农业生物育种创新示范区（以下简称创新示范区）有关事宜达成如下框架协议。

第一条　双方共同研究编制《现代农业生物育种创新示范区建设总体规划》，报农业部审批，并争取由农业部、中国农业科学院和深圳市人民政府合作共建现代农业生物育种深圳创新示范区。

第二条　深圳市人民政府为创新示范区的建设和发展提供以下支持。

1. 深圳市提供促进现代农业生物育种创新示范区发展的政策支持，创造良好的产业发展环境。

2. 加快推进基本农田改造，改造后形成的部分基本农田优先保证用于支持发展以生物育种为主的现代高科技农业。

3. 为创新示范区科技成果推广、产业化开发以及实施国际合作项目、开展国际农业科技合作与交流提供有利条件。

4. 为国内外生物育种科研机构人员到创新示范区进行科学试验和组织科学考察等提供便利条件。

第三条　中国农业科学院为创新示范区的建设和发展提供以下支持。

1. 积极参与和支持现代农业生物育种深圳创新示范区建设，组织深圳有关企业针对目前现代农业生物育种的重大关键问题联合攻关，申报和实施国家级农业科技项目。

2. 充分发挥中国农业科学院国家级农业科研机构的优势和种质资源优势，为深圳相关育种企业提供科研支撑条件，快速提升深圳现代农业创新能力。共同组织重大农业科技成果的示范、推广和产业化开发。

3. 提供农业科技国际合作信息，联合深圳育种单位申报和实施具有区域特色的国际合作项目。协助创新示范区开展高层次人才引进和重大项目招商。

4. 利用中国农业科学院现有的国家重大科学工程、重点实验室和农作物改良中心等科研基地和技术平台，为创新示范区提供开放课题及客座研究等科研条件。

第四条 深圳市人民政府支持中国农业科学院与深圳华大基因研究院在创新示范区共建中国农业科学院深圳基因组学研究院，实现强强联合和基因研究上下游对接，加快科技成果的转化和应用，提高国际影响力。

深圳市人民政府在符合有关规划和政策的前提下为中国农业科学院深圳基因组学研究院安排1 500亩农田作为科研试验基地，该试验基地的土地用途为农用地，未经依法批准，不得擅自变更土地用途。深圳市人民政府根据中国农业科学院在深圳发展实际需要，在符合深圳土地利用总体规划和城市规划的原则下，按照节约集约用地要求对中国农业科学院深圳基因组学研究院科研办公用地予以支持。

中国农业科学院深圳基因组学研究院引进人才按照深圳市人才政策予以落实。

第五条 深圳市人民政府支持中国农业科学院在创新示范区依法设立中国农业科学院博士后流动站，加强学术交流、合作培养和培训高素质创新人才。

第六条 深圳市人民政府支持中国农业科学院在创新示范区设立国家级和部级重点开放实验室、工程技术研究中心、工程实验室，促进技术创新和生物育种产业发展。

第七条 双方决定建立由深圳市人民政府和中国农业科学院领导牵头的战略合作协调机制，负责对重大合作事项进行协商和决策，深圳市农业和渔业局、中国农业科学院相关部门具体负责日常联络、协调工作。

第八条 本框架协议签署后，双方即派相关人员组成工作小组，具体开展相关工作。

第九条 在本框架协议实施过程中，在必要时，经双方协商同意，可以对本框架协议进行修改或补充。

第十条 本协议一式4份，双方各执2份。

深圳市人民政府

授权代表：

二〇一〇年十一月二日

中国农业科学院

授权代表：

二〇一〇年十一月二日

中国农业科学院与德宏傣族景颇族自治州人民政府农业科技合作协议

中国农业科学院作为国家综合性农业科研机构，是我国农业科技战线的主力军和国家队，在解决农业和农村经济建设中基础性、方向性、全局性、关键性重大科技问题以及科技兴农、培养高层次科研人才、发展农业科技事业、开展国内外农业科技合作与交流等方面发挥着重要的作用，为我国农业和农村经济发展作出了重要贡献。德宏傣族景颇族自治州位于祖国西南云南边陲，发展农业得天独厚，历来是全国重要的粮、糖、茶、胶等生产基地。根据德宏州农业产业结构调整和农村经济发展的实际需要，为充分发挥双方优势，共同推进双方在农业科技领域的全面合作，加快先进实用农业科技成果的推广应用，促进德宏州农业和农村经济全面发展，经德宏傣族景颇族自治州人民政府和中国农业科学院共同协商，本着真诚合作、优势互补、互惠互利、共同发展的原则，达成如下协议。

一、主要合作领域

（一）农业科技决策和咨询

双方共同组织专家，围绕德宏州农业区域发展战略、资源开发利用等相关重大科技问题，开展战略研究和科技咨询活动。参与德宏州农业发展规划、农机化发展规划、农业科技发展规划和农村经济发展规划的研究制定，对重大农业工程、重大农业科技推广、农业产业化等项目的申报和实施提供帮助、指导、咨询和建议。

（二）农业科技协作攻关研究

针对德宏州农业和农村经济发展中存在的重大技术问题，双方组织有关专家开展协作攻关。重点在育种技术、特优种质资源创新、新品种选育、农机化适用技术和智能化控制、农业节本增效工程技术、农业无公害生产技术、标准化生产技术、规模化生产技术、农业抗灾减灾技术等事关全州粮食安全和农民持续增收的关键技术上提出相应技术对策和项目建议，并开展合作研究。

（三）共建现代农业产业园区，推进现代农业产业体系建设

1. 按照《德宏州现代农业产业园区规划》，共同建设集良种繁育、种养、加工、物流、农业科技活动五大功能于一体的德宏州农业产业园区，建成具有边疆地区特色的国家级农业产业园。

2. 围绕优质粮油、滇南小耳猪、奶水牛、茶业、水果、中药材等特色优势产业发展，重点开展遗传育种、新品种引进、技术改良、产品质量安全、新产品开发、农产品精深加工与储藏保鲜等方面的研究，为产业发展各环节提供技术支持，逐步建成具有德宏特色和竞争优势的农业产业体系。

3. 根据《德宏州农机化区划》，结合农业产业发展，以引进、改进国内外先进的农机具及其综合配套技术为主，共建集农机新产品研发、展示、交流、信息咨询服务、技术培训、试验示范推广为一体的多功能德宏州现代农机科技示范园。加强农机科技协作，开展主要作物农机农艺配套、技术集成等科技攻关，建立农机科技成果示范基地，加快提升德宏农机化水平，为农业农村经济发展提供农机科技支撑。

（四）共建农业科技成果试验示范及转化基地，加快推进德宏现代农业发展

1. 共建区域产业技术研发中心、农业科技成果试验示范及转化基地、重点实验室、农业信息技术中心等科技创新和支撑服务平台，为农业科研机构和农业企业提供科技信息资源和技术服务，加快农业高新技术成果的转化应用，为德宏现代农业的发展提供强有力的科技支撑。

2. 将德宏州发展现代农业的重大关键技术问题作为研究课题，联合向国家、地方相关部门申报科技项目。中国农业科学院优先在德宏组织安排相关重点试验示范项目，在农业科技成果的转化、应用上给予倾斜，在促进德宏现代农业发展项目上给予优先支持。并鼓励有关专家、高级专业技术人员到德宏来创办、领办农业高新技术企业或开展合作开发，德宏州提供优惠政策优先给予支持。

（五）加强人才技术培训和交流，为德宏现代农业发展提供人力资源保障

通过采取中国农业科学院下派科研人员到德宏挂职锻炼、安排德宏相关人员到中国农业科学院上挂研修、邀请中国农业科学院科技人员到德宏开展科技培训以及选送人员报考中国农业科学院研究生、参加中国农业科学院举办的各种培训活动等方式，为德

宏培养造就一批高水平的现代农业科技人才和发展农村经济的专业人才。

二、合作方式及运行机制

（一）建立领导机构

成立院州合作协调领导小组及工作小组。中国农业科学院领导小组组长由分管院领导担任；德宏州领导小组组长由州长担任，副组长由分管副州长担任。工作小组分别设在中国农业科学院科技管理局和德宏州农业局。

（二）建立协调机制

中国农业科学院与德宏州人民政府建立联席会议和高层定期会晤制度，双方领导小组负责研究确定合作的重要项目，协调解决合作中遇到的主要问题，研究和议定进一步加强合作的意见。双方工作小组负责定期沟通业务工作进展情况，研究合作中遇到的具体问题，提出解决的意见和建议。

（三）工作机制

为进一步做好双方的合作工作，中国农业科学院将德宏州作为研发与成果转化基地，优先对德宏州技术转移，优先联合德宏州农业科研机构和农业企业申报国家科技项目。德宏州安排双方合作专项资金，列入财政预算，重点支持与中国农业科学院合作开展的科技项目；同时在科技项目建设规划、项目审批、科研立项、项目经费等方面给予优先支持；协调各级政府支持在德宏州实施的有关基地、园区、示范工程等项目，为科研人员提供良好服务，为科研活动提供相应配套设施。

（四）积极推进项目实施

根据德宏州的实际需求，分期分批洽谈合作项目，签订具体项目合作协议，确保项目实施。

三、其他事项

1. 在本协议范围内，双方协商确定的具体合作项目根据需要另行签署具体合作协议。

2. 其他未尽事宜，双方友好协商处理。

3. 本协议一式4份，双方各执2份。本协议有效期5年，自双方签字盖章之日起生效。

中国农业科学院

代表（签字）：

2010年12月9日

云南省德宏傣族景颇族自治州人民政府

代表（签字）：

2010年12月9日

中国农业科学院与湖南省农业科学院科技合作协议

中国农业科学院（甲方）
湖南省农业科学院（乙方）

为了整合优化农业科技资源、加快国家和区域农业科技创新步伐，在《湖南省人民政府与中国农业科学院科技合作协议》《中国农业科学院与湖南省农业科学院科技合作框架协议》基础上进一步深化甲乙双方的合作关系，甲方运用其丰富的科技资源，支持乙方提高科技创新能力和创新水平，使乙方逐步发展成为服务湖南、辐射长江中下游的区域性的农业科技创新基地，经双方友好协商，达成如下协议。

一、甲方充分发挥科技人才、科研积累和承担国家任务的优势，支持乙方在杂交水稻、优质水稻、茶叶、油菜、蔬菜、柑橘、资源和环境、农业有害生物防控、农产品加工等领域联合共建或派出专家指导建设一批重点学科，共同制定学科发展战略，明确学科发展方向，凝练学科重点发展项目，帮助乙方培养学科领军人才和建设创新团队。为优势学科承担国家科研任务、参与国家农业产业技术体系、重大项目申报提供支持。联合组织产业发展技术需求调研，联合申报国家重大科技项目和国际科技合作项目。

二、采取甲乙双方联合共建、支持乙方自建等方式加快建设乙方科技创新平台，甲方支持乙方申报建设区域性（专业性）农业部重点实验室，区域品种改良中心、野外试验工作站，根据甲方科技创新平台布局的需要在乙方共建联合实验室和研究分中心，共同申报国家科研平台和国际科技合作平台。

三、甲方利用国家重大科学工程、重点实验室、农作物改良中心等科研平台为乙方提供开放性课题及客座研究条件，乙方每年选派10名左右年轻科技人员到甲方学习深造，甲方每年派遣2～3名专家到乙方讲学，3～5名专家来院指导科学研究，支持各领域专家和机构组织专题研讨会。中国农业科学院研究生院与中南大学研究生院隆平分院建立战略合作关系，两院在学生交流培养、实习场地提供等方面相互支持。相互支持重大农业科技成果示范、推广和产业化。乙方支持甲方在湖南建立稳定的科技示范基地，并提供必要条件和信息服务。

四、加强双方科技信息情报交流，互赠内部报刊、资料，交流种质资源。

五、乙方为甲方在湖南进行科学试验、市场调研、人员往来提供一切便利条件，为双方科技合作提供人力、物力、财力支持。

六、完善合作机制。建立合作会商制度。每年举行1～2次科技合作日活动，相互交流科研情况，对接合作项目、总结合作成果、探索新的合作领域，每年举行 1 次相关领域专家交流会，共同研讨农业发展重大科学问题以及区域现代农业发展技术瓶颈。

七、成立科技合作领导小组，领导小组由刘旭、王小虎、何铁林、邹学校、单杨组成，刘旭副院长担任组长，何铁林同志担任副组长，由甲方科技局和乙方科研处确定专人，负责日常组织、协调科技合作相关事务工作。

八、未尽事宜，协商办理。

中国农业科学院

2010 年 12 月 20 日

湖南省农业科学院

2010 年 12 月 20 日

关于同意成立
中国—阿根廷食品科学技术中心的批复

农科办办〔2010〕108 号

农产品加工研究所：

你所《关于成立中国农业科学院“中国—阿根廷食品科学技术中心”的请示》（农科加工办〔2010〕22 号）收悉。为更好地执行科学技术部“建设中国—阿根廷食品科学技术中心议定书”内容，促进我院食品科学与工程学科的发展，经研究，同意成立中国—阿根廷食品科学技术中心（以下简称“中心”）。“中心”为非实体机构，挂靠你所，办公场所、人员、经费均由你所内部调剂解决。

此复

中国农业科学院办公室

二〇一〇年七月八日

关于同意成立中国农业科学院临床兽医学研究中心的批复

农科办办〔2010〕160号

兰州畜牧与兽药研究所：

你所《关于申请组建中国农业科学院临床兽医学研究中心的请示》（农科牧药办〔2010〕51号）收悉。为整合我院相关科技资源和研究力量，促进优势学科建设与发展，发挥我院在临床兽医科学研究领域的国内主导地位和主体作用，全面提升农业科技自主创新能力和国际影响力，经研究，同意在你所成立“中国农业科学院临床兽医学研究中心”（以下简称“中心”）。“中心”为非法人机构的学术性科研协作组织，所需办公场所、人员、经费均由你所内部调剂解决。

此复

中国农业科学院办公室

二〇一〇年十月十日

关于同意成立中国农业科学院农村能源新材料应用研究中心的批复

农科办科〔2010〕181 号

沼气科学研究所：

你所《农业部沼气科学研究所关于成立“中国农业科学院农村能源新材料研究中心”的请示》（农沼科〔2010〕68 号）收悉。为积极推动我院在农村能源新材料应用等方面研究，提升自主创新能力，培育新兴、交叉学科，促进我国沼气工程技术和生物能源产业发展，经研究，同意在你所成立“中国农业科学院农村能源新材料应用研究中心”（以下简称“中心”）。“中心”为非法人机构的学术性科研协作组织，所需办公场所、人员、经费均由你所内部调剂解决。

此复

中国农业科学院办公室

二〇一〇年十一月十一日

关于同意成立中国农业科学院干部培训中心（兴城）的批复

农科办办〔2010〕209号

果树研究所：

你所《关于成立中国农业科学院干部培训中心（兴城）的请示》（农科果〔2010〕69号）收悉。经研究，同意在你所成立“中国农业科学院干部培训中心（兴城）”。请你所积极做好培训中心的筹建工作。

此复

中国农业科学院办公室

二〇一〇年十二月十四日

关于同意成立中国农业科学院杂交小麦研究中心的批复

农科办科〔2010〕223 号

作物科学研究所：

你所《关于建设中国农业科学院杂交小麦研究中心的申请》（农科作科〔2010〕77 号）收悉。为进一步推动我国小麦杂种优势理论和育种新方法、新技术研究，促进优势杂交小麦新品种新组合的培育和杂交小麦高效制种与栽培技术体系的创新，支撑我国生物种业产业发展，提高粮食综合生产能力，保障国家粮食安全，经研究，同意在你所成立“中国农业科学院杂交小麦研究中心”（以下简称“中心”）。“中心”为非法人机构的学术性科研协作组织，所需办公场所、人员、经费均由你所内部调剂解决。

此复

中国农业科学院办公室

二○一○年十二月三十一日

九、党建、反腐败与精神文明建设

中国农业科学院直属机关 2010年党的工作要点

直党字〔2010〕7号

中国农业科学院直属机关2010年党的工作总体要求是：坚持以邓小平理论、“三个代表”重要思想为指导，深入贯彻落实科学发展观，按照党的十七大和十七届四中全会精神的要求，着眼于保持和发展党的先进性，扎实推进学习型党组织建设，深入开展创新文化建设，以改革创新精神全面加强党的思想、组织、作风、制度、反腐倡廉建设和精神文明建设，不断提高我院直属机关党建工作科学化水平，为圆满完成我院“十一五”科技创新各项任务、提高农业科技自主创新能力，提供坚强的政治、思想和组织保证。

一、扎实推进学习型党组织建设，不断提高党员干部思想政治水平

（一）深化中国特色社会主义理论体系武装工作

坚持理论武装工作格局，组织党员干部深入学习邓小平理论、“三个代表”重要思想和科学发展观，不断提高理论素养，作真学真懂真信真用的表率。认真总结推广学习实践科学发展观活动的成功经验，不断推动学习实践科学发展观向深度和广度发展。大力弘扬理论联系实际的学风，引导党员干部把学习理论与推动农业科技创新事业发展的中心工作结合起来，形成学以致用、用以促学、学用相长的良性循环。

（二）深化社会主义核心价值体系学习教育

坚持把理想信念教育作为重中之重，教育引导党员干部增强党的意识、宗旨意识、执政意识、大局意识、责任意识，做到为党分忧、为国尽责、为民奉献，带头做共产主义远大理想和中国特色社会主义共同理想的坚定信仰者。加强党的路线方针政策、党章党史党纪和形势任务教育，增强政治敏锐性和政治鉴别力，始终保持立场坚定、头脑清醒。加强思想道德建设，引导党员干部带头弘扬民族精神和时代精神，自觉践行社会主义荣辱观。

（三）扎实开展学习型党组织建设活动

起草下发《关于推进学习型党组织建设的实施方案》。坚持以中心组学习为龙头、处以上领导干部和青年党员为重点、党支部抓落实的理论武装工作格局，以创建学习型党支部为基础，健全务实管用的学习制度，规范学习管理，改进学习考核，营造崇尚学习的浓厚氛围，推动党员干部向书本学习、向实践学习、向群众学习，把各级党组织建设成为学习型党组织，把各级领导班子建设成为学习型领导班子。所局级领导干部要带头撰写学习体会或论文，充分发挥领导干部的带头作用。利用院直属机关党建网页、院报、《农科党建》等媒体的宣传作用，促进学习成果的交流与运用。

（四）加强党员培训和形势政策教育

各级党组织要结合国际国内形势的发展变化、党和国家重大政策措施特别是“三农”政策措施的出台，结合我院党员普遍关心的问题，采取请进来、走出去的方式，组织举办形势报告会、专题讲座、新发展党员培训、集中学习、参观展览、实地学习考察等，帮助党员干部认请形势，明确任务，鼓舞斗志，坚定信心，不断增强我院党员干部贯彻落实党的路线方针政策的自觉性和坚定性。

二、坚持做好抓基层打基础工作，努力推进高素质党员干部队伍建设

（五）积极推进基层党组织建设

认真组织学习贯彻《中国共产党党和国家机关基层组织工作条例》，进一步规范基层组织工作。创新基层党组织活动的内容方式，在扩大党员参与度、提高针对性和实效性上下功夫，切实增强党组织的吸引力和凝聚力。加大在高级知识分子、中青年科技骨干等优秀分子中发展党员力度，执行发展党员公示和无记名投票表决制度，提高发展党员质量。结合开展民主评议党员工作，做好 2008～2009 年度院直属机关“先进基层党组织、优秀共产党员和优秀党务工作者”评选表彰工作。组织开展党建工作调研，增强党建工作的针对性和实效性。关心党务干部成长，加强党务干部教育培训和实践锻炼，积极推进党务干部和业务干部的交流。继续举办党办主任、党支部书记、入党积极分子培训班。

（六）积极发展党内民主

认真贯彻落实《党内基层民主建设实施纲要》和《党务公开实施意见》，进一步完善党的民主制度，切实落实党员的知情权、参与权、选举权、监督权，发挥党员在党内生活中的主体作用。拓宽党员参与党内事务的渠道和途径，完善和落实党内情况通报、情况反映、重大决策征求意见、党务信息发布等制度，鼓励党员对党内事务积极建言献策。

（七）加强对党员的教育、管理和服务

加强党员教育管理，严格党内生活，坚持“三会一课”和党员领导干部参加双重组织生活会制度，增强党内生活原则性和实效性。健全完善党内激励、关怀、帮扶机制，帮助生活困难党员和老党员解决实际问题。扎实推进离退休干部职工党的工作，充分发挥离退休干部职工党组织作用，切实做好为老同志服务工作。

三、不断完善惩治和预防腐败体系建设，深入做好反腐倡廉工作

（八）着力推进反腐倡廉制度建设

坚持标本兼治、综合治理、惩防并举、注重预防的方针，把反腐倡廉制度建设放在更加突出的位置，进一步健全完善反腐倡廉教育、监督、预防和惩治等各项制度，抓好《中国农业科学院党组贯彻落实〈建立健全惩治和预防腐败体系 2008 ~ 2012 年工作规划〉的实施办法》的具体意见分工任务的落实。严格执行《中国共产党党员领导干部廉洁从政若干准则》，认真落实党员领导干部报告个人有关事项制度。严格执行党风廉政建设责任制和党政领导干部问责制，发挥领导干部执行制度的表率作用。

（九）深入开展反腐倡廉教育

以党性党风党纪和廉洁从政教育为重点，深入开展示范教育、警示教育和岗位廉政教育，提高党员干部拒腐防变的意识和能力。加强正面引导，改进教育方式，积极探索利用互联网等传播手段开展反腐倡廉宣传教育的新途径，增强教育的针对性和实效性。推进廉政文化建设，大力营造“以廉为荣、以贪为耻”的浓厚文化氛围，使党员干部自觉做到遵纪守法、廉洁从政、廉洁从业。

（十）健全监督机制，从源头上预防和治理腐败

要更加注重从源头上预防和治理腐败工作，加强对重点部门、重要领域和关键环节权力行使的监督，推动廉政风险防范机制建设，切实做到严密防范和关口前移。健全完善监督约束机制，加强对领导干部遵守政治纪律、贯彻落实科学发展观、执行民主集中制和落实廉洁自律各项规定情况的监督。加强纪检组织建设和干部队伍建设，充分发挥纪检组织的职能作用。

四、大力加强精神文明建设，做好统战和群团工作

（十一）扎实推进精神文明建设

坚持重在创建、贵在坚持、务求实效的原则，继续开展“文明单位、文明职工”评选活动。各单位要把创建活动作为围绕中心、服务大局，促进农业科技创新事业发展的重要载体，广泛发动党员干部参与。充分发挥典型引路作用，进一步弘扬“祁阳精神”，积极在我院营造崇尚先进、学习先进、争当先进的良好风气。组织开展精神文明建设课题研究，结合我院实际，不断修订完善各项制度，进一步提升我院精神文明建设水平。

（十二）做好群团统战工作

加强对工青妇组织的领导，提高群团组织联系群众、引导群众、服务群众和维护群众权益的能力，注重发挥其桥梁纽带作用，协助党组织做好化解矛盾、理顺情绪、困难帮扶等工作。院工会要组织开展丰富多彩的文体活动，组队参加农业部组织的有关体育比赛。院团委积极开展“创建学习型团组织”活动，满足团员青年对学习的需求。院妇工委围绕纪念世界妇女运动100周年，开展“巾帼百年史，风采农科人”主题活动，做好军民共建工作。加强党的统战政策和知识学习教育，提高做好统战工作的能力，落实统战工作制度，充分发挥各民主党派和无党派人士的作用。

（十三）加强和改进思想政治工作

制定下发《关于进一步加强和改进新形势下思想政治工作的意见》。坚持以人为本，加强人文关怀和心理疏导，强化服务意识，创新方式方法，以提高党员干部的思想素质和业务能力为根本，以解决党员干部的实际问题为重点，既解决共性问题，又满足个性化需求，不断增强思想政治工作的针对性和实效性。继续组织好走访慰问送温暖活

动。切实巩固教育转化“法轮功”练习者工作成果，维护我院政治稳定。

五、深入开展创新文化建设，营造科技创新良好氛围

（十四）继续推进创新文化建设

认真落实院党组《关于深入推进创新文化建设工作的意见》，进一步加强组织领导，推广应用已有成果，拓展创新文化建设途径，不断推动我院创新文化建设深入开展。将各单位创新文化开展情况列入年终考核内容，并作为院级文明单位评选的重要指标。

（十五）广泛传播创新文化理念

结合院所实际，广泛宣传《中国农业科学院职工守则》和《中国农业科学院科技人员道德准则》，唱响《中国农业科学院之歌》，学习《农科英才》中的先进集体和先进人物，传播先进文化。在认真总结我院优秀文化传统基础上，提炼中国农业科学院精神，营造鼓励创新的文化氛围。

（十六）加强创新文化建设研究

围绕创新文化建设中涌现出来的如何深入推进、如何凝练传播理念、如何考核评比等深层次问题，积极组织开展《创新文化建设对策研究》，认真总结创新文化建设的实践经验，提出深入推进创新文化建设新思路、新举措。

六、积极推进直属机关党建工作创新，努力提高我院党的工作科学化水平

（十七）积极推进直属机关党建制度创新

全面落实直属机关党建工作责任制，建立健全党建工作长效机制。坚持一级抓一级、一级带一级的直属机关党建工作格局，进一步明确工作责任，研究落实措施。认真贯彻《中国农业科学院直属机关党建工作考核办法（试行）》，完善考核方式，加强监督检查，推动党建工作任务的落实。

（十八）加强党建课题研究

注重发挥“院党的建设和思想政治工作研究会”作用，围绕我院党建工作重大问题和干部职工关注的热点问题，组织开展党建重点课题的研究。开展优秀论文评选表彰，加强对我院党建实践经验的总结，不断深化对农业科研单位党建的规律性认识，努力提高党建工作科学化水平。

中国农业科学院直属机关 2010 年党的工作总结

2010 年，在中国农业科学院党组和农业部直属机关党委的领导下，院属各级党组织和广大党员干部坚持以邓小平理论和“三个代表”重要思想为指导，全面落实科学发展观，深入学习贯彻党的十七届五中全会精神，以开展创先争优活动和推进学习型党组织建设为重点，以深化创新文化建设和精神文明建设为载体，围绕中心，服务大局，全面推进院直属机关党的建设，为不断提高我院党建工作科学化水平，为推动我院各项工作科学发展提供了坚实的思想、政治和组织保证。

一是深入开展创先争优活动，有力推动中心工作完成。院党组对创先争优活动高度重视，成立了以翟虎渠院长为组长的领导小组，制定并印发了实施意见。院属各级党组织和广大党员干部紧紧围绕“推动科学发展、促进院所和谐、服务‘三农’事业、加强基层组织”的总体要求，紧扣“增强党性作表率，科技创新当先锋”的活动主题，精心设计活动载体，把创先争优活动与深入开展“讲党性、重品行、作表率”活动、学习型党组织建设、精神文明建设和创新文化建设结合起来，把创先争优活动激发出来的热情转化为做好本职工作的实际行动。评选表彰了 2008～2009 年度院直属机关 27 个先进基层党组织、52 名优秀党员、33 名优秀党务工作者。充分发挥《中国农业科学院院报》、院网等媒体作用，广泛开展学习宣传“两优一先”先进事迹活动，努力在我院营造学先进、赶先进、做贡献、当表率的良好氛围。做好公开承诺和领导点评工作，采取动员会、座谈会、汇报会、交流点评会等形式，切实推进创先争优活动深入开展，有力推动了我院中心工作任务的完成。把科技救灾作为创先争优的一项重要工作内容，动员各级党组织和党员干部投身抗旱、抗震救灾和恢复农业生产工作，全院党员干部职工开展向青海玉树地震灾区、甘肃舟曲特大山洪泥石流灾区捐款活动，分别捐款 69 万元和 61 万多元。

我院创先争优活动得到了上级党组织和韩长赋部长的高度认可：中国农业科学院认真贯彻中央和部党组的部署和要求，以“增强党性作表率、科技创新当先锋”为主题，紧紧围绕推进农业科技创新、提升农业技术服务能力、强化人才队伍建设、创新农业科技体制机制、加强党风廉政建设，扎实开展创先争优活动，取得了积极成效。希望农业科学院在新的一年里继续发扬成绩，进一步加强工作指导、创新活动载体，做好承诺、践诺、评诺等工作，把创先争优作为推进各项工作的动力和保证，为实现“十二五”良好开局作出新的贡献。

二是扎实开展学习型党组织建设，思想政治建设进一步加强。组织广大党员干部深入学习中国特色社会主义理论体系，深入贯彻落实科学发展观，加强社会主义核心价值体系学习教育。认真贯彻落实党的十七届四中全会精神，印发了《中共中国农业科学院党组关于推进学习型党组织建设的实施方案》，成立了领导小组，召开了动员大会，加强对我院学习型党组织建设的领导和指导。七一前夕，邀请中央党校教授为党员干部作了题为《创建学习型党组织　提高基层党建科学化水平》的专题辅导报告。充分发挥中心组的龙头带动作用，组织党员干部围绕贯彻党的十七届五中全会精神等主题开展学习，所局级领导积极撰写了学习论文，把学习成果落到实处。组织全院党员参加中央国家机关工委“读书与实践”征文活动，提交征文 44 篇，充分展示广大党员的学习成果。向各级党组织发放《马克思恩格斯文集》《农业部干部理论学习》等书籍 13 000余册，为党员学习提供便利。我院学习型党组织建设取得积极成效，在农业部“讲党性、重品行、作表率”活动总结大会暨推进学习型党组织建设经验交流会上，我院作物科学所第二党支部以《建设学习型党支部　增强科技创新能力》为主题作了书面发言。

三是加强基层组织建设，夯实党的组织基础。组织召开了 2010 年党的工作会议，认真总结回顾 2009 年院直属机关党的工作，研究部署 2010 年院直属机关党的工作。组织开好 2010 年度党员领导干部民主生活会，加强督促指导。加强基层党组织换届选举指导和党员的管理、服务，共指导 4 个直属党组织换届选举和增补委员，组织 24 名入党积极分子参加农业部举办的入党积极分子培训班，新发展党员 110 名，壮大了党的队伍，增强了党组织的生机活力。加强党务干部培训，全年共培训 200 人次。注重加强舆论宣传，对党委网页进行了全面改版，加强了对网页的管理。2010 年党委网页共上传各类信息 336 条，比 2009 年增长了 230%；点击率超过 6 万次，比 2009 年增长了 100%。认真做好信息上报工作，在农业部直属机关党委 2010 年党建宣传信息工作评比考核中，我院获得第二名。

四是加强反腐倡廉建设，党风廉政建设不断深入。认真抓好《农业科学院党组贯彻落实〈建立健全惩治和预防腐败体系 2008 ~2012 年工作规划〉的实施办法》的具体落实，不断加强领导干部党性修养和党性锻炼，增强了廉洁自律意识。深入开展党风廉政教育，通过举办“廉政文化宣传月活动”，开展讲廉政党课、观看廉政宣传教育片等活动，提高了党员干部廉洁从政、廉洁从业意识。更加注重从源头上预防和治理腐败工作，加强对重点部门、重要领域和关键环节权力行使的监督，推动廉政风险防范机制建设。积极推进廉政文化建设，制定并印发《关于加强廉政文化建设的意见》，大力营造“以廉为荣、以贪为耻”的浓厚文化氛围。

五是党政群团齐抓共管，精神文明建设不断推进。起草印发《关于进一步加强和改进新形势下思想政治工作的意见》，开展了干部职工思想状况调查分析，有针对性地做好思想政治工作。表彰了 20 个 2009 ~2010 年度“中国农业科学院文明单位”，41 名 2009 ~2010 年度“中国农业科学院文明职工”，其中 2 个单位还荣获中央国家机关文明单位称号。举办了京区职工趣味运动会，组织参加农业部系统游泳比赛、中央国家机关第三届职工运动会有关项目，并代农业部承担了中央国家机关第三届职工运动会四项赛事，取得了优异成绩。在广大青年中开展“创建学习型团组织”活动，邀请院、所领导向全院团员青年推荐了50余本精品书籍，满足团员青年多读书、读好书的需求。组织开展了“学习两则　争做优秀农科人”演讲比赛。围绕纪念三八妇女节100周年，在女职工中开展了“巾帼百年史　风采农科人”宣传月活动，编辑出版《优秀妇女风采录》；组织全院女职工参加中央国家机关妇工委“成长·成才·成功”论文征集活动，充分展示了我院新时期知识女性在农业科研和管理领域的突出成绩和时代风采。

六是深入推进创新文化建设，激励创新的文化氛围更加深入人心。2010年，我院创新文化建设工作取得了新进展。理念文化建设进一步深入。通过邀请北京大学、北京师范大学3位著名国学专家进行指导和在全院团员青年中开展征集活动，进一步凝练中国农业科学院精神；继续向全院发放《农科英才》一书，组织全院干部职工认真学习。制作发放“两则”宣传画，加大“两则”宣传力度。院所标识文化建设基本完成。编辑出版了《中国农业科学院创新文化成果汇编》，充分展示了我院创新文化建设成果。为推动创新文化建设的深入开展，2010年9月，在上海组织召开了深化创新文化建设工作会，系统总结我院5年来开展创新文化建设的成绩和经验，研究提出深化创新文化建设的工作思路。通过不断努力，创新文化建设已经成为全院党建工作的重要内容，创新的理念、创新的文化、创新的氛围逐渐渗透到科技创新的各个方面。

中共中国农业科学院党组关于推进学习型党组织建设的实施方案

（2010 年 6 月 12 日）

为深入贯彻党的十七届四中全会精神，认真落实《中共农业部党组关于推进学习型党组织建设的实施方案》（农党组发〔2010〕21 号）的要求，大力加强中国农业科学院学习型党组织建设，不断提高党员干部队伍素质，进一步提升党组织推动科学发展的能力，全面推进我院党的建设，努力促进农业科技创新事业科学发展，结合我院实际，制定如下实施方案。

一、指导思想、基本原则和目标任务

（一）指导思想

高举中国特色社会主义伟大旗帜，坚持以邓小平理论和“三个代表”重要思想为指导，深入贯彻落实科学发展观，全面贯彻落实党的十七大和十七届三中、四中全会精神，紧紧围绕党和国家“三农”工作大局和院党组的中心任务，按照“科学理论武装、具有世界眼光、善于把握规律、富有创新精神”的总体要求，以提高各级党组织创造力、凝聚力、战斗力和广大党员干部思想政治水平为基本目标，牢固树立党组织全员学习、党员终身学习的理念，形成重视学习、崇尚学习、坚持学习的浓厚氛围，丰富学习内容，创新学习方式，建立健全学习长效机制，大力提高党员干部的思想业务素质和执行能力，不断在武装头脑、指导实践、推动工作上取得新成效，为推动农业科技事业的又好又快发展提供有力保证。

（二）基本原则

推进学习型党组织建设，必须坚持解放思想、实事求是、与时俱进，用发展着的马克思主义指导新的实践；坚持理论联系实际的马克思主义学风，切实推动实际问题的解决；坚持领导干部作表率，调动广大党员的积极性、主动性；坚持改革创新，支持鼓励大胆探索；坚持建立健全长效机制，推动学习经常化、制度化。

（三）目标任务

推进学习型党组织建设是一项长期的战略任务，要紧密结合农业科研单位的实际，创新学习方法，丰富学习内容，完善学习制度，增强学习效果，把各级党组织建设成为学习型党组织、各级领导班子建设成为学习型领导班子、广大党员干部建设成为学习型党员干部。具体实现六个方面的目标任务：

一是牢固树立科学的学习理念。引导党员干部树立重视学习、热爱学习、终身学习的观念，坚持在工作中学习，在学习中工作，把学习当成一种生活态度、一种工作责任、一种精神追求。发扬“挤”和“钻”的精神，养成勤奋学习、深入思考的习惯，坚持向书本学习、向群众学习、向实践学习，切实做到学以立德、学以增智、学以创业。

二是不断增强学习能力。善于学习，不断健全学习制度，强化学习管理，改进学习方法，充分运用现代科技手段拓展学习的内容、途径和渠道，增强学习新思想、新知识、新经验的本领，提高学习效率和质量。勤于思考，结合工作学习，带着问题学习，在总结经验中获得提高，在汲取教训中取得进步，通过潜心思考，进一步深化对规律的认识和把握，提高分析问题和解决问题的能力。重于运用，坚持理论与实践相结合，不断把学习成果转化为推动工作的新思路、新办法，切实有效地解决实际问题。

三是切实提高思想政治和业务素质。引导党员干部坚定共产主义远大理想和中国特色社会主义共同理想，提高政治敏锐性和政治鉴别力，增强贯彻党的理论路线方针政策的自觉性和坚定性，牢固树立正确的世界观、人生观、价值观，讲党性、重品行、作表率，做到为民、务实、清廉。全面掌握业务知识，不断提高研究能力，增强宏观和战略思维，开阔视野、开阔思路，更新观念、促进创新，不断提高工作效能。

四是逐步健全完善学习体系和机制。采取个人自学、集体学习、岗位培训等学习形式，座谈会、知识竞赛等学习方法，增强学习的针对性和实效性，基本建立全方位的学习网络，形成人人学习、全面深入学习的体系。各级党组织要有学习安排，党员个人要有自学计划，形成一级抓一级、层层抓落实的学习机制，不断健全学习制度，完善学习机制，逐步改善学习条件。

五是扎实推进我院党的建设。通过推进学习型党组织建设，总结把握我院党建工作的新特点、新经验、新规律，运用现代科学管理方法，进一步建立健全党建工作长效机制，全面推动我院党的思想、组织、作风、制度和反腐倡廉建设，不断提高我院党建工作科学化水平，充分发挥各级党组织在党员增强党性修养、提高思想觉悟和学习新知识、增长新本领方面的大熔炉、大学校作用。

六是努力推动农业科技事业又好又快发展。努力把学习的成果转化为走中国特色农业现代化道路的坚强意志，转化为科技支撑农业农村经济科学发展的正确思路，转化为推动现代农业建设的实际能力，转化为提高农业科技自主创新能力、保障粮食等主要农产品有效供给的有效措施，不断破解影响和制约农业科技事业科学发展的重大问题，为实现“三个中心、一个基地”目标提供有力支撑。

二、学习内容和途径方式

（一）学习的主要内容

一是坚持用中国特色社会主义理论体系武装头脑。深入学习马克思列宁主义、毛泽东思想、邓小平理论和“三个代表”重要思想以及科学发展观，全面系统、完整准确地掌握中国特色社会主义理论体系的重大意义、时代背景、实践基础、科学内涵和历史地位，深刻领会马克思主义的立场、观点和方法。把学习中国特色社会主义理论体系同研读马克思主义经典著作结合起来，同认真总结党的历史经验、改革开放的经验特别是近年来农业科技服务“三农”事业发展的宝贵经验结合起来，同学习党的“三农”理论结合起来，从理论和实践、历史和逻辑的统一上加深理解，增强学习贯彻中国特色社会主义理论体系的自觉性和坚定性。

二是深入学习实践科学发展观。认真总结深入学习实践科学发展观活动的成功经验，引导党员干部进一步深化对科学发展观的科学内涵、精神实质和根本要求的理解和认识，做到真学真懂真信真用。积极推动学习实践向纵深方向发展，进一步把思想和行动统一到始终坚持发展是第一要义，大力提高农业科技自主创新能力上来；统一到始终坚持以人为本，实现好、维护好、发展好广大群众的根本利益上来；统一到始终坚持全面协调可持续发展，实现科技服务农业上来；统一到始终坚持统筹兼顾，立足党和国家工作大局，强化农业基础上来。

三是深化社会主义核心价值体系学习教育。广泛开展社会主义核心价值体系学习教育，努力把社会主义核心价值体系体现到党员干部教育管理全过程，融入到党员干部日常工作学习生活中。引导广大党员干部始终保持立场坚定、头脑清醒，在思想上、行动上与党中央保持高度一致。加强思想道德建设和党风党纪、党的优良传统、民族优秀文化传统教育，带头弘扬民族精神和时代精神，自觉践行社会主义荣辱观，培养高尚道德情操和健康生活情趣，保持积极向上、奋发有为的精神状态。

四是学习掌握科学研究工作必需的各方面知识。组织引导党员干部按照“干什么学什么、缺什么补什么”的要求，努力学习掌握经济、政治、科技、法律等相关知识，学习反映当代世界农业科技发展趋势的前沿知识和现代信息技术，学习新时期“三农”政策理论、国内外农业科技知识和最新成果，以及与本职工作相关的业务知识，进一步优化知识结构、开阔思路、把握规律，不断提高科学研究的创新能力，为我国“三农”工作提供科技支撑。

五是学习总结科学研究实践中的成功经验。坚持向书本学习、向实践学习，不断总结科学研究和科技创新的成功经验，紧密结合我院实际，不断提升自主创新能力，推动农业科技事业又好又快发展。

六是学习弘扬我院的光荣传统和优良作风。大力弘扬“祁阳站精神”，积极倡导保持党员先进性的“五个模范”，宣传贯彻《中国农业科学院职工守则》和《中国农业科学院科技人员道德准则》，广泛传播《农科英才》中先进人物和优秀团队的事迹，继承和发扬推动农业科技创新工作的优良传统和精神财富，提升集体自豪感和岗位使命感，进一步激发党员干部推进农业科技创新事业又好又快发展的积极性和主动性，增强忧患意识和工作的责任意识。

（二）学习的途径方式

一是坚持中心组学习。院党组和各单位中心组要认真制定年度学习计划、阶段性学习计划和专题学习计划，围绕学习主题，结合工作实际，深入研讨交流，努力做到学以致用、用有所成，确保中心组学习取得实效。中心组组长要认真履行职责，带头进行学习，带头调查研究，带头撰写体会，带头宣讲辅导。严格学习考勤制度，及时向党员干部通报中心组学习情况。发挥中心组在学习型党组织建设中的示范带头作用，推动党支部和党员干部的学习。

二是开展学习型党支部创建活动。把认真落实《关于深入开展学习型党支部创建活动的指导意见》作为推进学习型党组织建设的基础环节来抓，加强组织领导，丰富学习内容，创新学习载体，强化集体研讨，坚持团队学习。

三是开展形势政策教育。根据形势任务需要和党员干部思想实际，以党的重要涉农政策出台、农业科技攻关取得重大突破和重要节庆日为契机，适时组织形势政策报告会和专题讲座，及时宣传政策，统一思想，提高认识。

四是开展“三农”和农业科研重要问题调研。根据“三农”和农业科学研究工作实际，每年确定若干重大调研课题，深入开展调研，摸清真实情况，认真分析研究，提出政策建议。各单位也要针对本单位本行业发展中面临的突出问题，确定重点课题，深入调研，提出对策，不断用新的理论指导实践、做好工作。

五是坚持开展主题实践活动。为进一步加深党员干部对科学发展观等重大战略思想的认识和理解，增进与农民群众的深厚感情，体现党员先进性，各级党组织要结合本单位工作实际，组织党员干部通过科技下乡、科技扶贫、技术推广等方式，开展丰富多彩的主题实践活动，服务农业、农民，解决生产一线的实际问题。

六是组织开展所局级干部理论学习论文评选和落实自主选学工作。领导干部要带头学习，及时总结学习体会，认真撰写学习论文，汇编优秀论文集，集中展示所局级干部理论学习和指导工作的成果。按照中组部和农业部的部署，坚持组织要求、岗位需要和个人需求相结合，落实好所局级干部自主选学试点工作，进一步增强所局级干部学习培训的针对性和实效性。

七是举办中国农业科学院青年系列学习讲座。从2010年开始，围绕“三农”和农业科研工作热点、难点问题，举办系列学习讲座，邀请相关专家和基层“村官”等为我院团员青年介绍经验体会，释疑解惑。通过系列讲座促进学习交流，为我院广大青年的成长成才搭建平台，在全院范围内营造投身“三农”和科技创新事业的良好氛围。院属各单位也要结合自身实际，为青年的成长成才搭建相应的学习交流平台。

八是发挥学习交流平台和创新文化建设的载体作用。充分利用院报、院网、宣传栏、机关党委党建网和各单位网站、信息栏和图书室等各种类型的信息平台，做好信息发布和宣传工作，加强学习交流。丰富学习交流形式，通过开展经验交流、成果汇报、学习论坛、知识竞赛、业务技能比赛等活动，拓展学习交流平台，为党员干部提供多元化的学习途径。以深入推进创新文化建设为载体，将文化建设与学习型党组织建设相结合，开展形式灵活、特色鲜明的文化活动，增强学习教育的吸引力和针对性。

九是将积极支持个人自学与学习培训有效结合。每个党员都要根据自身工作需要、知识结构、兴趣爱好，制定个人自学计划。各级党组织要充分鼓励引导，在中宣部推荐书目的基础上，积极推荐学习书目，完善学习激励机制。充分利用我院的多种培训载体，以新入职人员岗前培训、业务培训、国际交流、合作研究等为依托，加大培训力度，丰富培训内容，改进培训方法，提高培训质量和效果，激发个人自学的内在动力。

三、组织领导和保障措施

（一）强化组织领导，精心部署实施

各级党组织要把推进学习型党组织建设列入重要议事日程，作出专门部署，精心组织，狠抓落实。成立中国农业科学院推进学习型党组织建设领导小组（成员名单附后），领导小组办公室设在直属机关党委。在领导小组的统一领导下，各相关单位明确责任分工，密切配合，合力推进。院领导结合各自分工确定 1～2 个单位作为建设学习型党组织联系点，加强调研和工作指导。各单位要加强组织领导，制定落实措施，强化投入保障，确保取得实效。

（二）领导干部带头，发挥表率作用

推进学习型党组织建设，党员领导干部要以身作则，率先垂范，以高度的政治责任感、强烈的求知欲和积极的进取精神，多学习、深思考，在全面系统掌握马克思主义理论特别是中国特色社会主义理论体系上走在前面，在学习掌握现代科学知识上走在前面，在弘扬理论联系实际的马克思主义学风上走在前面，做学习型党组织建设的积极倡导者、精心组织者和大力推动者。

（三）建立健全制度，严格考核管理

要健全和完善党组织集体学习制度、培训制度、调查研究制度等学习制度，进一步明确学习的时间、内容、方式以及相关的交流、成果、通报等要求，提高党组织学习的科学化、制度化、规范化水平。强化考核激励，把建设学习型党组织作为创先争优和党建工作考核的重要内容，形成注重学习的风气和导向，进一步激发党员干部的学习热情。

（四）坚持分类指导，加强督促检查

要根据不同类别、不同层次、不同岗位党员干部的特点，分别提出相应的任务和要求。要突出抓好党员领导干部和青年党员的学习，推动面上的整体学习。离退休干部职工党员要牢固树立终身学习理念，以自学为主，与时俱进，思想常新。院直属机关党委要加强对推进学习型党组织建设的指导服务和督促检查，针对存在的问题和不足，提出改进措施。各级党组织应在每年12月底前向上级党组织报送本年度学习情况总结和下一年度学习计划。

（五）宣传先进典型，推广成功经验

加强学习总结交流，注重发现和表彰先进典型，及时宣传开展学习型党组织建设的好做法、好经验和新成效，强化宣传引导和典型示范带动作用，努力营造良好的学习氛围。各单位要及时总结、上报推进学习型党组织建设中涌现的先进典型和有效做法。

附：

中国农业科学院推进学习型党组织建设领导小组成员名单

组　长：薛　亮　院党组书记
副组长：罗炳文　院党组副书记、直属机关党委书记
　　　　贾连奇　院党组成员、人事局局长
成　员：
　　　　刘继芳　院办公室主任
　　　　史志国　院财务局局长
　　　　高淑君　院直属机关党委常务副书记
　　　　林定根　院直属机关党委副书记
　　　　张逐陈　院监察局局长

中共中国农业科学院党组
关于加强党风廉政建设工作的决定

近年来，中国农业科学院认真贯彻党的十七大和中央纪委全会精神，坚持标本兼治、综合治理、惩防并举、注重预防的方针，全面落实《建立健全惩治和预防腐败体系2008～2012年工作规划》，深入推进党风廉政建设和反腐败工作。特别是2009年以来，在部党组领导下，健全了院党组纪检组领导班子，成立了监察局，强化监察职能；建立了巡视制度，开展巡视工作；逐级签订党风廉政建设责任书，全面落实党风廉政建设责任制；大力推进廉政文化建设，营造廉洁自律的良好风尚和文化氛围，在党风廉政建设工作各个方面取得了较好成绩。

在充分肯定成绩的同时还应看到，我院的党风廉政建设和反腐败工作与中央的要求还存在着一定的差距。如：院属各单位党风廉政建设工作开展不平衡；有的单位领导对党风廉政建设工作的长期性、复杂性和艰巨性缺乏足够认识，抓工作浮于表面，流于形式，成效不明显；个别领导主观上放松了对自己的要求，不能严于律己；有的单位财务、基建等管理制度不完善、不健全，制度执行力不强等。对此，我们一定要高度重视，认真分析，对存在的问题切实加以纠正。

为进一步加强我院党风廉政建设工作，作如下决定。

一、认真学习贯彻中央纪委全会精神，切实增强对党风廉政建设工作的责任感和使命感

各级党组织和领导班子成员要正确认识当前党风廉政建设和反腐败斗争形势，既充分看到党风廉政建设工作已经取得的显著成效，又深刻认识反腐败斗争的长期性、复杂性、艰巨性。要认真学习贯彻中央纪委全会精神，全面落实农业部党组、院党组关于党风廉政建设的各项工作部署和要求，切实增强院系统党风廉政建设工作的责任感和使命感，不断取得党风廉政建设工作的新成效，为我院“三个中心、一个基地”的战略目标提供坚强政治保证。

全院要坚持每年召开一次党风廉政建设工作会议，传达上级精神，布置年度工作。1～2年召开一次由分管领导、纪检监察干部参加的纪检监察工作会议，研究、讨论落实工作的措施。院属各单位也要每年至少召开一次党风廉政建设工作会议，定期研究党风廉政建设工作。

二、加强对党风廉政建设工作的领导，为党风廉政建设工作提供强有力的组织保证

院属各单位都要成立党风廉政建设工作领导小组，由所长任组长（所长不是中共党员的由党委书记任组长），党委书记、纪委书记任副组长，加强对本单位党风廉政建设工作的领导。

健全院属各单位纪委组织。还没有成立纪委的单位要尽快成立纪委，并实行纪检监察合署办公。对于下属单位较多、经济总量较大的研究所，可以设立独立的纪检监察机构；其他单位可根据实际情况配备政治素质好、业务能力强，副处级以上的专、兼职纪检监察干部。

三、抓好党风廉政建设责任制的落实，推动党风廉政建设工作的全面开展

加强院党风廉政建设工作领导小组各成员单位分工任务的落实。牵头单位要对承担的工作进行认真研究和分析，制定工作方案和切实可行的措施，明确责任人员，年底要向院党风廉政建设工作领导小组作出落实分工任务的书面报告。

院与各下属单位，下属单位与基层处室逐级签订党风廉政建设责任书，明确责任主体、责任内容、责任考核和责任追究，切实提高党员领导干部的责任意识。

开展党风廉政建设责任制专项检查工作。院属各单位每年要结合年终考核，进行述职述廉和自查。院每年对 5 ~ 8 个单位进行党风廉政建设责任制重点检查。每位所长任期内至少检查一次。

四、进一步加强党风廉政建设宣传教育，增强广大党员干部拒腐防变的意识

认真开展党风廉政建设教育工作。当前要重点抓好《中国共产党党员领导干部廉洁从政若干准则》（以下简称《廉政准则》）的学习教育工作。要充分利用党员领导干部理论中心组学习、党员领导干部民主生活会和各种会议加大对《廉政准则》的学习宣传力度，为贯彻实施《廉政准则》创造良好的氛围和条件，使各级党员领导干部深入学习理解《廉政准则》的各项要求，严于律己，洁身自好，不断增强廉洁自律的意识，防止违反《廉政准则》行为的发生。

切实加强院廉政文化建设，创新廉政教育形式，营造廉政文化氛围。认真学习贯彻《中国农业科学院关于加强廉政文化建设的意见》，综合运用多种教育形式，大力宣传爱岗敬业、清正廉洁的先进模范事迹。加强警示教育，编辑纪检监察案例，提高党风廉

政教育的针对性和有效性。

开展岗位廉政教育。在初任培训、干部任职培训等各类培训中开设廉政教育课程，并保证不少于半天的课时量。对人财物管理的重点岗位工作人员，加强经常性教育。

五、进一步加强制度建设，加大从源头上治理腐败的力度

积极推进院党风廉政建设工作领导小组成员单位和院属各单位按照《中国农业科学院贯彻落实胡锦涛同志重要讲话精神　加快推进反腐倡廉制度建设的意见》的要求，制定出台有针对性、可操作性强的制度规定，并注重抓好制度的落实。

院属各单位要制定和完善党委会、所务会、所长办公会、学术委员会、职代会等议事制度，科研、基建、财务、国有资产、外事、干部选拔任用的基本制度及配套的监督制度，责任考核及责任追究制度等。要进一步细化集体决策的事项、范围、程序，明确“重大决策、重要干部任免、重大项目安排、大额度资金使用”必须经过论证和集体决策，涉及群众重大利益的问题必须经职工代表大会讨论通过，保障群众的知情权。

加强对抓制度落实情况的监督检查。一是在招投标、基建、财务、人事监督检查，接待群众来信来访，审计过程中对各单位抓制度落实情况进行经常性的督促检查；二是结合党风廉政建设责任制检查，对各单位制定和完善制度情况、抓制度落实情况进行监督检查，并将检查的结果作为责任考核的重要指标。

六、加大监督检查的力度，充分发挥纪检监察部门的职能作用

加强巡视工作，完善巡视程序，选好配强巡视干部，提高巡视工作质量，重视巡视成果的运用。对巡视中发现的好的经验和做法加以总结推广，对巡视中发现的突出问题，及时向院党组报告，并提出解决的意见和建议。

院属各单位要切实提高领导班子民主生活会的质量，把党风廉政建设工作作为领导班子民主生活会的重要内容，以落实科学发展观、增强党性修养为重点，针对班子成员在思想、作风、学习、廉洁自律等方面存在的问题进行对照检查。不回避矛盾、不走过场，开展好批评和自我批评。要完善民主生活会征求群众意见的程序规定，充分发挥群众的监督作用。院直属机关党委、人事局、监察局要加强对班子民主生活会及群众所提意见、建议整改落实情况的监督检查。必要时可派人参加京外所领导班子民主生活会。

严格执行《关于领导干部报告个人有关事项的规定》，领导干部要按时如实报告收入、房产、投资以及本人婚姻变化和子女移居国（境）外、从业等事项。严格执行中央《关于党员领导干部述职述廉的暂行规定》《关于对党员领导干部进行诫勉谈话和函询的暂行办法》以及我院《关于建立和完善领导谈话制度的实施意见》。进一步完善“三谈两述”工作，加强对党员领导干部的监督。院人事局和监察局要加强对院属各单位领导班子成员开展述职述廉工作的督促指导，规范干部选拔任用征求纪检监察部门意

见程序，对拟提拔任用的干部，在提交党组、党委讨论前，要征求纪检监察部门的意见。干部任职前，由纪检监察部门进行任前廉政谈话。对一个时期内信访举报比较集中的单位和个人，由院领导或院监察局领导对被举报人进行谈话提醒。对有轻微违纪现象但够不上纪律处分的，要按照干部管理权限进行诫勉谈话，明确提出整改意见并督促整改措施的落实。

加强对科研经费使用情况的监督检查。财务与纪检监察部门要共同组织专项检查，检查科研经费管理与使用的制度是否完善，是否严格执行。加强对课题经费的专项审计，加大揭示问题的力度。对检查中发现的科研经费违规使用、不规范使用的问题提出解决的意见和建议。

加强对基建、政府采购招投标活动的监督检查。在基建和政府采购过程中，强调严格执行院有关招投标廉政监督的两个规定，强调班子集体决策，强调班子主要负责人不得参与具体招投标活动。加强学习培训，提高监督人员的政策理论水平、业务水平和有效监督的能力。

七、加强信访举报和查办案件工作，严肃查处违法违纪案件

进一步完善信访举报线索排查制度和处理程序规定。定期召开信访举报情况分析会，对信访举报反映的问题进行认真分析排查，对一些重要信访件和上级交办的信访件，随时分析研究，制定处理方案。做到信访举报逐件分析，逐件排查，及时处理。

进一步落实信访举报和查办案件责任分工，加强院所两级处理信访举报和查办案件的责任意识。对研究所承办的重要信访件由院监察局进行督导。严格按照信访条例确定的信访办理期限办理信访事项，不断提高全院依法依纪处理信访举报和查办案件的质量和水平。

发挥查办案件的治本功能，及时分析总结信访举报中的热点问题，查找原因，提出建议。对于群众因为情况不清而导致的信访举报问题，各单位党委要耐心细致地向群众进行解释说明，避免就同一问题重复举报。

八、切实加强领导干部作风和科技人员学风建设，营造良好的科研环境

加强领导干部作风建设。在深入开展学习和实践科学发展观活动的基础上，按照院党组部署的各项措施持续狠抓领导干部作风建设，大力倡导和树立求真务实、实事求是；深入基层、联系群众；清正廉洁、勤俭节约等优良作风。使我院各级领导干部真正做到为民、务实、清廉，自觉抵御各种诱惑和侵蚀。

加强科技人员学风建设。净化学术风气，遏制学术不端行为，营造良好的学术环境。一方面加强学术道德规范的宣传教育，大力宣传《中国农业科学院职工守则》和

《中国农业科学院科技人员道德准则》，弘扬锲而不舍、求真务实、科学严谨的治学态度，提高科研人员道德自律水平；另一方面建立健全学术道德规范及其配套的规章制度，用制度管人，用制度约束人。

九、加强纪检监察干部队伍建设，提高纪检监察工作水平

加强纪检监察干部的思想作风建设。认真学习和落实科学发展观；倡导新形势下符合纪检监察队伍自身特点的干部作风，以优良作风保证纪检监察工作上台阶，出成效。

加强业务学习和培训。积极争取参加中纪委、农业部纪检组监察局和部直属机关纪委组织的培训；在适当时机举办我院纪检监察干部业务培训班。

进一步抓好纪检监察干部的培养、提拔、交流和使用，加强干部多岗位锻炼，把党性强、作风硬、素质高的干部充实到纪检监察队伍中来。

中国农业科学院贯彻落实胡锦涛同志重要讲话精神　加快推进反腐倡廉制度建设的意见

为认真贯彻胡锦涛总书记在十七届中央纪委第五次全会上的重要讲话精神以及《农业部贯彻落实胡锦涛同志重要讲话精神　加快推进反腐倡廉制度建设的意见》，加快推进反腐倡廉制度建设，现结合中国农业科学院实际提出以下意见。

一、深刻理解和全面把握加快推进反腐倡廉制度建设的重要意义、基本要求和工作原则

（一）充分认识加快推进反腐倡廉制度建设的重要意义

加快推进反腐倡廉制度建设，充分发挥制度在惩治和预防腐败工作中的保障作用，是当前反腐倡廉建设面临的紧迫任务。近年来，院党组十分重视反腐倡廉制度建设，坚持从实际出发，制定实施了一批行之有效的廉政制度，使我院反腐倡廉建设的科学化、制度化、规范化水平不断提高。但是，从近年来反腐倡廉的工作看，我院的反腐倡廉制度还不够健全，存在着一些薄弱环节和需要通过建立完善制度加以解决的问题。各单位一定要从深入推进党风廉政建设和反腐败工作的战略高度，充分认识加快推进反腐倡廉制度建设的重要性和紧迫性，切实把这项工作摆上重要位置抓紧抓好。

（二）准确把握加快推进反腐倡廉制度建设的基本要求

加快推进反腐倡廉制度建设，要以建立健全惩治和预防腐败体系各项制度为重点，以制约和监督权力为核心，以提高制度执行力为抓手，从我院实际出发，加强整体规划，抓紧重点突破，逐步建成内容科学、程序严密、配套完备、行之有效的反腐倡廉制度体系，努力提高制度的执行力，切实把各项制度落到实处。

（三）坚持加快推进反腐倡廉制度建设的基本原则

一要围绕中心、服务大局，增强反腐倡廉制度建设的针对性和实效性。要善于把反腐倡廉制度建设各项任务纳入我院中心工作大局来考虑、谋划和部署，使之融入业务工作的各个方面，通过加强反腐倡廉制度建设，更好地保证业务工作的开展。二要整体推

进、突出重点，增强反腐倡廉制度建设的系统性和协调性。要按照2012年建立惩治和预防腐败体系基本框架的要求，坚持通盘考虑、总体规划、统筹兼顾、整体推进，同时，坚持突出重点、抓住关键，紧紧围绕解决我院反腐倡廉工作中存在的突出问题和群众反映强烈的热点问题，通过建立健全制度，切实加强重点领域和关键环节的监督管理。三要与时俱进、改革创新，增强反腐倡廉制度建设的时代性和创造性。要及时研究新情况、总结新经验、解决新问题，不断深化对新形势下反腐倡廉工作特点和规律性的认识，不断推进反腐倡廉制度创新，逐步解决反腐倡廉建设中的深层次矛盾和问题。四要深入调研、科学论证，增强反腐倡廉制度建设的科学性和可行性。要深入实际、深入基层、深入群众，充分掌握干部群众对反腐倡廉的新要求新期待，及时总结各单位创造的新鲜经验，积极借鉴反腐倡廉建设的有效做法，尤其要把那些经过实践检验的成功做法上升为制度。要坚持严肃慎重，反复论证，充分发扬民主，使反腐倡廉制度集中智慧、凝聚共识、切实可行。

二、加快推进反腐倡廉制度建设的主要任务

加快推进反腐倡廉制度建设，要结合我院工作实际，紧紧围绕推进党内民主、保证科学决策、促进廉洁从政、维护群众利益等目标开展工作，既要立足当前重点建章立制，又要着眼长远探索创新。重点完成以下制度建设任务。

（一）反腐倡廉教育制度方面

1. 制定加强院系统反腐倡廉教育和廉政文化建设的意见。（牵头单位：监察局　参加单位：直属机关党委、院办）

2. 制定推进学习型党组织建设的实施方案。（牵头单位：直属机关党委　参加单位：院办、人事局、各单位党组织）

3. 坚持和完善党委（党组）中心组学习制度和党政主要负责同志定期讲廉政党课制度，建立健全党性定期分析、反腐倡廉专题民主生活会制度，完善示范教育、警示教育、岗位廉政教育等制度，形成反腐倡廉教育的长效机制。（牵头单位：直属机关党委　参加单位：人事局、监察局、各单位党组织）

（二）反腐倡廉监督制度方面

4. 健全对中央“三农”工作重大决策和农业部、我院重大工作部署落实情况的定期检查和专项督查制度、纪律保障机制。（牵头单位：监察局　参加单位：院办、机关有关业务局）

5. 根据上级党组织的工作部署，完善党内决策监督机制，坚持民主集中制，健全

决策失误纠错改正机制和责任追究制度；提高党务公开工作的制度化、规范化水平，健全党内情况通报制度；建立党员定期评议领导班子成员制度，落实党员监督权，健全党内民主监督机制。（牵头单位：直属机关党委　参加单位：各单位党组织）

6. 完善党风廉政建设责任书制度，进一步规范巡视工作程序，加大党风廉政责任制检查力度，重视巡视和检查成果的利用。（牵头单位：监察局　参加单位：人事局、直属机关党委）

7. 健全干部选拔任用监督机制和责任追究制度，坚持和完善干部选拔任用前征求纪检监察部门意见制度。（牵头单位：人事局　参加单位：监察局）

8. 完善党员领导干部报告个人有关事项制度，把住房、投资、配偶子女从业等情况纳入报告内容。（牵头单位：人事局　参加单位：监察局）

9. 根据上级党组织的工作部署，制定贯彻落实《党内基层民主建设实施纲要》和《关于党的基层组织实行党务公开的意见》的具体意见。（牵头单位：直属机关党委　参加单位：各单位党组织）

10. 建立和完善科研项目的管理制度，规范科研经费的使用，加强科研学风建设，大力弘扬优良的学术风气。（牵头单位：科技局　参加单位：财务局）

11. 建立和完善基建项目的管理制度，规范基建经费的使用，加强对基建招投标的监督检查。（牵头单位：基建局　参加单位：财务局、监察局）

12. 建立和完善政府采购项目管理制度，规范政府采购项目经费的使用，加强对政府采购项目招投标的管理和检查。（牵头单位：财务局　参加单位：监察局）

13. 建立和完善国有资产管理制度，严格履行资产使用和处置事项的审批手续，建立科学的论证评价体系，确保国有资产保值增值。（牵头单位：财务局）

14. 建立和完善预算制度，严格执行“收支两条线”，健全资金监管制度，并形成长效机制。（牵头单位：财务局）

15. 建立和完善审计制度，进一步加强领导干部任期经济责任审计、院办公司经理任期审计和基建项目竣工决算审计，加大揭示问题和整改力度。（牵头单位：财务局　参加单位：人事局）

（三）反腐倡廉预防制度方面

16. 推进廉政风险防控机制建设，从重点领域、重点部门、重点环节入手，排查廉政风险，健全内控制度。（牵头单位：监察局）

17. 建立和完善决策程序制度。推进科学民主决策，把重大事项决策过程中公众参与、专家咨询、合法性审查、集体讨论决定作为必经程序加以规范。完善决策监督程序，拓宽人民群众反映诉求、提出意见和建议的渠道。（牵头单位：院办　参加单位：监察局）

（四）反腐倡廉惩治制度方面

18. 健全网络举报和受理机制、网络信息收集和及时处置机制，完善举报人和证人保护制度。(牵头单位：监察局　参加单位：院办、人事局)

19. 健全查处案件协调机制，建立纪检监察部门和组织人事、审计、信访等部门案件线索通报会商移送机制。(牵头单位：监察局　参加单位：院办、人事局、财务局)

20. 建立纪检监察部门内部案件线索集中排查制度。(牵头单位：监察局)

21. 建立完善违纪款物追缴管理制度。(牵头单位：监察局)

（五）作风建设和纠风工作制度方面

18. 建立健全办事公开制度，畅通群众反映意见建议的渠道，积极稳妥地解决群众关心的热点问题。(牵头单位：院办　参加单位：人事局、监察局、各单位党组织)

23. 健全公务消费厉行节约制度。进一步完善会议、公务接待制度，积极探索公务用车配备使用制度改革。（牵头单位：院办　参加单位：财务局、后勤服务局、监察局）

24. 完善因公出国（境）管理制度，建立防止公款出国（境）旅游的长效机制。(牵头单位：国际合作局　参加单位：人事局、财务局、监察局)

25. 完善领导干部住房管理的有关规定，切实纠正领导干部低价购房、多占住房等方面的违规违纪行为。(牵头单位：财务局　参加单位：后勤服务局、院办、监察局)

三、切实抓好反腐倡廉制度落实，提高制度执行力

（一）加强对反腐倡廉制度建设工作的领导

各单位要认真落实党风廉政建设责任制，切实把反腐倡廉制度建设作为一项基础性工作抓紧抓好。2010年制度建设的重点任务，要确保按时完成。需要着手研究的制度，要抓紧开展调查研究。负责牵头落实的单位，要充分发挥组织协调作用，充分调动各方面积极性；参加单位，要主动参与，积极协助。

（二）健全完善反腐倡廉制度宣传教育机制

各单位要通过讲党课、专题培训、研讨、座谈等多种形式，组织广大党员干部深入系统地学习反腐倡廉制度，领会制度精神，熟知制度内容，不断增强贯彻执行制度的意识和能力。在适当时机由院监察局完成院反腐倡廉制度汇编工作。

（三）建立健全制度执行的监督机制和问责机制

要把制度执行情况纳入党风廉政建设责任制考核和领导干部述职述廉内容，列入党政领导干部问责的重要方面，对执行制度不力的坚决追究责任，每年年底由监察局以适当方式对各单位制度建设完成情况进行通报。

（四）领导干部要作执行制度的表率

各单位领导班子成员特别是主要负责同志要牢固树立法律面前人人平等、制度面前没有特权、制度约束没有例外的思想，真正做到带头学习制度、严格执行制度、自觉维护制度。

中国农业科学院贯彻落实 2010年反腐倡廉工作任务的分工意见

为贯彻落实农业部廉政工作会议、农业部学习贯彻国务院廉政工作会议精神暨反腐倡廉工作任务分工会议精神，按照《中国农业科学院党组贯彻落实〈建立健全惩治和预防腐败体系2008~2012年工作规划〉的实施办法》和中国农业科学院2010年党风廉政建设工作会议部署和要求，根据党风廉政建设责任制的规定，结合我院实际，现对落实2010年反腐倡廉工作任务提出以下分工意见。

一、严明党的政治纪律，推动科学发展和中央关于“三农”重大决策部署的贯彻落实

（一）督促各单位党员领导干部通过理论中心组等各种形式，认真学习党的十七届四中全会通过的《中共中央关于加强和改进新形势下党的建设若干重大问题的决定》和中央纪委五次全会精神，按照农业部及我院党风廉政建设工作会议的部署，结合本单位工作实际，提出切实可行的党风廉政建设工作思路和具体措施。

负责单位：监察局、直属机关党委

（二）坚决维护党的政治纪律，确保中央政令畅通，确保部党组和院党组的各项决策部署贯彻实施、落实到位，为我院科技创新、服务“三农”和实现“三个中心、一个基地”战略目标提供坚强保证。

负责单位：监察局

二、加强廉政宣传教育，推进廉政文化建设

（三）深入开展《廉政准则》学习教育活动，认真查找领导干部廉洁从政方面的薄弱环节和问题，采取有效措施加以解决。

负责单位：监察局、人事局

（四）以党性党风党纪教育为重点，加强对党员干部特别是领导干部的理想信念教育；深入开展岗位廉政教育、警示教育和先进典型示范教育；建立加强反腐倡廉教育的长效机制。

负责单位：监察局、院办、人事局、各单位党组织

（五）深入学习宣传《中国农业科学院科技人员道德准则》，加强科研学风建设，

大力弘扬优良的学术风气。

负责单位：直属机关党委、科技局、监察局

（六）将反腐倡廉教育贯穿干部培养、选拔、管理、使用的全过程，进一步增强教育的针对性和实效性。

负责单位：人事局、直属机关党委、监察局

（七）在各类干部培训中开设廉政教育课程，并保证不少于半天的课时量。在组织专业技术人员和各类人才培训中增加廉政教育内容。

负责单位：人事局

（八）对新任用干部和新录用工作人员，按照干部管理权限进行任职谈话必须包括廉政教育内容。对人财物管理的重点岗位，要加强经常性教育，特别是在干部考察、项目审批、资金安排、出差、出国（境）、开展工作检查、政府采购、招投标等活动之前，都要进行廉政教育和提醒。

负责单位：人事局、财务局、科技局、基建局、国际合作局

（九）根据中央纪委等六部委《关于加强廉政文化建设的意见》，制定《中国农业科学院廉政文化建设意见》。一是把廉政文化建设寓于创新文化建设之中；二是把廉政文化建设与创建文明单位相结合，把廉政文化建设的开展作为精神文明单位评选的重要指标，大力推进廉政文化进院所；三是把廉政文化建设与转变机关工作人员工作作风和提高管理水平相结合，大力推动廉政文化进机关。

负责单位：监察局、直属机关党委、院办

（十）充分发挥闭路电视、网络、院报等媒介的优势，以专题报道、通讯等形式，加强党风廉政建设进展、成效、经验的宣传教育。大力宣传我院勤廉兼优的先进典型，运用发生在我院的违纪违法案例开展警示教育。积极探索群众喜闻乐见、形式多样的教育途径，提高教育的针对性和实效性。建立健全反腐倡廉教育的相关制度，使教育工作和教育活动在领导、组织、时间、经费上得到切实保障。

负责单位：监察局、院办、财务局、后勤服务中心（局）

（十一）全面推进学习型党组织建设，建立健全学习的保障制度和长效机制，开展多种形式的学习活动。

负责单位：直属机关党委、院办、人事局、各单位党组织

（十二）积极开展党风廉政建设和反腐败理论研究，坚持理论联系实际，用研究成果指导新的实践，不断拓展工作的广度和深度。

负责单位：监察局

三、切实加强反腐倡廉制度建设，提高制度执行力

（十三）认真落实党风廉政建设责任制，建立党风廉政建设责任书制度，院与院属各单位、机关各部门签订党风廉政建设责任书，院属各单位、机关各部门与下属部门签

订党风廉政建设责任书。

负责单位：监察局、人事局

（十四）进一步完善招投标廉政监督制度，对《中国农业科学院基本建设项目招投标廉政监督办法（试行）》和《中国农业科学院政府采购项目招投标廉政监督办法（试行）》进行修订。

负责单位：监察局

（十五）《农业部贯彻落实胡锦涛同志重要讲话精神，加快推进反腐倡廉制度建设的意见》出台后，结合我院实际，制定相关意见，加快推进我院反腐倡廉教育、监督、预防、惩治制度建设，切实抓好反腐倡廉制度落实，提高制度执行力。

负责单位：监察局、机关各部门

四、强化监督，促进领导干部廉洁自律

（十六）加强对主要领导干部的监督，严格落实民主集中制。

负责单位：人事局、直属机关党委、监察局

（十七）加强对领导干部民主生活会的指导和监督，进一步提高民主生活会质量。

负责单位：直属机关党委、人事局、监察局

（十八）加强巡视工作，选好配强巡视干部，提高巡视工作质量，注重巡视成果运用。

负责单位：监察局、人事局、直属机关党委

（十九）进一步加强领导干部任期经济责任审计（院办公司经理任期审计）和基建项目竣工决算审计，加大揭示问题和整改力度。

负责单位：财务局、人事局

（二十）严格执行领导干部述职述廉、诫勉谈话、函询等制度，加强对党员领导干部的监督。

负责单位：人事局、监察局

（二十一）深化办事公开，加强对信息公开情况的监督检查。

负责单位：院办、人事局、监察局

（二十二）认真执行《廉政准则》及其他相关规定，加强对《廉政准则》和领导干部报告个人有关事项制度、收入申报制度执行情况的监督检查，严格管理措施，对违反规定的，及时纠正并严肃处理。

负责单位：人事局、监察局

（二十三）严禁领导干部违反规定为配偶、子女及其他特定关系人在就业、投资入股、经商办企业等方面谋取不正当利益，严禁违反规定私自从事营利性活动，严禁违反规定收送礼金、有价证券、支付凭证，严禁大操大办婚丧喜庆事宜或借机敛财，严禁用公款或接受与行使职权有关系的单位和个人邀请进行高消费娱乐、健身活动。

负责单位：监察局、人事局、财务局

（二十四）完善领导干部住房管理有关规定，切实纠正领导干部低价购房、多占住房等方面的违规违纪行为。

负责单位：财务局、后勤服务中心（局）、院办、监察局

（二十五）按照《廉政准则》的要求，进一步规范领导干部离职或退休后的从业行为。

负责单位：人事局

五、加大查处力度，认真解决群众反映强烈的突出问题

（二十六）坚决查处违纪违法案件，严肃查办发生在领导干部中滥用职权、贪污贿赂、腐化堕落、失职渎职案件以及严重违反政治纪律和组织人事纪律的案件。严肃查处严重违反《廉政准则》及领导干部利用职权和职务上的影响为本人或特定关系人谋取不正当利益等问题。

负责单位：监察局

（二十七）认真落实党员领导干部报告个人有关事项制度，加强对配偶子女均移居国（境）外公职人员管理。

负责单位：人事局、国际合作局、监察局

（二十八）从严控制“三公”消费，对公务接待、公车使用、因公出国（境）经费实行量化指标控制。

负责单位：财务局、院办、国际合作局、后勤服务中心（局）

（二十九）严格控制出国（境）团组数量和规模，坚决纠正和查处用公款出国（境）旅游问题。

负责单位：国际合作局、财务局、监察局

（三十）从严控制楼堂馆所建设，严禁违反规定购建、装修办公用房。

负责单位：基建局、财务局

（三十一）积极推进党务公开工作，不断完善党内决策监督机制。

负责单位：直属机关党委

六、深入推进重点领域和关键环节的改革创新，进一步做好治本抓源头工作

（三十二）深化干部人事制度改革，规范干部选拔任用工作。加强对干部选拔任用提名、考察、决定等环节的有效监督，提高干部考核信息透明度。健全干部选拔任用监督机制，严肃查处违规违纪用人行为。不断加大重点岗位干部交流轮岗力度。

负责单位：人事局、监察局

（三十三）加强财政资金监管，严格执行“收支两条线”规定。加强对国有产权交易的监管，完善政府采购相关制度。

负责单位：财务局、基建局

（三十四）深入开展工程建设领域突出问题专项治理，以使用国有资金的项目为重点，加强制度建设和监督管理，着力解决违规审批、未批先建以及决策失误造成重大损失等问题，解决招投标过程中存在的突出问题。

负责单位：监察局、基建局、财务局、院办

（三十五）巩固“小金库”专项治理成果，加强财务资金监管，强化账目和现金管理，坚决切断“小金库”的资金来源。

负责单位：财务局、监察局

（三十六）组织开展对各单位党风廉政建设责任制和惩防体系建设任务落实情况的监督检查。

负责单位：监察局、人事局、直属机关党委

负责单位中列在第一位的为牵头单位。各单位要严格执行党风廉政建设责任制。院党风廉政建设工作领导小组各成员单位要把党风廉政建设列入工作日程，按照本《意见》的分工，落实各项工作任务，做好承担任务的分解细化，落实责任和工作进度，制定切实可行的实施方案，组织实施并强化监督检查。对本《意见》中确定的反腐倡廉工作具体任务，年中由成员单位负责人向院党风廉政建设领导小组作全面汇报。各成员单位要在年底前写出各自完成任务的书面材料。

关于在院直属机关基层党组织和党员中深入开展创先争优活动的实施意见

直党字〔2010〕25号

院各直属党委、总支、支部：

按照中央的部署和要求，根据农业部直属机关党委《关于在部直属机关基层党组织和党员中深入开展创先争优活动的实施意见》（农党委〔2010〕19号）精神，现结合中国农业科学院实际，就在各级党组织和党员中深入开展创先争优活动提出如下实施意见。

一、充分认识深入开展创先争优活动的重要意义

在党的基层组织和党员中深入开展创建先进基层党组织、争当优秀共产党员活动，是党的十七大和十七届四中全会作出的重要部署，是巩固和拓展深入学习实践科学发展观活动成果的重要举措，是加强党的建设一项经常性的重要工作。在我院各级党组织和党员中深入开展创先争优活动，对于进一步抓好学习实践活动整改落实后续工作，健全完善长效机制，推动学习实践科学发展观向深度和广度发展；对于激发党组织和广大党员的生机活力，引导广大党员认真履行职责、争创一流业绩，充分发挥共产党员的先锋模范作用；对于进一步改进工作作风、弘扬良好风气，促进我院各项工作任务更好的落实；对于提高我院党建工作科学化水平，更好地服务农业科技创新中心工作，都具有十分重要的意义。各级党组织和广大党员要充分认识开展创先争优活动的重要意义，以高度负责的态度不断将创先争优活动引向深入。

二、准确把握创先争优活动的总体要求

深入开展创先争优活动，要认真贯彻落实党的十七大和十七届三中、四中全会精神，以邓小平理论和“三个代表”重要思想为指导，深入贯彻落实科学发展观，以“强化组织基础、提高队伍素质、服务‘三农’事业”为主题，坚持从实际出发，改革创新，务求实效，统筹推进我院党的建设及其他经常性工作，充分发挥基层党组织的战斗堡垒作用和共产党员的先锋模范作用，在推动科学发展、促进院所和谐、服务“三农”事业、加强基层组织的实践中建功立业。

推动科学发展。我院各级党组织要紧密围绕农业科技创新工作大局，认真履行职责，切实贯彻党的路线方针政策，全面落实院党组各项工作部署，努力提高工作效能。党员立足本职岗位，以模范行动影响和带领广大干部群众，努力完成各项工作任务。

促进院所和谐。积极践行社会主义核心价值体系，及时了解干部职工思想动态，有针对性地做好教育引导工作，及时化解矛盾，推进文明和谐院所建设。在抗击重大自然灾害和涉农重大突发事件面前，发挥我院科技优势，态度坚决，迎难而上，自觉维护社会稳定大局。

服务“三农”事业。强化宗旨意识，坚持群众路线，深入基层，了解农业生产对科学技术的需求，始终把服务“三农”作为各项工作的出发点和落脚点。大力弘扬“祁阳站”精神，始终保持中国农业科学院爱岗敬业、严谨求实、潜心科研、勇攀高峰、爱国为民的良好作风和精神状态，带着感情、满怀热情、充满激情做好服务“三农”工作，坚持不懈地为发展现代农业提供技术支撑。

加强基层组织。优化组织设置，实现党的组织和党的工作全覆盖，选好配强基层党组织负责人，造就高素质的基层党组织带头人队伍。扎实推进学习型党组织建设，创新党组织活动内容和方式，增强党员队伍生机活力，充分发挥基层党组织的战斗堡垒作用。通过基层党组织建设，带动工青妇等基层组织建设。

三、明确创先争优活动的主要内容和载体

（一）明确活动的主要内容

开展创先争优活动，要以创建“五个好”先进基层党组织、争做“五带头”优秀共产党员为主要内容。

先进基层党组织的基本要求是，学习型党组织建设成效显著，出色完成党章规定的基本任务，推动完成院党组和本单位中心工作作用明显，努力做到“五个好”：一是领导班子好。领导班子能深入学习实践科学发展观，认真贯彻中央关于农业科技工作的方针政策，团结协作，求真务实，勤政廉洁，有较强的凝聚力和战斗力。领导班子主要负责人坚持民主集中制，认真履行职责，统筹推进本单位党建和业务工作。二是党员队伍好。党员思想政治素质高，党员意识强，业务过硬，作风扎实，在农业科技创新、科技兴农、科技救灾、科技支撑现代农业发展等工作中充分发挥先锋模范作用。三是工作机制好。党建工作机制健全，规章制度完善，管理措施到位，制度执行有力，工作运行顺畅有序。四是工作业绩好。本单位各项工作成绩显著，自觉围绕中心、服务大局，出色完成党建和业务工作各项任务，在改进工作作风、增强创新能力、积极协调配合、提高工作效能、抓好工作落实中业绩突出。五是群众反映好。党组织在群众中有较高威信，党员在群众中有良好形象，党群干群关系密切，在各项测评中群众满意度较高。

优秀共产党员的基本要求是，认真履行党章规定的义务，切实践行党员先进性具体

要求，发挥先锋模范作用，努力做到“五带头”：一是带头学习提高。做学习型党员，认真学习实践科学发展观，自觉坚定理想信念；认真学习做好本职工作所需要的各方面知识，成为本职工作的行家里手。二是带头争创佳绩。具有强烈的事业心和责任感，热爱农业科研事业，忠实履行岗位职责，坚持与时俱进、求实创新、勤奋敬业、无私奉献，创造性开展工作，在本职岗位上作出显著成绩。三是带头服务群众。主动深入基层，深入群众，积极为农民群众解难题、办实事；关心职工群众生活，切实帮助解决实际困难。四是带头遵纪守法。自觉遵守党的纪律，模范遵守国家法律法规以及各项规章制度，严格执行《廉政准则》，做到廉洁从业。五是带头弘扬正气。加强党性修养和作风养成，践行社会主义荣辱观，牢记“两个务必”，弘扬“八个方面良好风气”，敢于同不良风气、违纪违法行为作斗争，树立党员干部良好形象。

（二）精心设计活动载体

各级党组织要根据单位和党员的工作实际，坚持便于参与、注重实效的原则，精心设计特色鲜明、务实管用的活动载体，找准活动的着力点，确保创先争优活动取得实效。活动载体保持相对稳定，活动内容与时俱进，活动方式灵活多样，做到有重点、有特色、有实效。

把开展创先争优活动与“讲党性、重品行、作表率”活动结合起来。大兴密切联系群众之风、求真务实之风、艰苦奋斗之风、批评与自我批评之风，促进影响广大党员干部作风建设的突出问题得到有效解决，努力使广大党员干部争做科技创新的模范、服务“三农”的模范、求真务实的模范、科学民主的模范、清正廉洁的模范。把开展创先争优活动与推进学习型党组织建设结合起来。将建设学习型党组织的要求贯穿于活动全过程，丰富学习内容，完善学习制度，营造浓厚学习氛围，增强学习效果，把各级党组织建设成为学习型党组织、各级领导班子建设成为学习型领导班子、广大党员干部建设成学习型党员干部。把开展创先争优活动与“创建文明单位、评选文明职工”活动结合起来。充实创建内容，创新创建形式，推动我院精神文明建设活动深入持久开展，在全院营造崇尚先进、学习先进、争当先进的良好风气，提高党员干部素质，塑造党员干部良好形象。把开展创先争优活动与深入开展创新文化建设结合起来。逐步建立体现农业科研院所特点的创新文化，增强全院职工的主人翁意识和集体归属感，提升党组织的凝聚力和战斗力，形成有利于科技创新思想涌现和人才培养的氛围和环境。

创先争优活动要有计划地持续推进。2011 年 7 月前，着重围绕迎接中国共产党成立 90 周年，兴起创先争优的热潮；从 2011 年 7 月开始，着重围绕迎接党的十八大召开，引导各级党组织和广大党员以昂扬向上的精神风貌和更加出色的工作业绩向党献礼。特别是要围绕“积极投身创先争优活动”、“迎接建党 90 周年”、“向党的十八大献礼”，通过宣传学习先进典型、专题调研、社会实践、举办辅导报告会、交流互动、走访慰问老党员和生活困难党员等方式，在七一前后集中开展主题党日活动，不断取得阶段性成效。

四、开展创先争优活动的方式步骤

各单位党组织要从自身实际出发，围绕确定的主题，积极创新活动方式，扎实有序开展创先争优活动。

（一）动员部署。各级党组织要结合单位和党员实际，制定创先争优活动具体工作方案，把学习实践活动整改落实后续工作纳入其中，并层层搞好思想发动，组织基层党组织和广大党员干部认真学习胡锦涛总书记在全党深入学习实践科学发展观活动总结大会上的重要讲话和创先争优活动相关文件，激发参与活动的内在动力。院里将在纪念建党 89 周年暨表彰 2008～2009 年度院“两优一先”大会上进行动员部署。

（二）积极争创。各级党组织要以创建“五个好”基层党组织为目标，精心设计创先争优活动载体，丰富活动内容，创新活动方式，全面加强党的思想、组织、作风、制度和反腐倡廉建设，不断提高党建工作科学化水平。广大党员要以做好“五带头”为目标，通过创建课题攻关党员先锋团队、党员示范岗、党员志愿服务等形式，努力提升工作水平，立足自身岗位创造一流业绩，发挥好先锋模范作用。

（三）典型引路。各单位党组织要把培养典型、树立典型和宣传典型作为推进创先争优活动的重要措施，培育和树立一批富有特色的创先争优活动示范点，广泛宣传创先争优活动的有效做法和成功经验，充分发挥典型的示范作用。要大力宣传院所“两优一先”先进事迹，引导各级党组织和党员对照身边典型，按照“五个好”、“五带头”标准，查找自身差距，明确努力方向，形成比、学、赶、超的浓厚氛围。

（四）点评评议。各级党组织和广大党员在开展创先争优活动中要以召开专题组织生活会的形式，对活动情况认真自查。上级党组织负责人适时对基层党组织和党员开展创先争优活动情况进行点评，实事求是肯定取得的成绩，及时指出存在的问题和努力方向。各单位要采取适当方式适时组织党员、群众进行评议。自查、点评、评议可以结合年终考核、民主评议党员、党员领导干部民主生活会等进行，把评议结果作为“两优一先”评选表彰的重要依据。

（五）评选表彰。各单位党组织要加强对基层党组织、党员开展创先争优活动情况的考核。在此基础上，评选表彰争创成绩突出、党员群众公认度高的基层党组织和党员。2012 年上半年，院直属机关党委将评选表彰 2010～2011 年度创先争优活动中涌现出的先进基层党组织、优秀共产党员和优秀党务工作者，并从中推荐参加农业部直属机关党委的评选表彰。

五、切实加强对创先争优活动的组织领导

（一）落实领导责任。创先争优活动的领导关系按党组织隶属关系确定。我院创先

争优活动在院党组领导下开展，成立创先争优活动领导小组，由罗炳文同志任组长，贾连奇、高淑君同志任副组长，院直属机关党委常委为成员。领导小组办公室设在机关党委。各单位党组织要切实担负起开展创先争优活动的领导和指导责任，书记要亲自抓，成立相应的工作机构具体负责创先争优活动的组织实施。

（二）加强督促检查。各单位党组织要加强对所属党组织和党员开展创先争优活动的具体指导和督促检查，采取听取汇报、召开座谈会、经常性督查、随机抽查等方式，了解创先争优活动进展情况，总结交流经验，研究解决工作中存在的问题，推动活动扎实有效开展。对创先争优活动思想上不重视、工作上不得力的，要及时提出批评，要求限期整改。各单位创先争优活动方案要于7月9日前报院创先争优活动领导小组办公室备案。

（三）及时总结交流。充分发挥院报、院网、院直属机关党委网、闭路电视、杂志和各单位局域网、宣传橱窗、简报等作用，通过开设专栏、召开经验交流会、成果展示等形式，大力宣传开展创先争优活动的经验做法和实际效果，努力形成学习先进、崇尚先进、争当先进的浓厚氛围。对开展活动中行之有效的做法，要用制度的形式固定下来，形成创先争优的长效机制。

（四）加强分类指导。要根据院机关、研究所等不同类型党组织的职责任务和不同层次、不同群体党员的岗位特点，本着有利于党组织开展活动、有利于党员参加、有利于活动取得实效的原则，针对群众最希望党组织和党员发挥作用的方面，确定鲜明、具体、务实的争创主题，精心设计活动载体。各单位要结合自身实际，把“五个好”、“五带头”的要求具体化，明确本单位创建先进基层党组织和优秀共产党员的具体标准，做到简洁可行、好记好评。离退休干部职工党员开展创先争优活动，要在把握总体要求的基础上，结合自身实际，采取灵活有效的方式进行。

（五）坚持群众路线。开展创先争优活动要注意吸收群众广泛参与，活动方案要听取群众意见，活动情况要向群众通报，活动效果要由群众评议，推选先进要听取群众意见，充分接受群众监督。要坚持“党建带团建”、“党建带工建”、“党建带妇建”，引导各级工青妇组织广泛开展创建先进集体、争当先进个人活动。

各单位党组织要及时将开展创先争优活动的情况，报院创先争优活动领导小组办公室。

二〇一〇年六月十日

关于调整我院创先争优活动领导小组成员的通知

农科院党组发〔2010〕39号

院属各单位、院机关各部门：

为进一步加强对中国农业科学院创先争优活动的领导，现对我院创先争优活动领导小组作相应调整。调整后的院创先争优活动领导小组由院长、院党组副书记翟虎渠同志任组长；院党组书记薛亮同志，院党组副书记、院直属机关党委书记罗炳文同志，院党组成员、院人事局局长贾连奇同志任副组长。领导小组办公室设在院直属机关党委。

院创先争优活动领导小组要通过实地调研、审阅相关材料、参加有关会议、听取工作汇报等方式，加强对各单位开展创先争优活动的指导。院创先争优活动办公室要做好协调服务工作。各单位要及时向院创先争优活动办公室报送创先争优活动信息和活动进展情况。

特此通知。

附件：中国农业科学院创先争优活动领导小组成员名单

二〇一〇年九月二十五日

附件：

中国农业科学院创先争优活动领导小组成员名单

组　长：翟虎渠　院长、院党组副书记
副组长：薛　亮　院党组书记
罗炳文　院党组副书记、院直属机关党委书记
贾连奇　院党组成员、院人事局局长
成　员：高淑君　院直属机关党委常务副书记
林定根　院直属机关党委副书记
刘继芳　院办公室主任
张逐陈　院监察局局长
张保明　作物科学研究所党委书记、副所长
蒋淑芝　蔬菜花卉研究所党委书记、副所长
舒文华　农产品加工研究所党委书记、副所长

关于转发《关于在创先争优活动中进一步做好公开承诺工作的通知》的通知

直党字〔2010〕31号

院各直属党委、总支、支部：

现将农业部直属机关党委《关于在创先争优活动中进一步做好公开承诺工作的通知》[农（党委）〔2010〕25号] 文转发给你们，请认真贯彻落实。

各单位党组织要高度重视，将公开承诺工作的进展和做法及时报院创先争优活动领导小组办公室（院直属机关党委组宣处）。院创先争优活动领导小组办公室将加强对公开承诺工作的督促检查和指导。

二〇一〇年十月八日

关于在创先争优活动中进一步做好公开承诺工作的通知

农（党委）〔2010〕25 号

为切实激发我部各级党组织和广大党员立足本职、创先争优的内在动力，发挥好组织监督、群众监督和自我监督作用，确保创先争优活动取得实效，现就在创先争优活动中进一步做好公开承诺工作通知如下。

一、公开承诺的主要内容

党组织和党员进行公开承诺，要落实“推动科学发展、促进社会和谐、服务人民群众、加强基层组织”的总体目标，围绕“强化组织基础、提高队伍素质、立足本职岗位、服务‘三农’事业”的活动主题以及“四比四争做”的要求，立足农业农村经济发展中心任务和本单位、本行业业务工作及本职岗位实际，进一步明确具体、实在、可操作的争创目标、争创事项和争创措施等。各基层党委、总支、支部就立足履职尽责创建先进基层党组织作出承诺，党员就立足本职岗位争当优秀共产党员作出承诺。

二、实行承诺的基本要求

1. 体现争创标准，突出先进性。基层党组织和党员要围绕创建“五个好”先进基层党组织、争做“五带头”优秀共产党员的要求，将部党组提出的争做“四个先进”的目标体现到公开承诺中，充分发挥党组织的战斗堡垒作用和党员的先锋模范作用，为实现“两个千方百计”、“两个努力确保”的目标贡献力量。公开承诺要突出先进性的要求，防止降低标准，把承诺等同于一般性的工作和纪律要求。

2. 立足岗位职责，突出可行性。公开承诺要结合部门或单位的职能任务以及党员个人的岗位职责，结合“三农”中心工作和当前主要工作任务的完成，确定争创目标任务。承诺事项要具体实在、简明扼要、切实可行，突出最需要干的、干得最有效的事情，求精、求实、求起作用、求有效果，防止公开承诺标准过高过泛、不切实际，搞形式主义。

3. 着眼群众满意，突出实效性。坚持走群众路线，把农村基层、农民群众和机关干部职工的意愿作为承诺的重要内容，把解决影响农业农村经济科学发展的突出问题纳入公开承诺范围，使公开承诺真正成为给农民群众办实事、解难事、做好事的实际行动，切实推动农业农村经济又好又快发展。党组织要根据本单位实际，年内需集中或重点解决的事项进行承诺；党员要结合自身实际，针对存在不足和努力方向以及承担的职责任务进行承诺。

4. 注重区分层次，突出针对性。根据机关司局、事业单位、科研院所等不同类型单位和不同岗位党员实际情况，加强分类指导，明确不同的承诺重点。各单位党组织要有目的、有重点、有步骤地培育一批特色鲜明、成效显著的先进典型，大力宣传推广先进事迹，发挥先进典型的示范带动作用，促进公开承诺活动不断深入开展，取得实效。党员领导干部要带头承诺，其承诺内容和标准应高于一般党员。离退休干部党组织和党员公开承诺工作可根据实际情况采取灵活方式进行。

三、注意把握四个环节

1. 调研走访。承诺前，各级党组织和党员要进一步深入实际、深入群众，广泛征求意见建议，了解群众所思所盼，了解学习实践活动整改事项落实情况，把群众的意愿和需求作为承诺的重要内容和依据，力求承诺事项惠及群众、得到群众认同。

2. 提出承诺。党组织结合创先争优活动实施方案和年度工作目标，找出需重点解决的问题，并将此作为承诺的重要内容和依据，通过召开党组织领导班子会议和党员群众代表会议对承诺事项进行讨论，集中党员和群众智慧，力求承诺事项明确、具体、实在。党员在承诺前也要通过领导点、互相帮、自己提等方式，结合岗位特点和本人实际，确定自己需要做的事项和努力方向，在此基础上确定承诺的内容。原则上每年度确定一次公开承诺事项，2010 年度公开承诺事项可截止到年底。

3. 严格审核承诺。上一级党组织对下一级党组织的承诺事项要审核把关，党支部要指导帮助党员确定承诺事项并审核把关。各基层党组织公开承诺书必须报上一级党组织审核备案，党员的公开承诺书由支部书记审核把关，各单位领导班子成员的公开承诺书同时送交主要负责同志审核把关。审核指导的重点要看承诺事项是否体现先进性要求，是否体现以正在做的事情为中心，是否体现岗位、职责特点，是否符合群众意愿，是否切实可行。对不符合要求的，要指导督促，加以完善。党员公开承诺书由所在支部存放。

4. 公开公示承诺。承诺事项确定后，基层党组织要通过会议、文件、宣传栏、报刊、网络等多种形式向党员、群众公布，接受群众监督。党员承诺事项主要在本支部范围内公布，可召开支部党员大会由党员逐一宣读承诺，党员先锋岗等重要岗位党员的公开承诺书应进行张榜公布。各单位还要结合年终述职考评、评选优秀、民主评议党员、民主生活会、支部组织生活会等工作，适时组织党员、群众对承诺事项进行评议，接受群众监督，让先进的有光荣感，后进的有危机感，一般的有紧迫感，鞭策基层党组织和党员努力创先争优，确保取得实实在在的效果。上级党组织负责人要适时对基层党组织开展公开承诺情况进行点评，支部书记要对党员参加公开承诺情况进行点评，实事求是肯定取得的成绩，及时指出存在的问题和努力方向。

四、几点要求

1. 高度重视，扎实推进。各级党组织和广大党员要高度重视，把公开承诺作为推进创先争优活动的重要抓手，作为树立为民、务实、清廉机关形象的重要举措，认真负责地作出承诺，让干部群众真正感受到党组织和党员深入开展创先争优活动的诚意和决心。

2. 突出重点，注重实效。公开承诺要突出创先争优活动主题，按照“量力而行、尽力而为”的原则，结合本单位职责，重点围绕与农民群众关系密切、反映强烈的热点难点问题，单位建设存在的薄弱环节，党员干部作风方面存在的突出问题，农民群众和干部职工最迫切最盼望的期待和愿望等，经过认真整改和扎实工作，努力推动实际问题解决。

3. 强化监督，落实责任。各单位党组织要切实担负起创先争优公开承诺的领导和指导责任，落实专人，抓好此项工作的落实。要加强过程监管，部创先争优活动领导小组办公室将加强对公开承诺工作的督促检查和指导，及时发现、掌握和解决公开承诺中的新情况、新问题，确保公开承诺工作有序推进，取得实效。要畅通监督渠道，对承诺不认真、走形式的要通报批评、限期整改。

各单位开展创先争优公开承诺工作情况请及时报部创先争优活动领导小组办公室（部直属机关党委组织处）。

中国农业科学院关于京区各单位召开以“贯彻落实《党员领导干部廉洁从政若干准则》切实加强领导干部作风建设”为主题的民主生活会情况的报告

直党字〔2010〕33 号

农业部直属机关党委：

根据农业部直属机关党委《关于以“贯彻落实〈党员领导干部廉洁从政若干准则〉切实加强领导干部作风建设”为主题开好 2010 年度党员领导干部民主生活会的通知》的要求，中国农业科学院机关各部门、京区各单位认真组织召开了民主生活会。现将有关情况报告如下。

一、领导重视，认真布置民主生活会工作

1. 精心组织。接到农业部直属机关党委通知后，院直属机关党委高度重视，及时研究部署，于 7 月 9 日印发了《关于以“贯彻落实〈党员领导干部廉洁从政若干准则〉切实加强领导干部作风建设”为主题开好 2010 年度党员领导干部民主生活会的通知》（直党字〔2010〕27 号），布置本年度民主生活会有关工作，确定了院人事局、直属机关党委、监察局为分工联系单位，对此次民主生活会进行督促检查。

2. 认真组织学习。各单位按照农业部和院直属机关党委的要求，紧密结合本次民主生活会的主题，组织多种形式的自学和集体学习，重点学习了党的十七大和十七届四中全会精神、胡锦涛总书记在全党深入开展学习实践科学发展观活动总结大会上的重要讲话和中央纪委第四、第五次全会上的重要讲话及全会工作报告，学习了《廉政准则》和韩长赋部长在部领导班子年度考核测评会议和农业部领导班子思想政治建设工作会议上的讲话等文件。农业质量标准与检测技术研究所等单位还组织观看了《莫让爱好变陷阱》廉政教育片。

二、坚持标准，认真落实民主生活会的各个环节

一是广泛征求意见。我院各单位在党员领导干部民主生活会前，充分发扬民主，紧

密结合《廉政准则》的各项规定，采取多种形式广泛深入地征求干部群众对领导班子、班子成员和上年度民主生活会整改措施落实情况的意见，并将意见原汁原味地向领导班子及其成员反馈。院办公室、人事局、财务局、直属机关党委、监察局等单位采用直接反馈和书面征求意见相结合的方式征求意见；基本建设局、饲料研究所等单位专门设立了意见箱、电子邮箱等用于征求意见；农业信息研究所、农产品加工研究所等单位召开党政联席会、杰出人才恳谈会等不同层面的座谈会，并通过发放调查问卷等方式，深入基层征求群众意见和建议。

二是开展会前谈心。各单位主要负责同志与班子其他成员逐个进行谈心，沟通思想，肯定成绩，指出存在的主要问题，剖析思想根源，明确努力方向；领导班子成员之间、班子成员与中层干部之间也相互谈心，增进理解，消除误解，相互指出问题和不足、提出改进意见建议，达到了增进团结、共同提高的目的，同时就民主生活会要解决的主要问题取得了共识。

三是认真撰写发言提纲。各单位领导班子成员结合学习心得和个人实际，对照检查内容和党内外群众的意见和建议，认真撰写了个人发言提纲，为开好专题民主生活会做了充分的准备。

三、注重质量，认真开好民主生活会

中国农业科学院直属机关党委所属的 24 个党组织先后召开了领导干部民主生活会。院人事局、直属机关党委、监察局都按照各自分工派人参加。

一是各单位领导班子对照《廉政准则》的要求，认真开展党性分析，查找作风建设方面存在的不足。各单位领导班子成员中的党员领导干部严格按照中央和院党组关于加强领导干部作风建设、廉洁从政的规定和要求，重点对照《廉政准则》规定的 52 个“不准”和党政领导干部选拔任用工作两项监督制度，逐条进行自查，谈自己的切身体会，结合自己分管的工作进行自我剖析，肯定成绩，查找不足，分析原因。

二是认真开展批评和自我批评。各研究所领导班子成员和机关各局领导针对征求到的意见都做到了襟怀坦白，正视问题，实事求是地开展批评和自我批评。各单位主要负责同志对班子成员的发言逐个进行评议，班子成员之间也互相进行评议，帮助查找存在的问题，提出改进的意见建议，达到了增进团结，促进工作的目的。北京畜牧兽医研究所、蜜蜂研究所、中国农业科学技术出版社等单位在领导班子民主生活会上敞开思想，实事求是，勇于触及问题，认真开展了批评和自我批评；农业资源与农业区划研究所、农业经济与发展研究所等单位认真回顾了一年来在思想、工作、学习等方面的情况，结合工作实际分析原因，查找不足，相互开展批评和自我批评并提出了改进的建议。

三是认真研究制定整改措施。在民主生活会上，各单位班子成员根据征求到的意见和建议，逐条分析，查找、剖析原因，研究制定整改措施。对民主生活会上暴露出的党员群众普遍关心、反映强烈的问题，特别是涉及群众利益的突出问题，制定有针对性的具体整改方案，并积极创造条件，明确重点，落实到人。领导班子成员也制定和落实了个人的整改措施。蔬菜花卉研究所、蜜蜂研究所、后勤服务中心等单位结合“十二五”发展规划的制定，对班子决策机制、职工培训等方面的意见和建议认真制定整改措施并进行整改。

我院各单位民主生活会后都通过简报、网站等多种形式，及时将民主生活会的召开情况和整改情况等向本单位党员群众进行了反馈和通报，自觉接受监督。

二〇一〇年十月二十一日

中国农业科学院直属机关党委关于 2009 年度民主评议党员工作情况的报告

直党字〔2010〕14 号

根据农业部直属机关党委《关于开展 2009 年度民主评议党员和评选表彰 2008 ~ 2009 年度农业部直属机关先进基层党组织、优秀共产党员和优秀党务工作者工作的通知》（农党委〔2010〕7 号）要求，中国农业科学院各级党组织认真开展了 2009 年度民主评议党员工作，现将有关情况报告如下。

一、我院各级党组织高度重视，认真布置评议工作

接到农业部直属机关党委通知后，院直属机关党委高度重视，及时组织召开党委常委会进行研究部署，并明确 2010 年评议的重点是《中国共产党党员领导干部廉洁从政若干准则》中关于 52 个“不准”的规定，以及深入学习贯彻党的十七届四中全会精神和贯彻落实科学发展观的情况等。各直属党委按相关要求，召开支部书记会，对做好本单位民主评议党员工作作了安排。各直属党支部召开了支委会，研究确定本支部开展民主评议党员工作的步骤和时间安排等事项。

二、组织学习有关文件，召开专题组织生活会

在评议准备阶段，各党支部以集中学习和自学相结合的方式学习了《党章》、党的十七届四中全会文件和《中国共产党党员领导干部廉洁从政若干准则》等。在学习的基础上，党员针对个人的情况，积极开展个人分析检查和谈心活动。

在学习的基础上，各党支部召开了专题组织生活会，对党员进行民主评议。广大党员在个人进行分析检查的基础上，认真开展批评和自我批评，相互之间提出不足和今后改进的重点，做到了既相互评议，开展批评，又互相帮助，共同提高。

三、民主评议结果

我院共有 214 个党支部，3 236名党员。其中，1 416名在职、在岗职工参加评议，

被评为优秀党员的有283人；学生党员925人参加评议，被评为优秀党员的有185人；其他均为合格党员。评议结果将作为今后评优的重要依据。

四、本次民主评议的主要特点

本次民主评议工作主要有以下特点：一是以评促学，各党支部组织党员以集中学习和自学相结合的方式学习了《中国共产党党员领导干部廉洁从政若干准则》、党的十七届四中全会等文件，并开展个人分析检查和谈心活动；二是以评促改，每个党员根据评议结果，认真总结自己在思想、学习、工作和廉洁自律等方面的情况，找出差距，分析原因、制定整改措施，认真撰写个人分析检查材料，填写《民主评议党员登记表》，达到了增进团结、查找问题、全面提高的目的。

通过本次民主评议工作，广大党员进一步提高了党性，各党支部增强了凝聚力和战斗力，为我院“两优一先”的评选奠定了坚实的基础。

特此报告。

二〇一〇年四月十二日

关于以“贯彻落实《党员领导干部廉洁从政若干准则》切实加强领导干部作风建设”为主题开好 2010 年度党员领导干部民主生活会的通知

直党字〔2010〕27 号

院各直属党委、总支、支部：

加强党的作风建设，是全党的一项紧迫现实任务和长远战略任务。贯彻落实《党员领导干部廉洁从政若干准则》（以下简称《廉政准则》），是加强领导干部作风建设，促进党员领导干部廉洁从政的重要举措。按照农业部直属机关党委《关于以“贯彻落实〈党员领导干部廉洁从政若干准则〉切实加强领导干部作风建设”为主题开好 2010 年度党员领导干部民主生活会的通知》（农党委〔2010〕20 号）要求，现就开好 2010 年度党员领导干部民主生活会的有关事项通知如下。

一、精心做好民主生活会前的各项准备工作

各单位领导班子要按照农业部党组《关于进一步提高机关司局和直属单位党员领导干部民主生活会质量的意见》（农党组发〔2001〕18 号）和本通知的要求，认真做好会前各项准备工作。一是要认真研究制定召开民主生活会的工作方案，明确工作任务和要求。二是要在领导班子成员自学的基础上，组织好集中学习交流，为开展批评和自我批评打好思想基础。要认真组织学习党的十七大和十七届三中、四中全会精神，学习胡锦涛总书记在全党深入开展学习实践科学发展观活动总结大会上的重要讲话和中央纪委第四、第五次全会上的重要讲话及全会工作报告，学习《廉政准则》《关于党员领导干部报告个人有关事项的规定》和《党政领导干部选拔任用工作责任追究办法（试行）》《党政领导干部选拔任用工作有关事项报告办法（试行）》以及《农业部党组关于深入整治用人上不正之风　进一步提高选人用人公信度的意见》等规定和要求，学习韩长赋部长在部领导班子年度考核测评会议和农业部领导班子思想政治建设工作会议上的讲话，学习部党组《关于加强领导干部党性修养树立和弘扬优良作风的意见》《关于加强领导干部作风建设的意见》及部直属机关党委《关于认真学习贯彻〈廉政准则〉的通知》和《关于广泛开展讲党性重品行作表率活动的实施方案》等文件，切实加强

党性修养和作风养成，不断增强廉洁自律和自觉接受监督的意识。民主生活会前，要向党员群众通报2009年度民主生活会整改措施落实的情况。三是要充分发扬民主。紧密结合《廉政准则》的各项规定，采取多种形式广泛深入地征求干部群众对领导班子、班子成员和上年度民主生活会整改措施落实情况的意见，并将意见原汁原味地向领导班子及其成员反馈。四是要认真开展会前谈心。主要负责同志要同领导班子成员逐个进行谈心，班子成员之间、班子成员与中层干部之间也要相互谈心。谈心以相互指出问题和不足、提出改进意见建议为主，达到交流思想、查找问题、共同提高的目的。五是领导班子成员要结合学习心得、个人实际和征求到的意见，认真撰写发言提纲。

二、严格民主生活会的程序和要求

各单位领导班子要认真贯彻执行部党组《关于进一步提高机关司局和直属单位党员领导干部民主生活会质量的意见》规定的程序、步骤和要求，切实保证民主生活会的质量。民主生活会上，各单位主要负责同志要代表领导班子进行对照检查，特别是要对2009年度民主生活会整改措施落实情况进行说明和总结。领导班子成员要紧紧围绕民主生活会主题，联系思想和工作实际，认真开展党性分析。要严格按照中央和院党组关于加强领导干部作风建设、廉洁从政的规定和要求，重点对照《廉政准则》规定的52个“不准”和党政领导干部选拔任用工作两项监督制度，逐条进行检查，对个人应报告的有关事项逐项作出说明，对存在的问题要剖析原因，按照规定进行纠正。要实事求是地开展批评和自我批评，增强民主生活会的原则性。自我批评要襟怀坦白，正视问题，深入剖析思想根源。相互批评要坚持原则，坦诚相见，真诚地帮助同志认识问题、解决问题。各单位主要负责同志要对班子成员的发言逐个进行评议，班子成员之间也要互相进行评议，帮助查找存在的问题，提出改进的意见建议，不搞“一锅煮”。

各单位主要负责同志要切实发挥开好领导班子民主生活会“第一责任人”的作用，带头发扬民主，带头认真学习，带头进行深入的自我检查和剖析，带头开展批评。对党员群众普遍关心、反映强烈和民主生活会上查找出来的问题，要有针对性地提出切实有效的整改措施，明确整改重点，落实具体责任人。领导班子成员也要制定和落实个人的整改措施。本次民主生活会基本情况、形成的整改措施，会后要在一定范围内向党员群众通报，自觉接受监督。

三、加强对民主生活会的督促指导

院直属机关党委将会同人事局和监察局加强对所联系单位党员领导干部民主生活会全过程的督促指导。各单位党员领导干部民主生活会安排在7月中旬至9月上旬进行。会议召开前15日要将方案报院直属机关党委和民主生活会分工联系单位；征求到的群众意见、召开民主生活会时间安排要在会议召开前10日报分管院领导、院直属机关党委和分工联系单位；民主生活会的综合报告、征求群众意见的汇总材料、领导干部发言提纲、民主生活会原始纪录、制定的整改措施以及向党员群众通报民主生活会的情况在会后 15 日内报院直属机关党委、人事局、监察局，上报材料工作于 9 月 20 日前完成。

各单位要按照分工联系表（见附件）的安排，主动向联系单位请示汇报召开民主生活会有关情况。机关党委具体联系处室为组宣处，联系电话：82109484、82109463；人事局具体联系处室为干部处，联系电话：82109435、82109436；监察局具体联系处室为综合处，联系电话：82106678、82109502。各有关局的领导要参加分工联系单位的党员领导干部民主生活会。

附件：2010 年度党员领导干部民主生活会分工联系表

二〇一〇年七月九日

附件：

2010年度党员领导干部民主生活会分工联系表

监察局 联系处室：综合处 电话：82106678 82109502	科技管理局
	人事局
	植物保护研究所
	农业环境与可持续发展研究所
	生物技术研究所
	农业经济与发展研究所
	农业信息研究所
	饲料研究所
	研究生院
人事局 联系处室：干部处 电话：82109435 82109436	院办公室
	基本建设局
	直属机关党委
	蔬菜花卉研究所
	北京畜牧兽医研究所
	农业资源与农业区划研究所
	农产品加工研究所
	农业质量标准与检测技术研究所
直属机关党委 联系处室：组宣处 电话：82109484 82109463	财务局
	国际合作局
	监察局
	后勤服务中心
	作物科学研究所
	蜜蜂研究所
	出版社

关于中共中国农业科学院党组 2010 年度民主生活会情况的报告

直党字〔2010〕30 号

农业部直属机关党委：

根据农业部直属机关党委《关于以“贯彻落实〈党员领导干部廉洁从政若干准则〉切实加强领导干部作风建设”为主题开好 2010 年度党员领导干部民主生活会的通知》要求，中国农业科学院党组于 8 月 25 日召开了 2010 年度院党组民主生活会。现将有关情况报告如下。

按照民主生活会的有关要求，院党组于 7 月 7 日制定了日程安排表。院党组成员认真开展自学并于 7 月 23 日进行了集中学习，重点学习胡锦涛总书记在中央纪委第五次会议上的讲话和《党员领导干部廉洁从政若干准则》。7 月中下旬，院党组通过向院属各单位党组织发放通知、开通电子信箱、设置征求意见箱等形式，广泛征求干部群众的意见和建议 6 个方面 134 条问题，在此基础上，8 月 11 日上午，院党组又组织召开征求意见座谈会，进一步听取干部群众的意见和建议，经过归纳与梳理形成 6 个方面 38 条。8 月 11 日下午，院党组组织召开 2009 年度党组民主生活会整改措施落实情况通报会，通过群众满意度测评，满意和基本满意率为 93.75%。为做好思想准备，领导班子成员会前又开展了充分的谈心和思想沟通并分别撰写了发言提纲。

8 月 25 日下午，院党组召开 2010 年度党员领导干部民主生活会，院党组全体成员参加会议，中组部干部四局田相泰调研员，农业部人事劳动司冯广军副司长、科教司杨雄年副司长，驻部纪检组监察局李尚兰监察专员等到会指导。会议由院党组薛亮书记主持，翟虎渠院长代表班子首先发言，院党组成员依次发言。上级领导在发言中对此次院党组民主生活会给予高度评价，一致认为前期准备充分，征求意见全面，会议开的务实、成功，既沟通了思想，又查找了不足，达到了预期目的。

会后，院党组认真制定了整改措施，对经过努力能够解决的 28 个问题，立即着手进行整改；对于当前暂不具备条件解决的 10 个问题，向群众作出解释。民主生活会有关情况和整改措施，将适时在一定范围内通报。

专此报告。

二○一○年九月十九日

关于开展 2009 ~ 2010 年度中国农业科学院文明单位、文明职工评选工作的通知

农科院文明委〔2010〕1 号

院属各单位、机关各部门：

根据《农业部直属机关 2009 年精神文明创建工作要点》和农业部精神文明建设协调领导小组的有关工作安排，今年我院将在组织开展精神文明建设工作的基础上，开展评选表彰 2009 ~ 2010 年度中国农业科学院文明单位、文明职工工作。现将有关事项通知如下。

一、评选条件

（一）文明单位

1. 领导班子坚强有力。高举中国特色社会主义伟大旗帜，以邓小平理论、“三个代表”重要思想为指导，深入贯彻落实科学发展观，坚持“两手抓、两手都要硬”的方针，政治意识、大局意识、创新意识强。注重理论学习，坚持民主集中制。能正确处理改革、发展、稳定的关系，班子团结，集体和谐，廉洁奉公。

2. 不断加强基层党组织建设。坚持用马克思主义中国化最新成果武装党员，加强队伍建设和思想政治建设；建立健全保持共产党员先进性、学习实践科学发展观长效机制，认真组织学习型党组织创建活动，以改革创新的精神不断加强基层党组织建设，进一步提升党建工作的科学化水平。

3. 深入开展创新文化建设。按照院党组《关于深入推进创新文化建设的意见》要求，认真制定深入推进创新文化建设的方案，组织机构健全、分工明确、责任落实、制度规范，在标识文化、理念文化、园区文化、制度文化上有新成效。

4. 积极开展精神文明创建活动。组织开展“迎世博、讲文明、树新风”活动，大力倡导文明言行。精神文明建设工作有计划、有布置、有投入、有落实、有检查、有评比、有总结。通过创建活动，单位文明处室（班组）达到 1/3 以上。

5. 加强党风廉政建设和反腐败工作。领导班子重视廉政建设，能认真执行党风廉

政建设责任制，积极贯彻落实《建立健全惩治预防腐败体系 2008 ~ 2012 年工作规划》，扎实推进惩防体系建设。组织机构健全，人员落实。及时分解党风廉政建设和反腐败工作任务，认真开展廉政教育，积极开展廉政文化建设，加强制度建设，针对重要领域、重点岗位和关键环节强化监督检查，积极做好信访举报和案件查处等工作。无违法违纪案件发生。

6. 工作业绩突出。重视科学研究、科技推广和科技开发工作，能够圆满完成当年各项工作任务，经济效益逐年有所提高，在科技下乡、服务“三农”活动中作出贡献。同时，近两年来，在科学研究、基层党组织评选、精神文明评选中有 1 项获得省部、院级以上奖励，或年终考核被评为综合（单项）优秀。

7. 大力加强和谐单位建设。弘扬中国特色社会主义的核心价值理念，认真贯彻《公民道德建设实施纲要》，努力构建和谐单位。工青妇组织健全，按时换届。积极参与我院组织的各项重大活动、社会公益性活动，根据本单位实际开展职工喜闻乐见的文体活动。统筹推进综合治理和开展厉行节约活动。做好离退休人员的管理和服务工作，足额发放国家政策规定的离退休费。

8. 实行民主管理、科学管理。规章制度健全完善，管理工作科学规范。能够认真听取群众意见，有职代会的单位支持职代会按照章程履行职责，发挥作用。重视和加强统战工作。

9. 加强社会治安综合治理和保密工作。加强干部职工的遵纪守法教育，无违法违纪案件发生；加强安全生产工作的组织和领导，认真执行安全生产工作的各项政策规定，无火灾、失窃、交通等重大责任事故和安全生产事故；无违反计划生育问题；无赌博、吸毒、酗酒、打架斗殴等不良现象。遵守国家保密规定，无泄密事件。

10. 重视公共环境卫生建设。办公区、生活区绿化美化，干净整洁，无卫生死角。

11. 院机关各部门还应同时具备以下条件：政策水平高，办事程序规范，办事效率高，服务态度好。

（二）文明职工

1. 坚定中国特色社会主义信念，认真学习邓小平理论和“三个代表”重要思想，树立和落实科学发展观，具有强烈的政治责任感。

2. 认真遵守《中国农业科学院职工守则》和《中国农业科学院科技人员道德准则》，有强烈的事业心和使命感，爱岗敬业，乐于奉献，在本职岗位上作出突出贡献。

3. 自觉践行社会主义荣辱观，诚实守信，仪表整洁，言行文明，服务优质；遵纪守法，团结协作，作风正派，清正廉洁，党员领导干部要自觉遵守《中国共产党党员领导干部廉洁从政若干准则》。

4. 遵守公共秩序，保护公共环境，爱护公共财产，维护公共设施，热心公共事业，努力为和谐院所建设作贡献。无任何责任事故。

5. 积极参与群众性精神文明创建活动和创新文化建设活动，表现优异。

二、两年来，具有以下情形之一者，不得申报院级文明单位

1. 领导班子成员受到党纪政纪处分的。
2. 没有完成年度目标任务的。
3. 违反计划生育政策超计划生育的。
4. 发生火灾、失窃等安全生产事故，损失较大的。
5. 发生重大交通甲方责任事故的。
6. 发生重大泄密事件的。
7. 职工中发生严重违法违纪案件的。

三、评选程序及方法

凡符合院文明单位条件的单位均可提出书面申请，申报院文明职工须经组织推荐。院精神文明建设委员会组织评审，评审结果在全院范围内公示。公示期结束后，报院党组审查批准。对当选的单位和个人分别授予荣誉称号，颁发奖牌或证书，并给予一定的物质奖励。

四、有关要求

1. 各单位要高度重视评选工作，加强领导，认真组织，按要求做好申报考核工作。
2. 申报文明职工人数在两名以上的，要进行排序。
3. 申报材料要密切联系实际，突出特点，充分展现文明单位、文明职工的精神风貌。申报表格与事迹材料用 A4 纸打印，一式 15 份，于 9 月 10 日前报院文明办。申报表格可在院直属机关党委网站下载。

联系单位：院直属机关党委群众工作处

联系人：吴京凯　韩　进

联系电话：82109482　82105710（传真）

电子邮箱：qgc@ caas. net. cn

二〇一〇年六月八日

关于表彰 2009～2010 年度中国农业科学院文明单位、文明职工的决定

农科院文明委〔2010〕2 号

院属各单位、机关各部门：

为激励院属各单位、广大干部职工积极参与精神文明创建活动，进一步推动全院精神文明建设的深入开展，经各单位申报、院精神文明建设委员会组织评选，并报院党组批准，决定授予农业资源与农业区划研究所等 4 个单位为“2009～2010 年度中国农业科学院文明单位标兵”荣誉称号；授予科技管理局等 16 个单位为“2009～2010 年度中国农业科学院文明单位”荣誉称号；授予李锋等 10 名同志为“2009～2010 年度中国农业科学院文明职工标兵”荣誉称号；授予姜梅林等 31 名同志为“2009～2010 年度中国农业科学院文明职工”荣誉称号。

希望受表彰的单位珍惜荣誉、再接再厉，以改革创新的精神，进一步推进院所精神文明建设；希望受表彰的个人谦虚谨慎、发扬成绩，以爱岗敬业、乐于奉献的优良作风，进一步展示农业科学院人的文明形象。希望院属各单位和全院干部职工向受表彰的单位和个人学习，深入贯彻落实科学发展观，按照重在建设、贵在坚持、务求实效的原则，扎实开展精神文明创建活动，争创文明单位，争做文明职工，为提高农业科技自主创新能力、构建和谐院所作出新的更大的贡献。

附件：中国农业科学院 2009～2010 年度文明单位、文明职工名单

二〇一〇年十二月十六日

附件：

中国农业科学院2009～2010年度文明单位、文明职工名单

一、中国农业科学院2009～2010年度文明单位名单（20个）

（一）文明单位标兵（4个）

农业资源与农业区划研究所　研究生院
水稻研究所　油料作物研究所

（二）文明单位（16个）

科技管理局　国际合作局
作物科学研究所　植物保护研究所
农业环境与可持续发展研究所　蜜蜂研究所
生物技术研究所　农业经济与发展研究所
棉花研究所　郑州果树研究所
茶叶研究所　兰州兽医研究所
上海兽医研究所　草原研究所
特产研究所　烟草研究所

二、中国农业科学院2009～2010年度文明职工名单（41名）

（一）文明职工标兵（10名）

李　锋　财务局财政专项管理办公室助理研究员
张丹君（女）　后勤服务中心物业部保洁分部主管
李少昆　作物科学研究所栽培与生理系副主任、研究员
徐宝云（女）　蔬菜花卉研究所植保室高级实验师
魏灵玲（女）　农业环境与可持续发展研究所环境工程研究室副研究员
邱建军　农业资源与农业区划研究所副所长
汪森煜　水稻研究所试验场场长、党委副书记
王文辉　果树研究所果品采后技术研究中心主任、研究员

田国彬	哈尔滨兽医研究所动物流感研究室副研究员
李光玉	特产研究所副所长

（二）文明职工（31 名）

姜梅林（女）	院办公室宣传处处长
陆建中	科技管理局发展规划处处长
苗水清	人事局人才工作处助理研究员
于　辉	基本建设局综合处助理研究员
金　轲	国际合作局国家地区处副处长
韩　姝（女）	直属机关党委组织宣传处研实员
李延青	监察局监察二处处长
张　杰	植物保护研究所功能基因组与基因安全研究室主任、研究员
李　琍（女）	北京畜牧兽医研究所期刊部主任
周　婷（女）	蜜蜂研究所蜜蜂保护与生物安全研究室主任、研究员
王征南	饲料研究所饲料经济研究室主任、副研究员
刘　阳	农产品加工研究所食品生物技术学科带头人、研究员
田　健	生物技术研究所分子微生物学研究室助理研究员
王明利	农业经济与发展研究所畜牧经济研究室研究员
李哲敏（女）	农业信息研究所食物与营养信息室副主任、研究员
邱　静	农业质量标准与检测技术研究所农产品质量安全研究室、副研究员
王春霞（女）	研究生院培养处处长、研究员
邓　涛	中国农业科学技术出版社发行部副主任
高　阳	灌溉研究所作物灌溉研究室助理研究员
方和平	棉花研究所后勤中心副主任、试验农场场长
李先容	油料作物研究所科技处副科长
栾明宝	麻类研究所苎麻研究室助理研究员
樊秀彩（女）	郑州果树研究所果树资源研究与品种改良中心助理研究员
王国庆	茶叶研究所农业部茶叶质检中心副主任、研究员
逯忠新	兰州兽医研究所传染病研究室副主任、研究员
董鹏程	兰州畜牧与兽药研究所科技管理处助理研究员
陈志荣	上海兽医研究所后期保障部人保科副科长
师荣光	农业部环境保护科研监测所环境监测研究室助理研究员
李　忠（女）	沼气科学研究所计划财务处出纳、工程师
胡志超	南京农业机械化研究所副所长
孔凡玉	烟草研究所烟草病虫害研究中心副主任、副研究员

关于评选2008～2009年度中国农业科学院先进基层党组织、优秀共产党员、优秀党务工作者的通知

直党字〔2010〕18号

院属京外各单位党委：

为进一步加强我院党的建设，充分发挥先进典型的示范带动作用，经院党组会议研究决定，院属京外各单位参加2008～2009年度院级先进基层党组织、优秀共产党员和优秀党务工作者评选。现将有关事项通知如下。

一、评选范围、名额

（一）评选范围

院属京外各单位党组织，共产党员，从事党务工作的专兼职干部均可参加评选。

（二）京外各单位评选名额

评选先进基层党组织10个、优秀共产党员20名、优秀党务工作者15名。

二、评选条件

（一）先进基层党组织

（1）坚持以邓小平理论和“三个代表”重要思想为指导，深入贯彻落实科学发展观，认真学习、自觉遵守、切实贯彻、坚决维护党章，严格遵守党纪法规，坚决贯彻执行党中央国务院的各项方针政策、院党组各项决策和上级党组织的指示、决定，坚持维护党的纪律，确保政令畅通。

（2）紧紧围绕中心、服务大局，加强党的思想、组织、作风、制度和反腐倡廉建设，坚持“三会一课”、理论中心组学习、组织生活会等制度，积极推进基层党组织工

作创新，充分发挥基层党组织推动发展、服务群众、凝聚人心、促进和谐的作用，为本单位农业科技创新和各项工作任务的完成提供坚强有力的思想政治和组织保证。

(3) 坚持用马克思主义中国化的最新成果武装党员，深入学习践行社会主义核心价值体系，加强党员队伍建设，激发党员队伍生机活力，充分调动党员干部的积极性和创造性，发挥党员的先锋模范作用。

(4) 领导班子注重加强自身建设，严格按照民主集中制要求及程序研究决定重大事项，思想解放、开拓创新，求真务实、团结协作，率先垂范、廉洁奉公，创造力、凝聚力和战斗力强。

(5) 积极推进党内民主建设，坚持以人为本，切实保障党员主体地位，营造党内民主环境，促进党内和谐，充分听取党员群众的意见建议，党员群众基础牢固，党员领导干部民主生活会测评结果满意度高。

(6) 认真贯彻落实中央和院党组一系列建立健全保持先进性和学习实践科学发展观长效机制文件精神，不断提高本单位党建工作的科学化、制度化、规范化水平。

(7) 积极开展创新文化建设，认真落实院党组关于深入推进创新文化建设的文件要求，结合本单位实际，制定方案，落实责任，取得成效。

(8) 注重加强思想政治工作，切实推进我院精神文明建设，关心群众、服务群众，积极主动帮助党员群众解决困难和问题，加强对统战和群团组织的领导。

(9) 认真落实党风廉政建设责任制，加强经常性的党风廉政宣传教育和廉洁从政、从业工作，未发生违纪违法案件。

(10) 扎实推进学习型党组织和学习型领导班子建设，中心组学习带头作用好，特别是在深入学习实践科学发展观活动中，组织得力、工作扎实，成效明显，群众满意率高。

(二) 优秀共产党员

(1) 坚持学习马克思列宁主义、毛泽东思想、邓小平理论和“三个代表”重要思想，深入贯彻落实科学发展观，认真贯彻执行党的路线方针政策，在思想上、行动上与党中央保持高度一致。

(2) 认真学习、自觉遵守、切实贯彻、坚决维护党章，切实履行党员义务，努力学习实践社会主义核心价值体系，做共产主义远大理想和中国特色社会主义共同理想的坚定信仰者，科学发展观的忠实实践者，社会主义荣辱观的自觉践行者，社会和谐的积极推动者。

(3) 刻苦学习科学、文化和业务知识，具有较高的业务素质，爱岗敬业、勤奋工作、开拓创新，在本职岗位创造出突出的工作业绩，特别是在农业科技创新、科技兴农、科技救灾、成果推广和科研管理等方面发挥了先锋模范作用。

(4) 严格遵照“八个坚持、八个反对”、八个方面良好风气和“六个着力、六个切实”的要求，自觉加强党性修养和作风养成，有良好的思想作风、学风、工作作风、领导作风和生活作风，品德优秀。

（5）模范遵守党的纪律和国家法律法规，党员领导干部严格遵守《中国共产党党员领导干部廉洁从政若干准则》，勇于开展批评与自我批评，自觉接受组织和党员群众的监督。

（6）坚持立党为公，服务人民，密切联系群众、团结群众、关心群众，坚持原则、树立正气，廉政勤政、恪尽职守，谦虚谨慎、团结同志，在党员和群众中有较高的威望。

（三）优秀党务工作者

（1）应具备优秀共产党员条件，必须在2008～2009年度内从事党务工作1年以上。

（2）热爱党务工作，具有强烈的事业心、责任感，适应做好新时期党务工作的要求，认真履行职责，爱岗敬业、无私奉献，在加强党的执政能力建设和先进性建设、围绕中心服务大局开展党的工作等方面作出富有成效的工作。

（3）坚持和维护党的民主集中制，依法办事，清正廉洁，勤政为民，努力营造团结勤奋、民主和谐，积极进取、勇于开拓，争创一流、勇当先锋的氛围，营造有利于加强党组织建设、发挥党组织和党员作用的环境。

（4）善于做干部职工思想政治工作，密切联系群众，积极帮助群众解决实际困难，得到广大党员和群众的信赖。

（5）善于总结党建工作的成功经验，积极探索、研究解决新时期我院党建工作中出现的新情况、新问题，推动我院党建工作不断创新。

（6）在深入学习实践科学发展观活动中，积极发挥作用，表现突出。

三、评选表彰办法

（一）院属各单位在近年来民主评议党员和“两优一先”评选表彰的基础上，广泛征求基层党组织和党员群众的意见，提出推荐评选对象。每个单位可推荐先进基层党组织（包括党委、总支、支部）1个，优秀党务工作者1人，优秀共产党员1人。本单位党员人数100人以上的，也可推荐2名优秀共产党员。优秀共产党员和优秀党务工作者原则上应在2008～2009年党员民主评议中确定为优秀等次的人员中产生。

（二）推荐评选对象经各单位党组织集体研究后，形成推荐评选情况的简要报告和推荐评选对象的事迹材料，报院直属机关党委。

（三）组织评选

1. 院直属机关党委组织评委会进行评选，提出拟表彰名单；

2. 拟表彰名单在我院网站予以公示；

3. 院党组研究确定表彰名单。

（四）在七一前夕召开表彰大会，对评选出的先进基层党组织、优秀共产党员和优秀党务工作者进行表彰。

四、有关要求

（一）高度重视，精心组织。开展我院先进基层党组织、优秀共产党员和优秀党务工作者评选表彰，是深入贯彻落实党的十七大提出的“在党的基层组织和党员中深入开展创先争优活动”和十七届四中全会提出的“普遍开展创先争优活动”的具体举措。各级党组织要高度重视，精心组织，确保评选推荐工作按时高质量完成。要通过“两优一先”评选工作，树立和宣传本单位的先进典型，发挥典型示范带动作用，努力营造知荣辱、树新风、强作风、促和谐的良好氛围，推进我院党的各项工作。

（二）严格评选标准和程序。各单位要严格工作程序、步骤和要求，在民主评议党员和支部工作的基础上，按照评选条件，采取自下而上、上下结合的方式进行评选，真正将实绩突出、群众公认的先进集体和优秀个人评选出来。在各单位评选的基础上，经单位党委集体讨论，推荐上报院级先进基层党组织、优秀党员和优秀党务工作者候选名单并进行排序。

（三）认真组织撰写事迹摘要。“两优一先”事迹摘要要实事求是，注意挖掘感人至深的鲜活事例，字数控制在 1 000字以内。请各党组织于 5 月 31 日前，将推荐评选情况报告、事迹摘要，先进基层党组织、优秀共产党员、优秀党务工作者《登记表》等纸质文本（纸质文本一式 3 份）和电子文本报送院直属机关党委组织宣传处。同时，随文报送“两优一先”标准照和生活照各 1 张，大小不少于 1M。

联系人：李明轩　马秀勇

联系电话：82109481　82109463（传真）

电子信箱：lyh@ caas. net. cn

二〇一〇年四月二十二日

关于表彰中国农业科学院2008～2009年度先进基层党组织、优秀共产党员和优秀党务工作者的决定

直党字〔2010〕26号

院属各单位党委，院各直属党总支、支部：

两年来，中国农业科学院各级党组织、广大共产党员和党务工作者在上级党组织和院党组的领导下，高举中国特色社会主义伟大旗帜，以邓小平理论和“三个代表”重要思想为指导，深入贯彻落实科学发展观，认真学习贯彻党的十七届三中、四中全会精神，紧紧围绕我院中心工作，充分发挥了基层党组织的政治核心作用、战斗堡垒作用和共产党员的先锋模范作用，涌现出一批先进典型。

为表彰先进，树立典型，经各单位党组织申报，评委会无记名投票评选，院直属机关党委常委会批准并报院党组同意，决定授予植物保护研究所党委等27个党组织为中国农业科学院2008～2009年度“先进基层党组织”称号；授予马月辉等52名同志为中国农业科学院2008～2009年度“优秀共产党员”称号；授予于辉等33名同志为中国农业科学院2008～2009年度“优秀党务工作者”称号。

我院各级党组织和全体共产党员要向受到表彰的先进基层党组织、优秀共产党员和优秀党务工作者学习。学习先进基层党组织以改革创新的精神不断推进党的建设，努力做到领导班子好、党员队伍好、工作机制好、工作业绩好和群众反映好；学习优秀共产党员积极发挥先锋模范作用，努力做到带头学习提高，带头争创佳绩，带头服务群众，带头遵纪守法，带头弘扬正气；学习优秀党务工作者忠于党的事业，密切联系群众，爱岗敬业，勤奋工作、锐意创新的进取精神。

希望受到表彰的先进基层党组织、优秀共产党员和优秀党务工作者以此为新的起点，珍惜荣誉，再接再厉，开拓创新，为我院农业科技事业的发展作出新的贡献。我院各级党组织要以本次表彰为契机，全面落实今后一个时期深入开展创先争优活动的工作任务，按照“五个好”、“五带头”的标准，不断加强党的思想、组织、作风、制度和反腐倡廉建设，不断提高党建工作科学化水平，为实现我院“三个中心、一个基地”的战略目标、扎实推进现代农业科技事业的发展而努力奋斗！

附件：中国农业科学院2008～2009年度先进基层党组织、优秀共产党员和优秀党务工作者名单

二〇一〇年六月十七日

附件：

中国农业科学院 2008～2009 年度先进基层党组织、优秀共产党员和优秀党务工作者名单

一、先进基层党组织（27 个）

植物保护研究所党委
农业环境与可持续发展研究所党委
蜜蜂研究所党委
生物技术研究所党委
农业经济与发展研究所党委
农业资源与农业区划研究所党委
农业信息研究所党委
研究生院党委
水稻研究所党委
油料作物研究所党委
茶叶研究所党委
上海兽医研究所党委
草原研究所党委
特产研究所党委
烟草研究所党委
院人事局党支部
院后勤服务中心物业党支部
作物科学研究所第二党支部
蔬菜花卉研究所第二党支部
北京畜牧兽医研究所第七党支部（离退休）
饲料研究所第四党支部
农产品加工研究所行政后勤党支部
院机关离退休党总支计财局第一党支部
棉花研究所党务党支部
果树研究所科研一支部
哈尔滨兽医研究所动物流感研究室党支部
南京农业机械化研究所第二党支部

二、优秀共产党员（52名，按姓氏笔画排序）

马月辉	北京畜牧兽医研究所动物遗传资源室主任、研究员
马东霞（女）	农业质量标准与检测技术研究所饲料中心检测三室主任、实验师
马志永	上海兽医研究所公共卫生研究室主任、研究员
方智远	蔬菜花卉研究所研究员、院士
王　琤（女）	院监察局监察一处助理研究员
王云峰	哈尔滨兽医研究所兽医生物技术国家重点实验室副主任、研究员
王志强	郑州果树研究所副所长、研究员
王征南	饲料研究所饲料经济室主任、副研究员
王桂芳（女）	草原研究所办公室干部、技师
王海波	果树研究所应用技术研究中心副主任、助理研究员
冯书堂	北京畜牧兽医研究所研究员
冯平章	植物保护研究所农药厂厂长、正所级调研员
冯艳秋（女）	农业信息研究所期刊编辑与出版部主任、编审
宁国赞	农业资源与农业区划研究所研究员
田国彬	哈尔滨兽医研究所国家禽流感参考实验室副研究员
白晓君	农田灌溉研究所农村水利经济发展研究室副研究员
白堃元	茶叶研究所研究员
刘金海	棉花研究所副所长、研究员
吕春生	院人事局人才工作处处长、副研究员
安建东	蜜蜂研究所昆虫授粉与生态研究室主任、副研究员
许世卫	农业信息研究所党委书记、所长、研究员
闫艳春（女）	研究生院生物教研室主任、教授
何中虎	作物科学研究所国家小麦改良中心主任、研究员
张丹君（女）	院后勤服务中心物业部保洁主管
张秀荣（女）	油料作物研究所芝麻种质资源课题组长、研究员

（续表）

张学昆	油料作物研究所科技处处长、研究员
张忠锋	烟草研究所副所长、研究员
张继勤	兰州畜牧与兽药研究所办公室主任科员
李　宁	院财务局会计处会计师
李光玉	特产研究所经济动物研究室主任、研究员
李　炀	院机关离退休党总支
李思经（女）	中国农业科学技术出版社原社长、研究员
杨永坤	院办公室秘书处副处长、助理研究员
杨伟华	棉花研究所农业部棉花品质监督检验测试中心常务副主任、研究员
杨殿林	环境保护科研监测所生态农业研究室主任、研究员
陈茹梅（女）	生物技术研究所植物生物技术研究室研究员
金继运	农业资源与农业区划研究所重点实验室主任、研究员
柳纪省	兰州兽医研究所畜禽传染病研究室主任、研究员
赵广才	作物科学研究所栽培生理系研究员
赵芝俊	农业经济与发展研究所技术经济研究室主任、研究员
夏春华	南京农业机械化研究所综合管理处副处长
夏耀西	院基本建设局投资计划处长、高级工程师
真少青（女）	院科技管理局综合处副处长、副研究员
袁会珠	植物保护研究所农药室副主任、研究员
郭波莉（女）	农产品加工研究所食品科学研究中心副研究员
梅自力	沼气科学研究所沼气工程研究中心主任、研究员
章善庆	水稻研究所国家水稻改良中心研究员
阎　萍（女）	兰州畜牧与兽药研究所畜牧研究室主任、研究员
黄纪樟（女）	院机关离退休党总支研究员
韩　进	院直属机关党委群工处助理研究员
路大光	院国际合作局国际组织处副处长
魏灵玲（女）	农业环境与可持续发展研究所环境工程研究室副研究员

三、优秀党务工作者（33 名，按姓氏笔画排序）

于　辉	院基本建设局党支部群工委员
王　农	环境保护科研监测所党委办公室主任
王　玲（女）	农业信息研究所党委委员、党委办公室主任
王　素（女）	蔬菜花卉研究所第六党支部书记
王丹莉（女）	北京畜牧兽医研究所综合处副处长
王育青	草原研究所党委书记
王晓举	院科技管理局党支部副书记
田　欣	特产研究所党委办公室主任
田小薇（女）	生物技术研究所党委书记
白丽梅（女）	农业资源与农业区划研究所党办人事处处长
任晓斌	沼气科学研究所第四党支部书记
任爱荣（女）	农业经济与发展研究所党委书记
刘继芳	院办公室党支部书记
吴　洁	烟草研究所党委办公室副主任
张必正	茶叶研究所办公室党务干部
张志刚	农田灌溉研究所党委办公室主任
张步江	饲料研究所党委书记
张学忠	棉花研究所党委办公室副主任
张宗义	油料作物研究所综合处处长
张晓鹏	哈尔滨兽医研究所党委办公室主任
杜长江	果树研究所党委办公室副主任
杨　敏	兰州兽医研究所综合处副处长
杨克理	作物科学研究所人事（党办）处副处长（副主任）（正处级）
杨振刚	兰州畜牧与兽药研究所综合办公室主任

（续表）

贡锡锋	院国际合作局党支部书记
赵国庆	上海兽医研究所综合办公室主任
姬军红（女）	农业环境与可持续发展研究所党办人事处副主任
徐亲阳	水稻研究所综合处处长
曹曙明	南京农业机械化研究所党委书记
黄秀珍（女）	院机关离退休党总支计财局第一党支部书记
蒋红云（女）	植物保护研究所党委办公室主任
韩惠鹏	研究生院党委书记
解小慧	院监察局党支部组织委员

中国农业科学院关于加强廉政文化建设的意见

（2010 年 5 月 17 日）

为深入贯彻落实党的十七届四中全会精神，增强反腐倡廉意识，扎实推进以完善惩治和预防腐败体系为重点的反腐倡廉建设，形成廉荣贪耻的思想道德基础和文化氛围，从根本上促进领导干部廉洁从政，根据中央纪委、监察部等六部委《关于加强廉政文化建设的意见》，结合我院实际，就加强廉政文化建设提出如下意见。

一、加强廉政文化建设的指导思想和基本原则

（一）加强廉政文化建设的指导思想

高举中国特色社会主义伟大旗帜，深入贯彻落实科学发展观，坚持社会主义核心价值体系，坚持社会主义先进文化前进方向，把廉政文化建设融入我院学习型党组织建设、创新文化建设和创建文明单位等活动。通过开展廉政文化创建，着力培育廉洁价值理念，大力营造崇尚廉洁的风尚，为农业科技创新提供保证。

（二）加强廉政文化建设的基本原则

把廉政文化建设融入院“三个中心、一个基地”建设的各个方面，与反腐倡廉各项工作紧密结合，整体推进。坚持以人为本、注重教育。尊重干部职工的主体地位，不断提高干部职工的思想道德修养和廉洁从政、廉洁从业意识；坚持突出重点、面向全院。以领导干部为重点，面向全院职工，形成有利于反腐倡廉建设的广泛群众基础和良好文化氛围；坚持继承创新、与时俱进。注重继承和发扬我们党清正廉洁的优良传统，挖掘和利用中国优秀传统文化，弘扬我院的优良传统和作风，借鉴和吸收兄弟单位廉政建设有益成果；坚持尊重规律、务求实效。深刻认识和把握新形势下科研单位廉政文化建设的特点和规律，以建设性的思路、举措和方法，扎实推进我院廉政文化建设。

二、大力培育和弘扬廉洁价值理念

(一) 树立领导干部秉公用权、廉洁从政的价值理念

扎实开展中国特色社会主义理论体系教育，组织广大党员干部深入学习实践科学发展观，牢固树立马克思主义世界观、人生观、价值观，打牢廉洁从政的思想政治基础。以树立正确的权力观、地位观、利益观为重点，深入开展理想信念、党风党纪、廉洁从政、艰苦奋斗教育，引导领导干部正确对待和依法行使权力。着力加强领导干部党性修养，树立和弘扬优良作风，始终保持共产党人的高尚品格、廉洁操守和政治本色，做到为民、务实、清廉。要把《廉政准则》作为学习重点，引导领导干部自觉遵守廉洁自律的有关规定。利用各种有效形式，加强廉洁从政行为规范教育，努力形成有利于落实廉洁从政行为规范的文化氛围。

(二) 在科技人员中倡导遵守科研道德的良好风尚

加强科技人员科研道德和学风建设，弘扬科学精神，端正科研理念，增强社会责任感，旗帜鲜明地反对学术不端行为。大力宣传祁阳站精神和我院的先进模范人物，使严谨求实的科学精神、潜心科研的执著精神、勇攀高峰的创新精神、爱国为民的奉献精神在我院深入人心。大力宣传《中国农业科学院科技人员道德准则》，提高科技人员遵守科研道德的自觉性，努力做到学用一致、知行统一，用科学精神武装头脑、指导实践，营造良好的科研学术氛围。

(三) 培育干部职工廉荣贪耻、诚实守信的道德观念

以开展社会主义核心价值体系教育为重点，深入学习、贯彻落实《公民道德建设实施纲要》《中国农业科学院职工守则》，把培育廉洁价值理念与社会公德、职业道德、家庭美德、个人品德教育有机结合起来，普及道德知识和道德规范，引导干部职工加强道德修养。深入开展社会主义荣辱观教育，提高干部职工道德素质，使廉洁、诚信、勤俭、守法等道德观念成为干部职工的自觉行动。

(四) 增强干部职工大力支持、有序参与反腐倡廉的责任意识

广泛开展反腐倡廉形势任务、工作成效宣传，加强反腐倡廉舆论引导。通过多种形式，深入宣传腐败对党和国家事业以及社会的危害，提高监督意识。主动做好反腐倡廉基层信息收集研判和处置工作，引导干部职工有序参与反腐倡廉建设，营造反腐倡廉的

良好氛围。

三、广泛开展廉政文化创建活动

（一）广开廉政文化传播渠道，拓展廉政宣传教育阵地

充分利用院报、简报、网络、闭路电视，加大廉政文化的宣传力度，以专题报道、通讯等形式，加强党风廉政建设进展、成效、经验和先进典型的报道；组织开展丰富多彩的廉政文化创建活动，有计划地开展反腐倡廉知识测试、签订廉政责任书、机关服务承诺等活动；利用网络信息平台，增设廉政文化栏目，增强互动性；利用图书馆、活动中心、报告厅等文化设施，通过举办展览、放映影视作品、提供图书资料等形式，提高廉政文化活动的开放度和群众参与度；发挥农科监察研究会作用，深入实际调查研究，探讨党风廉政建设和反腐败斗争中的热点、难点问题，从更深的层次积极探索农业科研院所预防和治理腐败新的方法和途径。

（二）密切结合工作实际，把廉政文化建设融入干部学习教育和各种创建活动之中

把廉政文化建设与创建学习型党组织、党员教育相结合。按照党的十七大提出的加强和改进党的组织建设的总体要求，将廉政教育纳入党课教育、理论学习、形势任务报告等各项教育活动中，有重点地解决党员干部思想上存在的问题。利用正反两方面典型，广泛开展示范教育及警示教育。以身边的先进人物和先进事迹教育引导广大党员干部。

把廉政文化建设与创建文明单位相结合。将廉政文化建设作为创建文明单位的重要内容，并纳入文明单位评选的基本条件。通过培育廉政文化，为创建文明单位营造良好氛围。

把廉政文化建设与创新文化建设相结合。把廉政文化建设作为创新文化的重要内容，有机地融入创新文化建设之中，从而营造科学民主、开放宽容、激励创新、协同高效的创新文化氛围。

把廉政文化建设与干部培养、人才队伍建设相结合。将党风廉政建设作为所局级干部、组织人事干部培训的重要内容。在对各级干部、各类人才培训中增加廉政内容，重点进行相关的法律法规、党纪条规、制度规定教育，提高干部职工拒腐防变的能力。

（三）加强廉政文化理论研究

把廉政文化研究纳入反腐倡廉研究计划，充分发挥农科监察研究会的作用，引导广大职工对农业科研院所廉政文化建设进行更深入、更系统的研究，及时总结廉政文化建

设中的好经验、好做法，在全院推广。

四、加强对廉政文化建设的领导

（一）高度重视，加强组织领导

各单位领导班子对加强廉政文化建设负有重要领导责任。要把廉政文化建设纳入本单位的总体规划，融入党的思想政治工作和精神文明建设的总体部署，寓于惩治和预防腐败体系建设的各个环节，切实加强组织领导。科学制定廉政文化建设发展规划，及时了解廉政文化建设工作情况，认真研究解决重大问题，统筹推进廉政文化建设。要建立保障机制，提供必要的经费支持。

（二）明确责任，形成整体合力

机关各部门要紧密结合工作实际，把廉政文化建设渗透到业务工作之中，并按照本部门的工作特点和业务范围，集中力量，明确责任，创新思路，抓出特色。

（三）扎实推进，务求实效

各级党组织要高度重视本单位廉政文化建设，以科学发展观为统领，以提高党员、干部、职工的思想道德素质为重点，求真务实，力求实效，不作表面文章，避免形式主义。做到思想认识到位、保证措施到位、经费投入到位、考核奖惩到位，使廉政文化建设取得实实在在的效果。

加强廉政文化建设是全院各单位、各部门的共同责任，是一项长期的战略任务。各单位、各部门要根据本意见精神，结合实际，制定贯彻落实的具体措施，真正把加强廉政文化建设的各项工作落到实处。

中国农业科学院
政府采购项目招投标廉政监督办法

（2010 年 3 月 15 日）

第一章 总则

第一条 为加强对中国农业科学院政府采购项目招投标活动的廉政监督，提高政府采购资金的使用效益，保护政府采购招投标活动当事人的合法权益，根据《中华人民共和国招标投标法》《中华人民共和国政府采购法》《中央单位政府采购管理实施办法》等法律、法规，结合我院实际，制定本办法。

第二条 本办法所称政府采购项目，是指由中国农业科学院及院属各单位按照《中华人民共和国政府采购法》及相关法律、法规必须进行招投标的政府采购项目。

第三条 本办法所称政府采购项目招投标廉政监督，是指对招标采购人在实施招投标过程中，遵守国家法律、法规和廉政纪律情况的监督检查。

第四条 政府采购项目招投标廉政监督工作，应坚持依法办事、实事求是、客观公正、突出重点的原则，起到保障政府采购项目质量，提高资金使用效益的作用。

第二章 廉政监督实施主体和权限

第五条 中国农业科学院对政府采购项目招投标采取分级监督的原则。院监察局负责组织对院本级组织实施的所有政府采购项目招投标的廉政监督，院属各单位纪委、监察部门负责组织对本单位政府采购项目的招投标进行廉政监督。

院属各单位自行组织实施的下列政府采购项目招投标的廉政监督，由院监察局进行督导。

（一）新建、扩建、改建等建设工程类政府采购概算达到 1 200万元人民币以上的；

（二）材料、设备、仪器等货物类政府采购预算金额达到 600 万元人民币以上的；

（三）其他服务类政府采购预算金额达到 50 万元人民币以上的；

（四）院监察局认为有必要进行督导的其他重要项目。

第六条 各招标采购人应严格遵守国家法律、法规和农业部相关规定，积极配合纪委、监察部门的廉政监督。院属各单位纪委、监察部门应当积极配合院监察局的督导工作。

第七条 中国农业科学院及院属各单位纪委、监察部门在政府采购项目招投标廉政监督过程中，行使下列权限。

（一）对招标、投标、开标、评标、定标等重点环节和关键程序进行监督；

（二）对经监督检查发现的严重违反政府采购、招标投标法律规定的行为，有权要求责任人暂停、中止相应活动，向负有监管职责的主管部门提出监察建议；

（三）受理投诉和举报，对招投标活动中发生的违规违纪行为进行核实和查处。

第三章　监督方式和内容

第八条　纪委、监察部门主要对政府采购项目招投标工作的程序合法性进行监督检查，同时对是否存在违纪违规问题进行监督检查。

第九条　对政府采购项目招投标的廉政监督主要采取现场监督和受理投诉监督的方式。

现场监督，是指纪委、监察部门对资格审查、标底或控制价的编定、开标、评标、定标、订立中标合同等过程进行直接的监督。现场监督按照事前报告、事中监督、事后备案 3 个环节进行。

受理投诉监督，是指纪委、监察部门通过受理、调查有关投诉、举报，对招投标工作进行监督。

第十条　纪委、监察部门根据工作需要，可以向招标采购人、投标人、采购代理机构等调查取证，调阅有关记录、文件、资料；可以独立地或者组织财务、审计、采购管理等方面人员组成调查小组，对投诉、举报进行调查、核实、处理。

第十一条　政府采购项目招投标廉政监督主要内容：

（一）对招标的监督

1. 是否依照有关规定具备了招标的基本条件；

2. 是否依照有关规定采取了合法的招标方式；

3. 招标组织形式、招标计划安排、对投标人资质要求、评标方法、评标委员会组建方案以及开标、评标工作具体安排是否符合有关规定；

4. 招标公告、资格预审公告的内容、发布方式及期限是否符合有关规定；

5. 招标文件（含资格审查文件）的内容是否符合有关规定，是否要求或者标明特定的投标人或者产品，是否含有倾向性或者排斥潜在投标人的内容，是否依法公布了评标标准和方法；

6. 招标文件中是否含有为招标采购代理人的利益而对投标人作出限制性要求的内容；

7. 招标人设有标底的，编定标底工作是否严格保密；标底的密封、存放情况是否符合规定。

（二）对资格审查的监督

1. 招标采购人是否严格按照有关规定及招标文件、招标公告的要求对潜在投标人（或者投标人）进行资质审查；

2. 招标采购人是否对潜在投标人（或者投标人）仍在处罚期限内或在工程质量、安全生产和信用等方面存在不良记录进行审查；

3. 是否存在歧视、限制或者排斥潜在投标人（或者投标人）的行为。

（三）对投标的监督

1. 招标采购人是否当场检查每个投标人的投标文件的密封情况；

2. 是否按照规定的投标截止时间终止投标文件的接收；

3. 招标采购人在开标前组织潜在投标人现场考察的，是否单独或者分别组织只有一个投标人参加的现场考察。

（四）对开标的监督

1. 拟定的开标程序是否符合法律规定；

2. 开标时间与提交投标文件的截止时间是否一致，开标地点是否为招标文件中预先确定的地点，投标人是否达到 3 家；

3. 开标时是否按照法定程序检查投标文件的密封情况；

4. 是否按照程序进行公开唱标，并确保每位投标人提交的投标文件及标底全部当场拆封、宣读、记录；

5. 是否允许投标人当场提出质疑及对质疑的处理情况。

（五）对评标的监督

1. 专家抽取和评标委员会组成及成员资格是否符合有关法律、法规的规定；

2. 是否按照招标文件中确定的评标方法评标，评标专家是否能够认真、公正、诚实、廉洁地履行职责；

3. 是否实行封闭式评标，确保评标过程的保密性和公正性；评标专家及工作人员是否严格遵守评标纪律，是否采取暗示、授意、引导等方式干预评标；

4. 评标结束后，评委会是否出具评标报告。

（六）对定标及订立中标合同的监督

1. 是否在评标专家委员会推荐的中标候选人名单中确定中标人；
2. 是否按评标专家委员会推荐的中标候选人顺序确定中标人；
3. 在确定中标人、发出中标通知书后，招标采购人是否在法定时间内，按照招标文件和中标人的投标文件签订政府采购合同。

第四章　监督程序

第十二条　招标采购人在发布招标信息时，应同时通知纪委、监察部门。

第十三条　招标采购人进行资格审查，须提前 3 天通知纪委、监察部门，纪委、监察部门应派人监督。

第十四条　招标采购人在开标前，须提前 3 天向纪委、监察部门告知开标的具体时间、地点，纪委、监察部门应派人监督。

第十五条　招标采购人在抽取评标专家前，应通知纪委、监察部门，纪委、监察部门应派人监督。

第十六条　招标采购人在评标前，须提前 3 天向纪委、监察部门告知评标的具体时间、地点，纪委、监察部门应派人监督。

第十七条　根据本办法第五条，负责监督的纪检监察人员要在重要环节的相关文件资料上鉴证；招投标工作中出现违规情形的，负责监督的纪检监察人员应及时纠正，并就有关情况写出监督报告。

第十八条　招标采购人应根据本办法第五条，于中标结果公示结束后 7 日内将投标记录、资格审查表、评标报告（包括开标一览表、评标专家签到表、总分及排序表、授标建议表）等材料报相应的纪委、监察部门备案。

各单位纪委、监察部门应于年底前将当年已经完成的政府采购项目招投标廉政监督的总体情况上报院监察局。

第五章　责任追究

第十九条　招标采购人在实施政府采购项目招投标过程中，违反有关规定，有下列行为之一的，纪委、监察部门应及时制止、责令改正，并根据情节轻重，采取相应措施进行处理。

（一）应当采用公开招标方式而擅自采用其他方式采购的；限额以上不按照规定的招标方式进行采购的；将必须进行招标的项目化整为零或者以其他任何方式规避招标的；

（二）以不合理的要求限制或者排斥潜在投标供应商，对潜在投标供应商实行差别待遇或者歧视待遇，或者招标文件指定特定的供应商、含有倾向性或者排斥潜在投标供应商的其他内容的，强制要求投标人组成联合体共同投标的，或者限制投标人之间竞争的；

（三）开标前泄露已获取招标文件的潜在投标人的名称、数量或者可能影响公平竞争的有关招标投标的其他情况，或者泄露标底的；

（四）招标采购人违反规定程序确定评标委员会及其成员的；

（五）无正当理由不按照依法推荐的中标候选供应商顺序确定中标供应商，或者在评标委员会依法推荐的中标候选供应商以外确定中标供应商的；

（六）在招标采购过程中与投标人进行协商谈判的，或者不按照招标文件和中标供应商的投标文件确定的事项签订政府采购合同，或者与中标供应商另行订立背离合同实质性内容的协议的；

（七）中标通知书发出后，无正当理由不与中标供应商签订采购合同的；

（八）招标采购人与供应商或者采购代理机构恶意串通的；

（九）在采购过程中接受贿赂或者获取其他不正当利益的；

（十）招标采购人在评标过程中组织不力，致使评标委员会成员或者参与评标的有关工作人员私下接触投标人，或者收受投标人财物或者其他好处，造成评标过程泄密或者有失客观公正的。

第二十条　出现下列情况之一的，纪委、监察部门可以要求招标采购人重新招标。

（一）未按招标文件要求进行招标的；

（二）工程招标采购中，投标截止时间前接收的投标文件不足3家的；

（三）依法必须进行招标的工程采购项目，评标委员会否决所有投标的；

（四）货物和服务招标采购中，投标截止时间结束后参加投标的供应商不足3家，或者在评标期间出现符合专业条件的供应商或者对招标文件作出实质响应的供应商不足3家的情形，决定予以废标的；

（五）投标人的报价均超过了采购预算，采购人不能支付的；

（六）招标采购人有本办法第十九条规定的违法行为之一，影响或者可能影响中标结果，并且未确定中标候选供应商的。

第二十一条　招标采购人及相关工作人员违反本办法，有下列行为之一的，由纪委、监察部门负责追究相关责任。

（一）隐瞒事实真相，提供虚假材料的；

（二）拖延或者拒绝提供与廉政监督事项有关的文件、资料和其他有关材料和情况的；

（三）拒绝就廉政监督过程中所提问题作出解释和说明的；

（四）拒不采纳廉政监督监察建议，又无正当理由的。

第六章　监督人员廉政纪律

第二十二条　不准接受招标采购人、投标人及采购代理机构的钱、物、有价证券。

第二十三条　不准在招标采购人、投标人及采购代理机构处报销任何费用。

第二十四条　不准在没有经过组织批准的情况下，私自接触招标采购人、投标人任何一方的工作人员。

第二十五条　不准对监督过程中发现的问题隐瞒不报。

发现监督人员有违反本章规定的行为，要从严给予党纪政纪处分。

第七章　附则

第二十六条　本办法由中国农业科学院监察局负责解释。

第二十七条　本办法自发布之日起施行。2008 年 8 月 25 日发布的《中国农业科学院政府采购项目招投标廉政监督办法（试行)》同时废止。

中国农业科学院基本建设项目招投标廉政监督办法

（2010 年 3 月 15 日）

第一章　总则

第一条　为加强中国农业科学院基本建设项目招投标的廉政监督工作，维护招投标活动当事人的合法权益，保证招投标活动公开、公平、公正进行，规范、细化监督行为，根据《中华人民共和国招标投标法》、农业部《农业投资项目廉政监督检查办法》《农业重大招标投标项目廉政监督规定（试行）》《中国农业科学院对重大项目实行廉政监督检查的若干规定》，结合我院实际，制定本办法。

第二条　本办法所称项目，是指由中国农业科学院及院属各单位管理的，使用财政性资金、与财政性资金相配套的其他资金以及自筹资金，按照有关规定必须进行招投标的基本建设项目。

第三条　本办法所称基本建设项目招投标廉政监督，是指对招标人在实施招投标过程中，遵守国家法律、法规和廉政纪律情况的监督检查。

第四条　基本建设项目招投标廉政监督工作，应坚持依法办事、实事求是、客观公正、突出重点的原则，起到保障基本建设项目质量、提高资金使用效率的作用。

第二章　廉政监督实施主体和权限

第五条　中国农业科学院对基本建设项目招投标采取分级监督的原则。院监察局负责组织对院本级所有基本建设项目招投标的廉政监督，院属各单位纪委、监察部门负责组织对本单位基本建设项目的招投标进行廉政监督。

院属各单位下列基本建设项目招投标的廉政监督，由院监察局进行督导。

（一）新建、扩建、改建等建设工程概算达到 1 200万元人民币以上的；

（二）仪器、设备、材料等货物采购概算达到600 万元人民币以上的；

（三）勘察、设计、监理、代理等服务采购的价额达到50 万元人民币以上的；

（四）院监察局认为有必要进行督导的其他重要项目。

第六条　各基本建设项目的招标人应严格遵守国家法律、法规和农业部相关规定，积极配合纪委、监察部门的廉政监督。院属各单位纪委、监察部门应当积极配合院监察局的督导工作。

第七条　中国农业科学院及院属各单位纪委、监察部门在基本建设项目招投标廉政监督过程中，行使下列权限。

（一）对招标、投标、开标、评标、定标等重点环节和关键程序进行监督；

（二）对经监督检查发现的严重违反招投标法律规定的行为，有权要求责任人暂停、中止相应活动，向负有监管职责的主管部门提出监察建议；

（三）受理投诉和举报，对招投标活动中发生的违规违纪行为进行核实和查处。

第三章　监督方式和内容

第八条　纪委、监察部门主要对基本建设项目招投标工作的程序合法性进行监督检查，同时对是否存在违纪违规问题进行监督检查。

第九条　对基本建设项目招投标的廉政监督主要采取现场监督和受理投诉监督的方式。

现场监督，是指纪委、监察部门对资格审查、标底或控制价的编定、开标、评标、定标、订立中标合同等过程进行直接的监督。现场监督按照事前报告、事中监督、事后备案 3 个环节进行。

受理投诉监督，是指纪委、监察部门通过受理、调查有关投诉、举报，对招投标工作进行监督。

第十条　纪委、监察部门根据工作需要，可以向招标人、投标人、招标代理机构等调查取证，调阅有关记录、文件、资料；可以独立地或者组织财务、审计、基建管理等方面人员组成调查小组，对投诉、举报进行调查、核实、处理。

第十一条　基本建设项目招投标廉政监督主要内容：

（一）对招标的监督

1. 是否依照有关规定具备了招标的基本条件；

2. 是否依照有关规定采取了合法的招标方式；

3. 招标组织形式、招标计划安排、对投标人资质要求、评标方法、评标委员会组建方案以及开标、评标工作具体安排是否符合有关规定；

4. 招标公告的内容、发布方式及媒介是否符合有关规定；

5. 招标文件（含资格审查文件）的内容是否符合有关规定，是否含有不合理的条件限制或者排斥潜在投标人的内容；是否依法公布了评标标准和方法；

6. 招标人设有标底的，编定标底工作是否严格保密；标底的密封、存放情况是否符合规定。

（二）对资格审查的监督

1. 招标人参与资格审查的，是否严格按照有关规定及资格预审文件、招标公告的要求对潜在投标人（或者投标人）资质、业绩、企业财务状况等内容进行审查；

2. 招标人参与资格审查的，是否对潜在投标人（或者投标人）仍在处罚期限内或在工程质量、安全生产和信用等方面存在不良记录进行审查；

3. 招标人参与资格审查的，是否严格按照有关规定及招标文件或资格预审文件的要求，进行了量化评审，是否存在分数舞弊的现象；

4. 是否存在歧视、限制或者排斥潜在投标人（或者投标人）等行为。

（三）对投标的监督

1. 招标人是否当场检查每个投标人的投标文件的密封情况；

2. 是否按照规定的投标截止时间终止投标文件的接收；

3. 招标人在开标前组织潜在投标人踏勘项目现场的，是否单独或者分别组织只有一个投标人参加的现场踏勘。

（四）对开标的监督

1. 拟定的开标程序是否符合法律规定；

2. 开标时间与提交投标文件的截止时间是否一致，开标地点是否为招标文件中预先确定的地点，投标人是否达到3家；

3. 开标时是否按照法定程序检查投标文件的密封情况；

4. 是否按照程序进行公开唱标，并确保每个投标人提交的投标文件、招标人编制的标底全部当场拆封、宣读、记录；

5. 是否允许投标人当场提出异议，及对异议的处理情况。

（五）对评标的监督

1. 专家抽取和评标委员会组成及成员资格是否符合法律规定。重点检查评标专家是否从专家库中随机抽取，并符合回避的有关规定；评标委员会是否为5人以上单数，其中技术、经济方面的专家是否占总人数的2/3以上；

2. 是否按照招标文件中确定的评标办法评标，评标专家是否能够认真、公正、诚实、廉洁地履行职责；

3. 是否实行封闭式评标，确保评标过程的保密性和公正性；评标专家及工作人员是否严格遵守评标纪律，是否采取暗示、授意、引导等方式干预评标；

4. 评标结束后，评委会是否出具评标报告。

（六）对定标及订立中标合同的监督

1. 是否在评标专家委员会推荐的中标候选人名单中确定中标人；

2. 是否按评标专家委员会推荐的中标候选人顺序确定中标人；

3. 在确定中标人、发出中标通知书后，招标人是否按照招标文件和中标人的投标文件订立书面合同。

第四章　监督程序

第十二条　招标人在发布招标信息时，应同时通知纪委、监察部门。

第十三条　招标人进行资格预审，须提前 3 天通知纪委、监察部门，纪委、监察部门应派人监督。

第十四条　招标人在开标前，须提前 3 天向纪委、监察部门告知开标的具体时间、地点，纪委、监察部门应派人监督。

第十五条　招标人在抽取评标委员会专家前，应通知纪委、监察部门，纪委、监察部门应派人监督。

第十六条　招标人在评标前，须提前 3 天向纪检、监察部门告知评标的具体时间、地点，纪委、监察部门应派人监督。

第十七条　根据本办法第五条，负责设备仪器等货物招标监督的纪检监察人员应在重要环节的相关文件资料上鉴定；负责工程施工招投标监督的纪检监察人员，应按照当地招标监督管理机构的要求，实施监督管理职能。招投标工作中出现违规情形的，负责监督的纪检监察人员应及时纠正，并就有关情况写出监督报告。

第十八条　招标人应根据本办法第五条，于中标结果公示结束后 7 日内将投标记录、资格审查表、评标报告（包括开标一览表、评标专家签到表、总分及排序表、授标建议表）等材料报相应的纪委、监察部门备案。

各单位纪委、监察部门应于年底前将当年已经完成的基本建设项目招投标廉政监督的总体情况上报院监察局。

第五章　责任追究

第十九条　招标人在实施基本建设项目招投标过程中，违反有关规定，有下列行为之一的，纪委、监察部门应及时制止、责令改正，并根据情节轻重，采取相应措施进行处理。

（一）必须进行招标的项目而不招标的，将必须进行招标的项目化整为零或者以其他任何方式规避招标的；

（二）招标人设定非法的投标许可、资质验证、注册登记等手续，以不合理限制性条件阻碍或者排斥潜在投标人的，对潜在投标人实行歧视待遇的，强制要求投标人组成联合体共同投标的，或者限制投标人之间竞争的；

（三）招标人向他人透露已获取招标文件的潜在投标人的名称、数量或者可能影响公平竞争的有关招标投标的其他情况，或者泄露标底的；

（四）招标人与投标人就投标价格、投标方案等实质性内容进行谈判的；

（五）招标人违反规定程序确定评标委员会及其成员的；

（六）招标人在评标过程中组织不力，致使评标委员会成员或者参与评标的有关工作人员私下接触投标人，或者收受投标人财物及其他好处，造成评标过程泄密或有失客观公正的；

（七）招标人与投标人串通的；

（八）招标人收受投标人或者与投标人有利益关系的单位和个人的贿赂或者有其他不廉洁行为的。

第二十条 出现下列情况之一的，纪委、监察部门可以要求招标人重新招标。

（一）未按招标文件要求进行招标的；

（二）在投标文件递交截止时间前接收的投标文件不足3家的；

（三）评标过程中评标委员会否决所有投标的；

（四）招标人编制的标底出现严重问题的；

（五）评标委员会推荐的所有中标候选人均放弃中标的；

（六）在招标过程中出现其他违法、违规行为导致中标无效的。

第二十一条 提交投标文件的投标人少于3个，依法重新招标后投标人仍少于3个的，属于必须审批的工程建设项目，报经原审批部门批准后可以不再进行招标；其他工程建设项目，招标人可自行决定不再进行招标。

第二十二条 招标人及相关工作人员违反本办法，有下列行为之一的，由纪委、监察部门负责追究相关责任。

（一）隐瞒事实真相，提供虚假材料的；

（二）拖延或者拒绝提供与廉政监督事项有关的文件、资料和其他有关材料和情况的；

（三）拒绝就廉政监督过程中所提问题作出解释和说明的；

（四）拒不采纳廉政监督监察建议，又无正当理由的。

第六章 监督人员廉政纪律

第二十三条 不准接受招标人、投标人及招标代理机构的钱、物、有价证券。

第二十四条　不准在招标人、投标人及招标代理机构处报销任何费用。

第二十五条　不准在没有经过组织批准的情况下，私自接触招标、投标任何一方的工作人员。

第二十六条　不准对监督过程中发现的问题隐瞒不报。

发现监督人员有违反本章规定的行为，要从严给予党纪政纪处分。

第七章　附则

第二十七条　本办法由中国农业科学院监察局负责解释。

第二十八条　本办法自发布之日起施行。2008 年 8 月 4 日发布的《中国农业科学院基本建设项目招投标廉政监督办法（试行）》同时废止。

中国农业科研院所
党的建设和思想政治工作研究会章程

（2010 年 10 月 11 日）

第一章 总则

第一条 中国农业科研院所党的建设和思想政治工作研究会是由中国农业科学院、中国热带农业科学院、中国水产科学研究院和各省、市、自治区农（牧）业科学院自愿联合组成的开展党的建设和思想政治工作理论和方法研究的群众团体。

第二条 本会以马列主义、毛泽东思想、邓小平理论、“三个代表”重要思想和科学发展观为指导，认真贯彻党的基本路线，坚持解放思想、实事求是的科学态度，紧密围绕农业科研院所的中心工作，研究在新形势下如何加强和改进党的建设和思想政治工作，建设一支具有创新精神的优秀人才队伍，为进一步提高农业科技创新能力、建设国家农业科技创新体系、构建和谐农业科研院所服务。

第三条 本会把做好农业科研院所党的建设和思想政治工作作为理论研究的重点，研究活动以基层为主，研究课题以当前为主，研究目的以应用为主。

第四条 研究工作坚持“百花齐放、百家争鸣”的方针，形成民主、平等、团结和互相学习的研究氛围，鼓励对新时期党的建设和思想政治工作中的新情况、新问题，大胆探索，勇于创新。

第五条 坚持理论研究与实践相结合的原则，研究课题从实践中来，研究成果到实践中推广应用，发挥对实际工作的指导作用。

第二章 主要任务和活动方法

第六条 研究探索在全面建设小康社会，构建和谐社会、推进中国特色社会主义事业的新形势下，农业科研院所党的建设和思想政治工作的特点和规律，探索加强党的建设和思想政治工作的新路子，总结交流新时期党的建设和思想政治工作的经验和研究成果，不断开创农业科研院所党的建设和思想政治工作的新局面。

第七条 开展信息交流，及时反映党建和思想政治工作信息，为理事单位的党建和思想政治工作研究服务。

第八条 协助各理事单位培训党务干部和研究骨干，为加强农业科研院所党务干部队伍建设服务。

第九条 针对农业科研院所普遍关心的问题，召开专题研讨会，开展专题调查研究。

第十条 全体理事会原则上每两年召开一次，总结部署工作，交流研究成果和开展工作的经验，表彰优秀论文和研究成果。一般在不召开理事会的年份召开会长会，确定年度重点研究课题，讨论决定研究会的重要工作事项。

第十一条 编印研究资料、研究会会刊及其他有关资料。

第十二条 理事会议的会议地点和承办单位，由各片轮流推荐，经理事会会议或会长会研究确定。

第三章 会员

第十三条 凡承认本会章程的国家和各省、市、自治区农（牧）业科研院所，提出申请，由本会理事会审批，即可成为本会会员。

第十四条 本会一般不吸收个人会员，根据实际需要，聘请特约调研员。

第十五条 本会为中国思想政治工作研究会的团体会员。

第四章 组织机构

第十六条 本会最高领导机构是全体理事会议。理事由各参加单位推荐，每届任期4年。

理事会设会长1人，常务副会长1人，副会长若干人，秘书长1人，副秘书长1~2人，由理事会协商选举产生。秘书长和各片区负责人由副会长兼任。

理事在任职期间工作如有变动，不能继续任职时，由推荐单位及时向本会提出调整意见，由理事会授权秘书长会议讨论决定。

第十七条 理事会的职责：决定本会的工作方针和任务；审议本会工作报告；讨论理事提出的建议和提案；制定和修改本会章程；奖励优秀论文、研究成果和优秀研究团体；组织召开年会。

会长的职责：负责组织制定和修订研究会章程；执行理事会决议；制定、审议和组织实施本届理事会工作计划。

副会长的职责：协助会长完成理事会工作；主持召开本片区会议，组织本片区党建和思想政治工作经验和研究成果交流，推荐本片区在理事会议上的发言单位和优秀论文；完成理事会委托的其他任务。

第十八条 本会实行理事会领导下的秘书长负责制；秘书长根据理事会的决定，在常务副会长领导下，负责处理日常工作。

第十九条 本会挂靠中国农业科学院。本会理事会下设秘书处，设在中国农业科学院直属机关党委，负责日常工作和会刊、资料的编辑工作。

第五章　经费

第二十条　本会所需费用由全体理事单位共同承担。其中，会议花费由各理事单位缴纳会议费解决，日常费用由研究会秘书处筹措解决。

第六章　附则

第二十一条　本章程由理事会讨论通过后执行。

中国农业科学院深入推进创新文化建设对策研究

中国农业科学院从 2006 年提出开展创新文化建设以来，经过近 5 年的努力，取得初步成效。但在创新文化建设过程当中，也发现了一些制约因素和问题，如何克服困难、解决问题，使创新文化建设得以深入推进，创新氛围得以更好营造，一直是我院思考的重要问题。2010 年，直属机关党委成立课题组，通过召开座谈会、发放问卷的方式，就深入推进创新文化建设开展调研，现将调研情况综述如下。

一、深入推进创新文化建设的必要性和重要性

科技创新与文化创新的互动互进是现代人类文明演进的显著特点之一。党的十七大报告指出："提高自主创新能力，建设创新型国家。"这是国家发展战略的核心，是提高综合国力的关键。开展创新文化建设，树立创新观念，提高创新意识，培育创新精神，培养创新思维，为提高科技创新能力提供文化动力，已经成为新时代的迫切要求。中国农业科学院作为国家级农业科研单位，肩负着为推进现代农业建设和社会主义新农村建设提供科技支撑的历史重任。要通过开展创新文化建设，发掘我院优秀文化内涵，赋予以爱国主义为核心的民族精神和以改革创新为核心的时代精神，营造浓厚的创新氛围，对于造就创新人才、作出创新成果和实现可持续发展，具有积极的促进作用。

（一）深入推进创新文化建设是我院创建国家农业科技创新体系国家基地的需要

2004 年以来，我院一直在为创建国家农业科技创新体系做坚持不懈的努力。党中央、国务院对此也高度重视，明确提出，要求我院按照实现 2020 年使我国农业科技整体实力进入世界前列，较大幅度提高我国农业科技贡献率、提升农业发展核心竞争力的总体目标要求，站在建设国家农业科技创新体系国家基地的高度，瞄准世界农业科技前沿，引领全国农业科技创新方向。中国农业科学院作为我国农业科技的战略支撑力量，不仅要创造一流的成果、一流的效益，培养一流的人才，实现一流的惯例，更要孕育一流的文化。为此，我院在构建国家农业科技创新体系、不断提升自身的"硬实力"（设备、经费、队伍、成果等）的同时，还应该更加重视"软实力"（理想、价值观、科学精神、文化氛围等），即深入推进创新文化建设，"硬实力"与"软实力"相互促进、共同发展。努力实现把深入推进创新文化建设作为推动我院各项事业又好又快发展、提

升我院核心竞争力的重要战略举措。

（二）深入推进创新文化建设是实现我院战略目标，制定好、实现好我院“十二五”发展规划的需要

中国农业科学院作为全国农业科技创新的国家队，“十五”以来，紧紧围绕建设“三个中心、一个基地”的战略目标，开拓进取，扎实工作，使各项事业全面发展，科技创新能力显著提高，支撑农业农村经济发展的能力明显增强，在全国农业科技发展中的地位稳步提升。2010 年是“十一五”最后一年，明年“十二五”计划就要启动。在新的一个五年计划里，中国农业科学院如何实现科学发展，如何尽到国家队的责任和义务，更好地为我国现代农业发展提供科技服务，是我们当前需要认真思考的问题。在此期间，农业科技自主创新的不断深入发展，对创新文化也提出了更高的要求。因此，要进一步解放思想、开拓创新、增强深入推进创新文化建设的紧迫感、责任感和自觉性，营造以人为本、和谐发展、激励创新、宽容失败的创新文化氛围。这不仅是制定好、实现好我院“十二五”发展规划的重要保证，同时，也为科技创新实践持续发展提供动力源泉和精神支撑。

（三）深入推进创新文化建设是进一步激发科技创新活力的需要

创新是一粒种子，文化就是土壤。创新文化就是培育有利于创新这粒种子成长的土壤。在以科技创新为核心的竞争日趋激烈的今天，广大科技工作者肩负着重要的使命，面临着巨大的压力和挑战。科技工作者需要始终保持勇于创新的激情与斗志，不断取得突破性成果；需要有科学情怀的驱动、科学态度和科学理念的导航、价值取向和人生理想的引领，同时，也离不开良好的文化氛围的熏陶。深入开展创新文化建设，就是要进一步凝聚、弘扬创新的精神，充分发挥创新文化的导向、凝聚、激励和规范作用，帮助广大科技工作者进一步树立远大理想，确立科学态度，培育科学情怀，从而为科技创新活动的开展提供强大的精神动力。

（四）深入推进创新文化建设是创新文化建设自身发展的需要

开展创新文化建设是一项长期的工作任务，需要着眼于长远目标、长期过程、持之以恒、循序渐进、由浅入深。目前，全院创新文化建设发展还不够均衡，有些单位宣传力度不够，没有充分发动群众；许多单位认识到了开展创新文化建设的必要性和重要意义，但对创新文化建设的内涵、内容以及如何建设等还缺乏系统了解和掌握；创新文化建设工作还不够深入，需要进一步提高认识，明确发展思路，加强经验交流和探讨，进一步总结提炼核心价值观，进一步推广应用已有成果，进一步加强理论研究等。当前，

要特别认真分析存在的深层次问题，提出新举措，深入推进创新文化建设。

二、5年来创新文化建设的实践与成效

为进一步营造科技创新氛围，提高自主创新能力，加快我院发展步伐，自2006年开展创新文化建设以来，在院党组的领导下，各级党组织坚持把创新文化建设工作摆上重要工作日程，紧密结合农业科技创新实际，健全组织、加强领导、制定方案、落实规划，努力建设与国家级农业科研机构相适应的创新文化，取得了一定成效。

（一）领导重视、健全组织，抓好工作任务落实

院领导高度重视创新文化建设工作，工作开展之初，院领导亲自带队组织各单位党委书记到中科院学习参观，并组织撰写《现代农业科研院所创新文化建设研究》的调研报告。就我院开展创新文化建设的意义，我院创新文化建设的现状、思路及对策进行分析，为创新文化建设工作的启动奠定了良好基础。2006年7月，在广泛调研和认真听取各方面意见的基础上，院党组下发了《关于开展创新文化建设工作的指导意见》，就我院开展创新文化建设活动提出要求，明确了创新文化建设的总体目标和基本内容，提出了要从理念文化、标识文化、园区文化、制度文化四个方面开展创新文化建设，引导树立献身科学的精神和营造团结协作、积极进取的氛围。

1. 健全组织、明确责任，推动创新文化建设工作的开展。在院机关，成立了创新文化建设工作小组，负责院机关创新文化建设的领导工作，制定了《院机关开展创新文化建设的实施方案》，对我院总结、提炼和培育以创新为导向的价值理念；加强舆论宣传，营造创新氛围，倡导创新精神；建立健全引导创新、激励创新、保障创新的各项规章制度等进行了部署。召开了院机关创新文化建设推进会，明确了各部门的责任，促进了工作任务的落实。院属各单位对创新文化建设工作也非常重视，建立起由所长负总责、党委组织实施、工青妇各级组织齐抓共管、全体职工积极参与的创新文化建设格局。通过健全组织、增加投入、明确职责、分工协作，加强对我院创新文化建设工作的领导。

2. 广泛动员、认真组织，积极开展丰富多彩的创新文化建设活动。为引导广大干部群众参与创新文化建设，我院利用院网、院报等媒体，面向社会和全院职工开展了院训、院歌征集活动和纪念建院50周年征文活动，使之成为创新文化建设的普及活动和弘扬我院光荣传统的教育活动。大力发掘、广泛宣传优秀共产党员贾继增、党的十七大代表刘玉梅的先进事迹和“执著奋斗、求实创新、情系‘三农’、服务人民”的祁阳站精神，引领全院科研人员树立创新观念、强化创新意识、增强创新能力。以院庆50周年为契机，开展多种形式的群众性文化体育活动，隆重召开了第五届全院职工运动会，充分展示了我院干部职工的良好精神风貌；举办了院庆50周年大型文艺晚会，歌颂了

几代农业科学院人刻苦攻关、无私奉献、献身农业、开拓创新的丰功伟绩，激发了全院职工参与创新文化建设，爱院、爱所、爱农业科技事业的激情。

3. 加强研究、注重交流，不断总结提炼好的做法与经验。随着创新文化建设工作的不断深入，我院积极组织开展中国农业科学院创新文化建设的对策研究，深入探讨我院创新文化建设开展的工作思路，为创新文化建设实践提供科学指导。院党建和思想政治工作研究会积极组织开展了创新文化建设工作实践交流和理论研讨，在此基础上，院党组印发了《关于深入推进创新文化建设的意见》，进一步推动我院创新文化建设工作持续健康地向前发展。

（二）齐抓并举、重点突出，创新文化建设取得实效

我院的创新文化建设，工作体系已基本建立，工作内容比较丰富，工作目标较为明确，有利于创新的核心价值理念、制度体系、形象标识和环境氛围等正在形成，在建设与我院相适应的先进文化、促进农业科技创新等方面迈出了扎实的步伐。

1. 标识文化基本建成。各单位结合从事科技活动的不同特点和类型，或依靠自身力量、发动群众积极参与，或聘请专家、依靠专业公司设计，广泛开展了各种形式的单位形象设计活动。并通过职工广泛参与形象标识的设计过程，使每一位职工的奋斗目标统一于整个研究所的发展目标，进一步激发了科技人员的创新热情，形成了团队、共鸣的效果。目前，在全院 33 个研究所中，有 30 个研究所有所徽、11 个研究所有所旗，6 个研究所进行了全方位的 VI 形象设计。通过标识文化建设，充分体现出农业科研文化的深刻内涵，展现了中国农业科学院人积极向上的时代风貌。

2. 理念文化深入人心。在全院“加强农业科技自主创新提高农业科技自主创新能力”理念的引领下，各单位以科学、求真、务实、诚信、协力、竞争、奉献、宽容、挑战、坚韧、执著、探索等为基础元素，着眼发展，面向未来，结合实际，突出特色，在全体职工中不断总结提炼出既具有本单位特色、又具有时代精神的创新文化理念。目前，在全院 33 个单位中，有 23 个单位有所训、8 个单位有所歌。

同时，为凝练中国农业科学院精神，引导广大职工群众树立执着科研、服务人员的价值观，继承和发扬我院广大农业科技工作者心系“三农”的优良传统，赋予改革创新的时代特征，深入挖掘先进人物精神。资源区划所“祁阳红壤试验站”党支部充分发挥带动作用，带领科技人员扎根贫困山区，几十年如一日，致力于红壤的改良利用，在条件极其艰苦的情况下，取得了一系列重要科技成果，培育了“执着奋斗，求实创新，心系‘三农’，服务人民”的“祁阳站精神”。2006 年，“祁阳站”被院党组授予“扎根红土地的科技先锋”光荣称号，被农业部领导誉为“农业科技战线的一面旗帜”，成为中宣部确定的重大宣传典型和保持共产党员先进性的“时代先锋”。2009 年，《农科英才》一书编辑出版，对建院以来的 47 位先进个人和 2 个先进集体的事迹进行宣传，通过对先进典型事迹的挖掘和整理，传承创新精神，提炼农业科学院创新文化核心价值

理念。通过大量的工作，基本确立了具有中国农业科学院特色的创新文化核心价值理念，使科学精神、创新精神、奉献精神和爱国主义精神融入科研人员的自觉行动。

3. 园区文化逐步实现。以加强院部基本建设为契机，对大院西门核心办公区环境进行了重新规划、设计，在国家高度重视"三农"工作、加大对农业科研机构基本建设投入的背景下，各单位积极改造基础设施、改善科研条件、建设优美园区、营造良好工作环境。许多研究所园区面貌焕然一新。优美的园区环境和便利的工作条件，吸引和稳定了更多的优秀人才，增强了科技人员的自豪感和责任感。目前，我院将制定院所园区总体建设规划、统筹安排修缮项目、新建项目与园区文化建设紧密结合起来，已逐步建成环境优美、和谐宁静、特色突出、形象鲜明的园区环境。

4. 制度文化成效显著。印发了《中国农业科学院职工守则》和《中国农业科学院科技人员道德准则》，规范广大职工的行为习惯，形成积极进取的精神风貌，提高广大科技人员的职业道德素养，加强科研学风建设，自觉抵制不良倾向。按照院党组创新文化建设的总体要求，党组坚持从制度层面解决农业科技自主创新发展的需要，积极做好规章制度的废、改、立工作，注重原有制度的完善和不适宜制度的废止。目前，我院已废止了《中国农业科学院处级干部聘任制暂行管理办法》等 3 项规章制度；修订或计划修订《中国农业科学院工作规则》《中国农业科学院关于加强因私出境人员审查管理的有关规定》《中国农业科学院机关财务管理实施细则》等 12 项规章制度。同时，根据需要制定并颁布了《中国农业科学院管理岗位聘用暂行办法》《中国农业科学院本级预算执行规范》《中国农业科学院计算机信息网络安全管理规定》等 8 项规章制度；正在起草制定《中国农业科学院机关工作人员考勤管理办法》《中国农业科学院对台农业科技交流管理办法》《中国农业科学院本级基本建设项目管理实施细则》等 13 项新的规章制度。通过不断加强制度建设，进一步创造了良好的制度环境，形成有利于科技创新的制度体系，为农业科技自主创新提供制度保障。

各单位也结合新时期面临的形势、任务和目标，对以往的规章制度进行归纳整理、补充修订，使制度更加符合实际、更加有利创新，使工作更加规范，行为有章可依，逐步健全体现现代农业科研院所特点的制度文化，形成有利于出成果、出人才，促进科技创新的制度体系，为农业科技自主创新提供制度保障。

5. 总体建设获得认可。我院利用多种形式，开展创新文化建设的宣传教育活动和具有创新特色的主题实践活动，组织开展创新团队评选，大力宣传先进典型在创新过程中表现出来的优秀品质和先进事迹，表彰奖励具有创新精神和创新成果的先进集体和先进个人，开展经常性送温暖活动，大力营造尊重劳动、尊重知识、尊重人才、尊重创造的环境氛围。同时及时汇编创新文化建设的成果，开展院机关创新文化建设等活动，共同营造崇尚科学、鼓励创新、追求高尚、激励先进的氛围。目前，我院已有近七成干部职工了解创新文化建设，50% 以上的干部职工对创新文化建设比较满意。

三、创新文化建设现状和实践中存在的主要问题

5年来，我院创新文化建设在院党组的领导下，在全院职工的共同努力下，在理念、标识、制度、园区等方面取得了一大批成果，有效促进了和谐氛围的形成，有力推动了科技创新的发展。通过问卷调查，我院职工对创新文化建设的满意率为79.1%，对本单位创新文化建设满意率为84.8%。通过对所收集的定量和定性资料的全面分析，我院创新文化建设还存在以下问题。

（一）对理念体系的建构和传播有待加强

理念文化是我院创新文化建设的核心内容，主要涉及科学精神、价值观、道德规范等人文内涵。我院历来高度重视理念文化建设，凝练了一批优秀的精神财富，但对于理念体系的建构以及推动其传播的规律仍缺乏系统研究。

1. 创新文化建设的理念体系有待充实。理念体系的酝酿产生是具有鲜明的时代性和多样性的，要根据不同的环境、针对不同的群体采用不同层次的价值观进行引导。近年来，我院青年人数量日益增多，他们成长在改革开放的环境中，最容易受到功利化、工具化的科技观的影响，急功近利、迷信权威、山头文化等现象难免存在。43.7%的人认为我院最需要加强的是德育，66%的人认为要加强职业道德建设，56.3%的人认为本单位职工最突出的不良现象是集体观念淡薄。对于影响道德的因素，78.1%的人认为与院所风气有关，75.7%的人认为与社会风气有关，61.9%的人认为与领导重视有关。可见，良好的院风是最能够帮助广大青年抵御不良风气侵害，而且调查显示我院是具有优良的传统和坚强的道德基础的，95.1%的人认为对于学术腐败现象应坚决遏止，应该守住自己的道德底线，91.9%的人表示会积极响应志愿者、扶贫帮困、捐赠等社会公益事业。75.3%的人对本单位的风气满意或比较满意。因此，如何利用我院传统，切合实际地为广大青年打造健康的做人理念，就成为我院理念文化建设中一个重要而紧迫的研究课题。

2. 创新文化建设的宣传手段有待丰富。有36%的人不了解我院的创新文化工作，而对于我院创新文化的四项基本内容很少有人完全答对，其中园区文化是认知度最低的，为47.8%。尽管院部和多个单位都曾专门组织学习了《两则》，但真正详细了解《两则》具体内容的人只有17.8%。现代的传播方式与传统传播方式相比变化很大。在传播媒介上，传统的报纸、宣传栏、口耳相传等难以适应大规模宣传的形势，我院70.4%的人主要通过院所网站了解创新文化工作及其他院所新闻，而我院在网站的建设和更新上还存在参差不齐的现象，需要引起院领导的高度重视，从创新文化的角度大力对其推进。然而，在传播的效果上，则是传统的方式具有更强的影响力和渗透力。文化传播的最佳状态是通过视觉、听觉、触觉等多层次的交互传播，使人们不自觉地接受来

自家庭、单位、社区、社会多层面的理念和价值观，在潜移默化之中，重构自己的价值评价体系。因此，如何充分结合实际与科研，多角度、多方位的将优良的理念符号渗透到我院科技创新的方方面面，让理念建设有更多的触角，激发精神财富特有的潜移默化、润物无声的巨大作用，就成为我院创新文化建设中一个需要不断研究的课题。

（二）对文化载体建设的系统性规划有待加强

各种集体活动是文化建设中最主要的载体，也代表了我院创新文化建设的水平和形象。创新文化建设开展以来，我院开展了一系列有影响力的大型活动，各研究所也开展了很多有特色的活动，但总体来看，这些活动仍然缺乏系统性的规划和统筹。

1. 全院性的大型品牌活动有待建立。全院性的大型活动是最有利于凝聚人心的，但我院能够长期坚持并形成品牌的大型活动几乎没有。调查显示，在大型活动的频率上，88.7%的人认为院部每年开展1～2次大型主题活动是可以接受的，从活动兴趣来看，83.4%的人对文体活动最感兴趣，其次为讲座和学术交流。就实际活动的参与率来看，最高的体育活动参与率为65.2%，其次为文艺活动和主题实践活动，参与率分别为58.7%和51.4%，参与率最低的是以评促建活动，仅为17.4%。可见，应当从院部的角度，创新性地开展以文体活动为主的主题活动，促进不同群体间的交流，打造品牌性的精品活动，而对于各种评比，应当严格遵循先建后评的客观规律。

2. 对群团组织活动的支持和统筹有待加强。调查显示73.3%的人需要丰富的业余文化生活，60.7%认为本单位最要需要改善的是文化生活，而只有38.1%的人觉得本单位的文体活动足够丰富。这些群众需要的文体活动应主要依靠各个群团组织，40.5%的人在业余时间经常参加群团组织开展的活动，仅有53.4%的人认为自己单位的群团组织是能够发挥作用的。所以，应当充分支持指导研究所工会、妇委会等群团组织开展工作，增加研究所职工的凝聚力。所有的单位都认为文体活动是开展创新文化建设最有效的形式，但除了文体活动之外，群团组织还有很大的灵活性，应当设立活动基金，每年支持各群团组织结合本单位科研特点，创新形式，组织拓展训练、实践下乡和挂职锻炼等活动，形成自己的文化品牌和传统。相对于院部组织的大型活动，群团组织更能够发挥职工在文化建设中的主体作用，把职工放在积极主动的位置上，激发群众积极性。也更有利于杜绝走形式的现象，丰富我院的文化多样性。

（三）创新文化在全院工作中的定位还需提升

2006年的党组文件中规定由院精神文明建设委员会负责创新文化建设的组织实施，日常工作由院直属机关党委负责。院属各单位由所长负总责、党委组织实施、工青妇各级组织齐抓共管。经过5年的发展，各研究所的建设硕果累累，但在院部的角度上，创新文化在全院中的定位还需提高。

1. 院部园区文化亟待加强，需要相关单位协力解决。目前，我院大部分研究所的所貌都有了明显改观，逐步建成环境优美、特色突出、形象鲜明的园区环境。但是，院部整体的园区文化却远远落后于所内的园区建设，调查显示认为本单位环境综合治理较差的仅占2.4%，而认为院部环境综合治理较差的则占21.1%，72.5%的人认为我院需要进一步整治环境，改善院容院貌。院部园区文化建设的问题主要来自3个方面：一是大院内的区域规划，我院功能分区混乱，办公区、生活区、商业区、居住区、实验区等没有明确界限，不便治理。二是缺乏文体活动场所，仅有13.8%的单位有设施完备的职工活动场所，34.8%的单位根本没有职工活动场所。院部内也没有正规的体育活动场所。院外的场地不仅租金昂贵，而且缺乏归属感。三是大院内的物业管理，院内楼宇出租过多，导致人员、车辆管理混乱，清洁绿化水平下降，院部环境综合治理难度增大，距离创建园林式国家科研院所尚有较大差距。园区文化是我院创新文化建设的基础性条件，目前却成为我院创新文化建设的最主要瓶颈，整洁的大院环境和完善的公共设施是广大科技工作者进行科学研究和开展文化建设的基本保障，长远效益不可估量。但是，院部的园区建设投入巨大，牵涉利益众多，仅凭院精神文明建设委员会很难组织实施。

2. 各研究所文化建设投入力度还需统筹协调。所有的被调查单位都认为创新文化建设中最重要的是领导重视和资金支持，尽管85.7%的单位认为开展创新文化建设是有实效的，但由于各单位的经济状况存在差距，也就决定了创新文化建设在各单位的发展是不平衡的。我院目前有86%的单位有创新文化建设的规划和目标，78.6%的单位将创新文化建设列入工作考核机制，85.7%的单位在创新文化建设中修改了考核评价制度。但为创新文化建设设立专项经费的只有57.1%且数额参差不齐，最高的每年30万元，最低只有1万元，其他大部分研究所的建设费用都是从其他经费中列支的。在创新文化人才方面，72%的单位将创新文化工作设在党办，28%设在综合处，基本没有专职机构和专职人员。文化建设固然离不开物质基础，但也不能完全等同于物质建设，64.3%的单位认为精神文明单位评选不应完全把物质基础列为必要条件。目前，我院各单位之间两极分化逐渐拉大，职工思想状况复杂，因而更要提高创新文化建设在我院全局中的定位，尽量规避经济因素的影响，努力实现各单位在文化领域中的协调均衡发展。

四、深入推进创新文化建设的对策和目标

党中央、国务院高度重视我国农业科技事业发展，明确提出，要求我院按照实现2020年我国农业科技整体实力进入世界前列，以及较大幅度提高我国农业科技贡献率、提升农业发展核心竞争力的总体目标要求，站在建设国家农业科技创新体系国家基地的高度，瞄准世界农业科技前沿，引领全国农业科技创新方向。在这样的背景下，充分发挥国家队、主力军、领头羊的作用，努力实现科技创新目标，不仅需要有利于创新的体制和机制，创新的队伍和人才，更需要有利于创新的文化。要不断深化我院的创新文化

建设，加强创新文化的学习研究和实践总结，凝练创新文化核心价值体系，进一步明确定位、合理规划，提升创新文化建设工作水平，促进创新文化理念的传播和创新思维的不断涌现，营造良好的制度环境和舆论氛围，大力推动科技创新中心工作的开展。

（一）加强创新文化建设的总结提炼，增强创新文化建设工作的科学性

创新文化建设作为一项系统工程，包括软硬件各项建设，涉及工作的方方面面，要深入推进，就需要既关注当下，抓紧解决当前的迫切问题，又立足长远，致力于全院的长期发展需要。要进一步用先进文化统一全院职工的思想，广泛动员，充分调动各方面积极性。把创新文化建设作为我院长远发展战略的重要组成部分，科学合理进行规划，进一步强化组织领导，

1. 在理论层面，进一步加强对创新文化建设规律性的认识。我院创新文化的开展，在前期充分调查借鉴和实践探索的基础上，下一步应当加强对文化自身规律性的研究，进一步加深对文化性质、特征等的认识，对文化的形成、传播和大众认识过程有更加充分的了解。一方面提升理论指导的高度，确保深入推进创新文化建设进程的科学化；另一方面，从文化认同和传播的规律出发，妥善应对和解决少数基层人员认识不到位、宣传效果有待提高和部分职工参与不够等问题。

2. 在实践层面，进一步加强对创新文化建设系统性的规划。目前，我院的创新文化建设工作，正处在由简单到复杂、由外围到核心的全面推进和深化阶段，要不断取得实效，一方面要及时发现并解决问题，加强交流，不断总结经验；另一方面，要站在全院发展的角度，把创新文化建设与全院的各项工作和全面协调发展联系起来，科学、合理规划，把创新文化建设与科研、行政、党建、人才培养等各项工作有机结合起来，同规划、同布置、同督促、同落实，全院上下协调配合，广大干部职工积极参与，形成工作合力。

3. 在价值层面，进一步加强对创新文化建设精神性的挖掘。我院的核心价值和院精神，是建院 50 多年来，经过几代人的不懈努力和开拓进取所积淀下来的，体现着我院深厚的文化底蕴和优良的精神传统，是支撑我院长远发展的内在不竭动力。在新的历史条件下，要进一步提炼创新文化核心价值理念，形成既继承和弘扬优良传统，又着眼于未来长远发展；既体现科研单位特点，又充分体现农业特色；既具有教育意义，又具有目标性和前瞻性的院训和院精神，将其贯穿于科技创新实践的全过程。用创新文化的核心价值理念引领科研、管理和支撑工作，促进我院的全面和谐发展。

（二）明确创新文化建设的先导地位，增强创新文化建设工作的指导性

先进文化能够为推动科技创新提供持久不竭的动力，根本的原因在于，文化关注的是人本身的需求和发展，因此，要站在战略全局的高度进一步认识开展创新文化建设的

重要意义，坚持以人为本，将创新文化建设与我院的长远发展和各项中长期战略结合起来，合理规划，使创新文化建设切实融入到各项工作当中去，提升科研创新水平，培育创新人才，促进科研工作上层次、上水平、出成果。

1. 从文化与发展的关系来看，当今时代，文化创新越来越成为组织凝聚力和创造力的重要源泉，成为提高综合实力的至关重要因素。胡锦涛同志在全国科技大会上的讲话中指出："发展创新文化，努力培育全社会的创新精神。""创新文化孕育创新事业，创新事业激励创新文化。"要将先进文化的引领置于开展各项工作的先导地位，深入开展创新文化建设，充分发挥文化的导向、凝聚、激励和规范作用，营造有利于科技创新、有利于人才脱颖而出的科研环境和文化氛围，不断提升科技创新能力和科研管理水平。

2. 从文化与科技的关系来看，文化是社会生活的观念体现，科学研究对象的选择和成果的推广，都需要以正确认识文化所承载的社会观念为前提，只有为大众所认可和接受，科研工作才能永续发展。否则，研究成果只会产生短期狭隘效益，甚至被束之高阁。因此，要高度重视文化的重要性，尤其是在当前形势下，党和国家高度重视农业科技工作，国际科技竞争日益激烈，广大群众的人本意识和权利意识日益提升，要保证科技发展的正确方向，推进学科的科学发展，树立"国家队"的责任感和使命感，直面我国"三农"事业和农业科技创新的重大问题，就需要加强创新文化建设，用先进文化武装科技队伍，指导科研工作。

3. 从文化和管理的关系来看，管理的根本目的在于效益最大化。在科研单位，管理除了在加强科研道德建设和行为规范培养方面发挥作用外，更重要的是提供激励创新的制度化平台。科研人员受教育程度高，思想活跃，充分体现出文化的多样性特征，因此，要处理好核心价值理念与多元文化的关系，在凝聚广大职工对创新文化核心价值理念达成共识的基础上，要鼓励多元文化和创新思维，尊重知识、尊重劳动、尊重创新、宽容失败，营造宽松的科研环境、培育科研创新精神。这既是科研单位的自身发展的需要，也是根据不同岗位的类型特点和不同人群的性格特长，以人为本、科学发展的需要，对于凝聚共识、增强职工的参与度和文化的适应性具有重要意义。只有充分发挥文化的凝聚人心、鼓舞士气的作用，才能切实增强广大职工的环境愉悦感、集体归属感和任务紧迫感，自觉投身到我院的各项事业中去。

（三）丰富创新文化建设的具体举措，增强创新文化建设工作的实效性

深入推进创新文化建设，要在科学发展观指导下，以营造宽松科研环境、培育科研创新精神为目标，实现创新文化与制度管理的深度融合，发挥计划、组织、引导、监督等职能，建立规范有序、和谐高效的管理体制与运行机制，把创新文化建设与中长期规划和长远发展战略结合起来，统筹创新文化建设在全院协调开展；把创新文化建设与服务科技创新结合起来，完善制度管理；把创新文化建设与落实各项具体工作结合起来，

加强创新文化长效机制建设，使创新文化建设不断取得实效。

1. 充分运用党的组织优势进一步统一思想。要将创新文化建设融入党的各项工作中，丰富党组织的工作抓手和活动方式，增强创新文化建设的吸引力和参与度；要扩大组织覆盖，通过创新文化建设，把党组织针对党员的教育、管理和服务拓展为针对全体职工的先进文化建设和教育引领工作；要挖掘组织资源，通过学习、培训、文化活动等形式，造就一支创新文化工作团队，进一步增强广大职工对创新文化建设重要性和必要性的认识。通过发挥党的组织优势，用创新文化理念占领思想阵地，用创新文化宣传占领舆论阵地，用创新文化行为占领活动阵地，教育动员广大职工统一思想，使创新文化建设成为党组织自上而下的共识，成为从党员到群众的共同要求。

2. 将创新文化建设作为我院制定各项规划的重要内容。创新文化作为一项系统工程，自身也需不断发展和完善，来适应形势变化和事业发展的需要。所以，一方面，要以先进的文化理念引领规划和战略，以共同的价值观形成合力，把创新文化的深度传播、行为转化和价值升华作为战略目标实现的重要指导和保障，促进各项事业持续发展；另一方面，要加大对创新文化建设的科学规划和政策支持，保证经费投入，多方争取资源，加强创新文化平台建设、发展研究、激励表彰、传播覆盖等，确保创新文化建设持续稳定开展，促使其不断发展和完善，始终保持充分的适应性、影响力和生命力。

3. 统筹全院创新文化建设总体工作。进一步加强对院属各单位创新文化建设的组织领导，制定统一的创新文化建设内容，规定时间、规定动作、规定任务，各单位可以在完成规定动作、规定任务前提下创新自身活动。全院在规定时间内进行检查、总结和评比，并结合实际实施专项奖励，规范统一全院创新文化建设工作的进度。进一步发挥院党的建设和思想政治工作研究会的平台作用，促进各单位之间的学习交流，促进全院创新文化氛围的形成，使创新文化真正成为提升单位创新能力的重要保证。

4. 不断加强科研环境建设。一是要进一步加强科研人员道德教育。引导职工自觉遵守《中国农业科学院职工守则》和《中国农业科学院科技人员道德准则》，弘扬优良传统和作风，讲究诚信和科研道德；二是要继续加强学术环境建设。营造人人平等、学术自由、百家争鸣的良好氛围，加强学术交流和合作研究，努力提高学术交流的层次和质量，调动科研人员参加学术交流的积极性，全面提升科研人员学术水平与科研能力；三是要加强科研过程管理的制度建设。通过完善制度，规范科研工作流程，为科研工作提供制度保障；四是要强化激励机制，鼓励优秀科研人员脱颖而出。

5. 不断推进制度化建设。制度建设要打破条条框框的束缚，推进制度文化要破旧立新，以人为本，充分调动积极性，服务于科研创新工作。一方面，通过制度规定，广泛凝聚共识，在围绕科学的价值追求、弘扬科学精神、建立学术道德规范和履行科学的社会责任等方面，以制度的形式加以固化，在打造核心价值理念的同时，全面提高参与度，增强认同感和责任感，实现从一般号召向普遍认同、自觉参与上的转变；另一方面，要进一步修订完善规章制度，不断增强规章制度的系统性、科学性和可操作性，严格按照规章制度和工作流程办事，维护制度的严肃性、权威性。

6. 不断完善保障措施。要将创新文化建设纳入年度工作计划，确定工作目标、制定工作措施、明确工作分工、落实工作责任，提供政策保障；要根据创新文化建设工作需要，落实经费支持，确保必要的物质投入；要着眼于深化创新文化建设的长远需要，通过走出去、请进来等方式，加强对从事创新文化建设工作人员的学习培训，着力打造一支热情高、能力强、善于钻研、敢于开拓、思维活跃的工作队伍，确保创新文化建设工作的人才需求和工作质量；要通过建章立制，把对创新文化建设工作政策制定的周期、方式、内容、目标以及相应的人财物等保障措施以制度的形式固定下来，使创新文化建设工作日益常规化、制度化、系统化，确保创新文化建设工作的制度保障。

7. 进一步建立和完善创新文化宣传平台，加强创新文化的传播。充分发挥报纸、杂志、网络和宣传栏等的作用，加强新闻报道和宣传引导工作，大力宣传创新文化建设的重大活动、重要载体和有益成果，不断开拓创新文化建设载体，使创新文化建设与广大职工切实紧密联系起来，不断扩大创新文化建设的参与面，让广大职工普遍认同、自觉参与，确保创新文化建设的实效。

8. 进一步搭建长效作用载体，广泛开展创新文化建设活动。将创新文化建设融入各项长线工作和各种主题实践活动中，丰富活动形式，组织形式多样的社会实践和思想道德教育，提升职工的思想道德素质，增强创新文化建设的关注度和影响力。为职工建设固定的文体活动场所。建设院史陈列室和科研成果展览室，作为我院职工教育和对外宣传的重要窗口，充分展示我院的历史和成就，塑造良好形象，增强全院职工的归属感和自豪感。

开展创新文化建设是一项长期的战略性任务，任重而道远。要在认真总结经验成效的基础上，充分分析形势，坚持与时俱进、大胆探索、勇于实践，全力把我院创新文化建设推向新的阶段，基本建立充分体现创新理念并有力推动科技创新的创新文化体系，促进全院农业科技自主创新能力的提升和各项事业的科学发展。

中国农业科学院直属机关党委

二〇一〇年九月

关于印发韩长赋部长在我院调研指导创先争优活动时的讲话的通知

农科院党组发〔2010〕43 号

院属各单位、院机关各部门：

11 月 4 日，农业部党组书记、部长、部创先争优活动领导小组组长韩长赋到我院调研指导创先争优活动开展情况并作重要讲话。现将韩部长的讲话印发给你们，请各单位组织全体党员群众认真学习韩部长关于中国农业科学院要紧紧围绕推进农业科技创新、提升农业技术服务能力、强化人才队伍建设、创新农业科技体制机制和加强党性党风建设开展创先争优活动的讲话精神，结合工作实际，切实做好贯彻工作。

各单位的学习贯彻情况请于 11 月底前报院直属机关党委。

二〇一〇年十一月十五日

在中国农业科学院调研指导创先争优活动时的讲话

中共农业部党组书记、部长　韩长赋

（2010年11月4日）

同志们：

我到农业部工作后，这是第四次来中国农业科学院调研。农业科学院也是我的创先争优联系点。这次来，主要是就创先争优活动作一个专题调研，听听大家对开展创先争优活动、加快农业科技创新和技术推广、加强农业科技人才队伍建设等方面的意见和建议。刚才，我们看了国家饲料检测中心、重点实验室和蔬菜育种的科研创新推广情况，薛亮同志代表农业科学院党组就开展创先争优活动和机关党建工作作了汇报，环发所、资源与区划所和作科所第二党支部分别介绍了情况，感到农业科学院创先争优活动搞得有声有色，很受启发。

在党的基层组织和党员中深入开展创建先进基层党组织、争当优秀共产党员活动，是巩固和拓展全党深入学习实践科学发展观活动成果的重要举措，是党的建设一项重要的经常性工作。全党学习实践科学发展观结束后，即开展了创先争优活动，目的是推动学习实践成果转化、基层化、经常化。胡锦涛总书记在党的十七届五中全会上强调“要深入开展创先争优活动”。前不久，习近平同志就加强机关党的建设和创先争优活动作出了进一步部署，要求各级党和国家机关党组织紧紧围绕服务党和国家工作大局创先争优，在推动科学发展、促进社会和谐、服务人民群众、加强基层组织、建设一流队伍中走在前、作表率。刚刚闭幕的党的十七届五中全会，明确了“十二五”时期农业农村发展的总体要求、方向任务和重大举措，指明了今后5年“三农”工作的方向。我们要深入学习领会五中全会精神和中央的部署要求，深入开展创先争优活动，切实加快农业科技创新步伐，为加快发展现代农业、促进“十二五”农业农村经济平稳较快发展作出更大贡献！下面，我讲几点意见。

一、紧紧围绕加快农业科技创新，深入开展农业科学院创先争优活动

中国农业科学院是我国农业科研创新的国家队和主力军，是培养农业科技人才的重

要阵地。近年来，农业科学院领导班子坚持以科学发展观为指导，围绕部党组的中心任务，认真贯彻科教兴国战略和人才强国战略，大力推进科技创新，在服务农业生产、培养人才队伍、改善科研条件、推进科研体制改革等方面取得了很大成绩，为农业农村经济发展作出了重要贡献。

创先争优活动开展以来，农业科学院党组高度重视，结合农业科技工作实际，提出了“增强党性作表率、科技创新当先锋”的争创主题，全面动员部署，注重基层落实。召开了科技人员、党务工作者和基层群众代表座谈会，举办了党支部书记和党办主任专题培训班，利用多种形式强化宣传引导，指导各研究所结合自身实际开展了丰富多样的主题实践活动，形成了领导干部带头、党员群众积极参与的良好局面，取得了阶段性成效。从两个所的考察和三个单位的发言看，农业科学院创先争优活动搞得很扎实，有特色、有成效，对农业科学院前一段创先争优活动应给予充分肯定。一些好做法、好经验希望继续发扬，值得各司局、各单位学习和借鉴。

下一步，农业科学院深入推进创先争优活动，要突出落实党的十七届五中全会精神这个重点，紧紧围绕加快农业科技创新、服务“三农”发展大局，以加快转变农业发展方式为主线，充分发挥自身优势，切实强化科技支撑，把创先争优的成果体现到农业科技创新、农技推广服务、科技人才培养和科研体制机制改革中来，推动创先争优取得实效，全面推进农业科学院科学发展。

一要围绕推进农业科技创新开展创先争优。解决农业问题根本出路是要靠科技。农业科学院要坚持把农业科技创新作为创先争优活动的主战场，围绕加快现代农业建设，不断强化基础性、关键性、战略性重大农业科学技术研究，强化技术集成配套，大力培育具有重大应用价值和自主知识产权的突破性科技成果，积极抢占农业科技竞争制高点。要以良种良法配套为重点，大力提升种业科技创新水平，保障国家粮食安全；以农机农艺结合为重点，大力提升农业机械技术水平，提高农业生产效率；以节本增效为重点，大力提升循环农业技术水平，促进农业可持续发展；以防控病虫害和应对气象灾害技术为重点，大力提升农业防灾减灾技术水平，支撑农业稳定发展。要认真编制好《中国农业科学院“十二五”科学技术发展规划》，加强科技平台建设，提高农业科技自主创新和成果转化能力，努力突破核心技术、关键技术瓶颈，构建引领未来农业发展的现代农业技术体系，积极探索中国特色农业科技进步道路。

二要围绕提升农业技术服务能力开展创先争优。推动现代农业发展必须提高农业技术服务水平。要坚持从我国国情和农业产业特点出发，以服务农业发展、满足农民需要为主要任务，加快构建新型农业社会化科技服务体系，推进科研技术成果的转化。要加快基层农技推广体系改革与建设，不断提升基层农技推广能力；继续深入开展粮棉油糖高产创建，探索科技成果转化的新渠道；以统防统治为重点，大力推进关键生产技术的专业化服务，提高农业科技服务水平。农业科学院要通过开展创先争优活动，组织动员广大农业科技工作者，深入生产一线，开展科技服务，及时解决农民生产技术难题，及时提供信息服务，积极为农民群众解难题、办实事。要组织动员广大党员干部，立足农业科研、推广岗位创先进、争优秀，以强烈的事业心和责任感，创造性地开展工作，切实发挥共产党员的先锋模范作用。

三要围绕强化人才队伍建设开展创先争优。加强以科技领军人才和农村实用人才为重点的队伍建设，是农业科技战线面临的艰巨任务。农业科学院要充分发挥党组织的优势，引导广大党员带头学习提高思想政治素质，增强业务本领。要遵循人才成长规律，以培养急需紧缺人才为重点，以人才资源能力建设为核心，以创新体制机制和完善政策为保障，紧紧抓住培养和使用两个关键环节，挖掘人才资源、创新选用机制、充分激发活力、服务人才成长。要高度重视高层次人才尤其是领军人才的引进培养和创新团队建设，充分发挥重大农业科研项目、重点学科和重点科研基地凝聚人才、发现人才、培养人才的重要作用，继续组织实施好“科技创新团队建设工程”和“海外高层次人才引进工程”，着力构建一支规模适度、结构优化、布局合理的农业科技创新人才队伍，持续保持农业科学院的整体创新能力和科技竞争力。

四要围绕创新农业科技体制机制开展创先争优。要继续深化科研体制改革，创新农业科技管理体制和运行机制，逐步健全完善农业科技创新体系，强化协作，统筹资源，激发活力，为农业科技创新提供强大动力。要强化农业科技的公益性定位，深化现代院所管理制度创新；完善稳定支持的投入机制，加大财政投入，积极引导企业、专业合作组织等社会力量投入；完善“课题来源于实际、成果应用于生产”的评价考核机制，推动科技与生产紧密结合；完善联合协作机制，加快构建科研、教育、推广三位一体的新型农业科技体系，努力形成农业科技发展的强大合力。

五要围绕加强党性党风建设开展创先争优。要以创先争优活动为契机，引导全院党员加强党性修养，大力发扬党的优良传统和作风，弘扬“祁阳站精神”，全面加强思想作风、学风、工作作风建设，树立党员干部良好形象。要大力加强院所两级领导班子建设，不断提高班子凝聚力和战斗力。进一步密切党群干群关系，关心职工群众生活，切实帮助解决实际困难。要加强学术道德建设，进一步发挥院士以及老科学家在科研队伍特别是年轻科技人员中的榜样作用，大力弘扬追求真理、实事求是、埋头苦干、无私奉献的精神。要坚持开展反腐倡廉，落实党风廉政建设责任制。

二、紧紧围绕推进农业农村经济平稳较快发展，深入开展我部的创先争优活动

自创先争优活动开展以来，我部各级党组织认真贯彻中央要求和部党组的部署，紧紧围绕“三农”中心工作，紧扣“强化组织基础、提高队伍素质、立足本职岗位、服务‘三农’事业”的活动主题，精心组织，周密安排，创新载体，丰富形式，大力开展“四比四争做”活动，广大党员干部把创先争优活动激发出来的热情转化为做好本职工作的实际行动，以更加奋发昂扬的精神状态、扎实进取的工作作风、只争朝夕的拼搏劲头，积极主动、创造性地开展工作，充分发挥领导干部的骨干带头作用和党员的先

锋模范作用，为完成“两个千方百计、两个努力确保”目标任务作出了积极贡献。2010年农业在多灾大灾之年又获丰收，科技创新、科技推广、科技服务、科技抗灾，提供了有力有效的支撑，广大农业科技人员深入灾区、深入一线、深入乡村、深入农户、深入田头，不辞艰辛、无私奉献，发挥了重要关键作用。

下一步，要深入贯彻落实党的十七届五中全会精神，按照中央的部署和胡锦涛总书记、习近平同志等中央领导提出的要求，紧扣“三农”中心任务，深入推进创先争优活动，为完成2010年各项工作任务和推进“十二五”时期农业农村经济发展提供强大动力。这里，我再强调4点要求：

一是通过深入开展创先争优活动，推进五中全会精神的学习贯彻。要把学习五中全会精神作为当前创先争优活动的重大政治任务，组织党员干部认真学习、全面准确深刻领会五中全会精神实质，自觉地将思想和行动切实统一到五中全会的要求和部署上来，重点围绕五中全会提出的重大任务，深入思考研究关系农业农村经济发展全局的重大问题，在加快转变农业发展方式中创先进、争优秀，在推进现代农业发展、开创“三农”工作新局面中再创佳绩。

二是通过深入开展创先争优活动，推动农业农村经济中心工作完成。要用完成中心工作的成果检验创先争优活动。广大党员干部要以奋发有为、只争朝夕的精神，认真做好各项工作，扎实推进冬季农业生产，抓好“菜篮子”产品生产供应，强化秋冬季重大动物疫病防控和农产品质量安全监管，继续做好农业抗灾减灾工作，加强农业基础设施建设，抓好强农惠农政策落实，确保圆满完成2010年“两个千方百计、两个努力确保”的目标任务，为2011年工作打下坚实基础。

三是通过深入开展创先争优活动，推动干部作风转变。坚持把转变工作作风、抓好工作落实作为检验创先争优活动的重要标志。要继续做好行政绩效评估考核工作，坚持突出重点抓落实、明确责任抓落实、令行禁止抓落实、持之以恒抓落实、创新方法抓落实的要求，推动健全抓落实的长效机制，形成务实高效的工作作风。要组织动员广大党员干部，深入基层，深入群众，深入生产一线，了解农民群众的所思所想所盼，在为农村基层和农民群众解难事、办实事、做好事的实际行动中彰显共产党员的先进性。要在落实好各项强农惠农政策的基础上，完成好2010年为农民群众办实事工作。要切实做好群众工作，关心部机关干部职工生活，帮助解决实际困难。

四是通过深入开展创先争优活动，提高机关党建工作科学化水平。要把加强基层党组织建设作为创先争优活动的重要任务，努力构建抓基层打基础、落实科学发展观的长效机制。要以贯彻落实新修订的《中国共产党党和国家机关基层组织工作条例》为抓手，紧紧抓住服务中心、建设队伍两大核心任务，不断加强和改进机关党建工作，切实履行好协助和监督职责，为推进“三农”工作科学发展提供坚强保证。要着力强化基层党组织的功能，健全党建工作制度规范，建设高素质基层党组织书记队伍，不断增强基层党组织服务大局、推动科学发展的能力。

三、切实加强组织领导，务求创先争优取得实效

部党组对我部开展创先争优活动作出了全面部署，各司局、各单位要认真贯彻落实。各级党组织要切实加强对创先争优活动的领导，党组织主要负责同志要切实履行第一责任人的职责，精心组织，统筹推动。党员领导干部要建立活动联系点，加强调研指导和工作点评，以点带面，推动创先争优活动不断深入有效开展。各单位要结合年终考核、民主评议党员等工作，采取适当方式，组织党员、群众对创先争优活动情况进行评议，上级党组织负责人对基层党组织进行点评，支部书记对党员进行点评，实事求是地肯定取得的成绩，及时指出存在的问题和努力方向，让先进的有光荣感，后进的有危机感，一般的有紧迫感，鞭策基层党组织和党员努力创先争优。要大力开展“四比四争做”活动，进一步丰富完善具有单位特点的创先争优活动载体，推动当前“三农”重点工作和本单位改革发展任务的完成。要及时总结和宣传创先争优活动中新涌现的典型，用身边的先进团队和先进人物激发党员干部创先争优的主动性和自觉性。要加强分类指导，统筹推进部机关与农业系统创先争优活动，统筹推进党组织和群团组织的创先争优活动，努力营造学习先进、争当先进、赶超先进的良好氛围。

希望农业科学院走在创先争优前面，起到带头作用。部党组将一如既往大力支持中国农业科学院的改革与发展，各司局要多为农业科学院提供支持与服务，希望中国农业科学院再接再厉，务实开拓，努力建设适应现代农业发展要求的高水平农业科研院所，在加快“十二五”农业科技创新步伐中再立新功。

中国农业科学院
关于创先争优活动情况的汇报

中国农业科学院党组书记　薛　亮

（2010 年 11 月 4 日）

在党的基层组织和党员中深入开展创先争优活动，是党的十七大和十七届四中全会作出的重要部署。中国农业科学院党组高度重视创先争优活动，2010 年 6 月以来，根据农业部党组的统一部署和安排，创先争优活动紧紧围绕农业科技创新的中心工作，加强领导，明确主题，创新载体，深入推进。目前，创先争优活动已在我院全面展开。

分四个方面汇报工作：

一、我院党建工作基本情况

中国农业科学院京区有 25 个直属单位（其中包括 8 个院机关职能部门和 1 个后勤服务中心），建立党委的单位有 15 个、党总支 1 个，基层党支部 214 个，党员人数 3 236名。按属地管理原则，京外 18 个研究所的党组织归地方管理。

近年来，党建工作主要抓了以下 5 个方面。

一是认真抓好重大学习教育活动，不断提高党员干部的政治水平。根据中央精神和部党组要求，近几年，我院认真开展了保持共产党员先进性教育活动和深入学习实践科学发展观活动。在先进性教育活动中，我院提出了广大共产党员要争做“科技创新的模范、服务‘三农’的模范、科学民主的模范、求真务实的模范、清正廉洁的模范”的要求。在深入学习实践科学发展观活动中，我院广大党员深刻理解了科学发展观的科学内涵、精神实质和根本要求，解放思想，查摆问题，把学习科学发展观与落实整改措施相结合，进一步坚定了推动我院科学发展的信心和决心。

二是不断加强党的建设，着力提高党建工作的保障能力。思想上，通过建立院所两级领导干部理论中心组学习制度，抓好党员的经常性教育活动，不断提高党员干部理论素养，坚定理想信念；组织上，通过认真开展学习型党组织建设、健全完善基层党组织领导班子、定期举办党务干部培训班、坚持“两优一先”评选等活动，不断增强党组织的凝聚力、战斗力；作风上，通过开好党员领导干部民主生活会、加强党风廉政建设、深入调查研究等，积极转变工作作风，不断提高领导科学发展的能力和水平；制度上，院党组制定印发了《关于建立健全保持共产党员先进性长效机制的意见》等一系列制度，为党的各项建设提供了制度保证，提升了科学化水平。

三是加强先进性建设，充分发挥党员的先锋模范作用。“十一五”以来，我院涌现出一大批先进集体和优秀个人。据统计，获得农业部及中央国家机关以上有关单位表彰奖励的先进单位有17个，先进个人有44名。其中有被中宣部确定为重大宣传典型的“祁阳站精神”，有被授予“全国先进工作者”荣誉称号的贾继增研究员、郭三堆研究员和李云昌研究员；有被授予“全国劳动模范”荣誉称号的柳纪省研究员；有荣获“全国五一劳动奖章”的陈化兰研究员；有光荣当选为党的十七大代表的刘玉梅研究员；有被授予“全国三八红旗手”的景蕊莲研究员和“中央国家机关五一劳动奖章”的肖世和研究员；有被授予中央国家机关“十大杰出青年”荣誉称号的何萍研究员；有4人获得中华英才奖等。他们是全院干部职工学习的榜样。

四是积极开展创新文化建设，努力营造激励创新的良好氛围。为给科技创新营造良好氛围，我院自2006年开展了创新文化建设，经过5年努力，取得了初步成效。理念文化建设方面，确定了《中国农业科学院之歌》，编辑出版了《农科英才》，提炼了农业科学院创新文化核心价值理念等；标识文化建设方面，确定了中国农业科学院院徽和院旗等；制度文化建设方面，制定印发了《中国农业科学院职工守则》和《中国农业科学院科研人员道德准则》及其他相关制度；园区文化建设方面，重点推进基础设施改造、优美的园区环境和便利的工作条件。前不久，我院召开了深化创新文化工作会，对5年创新文化工作进行总结，对今后5年工作进行部署。目前，创新文化建设已经成为全院党建工作的重要内容，通过创新文化建设，激励了创新思维，营造了创新氛围，形成了具有中国农业科学院特色的创新文化理念。

五是加强精神文明建设，促进群众性活动蓬勃开展。院党组坚持“两手抓、两手都要硬”的指导方针，深入扎实开展文明建设工作。截至2010年底，全院已进行了11轮评选，累计评选出院级文明单位102个（次），文明单位标兵26人（次），院级文明职工272人（次），文明职工标兵80人（次）。我院被首都精神文明建设委员会确定为首都文明建设“示范点”，10次获得中央国家机关和首都“文明单位标兵”的荣誉称号并获得首都文明单位标兵十连冠奖杯；2008年被授予“全国爱国拥军模范单位”荣誉称号。院工会被评为农业部“先进工会组织”，院团委被评为全国、中央国家机关和农业部“五四红旗团委”，院妇委会被评为中央国家机关、农业部“先进妇女组织”。

通过抓党建工作，提高了基层党组织的战斗力、凝聚力，增强了党员干部的大局意识、责任意识、服务意识、奉献意识，提升了推动发展、促进和谐、服务群众的能力，有力保障和促进了全院科技创新中心工作的开展。“十一五”以来，我院共承担国家级项目（课题）4 517项，参加731项，经费总额30.32亿元；获奖成果333项，其中获得国家一等奖1项、二等奖19项、省部级奖118项，2010年又有5项成果通过国家奖初评；国家、省级农作物新品种审定的品种289个，获新品种权64项、授权专利485项、新药证书32个、软件著作权139项；发表研究论文1.5万多篇（SCI、EI收录1 665篇）、出版专著751部；我院“三个中心、一个基地”建设得到进一步推进，科技创新能力进一步增强，服务“三农”水平进一步提高。

二、创先争优活动开展情况

院党组全面贯彻中央关于在全党深入开展创先争优活动的决策部署和农业部党组关于创先争优活动的文件要求，认真学习领会韩长赋部长在农业部纪念建党 89 周年暨表彰大会上的重要讲话精神，紧密结合农业科学院工作实际，以积极的态度、严格的标准、有力的措施扎实推进创先争优活动，努力做到思想先进、学习先进、工作先进、行为先进。

一是健全组织机构，落实领导责任。按照部党组要求，我院及时成立了创先争优活动领导小组，翟虎渠院长担任组长。院创先争优活动领导小组积极发挥组织领导、指导协调和督促检查的作用，推动全院创先争优活动扎实有序开展。

二是分院所两级，全面动员部署。结合科技创新实际，我院下发了《关于在院直属机关基层党组织和党员中深入开展创先争优活动的实施意见》。6 月 30 日，我院召开了创先争优活动动员大会，院属京内外各单位党组织负责人参加会议。院属京区各单位按照院党组要求，都在第一时间召开了创先争优动员会。在全院广泛动员基础上，院党组又召开了由科技人员代表、党务工作者代表和基层群众代表参加的创先争优工作座谈会，听取他们的意见和要求，努力争取使我院创先争优活动更加贴近基层党组织和党员群众实际。

三是结合科技创新实际，确定争创主题。根据中央精神和中国农业科学院实际，我院把推动农业科技创新事业发展作为开展创先争优活动的根本着力点，力戒形式主义，务求实效。院党组围绕中央创先争优活动“五个好”、“五带头”的总体要求和农业部党组“强化组织基础、提高队伍素质、立足本职岗位、服务‘三农’事业”的主题，联系农业科技创新工作特点，确定了在我院基层党组织中开展“增强党性作表率　科技创新当先锋”的争创活动，把我院的争创活动与中央决策、部党组要求和本单位发展目标结合起来，与科研工作有机融合，为圆满完成科技创新工作任务提供动力与政治保证。

四是落实创先争优活动要求，开展专题培训。党务干部是开展创先争优活动的重要组织者。院党组把抓好党务干部学习培训作为开展创先争优活动的基础工作来抓。7 月 22 日，我院专门举办了京区党支部书记和党办主任培训班，150 余位基层党务干部参加，邀请了中央党校教授和院领导就加强学习型党组织建设、开展好创先争优活动作专题辅导，帮助基层党支部书记提高思想认识，拓宽工作思路，增强他们组织好开展好创先争优活动的责任意识和落实上级党组织决策部署的执行能力。

五是注重舆论宣传，营造良好氛围。充分发挥《中国农业科学院报》、中国农业科学院网、中国农业科学院直属机关党建网、闭路电视和各单位局域网、宣传橱窗、简报等宣传媒体作用，宣传中央精神、部党组要求以及我院开展创先争优活动的做法、经验和实际效果等，积极营造创先争优良好氛围。目前，我院编辑的2008～2009年度“两优一先”先进事迹材料已正式成书，发放至全院京内外361个党支部；院创先争优活动领导小组办公室已经编辑《简报》6期，及时通报我院创先争优推进情况；中国农业科学院直属机关党建网已开辟“创先争优活动”专栏，加强宣传力度。

六是强化督促检查，扎实深入推进。京区各直属单位负责推进本单位的创先争优活动，也取得了初步成效。农业环境与可持续发展研究所、农业经济与发展研究所等单位党委通过举办职能干部培训、党务干部培训，进一步提高了党员干部领导创先争优的能力和水平；农业资源与农业区划研究所党委开展了比思想、比业务、比作风、比奉献、比业绩的“五比五争当，岗位建新功”主题实践活动；蜜蜂研究所等单位党委通过举办职工技能大赛和科技拥军活动，使创先争优活动进一步与本职工作相结合、与服务社会相结合；质标所、农产品加工研究所等单位党委召开本单位创先争优表彰大会，开展向“两优一先”学习活动，用身边事教育身边人，努力形成学习先进、崇尚先进、争当先进的浓厚氛围。

三、下一步创先争优活动的工作安排

我院将根据农业部创先争优活动领导小组的部署，遵照韩部长这次来我院检查指导工作的指示要求，进一步推动我院创先争优活动的深入开展，确保活动取得实效。下一步，要做好4项工作：

一是进一步提高认识，加强领导。院党组在抓好组织动员和思想发动的同时，重点要在提高广大党员对开展创先争优活动重要意义的认识上下功夫。要求全院各基层党组织切实行动起来，组织动员党员积极投身到创先争优活动中来，做到党组织履职尽责创先进、党员立足岗位争优秀、党员领导干部示范引领作表率。要求各单位党组织要进一步加强对创先争优活动的领导，书记为第一负责人，对所属党组织和党员进行具体指导和督促检查，随时了解各基层党组织活动开展情况，研究工作中存在的问题，推动本单位创先争优活动不断深入有效开展。

二是紧密结合党的中心工作和农业科学院实际深入开展活动。在创先争优活动中我们要做到三个结合：一是紧密结合农业科研单位的国家队定位和服务“三农”的使命，通过创先争优活动，进一步提高农业科技自主创新的能力和水平；二是紧密结合我院党建工作实际，与已经部署安排的“讲党性、重品行、作表率”活动，学习型党组织建设、精神文明建设和创新文化建设等工作融合，通过创先争优活动，进一步提高全院党建工作科学化水平；三是紧密结合农业科学院实际情况和党员科技工作者的岗位实际，做好党员公开承诺工作，通过创先争优活动，进一步激发基层党组织的生机活力和发挥党员的先锋模范作用，推动农业科技事业又好又快发展。

三是进一步加强工作调研和分类指导。院创先争优活动领导小组将开展专项调研，通过实地走访、调研汇报、督促检查等形式，把调研与指导工作相结合，更好地了解和掌握全院创先争优活动开展情况，帮助解决工作中遇到的实际问题。根据我院党组织类型多、党员人数多的特点，结合实际，有针对性地加强分类指导，不搞一刀切。京外18 个研究所的创先争优活动根据地方党组织的要求和安排开展。院党组主要通过发放文件、邀请京外所党组织负责人参加会议、印发简报等形式加强对京外所创先争优活动的领导和指导，推动全院创先争优活动均衡开展。

四是做好先进典型的培育和宣传工作。按照“五个好”、“五带头”标准，认真培养、树立和宣传创先争优典型，用身边人身边事教育广大党员群众，查找自身差距，明确努力方向，形成比、学、赶、超的良好氛围。一是继续宣传已有的典型，重点宣传“祁阳站精神”、《农科英才》和近几年评选出的先进单位和先进个人的先进事迹；二是在创先争优中及时发现和培育新的典型，弘扬新时期的时代精神；三是认真总结和宣传各基层党组织开展创先争优活动的做法、经验，发挥典型示范作用，以点带面推动活动深入开展。

四、通过创先争优活动，全面推进我院的科学发展

创先争优活动既是我院党的建设的一项重要工作，也是推动我院科研工作的重要动力。要通过开展创先争优活动，进一步激发和调动全院党组织在推动科学发展中的积极性、创造性，充分发挥广大党员在科技创新工作中勇于担当、勇挑重担的先锋模范作用，切实把党的政治优势转化为科学发展优势，不断提高农业科技创新能力，推动我院“三个中心、一个基地”战略目标的实现。具体说，要取得 4 个方面成果：

一是进一步推动我院党的建设。我院各级基层党组织要把创先争优活动作为推动我院党的建设的重要抓手，作为凝聚基层党组织和党员力量的重要手段。通过创先争优活动，进一步推进我院党建工作创新，机制创新，进一步推进学习型党组织建设，搞好党员教育活动，提高基层党组织的生机活力，提升党员的先锋模范作用。

二是进一步推动和谐院所建设。充分发挥党组织和党员在和谐院所建设中的榜样作用，带头践行社会主义核心价值观，带头推进精神文明建设和创新文化建设，积极倡导文明、和谐的社会新风尚。充分发挥基层党支部在促进我院稳定与发展中的特殊作用，认真把握新形势下科研单位思想政治工作的新要求，坚持以人为本，关心职工工作和生活，了解职工的思想动态，充分运用创先争优的有利时机，准确释疑解惑、正确调处矛盾、凝聚人心、营造团结和谐的良好氛围。

三是进一步推动人才队伍建设。通过创先争优活动，努力为全院职工成长成才搭建合适平台，实行科学的创新评价、激励机制和管理工作制度，进一步激发科技人员工作热情，营造老中青梯次跟进、各类人才竞相涌现的良好局面。抓住中央实施国家人才中长期规划的契机，加快领军人才培养和引进、打造院所两级优势创新团队，为提升我院自主创新能力和可持续发展提供人才保障。

四是进一步提升我院科技创新能力。全院各单位、各级党组织要以创先争优活

动为抓手，认真组织制定《中国农业科学院“十二五”科学技术发展规划》。以瞄准跻身世界先进行列、打造世界级核心农业科研机构为目标，以促进发展方式转变为主线，以提升自主创新能力统领全局，突出学科引领，重点抓好项目和平台建设，加强基地建设，促进成果转化，完善体系机制，使我院科技自主创新能力上升到一个新台阶，为完成部党组2010年提出的“两个千方百计”、“两个努力确保”工作目标，为保障我国的粮食与食品安全、服务支撑“三农”事业可持续发展作出新的更大的贡献。

薛亮在中国农业科学院庆祝建党 89 周年暨创先争优活动动员大会上的讲话

（2010 年 6 月 30 日）

同志们：

今天，我们在这里隆重集会，庆祝中国共产党成立 89 周年，表彰我院 2008～2009 年度“先进基层党组织、优秀共产党员和优秀党务工作者”，对在全院基层党组织和广大党员中深入开展创先争优活动进行动员部署。首先，我代表院党组向全院广大共产党员致以节日的祝贺！向受到表彰的先进基层党组织、优秀共产党员和优秀党务工作者，致以崇高的敬意和诚挚的问候！

刚才，表彰了 27 个先进基层党组织、52 名优秀共产党员和 33 名优秀党务工作者。4 位同志作大会发言，内容生动，事迹感人，催人奋进。全院各级党组织、广大共产党员和党务工作者要向受到表彰的先进集体和先进个人学习，学习先进基层党组织围绕中心、服务大局，不断增强党组织的创造力、凝聚力和战斗力，充分发挥政治核心和战斗堡垒作用的宝贵经验；学习优秀共产党员坚定理想信念，牢记党的宗旨，立足本职、建功立业，争创一流、无私奉献的优秀品质；学习优秀党务工作者忠诚党的事业，热心党务工作，钻研党建业务，勤奋敬业、开拓进取的可贵精神。全院各级党组织要大力宣传先进集体和个人的典型事迹，在我院形成学先进、赶先进、争当先进的良好氛围。根据中央和农业部党组的工作部署，从现在起到党的十八大召开前，要在党的基层组织和党员中深入开展创先争优活动。这是继深入学习实践科学发展观活动之后的又一项重要政治任务，是新形势下加强党的建设的重要举措。下面，我代表院党组讲 4 点意见。

一、深刻认识开展创先争优活动的重要意义

在党的基层组织和党员中深入开展创建先进基层党组织、争当优秀共产党员活动，是巩固和拓展全党深入学习实践科学发展观活动成果的重要举措，是党的建设一项重要的经常性工作。开展创先争优活动，有利于把学习实践活动中形成的科学发展规划、思路和举措落实到具体实践中，推动学习实践科学发展观向深度和广度发展。开展创先争优活动，有利于以改革创新精神全面加强我院党的建设，进一步解决党的组织建设和党员队伍中存在的突出问题，不断增强党组织的凝聚力和战斗力。开展创先争优活动，有

利于进一步激发和调动各级党组织在推动科学发展中的积极性、创造性，充分发挥广大党员在工作中勇于担当、勇挑重担的先锋模范作用，切实把党的政治优势转化为科学发展优势，不断提高农业科技创新能力，推动我院“三个中心、一个基地”战略目标的实现。为此，我院成立了创先争优活动领导小组，全面组织领导我院创先争优活动开展。我院各级党组织和广大党员要充分认识开展创先争优活动的重要意义，以高度负责的态度不断将创先争优活动引向深入。

二、扎实推动创先争优活动深入开展

创先争优活动要坚持从实际出发，务求实效。

一要准确把握创先争优活动的总体要求。深入开展创先争优活动，关键要把握好中央提出的“推动科学发展、促进社会和谐、服务人民群众、加强基层组织”的总体目标。联系我院工作实际，就是要切实贯彻科学发展观，紧密围绕农业科技创新工作大局，认真履行职责，努力完成各项工作任务。就是要积极践行社会主义核心价值体系，深入开展思想教育工作，推进文明和谐院所建设。就是要强化宗旨意识，大力弘扬“祁阳站精神”，坚持深入农业一线，了解农业生产对科学技术的最新需求，始终把服务“三农”作为农业科研工作的出发点和落脚点。就是要创新党的工作内容和方式，增强党员队伍生机活力，充分发挥基层党组织的战斗堡垒作用。

二要准确把握创先争优活动的主要内容。创建“五个好”先进基层党组织、争做“五带头”优秀共产党员是开展创先争优活动的主要内容。先进基层党组织要做到“五个好”：领导班子好、党员队伍好、工作机制好、工作业绩好、群众反映好。优秀共产党员要做到“五带头”：带头学习提高、带头争创佳绩、带头服务群众、带头遵纪守法、带头弘扬正气。我们要本着简洁可行、便于操作、易于考评的标准，把这些基本要求具体化，明确先进基层党组织和优秀共产党员的具体条件，切实把“五个好”、“五带头”贯穿于创先争优活动全过程。

三要准确把握创先争优活动的方式方法。各级党组织要根据本单位和党员的工作实际，坚持便于参与、注重实效的原则，精心设计特色鲜明、务实管用的活动载体，找准活动的着力点，确保创先争优活动取得实效。要把开展创先争优活动与“讲党性、重品行、作表率”活动、推进学习型党组织建设、“创建文明单位、评选文明职工”以及深入开展创新文化建设结合起来，充分发挥党员的先锋模范作用。

四要准确把握创先争优活动的工作步骤。创先争优活动要有计划地持续推进，特别是要围绕“迎接建党90周年”、“向党的十八大献礼”等活动展开。2011年7月前，着重围绕迎接中国共产党成立90周年，兴起创先争优的热潮；从2011年7月开始，着重围绕迎接党的十八大召开，引导各级党组织和广大党员以昂扬向上的精神风貌和更加出色的工作业绩向党献礼。2012年上半年，院直属机关党委将评选表彰2010～2011年度创先争优活动中涌现出的先进基层党组织、优秀共产党员和优秀党务工作者。

三、通过创先争优活动提高党建工作科学化水平

创先争优活动是我院党的建设的一项长期工作，要紧紧围绕农业科技创新的大局，解放思想，更新观念，为促进科学发展提供思想政治保证。

（一）通过创先争优活动，进一步推进学习型党组织建设

党的十七届四中全会作出了《关于加强和改进新形势下党的建设若干重大问题的决定》，提出了加强和改进新形势下党的建设的总体要求、目标任务和工作举措，是指导当前和今后一个时期党的建设的纲领性文件。我院各级党组织要把学习贯彻党的十七届四中全会精神与学习型党组织建设、开展创先争优活动等工作结合起来，以改革创新精神提高我院党建科学化水平。

前不久，院党组下发了《中共中国农业科学院党组关于推进学习型党组织建设的实施方案》，明确提出要把建设学习型党组织作为创先争优活动的重要内容，形成注重学习的风气和导向，进一步激发党员干部的学习热情。要创新党员教育管理模式，切实发挥党支部在促进党员学习中的功能作用，完善理论学习考核激励机制，使学习科学理论和知识形成制度，养成习惯。要把提升创新能力作为学习型党组织建设的重要内容，本着“干什么学什么、缺什么补什么”的原则，加快知识更新，优化专业结构，丰富技能储备，以用促学、学以致用、用有所成。要坚持理论联系实际，着力引导党员干部把学习理论同研究解决制约农业科技创新和我院各项事业科学发展的重大问题结合起来，树立世界眼光，加强战略思维，把握发展规律，不断增强解决实际问题的本领。

（二）通过创先争优活动，进一步推进精神文明建设

精神文明建设既是党建工作的重要组成部分，也是推动事业发展和促进院所和谐的重要载体。各级党组织要以创先争优活动为契机，进一步开阔视野，创新工作形式，推动全院精神文明建设深入开展。要着力深化群众性精神文明创建活动，切实做好两年一次的文明单位、文明职工评选活动，进一步在全院范围营造出争当“文明单位”、争做“文明职工”的良好氛围，不断提升职工的文明素质。要始终重视干部职工的思想政治工作，根据院党组已下发的《关于转发〈中共农业部党组关于进一步加强和改进新形势下思想政治工作的意见〉的通知》，认真把握新形势下思想政治工作的总体要求、基本原则和教育重点，在全院职工中深入开展社会主义核心价值体系学习教育，坚持以人为本，关心干部职工的工作与生活，加强心理疏导，努力提高思想政治工作水平。

（三）通过创先争优活动，进一步推进创新文化建设

5年来，在院党组领导下，我院创新文化建设取得了积极成效。2009年在全院印发了《中国农业科学院职工守则》和《中国农业科学院科技人员道德准则》两项制度，引导职工树立良好的精神风貌和科研道德规范。编辑出版《农科英才》，大力弘扬严谨求实的科学精神、潜心科研的执著精神、勇攀高峰的创新精神、爱国为民的奉献精神，在全院干部职工中引起强烈反响。发掘、宣传先进典型，努力使广大党员干部争做科技创新的模范、服务“三农”的模范、求真务实的模范、科学民主的模范、清正廉洁的模范。院属各单位要结合各自实际，每年选择侧重点，从理念文化、制度文化、标识文化、园区文化建设等方面取得实效。今年将召开全院深化创新文化建设工作会，对几年来的工作进行系统总结，研究部署下一阶段深化创新文化建设的工作思路。要结合创先争优活动，进一步凝练中国农业科学院精神与核心价值理念，为农业科技创新创造更好的文化氛围。

（四）通过创先争优活动，进一步推进反腐倡廉建设

创先争优活动要同加强党风廉政建设结合起来，进一步落实《建立健全惩治和预防腐败体系2008～2012年工作规划》，使广大党员更加自觉地遵守党的纪律，遵守各项制度，使各级领导干部进一步提高党性修养，作反腐倡廉的表率。要进一步加强《廉政准则》的宣传学习，认真落实院党组《关于加强廉政文化建设的意见》，在全院形成廉荣贪耻的思想道德基础和文化氛围；进一步推进制度建设，完善议事程序，从源头上预防和减少腐败现象发生。各单位要制定和完善重大决策工作程序，加强对重点岗位、关键环节的监督检查。

四、加强组织领导，确保创先争优活动取得实效

要切实加强组织领导，准确把握创先争优活动的特点，开动脑筋、齐心协力，结合实际、统筹兼顾，突出特色、注重实效，扎扎实实地把创先争优活动开展好。

一要加强领导，精心组织。我院创先争优活动领导小组要加强对各单位创先争优活动的指导，各单位党组织全面负责本单位的创先争优活动，认真组织实施，加强对所属党组织和党员的具体指导和督促检查，掌握创先争优活动进展情况，研究解决工作中存在的问题，总结推广经验做法。各单位在活动中要吸引群众参与，听取群众意见建议，接受群众评议监督。

二要创新载体，扎实推进。各级党组织要根据本单位的实际情况和党员的岗位特点，紧密围绕中心工作谋划创先争优活动，联系实际确定创先争优活动主题，活动载体

要保持相对稳定，活动内容要与时俱进，活动方式要灵活多样，做到有重点、有特色、有实效。要通过学习宣传先进典型、组织专题调研、开展社会实践、加强交流互动、走访慰问老党员和生活困难党员等方式，不断取得创先争优活动的阶段性成效。

三要分类指导，典型引路。各单位党组织要明确本单位创建先进基层党组织和争当优秀共产党员的具体标准，做到简洁可行、好记好评。离退休干部职工党员开展创先争优活动，要在把握总体要求的基础上，结合自身实际，采取灵活有效的方式进行。要注重培育先进典型，这既是活动的主题，也是活动的基本要求。要按照“抓两头、带中间、整体推进”的工作思路，把发现典型、培育典型贯穿于活动始终，真正让各级党组织和广大党员学有榜样、赶有目标。

同志们，2010 年是我院全面完成“十一五”计划目标的最后一年，也是承前启后，认真规划“十二五”发展的关键一年，各项任务十分繁重。全院各级党组织、广大共产党员要认真学习贯彻胡锦涛总书记在两院院士大会上的讲话精神，坚定不移地走中国特色自主创新道路，大力发展现代农业科学技术，提高我国农业可持续发展能力和国际竞争力。要按照年初院工作会议的部署和要求，认真抓好各项工作落实。

深入开展创先争优活动和全面加强我院党的建设，重在深入，贵在落实。我们一定要以高度负责的态度，改革创新的精神，求真务实的作风，深入扎实做好各项工作，为深入贯彻落实科学发展观、推动农业科技创新和我院各项事业科学发展提供强大动力和组织保证。

薛亮在院直属机关2010年党的工作会议上的讲话

（2010年3月10日）

同志们：

在刚刚召开了我院抓工作落实交流汇报会后，我们接着召开中国农业科学院直属机关党的工作会议，两个会议的目标和中心是一致的。刚才罗炳文同志代表院直属机关党委作了工作报告，我完全赞成；3个单位作了交流发言，讲得很好，很有启发。

关于2010年院直属机关党的工作，我再讲几点意见：

一、深入学习贯彻党的十七届四中全会精神，扎实推进学习型党组织建设

建设马克思主义学习型政党，是党的十七届四中全会从全面推进中国特色社会主义伟大事业和党的建设新的伟大工程的全局出发，提出的一项重大战略任务。把各级党组织建设成为学习型党组织，是建设马克思主义学习型政党的基础工程。前不久，中央办公厅专门印发《关于推进学习型党组织建设的意见》，这是我们党总结历史经验和审视新形势新任务对党的建设提出的新要求。

我院各级党组织要认真贯彻中央的部署和要求，把学习型党组织建设作为2010年党的工作一项重要任务切实抓紧抓好。院党组将根据农业部党组的要求，印发《推进学习型党组织建设的实施方案》进行部署。各级党组织要认真学习，精心组织，狠抓落实。当前重点要做好以下4个方面工作。

一要按照科学理论武装、具有世界眼光、善于把握规律、富有创新精神的要求，广泛开展学习型党组织创建活动，在全院积极营造良好的学习环境，形成热爱学习、崇尚知识的良好风气，努力把我院各级党组织建设成为学习型党组织，把各级领导班子建设成为学习型领导班子，把党员干部队伍建设成为学习型干部队伍。二要把学习贯彻中国特色社会主义理论体系作为学习型党组织建设的首要任务，持之以恒地用马克思主义中国化的最新成果武装头脑，自觉用科学发展观指导主客观世界改造，突出理想信念教育、党的宗旨教育、优良传统教育、牢固树立共产党人的核心价值观。三要把学习农业科技创新理论和业务知识、提升能力作为学习型党组织建设的重要内容，本着“干什么学什么、缺什么补什么”的原则，加快知识更新，优化专业结构，丰富技能储备，以用促学、学以致用、用有所成，进一步提高促进农业科技创新的能力和水平。四要把

养成良好学风和营造浓厚的学习氛围作为建设学习型党组织的重要前提，创新组织形式和激励机制，不断激发党员学习热情，在党员干部中大力倡导终身学习、工作中学习、常态化学习，养成爱读书、读好书、善读书的良好习惯和氛围。

二、坚持把围绕中心、服务大局贯穿我院党的工作始终，为提高农业科技自主创新能力提供可靠的政治和组织保证

围绕中心，服务大局，始终是贯穿我院党的工作的一条主线。2009 年年底农业部韩长赋部长到我院调研时指出，中国农业科学院要引领全国农业科技创新方向。我院作为全国农业科技创新的国家队、主力军、领头羊，提高农业科技自主创新能力、服务支撑现代农业发展始终是我院各项工作的中心。全院党的建设各项工作都要服务这个中心和大局，都要放在这个中心的大局中去谋划、部署和推进。为此，必须更加自觉地加强和改进党的工作，把党的建设与促进农业科技创新等中心工作更加紧密结合起来，全面提高思想建设、组织建设、作风建设、制度建设和反腐倡廉建设水平，为促进农业科技创新、实现我院又好又快发展提供可靠保证。

第一，着力加强新时期思想政治工作。要坚持把保护和发挥广大干部职工的积极性、主动性放在首位，及时了解和掌握干部职工思想动态和心理变化，进一步增强思想政治工作的预见性和针对性。要把思想政治工作与研究所的发展联系起来，将群众的思想和要求统一到农业科研和单位的发展上来。要把思想政治工作与解决群众关心的实际问题结合起来，主动为干部职工排忧解难。要把思想政治工作与树立单位正气结合起来，注意发现倾向性、苗头性问题，及时化解矛盾，理顺心气，弘扬正气，促进和谐。

第二，着力加强基层党组织建设。进一步巩固和加强我院基层党组织建设，积极推进全院党的基层组织工作创新。坚持和完善民主集中制，创新党内生活制度，提高理论中心组学习、党员领导干部民主生活会和民主评议党员质量，搭建培育提升党员干部素质的新平台和新载体。加强对党员的教育、管理和监督，把先进性体现在本职岗位上。积极开展创先争优活动，大力表彰基层党组织和基层党员中的先进典型，充分发挥基层党组织和党员在农业科技创新中的先锋模范作用。真正使基层党组织成为有创造力、凝聚力、战斗力的战斗堡垒。

第三，着力加强和改进党的作风。作风建设始终是党的建设和党员党性修养的重点。我院各级党组织要坚持把加强和改进党的作风建设放到突出位置来抓，要弘扬艰苦奋斗之风，倡导厉行节约、勤俭办事，反对奢侈浪费。要大力倡导察实情、听民声的风气，深入“三农”实际调研，了解实际情况，通过科研解决农业生产中的实际问题。要在求真务实、狠抓落实上下功夫，不断创新工作思路，完善各项制度，规范工作程序，改进文风会风，精简会议和文件，反对形式主义、官僚主义，提高工作效率。我院作为科研院所还要把学风建设放在重要位置，大力倡导团结协作、淡泊名利、潜心研究、严谨治学，抵制急功近利、浅尝辄止、心浮气躁。坚持科研工作的职业操守，杜绝

弄虚作假，坚决反对各种学术不端行为。在这个方面，要继续以《院职工守则》和《院科技人员道德准则》为抓手，开展思想教育和院风建设。

第四，着力加强精神文明和创新文化建设。要把“文明单位、文明职工”创建评选活动作为大力加强我院精神文明建设的重要载体和抓手，把创新文化建设开展情况作为文明单位创建活动的重要内容，推动全院文明建设创建活动深入持久地开展。要按照院党组的部署和要求，认真总结开展创新文化建设的经验，研究探讨深入开展创新文化的对策与措施，丰富和发展农科文化的传统内涵及时代精神，凝练中国农业科学院核心价值观，推动全院创新文化建设深入持久开展。要充分发挥工青妇等群团组织在文明、文化建设中的作用，凝聚人心、汇聚智慧、激发活力、共同创造一心一意谋发展、齐心协力干事业的好局面。总之，各级党组织要拓宽思路，创新形式，不断活跃丰富党员和职工的精神文化生活，创造宽容、和谐、积极向上、有利于科技创新的良好环境。

第五，着力加强反腐倡廉建设。院党组高度重视党风廉政建设和反腐倡廉工作，春节前召开了我院2010年党风廉政建设工作会，对今年党风廉政建设和反腐倡廉工作进行了全面部署。我院各级党组织要按照会议的安排部署，认真学习贯彻，带头抓好落实。当前要重点组织好《中国共产党党员领导干部廉洁从政若干准则》的学习贯彻活动，把贯彻《廉政准则》作为加强反腐倡廉制度建设的重要任务，作为加强领导干部廉洁自律的基本要求，认真抓好落实。各研究所、各单位的领导一定要加强党的政策规定和国家法律法规的学习，在纷繁复杂的工作中认清方向，守住底线，千万不要迷途冒进、因小失大，全力保障我院各项事业健康发展。

三、坚持以改革创新精神加强和改进党的工作，努力提高我院党建工作科学化水平

以改革创新精神推进党的建设，是一项长期政治任务。我院各级党组织要切实加强和改进对党的建设的领导和指导，以更加有力的措施、更加扎实的工作推进全院党的建设，努力把党的建设的各项任务落到实处，不断提高我院党建工作科学化水平。

一要把党建工作放在全院各项工作的重要位置。院党组在全力做好农业科技创新等中心工作的同时，高度重视党建工作，作出了一系列部署，提出了明确要求。各单位要把党建工作作为推动中心工作的有力保证，摆上重要议事日程。要紧紧围绕农业科技创新大局和各单位中心工作统筹谋划党的工作，始终坚持两手抓、两手都要硬，坚持党建工作与业务工作一同部署、一同研究、一同检查落实。要克服少数单位领导对党组织发挥作用的重要性认识不足、存在“重科研、轻党建”的倾向，明确党建也是硬任务。

二要认真落实党建工作责任制。要按照加强党的先进性建设的要求，认真落实党建工作责任制，明确目标，细化任务，分解责任，狠抓落实，形成党建工作有人管，工作责任有人负，具体任务有人抓，一级抓一级，层层抓落实的党建工作格局。各单位主要负责同志要切实担负起抓好党建工作的政治责任，做到重要工作亲自部署、重要问题亲

自过问、重要任务亲自督办。要积极为党组织开展工作创造必要的条件，在机构设置、人员编制、资金投入和时间安排上要予以充分保证。

三要善于创新党建工作的方式方法。各级党组织一定要增强改革创新意识，研究和探索党建工作自身规律和特点，不断拓展党建工作的内容，丰富党建工作的内涵，增强党建工作的时代感。要把新思想、新知识、新手段、新载体运用于党的建设工作中，在党员管理上突出科学性，在活动方式上突出多样性，在教育内容上突出实效性，在创新机制上突出长效性，不断提升我院党建工作的整体水平。

四要大力加强党务干部队伍建设。长期以来，各级党组织和广大专兼职党务干部始终以强烈的事业心和责任感，恪尽职守，任劳任怨，为做好我院党建工作付出了辛勤劳动，作出了不懈努力。在新的形势下，要进一步加强党务干部队伍建设，围绕探讨解决新时期党务工作的规律和特点，通过党委书记座谈交流、参观考察，党办主任、党支部书记学习培训等措施，切实加强我院党务干部的培养锻炼，不断提高党务干部队伍的素质和能力。

罗炳文在院直属机关2010年党的工作会议上的报告

（2010年3月10日）

同志们：

这次会议的主要任务：学习贯彻农业部直属机关党的工作会议精神，回顾2009年我院直属机关党的工作，部署2010年院直属机关党的工作。

下面，我代表院直属机关党委常委会作工作报告。

一、2009年工作回顾

2009年，在农业部直属机关党委和院党组领导下，院直属机关党委和院属各级党组织坚持以邓小平理论和“三个代表”重要思想为指导，深入贯彻落实科学发展观，围绕中心，服务大局，以加强党的先进性建设为主线，以巩固和扩大学习实践科学发展观活动成果为重点，以庆祝新中国成立60周年为契机，以深入推进创新文化建设为载体，全面推进院直属机关党的建设。

（一）科学谋划，求真务实，认真完成学习实践科学发展观活动整改落实和“回头看”工作

2009年，院直属机关党委和院属各级党组织继续把深入学习实践科学发展观作为加强党建工作的一项重要任务，做到热情不减、劲头不松、抓紧抓好、确保实效。

在院党组领导下，院各级党组织扎实抓好整改落实阶段各项工作，集中力量解决了一批影响和制约科学发展的突出问题，积极推进体制机制创新，取得了实实在在的成果。院直属机关党委印发了《关于做好深入学习实践科学发展观活动后续工作的通知》，就做好后续工作提出明确要求，对“回头看”工作进行了抽查，并完成了部检查组对我院检查的接待和汇报工作。各级党组织认真总结学习实践活动中取得的成果和有特色的好经验、好做法，用学习实践活动的成果推动院各项工作开展。

我院的学习实践活动得到农业部的高度认可，时任孙政才部长给予了充分肯定。经群众满意度测评，“满意”和“比较满意”的比例达99.4%。

（二）统一思想，提高认识，及时传达学习党的十七届四中全会精神

党的十七届四中全会召开后，院直属机关党委及时组织传达学习，代院党组起草下发《关于认真学习贯彻党的十七届四中全会精神的通知》。组织开展了多种形式的学习活动，邀请中组部党建专家作辅导报告，发放学习文件和辅导光盘。各单位理论中心组认真开展专题学习活动。院宣传媒体及时报道学习贯彻情况，扩大宣传效果。

院属各级党组织采取多种形式，组织党员认真学习全会精神。环发所党委、信息所党委、后勤服务中心党委等对学习进行专题研究；财务局党支部通过邀请院党组书记薛亮同志讲党课，开展知识竞赛等活动，激发党员学习热情。我院广大党员干部通过认真学习，深刻理解了新形势下加强和改进党的建设的重要性和紧迫性，深刻领会了加强和改进党的建设的新理念和新举措，使党员干部的思想和行动进一步统一到党的十七届四中全会精神上来，落实到本职工作中去。

（三）强化学习，夯实组织，不断开创党建工作新局面

各级党组织不断健全完善中心组学习制度，积极创新学习方式，院办公室党支部、人事局党支部、植保所党委等采取集中研讨、专题辅导、参观考察等多种形式激发党员学习热情，确保学习实效。为不断加强全院基层党务工作者的理论水平和业务能力，促进党务工作交流，院直属机关党委相继举办了党办主任培训班、新任党支部书记培训班，与人事局共同举办离退休党支部书记培训班，取得了积极效果，得到了广大党务工作者的充分肯定和欢迎。

院直属机关党委高度重视基层党组织建设，指导饲料所、北京畜牧兽医所、质标所、资划所和环发所五个基层党委顺利完成换届。各级党组织围绕“加强领导干部党性修养、树立和弘扬优良作风”主题认真开好党员领导干部民主生活会，提高了党员领导干部的党性修养和领导班子的凝聚力和战斗力。党组织加强对入党积极分子教育培训，全年共发展党员 147 名，壮大了党的力量。做好出席农业部党代会代表的推选工作，我院共有 32 名代表出席了农业部第七次党代会。

院直属机关党委围绕“院所长负责制下农业科研院所党组织、党员发挥作用”课题深入开展调查研究，先后到京内外 5 个研究所实地调研，召开 6 次座谈会，征集了 40 多篇论文，31 个研究所的 634 人参与问卷调查。调研报告总结了 9 个方面的成效、分析了 5 个方面的问题、提出了 5 条工作建议，得到院领导的高度重视。

院“两研会”召开了五届二次会议，翟虎渠院长出席会议并作重要讲话，为进一步做好我院党建研究工作指明了方向。2009 年 5 月，全国党建研究会科研院所专委会成立，我院承办了专委会 2009 年研究成果交流会暨年会，我院的研究成果在会上获二等奖。

（四）加强教育，落实责任，党风廉政建设不断深入

各级党组织认真组织学习胡锦涛总书记在中纪委十七届三次全会上的重要讲话，加强党性党风党纪教育，加强领导干部党性修养和党性锻炼，树立和弘扬优良作风，保证科学发展观和党的各项决策部署在我院贯彻落实。有针对性地开展示范教育、警示教育和岗位廉政教育，改进教育方式，提高教育实效，不断提高党员干部拒腐防变的能力和意识。全面落实党风廉政建设责任制，认真贯彻执行《院党组贯彻落实〈建立健全惩治和预防腐败体系2008～2012年工作规划〉的实施办法》，按照我院《贯彻落实2009年反腐倡廉工作任务的分工意见》要求，把反腐倡廉各项任务分工到各部门，落实到具体人。通过全面加强党风廉政建设，为我院各项事业顺利发展创造了良好的环境。

（五）精心组织，统筹安排，大力开展庆祝新中国成立60周年主题系列活动

院直属机关党委专门发文就各级党组织开展迎国庆主题党日活动提出明确要求。国庆前夕，组织举办了院大型文艺演出，召开迎国庆座谈会，观看献礼影片，参观主题展览，组织职工参加国庆群众游行和天安门广场国庆之夜联欢活动，举办“我与祖国共奋进”专题报告会，大力营造庆祝新中国成立60周年的热烈气氛。

各级党组织也围绕新中国成立60周年，开展丰富多彩的主题党日活动。科技局党支部、基建局党支部、蔬菜所党委组织党员参观爱国主义教育基地或国家重点工程；监察局党支部、饲料所党委、农产品加工所党委、出版社党支部组织党员参观庆祝新中国成立60周年主题展览；生物所党委组织全体党员和入党积极分子观看革命历史题材文艺演出。通过开展系列主题党日活动，全院党员的党性意识、爱国爱院爱所意识明显增强。

（六）突出重点，彰显特色，创新文化建设取得新成效

2009年，我院创新文化建设着重在继续深化上下功夫，进一步突出重点、突出特色、突出成效。

为深入推进我院创新文化建设，院党组印发了《关于深入推进创新文化建设的意见》，再次对创新文化建设工作的目标、任务和保障措施提出了明确要求。院各级党组织开展了《院职工守则》和《院科技人员道德准则》的宣传贯彻活动；在院党组特别是薛亮书记的高度重视下，编辑出版了《农科英才》一书，汇集我院优秀科技人才和先进集体的事迹。组织开展院机关办公室文化建设，营造整洁、优雅、文明、和谐的办公环境。

院属各级党组织也结合自身特点，深入推进创新文化建设，取得明显成效。农经所党委召开了“深入推进创新文化建设”动员会，进一步明确了研究所创新文化建设的目标任务和工作方向。蜜蜂所党委举办了“至诚至信　唯实唯新”文化讲座，提高了职工对创新文化的认识。

（七）激发活力，共建和谐，群众性精神文明创建活动蓬勃开展

一年来，各级党组织认真开展精神文明单位创建活动，资源区划所、研究生院被评为农业部文明单位。全院共评选出 22 个基层单位、75 名个人为院级先进，6 个基层单位、16 名个人为部级先进，3 名个人为国家级先进。通过对文明单位和先进典型的宣传表彰，在我院形成了讲文明、树和谐、学先进、比贡献的良好氛围。

充分发挥工青妇组织的桥梁纽带作用。在各级党组织的鼓励和支持下，工青妇组织结合自身特点，开展了摄影、拔河、篮球、主持人比赛等文体活动，在农业部第二届职工运动会上，我院获得部直属单位团体总分第一名和“特殊贡献奖”。这些活动的开展，充分展示了我院职工的风采，丰富了职工的生活。充分发挥我院民主党派多、人员层次高等优势，积极支持各民主党派工作，引导并大力支持他们开展活动。继续开展好军民共建活动。各级党组织还走访慰问老党员、生活困难党员 131 名，筹措慰问经费近 10 万元，给他们送去党组织的温暖。巩固教育转化成果，做好政治稳定工作。

同志们，过去一年在院党组的正确领导下，在院直属各级党组织和全体党员干部的共同努力下，顺利完成了院直属机关党的建设各项工作任务，取得了可喜的成绩，有力地促进了中心工作的开展。

2009 年，我院党的工作虽然取得了一定的成绩，但也应当清醒地认识到，工作中还存在着一些薄弱环节，比如理论学习还要进一步深化，党建工作的活力还要进一步激发，思想政治工作的方式、方法还要进一步创新等，这些问题都需要在今后的工作中不断加以改进。

二、2010 年工作思路

2010 年是我院实现“十一五”科技发展规划的最后一年，科技创新各项任务非常繁重，党的工作要围绕中心、服务大局，抓好落实、促进发展。今年我院党的工作总体要求：坚持以邓小平理论、“三个代表”重要思想为指导，深入贯彻落实科学发展观，按照党的十七大和十七届四中全会精神的要求，着眼于保持和发展党的先进性，扎实推进学习型党组织建设，深入开展创新文化建设，以改革创新精神全面加强党的建设，不断提高院直属机关党建工作科学化水平，为圆满完成院“十一五”科技创新各项工作任务提供坚强的政治、思想和组织保证。

（一）扎实推进学习型党组织建设，不断提高党员干部思想政治水平

坚持理论武装工作格局，组织党员干部深入学习邓小平理论、“三个代表”重要思想和科学发展观，不断提高理论素养，作真学真懂真信真用的表率。认真总结推广学习实践科学发展观活动的成功经验，不断推动学习实践科学发展观向深度和广度发展。大力弘扬理论联系实际的学风，引导党员干部把学习理论与促进工作结合起来，做到学以致用、用以促学、学用相长。

坚持把理想信念教育作为重中之重，深化社会主义核心价值体系学习，增强党员干部党的意识、宗旨意识、执政意识、大局意识、责任意识，坚定对共产主义远大理想和中国特色社会主义共同理想的信仰，做到为党分忧、为国尽责、为民奉献。加强党的路线方针政策、党章党史党纪学习，增强政治敏锐性和政治鉴别力，始终保持立场坚定、头脑清醒。加强思想道德建设，引导党员干部带头弘扬民族精神和时代精神，自觉践行社会主义荣辱观。结合国际国内形势的发展变化和我院党员普遍关心的问题，采取多种形式加强形势政策学习，使党员干部认请形势、明确任务，鼓舞干劲、坚定信心。

扎实开展学习型党组织建设活动，起草下发《关于推进学习型党组织建设的实施方案》。坚持以中心组学习为龙头、处以上党员领导干部为重点、党支部抓落实的理论武装工作格局。以创建学习型党支部为基础，健全务实管用的学习制度，规范学习管理，改进学习考核，营造浓厚的学习氛围。所局级领导干部要带头撰写学习体会或论文，充分发挥领导干部的带头作用。利用院直属机关党建网页、院报、《农科党建》等媒体的宣传作用，促进学习成果的交流与运用。

（二）坚持做好抓基层打基础工作，努力推进高素质党员干部队伍建设

认真学习贯彻《中国共产党党和国家机关基层组织工作条例》，进一步规范基层组织工作。创新基层党组织活动的内容方式，在扩大党员参与度、提高针对性和实效性上下功夫，增强党组织的凝聚力。加大在高级知识分子、中青年科技骨干中发展党员力度，执行发展党员公示和无记名投票表决制度，提高发展党员质量。结合开展民主评议党员工作，做好 2008 ~ 2009 年度院直属机关“先进基层党组织、优秀共产党员和优秀党务工作者”的评选表彰。组织开展党建工作调研，增强党建工作的针对性和实效性。关心党务干部成长，加强党务干部教育培训、实践锻炼和岗位交流。

认真贯彻落实《党内基层民主建设实施纲要》和《党务公开实施意见》，进一步完善党的民主制度，切实落实党员的知情权、参与权、选举权、监督权，发挥党员在党内生活中的主体作用，鼓励党员对党内事务积极建言献策。

加强党员教育管理，严格党内生活，坚持“三会一课”和党员领导干部参加双重组织生活会制度，增强党内生活原则性和实效性。健全完善党内激励、关怀、帮扶机

制，帮助生活困难党员和老党员解决实际问题。扎实做好离退休干部职工党员工作，充分发挥离退休干部职工党组织作用。

（三）不断完善惩治和预防腐败体系建设，深入做好反腐倡廉工作

坚持标本兼治、综合治理、惩防并举、注重预防的方针，把反腐倡廉制度建设放在更加突出的位置，进一步健全完善反腐倡廉教育、监督、预防和惩治等各项制度，抓好《农业科学院党组贯彻落实〈建立健全惩治和预防腐败体系 2008 ~ 2012 年工作规划〉的实施办法》的具体意见分工任务的落实。严格执行《中国共产党党员领导干部廉洁从政若干准则》，认真落实党员领导干部报告个人有关事项制度。严格执行党风廉政建设责任制和党政领导干部问责制，发挥领导干部执行制度的表率作用。

以党性党风党纪和廉洁从政教育为重点，深入开展示范教育、警示教育和岗位廉政教育，提高党员干部拒腐防变的意识和能力。加强正面引导，改进教育方式，积极探索开展反腐倡廉宣传教育的新途径，增强教育的针对性和实效性。积极开展廉政文化建设，大力营造“以廉为荣、以贪为耻”的浓厚文化氛围，使党员干部自觉做到遵纪守法、廉洁从政、廉洁从业。

要更加注重从源头上预防和治理腐败工作，加强对重点部门、重要领域和关键环节权力行使的监督，推动廉政风险防范机制建设，切实做到严密防范和关口前移。健全完善监督约束机制，加强对领导干部遵守政治纪律、贯彻落实科学发展观、执行民主集中制和落实廉洁自律各项规定情况的监督。加强纪检组织和纪检干部队伍建设，充分发挥纪检组织的职能作用。

（四）大力加强精神文明建设，做好统战和群团工作

坚持重在创建、贵在坚持、务求实效的原则，扎实推进精神文明建设，开展“文明单位、文明职工”评选活动。进一步宣传弘扬“祁阳站精神”，积极在我院营造崇尚先进、学习先进、争当先进的良好风气。组织开展精神文明建设课题研究，进一步提升我院精神文明建设水平。

加强对工青妇组织的领导，提高群团组织联系群众、引导群众、服务群众和维护群众权益的能力，注重发挥其桥梁纽带作用。院工会要组织开展丰富多彩的文体活动，组队参加农业部组织的体育比赛。院团委要积极开展“创建学习型团组织”活动，满足团员青年对学习的需求。院妇工委结合纪念世界妇女运动 100 周年，开展“巾帼百年史，风采农科人”主题活动。继续做好军民共建工作。加强党的统战政策学习，充分发挥各民主党派和无党派人士的作用。

制定下发《关于进一步加强和改进新形势下思想政治工作的意见》。坚持以人为本，加强人文关怀和心理疏导，创新方式方法，不断增强思想政治工作的针对性和实效

性。继续组织好走访慰问送温暖活动。切实巩固教育转化“法轮功”练习者工作成果，维护我院政治稳定。

（五）深入开展创新文化建设，营造科技创新良好氛围

认真落实院党组《关于深入推进创新文化建设工作的意见》，进一步加强组织领导，推广应用已有成果，拓展创新文化建设途径，不断推动我院创新文化建设深入开展。将各单位创新文化开展情况列入年终考核内容，并作为文明单位评选的重要指标。

结合院所实际，广泛宣传《院职工守则》和《院科技人员道德准则》，唱响《中国农业科学院之歌》，学习《农科英才》中的先进集体和先进人物的事迹，传播先进文化。在认真总结我院优秀文化传统基础上，提炼中国农业科学院精神，营造鼓励创新的文化氛围。

组织开展《创新文化建设对策研究》，认真总结我院创新文化建设的实践经验，提出深入开展创新文化建设新思路、新举措。

（六）积极推进直属机关党建工作创新，努力提高我院党的工作科学化水平

全面贯彻落实院直属机关党建工作责任制，建立健全党建工作长效机制。坚持一级抓一级、一级带一级的党建工作格局，进一步明确工作责任，落实措施。认真贯彻《院直属机关党建工作考核办法（试行）》，完善考核方式，加强监督检查，推动党建工作任务的落实。

充分发挥“院党的建设和思想政治工作研究会”作用，围绕我院党建工作重要问题和干部职工关注的热点问题，组织开展党建重点课题研究。开展优秀论文评选，加强对我院党建实践经验的总结，不断深化对农业科研院所党建规律性认识，努力提高我院党建工作科学化水平。

同志们，加强和改进新形势下我院党的建设，任务艰巨，责任重大。让我们紧密团结在以胡锦涛同志为总书记的党中央周围，认真践行科学发展观，深入贯彻党的十七届四中全会精神，不断开创我院党建工作的新局面。

谢谢大家！

朱保成组长在宣布中国农业科学院党组纪检组领导班子和院监察局成立会议上的讲话

同志们：

刚才，潘学峰同志宣布了部党组关于中国农业科学院党组纪检组领导班子和院监察局批复成立的决定。健全院党组纪检组领导班子，成立监察局，实行党组纪检组和监察局合署办公，是农业科学院党组贯彻落实党的十七届四中全会精神，加强党风廉政建设的重要举措，也是农业科学院反腐倡廉工作体制机制的一次创新。我代表部党组和驻部组局对此表示热烈的祝贺。

在过去的一年里，农业科学院领导班子工作思路清晰、干部职工队伍团结奋进、各项工作整体推进，取得了突出的成效。一年来，农业科学院系统科研创新硕果累累，共取得科技成果 139 项，获奖成果 82 项，获得国家科技进步奖二等奖 6 项，中华农业科技奖 12 项；确定农业科学院首批 13 个优秀科技创新团队，90 个所级重点科技创新团队，高层次的科研人才队伍实力进一步增强；组织实施了“科技列车长白山活动”、“百万农技人员和农村实用人才培训”等一系列科技兴农活动，科技成果推广应用更为广泛；深入学习实践科学发展观，加强党性修养，树立和弘扬良好作风，作风建设和反腐倡廉建设取得新的进展。在此，我也代表部党组对农业科学院全体干部职工的辛勤工作表示慰问和感谢，对农业科学院一年来取得的成绩表示热烈祝贺！

下面，我结合学习贯彻中央纪委五次全会和农业部党风廉政建设工作会议精神，对院党组党风廉政建设和纪检组、监察局的工作提几点希望，供同志们参考。

一、认真学习贯彻中央纪委五次全会精神，切实增强推进反腐倡廉建设的责任感和使命感

胡锦涛总书记在中央纪委五次全会上，全面科学地分析了当前的反腐倡廉形势，明确提出了 2010 年党风廉政建设和反腐败工作的总体要求和主要任务；着重阐述了加强反腐倡廉制度建设的重要性、紧迫性和基本要求。总书记强调，全党必须正确认识党风廉政建设和反腐败斗争形势，既充分看到反腐倡廉建设已经取得的显著成效，又深刻认识反腐败斗争的长期性、复杂性、艰巨性。当前，反腐倡廉形势依然严峻，任务依然繁重，党风廉政建设和反腐败斗争面临一些新情况新问题。部党组高度重视党风廉政建设工作，2 月 2 日召开了党风廉政建设工作会议。韩长赋部长在会上指出，农业系统党风廉政建设和反腐败工作这些年取得了明显成效，也同样存在一些问题。因此，在思想上

决不能麻痹大意，在认识上决不能掉以轻心，在工作上决不能疏忽懈怠。作为农业部系统的重要组成部分，农科院要认真学习贯彻中央纪委五次全会精神，把思想认识统一到中央关于当前反腐倡廉形势的判断上来，切实增强院系统反腐倡廉工作的责任感和使命感，全面落实农业部党组关于切实做好反腐倡廉工作的各项部署和要求，为推动农业农村经济发展提供坚强有力的保证。院党组纪检组、监察局和纪检监察干部要发挥监督检查、组织协调职能，协助推动各项反腐倡廉任务的落实。

二、坚持从实际出发，科学推进院系统反腐倡廉工作

中国农业科学院是农业部所属规模最大的事业单位，干部职工人数占了部系统的一半，党员占了部党员总数的近40%，农科院工作的状况对农业部来说举足轻重。特别是随着中央对“三农”工作支持力度加大，农业科研投入增长很快，农业科学院作为我国农业科研开发和技术推广的“国家队”，直接掌握和使用的资金量比较大，科研开发经营活动也比较多，还有大量的在建基建项目，院系统反腐倡廉建设的任务繁重艰巨，不能再说农业科学院是“清水衙门”，认识上不能有丝毫麻痹。作为科研单位，既不同于部机关，也与受部委托行使行政职能的事业单位有很大不同，很多工作有自身的特点和规律，反腐倡廉工作要按照中央纪委五次全会和部党组的部署，从自身实际出发，去探索创新。这些年，农业科学院无论在抓反腐倡廉教育、廉政制度建设，还是强化权力运行过程的监督以及推进改革创新等方面，有不少新举措，并且落实得不错，积累和总结了一些经验。然而，随着形势的发展，新情况新问题也不断出现，需要积极应对。当前，要加强有针对性的调查研究工作，查找科研和行政管理工作中存在的突出问题和薄弱环节，进一步完善惩防体系建设规划。院党组纪检组和监察局要发挥参谋助手作用，协助院党组从整体上科学谋划反腐倡廉工作，完善工作思路，明确工作重点，创新体制机制，认真抓好落实。农业科学院拥有全国农业战线最优秀的科研人才，相信在院党组的正确指导下，在反腐倡廉建设方面也能够创造出更多的好经验、好做法。

三、切实抓好反腐倡廉重点工作

第一，加强反腐倡廉制度建设。中央纪委五次全会提出，反腐倡廉工作重点要抓好制度建设，增强制度的执行力。农业科学院要从实际出发，加强制度建设。要按照韩部长在部党风廉政建设工作会议上关于强化制度建设的要求，全面加强反腐倡廉教育制度、监督制度、预防制度、惩治制度建设。首先，要建立健全反腐倡廉宣传教育制度，领导干部要带头讲廉政党课，使党员干部职工能够受到经常性的党风廉政教育和提醒。其次，要健全民主决策制度，认真贯彻民主集中制，坚持做到重要决策、重要项目、重要人事任免和大额度资金使用集体研究、民主决策。在这方面，希望能够借鉴部党组对重大问题实行科学民主决策的做法，充分发挥职能部门的作用。再次，要推进廉政风险

防控机制建设，从本单位重点对象、重点领域、重点部门、重点环节入手，排查廉政风险，健全内控制度。要建立纪检监察、组织人事、审计等职能部门违纪违法线索通报会商制度，提高查处纠正的效率。

第二，加强重点领域和关键环节监督。一是加强对基建工程项目、政府采购和房地产开发活动的廉政监督。纪检监察部门提前介入，最大限度地杜绝和预防腐败的发生。二是加强对科研经费管理和使用的监督。要从规范管理和有效监督两个层面形成监管合力，查找和堵塞可能的漏洞，确保资金运行安全。三是在干部选拔任用中建立健全监督机制。加强对干部选拔任用提名、考察、决定等环节的监督。四是在科研成果转化和推广工作中，要特别注意维护国家和集体的利益，特别注意遵纪守法、廉洁自律。五是要加强对院系统京外科研单位的监督，防止个别单位因管理半径过大而疏于管理，发生严重问题。这几年，农业科学院积极推动科研体制改革，一些单位积极转化和推广科研成果，兴办科技企业，对这些新情况新问题，也要关注重视，加强调研，制定针对性的监管措施，既要有利发展、激发活力，又要规范管理、落实监督。

第三，保持和树立良好学风。希望农业科学院始终把学风建设作为一件大事来抓，继续保持长期形成的优良学风和传统，提倡科学精神和严谨的作风，抵制学术上的不正之风，防止官僚化、官本位的思想。号召广大农业科研人员扑下身子，深入实际，深入基层，紧紧围绕农业农村经济发展中存在的实际问题，扎扎实实搞好科研，做好科研成果的转化。要时刻保持冷静头脑，不急功近利，不心浮气躁，多做打基础、利长远的实事、大事，争取在更高水平和更长远发展上多作服务于农业科研事业的文章。

四、加强农业科学院系统的纪检监察干部队伍建设

随着农业科学院监察局的成立，院系统纪检监察工作关系进一步理顺，要以此为契机，进一步提升纪检监察干部队伍能力，更好地发挥作用。一方面，院党组要积极推动院系统纪检监察工作的专业化建设，在干部选拔任用、装备配置等方面加大支持力度，为纪检监察工作提供组织保证。另一方面，纪检监察干部要加强自身建设，努力掌握和运用纪检监察工作所需要的新思想、新知识、新经验，不断提高思想政治素质和业务工作水平；树立宗旨意识，忠于职守，敢于碰硬，坚决同各种消极腐败现象作斗争，维护党的纪律的严肃性；加强作风建设，在加强党性修养、树立和弘扬良好作风方面发挥表率作用，树立纪检监察干部可亲、可信、可敬的良好形象。此外，还要与驻部纪检组监察局、部直属机关纪委加强沟通协作和支持配合，发现重大问题线索和重要情况，要及时沟通报告。

罗炳文、张逐陈两位同志思想政治素质好，领导能力和组织协调能力比较强，对纪检监察工作比较熟悉，一定能团结带领纪检组、监察局全体同志把工作做好，不辜负部党组、院党组的希望。

一直以来，农业科学院党组和所属机关、各研究所对驻部纪检组监察局的工作都给予了很多的支持和帮助，在此，我代表驻部纪检组监察局向农业科学院及各研究所表示衷心的感谢！

中国传统的节日春节即将来临，我代表部党组及驻部纪检组监察局，对辛勤工作在农业科研战线上的同志们及其家属致以节日的问候，祝大家春节愉快，工作顺利，身体健康！

翟虎渠院长在宣布中国农业科学院党组纪检组领导班子和院监察局成立会议上的讲话

同志们：

刚才，学峰副司长宣布了农业部关于中国农业科学院党组纪检组领导班子和院监察局批复成立的决定，这是农业部党组加强我院纪检监察工作的重要举措，也是对我院纪检监察工作的有力推动，我代表院党组表示坚决拥护和全力支持。多年来，农业部党组和驻部纪检组监察局对我院纪检监察工作关怀备至，正确领导，悉心指导，使我院党风廉政建设和反腐败工作取得很好的成绩，我们在此表示衷心的感谢！下面，我讲 3 点意见。

一、认真学习中央纪委五次全会和农业部党风廉政建设工作会议精神，以高度负责的精神积极主动地抓好贯彻落实

1 月 10 日，中央纪委五次全会在北京召开，2 月 2 日，农业部召开 2010 年党风廉政建设工作会议，对 2009 年农业部的党风廉政建设工作作了总结，对 2010 年农业部党风廉政建设工作作了部署。我们一定要认真学习，结合我院实际情况，把中央纪委五次全会精神、农业部 2010 年党风廉政建设工作会议精神，不折不扣地贯彻好，落实好。一是要认清形势，努力开创党风廉政建设工作新局面。在农业部 2010 年党风廉政建设工作会议期间，我们学习了胡锦涛总书记和贺国强同志讲话，进一步认识到在新形势下党风廉政建设和反腐败斗争取得了很大成绩，同时还面临一些新情况新问题。所以，我们必须充分认识，预防为主，预防为先。做好长期作战的思想准备，坚定不移地推动我院党风廉政建设和反腐败工作，为科研创造良好的环境。二是要加强制度建设，从源头上治理和预防腐败。要以建立健全惩治和预防腐败体系各项制度为重点，在反腐倡廉教育制度、监督制度、预防制度和惩治制度等方面，全面加强建设，逐步从源头上治理腐败。三是要提高制度的执行力，确保党风廉政建设出成果、出实效。要结合我院实际创造性地开展工作，建立健全保障制度执行的工作机制，完善保障制度执行的程序性规定和惩戒性规定，使制度的保障作用发挥更大的效能。

二、准确把握院情，在统筹全局中加强纪检监察工作

中国农业科学院是以科研为主的国家级农业科研单位，担负着国家农业重大基础与

应用基础研究、高新技术研究和应用研究的繁重任务。下属单位34个，其中16个设在北京，18个分布在全国14个省区市。共有在职职工近8 000人，科研人员近6 000人。近年来，在各部委的支持下，特别是"十一五"以来，国家加强了对农业科研的投入，2009年，我院到位科研经费总计约30亿元。由于点多、面宽、工作任务繁重，加之地域差异、发展水平不平衡、体制多元化等因素影响，一些单位出现了这样那样的问题，反映了个别单位纪检监察工作不够得力的问题，个别人违纪违法问题，还有单位整体工作薄弱、发展滞后的问题。要解决这些问题，必须切实加强党的建设、党风廉政建设工作，同时从科技创新、产业发展等方面推动这方面的发展，力争通过加快发展来更好地解决发展中的问题。2009年，实行了巡视制度，效果是好的。2010年，计划对6个研究所进行巡视。我们必须强化围绕中心，服务大局的意识，善于从全局中去谋划党风廉政建设和反腐败工作。既要坚持和发展多年来我院党风廉政建设工作探索形成的行之有效的办法和措施，又要加强对新任务、新举措、新课题的调查研究。

三、党政齐抓共管，为我院又好又快发展提供坚强保障

多年来，院党组对我院的党风廉政建设和反腐败工作始终高度重视，以廉政责任制为抓手，以惩防体系建设为载体，把党中央、农业部党组和驻部纪检组监察局的反腐倡廉要求扎扎实实地落实到工作的每个环节上，在每年召开院工作会议同时，召开院党风廉政建设工作会议，做到反腐倡廉同中心工作一起部署、一起落实、共同推进。由于两手抓，两手硬，有力地保证了我院中心工作的开展，取得了显著成效。一是科研创新工作取得丰硕成果。2009年，我院共取得科技成果139项，获奖成果82项。获国家科技进步奖二等奖6项，获中华农业科技奖12项，其中一等奖4项。获省部级奖26项，其中一等奖8项，二等奖10项。二是高层次人才队伍建设取得突破。2009年，经过3轮的研究、选拔，确定了我院首批13个优秀科技创新团队，90个所级重点科技创新团队，选好、配好、培养好一批骨干领军人才。刘旭副院长当选为中国工程院院士，还有很多同志受到国家、省部级表扬、表彰、奖励。三是强化了科技兴农工作。我院围绕农业部中心工作，大力支持"三农"，特别是在抗击2008年春季南方冰冻雨雪灾害和2009年春季旱灾工作当中，配备了大量专家和部门人员，全力完成农业部中心工作。2009年，我院共向农业部推荐主导品种34个，主推技术16项，其中"中黄13"大豆新品种推广面积连续3年稳定在1 000万亩以上，位居全国第一。所有这些成绩的取得，与廉政建设的良好局面和环境是密不可分的。这次在新形势下院党组纪检组、监察局的建立健全，得到了朱组长的肯定，进一步增强了我院党风廉政建设和反腐败工作的领导力量，理顺了工作关系，使我院的纪检监察机构更加专门化。我们做好这方面工作的信心更足了，决心更大了。

我们要围绕院党组制定的"三个中心、一个基地"建设的战略目标不动摇，为我院又好又快地发展提供强有力保障。一是要认真学习贯彻执行党的十七届四中全会和中

央纪委五次全会精神。要认真执行《中共中央关于加强和改进新形势下党的建设若干重大问题的决定》，执行中央促进农业科技发展和科技兴农政策，保证各项政策措施在我院的落实。二是要把院中心工作和党风廉政建设工作两手抓，两手都要硬。坚持把中心工作同党风廉政建设工作一起部署、一起落实、共同推进的体制机制，形成相互促进，共同发展的良好格局。三是要进一步加强宣传教育，促进干部特别是领导干部廉洁自律。加强对党员干部特别是领导干部的理想信念教育、廉洁从政教育和党风党纪教育，推进学习型单位和学习型党组织建设，筑牢反腐倡廉的思想道德防线。各研究所也要加强对课题组长，特别是重大项目负责人的教育和监督。四是要强化监督，让权力在阳光下运行。认真落实党内监督条例、党政领导干部问责制和中共中央即将颁布的《中国共产党党员领导干部廉洁从政若干准则》，严格执行领导干部述职述廉、诫勉谈话、函询、质询、罢免或撤换等制度，进一步加强和完善巡视工作，进一步加强和完善纪检监察体系，个别还没有纪委的研究所，2010 年一定要尽快健全，加强这方面的工作。严肃查处领导干部利用职权和职务上的影响为本人或特定关系人谋取不正当利益等问题，减少腐败问题的发生。

我们坚信，在农业部党组的正确领导下，在驻部纪检组监察局的关心和指导下，我院的党风廉政建设和纪检监察工作，一定会取得更好的成绩，迈上新的台阶。

罗炳文副书记在宣布中国农业科学院党组纪检组领导班子和院监察局成立会议上的讲话

各位领导、同志们：

刚才，部人事劳动司潘学峰副司长宣布了部党组关于我任院党组纪检组组长、张逐陈同志任副组长和成立院监察局、张逐陈同志任局长的决定，我和逐陈同志坚决拥护部党组的决定，衷心感谢组织上对我们的信任。同时，对院监察与审计局更名为院监察局，专职履行监察职能，实行院党组纪检组、监察局和直属机关纪委合署办公，我也代表院监察局全体同志表示坚决拥护，并衷心感谢部党组、驻部纪检组监察局、部人事劳动司、部直属机关党委和纪委对我院纪检监察工作的高度重视和大力支持。

这次任命，我既感到非常光荣，更感到责任重大。为适应岗位的需要，我将坚持把加强学习放在首位，认真学习马克思列宁主义、毛泽东思想、邓小平理论和“三个代表”重要思想，深入学习实践科学发展观，不断提高政治鉴别力和政治敏锐性，始终保持立场坚定、头脑清醒，在思想上、行动上与党中央保持高度一致。认真学习纪检监察工作的有关政策和法律法规，把握好纪检监察工作的规律，增强分析判断能力，不断开阔视野，适应新时期反腐倡廉工作的新要求。严格要求自己，严格遵守党的纪律，廉洁自律，以身作则，在党风廉政建设中发挥表率作用。

健全院党组纪检组，组建院监察局，是农业部党组、农业科学院党组进一步加强院纪检监察工作的重大举措，是完善我院纪检监察体制的重要内容，也是形成党风廉政建设合力的新起点，是我院党风廉政建设中的一件大事。

院党组纪检组要以邓小平理论和“三个代表”重要思想为指导，深入贯彻落实科学发展观，全面贯彻党的十七大和十七届三中、四中全会精神，按照中央纪委五次全会、农业部党风廉政建设工作会议、农业科学院党风廉政建设工作会议的部署，坚持标本兼治、综合治理、惩防并举、注重预防的方针，围绕中心、服务大局，结合我院实际，全面做好纪检监察工作。要深入科研一线开展调查研究，了解干部职工对党风廉政建设的意见和建议，把预防问题、发现问题和解决问题有机地结合起来，把纪检监察工作放在全院发展的大局之中。要进一步明确院党组纪检组的职责定位，以科学发展观统领纪检监察工作，积极探索新体制下履行职责的途径和方法，积极推进我院党风廉政建设和反腐败工作，保证我院各项事业顺利发展。为此，要着重做好以下几方面工作。

一、加强党风廉政宣传教育，提高广大干部的拒腐防变意识

要组织党员干部深入学习党的十七届四中全会精神和胡锦涛总书记在中央纪委五次全会上的重要讲话精神，切实把思想和行动统一到中央的要求和部署上来，充分认识反腐倡廉工作的极端重要性。要立足教育，着眼防范，积极开展形式多样的理想信念教育，切实加强领导干部的党性修养，树立和弘扬良好作风，筑牢思想道德防线。有针对性地开展党纪法规教育、警示教育和岗位廉政教育，增强反腐倡廉教育的实效。大力开展示范教育，学习宣传我院涌现的全国先进典型“祁阳站精神”和党的十七大代表刘玉梅、全国先进工作者贾继增、全国五一劳动奖章获得者郭三堆的先进事迹，形成崇尚先进、学习先进的良好风尚。努力推进廉政文化建设，营造以廉为荣、以贪为耻的文化氛围，使党员干部自觉做到遵纪守法、廉洁从政、廉洁从业。

二、加强制度建设，增强制度的执行力

要深刻领会中央纪委五次全会精神，进一步提高对制度建设重大意义的认识。结合我院实际，加强整体规划，以建立健全惩治和预防腐败体系为重点，进一步健全反腐倡廉教育、监督、预防和惩治等各项制度，逐步形成内容科学、程序严密、配套完备、有效管用的反腐倡廉制度体系，切实提高我院党风廉政建设规范化、科学化水平。要抓好贯彻落实《农业部党组贯彻落实〈建立健全惩治和预防腐败体系 2008 ~ 2012 年工作规划〉的实施办法》，进一步落实党风廉政建设责任制，落实党内监督条例，严格实行党政领导干部问责制，认真执行《中国共产党党员领导干部廉洁从政若干准则》。要进一步提高制度的执行力，建立健全保障制度执行的工作机制，完善保障制度执行的程序性规定。要加强对各项制度落实和执行情况的督促检查，维护制度的严肃性和权威性。

三、加强监督，切实维护党的纪律

要坚持党内监督与党外监督、纪检监察部门监督与群众监督相结合，发挥舆论监督的作用，增强监督合力。要紧紧抓住重点部门、重要领域和关键环节，采取综合措施，加大监督力度，保证监督实效。要紧密结合我院实际，把监督寓于科研管理等各项具体工作之中，建立完善监督防控体系。要进一步加强和完善巡视工作，提高巡视工作质量，重视巡视成果运用。要认真开展工程建设领域突出问题专项治理工作，加强对基建项目和政府采购项目招投标的监督，加强对科研经费使用情况的监督。要从关心、爱护干部出发，发现苗头性问题及时提醒，及时帮助，把问题解决在萌芽状态，使干部不犯或少犯错误。

四、做好信访举报工作，严肃查处违纪案件

要重视信访举报工作，规范信访举报程序，对有违纪违法线索的举报要认真核实；对虽有违纪苗头但尚不构成违纪问题的，要通过谈话提醒予以警示；对确属诬陷的，要坚决澄清是非，保护干部干事创业的积极性。

要继续保持查办案件的力度，认真执行有关依法依纪办案的规定，严格案件检查、审理和党纪处分的程序，确保办案质量。按照分级管理的原则，充分发挥院监察局、院直属机关纪委、各研究所纪委在信访举报和查办案件中的作用。

五、加强队伍建设，提升纪检监察干部政治业务素质

进一步加强纪检组织建设，建立健全院属各单位纪委，京外个别没有成立纪委的研究所，要尽快按规定程序成立。纪委和监察还未合署办公的，要尽快整合，形成合力。

进一步加强纪检监察干部队伍建设，关心纪检监察干部的成长，支持他们做好工作。纪检监察干部要按照政治坚强、公正廉洁、纪律严明、业务精通、作风优良的要求，加强自身建设，内强素质，外树形象，增强政治意识和表率意识，提高科学执纪、依法执纪的本领，做党的忠诚卫士，当群众的贴心人，担负起维护党纪国法的神圣使命。

各位领导，我深感院党组纪检组组长职位责任重大，任务艰巨。我一定牢记使命，珍惜岗位，认真履行职责，在院党组的领导下，带领全院广大纪检监察干部，振奋精神，开拓进取，大力加强党风廉政建设和反腐败工作，为我院科技创新事业顺利发展作出贡献。

谢谢大家！

在中国农业科学院2010年党风廉政建设工作会议上的讲话

驻农业部纪检组监察局副局长　王杰之

（2010年1月12日）

同志们：

受朱保成组长、董涵英局长委托参加这次会议，主要是听取和学习会议精神。刚才罗炳文同志作了工作报告，翟院长作了重要讲话，对2009年的工作作了总结，对2010年的工作提出要求、进行安排。两位领导的报告和讲话，反映了农业科学院2009年党风廉政建设的成效。在过去的一年中，农业科学院党组对党风廉政建设工作更加重视，党组多次调研反腐倡廉工作，加强了纪检监察工作机构；反腐倡廉教育更加扎实，特别是农科监察研究会对院系统惩防体系建设和作风建设的研究更加深入、成果显著；反腐倡廉制度建设更加完善，《中国农业科学院工作规则》等一批重要制度得到修订、健全；建立了巡视制度并巡视了3个研究所，开展了6项经济责任审计，核查了18件信访举报问题，监督工作更加有力。关于新一年的工作，中央纪委五次全会将要提出要求，部里也将于月底专门召开党风廉政建设工作会议进行部署，农业科学院系统要认真组织学习贯彻两个会议的精神，研究落实好相关工作。下面我谈几点想法，主要是和大家交流，供同志们参考。

根据党的十七届四中全会和中央纪委五次全会精神，党风廉政建设工作，主要包括作风建设和反腐倡廉建设两个方面。作风建设以保持党同人民群众的血肉联系为重点，包括思想作风、学风、工作作风、领导作风和生活作风等“五风”，四中全会讲要大兴密切联系群众、求真务实、艰苦奋斗、批评和自我批评之风。反腐倡廉建设以惩治和预防腐败体系建设为重点，包括教育、监督、改革、制度创新、查处违纪违法问题等重点内容。对于一个单位来说，主要是抓好作风建设和反腐倡廉建设的具体工作，结合农业科学院的实际，以及这些年院系统群众来信来访及驻部组局、院监察局核查的一些问题，我认为要重视做好以下工作。

1. 要坚持开展反腐倡廉教育，培育廉洁的组织风气和文化。对于一个单位来说，这实际上是最经常也是十分重要的一项工作，值得花点心思去筹划安排，当然做实、做出成效很不容易。有一些单位搞得就比较生动活泼、有声有色，关键在于选准时机、选好方式，提升针对性和有效性。领导干部要带头执行廉洁自律各项规定，管好自己和配偶子女，不利用职权为自己或特定关系人谋取不正当利益，发挥好表率作用，身教重于言教。要认真执行领导干部个人有关事项报告制度，新的要求是要把住房、投资、配偶子女从业等情况列入报告内容。实事求是地讲，廉洁自律有其局限性，对于党和国家来说，把保持廉洁的目标系于全体党员干部和公职人员的廉洁自律上，确实是十分脆弱的，但对于党员干部个人来说，严刑峻法也不可靠，唯有自律是最可靠的。所以在现实条件下，反腐倡廉教育，抓了比不抓要好，抓得紧些比松些了要好。

要注意树立和养成良好的单位风气。对科研单位来说，其一是要有一个良好的学风。搞科学研究，本身就要从实际出发，遵从客观规律，发扬科学精神，来不得半点虚伪。科研领域要出成果，要上水平，靠什么？就是要靠科学精神和严谨的作风，靠老一辈科学家那种勤奋敬业、老老实实的精神，要防止学术上的不正之风，要防止腐朽风气的毒害和侵蚀。其二是要防止单纯的利益导向。如果我们的行政事业单位总是趋利而动、无利不动，其前景是可怕的。在物质利益问题上，既要知不足，该创造的条件、该利用的政策、该想的办法还得努力，该争的科研项目也得争；但也要有所足、知止，适当对干部职工进行引导教育，防止单纯利益取向、心理失衡，这种风气对党员干部滑向腐化堕落有一定的诱导作用。其三是要防止官僚化、官本位的作风。科研单位要弘扬民主、科学、平等的精神和作风，“领导就是服务”在科研单位更应如此，不要崇尚官本位，不要课题、荣誉、职称等都不适当地向领导倾斜，那样长久下去会窒息科研单位的生机和活力。作风建设的内容很多，这里点到的只是一个方面，希望引起大家关注。

2. 务实创新，抓好反腐倡廉制度建设。现在上上下下都注意和强调制度的作用，以为有了制度就能管事，几十人的小单位恨不得搞出一百多项制度办法，看得人头大，实际中大多用不上。这是思想上出现“制度依赖症”，掉入“制度陷阱”中了。小平同志说，学马列，要精要管用。我看这句话用到制度建设上也对，制度必须紧盯权力，人、财、物、事，体现依法规范、公开透明、民主公平、相互牵制等原则，制度不在多，贵在把有含金量的权力管住，制度才有魅力、有权威。对于科研单位来说，制度建设最重要的是体现民主和公开原则：一要认真贯彻民主集中制。民主集中制是集中智慧、团结和谐、凝聚力量的制度。所谓民主科学决策最重要的是体现在贯彻民主集中制上。作为领导班子来讲，“三重一大”事项都要做到民主决策，即重要决策、重要项目、重要人事任免和大额度资金使用都要列入民主决策的议程。二要阳光操作。公开透明是最好的反腐剂，将信息通过一定形式公开，便于群众监督。科研单位涉密的事情不多，人员文化素质又普遍较高，很多内部事务我相信都是可以阳光操作的，可以把重要事项决策的程序等都予以公开，广泛吸收干部群众意见，不要害怕麻烦，不要怕个别人提不合理的要求，要相信广大干部群众的鉴别力和上级组织的判断力。

3. 抓住关键和重点，搞好日常监督管理。从这些年群众信访举报、案件检查、专项清理、司法机关调查反馈等得到的信息分析，部直属机关一些单位不同程度存在管理粗放、内部监督制约粗疏的问题，日常监督管理不够到位，导致出事的概率大，低水平违纪违法问题多。加强监督管理，首先是紧盯关键领域、关键环节、关键岗位、关键时刻，如基建项目招标投标和物资采购，科研课题经费的使用，对外投资、资产处置和重大改制，进人与选拔领导干部，后勤领域的一些关键岗位等，都是监督管理的关键点。其次是要高度重视一个单位的“边界”，人员边界、资产边界、事权边界，在边缘状态游离的党员干部职工、国有资产、临时性权力，出事的几率较高，同样是我们的责任范围，不能视而不见、习焉不察。作为领导，如果看不到自己单位的“边界”，就容易失责。再次，要做好信访举报办理和违纪案件处理工作。对于上级纪检监察部门转办的信访举报件，一般性转过去的，由单位纪委或单位主要领导酌情处理，大多作些了解、提醒即可；转下去要结果的，注意在明示的时间内，没明示的也应在 3 个月内，将核查情况回复上级纪检监察部门。单位发生党员干部被治安处罚的、被司法机关采取强制措施的，都要按照规定向上级党委、纪委及时报告，隐瞒不报是要负责任的。当单位出现干部违纪时，单位纪委要给党委当好参谋助手，要坚持原则、分清是非，反对一味大事抹小，小事抹了，失去执纪严肃性，这样不利于单位长远建设。

最后，我想说，农业科学院的人数占了农业部系统的一半，农业科学院系统的作风建设和反腐倡廉建设在农业部系统中地位非常重要。但是农业科学院的作风建设和反腐倡廉建设怎么搞，中央纪委的全会、部里的党风廉政工作会议都不会给我们提供现成的答案，需要农业科学院系统自己去探索、去总结。农业科学院已经积累和总结过一些经验，包括农科监察研究会近年研讨取得的一些成果，但是还不够，希望继续探索、创新、总结，争取形成一套有自己特色的工作路数和经验，对农业部系统党风廉政建设工作作出应有的贡献。

不妥之处，欢迎大家批评指正。

加强廉政建设　确保科学发展

——翟虎渠在中国农业科学院2010年党风廉政建设工作会议上的讲话

（2010年1月12日）

同志们：

今天，我们在这里召开中国农业科学院2010年党风廉政建设工作会议，深入贯彻党的十七届四中全会、中央纪委四次全会和正在召开的五次全会精神，把广大党员干部的思想统一到科学发展观的要求上来，开拓我院党风廉政建设工作新局面，为推进我院“三个中心、一个基地”战略目标的实现提供坚强保证。刚才，罗炳文同志代表院党组作了我院2009年党风廉政建设工作报告，讲得很好，这个报告是院党组经过两次讨论的，我完全同意。王杰之副局长代表驻部纪检组监察局还要对我院2010年党风廉政建设工作作重要指示。会后，各单位领导班子要组织全体党员认真学习领会，抓紧制定2010年党风廉政建设和反腐败工作计划，把这次会议精神落到实处。

下面，我代表院党组讲5点意见。

一、坚定不移地以科学发展观统领党风廉政建设各项工作

科学发展观是新世纪新形势下我们党和国家事业发展的重大战略思想，当然也是我们党风廉政建设和反腐败工作的指导思想，我们一定要以科学发展观统领党风廉政建设各项工作。科学发展观的第一要义是发展，我们的党风廉政建设工作一定要保证发展、促进发展。我们要围绕保证我院“三个中心、一个基地”建设的战略目标，来落实国家中长期科学和技术发展规划（2006~2020年），中国农业科技到2020年要走在世界的前列，这是历史的责任，也是我们为了更好地解决农业科技发展中的新情况、新问题，更好地把握大局、立足大局来为我们的农业科技发展创造和提供一个良好的环境和局面。我们的纪检监察部门要把服务科学发展、保障科学发展、促进科学发展作为重要职责，自觉把严格执行纪律贯穿于纪检监察工作的各个方面，对滥用职权、贪污受贿、腐化堕落、失职渎职等违纪违法行为坚决查处，决不姑息。

全面协调可持续是科学发展观的基本要求，统筹兼顾是科学发展观的根本方法，也是做好纪检监察工作的根本要求和方法。我们要善于从全局和战略高度观察和审视党风廉政建设和反腐败斗争面临的形势和任务，把反腐倡廉建设纳入我院工作的全局，寓于

各项改革和举措中。要坚持标本兼治、综合治理、惩防并举、注重预防的方针，整体推进反腐倡廉教育、制度、监督、改革、惩处等各项工作。要认真贯彻落实《工作规划》，力争经过几年的扎实工作，真正建立起我院惩治和预防腐败体系的基本框架和长效机制。

二、落实责任制，加大责任追究的力度

中共中央政治局会议审议并通过的《关于实行党政领导干部问责的暂行规定》，是加强反腐倡廉法规制度建设、完善领导干部行为规范的重要举措，是“党政领导干部问责”步入法制化的重要步骤，对于健全责任追究体系，规范问责行为，加强党政领导干部的管理和监督，增强党政领导干部的责任意识和大局意识，更好地贯彻落实科学发展观，不断提高党的执政能力和执政水平，具有重要意义。我院于 2009 年 11 月 18 日转发了《农业部党组贯彻落实〈关于实行党政领导干部问责的暂行规定〉实施意见》。我们要按照中央和农业部的要求予以落实。要进一步贯彻落实廉政责任制，“一把手”负总责，分管领导各负其责，一级抓一级，层层抓落实，谁的责任谁负，谁的后果谁承担。

中央纪委四次全会要求贯彻落实《中共中央关于加强和改进新形势下党的建设若干重大问题的决定》，要进一步加大领导干部廉洁自律、查办违纪违法案件、健全权力运行制约和监督机制、推进反腐倡廉制度创新工作力度，加快推进惩防体系建设，确保取得明显成效。这里还需要特别强调两点，一是要按照中央纪委四次、五次全会提出的要求，在认真落实《关于领导干部报告个人有关事项的规定》的基础上，把住房、投资、配偶子女从业等情况列入报告内容，加强对配偶子女均已移居国（境）外的公职人员管理；二是要对干部严格管理、严格监督，对干部出现苗头性问题早提醒早教育，对作风不正的干部决不姑息迁就，对出了问题的干部决不包庇袒护。要根据集体领导与个人分工负责相结合的原则，按照干部管理权限，进一步明确干部推荐、考察、决策、管理、监督等各个环节的责任主体和责任内容，逐级建立从严管理干部责任制。干部管理、队伍建设情况要作为领导班子和领导干部考核评价的重要内容。对用人严重失察、失误，疏于管理监督，班子成员或者分管的人员连续或多次出现违纪违法行为的，不仅要追究当事人的责任，还要追究相关领导和管理部门的责任。这里我再强调一下院党组选人用人、提拔干部的程序，各单位和研究所根据工作需要如果要补充所一级干部，首先要向人事局提出报告，人事局根据全院情况和后备干部的情况统筹考虑，与分管领导进行协商，再提交给院党组酝酿，如果没有意见，再交回人事局按程序办理，进行推荐、考察等。之后，再提到院党组会议进行研究决定。这是院里近几年提拔干部的程序。

最近，中共中央政治局会议审议并通过了《中国共产党党员领导干部廉洁从政若干准则》，这是规范领导干部从政行为的重要基础性法规，对保证党员领导干部廉洁从

政、加强领导干部廉洁自律和干部队伍建设、进一步提高党管干部水平和深入推进反腐倡廉建设具有十分重要的意义。大家知道，准则是效力等级仅次于党章的党内法规。各单位、各部门要组织党员领导干部，深入学习理解准则，严格遵守准则，真正做到为民、务实、清廉。纪检监察部门要协助党委抓好督促检查，严肃查处违反准则的行为，保证准则的贯彻落实。

三、加强重点领域、重要岗位和关键环节的监督

重点岗位就是人财物的岗位，重点领域我们主要是涉及经济的领域，比如说基建、采购、产业开发。我院“十一五”以来的4年间，国家给我们基本建设投资是12亿元多一点，财政总量是42亿元多，这两项加起来是55亿元。55亿元是很大的一个数字。我们在几年前的会议上就讲了，要关口前移，特别在基建招标、政府采购中，我们纪检监察部门要提早介入，一定要强调按要求、按程序办事。这是我们反复强调的，我们有关部门也一直是这样做的。所以说，起码在最近5年，我们没有收到或者听到这方面的问题。因为我们要求一方面是按程序办事，一方面是纪检监察同志提早介入，加入招标小组，应该说起到了很好的作用。

多年来，我院这项工作取得了不小的成绩，但决不能掉以轻心。今天，我在这里要特别强调以下4点：第一，要坚决杜绝在基建和仪器设备采购等项目招标过程中暗箱操作。不管操作结果怎么样，只要是暗箱操作，都是违纪违法的。在重大问题的决策上必须要做到依法合规、民主科学、集体讨论。第二，在产业开发和产业化项目的生产经营管理过程中，必须强化责任意识。我们在产业开发方面确实存在矛盾，一方面要求做大做强，一方面又没有相应的激励机制。我们要突破这个矛盾，既要强调在产业开发和产业化项目生产经营中的责任意识，又要对产业开发过程中作出成绩的人给予适当的奖励。最近，院党组准备出台一个政策，要鼓励、奖励对科技成果转化、开发的有功人员。干不好也没有人追究责任，干得好也没有什么奖励，这样不行。应该以大局为重，把我们的科技成果尽快地转化为生产力，尽快地创造更多的社会财富，为经济社会发展作出贡献。为经济社会发展作出贡献的，理应得到奖励，但是我们一定要按照有关规程规定办事。第三，在物资采购的过程中必须要坚持严格的制度、严格的审批和严格的监督，关口前移，招标小组一定要有纪检监察同志参加。第四，在选拔任用干部工作中要严格遵守《党政领导干部选拔任用工作条例》，坚决杜绝“跑官要官”、“裙带关系”，坚决防止干部“带病提拔”。说实话，我当院长这几年，“跑官要官”的我还没有碰到，但是职称评审方面，还是碰上过几次这样的情况。有这方面的意思，心情是可以理解的，但是我们要加强教育。能不能评上研究员、副研究员，也是要由各级评委决定的。

四、坚持用发展的思路和改革的办法防治腐败

如何结合我院实际情况，进一步落实党的十七届四中全会精神和中央纪委四次、五次会议精神。一定要结合我们的实际情况，我们是事业单位，是个科研单位，虽然我们的所长、党委书记以及我们的院长、党组书记手中的权力是有限的，但是有限的权力也容易出问题，也不要麻痹大意。我们要结合自己的实际情况，制定相应的反腐倡廉制度。从农业科学院实际来讲，我们的资金运作是十分庞大的，4 年来有 55 亿元的资金运作；每年都有几十人次，加上处长起码有 200 人次的人事变动，所以，我们要结合自己的实际情况，对照上面的要求，用改革发展的思路来建立中国农业科学院的惩防体系。要大力推进纪检监察工作理念思路创新，坚持以发展着的马克思主义为指导，按照中国特色社会主义理论体系的要求，用辩证的、全面的、发展的观点分析形势，准确把握反腐倡廉建设的新任务、新部署、新要求，围绕解决工作中的一些突出问题，积极探索、大胆创新，在扎实的调查研究基础上提出新的工作思路，不断提高纪检监察工作的整体水平。既要坚持和发展多年来我院党风廉政建设工作探索形成的行之有效的办法和措施，又要加强对新形势、新任务、新措施、新课题的调查研究，把握特点规律，坚持超前谋划、统筹安排，牢牢掌握工作主动权。要敢于推进党风廉政建设工作体制机制创新，加强各部门各单位的协调配合，增强工作合力。总之，要坚持解放思想、实事求是、与时俱进，一切从反腐倡廉工作实际出发，深入调查研究，积极查找容易诱发腐败的部位和环节，深化重要领域和关键环节改革，有针对性地提出预防和治理的措施，探索更加有效的监督方法、途径和手段。同时，要从管理的角度不断改革创新，使管理系统本身更加严密、科学，使监督和管理形成良好的互动机制，共同完善，共同提高，最大限度地堵住以权谋私、权钱交易的制度漏洞。

五、继续加强纪检监察机构和队伍建设

新时期纪检监察系统所承担的任务繁重而又艰巨，加强纪检监察机构和队伍的建设，需要我们付出更大的努力。2009 年，在院机构设置中，实行了党组纪检组、监察局与直属机关纪委合署办公，三块牌子、一套机构，加强了对纪检监察工作的领导力量。院属各单位应进一步建立健全纪检监察组织机构，个别研究所纪委还不健全，2010 年一定要解决这个问题。人事局要和监察局一起，尽早尽快解决这个问题。

要适应新形势新任务的客观要求，努力把纪检监察干部队伍的思想、能力、作风建设提高到新水平。纪检监察干部要认真学习中国特色社会主义理论体系，用科学发展观武装头脑、指导实践，不断提高自身的政治业务素质和履行职责的能力。相关部门要注重纪检监察干部的培养提高，有计划、有针对性地为纪检监察干部提供更多的学习和锻炼的机会。一方面把思想作风和业务素质过硬的同志充实到纪检监察队伍中来，同时，

把条件成熟的纪检监察干部交流到其他业务管理岗位，使纪检监察干部更加了解院情、所情，业务管理干部熟悉纪检监察工作，形成院所纪检监察干部队伍知识结构多样化，以更开阔的视野、更活跃的思维、更务实的作风，更好地为我院“三个中心、一个基地”的战略目标提供坚强保证。

最后，再强调一下加强春节期间党风廉政建设的问题。元旦刚刚过去不久，现在离新春佳节只有一个多月的时间了。希望党员领导干部要严格要求自己，过一个健康、文明、节俭的春节。同时，请各位所领导能够关心我们本单位的弱势群体，关心困难职工，帮助他们解决好生活问题。在春节前，各单位要做好访贫问苦、解决困难职工生活问题的工作，使他们能够和我们大家一起，过一个祥和、愉快的春节！

谢谢大家！

加强党风廉政建设
保障我院各项事业健康发展

——罗炳文在中国农业科学院2010年
党风廉政建设工作会议上的工作报告

（2010年1月12日）

一年来，中国农业科学院党风廉政建设和反腐败工作在部、院党组正确领导下，坚持以邓小平理论和“三个代表”重要思想为指导，以科学发展观为统领，深入贯彻党的十七大和中纪委全会精神，坚持标本兼治、综合治理、惩防并举、注重预防的方针，着力抓好以惩防体系建设为重点的反腐倡廉建设，抓好教育、制度、监督、惩处等各项工作，保障了我院各项事业的健康发展。

一、主要工作成绩

在部党组的正确领导下，我院高度重视党风廉政建设和反腐败工作，充分发挥纪检监察审计的保驾护航作用，关口前移，严防腐败的滋生，倾力打造不出事、能干事的良好内部环境，党风廉政建设取得明显成效。

（一）加强学习教育，筑牢反腐防线

教育是党风廉政建设的一项基础性工作，有利于增强自我防范意识，提高抵御腐败的能力。

一是及时传达中央及部党组党风廉政建设工作会议精神，认真部署落实。2009年新年伊始，我院召开党风廉政建设工作会议，总结2008年党风廉政建设工作，部署2009年工作计划，并要求各单位及时传达驻部纪检组监察局局长董涵英同志讲话精神。1月20日，组织院领导、院属各单位和院机关主要负责人参加了农业部2009年党风廉政建设工作会议，会后将孙政才部长的重要讲话和朱保成组长的工作报告转发全院，要求全院各单位认真组织学习，结合实际贯彻落实。4月20日，召开院反腐倡廉工作任务分工会议，要求各有关单位认真落实《中国农业科学院贯彻落实2009年反腐倡廉工作任务的分工意见》，强调各牵头单位要研究制定工作方案，将《分工意见》的各项要

求转化为切实可行的具体措施。5 月 19 日，为贯彻落实孙政才部长关于“中国农业科学院要进一步加强党风廉政建设，加强纪检监察工作”指示，在湖北武汉召开了中国农业科学院纪检监察审计工作会议，总结经验，分析探讨新形势新任务下纪检监察审计工作的重点和难点，确立了我院党风廉政建设和反腐败工作的重点。武汉会议之后，院党组多次组织调研，研究加强纪检监察审计工作的新举措。

二是院党组率先垂范，党风廉政建设成为理论中心组学习的重要内容。2009 年，重点学习了胡锦涛总书记在中纪委三次全会上的讲话精神，党的十七届三中、四中全会和中纪委会议精神，做到学习有主题、有安排、有实效，不断提高院党组的执政能力、发展能力、创新能力、联系群众能力、实践能力和廉洁自律能力。各研究所和机关各部门党组织也把反腐倡廉教育作为中心组学习的重要内容，同时还通过邀请专家作专题报告、召开研讨会、观看录像等形式强化学习，促进了党员领导干部廉洁自律意识、责任意识和忧患意识的提高。

三是把反腐倡廉宣传教育作为干部职工培训的内容。在召开领导班子建设等工作会议时，将党风廉政建设列为重要议题。在对所（局）级新任领导、中层干部、后备干部和新入职人员的培训中，将坚定干部的理想信念、树立良好作风等作为培训的重要内容。在项目审批、大额资金安排及运作、出国（境）前和开展工作检查时，及时进行耐心的廉政教育和提醒。组织院属各单位主管仪器设备采购的领导和工作人员深入学习《招标投标法》和《政府采购法》等法律法规，对全院纪检监察干部和主管纪检监察工作的领导，就招投标廉政监督、知识产权维护等方面专门知识、技能进行了培训，促进了我院基建项目和政府采购项目招投标工作依法、合规、高效运行。

四是形式多样，力求实效，提高教育的感染力。通过院报、院网、工作简报等多种形式，及时宣传党的路线、方针、政策。以“评优推先”为抓手，积极组织力量宣传他们的先进事迹，用身边人、身边事开展正面教育，使广大党员干部学有榜样。在我院人事干部队伍中开展了讲党性、重品行、作表率活动。在院网上进行“扬正气，促和谐”全国优秀廉政公益广告展播，在闭路电视播放《一个明星区长的堕落轨迹——周良洛受贿案警示录》，并向机关各部门和京区单位发放光盘。通过开展这些活动，进一步引导广大党员干部牢固树立正确的权力观、地位观、利益观和社会主义荣辱观，筑牢廉洁从政的思想基础，营造良好的反腐倡廉舆论氛围。

五是积极开展理论研究，加强研究成果的交流与应用。院监察局结合我院实际，积极开展反腐倡廉相关课题研究。充分发挥中国监察学会农业分会农科监察研究会的作用，组织全院纪检监察干部积极开展理论研究。2009 年，上报中国监察学会农业分会论文 29 篇，获奖 13 篇，占农业分会获奖论文的 54%。其中一等奖 2 篇、二等奖 2 篇、三等奖 6 篇、优秀奖 3 篇。郝志强、吴限忠两位同志撰写的《关于科研院所实行领导干部问责制的思考》，在获得农业分会一等奖的同时，还获得中国监察学会优秀论文二等奖。将多年来获奖的数十篇论文汇集，精心编辑出版了《反腐倡廉理论与实践——农科监察支会理论研讨获奖文集》一书，及时印发各理事单位和各位理事。召开农业科研院所科研经费监督机制建设研究研讨会，邀请科技部条财司解鑫处长就“科技经费的管理与监督”举办了一期讲座。

（二）进一步完善制度和保障机制，堵塞管理漏洞

制度建设更具有根本性、全局性、稳定性和长期性，是从源头上预防腐败的根本途径。按照依法治院、治所的要求，围绕中心工作，针对重点部位、重要部门和关键环节，制定和完善了多项规章制度，进一步做到用制度管权、按制度办事、靠制度管人。

一是加强监督制度建设。为落实《中国共产党巡视工作条例（试行）》，根据农业部领导的要求，院党组建立了巡视工作联席会议制度，制定了《中共中国农业科学院党组关于巡视工作的办法（试行）》和《中国农业科学院巡视工作规程（试行）》。为进一步提高审计工作的公开性和透明度，2009 年 2 月，印发了《中国农业科学院经济责任审计审前预告办法（暂行）》，进一步健全了我院的监督制度。

二是加强管理制度建设。2009 年，按照工作计划，我院进一步修订了《中国农业科学院工作规则》等 12 项规章制度，制定了《中国农业科学院运转费管理办法》《中国农业科学院野外台站管理办法》《中国农业科学院重点开放实验室管理办法》《中国农业科学院国际合作管理规定》等 13 项新的管理制度，废止 4 项。制度建设更加完善。

三是发挥制度的整体效能。我院十分注意发挥制度的整体效能，注重制度落实。譬如，2009 年在出台《中国农业科学院关于加强科研项目管理工作的指导意见》的基础上，全面启动 54 个院重点项目跟踪服务，指导每个研究所确定 3 个左右所级重点管理项目。同时，加强了科研项目管理信息化工作水平，对全院项目全面实行信息化管理，提高管理工作的效率，增强了项目管理力度，体现了制度在加强管理方面的作用。

（三）强化监督检查，有效遏制腐败问题发生

强化监督检查，是保证制度执行和政策落实的有效手段，是发现和纠正偏差及漏洞的重要方式，也是有效防范违纪违法问题发生的重要途径。

一是积极开展巡视工作。农业部 2009 年巡视工作会议提出，农业科学院、水科院、热作院对直属单位的巡视工作由“三院”党组负责。院党组高度重视，及时制定相关规定，建立了巡视工作联席会议制度，成立了巡视组，2009 年，完成了对饲料所、棉花所和茶叶所的巡视工作。巡视工作联席会议和院党组及时听取了巡视组工作汇报，并就被巡视单位的整改提出明确要求。

二是认真开展党风廉政建设责任制检查和小金库专项检查。积极协助农业部检查组对我院党风廉政建设责任制落实情况进行检查。结合巡视工作对饲料所、棉花所和茶叶所党风廉政建设责任制落实情况进行检查。按照《农业部关于印发〈农业部“小金库”

专项治理和会议费行政事业性收费专项检查方案〉的通知》要求，对12个研究所进行了财务专项检查，清理违规资金446.77万元，对发现问题及时整改，针对课题主持人等进行了有关经费管理办法的宣讲。

三是加强干部选拔任用工作的监督。在干部选拔任用工作中，严格遵守《党政领导干部选拔任用工作条例》，按照《党政领导干部选拔任用工作监督检查办法（试行）》的要求，增加选拔任用干部工作的透明度，严把选人用人关。在组织干部考察组时，吸收机关党委、纪检监察部门的同志参加。对拟提拔的干部一律进行公示，接受群众的监督，有效地预防了选人用人上的不正之风。

四是认真开展领导干部述职述廉。严格执行党风廉政建设“三谈两述”和函询制度，党员领导干部报告个人有关事项制度。在每年院工作会议上，院属各单位、机关各部门主要负责人把述职和述廉同时进行。2009年，领导干部述职述廉634人次，任前廉政谈话103次，诫勉谈话5次，纪委负责人同下级党政主要负责人谈话120次，主动上交礼金和有价证券2.8万元。

五是加强基本建设和政府采购项目招投标廉政监督。2009年，我院共有176个基建和政府采购招投标项目，院纪检监察系统对所有项目招投标进行了廉政监督，中标金额约11亿元。由监察局直接参与监督的项目有60个，中标金额9.2亿元，占全部招投标项目的1/3强，占招投标项目总金额的83.6%。

（四）加大信访和查办案件工作力度，维护党纪政纪严肃性

坚持围绕中心，服务大局，从全局的角度思考和推进信访举报、查办案件工作。坚持集体讨论、民主决策制度，召开案情分析会，对信访举报中的重大问题进行认真讨论。坚持案件分级管理制度，充分发挥研究所党委、纪委的作用。

一是积极化解信访积案。按照《农业部办公厅关于在农业系统开展信访积案化解年活动的通知》要求，对近年来的信访积案进行排查摸底，制定化解方案，为科研事业的发展创造和谐的环境。协助驻农业部纪检组监察局、财政部直属机关纪委、海淀区人民检察院就有关情况进行调查核实。

二是积极处理信访举报案件。2009年，院监察局共收到信访举报件（来信、来访、来电）91件次（其中重复件24件），比2008年增加65.45%（不含重复件增加52.27%）。其中驻部监察局转43件，院监察局接信、接访47件次，其他单位转1件。院属各单位共收到24件（重复件5件）。信访举报涉及所局级干部17人，处级干部7人，研究员3人。

67件信访件，按照分级管理原则，转研究所和机关部门办理23件，经研究线索不清暂存的25件（其中纪检监察业务范围外的2件），监察局调查核实18件，正在办理中的1件。院属单位24件信访件中有9件为批评建议类，其余均初步核实了结。

反映的主要问题：①领导干部涉嫌违反廉洁自律有关规定的21件，占总数量的

31%；②涉及干部选任、职工招聘、职称评审、职工退休等人事管理方面问题的 10 件，占 15%；③在基建项目和政府采购项目招投标过程中违规、不规范或工程质量有问题的 8 件，占 12%；④领导干部涉嫌行贿、受贿、贪污等经济问题的 6 件，占 9%；⑤其他问题，如领导干部工作作风、学术不端、售房政策不合理等 22 件，占 33%。

（五）依法审计，不断提高审计工作水平

为提高内部审计效力，对审计工作程序、审计内容、审计结果运用等方面进行了改革创新，加大了揭示问题的力度。

一是在审计程序方面，按照增强审计工作透明度、提高审计工作质量、发挥审计监督的影响力的思路来规范和丰富审计程序。2009 年，开始实行经济责任审计审前预告制度。二是在审计内容方面，根据院本级管理需要以及财经政策法规的变化，适时调整了经济责任审计的重点内容。加大了对国有资产管理，重要经济决策项目合法性和效益性，重点资金、重点领域和重点部门的审计。三是在审计报告内容方面，加大揭示问题的力度，帮助研究所查找问题产生的根源，并提出切实可行的建议。四是在审计结果运用方面，采取切实可行的方式，宣传和强化审计效果。在下发审计报告的同时，要求研究所对审计报告中指出的问题提出整改方案，并限期将整改结果上报。五是在改进审计工作手段方面，推动计算机辅助审计并采取数据安全保障措施，以保证审计顺利实施。

2009 年，完成经济责任审计 6 项。审计 23 个年度账目，涉及资产总额 11 亿元。审计报告提出被审计单位存在问题 63 个，提出相应处理意见 63 项，提出审计建议 16 项。院本级完成基建项目造价审核 19 项，送审金额 1 989万元，审减金额 164 万元，审减率为 8. 25%；竣工财务决算审计 14 项。各研究所完成基建项目造价审核 56 项，送审金额 1. 89 亿元，审减金额 1 286万元，审减率为 6. 8%；完成竣工财务决算审计 36 项，审计金额 2. 35 亿元。

二、主要工作经验

回顾过去一年的工作，有 4 点认识和体会：

（一）加强领导是做好党风廉政建设的重要保证

院党组和各级党委高度重视党风廉政建设和反腐败工作，党政领导齐抓共管，各部门协调配合，是做好党风廉政建设的重要保证。在院机构设置中，健全了党组纪检组，将监察与审计局更名为监察局，其审计处划归财务局，实行党组纪检组、监察局与直属机关纪委合署办公，三块牌子、一套机构，加强了对纪检监察工作的领导力量。廉政建设领导小组层层建立，惩防体系建设稳步推进，领导体制和工作机制更加成熟。

（二）坚持以科学发展观为统领是做好党风廉政建设的根本要求

我院纪检监察工作必须紧紧围绕“三个中心、一个基地”的战略目标，促进院所的科学发展来谋划、来部署、来开展，努力为出成果、出人才、出效益提供坚强保证。要坚持以人为本，把处理人与教育人、挽救人有机结合起来，保护干部职工干事创业的积极性。要认真落实党风廉政建设责任制，坚持标本兼治、综合治理、惩防并举、注重预防的方针，不断增强党风廉政建设和反腐败的整体效果。

（三）坚持改革创新是做好党风廉政建设的内在要求

随着国际国内形势的不断变化，党风廉政建设和反腐败斗争的不断深入，各种违纪违法行为方式也在不断发生变化。充分认识反腐败斗争的长期性、复杂性、艰巨性，以改革创新的精神不断适应新的形势，准确把握我院易发生不廉洁和腐败现象的重要领域、重点岗位和关键环节，采取切实有效的办法和措施，不断开创纪检监察工作的新局面。

（四）加强纪检监察干部队伍建设是做好党风廉政建设的重要基础

新形势新任务对纪检监察干部队伍建设提出了新的更高的要求。没有一支政治素质好、业务素质强的纪检监察干部队伍，就难以完成新形势下的纪检监察工作。因此，要为纪检监察干部开展工作创造条件，多给他们学习和锻炼的机会，充分发挥纪检监察干部的积极性、主动性和创造性。

三、存在的主要问题

在院党组的领导下，我院的党风廉政建设工作取得了很大成绩。在充分肯定成绩的同时，也要清醒地认识到，我院党风廉政建设仍然存在一些薄弱环节。如党风廉政宣传教育的针对性、生动性和实效性有待进一步提高；院属各单位党风廉政建设工作的开展还不够平衡，有的单位纪委不健全，纪委和行政监察尚未形成合力，有的领导干部存在重科研业务轻党风廉政建设的倾向，对反腐倡廉工作的长期性、复杂性和艰巨性缺乏足够的认识，没有认识到党风廉政建设对院所科学发展至关重要的保障作用；有的单位财务管理特别是科研项目经费的管理与使用规章制度不够健全，管理不严，存在一些漏洞，在项目建设、土地开发、政府采购等过程中，按程序运作还不到位；新时期新形势下党风廉政建设出现的新情况新问题，需要我们不断学习、研究、探索，需要提高自身的政治水平和业务水平。对这些问题，一定要引起各级领导的重视，认真加以解决。

四、2010 年重点工作

以邓小平理论和“三个代表”重要思想为指导，深入贯彻落实科学发展观，坚持标本兼治、综合治理、惩防并举、注重预防的方针，以落实党风廉政建设责任制为抓手，根据反腐倡廉面临的新形势新任务，扎实推进我院惩防体系建设，以改革创新的精神全面落实各项工作，为“三个中心、一个基地”建设提供有力保证。

（一）坚决执行党的政治纪律，维护中央政令畅通

进一步严明党的纪律，确保中央部署落实到位。各单位党组织要深入开展政治纪律教育，各级纪委和监察部门要按照党的十七届四中全会要求，积极协助党委抓党风建设，促进党员干部增强政治意识、政权意识、责任意识和忧患意识，始终和中央保持高度一致，切实维护中央政令畅通。

加强对政治纪律执行情况的监督检查，重点开展对落实科学发展观和国家在农产品安全、粮食增产增收、重大动物疫病防控等方面的重大科技项目执行情况的监督检查。严肃查处违反党的政治纪律行为，坚决纠正有令不行，有禁不止的现象。

（二）切实加强领导干部党性修养，牢固树立和大力弘扬优良工作作风

进一步组织学习党的十七届四中全会，中纪委四次、五次全会精神，落实好党内监督各项制度，充分运用民主生活会、谈话、诫勉、询问和质询等多种手段，督促领导干部改正作风方面的突出问题。要积极拓宽监督渠道，形成监督合力。要通过建立有效的监督制约机制，及时发现和解决领导干部作风方面的苗头性问题，用纪律刹住歪风邪气，弘扬新风正气。

（三）认真贯彻落实《工作规划》，加强惩防体系建设

中共中央《建立健全惩治和预防腐败体系 2008 ~ 2012 年工作规划》出台后，我院制定了《中共中国农业科学院党组贯彻落实〈建立健全惩治和预防腐败体系 2008 ~ 2012 年工作规划〉实施办法》，已将各项工作任务细化，明确了领导责任和工作责任，要切实抓好落实。要做好 2010 年反腐倡廉工作任务的分工和贯彻落实。在全院实行党风廉政建设责任书制度。

（四）加强廉政宣传教育，营造廉政文化氛围

坚持以人为本，增强反腐倡廉教育的针对性。我院作为科研事业单位，自身有不同于行政机关的特点，因此，纪检监察工作的重点应立足于宣传教育，在预防上下功夫。继续推进廉政教育进课堂，在课时安排上予以保证。充分发挥院闭路电视、网络、院报等媒介的优势，以中心组、党支部为单元，通过讲座、集中学习、研讨交流、展览参观等多种形式，利用正反两方面典型开展党风廉政教育及警示教育。进一步落实《中国农业科学院廉政文化建设工作方案》。针对我院实际情况，开展党风廉政建设调研，探索新时期开展廉政教育的新举措。

（五）推进反腐倡廉制度建设和创新，进一步发挥制度的规范和制约作用

在推进惩治和预防腐败体系建设中，要将制度建设贯穿于反腐败工作的各个方面和各个环节，积极推进制度改革和创新，制定出台一系列针对性和操作性强的制度规定，并注重抓好制度规定的落实。

院属各单位要建立健全重大投资论证制度、重大投资领导班子集体决策制度和重大投资决策失误责任追究制度等基本制度。各级纪检监察干部要加强对已有规章制度落实和执行情况的督促检查，维护制度的严肃性和执行力。

总结经验，进一步完善基建和政府采购项目招投标廉政监督制度。

（六）加强对权力运行的制约和监督，加大从源头上预防和治理腐败的力度

认真执行《中国共产党党内监督条例》《中国共产党巡视工作条例》和最近中央政治局会议审议通过的《中国共产党党员领导干部廉洁从政若干准则》等监督制度。在认真贯彻落实好《关于党员领导干部报告个人有关事项的规定》的基础上，把住房、投资、配偶子女从业等情况列入报告内容。加强对领导干部执行民主集中制情况的监督，加强对遵守《党政领导干部选拔任用工作条例》情况的监督检查。建立干部初始提名情况和推荐、测评结果在领导班子内部公开制度。对拟提拔的干部一律进行公示，接受群众的监督。对岗位设置、职称评审、收入分配、福利待遇等涉及群众切身利益的问题，要做到公正透明，注意保护弱势群体的利益。

中央决定用两年左右的时间，在全国范围内开展工程建设领域突出问题专项治理工作，农业部已成立了工程建设领域突出问题专项治理工作领导小组，我院也成立了相关领导机构。各单位要高度重视，成立相应机构，明确责任，抓好落实。

要继续做好巡视工作。组织巡视组，对 6 个院属单位领导班子及成员进行巡视，并开展党风廉政建设责任制检查。

按照我院两个招投标廉政监督规定的要求，加强对基建项目和政府采购招投标的廉政监督工作。

进一步加强对科研经费使用情况的监督力度，进一步规范财务管理，加强对财政资金和国有资产的监管，加强对院、所办企业的管理，确保国有资产的保值增值。

（七）继续保持查办案件的力度，发挥查办案件的治本作用

要重视信访举报工作，规范信访举报程序，对有违纪违法线索的举报要认真核实；对虽有违纪苗头但尚不构成违纪问题的，要通过谈话提醒予以警示；对确属诬陷的，要坚决澄清是非，保护干部干事创业的积极性。

要继续保持查办案件的力度。按照分级管理的原则，充分发挥院监察局和各研究所党委纪委在信访举报和查办案件中的作用。

要充分发挥查办案件的治本作用。总结近几年来信访举报反映的热点问题，分析案件发生的原因，教育警示干部，促进廉洁自律。对信访举报比较集中的单位领导要由监察局、人事局，重要问题由院领导进行谈话提醒。

（八）加强组织机构建设，打造一支合格的纪检监察队伍

加强组织机构建设，建立健全纪委、行政监察一体的纪检监察组织机构。没有成立纪委的单位，应尽快按规定程序成立。纪委和行政监察还未合署办公的，应尽快整合，形成合力。

纪检监察干部要加强政治理论、经济、金融、法律、财务、土地等知识的学习，不断提高政治素质及业务能力。通过培训、交流等多种方式，从理论和实践两个层面不断提高，打造一支政治素质好、业务过硬的纪检监察干部队伍。

2010 年是实施"十一五"规划、制定"十二五"规划的关键年。我们肩负的任务更重，挑战更大。我们要在部党组、驻部纪检组监察局、部直属机关纪委的领导和指导下，认真总结成功经验，振奋精神，开拓进取，不断加强反腐倡廉工作，继续营造良好的发展环境，为农业科技进步再立新功！

罗炳文在院直属机关党支部书记培训班暨学习型党组织建设动员会上的讲话

（2010年7月22日）

同志们：

建设学习型党组织，是在改革开放和现代化建设的关键时刻，党中央高瞻远瞩、着眼未来，从国家发展的战略全局出发，适时提出的重大战略任务。

前不久，根据中央和农业部的部署，结合我院实际，院党组印发了《中共中国农业科学院党组关于推进学习型党组织建设的实施方案》，明确了我院推进学习型党组织建设的指导思想、基本原则、目标任务、学习内容、途径方式、组织领导和保障措施。6月30日，院党组书记薛亮同志在我院庆祝建党89周年暨创先争优活动动员大会上，明确指出我们要以改革创新精神，不断推进学习型党组织建设，把提升创新能力作为学习型党组织建设的重要内容，努力创新党员教育管理模式，切实发挥党支部在促进党员学习中的功能作用。

下面，我代表院党组和院推进学习型党组织建设领导小组，就贯彻中央、农业部和院党组精神，深入持久地在我院推进学习型党组织建设，讲3点意见。

一、从事业发展的要求出发，提高对建设学习型党组织重要性的认识

重视学习、勤于学习，是我们党长期坚持的一个优良传统，我们党历来高度重视学习问题，始终把学习作为一项关系党的事业兴旺发达的战略任务来抓。每当革命、建设和改革处于重大关头，尤其是面对新的形势和任务时，我们党始终把抓好学习当作解决矛盾和困难的重要途径和手段。毛泽东同志爱读书、爱学习是有名的，解放伊始，面对建设新中国的全新任务，他告诫全党“必须学会自己不懂的东西。我们必须向一切内行的人们（不管什么人）学经济工作。拜他们做老师，恭恭敬敬地学，老老实实地学。”1978年12月，党中央决定把全党工作重点转移到经济建设上来，邓小平同志明确指出：“全党必须再重新进行一次学习”，“学习好，才可能领导好高速度、高水平的社会主义现代化建设”。他提醒全党同志：“要把学习搞好，认真建立学习制度。”党的十三届四中全会以后，江泽民同志反复强调，要把学习问题摆在突出位置。在他倡导

下，全国县级以上党政领导班子和领导干部集中开展了讲学习、讲政治、讲正气教育活动，成为我们党为加强自身建设进行的一个新的创造性探索。党的十六大以后，中央率先垂范，胡锦涛同志主持的中央集体学习已成为固定制度。2004 年 9 月，党的十六届四中全会提出了建设学习型政党的目标。这一目标的提出，更加彰显了我们党重视学习、善于学习的先进性本质。2010 年 2 月，中央印发了《关于推进学习型党组织建设的意见》，提出把各级党组织建设成为学习型党组织，是建设马克思主义学习型政党的基础工程。

在新形势下，全院各级党组织和广大党员干部，按照上级要求，努力加强学习，不断夯实知识基础、扩大知识面，思想政治素质、业务素质和综合能力有了显著提高，有力地推动了我院各项事业的科学发展和农业科技创新能力的提升。但是，我们也必须清醒地认识到，目前的学习水平、知识积累、应用能力和创新思维，与推动农业科技不断创新的目标，与发挥党员先锋模范作用的要求，与党建工作科学化水平的标准，还不完全适应。

当前，世界局势和我国的社会环境都处在重大的发展变化中，改革处于攻坚阶段，发展处于关键时期，不确定因素增多，新旧问题相互交织，稳定面临新的考验，党组织维护社会稳定、促进社会和谐的任务异常繁重。就我院而言，我国正处于经济社会发展的重要战略机遇期，这也是我国科技事业发展的重要战略机遇期，农业增效、农民增收的需求更为迫切，党和国家连续出台支农惠农政策，扶持农业科技创新，对科技工作者提出了更高要求。我院作为农业科技创新的国家队、领头羊、主力军，面对发展现代农业、建设社会主义新农村、服务支持“三农”发展的重任，必须清醒地认识到，我们的责任重大、使命光荣，因此，要认清形势、勇于担当、加强学习。

二、从党建工作的大局出发，将学习型党组织建设引向深入

我们党的优良传统和理论精髓，既是一脉相承、又是相互联系的，因此，要站在更高的视角，用全局的眼光来认识和看待创建学习型党组织的重要性，将其与中央的重大方针政策和重要战略部署结合起来，将学习型党组织建设不断引向深入。

（一）把建设学习型党组织作为贯彻落实四中全会的重要方面

党的十七届四中全会《关于加强和改进新形势下党的建设若干重大问题的决定》明确指出，建设学习型党组织，在全党营造崇尚学习的浓厚氛围，积极向书本学习、向实践学习、向群众学习，优化知识结构，提高综合素质，增强创新能力，使各级党组织成为学习型党组织、各级领导班子成为学习型领导班子。

党的重大方针政策，既需要高瞻远瞩从长远出发，也需要脚踏实地从基础做起，建设学习型党组织是建设马克思主义学习型政党的基础，而建设学习型党支部是建设学习

型党组织的基础。党支部作为党的工作与党员直接联系的结合点，在建设学习型党组织的过程中，起着至关重要的作用。本次中央学习型党组织的提法与以往最大的不同，就是不只谈学习、谈个人学习，而是注重“学习型”，这个“型”字就要求逐步完善学习的体系和机制，形成全方位的学习网络。各党支部要严格按照院党组《关于推进学习型党组织建设的实施方案》的要求，把认真落实《关于深入开展学习型党支部创建活动的指导意见》作为推进学习型党组织建设的基础环节来抓，加强组织领导，丰富学习内容，创新学习载体，坚持团队学习，强化集体研讨。通过有组织的学习，做到相互借鉴、取长补短、相互促进、共同提高，产生“1+1”大于“2”的效果。

各党支部要通过组织化的学习活动，进一步强化团体学习、终身学习的理念，形成在工作中学习、在学习中提高的浓厚氛围，培养勤学、善学、比学的良好风尚，进一步增强党支部的创造力、凝聚力和战斗力，全面提高党员干部紧密联系工作实际进行学习、实践、创新的能力，努力建设一支政治坚定、业务精良、作风过硬、献身农业、服务农民的党员干部队伍，为推动农业科技创新事业发展提供坚强的政治保证和组织保证。

（二）把建设学习型党组织作为开展创先争优活动的重要内容

创先争优活动作为我们党的一项长期性工作，对于推进学习型党组织建设具有重要的促进作用。院党组《关于推进学习型党组织建设的实施方案》明确指出，要把建设学习型党组织作为创先争优和党建工作考核的重要内容，强化考核激励，形成注重学习的风气和导向，进一步激发党员干部的学习热情；院直属机关党委《关于在院直属机关基层党组织和党员中深入开展创先争优活动的实施意见》更是明确指出，要把开展创先争优活动与推进学习型党组织建设结合起来，将建设学习型党组织的要求贯穿于创先争优活动全过程，丰富学习内容，完善学习制度，营造浓厚学习氛围，增强学习效果，把各级党组织建设成为学习型党组织，各级领导班子建设成为学习型领导班子，广大党员干部建设成学习型党员干部。

开展创先争优活动，要以着力加强基层组织为目标。党支部作为基层党组织，要通过扎实推进学习型党组织建设，强化基层组织建设，优化组织设置，实现党的组织和党的工作全覆盖，带动工青妇等基层组织建设；促进支部班子建设，提升支部班子工作能力，将支委会打造成高素质的基层党组织带头人队伍；创新党组织活动内容和方式，增强党员队伍活力，充分发挥党支部的战斗堡垒作用。

（三）把建设学习型党组织作为基层党支部建设的重要目标

党支部作为党的最基层组织，是党的路线方针政策能否得到正确贯彻执行的关键。长期以来，我院一直坚持把党支部建在研究室，党员人数多的研究室单独成立党支部，党员人数少的研究室联合成立党支部，基层党支部大多分布在科研和科技推广的第一线，很多党员都是科研和科技推广的骨干力量。通过党支部充分发挥战斗堡垒作用，动员党员、联系群众、凝聚人心、促进和谐，大大支持了研究室科技创新工作的开展，基层党支部成为推动全院科技创新的中流砥柱和基础力量。

党支部不仅要做科技创新的“先锋队”，还要做维护院所稳定的中坚力量。通过建设学习型党组织，充分运用集体的智慧和力量，找准发展方向、准确释疑解惑、正确调处矛盾、理顺民心人气，使党支部不光科技创新冲锋在前，也能提供稳定和谐的大后方，营造团结和谐的良好氛围。因此，推进学习型党组织建设，必须坚持围绕中心、服务大局、拓宽领域、强化功能，就基层党支部而言，就是要不断推进工作创新，要适应新形势和新任务的要求，创新活动内容方式，找准开展活动、发挥作用的着力点，在扩大党员参与面、提高实效性上下功夫，切实增强创造力、凝聚力和战斗力，使党的基层组织充分发挥推动发展、服务群众、凝聚人心、促进和谐的作用。

三、从建设学习型党组织的内在要求出发，切实发挥党员的学习主体作用

要把各级党组织建设成学习型党组织，各级领导班子建设成学习型领导班子，广大党员作为学习型党组织的主体，就必须积极向书本学习、向实践学习，优化知识结构，提高综合素质，增强创新能力，充分发挥先锋模范作用，争当学习积极分子，认真贯彻中央的要求：

第一，科学理论武装。善于运用理论创新成果武装头脑，是我们党领导革命、建设和改革的一条重要经验，正是因为我们锲而不舍地坚持用发展的、中国化的马克思主义武装全党、教育人民，我们党才卓有成效地肩负起自身的历史使命。建设学习型党组织，基本目标是提高思想政治水平，而加强理论武装作为建设马克思主义学习型政党的基础工程，也是提高思想政治水平的根本途径。有了理论上的成熟、清醒和坚定，才能坚持正确的政治方向、树立坚定的理想信念，才能增强工作的原则性、系统性、预见性和创造性。我院广大党员要把加强科学理论武装作为建设学习型党组织的首要任务，在真学真懂真信真用上下功夫。真学，就是要学深悟透，切实武装头脑；真懂，就是领悟真谛，掌握蕴涵的世界观方法论；真信，就是要化为理想信念，坚定地作为行为规范；真用，就是要用以指导实践、解决问题、推动建设。只有这样，广大党员才能保持高昂的斗志和积极乐观的心态，在复杂的形势面前把握方向、明辨是非、不断向前。

第二，具有世界眼光。不谋全局者，不足以谋一域。具有宽广的世界眼光是建设学习型党组织的基本要求。党中央多次强调，要处理好国内国际两个大局。当今世界正处在大发展大变革大调整的时期，在发展、合作的时代潮流推动下，科技进步日新月异，对外合作日渐加深，如果我们对世界的基本情况和发展趋势认识不清，就难以把握时代的脉搏，丧失发展机遇，事业就难以有新的开拓。他山之石，可以攻玉。中国的发展离

不开世界，中国科技的进步也离不开世界，中国农业科学院作为农业科研的“国家队”，我们不能关起门来搞科研，广大科研工作者尤其是共产党员，应当以开放的理念、包容的胸怀、广阔的视野，认真借鉴世界各国先进的科技成果，积极参与国际间的科技交流与合作，在博采众长中开拓创新。

第三，善于把握规律。善于把握规律是建设学习型党组织必须具有的科学精神和科学态度。学习的目的在于应用，而应用的前提是把握规律。农业科研工作的一个重要目的，就是不断从学习与实践中发现客观规律，从对农业现代化要求、“三农”事业发展和农业科学规律的认识中把握前进方向、找到前进道路，不断开拓事业发展的新境界。因此，必须要按客观规律办事。党的建设也是如此，提高党的建设科学化水平，归根到底是要准确把握和自觉运用马克思主义执政党的建设规律，研究新情况、解决新问题、创造新经验，以科学理论指导党的建设、以科学制度保障党的建设，以科学方法推进党的建设。在建设学习型党组织中，我院广大党员要大力发扬求真务实的精神，树立弘扬良好的科学道德和科学态度，不断增强按客观规律办事的自觉性和主动性。党务工作者要加强学习，善于积累，认真发现并注重把握党的工作的规律，不断创新工作的方式方法，切实解决“老方法不管用，新方法不会用”的“本领恐慌”问题。

第四，具有创新精神。改革创新是时代精神的集中体现，是党组织始终保持蓬勃生机的不竭动力。当今时代，是一个变革、调整、创新为显著特征的时代，是新发明和新创造层出不穷的时代。科研单位作为高知识群体和高水平知识创新活动密集的领域，是知识创新、传播和应用的重要基地，但面对知识更新大大加快的形势，如果不加强学习，知识就会老化、思想就会僵化、能力就会退化，同样也会落后于时代。我院广大从事农业科研工作的党员同志，只有坚持用时代发展的要求审视自己，以改革创新精神发展和完善自己，才能永葆先进性和蓬勃朝气。学习是创新的基础，创新是学习的目的，是保持党的先进性、提高党的领导水平和执政水平、提高领导科学发展能力和拒腐防变能力的必然要求。因此，在学习型党组织建设中，要以学习推动创新和发展，在学习中创新，在创新中学习。同时，把创新与工作很好地结合起来。深入推进创新文化建设，营造有利于创新的宽松和谐环境，以确保每位党员有创新的观念和知识储备，具备开展创新活动的内在动力，永葆先进本色。

建设学习型党组织，广大党员要树立学习为本、自觉学习、终身学习、团队学习、工作学习相结合的理念，结合自身实际，切实解决“学什么”和“怎么学”的问题；党支部书记要响应中央“建设高素质基层党组织带头人队伍”的号召，按照守信念、讲奉献、有本领、重品行的要求，在建设学习型组织和学习型个人时走在前面，充分发挥示范带动和教育引导作用，把学习型党组织建设不断向前推进。

在座各位党支部书记，政治觉悟高、工作能力强，在党员和群众中具有较高威信，在支部建设和服务中心工作中发挥了重要作用，你们大多为兼职支部书记，业务工作繁忙，在科研任务压力很大的情况下，能够以强烈的责任感和奉献精神，加强基层党支部工作，促进党支部作用的发挥，在此，向各位表示衷心感谢！

建设学习型党组织，是全面推进我院党的建设，促进农业科技创新事业科学发展的需要。希望我院各级党组织以此为契机，紧紧围绕我院的中心任务，主动适应国家“三农”工作的需要，主动适应现代农业科技发展的新特点，主动适应我院职工队伍思想观念和利益诉求的新变化，始终做到围绕中心不偏向、服务大局不游离、促进发展不动摇，把基层党组织和广大党员的智慧和力量，凝聚到夯实基础、推动发展、促进和谐的实践中来，不断提高党员干部队伍素质，提升党组织推动科学发展的能力，让党的思想政治优势、组织优势和群众工作优势，转化为我院的创新优势、竞争优势和发展优势，为我院各项事业的科学发展和推动农业科技创新提供强大的精神动力、稳固的组织基础和有力的思想保证！

翟虎渠在中国农业科学院党的建设和思想政治工作研究会第五届理事会第三次会议上的讲话

（2010年9月28日）

同志们：

院“两研会”在上海召开，我非常高兴参加这次会议。院党组非常重视院“两研会”的工作，大家希望我来参加这个会议，并且讲一讲，我想讲三个问题。

一、中国农业科学院10年发展回顾

应该说，中国农业科学院已站在新的起点上了。尽管我们面临的困难还很多，但与10年前相比，已是今非昔比了。10年前，中国农业科学院日子是难过的，当时经济状况最好的是蔬菜花卉所。蜜蜂所经常是拖到年底才能发工资，特产研究所也很困难，哈兽研1999年时工资也几乎发不出。再看人才，除了12位老院士外，年轻同志在学科中的领军人物很少，最多三两个。怎么办？中国农业科学院要担负起农业科学研究国家队、领头羊的重任，怎么定位？走企业还是公益性？当时大家还是主张是公益性的。那么定位公益性以后你的目标是什么？我们提出经过10年的努力，把中国农业科学院建设成国际一流的农业创新中心、国内一流的科技成果转化中心、国际的交流与合作中心，这是我们先提出的三个中心。后来向农业部党组汇报时，杜青林同志又加了一个建成高层次农业科技人才的培养基地。所以中国农业科学院确定了“三个中心、一个基地”的战略目标。实践证明，坚持“三个中心、一个基地”的战略目标是对的。要打造“三个中心、一个基地”，就要全面提升中国农业科学院的整体素质，首先是人，所以从2001年到2002年，我们大量地引进人才、培养人才。应该说这批人才在过去5年、现在和将来都将发挥越来越重要的作用。我院有60%以上的课题、70%以上的经费都是这些科研骨干争取和获得的。当然，我们在大力吸引人才、培养人才的同时，也非常重视建设平台。我院已有两个重大科学工程，一个已经建好，一个在植保研究所正在筹建；我们有5个国家重点实验室、5个国家工程技术中心、5个国家工程研究中心，还有32个农业部重点实验室、53个农业科学院的重点实验室、十几个农产品改良中心、33个部以上质量检验中心，这些都是平台。

从2006年开始，加强团队建设与体系建设。分析中国农业科学院实际情况，我曾讲过中国农业科学院有体系没组织，经过反复研究讨论，我院提出了建设国家农业科技创新体系的设想，中央基本同意后，我们就积极行动，扩大影响。最早是 2003 年由中国农业科学院和吉林省共建吉林省农业科学院，在东北建立一个创新中心，从那时开始应该说吉林省农业科学院发生了巨大变化，省委给吉林省 800 多人创新编制。接下来是黑龙江、辽宁、河南、山东、河北、江苏、广东、湖南等省农业科学院（农林科学院）都发生了很大的变化。尽管有些省农业科学院农业科技创新体系到现在还没有建起来，但有两点应充分肯定：第一，大大推动了地方政府对农业科学院的重视和投入；第二，推动了农业部搞产业体系建设。

在国际合作方面，中国农业科学院的国际影响力大大地加强。我们召开了全球农业大会，全球水稻大会，全球植保大会，还有畜牧大会、大豆大会、农业经济大会等，我们近 3 年就组织了七八次大型国际性会议，规模都在 500～1 500人左右。我们发起了全球农业科学院院长论坛，第三届论坛 2010 年 8 月中旬在哈尔滨召开，效果也非常好。可以实事求是地讲，目前中国农业科学院的号召力和影响力已超过美国。这些，都为我们开展国际交流打下了良好的基础。

在学科建设方面，农业科研究竟应该怎么搞？研究些什么内容？经过反复推敲，我院确定了作物科学、畜牧兽医科学、应用农业微生物学等 9 大学科群，这 9 大学科群目前已经取得了丰硕成果，未来如何发展，在此就不再赘述。我要强调的是，今后几年或者相当长一段时期内农业科研的重点研究方向和研究领域无外乎以下几个方面：一是种质资源和遗传育种，包括动物和植物。这是提高生产力最有效的手段。二是相应的栽培技术和饲养技术，就是我们讲的良种良法。三是动植物的保护，其中包含对外来生物入侵的防治。现在我们外来生物入侵大概 40 多种，300 多个不同的小品种，每年损失人民币在 570 亿元以上。四是食品加工。五是资源和利用。当然我们还有设施农业等，我就不一一讲了。

总之，中国农业科学院已经不可同日而语。不管是硬件，还是软实力，中国农业科学院都发生了很大变化，大部分省级农业科学院，也发生了很大变化。所以，经过 10 年的改革和发展，我们已经站在一个新的起点上。

二、关于当前几个热点问题

热点问题我主要谈 3 个：

第一是关于气候变化。近年来，气候变化成为全世界讨论的重要议题，也是国家领导人互相交流沟通的重要议题。我个人认为从总体上看全球气候没有什么大变化，并不是耸人听闻得那么严重。包括 2010 年莫斯科连续几十天 40 度左右的高温，其实在 150 年以前，也有过这样的经历，它不是历史上第一次。气候有些异常，我倒是同意这个观念。我个人认为，气候变化对中国的农业生产利大于弊，有好处。理由有 3 个：①二氧化碳浓度升高，有利于作物生长。作物是吸进二氧化碳，呼出氧气，如果我们的二氧化碳含量在目前的基础上翻一番，种同样的小麦可以增产 12%，种同样的水稻可以增产 10%，森林更加繁茂，草地更加郁郁葱葱。二氧化碳是植物的食物，对农作物来说越多越好。②温度提高对于中国这样高纬度的国家有好处，对于低纬度的国家如撒哈拉沙漠附近的国家、非洲、澳大利亚可能有些麻烦。最近吉林、黑龙江、辽宁出现早霜，如果温度升高 2 度，无霜期相应推迟 2 个星期，那么我们的东北粮仓就可确保无疑。因此，温度的升高对中国的农业生产是有好处的。③ 2005 年，美国有关部门研究，中国的降水量将从南向北移，国家气象部门也同意类似说法，2010 年北京出现了 2 个星期的桑拿天气，湿度很大，华北地区、东北、西北地区雨量比前几年有所增加，而我国的商品粮产地在华北和东北，如果这些地区的降水量增加，会促使我国粮食丰收。所以，大家不要怕，气候变化对我们有利。

第二是关于转基因食品。从 2009 年年底到现在，转基因食品在网上炒得很热，大家不要担心，可能在座的每个人都吃过转基因食品。我们吃的油，恐怕没有转基因成分的不多了。我国每年进口 400 多万吨豆油，4 000多万吨大豆，都哪里去了？被我们吃掉了。而这些产品大多是转基因产品。目前，我国农业领域转基因技术研究已经取得重大突破，转基因技术研究与一些发达国家的差距在缩小。转基因跟气候问题一样，是西方一些国家用来限制中国发展的手段。现在不敢绝对保证说吃转基因食品没问题，因为我们还没有做这么长时间的试验，但是我举个例子，海南的豇豆，农药超标，严重影响海南蔬菜生产。如果放一盘农药超标的豇豆，另外一盘是没有农药的转基因豇豆，你吃那一盘？如果我们的油有标识，是转基因的和非转基因的，转基因的大豆油卖 5 元/千克，非转基因卖 10 元/千克，大多数中国人会去买 5 元/千克的。20 世纪六七十年代，给棉花打的农药太厉害了，每年打棉铃虫农药中毒的中国人是 20 多万人。因此，发展转基因技术是解决我国农业问题非常有效的手段。

第三是关于物价问题。我指的物价是农产品的物价。农产品的物价上涨是必然的，控制是不对的，也控制不住。为什么？三个要素涨价了：耕地涨价了，农资涨价了，劳动力成本涨价了，农产品怎么能不涨价呢？一些部门总想把农产品价格稳住、压下来，怎么能压得下来呢？过去，农民种地是不计算劳动力成本的，但现在不能不算成本。种地，就要算成本，不然我就出去打工了。每亩耕地地租 300 ~ 500 元，甚至 800 ~ 1 000 元，租用耕地是要付钱的。我认为农产品涨价还不够，要解决农民小康，只有一条主路，农产品涨价。现在国家投入到农业的钱每年是 3 500 亿 ~ 4 000亿元，而真正投到农民手中的，大概只有 1 000亿元，按每年生产 1 万亿斤粮食计算，相当于每斤粮食补助 1 毛钱，这是远远不够的。2004 年，我委托有关单位做了个课题，就是在农业生产的要素中分析哪几个主要要素贡献最大？包括政策、科技、市场、气候，最后发现政策的贡献率大概在 10% 左右，科技、气候、市场各占 30%。除了粮食，蔬菜也是如此。在座的一些同志去过日本和韩国。日本和韩国的农产品很贵。在日本，1 两米做的稀饭，大概要 700 日元。700 日元按照今天的算法，大概要 8 个美元，相当于 50 元钱一碗稀饭。提高农产品的价格，让大家少消费这方面资源，也不会吃出高血压、高血糖的。

日本人、韩国人吃的比较少，不能说和农产品价格没有关系。

三、关于“两研会”的工作和党委工作

刚才罗炳文同志讲了“两研会”的宗旨，我看就是研究党的建设和思想政治工作。各单位情况不一样，可能有些差别，但总的来讲，在目前新的形势下，我们要进一步加强党的建设和思想政治工作研究。我曾说过，我们的教育有问题，小学生讲共产主义伟大理想，博士生讲文明礼貌。我们的教育是有缺点的，要通过党的建设和加强思想政治工作来克服。中国没有共产党的领导不行，关系国家生存与发展。客观地讲，我们需要加强和改善党的领导，要在新的形势下考虑党怎么有效的领导，不能只会说教，要努力把我们的优秀分子吸收到党内。2009 年年底我就反复强调这个问题。在我们农业科学院，有部分年轻同志的政治意识、党的意识比较淡薄，各研究所的党委和机关直属支部都要积极做好工作，要在院所长负责制的体制下，做好组织发展和思想政治工作，党委书记要支持所长实现所一级的奋斗目标。创新文化建设，机关党委抓得很好，很有成效，还要更深入人心。要通过创新文化建设，让大家团结一致，拧成一股绳，在良好的文化氛围中，做好我们的科学研究，构建和谐社会。院党组充分肯定创新文化建设，也在积极推动这个事情。

最后讲讲党委的工作。我们很多是党委书记，特别是在创先争优活动中，我们要积极落实党的有关政策、加强党的建设。加强领导班子建设，中央很重视，农业部很重视，院党组也很重视。要充分发挥各级党组织、党员的先锋模范作用，所里的、单位的大事要由党委领导班子集体研究，所长负责实施。党的工作要根据单位的研究方向和科研目标做好服务；要抓紧业务骨干和行政管理骨干队伍的培养。我反复强调，一定要加强对 70 后所、局级领导干部的培养。我们有一批所长，一批老所长，当了 10 年、8 年的所长，他们在三十五六岁的时候，就当了所的一把手了。现在我们 70 后当副所级领导很少，党组已经认识到这个问题。我希望大家重视培养 70 后干部，使我们的班子结构更加合理。我院有一个研究所最近提拔了两名副所长，比所长年龄都大，其他所也有类似情况。这说明我们要注意培养年轻干部，要把年轻人中优秀的找出来，进行重点培养。如果我们平时没有很好地找，没有认真培养，那就是党委工作的失职。同时，党委要抓和谐院所和现代院所的建设。我们中国人和西方人的思维不一样，总是希望你比我还差。我们一些所在困难的时候，大家没有矛盾，因为大家都差不多。现在发展了，特别是收入的差距拉大了，矛盾就来了。作为党委书记，要善于把存在问题的前因后果好好地想一想，理理顺，尽可能在构建和谐单位、和谐院所方面做得更好。

最后，希望通过下午大家讨论和交流，能够对我院“两研会”的工作、对创先文化建设工作大家总结出几条好经验，提出几条好建议。同时希望大家在上海好好看看社会主义建设的伟大成就，看看世博会。祝会议圆满成功！

谢谢大家！

罗炳文在中国农业科学院党的建设和思想政治工作研究会第五届理事会第三次会议上的工作报告

（2010 年 9 月 28 日）

各位理事、同志们：

今天，中国农业科学院党的建设和思想政治工作研究会召开第五届理事会第三次会议。会议的主要任务：回顾总结院“两研会”党建与思想政治研究工作，研究部署下一阶段的主要工作。下面，我受理事会委托，向大会作工作报告。

一、五届二次会议以来工作回顾

第五届理事会第二次会议以来，院“两研会”在院党组的领导下和各位理事的大力支持下，坚持以邓小平理论和“三个代表”重要思想为指导，深入贯彻落实科学发展观，紧紧围绕我院农业科研中心工作和党建工作实际，开展多种形式的研究活动，形成了一批高质量的研究论文和课题报告，对我院党的建设和思想政治工作起到了积极的促进作用。

（一）紧密结合我院党建实际，抓好重点课题研究

为系统总结我国农业科研院所实行院所长负责制以来党建工作取得的成效和经验，分析查找问题，提出进一步加强农业科研院所党建工作，充分发挥好党组织、党员作用的对策建议，院直属机关党委与农业部直属机关党委共同开展了“实行院所长负责制的农业科研院所党组织、党员发挥作用”课题研究。为搞好课题研究，院直属机关党委和“两研会”秘书处成立了课题组，并研究提出了调研方案、调研提纲等。课题组先后深入到 5 个研究所调研，召开了 6 次座谈会，并向院属 31 个研究所发放调查问卷，634 人参加了答卷。

研究课题得到了我院各单位党组织的高度重视。在课题组和全体理事的共同努力下，经过近 6 个月的努力工作，形成了题为《实行院所长负责制的农业科研院所党组织、党员发挥作用研究》的研究报告，报告系统总结了农业科研院所党建工作 12 个方面的成效，分析了在现行体制下党建工作存在的 5 个不足，提出了要进一步提高认识，

加强对科研院所党建工作的领导；进一步理顺关系，明确党组织与法人治理结构的职责；进一步强化功能，增强党组织的凝聚力、影响力和战斗力；进一步创新工作，不断提高党建工作的有效性；进一步加强队伍建设，合理设置工作机构配备党务干部 5 条工作建议。由于论文紧密结合农业科研院所实际，具有较高的理论水平和可操作性，分别荣获全国党建研究会二等奖、中央国家机关党建研究会 2009 年度调研报告三等奖。

（二）各理事单位党建研究工作蓬勃开展，成果丰硕

一年来，各理事单位围绕“两研会”提出的重点方向，结合实际，深入开展调查研究，已形成 30 多篇质量较高的论文。其中有些研究报告，已引起院所两级党组织的高度重视，有的研究成果已经或正在转化为服务中心、建设队伍的工作思路和具体举措，对提高我院党建工作的理论水平和推进科技创新工作发挥着积极的促进作用。

植保所、哈兽研所从提高科研院所党组织能力建设的角度出发，提出所党委要不断提高把握政治方向的能力、推动单位科学发展的能力、建设干部队伍的能力、党的自身建设的能力和构建和谐社会的能力，为研究所各项事业的发展提供思想和组织保证。院基建局、环发所、饲料所、加工所、农经所、信息所、水稻所、油料所、兰牧药所、特产所以“围绕中心抓党建、抓好党建促发展”的主题，提出了要把握农业科研院所党建工作特点，积极探索科研院所党组织发挥政治核心作用的权责和途径，坚持定好位、保中心、抓保障、促和谐、谋发展，加强党的建设，构建和谐院所。蜜蜂所、资划所、质标所、灌溉所、上海兽医所、烟草所以分析科研院所党政关系为出发点，深入探讨了党政和谐工作机制的构建，提出了要正确认识和处理“院所长负责制”和“民主集中制”、所长和书记、行政和党务之间的关系，使“中心”与“核心”和谐统一，形成合力。研究生院、出版社、麻类所、南京农机化所深入分析了发挥党组织在院所长负责制中作用的重要性和紧迫性，提出党组织要发挥思想领导、组织领导、监督保障等作用；共产党员要通过强化宗旨意识、责任意识、自律意识、创新意识、学习意识，始终保持共产党员的先进性，大力发挥先锋模范作用。茶叶所、草原所、环保所、沼气所、院财务局、蔬菜所、柑橘所分别围绕新时期科研院所党建工作面临的主要问题及思想政治建设、基层党内民主决策、文化建设等进行了深入研究，提出要通过加强思想建设、组织建设、队伍建设和制度建设等，为院所长负责制的有效执行营造良好的环境。

回顾一年来的工作，院“两研会”的工作有以下几个特点：一是紧密联系实际。课题研究工作紧密结合我院党建工作实际，重点突出，特色鲜明，充分调动各理事单位积极性，取得了良好效果。二是注重研究质量。对课题研究遇到的新情况、新问题，特别是存在的突出问题，能够实事求是地提出，敢正视、不回避，并能从实际出发，从制度、机制建设入手提出对策建议。注重对各单位基层党组织实践经验进行总结和理论概括，使调研工作紧紧根植于基层党组织和广大党员的探索实践之中。三是不断创新调研方式。2009 年课题研究工作开展后，通过阅读资料、召开座谈会、问卷调查等多种方

式展开调查研究。特别是充分发挥各理事单位的工作积极性，请大家建言献策，集思广益，共同为形成高质量的研究论文贡献力量。

在肯定成绩的同时，我们也要看到工作中存在的不足。主要是对研究成果的宣传和交流不够，研究成果的转化相对滞后，部分单位的研究报告质量不高。这些都需要在今后的工作中不断加以改进。

二、今明两年的工作安排

根据中央精神和我院党建和思想政治研究工作实际，今明两年院“两研会”工作的总体要求是：坚持以邓小平理论和“三个代表”重要思想为指导，深入贯彻落实科学发展观，认真学习贯彻党的十七届四中、五中全会精神，以“创先争优”活动、建设学习型党组织，提高我院党建工作科学化水平为重点开展研究，坚持围绕中心、服务大局，增强研究的思想性、理论性、前瞻性和现实针对性，提高研究成果运用的能力和效果。

（一）继续坚持围绕党建工作的中心任务，确定研究重点

党的十七届四中全会，通过了《中共中央关于加强和改进新形势下党的建设若干重大问题的决定》，深刻分析了党的建设面临的新形势新任务，科学总结了60年来执政党建设的6条基本经验，提出了加强和改进党的建设的总体要求、目标任务、重要举措，并作出了战略部署。党的十七届五中全会将于2010年10月召开，全会的主要任务是审定《关于制定国民经济和社会发展第十二个五年规划的建议》，这是今后一个时期推动我国经济社会发展的纲领性文件。我们要深入学习贯彻党的十七届四中、五中全会精神，深刻把握其精神实质。同时，通过调查研究，全面分析我院党建与思想政治研究工作的有利条件和面临的挑战，突出重点、破解难点，提出深入推进我院党的建设的意见和建议。根据院“两研会”安排，建议今明两年课题研究重点围绕以下3个方面进行。

1. 关于深入开展“创先争优”活动研究。在党的基层组织和党员中深入开展创建先进基层党组织、争当优秀共产党员活动，是巩固和拓展深入学习实践科学发展观活动成果的重要举措，是加强党的建设一项经常性的重要工作。要通过课题研究，进一步提高在农业科研院所开展“创先争优”活动的时代背景和重要意义的认识，进一步总结我院开展创先争优活动的有效做法和成功经验，进一步明确创建“五个好”先进基层党组织、争做“五带头”优秀共产党员的工作措施，提出确保创先争优活动扎实有效开展的对策建议。

2. 关于创建学习型党组织工作研究。建设马克思主义学习型政党是关系提高党的执政能力和领导水平、实现党的执政使命、增强基层党组织的创新力和战斗力的重大问

题。根据中央办公厅《关于推进学习型党组织建设的意见》以及《中共中国农业科学院党组关于推进学习型党组织建设的实施方案》开展课题研究，结合我院党的建设的特点，研究新形势下建设学习型党组织的基本内涵、目标任务、途径方法；总结当前比较成功的做法和典型，针对存在的问题提出对策建议，不断提高基层组织的学习能力和实践能力，增强学习实效；深入研究学习型党组织的制度建设，形成长效机制，不断推进学习型党组织建设。

3. 关于提高党建工作科学化水平研究。我院党建工作要紧跟时代前进步伐，适应发展需要，就必须不断提高科学化水平。为此，开展这一课题研究很重要。课题研究要联系党的建设面临的新形势、新任务，坚持以科学发展观为指导，继承和发展党在长期实践中形成的加强党的建设的科学方法，科学总结党建创造的新经验，努力探索和运用党的建设规律；认真研究包括现代管理学、组织学、心理学和信息网络技术等现代科学技术给农业科研院所党建带来的挑战和机遇，运用现代科学方法，研究提出提高我院党建科学化水平的基本内涵、目标要求、路径选择和工作机制；指导我院党的建设沿着科学的道路不断向前推进。

以上 3 个课题是院“两研会”关于今明两年重点课题研究的总体设想。希望各理事单位根据总体设想并结合本单位的实际情况，突出实践特色，认真做好有关课题的调研工作。

（二）扎实开展课题研究，不断提高研究质量

课题研究是“两研会”的主要工作，也是充分发挥“参谋”和“助手”作用的重要保证。各理事单位要牢牢把握“两研会”的工作定位，努力提高课题研究的质量和水平。一是要确定调研主题，明确调研内容。只有把主题选准了、选好了，才能使整个调查研究具有生命力和价值。各理事单位要结合本单位实际，围绕院里确定的研究重点确定研究主题，深入开展调查研究。二是要精心组织，合理谋划。课题研究是一项复杂的系统工程，调研前要有一个合理的工作计划，明确调研的主题、目的，调研时既要采取如召开调查会、研讨会、座谈会、走访调查、典型调查等传统方法，也要注重运用现代的分析方法，如统计调查、问卷调查、网络调查等，力求获得全面、翔实、可靠的信息和数据。三是要认真分析现状，提出问题，解决问题。只有对调查所获得的信息和数据认真加以科学的分析，才能得出正确的结论，才能提出切实可行的对策和建议。同时，各理事单位还要保证必要的人员、争取必要的工作经费等，确保课题研究工作顺利开展。

（三）积极开展研究成果交流，促进研究成果转化

为使各理事单位形成研究合力，实现成果共享，提升研究水平，要积极做好研究成

果交流工作。一是要开好一年一度的理事会，加强各理事之间的交流，达到取长补短、共同提高的目的。二是要根据课题选报情况，组织开展院内外调研。要通过调研，进一步加强院属各单位之间、我院与相关单位之间的交流。三是要认真撰写内容丰富、理论性强、能够指导实践的高质量研究报告，其中好的研究报告要在理论刊物和网站上发表，加大调研成果的宣传力度。院“两研会”将继续做好优秀论文汇编工作，供理事单位学习交流。院“两研会”秘书处已在院直属机关党委网站设立“两研会”专栏，不定期刊登各理事单位上报的研究报告，希望各单位理事踊跃投稿。

研究的目的在于应用，“两研会”不能简单地为研究而研究，必须切实增强服务大局、指导实践的意识，把研究工作自觉融入到院所各项工作中去，使研究成果能够用得上。要努力将研究成果转化为本单位党的建设和思想政治工作的新思路、新举措、新制度，真正达到以研究促工作的目的。只有这样，我们的研究价值才能得以充分体现，我们的工作才会得到更高程度的认可。

（四）不断加强“两研会”自身建设，提高工作水平

不断加强“两研会”自身建设，应着力抓好以下3项工作：一是要加强理论学习，提高研究能力。各理事单位要结合实际情况，创新学习形式，拓宽学习内容，坚持用中国特色社会主义理论武装头脑、指导研究、推动工作。围绕重点研究课题，学深学透有关创先争优活动、学习型党组织建设、党建科学化水平的文件和领导讲话精神，提高对研究工作的理论指导。二是要抓好课题研究的组织协调工作。要坚持提前谋划、科学设计，把研究课题组织好。每个理事单位要通过深入研究每年提交1～2篇高质量论文，其中特别优秀的，研究会秘书处将向中央国家机关党建研究会、全国党建研究会推荐。三是要加大调研成果的宣传。有关调研成果要通过院网、院报、宣传栏等多种媒体进行宣传。通过宣传活动，使有关部门进一步了解“两研会”的研究内容，及时采纳“两研会”提出的对策和建议，提高“两研会”的工作效率。

同志们，党建与思想政治研究工作任务繁重，让我们全面贯彻落实党的十七届四中、五中全会精神，根据院“两研会”工作部署，紧密结合我院党建工作实际，大力弘扬改革创新精神，进一步提高研究水平，为加强和改进新形势下全院党建与思想政治研究工作作出不懈努力和新的贡献！

谢谢大家！

薛亮在中国农业科研院所党的建设与思想政治工作研究会第三届理事会第三次会议上的讲话

（2010 年 10 月 11 日）

各位理事、各位代表、同志们：

大家好！

今天，我们在世博盛会举办地上海召开中国农业科研院所党建与思想政治工作研究会第三届理事会第三次会议，总结部署工作，表彰优秀研究成果，交流学习典型经验，这是全国农业科研系统党建与思想政治工作的一件大事。翟虎渠会长有其他会议不能出席，特委托我来参加本次大会。首先，我代表翟虎渠会长、代表中国农业科学院向本次会议的召开表示热烈祝贺，向今天出席会议的领导、嘉宾、理事和各位代表表示热烈欢迎！上海市农业科学院精心承办此次会议，做了大量的前期准备工作，在此表示衷心的感谢！

一直以来，全国各农业科研院所高度重视党的建设和思想政治工作，围绕科技创新工作中心，服务农业农村经济大局，注重调查研究，取得了一大批反映时代要求、理论水平较高、实际应用价值较强的研究成果，积累了宝贵经验，激发了科研人员的积极性，为提升科技创新能力和科技成果转化推广提供了坚强的思想和政治保证。

在当今世界经济全球化日益深入、科技进步日新月异、思想文化交融交锋的新形势下，党中央对加强和改进党建和思想政治工作作出了一系列重要部署，不断推进工作的科学化、制度化、规范化。伴随农业科技发展和体制改革的深化，农业科研单位的党建和思想政治工作也面临许多新情况、新问题、新矛盾。因此，新形势下加强和改进农业科研单位的党建和思想政治工作具有十分重要的意义。一是为科技创新提供思想保证、组织保证和制度保证，创造有利的工作条件和制度环境。二是为科技创新提供强大的精神动力和智力支持，增强科研人员的向心力、凝聚力和创造力。三是提高广大干部职工思想政治水平和道德素质，为建设和谐院所不断创造条件。

近年来，中国农业科学院党组根据全国农业科技改革和发展的新形势新任务，研究并组织实施了 3 项重点工作：

一是在科学发展上切实做好“十二五”发展规划。2010 年是完成“十一五”计划收官之年，也是承前启后，认真规划“十二五”发展的关键一年。我院高度重视，积极组织各单位研究制定规划，研究并初步提出了“十二五”的发展目标，拟通过组织实施“科技自主创新行动”、“重点学科培优行动”、“科技平台与基地建设行动”、“三百科技支农行动”、“农业科技国际战略布局行动”、“优秀科研团队建设行动”和“制度与创新文化推进行动”等，推动学科建设、平台建设、队伍建设、文化建设和成果推广等，建成一批具有国际影响、国内一流的优势学科，搭建一批体系完善、装备有力的学科平台和试验基地，组建一批精诚协作、开拓创新的科研团队，构建一个激励创新、和谐发展的文化环境。争取到“十二五”期末，我院重点学科主要领域率先进入世界先进行列，成为具有国际影响力的世界级核心农业科研机构。

二是在人才队伍建设上打造一流的农业科研创新团队。我院从2002～2005年连续4年实施了“杰出人才工程”，引进和培养了一批高水平的学科带头人，使我院高层次人才队伍的整体素质得到了提高，科研实力和学术水平得到了提升，自主创新能力和竞争实力得到了显著提高。

在此基础上，我院进一步提出了加强创新团队建设的任务。即在当前及今后一段时间内，要形成一批以学科领军人物为核心，以科研骨干为主体，专业人才和科研辅助人员相配套，优势互补、团结协作的紧密型创新研究群体，打造100个左右在重点学科领域具有明确稳定的主攻方向，特色鲜明、竞争有力，在国内外具有一定影响和发展潜力的重点科技创新团队。并从其中遴选20个左右的优秀创新团队，加大扶持力度，力争能在今后的科研实践中加快出成果、出人才。

三是在党的建设上深入开展创先争优活动。按照中央精神和农业部要求，中国农业科学院制定下发了《关于在院直属机关基层党组织和党员中深入开展创先争优活动的实施意见》，成立了中国农业科学院创先争优活动领导小组，扎实推进创先争优活动的各项工作。我院创先争优活动确定了以“强化组织基础、提高队伍素质、服务‘三农’事业”为主题，院各级党组织按照“五个好”的标准，不断提高党建工作科学化水平，增强生机和活力；广大党员按照“五带头”的要求，思想上提高认识，行动上增强自觉性。下一步将在强化组织领导、注重实际效果、加强分类指导、开展主题实践、突出典型引路、注重调查研究、加大宣传力度7个方面进一步加强和完善，开拓创新、长抓不懈，解放思想、真抓实干，将创先争优活动不断引向深入。

中国农业科学院作为全国“两研会”会长单位，并承担秘书处日常工作，这是大家对我院的信任，院党组将全力支持全国“两研会”及秘书处的工作，积极创造条件，营造良好氛围。秘书处也要加强自身建设，进一步强化服务意识，提高服务质量，加强对各片区负责单位和各理事单位的沟通、联系及宣传，为“两研会”积极主动做好服务工作。

同志们，加强和改进全国农业科研院所党建和思想政治工作，是深化农业科研工作和促进农业科技创新的有力保证。我们要不断创新内容形式、方法手段和体制机制，不断增强针对性、实效性，着力巩固广大农业科技工作者团结奋斗的共同思想基础，着力推进社会主义核心价值体系建设，着力加强农业科研院所思想道德建设，着力调动广大干部群众的积极性、主动性和创造性，为“十二五”的全面发展打下坚实基础，为开创以农业科技创新支撑现代农业发展的新局面、夺取“三农”事业的新胜利提供强大的精神动力和思想保证。

最后，预祝本次大会圆满成功，祝愿各位来宾、理事和代表在上海期间愉快、平安！

罗炳文在中国农业科研院所党的建设和思想政治工作研究会第三届理事会第三次会议上的工作报告

（2010 年 10 月 11 日）

各位理事、同志们：

今天，中国农业科研院所党的建设和思想政治工作研究会召开第三届理事会第三次会议。这次会议是在全国人民热烈庆祝上海世界博览会成功举办之际，全党全国深入学习贯彻党的十七大、十七届四中全会精神，为夺取全面建设小康社会新胜利而奋斗的新形势下召开的。会议主要是总结过去两年的工作，研究部署明后两年的工作，表彰优秀论文，交流各单位党建和思想政治工作的经验。下面，我受第三届理事会委托，向大会作工作报告。

一、过去两年“两研会”工作回顾

三届理事会二次会议以来，全国“两研会”在中国思想政治工作研究会的指导下，在各理事单位的大力支持下，坚持以邓小平理论和“三个代表”重要思想为指导，深入贯彻落实科学发展观，紧紧围绕农业科研中心工作，紧密联系全国农业科研院所党建工作实际，深入开展课题研究，积极开展片区交流，不断加强自身建设，为推进全国农业科研院所党建和思想政治工作深入交流，促进农业科研院所又好又快发展发挥了重要作用。主要工作如下。

（一）确定重点研究课题，组织开展课题研究

研究会的生命在于研究，上次理事会我们提出要围绕以改革创新精神加强农业科研院所党建和思想政治工作，坚持抓好各级领导班子、基层党组织、党员队伍建设，农业科研院所党建和思想政治工作改革创新的重点、难点及当前亟需解决的问题 3 个方面开展调查研究，同时提出要结合学习实践科学发展观活动，就建立健全长效机制，推动农业科研院所各项工作开展研究。在 2009 年会长会上，我们又将这些问题进一步细化，确定为 7 个研究重点，并以会长会纪要的方式下发给各理事单位。

中国农业科学院围绕“院所长负责制下农业科研院所党组织、党员发挥作用”课

题深入开展调查研究，先后到京内外 5 个研究所实地调研，召开 6 次座谈会，征集了 40 多篇论文，31 个研究所的 634 人参与问卷调查。调研报告总结了 9 个方面的成效、分析了 5 个方面的问题、提出了提高党建工作认识，理顺党政工作关系，强化学习和管理功能，创新工作思路和方式方法，加强党务干部队伍建设 5 条工作建议，得到院领导的高度重视。该课题荣获“全国党建研究会科研院所专委会 2009 年课题研究成果二等奖”、“中央国家机关党建研究会 2009 年度调研报告三等奖”。2010 年，中国农业科学院选择《深入推进创新文化建设》进行重点研究。同时，为推进创新文化建设，已在 9 月份召开了创新文化建设工作会议，会上编发了创新文化建设取得的一些成果，今天也发给大家供参考。

两年来，各理事单位根据“两研会”确定的重点课题开展调查研究，其中，华东片共上报 14 篇研究论文，东北片上报 19 篇研究论文，中南片上报 16 篇研究论文，华北片上报 5 篇研究论文，西南片上报 6 篇研究论文，西北片上报 6 篇研究论文。上海院的《以改革方式推进农业科研院所党建科学化水平——“公推直选”试点工作实践与思考》论文，围绕“公推直选”这一基层党内民主建设中新的选举模式，创新党建工作机制，营造了民主氛围、拓宽了选人用人渠道，推动了全院党建工作。这次大会也请他们作一次大会交流，将会对在座的各理事单位有很好的借鉴作用。河北院的《加强文化建设　推动科技创新》论文，紧密结合本院文化建设的开展，着重论述了文化建设的意义、内涵、基本原则、总体目标和主要内容，并就文化建设推动中心工作的开展作了深刻总结：一是创新能力进一步增强；二是各具特色的理念文化初步形成；三是制度建设日益完善；四是文化建设载体不断创新，内容和形式日益丰富。广东院的《党群组织联动　共促院所和谐》论文，总结了农业科研院所党群组织联动、共促院所和谐的经验和做法。以党建为抓手，党建带工建、带团建、带妇建。实践表明，党群组织建设互动，可凝聚人心，凝聚力量，化解矛盾，创造良好的人文环境，促进院所和谐，为农科事业发展提供思想政治保障。辽宁院的《农业科研单位做好思想政治工作有效途径的探讨》论文，就农业科研单位面临的新形势、新任务，如何针对职工思想实际加强和改进思想政治工作的有效途径作了探讨。新疆农业科学院的《创新人才工作机制　优化人才工作环境　全力提升科技创新与服务“三农”能力》论文，围绕创新人才工作机制和改善人才工作环境的重点工作，从制定人才发展战略，加强高层次人才队伍建设等 6 个方面，总结了人才队伍建设的经验。四川院的《加强领导班子思想建设　促进农业科技事业更好更快发展》论文，阐述了加强领导班子思想建设的重要性和迫切性，并从加强马克思主义理论学习，改变领导班子思想观念，强化领导班子能力建设等方面论述了如何加强领导班子思想建设。此外，还有一些很有见地的研究论文或报告，就不一一列举了。

（二）活动方式灵活多样，片区交流成效显著

近两年来，“两研会”各片区按照理事会、会长会的要求，围绕研究重点和普遍关心的热点、难点问题积极召开片会，开展探讨和交流。中南片5月份在广西南宁召开片会，与会代表围绕加强基层党组织建设、开展创新文化建设、加强人才队伍建设等方面进行了广泛的交流和研讨。会议达到了提高认识、交流经验、增进友谊、明确任务、增强信心的预期目的。并推荐出了优秀论文和确定了2011年片会承办单位。华东片5月份在江苏南京召开片会，与会代表围绕党建和思想政治工作、创新文化建设、人才队伍建设等进行了交流，考察调研了江苏现代农业和江苏沿海开发项目。会议不仅介绍了本单位的工作，还互相借鉴学习了其他单位的发展经验，对于促进各单位工作的开展具有积极意义。东北片在2009年召开的片会上，吉林院主要领导同志比较全面地介绍了本院的工作情况，会议传达了第二次会长会精神，共有三省四院分管党务工作的领导，机关党委（党办）的部分党务工作者、研究所（中心）部分党组织负责人70余人参加会议。华北片8月份在内蒙古呼和浩特市召开片会，会议讨论了新时期农业研究院所党建及思想政治工作，面临新一轮改革亟需解决的思想政治工作重点和人事制度改革应避免的不安定因素。会议还讨论了结合科研实际和岗位设置工作搞创先争优活动的具体步骤，提出要加强华北五院在科研、成果转化及推广方面的合作，加强党建及思想政治工作方面的互相交流和学习。西南片9月份在山东青岛召开片会，与会代表就各自单位开展党建和思想政治工作的经验和做法展开了交流。会议推选出了优秀论文并研究决定了下次片会的承办单位。西北片也通过多种方式了解各理事单位调查研究情况，并以论文的形式，对近年来党建和思想政治工作开展情况进行了交流，认真推荐了优秀论文。片区组织活动的这种形式对于“两研会”工作的开展发挥了积极作用，取得了很好的效果。

（三）不断加强自身建设

“两研会”一直非常注重自身建设，两年来重点做好以下几个方面的工作。一是组织开好会长会。理事会休会期间，“两研会”于2009年组织召开了第二次会长会，探讨了各片区开展活动的方式和内容，确定了第三届理事会下一步的研究重点，并就各理事单位开展好研究工作提出了具体要求。二是做好第三届理事会第三次会议的筹备工作。为切实做好会议召开的各项组织工作，承担此次会议的上海院党组织负责同志与“两研会”有关负责同志6月份在京进行了专题商讨，研究确定召开理事会有关事项，上海院和“两研会”秘书处的同志为开好这次会议做了大量的前期准备工作。三是加强与中国思想政治工作研究会的联系。全国“两研会”是中国思想政治工作研究会的团体会员，为积极做好沟通和宣传工作，“两研会”秘书处及时向中国政研会报送全国

“两研会”的简介、工作安排、优秀论文等有关材料，部分材料已在中国思想政治工作研究会网站刊登，有力地扩大了“两研会”的影响。四是认真做好“两研会”秘书处的日常工作。“两研会”秘书处一直注重加强与各理事单位之间的联系，认真做好服务工作。会议前夕，“两研会”秘书处将更名后的会刊《党建与思想政治工作研究》第一期编辑出版。秘书处已将各片区推荐的优秀论文集结成册。昨天，预备会议上，秘书处对《中国农业科研院所党的建设和思想政治工作研究会章程》作了修改说明。

两年来，在各位理事的共同努力下，“两研会”做了很多工作，也取得了不少成绩，我们在积极开展调研工作时，做到了4个坚持：一是坚持以科学发展观为统领，牢牢把握“两研会”研究的正确方向；二是坚持围绕农业科研中心工作，紧密结合各单位党建和思想政治工作的实际，有针对性地开展课题调研；三是坚持与时俱进、改革创新，始终立足于党建和思想政治工作不断变化的实际，用时代的要求、创新的精神推进党建和思想政治工作研究；四是坚持依靠各理事单位的大力支持和积极参与，充分发挥大家的积极性、主动性和创造性，共同推进党建与思想政治研究工作。

在肯定成绩的同时，我们也应看到工作中存在的不足，主要是课题研究还不够深入，论文质量有待提高，成果交流还有待进一步加强等。这些需要我们在今后的工作中不断加以改进。

二、关于今后两年的“两研会”工作建议

为进一步做好“两研会”工作，我讲4点工作建议。

（一）深入学习贯彻党的十七届四中、五中全会精神，进一步加强调查研究

党的十七届四中全会是新时期加强党建工作的一次十分重要的会议，会议审议通过的《中共中央关于加强和改进新形势下党的建设若干重大问题的决定》是指导我们当前和今后一个时期党建工作的纲领性文件。即将开幕的十七届五中全会，将审议通过《中共中央关于制定国民经济和社会发展第十二个五年规划的建议》，是今后一个时期推动我国经济社会发展的纲领性文件，必将对中国未来的发展产生深远影响。认真学习贯彻十七届四中、五中全会精神，对于统一思想，明确方向，激励斗志，促进农业科研院所快速协调发展，具有重大意义。

作为从事农业科学研究的科研单位，农业科研院所担负着为建设现代农业提供科技支撑的重任。目前，各单位也正在制定“十二五”科学技术发展规划，对未来5年的农业科技发展思路、目标任务、工作重点、对策措施等进行规划和论证。为进一步提高农业科技自主创新能力和可持续发展能力，“两研会”要充分发挥政治优势，深入调查研究，用高质量的研究成果来推动党的建设，为推动农业科研院所科学发展提供政治保

证。当前，建议着重从以下4个方面开展调查研究。

1. 关于加强和改进思想政治工作的研究。思想政治工作是经济工作的生命线，也是农业科研院所的政治优势，加强和改进思想政治工作是贯彻落实党的十七届四中、五中全会精神和科学发展观的重要举措。我们农业科研院所职工一般学历层次较高、眼界宽、知识新、思想活跃，思想政治工作的任务繁重，作用明显。“两研会”要结合农业科研院所的自身特点，开展新形势下加强和改进思想政治工作途径和方法研究，进一步探索思想政治工作的新变化、新思想、新动态、新途径；要积极开展提高思想政治工作科学化水平的研究，总结成功经验，分析制约因素，找出薄弱环节，提出加强和改进思想政治工作的对策建议。

2. 关于深入推进创先争优活动的研究。在党的基层组织和党员中深入开展创建先进基层党组织、争当优秀共产党员活动，是巩固和拓展全党深入学习实践科学发展观活动成果的重要举措，是党的建设一项重要的经常性工作。“两研会”要围绕如何突出创先争优的实效性，推动学习实践科学发展观向深度和广度发展；以及如何通过创先争优活动，进一步激发和调动各级党组织在推动科学发展中的积极性、创造性，充分发挥广大党员在工作中勇于担当、勇挑重担的先锋模范作用等问题开展研究。为各单位创先争优活动顺利开展、取得实效贡献力量。

3. 关于加强学习型党组织建设的研究。建设学习型党组织，是在改革开放和现代化建设的关键时刻，党中央高瞻远瞩、着眼未来，从国家发展的战略全局出发，适时提出的重大战略任务。农业科研院所党建和思想政治工作研究要紧密围绕如何认识建设学习型党组织的重要意义，深入研究学习型党组织在思想教育和理论武装工作中的重要作用；紧密结合农业科研院所党建工作特点，深入研究学习型党组织的基本内涵、目标任务和途径方法；深入研究如何构建创建学习型党组织的长效机制，不断推进学习型党组织建设。

4. 关于提高农业科研院所党建科学化水平的研究。提高党建科学化水平，是加强和改进新形势下党的建设的一项重大任务，也是需要在实践中不断探索、不断总结、不断推进的一个重大命题。农业科研院所也必须探索更好地以科学理论指导党的建设，以科学制度保障党的建设，以科学的方法推进党的建设。“两研会”要紧密联系党建工作面临的新形势、新任务、新挑战，研究在农业科研院所特有的体制下，党建科学化的理论渊源、历史经验和实现途径；深入研究农业科研院所党建科学化水平的基本内涵、目标任务和工作机制；不断为提高党建科学化水平出谋划策，推动农业科研院所党建工作紧跟时代步伐，适应时代需要。

（二）深入开展研究，不断提高研究的质量和水平

课题研究是“两研会”的主要工作，论文质量是检验“两研会”工作的主要标志。各理事单位要牢牢把握“两研会”的工作定位，努力提高研究的质量和水平。一是要

加强学习。加强学习是提高自身素质和解决矛盾、困难的有效手段和重要途径，为深入课题研究，各理事必须重视学习，在研究工作中要注重拓宽学习内容，认真学习党的新理论、新知识，认真借鉴兄弟单位好做法、好经验，认真了解本单位或所属基层单位的新情况、新问题；要注重创新学习形式。学习的同时要认真思考，在总结经验中获得提高，在汲取教训中取得进步，进一步深化对规律的认识和把握，提高分析问题和解决问题的能力。二是要选好课题。只有把研究课题选准了、选好了，才能使课题研究具有生命力和实用价值。上述 4 个重点课题都是当前形势下需要研究的重点和热点问题，各理事单位可以从中选择一个或两个认真开展研究，也可以结合实际，选择本单位的重点、难点问题开展研究。三是要深入研究。研究过程是一项系统工程，要精心组织策划，采取科学合理的研究方法，对所获得的信息和了解的现象、问题认真加以分析，探索其中的规律，提出合理的对策，同时，要努力提升论文的理论水平。各理事单位还要力争建立健全组织机构，保证必要的工作人员和所需经费等，确保研究工作顺利进行。

研究的目的在于指导实践，各理事单位必须切实增强服务大局、推动实践的意识，把研究工作自觉融入到完成农业科研院所“十二五”确定的各项战略任务中去，要使得研究成果能够用得上，用的实。2010 年，中国思想政治工作研究会对研究的质量和水平提出了较高的要求，并为成果的发表提供了《思想政治工作研究》刊物、中国思想政治工作研究会网站、《内参简报》《调查研究》和《工作简报》5 大平台。这些平台面向行业，如需要投稿请与“两研会”秘书处联系，由秘书处按照中国政研会的要求，统一推荐优秀研究报告。

（三）充分发挥“两研会”组织优势，不断加强工作交流

“两研会”是全国农业科研院所党建和思想政治工作交流的重要平台，如何利用好这个平台，我想应着重从以下 3 个方面做好工作：一是加强各理事之间的经验交流。农业科研院所党建和思想政治工作有着相似的工作体制和管理机制，在开展工作方面有很多好经验，也遇到一些相似的问题和困惑。因此，组织好理事会、片会，坚持轮流承办制度，充分发挥“两研会”交流平台的作用，增加各理事单位之间的交流，可以实现相互学习、相互借鉴、共同提高的目的。二是加强研究成果的交流。各理事单位每年都会根据“两研会”理事会的安排和部署，结合各自单位实际，开展一些研究，撰写研究论文。论文总结了许多好的经验，分析了不少共性的问题，提出了一些可行的意见建议，对做好农业科研院所党建工作大有好处。“两研会”要坚持做好优秀论文汇编成册的工作，每次理事会前夕将各片区推荐的优秀论文集册印刷，发送给每个理事单位供学习交流。同时，要利用好网络平台，“两研会”秘书处已在中国农业科学院直属机关党委网站设立“全国两研会”专栏，着重刊登各理事单位上报的研究成果，便于大家学习交流。三是加强“两研会”会刊交流。“两研会”秘书处将不定期地选编各理事单位撰写的党建和思想政治工作研究论文，出版“两研会”会刊，会刊内容还要包括中国

思想政治工作研究会的工作动态，各片区开展活动的相关信息等。会刊要及时发送给每个理事单位，便于了解“两研会”工作情况，交流研究成果和实践经验。

（四）注重加强自身建设，切实做好“两研会”工作

研究会要切实加强自身建设，进一步完善片会、会长会、理事会工作制度，抓好从重点课题确定、组织实施到优秀论文的评选等各个环节的落实，为“两研会”理论研究工作做好服务。一是加强重点课题的组织协调工作。在各理事单位认真开展课题调研的基础上，“两研会”秘书处要及时与片区负责单位、各理事单位加强沟通和联系，及时掌握、报道调研进展情况。二是要扩大“两研会”的影响。“两研会”秘书处要进一步加强与中国思想政治工作研究会的工作联系，及时推荐“两研会”的动态信息、优秀论文。要进一步加强“全国两研会”专栏网站建设，丰富内容，及时更新。

各位理事、同志们，让我们紧密团结在以胡锦涛同志为总书记的党中央周围，坚持以科学发展观统领全国农业科研院所党建和思想政治工作，以改革创新精神深入开展党建和思想政治工作研究，振奋精神，锐意进取，开拓创新，扎实工作，努力多出成果，出好成果，为全面推进全国农业科研院所党的建设和思想政治工作作出新的更大贡献！

深化创新文化建设　不断提升科技创新软实力

——罗炳文在中国农业科学院深化创新文化建设工作会上的报告

（2010 年 9 月 28 日）

2006 年以来，中国农业科学院积极开展创新文化建设，取得了明显成效。通过不断努力，创新的理念、创新的文化、创新的氛围逐渐渗透到科技创新的各个方面，发挥着精神财富特有的潜移默化、润物无声的重要作用。实践表明，创新文化已经成为提升我院科技创新软实力的重要方面，为全院科技工作者既能坚持实事求是、锲而不舍，又能营造宽松自由、激发创新灵感的学术氛围等方面起到了重要的推动作用，为全院的科技创新提供了良好的精神条件，发挥着价值引领、制度保障和精神支撑作用。

一、5 年创新文化建设工作回顾

2006 年，在中央提出大力提高我国自主创新能力和建设创新型国家的背景下，院党组明确提出要把建设创新文化作为增强全院科技创新能力、激发全院职工创新思维和提高全院整体创新水平的重要保障而全面展开。

5 年来，在院党组的领导下，全院各单位高度重视创新文化建设工作，坚持创新文化建设所长负总责，各级党组织切实加强领导，认真做好组织实施工作，紧密围绕各单位科技创新实践，积极推进创新文化建设，形成了较为完善的创新文化建设理念和工作体系，各项工作取得了重要进展，我院创新文化建设已经进入全面深化阶段。

5 年来，我们完成的主要工作：

一是确立了创新文化的指导思想。紧紧围绕我院科学发展的总体战略目标，依据农业科技创新规律，逐步建立起有我院特色的创新文化体系，充分发挥创新文化的导向、规范、凝聚、激励等作用，推动全院科技创新目标的实现。

二是凝练了创新文化的建设目标。通过努力，逐步树立与我院发展战略定位和科技创新目标相统一的核心价值观，构建起健康向上、内容丰富、制度健全、科技人员认同并自觉实践的创新文化，营造有利于创新的文化氛围，为推动我院发展，促进出成果、出人才提供精神动力和文化支持。

三是规范了创新文化的建设原则。坚持紧密围绕农业科技创新的原则；坚持“继承与发扬、借鉴与创新”的原则；坚持全院总体设计与研究所分步实施的原则；坚持全院的统一性与研究所的多样性、共性与个性、内容与形式相结合的原则；坚持推进创新文化建设与加强党的建设、精神文明建设和创建学习型单位相结合的原则。

四是明确了创新文化的建设内容。主要包括 4 个方面：一是理念文化，即继承和发扬传统，宣传先进人物，传播优秀文化，提炼农业科学院精神，确立具有我院特色的核心价值理念；二是标识文化，即确定单位标志，开展院所徽、旗各类形象标识设计，突出反映我院各单位深化改革、锐意进取、崇尚科学、与时俱进的精神风貌，彰显农业科学院特色；三是制度文化，即坚持以人为本，遵循客观规律，依据科技创新活动的特殊性，修订完善各类制度，实现道德风范和行为准则的规范化、制度化；四是园区文化，即通过科学规划，建设环境优美、和谐宁静、信息畅通、服务便捷的优美园区，为全院广大科研工作者提供良好的科研、工作和生活氛围。

五是建立了创新文化的建设体系。印发了院党组《关于开展创新文化建设的指导意见》和《深入推进创新文化建设的意见》两份文件，对全院创新文化建设进行规划。院精神文明建设委员会负责全院创新文化建设的组织实施。院属各单位认真制定创新文化建设实施方案，建立起所长负总责、党委组织实施、工青妇组织齐抓共管、全体职工集体参与的创新文化建设格局。我院把创新文化建设列入各单位年终考核内容，并作为加强各级党组织建设和院文明单位评选的重要指标，推动全院创新文化建设任务的落实。

六是达成了创新文化建设的广泛共识。通过价值凝练、标识设计、制度规范、园区建设 4 个层面内容的实施和职工全体参与工作机制的建立，开展创新文化建设的必要性和重要性已经成为全院科技工作者的共识。简单来说，我们所提倡的创新文化，就是有利于创新的文化，激励创新的文化，是指与科技创新活动相关的文化形态，其核心是激励创新的价值理念、思维方式、行为规范和精神氛围。

经过 5 年努力，我院创新文化取得了丰硕成果：

从全院层面看，在全院征集并传唱了《中国农业科学院之歌》，传播农业科学院精神；大力发掘和广泛宣传了“执著奋斗、求实创新、情系‘三农’、服务人民”的祁阳站精神，引领全院科研人员树立创新观念、强化创新意识、增强创新能力；编辑出版了《农科英才》，宣传先进人物，继承优良传统，弘扬创新精神，提炼农业科学院创新文化核心价值理念；在全院印发《中国农业科学院职工守则》和《中国农业科学院科技人员道德准则》，以社会主义荣辱观规范广大职工的行为习惯，加强科研学风建设，自觉抵制不良倾向；开展了我院视觉形象识别系统设计工作，进一步确定了院徽和院旗，汇编出版《中国农业科学院创新文化建设成果》，共同营造崇尚科学、鼓励创新、追求高尚、激励先进的氛围。

从各研究所来看，各单位按照院党组的部署和要求，坚持把创新文化建设放在研究所的重要工作日程，紧密结合科技创新实际，统一思想、提高认识、健全组织、加强领导，通过深化科技体制改革，创新内部管理运行机制，继承我院传统，建设体现农业科研单位特色的创新文化，取得了显著成效。如在理念文化方面：蜜蜂所、饲料所、农经所、资源区划所、出版社、麻类所、兰州牧药所等单位所训突出了特色；在标识文化方面：植保所、环发所、北京畜牧兽医所、信息所、质标所、研究生院、郑果所、草原所、环保所、南京农机化所等单位先后开展了全方位的单位形象设计，展示了研究所形象；在园区文化方面：作物所、蔬菜所、加工所、生物所、棉花所、油料所、果树所、茶叶所、上海兽医所、特产所、烟草所的园区面貌焕然一新；在制度文化方面：灌溉所、水稻所、哈尔滨兽医所、兰州兽医所、沼气所等单位根据时代发展和创新要求，修订、完善现有的制度体系，形成了一整套既符合科技创新规律，又符合本单位发展方向的行为规范，使科学、民主、创新之风深入人心。截至目前，院属 33 个单位中，31 个单位有了所徽、27 个单位有了所训、10 个单位有了所歌、18 个单位有了所旗。

5 年创新文化实践，在推动全院发展中起到了重要的保障作用。**一是**凝聚力和向心力进一步增强。通过广泛宣传、多渠道传播，全院干部职工深刻理解了我院的使命、任务和战略，我院倡导的价值观得到了全院科技工作者的认同，全院上下目标一致，凝聚力、向心力越来越强。**二是**在全院形成了浓郁的文化氛围。创新文化建设在全院营造出一个以研为本，以人为本，激发灵感、创新踊跃、激情工作、生活愉快的文化氛围。**三是**提升了我院的品牌和形象。通过创新文化建设，达到了外塑形象、内强素质的目标，全院职工对农业科学院的认同感进一步增强，以农业科学院人为荣，以维护农业科学院形象为己任，全院的品牌和形象进一步提升。**四是**保障了重大科研产出和创新队伍建设，创新氛围的营造进一步激励广大科技工作者积极投入科技创新主战场，为我院的可持续发展提供了重要的科技支撑。开展创新文化建设 5 年来，我院的综合实力和科技创新能力大大增强，取得了一批具有自主知识产权、世界领先的重大农业科技成果，为保障国家粮食安全和社会主义新农村建设提供了强有力的科技支撑。

在肯定成绩的同时，我们也要清醒地看到，在推进创新文化建设过程中还存在一些不足和需要改进的地方：创新文化的核心价值理念还没有完全形成，需要进一步凝练；对创新文化的认识还不够深刻，没有转化为全体科技人员的自觉行动，需要进一步传播；创新的制度需要进一步完善；创新的园区环境建设需要进一步加强等。

二、创新文化建设的三点体会

（一）建设创新文化，是引领我院科学发展的客观需要

创新文化孕育创新事业，有利于培养创新精神和团队凝聚力，是综合竞争力的重要体现。当前，党和国家高度重视农业科技工作，国际科技竞争日益激烈，广大群众对农业科技的要求日益提高，要激励广大职工树立“国家队”的责任感和使命感，直面我国“三农”事业和农业科技创新的重大问题，就要将先进文化的引领置于开展各项工作的先导地位，通过深入开展创新文化建设，继承和发扬我院优良的精神传统和深厚的文化底蕴，凝练我院的核心价值理念，充分发挥文化的导向、凝聚、激励和规范作用，

使广大职工自觉自发地积极投入到促进我院各项事业的发展上来，为我院的全面和谐发展提供不竭的内在动力。

（二）建设创新文化，是丰富和拓展党建工作内容的重要探索

面对社会文化生活多元化、群众精神需求多元化的新形势，党的工作要及时跟进，拓展新内容、采取新形式、占领新阵地。通过开展创新文化建设，拓宽了党的工作领域，延伸了党的工作触角，丰富了党的工作内容，不仅有助于占领新时期文化建设的领导地位和舆论阵地，也有助于党建工作在新的探索中不断积累具有启示性的新做法和新经验，进一步增强了党的工作的感染力、说服力和渗透力，增强党的工作的生机与活力。

（三）建设创新文化，必须坚持实事求是、以人为本和以研为本的原则

科研人员受教育程度高、思想活跃，要本着实事求是的原则，紧密联系科技创新的规律、科研岗位的特点和职工个人的性格特长，通过开展创新文化建设，营造尊重知识、尊重劳动、尊重创新、宽容失败的良好氛围，营造宽松的科研环境，培育科研创新精神。这既是科技成果产生、科研单位自身发展的需要，也是以人为本、以研为本和科学发展的需要。只有始终坚持以人为本和实事求是的原则，严格遵循科技创新的客观规律，才能切实增强广大职工的环境愉悦感、集体归属感和任务紧迫感，自觉投身到我院的各项事业中去。

三、今后5年的工作思考

当今时代，文化越来越成为凝聚力和创造力的重要源泉、越来越成为综合实力竞争的重要因素，丰富精神文化生活越来越成为人民群众的热切愿望。“十二五”是我国农业科技率先进入世界先进行列，实现全面建设社会主义新农村和创新型国家战略目标的冲刺阶段，也是我院科学技术事业全面发展、跻身世界先进行列并成为国际核心农业科研机构的关键时期。作为农业科研的国家队，我院不仅需要有利于创新的体制机制和人才队伍，也需要有利于创新的文化。因此，要进一步解放思想、开拓创新，切实增强创新文化建设工作的责任感、紧迫感和使命感，不断深化我院的创新文化建设，营造良好的制度环境和舆论氛围，促进创新文化理念的传播和创新思维的不断涌现，为科技创新实践持续提供动力源泉和精神支撑。

（一）总体思路

根据有关部门预测，2020 年前后，我国农业科技整体实力进入世界前列，农业科技贡献率和农业发展核心竞争力将均有大幅度的提高。现代农业科研院所的建设与发展，必然要求与其相适应的创新文化建设，因此，坚持以科技创新为中心，坚持遵循文化发展的自身规律和农业科研院所的特殊性，体现既有中国农业科学院文化特色，又能充分体现不同研究所文化内涵的创新文化体系，是今后我院创新文化建设的工作重点。今后 5 年，我院创新文化建设的总体思路：认真贯彻执行院党组关于创新文化建设工作的文件要求，以中国特色社会主义理论为指导，紧密结合全院科技创新实际，适应创新活动的文化需要，逐步推动我院创新文化建设从物质层面向精神层面过渡，进一步深化创新文化建设的理论研究与实践探索，为不断提升自主创新能力，构建改革创新、和谐奋进的中国农业科学院提供精神动力、营造良好环境。

（二）工作目标

今后 5 年创新文化建设的总体目标：确立具有我院特色的核心价值理念；建立我院创新文化建设体系和长效机制，持续稳定推进创新文化建设；形成科技创新与文化创新的良性互动，大力营造增强科技创新竞争力的文化氛围，为建设国家级创新型农业科学院提供保证。具体包括：

1. 理念文化：进一步凝练价值理念。以院所训、院所风、院所精神为代表的核心价值理念，是创新文化最本质、最核心的内涵。前期我院及各研究所在这方面做了大量工作，取得了很好成效。要通过核心价值观的凝练，把服务国家、奉献“三农”、造福社会、追求真理、勇于拼搏、协力创新的科学世界观、价值观、科学精神、科研道德传递给从事创新的科技工作者，凝聚起共同的价值理念，形成一种得到全院认同的主导科技创新工作的文化力量。通过核心价值理念的凝练，不断丰富和深化我院创新文化内涵，确立具有我院特色的文化理念，在全院弘扬和树立“严谨求实的科学精神、潜心科研的执著精神、勇攀高峰的创新精神、爱国为民的奉献精神”，总结提炼出中国农业科学院精神，使创新文化理念成为全院职工的自觉行动。

2. 制度文化：进一步推进制度创新。制度建设是创新文化建设的关键内容，目的是建立一套价值导向明确、有利于保障创新的规章制度，如发展战略制度、人才培养使用制度、考核评价制度、奖惩激励制度、科研管理制度、成果转化制度等，并确保制度得到有效执行。要以学习贯彻《中国农业科学院职工守则》和《中国农业科学院科技人员道德准则》为核心，进一步完善我院创新文化的各项制度，实现道德风范和行为准则的规范化、制度化。要处理好破和立、继承和创新的关系。破时保留精华，立时破除不合时宜的观念和体制机制。从制定制度入手，从源头上为创新文化的深入奠定基础。要逐步建立健全创新文化的评价、奖励、监督机制，形成有利于出成果、出人才，促进科技创新的制度体系，为农业科技自主创新提供制度保障。

3. 标识文化：进一步完善标识设计。标识物是体现创新文化的外在载体。一个单位的标识往往能最直观体现其文化品位。在开展创新文化建设中，我院各单位结合总结梳理本单位深厚的文化内涵，或邀请专业人士、或职工自发设计与本单位发展战略定位相适应的形象标识物，展示特色鲜明的研究所形象，取得了显著效果。院直属机关党委汇编的《中国农业科学院创新文化成果汇编》，集中展示了各单位开展创新文化的成绩。下一步，要在现有工作基础上，全面完成以院所徽、旗、产品包装、广告宣传等为代表的标识物设计工作。要突出做好各单位标识物的规范使用、展示交流和推广工作，充分发挥示范和引导作用。通过标识物的推广应用，充分体现农业科研院所文化的深刻内涵，充分反映各单位深化改革、锐意进取、崇尚科学、与时俱进的精神风貌，展现中国农业科学院人积极向上的时代风貌。

4. 园区文化：进一步加强园区建设。园区建设是创新文化建设的重要组成部分。一个简洁、舒适、优雅的工作环境不仅能使人心旷神怡，更能使人产生许多创新的思维。国家级的一流科研单位理应具备一流的科研环境。要充分结合各单位现有的实际，紧紧抓住近些年院所大发展的有利时机，统筹安排修缮项目和新建项目，科学制定院所园区总体规划，力求高起点、高标准、高要求、体现前瞻性。力争通过5年努力，院属各单位基本实现建设成为花园式单位、绿色单位的目标，在全院逐步建成环境优美、和谐宁静、特色突出、形象鲜明的园区环境。我院将适时开展园区文化建设评比活动，表彰奖励先进单位。

（三）工作措施

深入开展创新文化建设是一项长期而艰巨的工程，我们必须有清醒的认识和足够的重视，要统一思想、提高认识，持之以恒、坚持不懈，加强学习、扩大宣传，真抓实干、戒骄戒躁，动员和组织广大科技工作者积极参与，不断增强科技人员对创新文化的认同感，推动创新文化向纵深发展。

1. 深入学习，进一步提高认识、统一思想

要加强理论指导，用科学发展观的视角重新认识创新文化建设的重要性。科学发展观，第一要义是发展，核心是以人为本，基本要求是全面协调可持续。我们在着力抓好科技创新中心工作的同时，还应充分考虑到职工物质精神层面的多方面需求及我院全面均衡可持续发展的需要，充分认识到创新文化在保障和推动单位发展中的独特功能和作用。科研人员受教育程度高、思想活跃，通过开展创新文化建设，根据不同岗位的类型特点和不同人群的性格特长，鼓励多元文化和创新思维，营造宽松的科研环境，培育科研创新精神。通过创新文化建设，真正把“发展是第一要义”，“以人为本、以研为本”的原则落到实处，在全院营造出尊重知识、尊重劳动、尊重创新、宽容失败的浓厚氛围，切实增强广大职工的环境愉悦感、集体归属感和任务紧迫感，自觉投身到我院的各项事业中去，为推动全院的可持续发展和构建和谐院所作出贡献。

要加强典型引导，用身边人和身边事证明创新文化建设的重要性。我院的核心价值理念，是建院50多年来，经过几代人的不懈努力和开拓进取所积淀下来的，体现着我院深厚的文化底蕴和优良的精神传统，是支撑我院长远发展的内在不竭动力。创新文化的精神财富，正是由大批的科技骨干和道德楷模的言行举止所承载和体现出来的，要把宣传、学习先进典型作为推进创新文化传播的有效方式，以"祁阳站精神"、《农科英才》先进人物、创先争优典型等为重点宣传内容，以学习事迹、举办报告会、座谈会、组织各类纪念活动、文艺汇演等为有效形式，充分运用身边典型教育感染职工，使广大职工对创新文化精神和价值理念的认识具体化和形象化，增强创新文化的凝聚力和带动力，增强广大职工参与创新文化建设的自觉性和主动性，鼓励我院广大科技工作者勇于争先、拼搏奉献。

要加强组织动员，充分运用党的组织优势进一步统一思想。要把创新文化建设作为领导班子建设和研究所整体工作的重要方面，充分发挥各级党组织的组织优势，激发组织活力，将创新文化建设融入到党的各项工作中，丰富党组织的工作抓手和活动方式，增强创新文化建设的吸引力和参与度；要扩大组织覆盖，通过创新文化建设，把党组织针对党员的教育、管理和服务拓展为针对全体职工的先进文化建设和教育引领工作；挖掘组织资源，通过学习、培训、文化活动等形式，造就一支创新文化工作团队，进一步增强广大职工对创新文化建设重要性和必要性的认识。各单位党组织要高度重视创新文化建设的重要性，充分运用党的组织优势，用创新文化理念占领思想阵地，用创新文化宣传占领舆论阵地，用创新文化行为占领活动阵地，教育动员广大职工统一思想，使创新文化建设成为党组织自上而下的共识，成为从党员到群众的共同要求。

2. 精心部署，根据全院总体目标，制定本单位建设规划

各研究所要站在我院各项事业全面发展和促进科技创新能力不断提升的高度，进一步认识开展创新文化建设的重要意义，坚持以人为本，将创新文化建设与研究所的中长期规划和长远发展战略结合起来，合理规划安排、精心组织实施、加强服务保障、提升工作水平，使创新文化建设切实融入到研究所的各项工作中，提升科研创新水平，培育创新人才，促进科研工作上层次、上水平、出成果。

要将创新文化建设纳入研究所发展规划的重要内容。要按照全院创新文化建设的总体要求和目标，结合今明两年院所制定"十二五"科学发展规划的有利时机，根据研究所的自身定位和发展方向，制定适应未来形势变化和事业发展需要的研究所创新文化建设规划。将创新文化作为研究所科学发展的重要内容纳入总体规划，作为一项系统工程进行全面统筹，明确目标任务、建设原则、指导思想，加强创新文化政策支持、平台建设、发展研究、激励表彰、传播覆盖等，多方争取资源，保证经费投入，确保创新文化建设持续稳定开展，促使其不断发展和完善，始终保持充分的适应性、影响力和生命力。

要深化创新文化建设的工作方案。深化创新文化建设工作，要在科学规划的基础上，不断完善工作方案。方案既要结合实际，又要立足长远，在总结经验、发现问题的基础上，广泛征求意见，认真研究讨论，科学制定深化创新文化建设方案，明确工作任务和职责，把深化创新文化建设与研究所的各项工作和全面协调发展联系起来，把创新文化建设工作与科研、行政、党建、人才培养等各项工作有机结合起来，同规划、同布置、同督促、同落实，推动本单位创新文化建设深入开展。

要完善深化创新文化建设保障措施。要将创新文化建设纳入单位年度工作计划，确定工作目标、制定工作措施、明确工作分工、落实工作责任，为创新文化建设工作提供政策保障；根据创新文化建设工作需要，落实创新文化建设的经费支持，确保深化创新文化建设必要的物质投入；要着眼于深化创新文化建设的长远需要，通过走出去、请进来等方式，加强对从事创新文化建设工作人员的学习培训，着力打造一支热情高、能力强、善于钻研、敢于开拓、思维活跃的创新文化建设队伍，确保创新文化建设工作人才需求和工作质量；要通过建章立制，把对创新文化建设工作政策制定的周期、方式、内容、目标以及相应的人财物等保障措施以制度的形式固定下来，使创新文化建设工作日益常规化、制度化、系统化，确保创新文化建设工作的制度保证。

3. 明确职责，完善工作责任体系，确保各项任务落实

创新文化建设是事关我院创新能力提升和各项事业科学发展的一项系统性、战略性、全局性工作，要做好这项工作，需要明确工作职责，加大工作力度，不断健全完善长效工作机制，要通过全院各个层面、各个单位的认识、支持和协作，形成工作合力，才能稳步推进、不断深化。

在全院层面，要统筹推进全院创新文化建设总体工作。统一规划和领导全院创新文化建设，进一步加强整体设计和宏观指导，加强对院属各单位创新文化建设的组织领导，把创新文化建设作为研究所领导班子考核和文明单位评选的重要内容。制定统一的创新文化建设内容，规定时间、规定动作、规定任务，各单位必须完成规定任务，完成规定任务后可根据实际情况，丰富和创新工作内容，全院在规定时间内进行检查、总结和评比。要进一步加强创新文化宣传平台建设，加强创新文化的理念传播、成果展示、工作交流和整体宣传，烘托深化创新文化建设的浓郁氛围；要进一步发挥院“两研会”的平台作用，促进各单位之间学习交流，促进全院创新文化氛围的形成，使创新文化真正成为提升单位创新能力的重要保证。

院属各单位，要进一步健全创新文化建设的工作体系。形成由党政领导共同负责，各部门和群众组织齐抓共管、全体人员积极参与的创新文化建设体系。在院所长负责制下，行政首长对创新文化建设负总责，要加强对创新文化建设的领导力度和人财物的支持力度，将其作为研究所发展的重要方面，亲自过问、亲自指导、明确分工、督促推进；党委书记作为直接负责人，要认真制定方案，配合行政首长，负责组织实施，要着重关注创新文化各项任务的落实与进展，积极组织推动，研究解决遇到的困难和问题，确保创新文化深化工作的全面有效开展；各职能部门要根据本单位创新文化建设分工安排，切实承担起相关责任，通力配合搞好工作。并将日常具体工作与是否适应创新文化要求和促进创新能力提升结合起来，充分考虑工作的必要性、可行性和长期影响，确保各项工作与服务本单位科技创新和科学发展有机结合，提高工作的自觉性和科学化；工青妇等群众组织要根据自身特点，创新活动方式，搭建长效作用载体，积极组织开展生动活泼、形式多样的创新文化建设活动，并充分发挥自身的桥梁纽带作用，广泛倾听群众有关创新文化建设的意见和呼声，进一步增强创新文化建设的关注度和影响力，营造良好氛围，吸引广大职工参与。

同志们，开展创新文化建设是一项长期的战略性任务，任重而道远。我们要在认真总结 5 年来开展创新文化建设经验与成效的基础上，充分分析形势，坚持与时俱进，大胆探索，勇于实践，全力把我院创新文化建设推向新的更高阶段，基本建立充分体现创新理念并有力推动科技创新的创新文化体系，为提高全院农业科技自主创新能力，促进我院科学发展作出新的更大的贡献。

谢谢大家！

十、人物介绍

在基因工程疫苗“王国”里遨游的人

——记全国五一劳动奖章、全国劳动模范获得者柳纪省

马克思说过这样一段话：“科学绝不是一种自私自利的享乐。有幸能够致力于科学研究的人，首先应该拿自己的学识为人类服务。”柳纪省以自己的实际行动诠释着这段话的深刻含义，他以诚信、诚实的态度对待科学研究的行为感染了周围的人，他带领着他的同伴们为了祖国的兽医科技事业辛勤地工作着，默默地奉献着……

柳纪省，男，汉族，1955 年 1 月出生，农学博士，研究员。现任中国农业科学院兰州兽医研究所动物传染病研究室主任、农业部草食动物疫病重点开放实验室主任、博士生导师、博士后工作站合作导师、国务院政府特殊津贴享受者，全国五一劳动奖章获得者，全国劳动模范，农业部兽药评审专家，国家科技风险开发事业中心评估专家，甘肃省优秀专家，于 2002 年被评为甘肃省“555”创新人才工程第一层次人选，2009 年度被评为甘肃省科技领军人才第一层次人选。在 2010 年荣获兰州市科技功臣提名奖。

他自参加工作以来，主持承担和参加完成了“十五”国家“863”计划《口蹄疫基因工程疫苗研究》、“十一五”国家“863”计划《口蹄疫系列化基因工程疫苗研究》、“十一五”国家“863”计划子项目《狂犬病分子疫苗研制》、重大基础研究（973）前期研究专项、国家社会公益专项及省部级科技攻关等项目 10 余项。目前正主持国家基础性工作专项、国家农业成果转化基金以及甘肃省重大专项、甘肃省科技攻关、甘肃省人才引进等项目。在“十二五”开局之年，组织申报的 2 个项目成功入选科技部的“十二五”项目预备库。

经过 20 多年的刻苦努力，他先后在国内外学术期刊上发表论文 100 余篇，其中 SCI 收录文章 12 篇，主持编写著作 1 部，参编著作 2 部。申报国际发明专利 2 项，已通过国家专利局 PCT 专利的审核，分别在美国、英国进入实审阶段，申报国家发明专利 10 项，有 7 项已经授权。获得省级科技进步奖 6 项，分别是：①主持完成的《动物重大疫病可持续控制的大分子基础研究》获 2007 年度甘肃省科学技术发明一等奖；②主持完成的《动物用狂犬抗原高效表达及免疫研究》获 2009 年度甘肃省科技进步一等奖；③主持完成的《鸡用天然缓释免疫增强剂的研究》获 1999 年度甘肃省科技进步二等奖；④主持完成的《鸡传染性法氏囊病防治制剂的研究与应用》获 1997 年度甘肃省科技进步二等奖；⑤参加完成的《猪传染性胸膜肺炎病原诊断和免疫研究》获 2002 年度甘肃省科技进步二等奖，本人排名第四；⑥参加完成的《两株禽霍乱弱毒株的育成和应用》获 1986 年度甘肃省科技进步二等奖，本人排名第五。培养博士研究生 14 名，硕士研究生 28 名，其中 7 名已获博士学位，16 名已获硕士学位。

近年来，我国重大动物疫病频繁暴发流行，严重威胁畜牧业生产安全、公共卫生安全乃至国家安全。因此，如何有效地预防和控制重大传染病地发生和流行是一项事关国家经济发展、社会稳定和人民生命安全的大事。长期以来，柳纪省研究员正是从事这方面的研究工作，他深深感到自己责任的重大，在实验条件比较落后的情况下，积极开展分子生物学领域的研究，力求将国家的需求和自己的研究方向紧密结合起来。他带领分子疫苗创新团队不断总结前期研究经验教训，勇于探索、创新，经过多年的潜心研究，终于在口蹄疫空衣壳基因工程疫苗的研究和其他动物重大疫病的防治上取得了重大突破，为我国动物重大疫病的预防和控制作出了突出的贡献。

一、与时俱进，勇于创新，为口蹄疫空衣壳疫苗的研究作出了贡献

自 2001 年获得“十五”国家“863”计划项目的资助起，柳纪省团队一直致力于口蹄疫基因工程疫苗的研究。为了研究成功安全、高效的口蹄疫基因工程疫苗，他们分析总结了现有基因工程疫苗效果不佳的原因，认为基因工程疫苗免疫效力低于传统疫苗的原因，在于传统疫苗以灭活完整的病毒为免疫原，保留了全部的抗原表位，而过去 20 余年基因工程疫苗，多数研究工作都是围绕单一免疫基因进行不同途径的探讨，而一些能增强免疫作用的基因未被发现和利用；另一方面，未开发出高效的表达载体，致使表达量偏低，造成基因工程疫苗的有效抗原含量不足，免疫效果不佳，难以推广应用。基于上述思路，柳纪省团队决定从以上两方面着手，解决技术难点，采用从口蹄疫病毒全基因组水平筛选免疫效果良好的免疫组合基因，并结合选用高效表达载体的方案进行攻关。之后他查阅大量文献资料，从技术路线的制定、实验方法的优化、实验结果的分析等方面的各个环节都事必躬亲，保证了实验的顺利进行。

经过多年探索，在两个国家“863”计划项目的资助下，该团队终于在口蹄疫空衣壳疫苗的研究上获得了突破性进展。目前国内外利用基因工程方面表达的抗原量均低于传统方法生产的抗原量，但该项目表达的抗原量是传统方法生产抗原量的 100 ~ 300 倍；当前动物基因工程疫苗的免疫效力均低于传统疫苗，即使传统的口蹄疫疫苗，也需把抗原进行 8 ~ 10 倍浓缩才能达到国际标准（$PD_{50} = 3.0$），而该课题表达的抗原在进行数 10 倍稀释后，制备的数批疫苗均达到国际紧急用苗的标准（PD_{50}达 6.0 以上）。该研究的前期成果已在美国的 PLOS ONE 杂志上发表。在 2008 年意大利 Erice 举行的国际口蹄疫会议上，该研究成果获得与会专家的高度认可，认为其处于国际领先水平，并颁发疫苗方面的唯一优秀论文奖。在 2008 年的“863”项目汇报会上，口蹄疫空衣壳疫苗研究得到“863”专家组专家（包括 2 位院士）的认可。目前口蹄疫 O 型、亚洲 I 型空衣壳复合型二价疫苗已获临时生产证书，并开始批量生产。该疫苗是全球第一个用于防治动物病毒性疫病的空衣壳基因工程疫苗，对动物基因工程疫苗学科的学术进步和发展具有重大的影响和推动作用。

二、不畏艰辛，奋力开拓，在动物重大疫病的防治方面成绩显著

近年来主持完成了5种动物重大传染病病原8个病毒株的全基因组序列测定和分子特征分析，测定的基因总长度约为100个kb，现已获得7个GenBank登陆号，其中，TGEV和PEDV全基因组序列属我国首次登陆。这些研究工作，为重大疫病病原的反向遗传操作奠定了坚实的物质基础。目前，柳纪省团队正在对这些重大疫病病原进行感染性cDNA克隆的构建工作，力争从全基因水平进行病原大分子功能的研究。

在双功能疫苗的研究中，以O型口蹄疫病毒为研究对象，于国内外首次提出具有基因治疗和基因免疫功效的双功能疫苗的理念和技术路线，并经实验证实了可行性，已获得非常理想的结果，得到国内外同行认可。该项成果已在2008年10月《*Vaccine*》杂志发表。该项成果改变了以前疫苗只能预防不能治疗的历史，解决了注苗初期因无抗体及抗体较低可能造成病原微生物入侵引起疫病流行及隐性感染动物免疫后可引起较大副作用甚至死亡的情况。

多年来，柳纪省研究员在狂犬病基因工程疫苗的研究上倾注了很多心血，他非常关心国内狂犬病的现状，经常请教国内有关狂犬病专家，不断探索动物用狂犬病基因工程疫苗研究的思路。目前在动物用狂犬病基因工程疫苗研究方面，也取得了令人振奋的成果。该项研究采用重组家蚕杆状病毒表达体系，所表达的抗原用武汉病毒所提供的狂犬病疫苗效力试剂盒检测，与中国生物制品检定所提供的人用狂犬病参考疫苗比较，可达8.12国际单位（IU）/头份，而国际上兽用狂犬病疫苗的最高效价要求2.0IU，该项成果已获农业部转基因办公室颁发的转基因安全证书，并荣获2009年度甘肃省科技进步一等奖，浙江与北京两家公司已分别报价2 000万元和3 000万元人民币，希望购买该项技术。

作为“863”项目的主持人，柳纪省同志表现出良好的团队精神，他不仅率先垂范，同甘共苦，更待人真诚，与人为善，淡泊名利，甘于奉献，乐于助人，善于团结同志，在工作中形成合力。他是中国农业科学院科技创新团队的首席科学家，是动物分子疫苗研究的领军人才，在他的带领下，团队每个成员已经并将坚持不懈地做好本职研究工作，力求为我国重大动物疫病的预防和控制研究作出更大的贡献。

执着耕耘三十载　超级小麦属矮败

——记中国农业科学院作物科学研究所刘秉华研究员

刘秉华　中国农业科学院作物科学研究所研究员、博士生导师，他带领研究团队，成功创制了具有矮秆基因标记的太谷核不育小麦——“矮败小麦”，并创立了方便实用的矮败小麦高效育种技术新体系，被诺贝尔奖获得者布劳格博士誉为“小麦育种的革命”，为我国小麦遗传育种发展作出重要贡献。

勤奋自学，积累深厚理论知识

1944年，刘秉华出生于河南省的一个普通农民家庭，学生时代的他经历过三年自然灾害，在国家粮食最困难的时期，他亲眼见过乡亲们忍饥挨饿的情景，自己也尝尽了挨饿的滋味，也正是这些经历以及他对农业的浓厚兴趣，让他选择了上农业大学，走上了农业科研的道路。大学期间，他对遗传学，特别是经典遗传学产生了浓厚的兴趣，千方百计地搜集遗传学方面的书籍，如饥似渴地学习。在他参加下乡劳动锻炼的两年时间里，利用晚上挑灯夜读各个版本的遗传学书籍和资料。在当时时间不充裕，学习资源匮乏的情况下，他一方面通过各种渠道联系相关农业部门以及高等院校，借阅学习资料，另一方面严格律己，坚持系统深入的学习，刻苦钻研，将所学的遗传融会贯通，终于打下了扎实的遗传学基础，储备了大量的遗传学知识。1979年，刘秉华为圆自己的遗传育种梦，考取了中国农业科学院作物所作物遗传育种专业的研究生，拜师于国内外知名育种科学家、法国农业科学院外籍院士邓景扬研究员。

主动请缨，承担基因定位任务

从1979年考取中国农业科学院研究所院研究生，至今在科研第一线已经30年，刘秉华始终进行一个方向的研究，那就是小麦雄性不育遗传与育种应用。

1972年的一天，山西太谷县农民技术员高忠丽在试验田里发现了一株不育小麦，刘秉华的导师我院小麦遗传育种专家邓景扬分析得出，这株小麦的不育性由一个显性雄性不育基因控制。基因定位在国际上是前沿科学技术，国内处于起步阶段，而小麦雄性不育基因定位，当时不论在国内还是国外都没有先例。刘秉华凭借对工作的高度热爱和自己深厚的遗传学知识，主动请战，毅然要求承担小麦基因定位的任务。刘秉华天天查阅国内外文献，反复比较各种基因定位方法，学习试验技术的同时，不断地谋划试验方案。经过不断的思考和多次的试验探索后，找到了一种方法，即染色体排除和端体分析，成功定位不育基因于4D染色体短臂、距着丝点31.16厘米。

克服困难，反复试验育成矮败小麦

太谷核基因确定以后，刘秉华又遇到了新的困难。太谷核不育小麦抽穗后，只能靠人工一株株地区别其育性，工作量之大显然不适用于实际应用。为使太谷核不育小麦真正成为改良品种的便利工具，刘秉华要给它做“性状标记”。怎么做性状标记，最早考虑的是李振声院士的蓝粒小麦，蓝粒是当代显性基因，如果蓝粒基因和不育基因连锁，蓝粒种子下一代为不育小麦，刘秉华凭借自己的理论知识，经过思考分析，明确蓝粒基因在4E的长臂上，而不育基因在4D的短臂上，两者距离较远，实现紧密连锁不太可能，就放弃了采用蓝粒小麦做标记研究。

用太谷核不育小麦和矮秆小麦杂交，培育带有矮秆不育基因的小麦，是当时国内几个单位都感兴趣的课题。按照一般规律，在杂交的几百株里就应该有一株新的类型，但是大家的研究实验结果都不理想。刘秉华从《作物学报》上看到当时西安市农科所培育出矮败一号小麦，不足30厘米，有人将矮败一号的矮秆基因定位在2A和4D染色体上。刘秉华在综合分析有关研究结果后，得出矮变一号的矮秆基因跟2A无关，只与4D有关。在此基础上，刘秉华以矮变一号为标记基因供体，让其与太谷核不育小麦杂交，F_1的不育株用高秆品种测交。令人欣喜的是，后代群体中出现高秆不育和矮秆可育两种亲本类型。但在其测交后代没有出现矮秆不育小麦，为获得矮秆与雄性败育的重组类型，刘秉华经过思考分析后，最好的方法就是扩大群体进行选育。在小麦生长季节，他一株一株地观察，一株一株地做标记、授粉；然后，他带着记录和标本回到实验室，在显微镜下进行细胞学分析比对；下午他又下地，直到天黑。经过3 000多株的分析，仍然没有发现矮秆不育小麦，经历一次次的失败后，刘秉华丝毫没有灰心。他反复审视了自己的设计方案，认为理论上完全可行，相信自己的试验方法。最终从累计8 785株测交后代群体中发现了一株表现既矮秆又雄性不育的植株。给该矮秆小麦株授以非矮秆品种花粉，其后代的矮秆株表现雄性不育，非矮秆株表现正常可育，两者的分离比为1：1。由于矮秆株总表现雄性败育，故命名为“矮败小麦”。

孜孜不倦，高效育种平台造福于民

刘秉华说：如果一项技术很先进，但是这项技术的操作过程复杂，那么这项优良技术就不能顺利地进行推广，农民得不到它所产生的效益，就不能真正的造福于民，矮败小麦应用于育种的方法成为刘秉华亟待解决的问题。经过孜孜不懈的努力和执著的追求，刘秉华带领着他的团队终于成功地创制了低成本高效率的“矮败小麦”育种技术新体系，这项成果的诞生不是一个品种的育成，而是通过矮败小麦不断地育成新的品种，就像新品种的“加工厂”和“孵化器”，可以实现大规模的基因重组，源源不绝地孕育出无穷无尽的满足不同需求的小麦新品种。用这个新体系育种，选择不同性状的优良可育植株，进行新品种的选育，收获矮秆不育株上得到优化的杂交种组成新一轮群体。这种育种体系循环往复，不断地优化小麦群体的遗传结构，产量、品质、抗倒性和抗病性等性状都得到大幅度提升，小麦的综合性状得到了很好的改良。从中可以持续不断选育出各具特色的小麦新品种。

利用高效育种平台，刘秉华以第一育种人亲自育成 6 个轮选号新品种，以轮选 987 为例，两年参加国家区试平均比照增产 14. 8%，区试点最高亩产 715 千克，徐水县生产田亩产 673. 5 千克。轮选 987 品种产量潜力大，抗寒，抗白粉病和条锈病，耐旱，抗干热风，抗穗发芽和吸浆虫，种植面积不断地扩大，已成为北部冬麦区当家品种或主栽品种。

在此基础上，为了进一步推广矮败小麦育种技术，组织全国大协作，无私地将好的成果、好的技术推向全国，国内上百个单位应用矮败小麦高效育种平台，构建轮选群体 210 个，育成新品种 42 个，推广面积 1 亿多亩，对全国的粮食生产产生了重大的影响；还有 69 个品种（系）参加国家或省（市）区域试验或生产试验，展现出广阔的发展前景。

谈到农业部组织的技术鉴定时，刘秉华颇显自豪，2003 年组织的矮败小麦与矮败小麦育种技术鉴定会上，由小麦界的李振声、庄巧生、刘大钧、董玉琛、程顺和 5 位院士组成的鉴定委员会认为“矮败小麦这个独特的遗传资源属国际首创”，“该项研究创新性强，使用效果好，发展潜力大，总体上处于国际领先水平”。2010 年获国家科学技术进步奖一等奖。

开拓创新　老当益壮

——记赵荣材研究员

赵荣材研究员自1961年参加工作以来，从事兽药科学研究半个世纪，先后主持和参加国家、部、省重大科研和攻关课题10余项，获省部级以上奖励24次，其中，国家科技进步奖3项，发表科技学术论文102篇，编写著作5部，其中，SCI源论文被引用7次，CCD源论文被引用615次。为我国兽药行业的发展作出了极大的贡献，被授予国家级突出贡献专家，国务院特殊津贴享受者。

他先后任研究所所长12年，任第二届和第五届农业部科技委员会委员、中国动物药品研究会副理事长、农业部兽药审评委员会副主任、农业部动物检疫标准委员会委员、甘肃省兽药审评委员会主任、中国农业科学院学术委员会委员、农业部新兽药工程重点开放实验室主任、甘肃省自然科学研究系列高级职务评审委员会委员、《中兽医医药杂志》主编等职。

赵荣材研究员作为我国现代兽药学科的奠基人和学术带头人之一，主持创制出3个拥有自主知识产权的国家一类新兽药。“兽用抗菌新药‘痢菌净’的研制及大面积推广应用”1987年获国家科学技术进步奖二等奖，“痢菌净”的研制成功有效地遏制了20世纪70年代末新出现的在我国大部分地区严重危害养殖业的猪痢疾蔓延发展，成为我国第一个拥有自主知识产权的兽用化学抗菌药物，填补了国内猪痢疾治疗特效化学药物的空白。仅1982年至1986年期间，“痢菌净”产生直接经济效益累计50亿元。而1987年以来，全国许多兽药厂开始大量生产“痢菌净”，90年代最多时达240家，以“痢菌净”为主要成分的兽药制剂就达300多个，已产生直接经济效益2 000亿元以上，目前仍是兽医临床上治疗畜禽痢疾的首选药物，也是其他细菌感染疾病防治的必备药。“新兽药‘喹烯酮’的研制与产业化”获2009年国家科学技术进步奖二等奖，“喹烯酮”系我国第一个拥有自主知识产权的兽用化学药物饲料添加新产品，也是新中国成立以来第一个获得国家一类新兽药证书的兽用化学药物，填补了国内外对高效、无毒、无残留，适于多种动物使用的兽用化学药物需求的空白，产品的应用有利于安全性动物源食品生产，增强我国动物性食品的出口创汇能力，促进我国养殖业的健康持续发展，提高了我国兽药自主研发的水平，取得经济效益282.9亿元。新兽用镇静镇痛肌松药“静松灵”的研制成功保障了人畜安全，利于治疗各种家畜和野生动物疾病，为实行各种临床检查和外产科手术提供了便利条件，在畜牧、马属动物和养鹿业方面也得到了广泛使用，成为我国第一个拥有自主知识产权的兽用镇麻新药，1980年后由兰州合成药厂和兰州正丰药业有限公司批量生产，已取得直接经济效益1 200万元，成为兽医临床上必不可少的常用药。

赵荣材研究员治学严谨，待人谦和，具有较高的学术造诣。培养出 8 名博士、12 名硕士研究生人才，现大多已成为本领域或相关领域的学科带头人和专家，其中，有国家百千万工程第一二层次人选 1 名。他原先领导创建的兽药研究团队现已成为中国农业科学院优秀创新团队，形成了以中青年为主体的人才梯队，团队多名成员已成为全国有一定影响力的兽药专家和学科带头人。

麦田守望者——肖世和

小麦是中国重要的粮食作物和储备粮种。新中国成立以来，我国小麦种植面积从20世纪50年代的3.4亿多亩，增加到90年代最高点的4.6亿亩。1997年以后，进行农业种植结构调整，小麦种植面积大幅度下降，目前仅有3.6亿亩左右。但是，我国人口基数大，增长快，对粮食的需求不断增加，粮食安全始终是重要问题，这就需要不断提高单位面积的粮食产量。有资料表明，在我国小麦主产区已有亩产750千克以上的小面积高产纪录和万亩连片平均亩产600千克以上的高产示范田。即使在旱作、节水栽培条件下，在主产区也有亩产600千克以上的高产典型。但是，主产区各省和全国平均单产都只有300多千克。大面积产量与高产纪录存在很大差异的主要原因是不同地区的生态条件差异很大，中低产田居多，而且生产上季节性干旱、低温冷害、冻害、后期高温、干热风、渍害、烂场雨等自然灾害频发，加上病虫为害，大面积小麦生产的稳产性、优质率和可持续性都缺乏保障。

肖世和，中国农业科学院作物科学研究所研究员，从20世纪80年代初期起，致力于小麦抗逆高产研究。在国家自然科学基金支持下，他首先确立了中国小麦品种穗发芽抗性的评价指标、遗传基础和改良途径，率先从白粒小麦地方品种中发掘出一批穗发芽抗源，其中万县白麦子等品种已成为国内外小麦抗穗发芽育种重要亲本和遗传研究材料。明确了α-淀粉酶抑制基因在小麦品种品质改良中的作用。建立了微量测定迟熟α-淀粉酶（LMA）基因的方法，提高了抗性选择的速度和效率。建立了评定离体胚萌发及其对ABA反应能力的方法，提高了种子休眠水平评价的准确性。在蛋白质组水平上揭示了ABA调节胚休眠涉及的反应组分和功能。在3AS染色体上检测到一个控制休眠的主效QTL。2001年起，连续两年利用LMA基因分析方法为29个育种单位鉴定了706个育种材料的穗发芽抗性，建议淘汰了部分携带LMA基因或易罹患穗发芽的材料，从中审定的54个品种进入生产后得到大面积推广，其中34个年推广面积超过10万亩的品种，仅2004~2009年累计推广2.8亿多亩。

1997~2001年，肖世和参加了农业部“948”项目中“干旱半干旱地区小麦增产关键技术引进”重大项目。在项目主持人和部分主要参加人因工作调动退出课题时，克服重重困难，牵头完成了计划任务，被农业部批准递补为课题主持人完成后续工作。在对引进的抗旱节水技术和种质的进一步消化利用中，创立了平行选择多种抗逆性的分子育种程序。阐明了小麦品种耐热性的评价指标、遗传基础和改良途径，提出聚合气——冠温差大、灌浆速率快、千粒重热感指数低等特性，通过耐（避）后期高温和干热风，保持较高千粒重的育种思路，并在1B、2A和3B染色体上发现了4个影响灌浆速率的

QTL 富集区。通过改良茎秆强度鉴定方法，首次定位了 6 个影响抗倒伏性的 QTL。集成了春化基因（Vrn）分子标记检测与异地种植鉴定相结合的小麦品种冬春性和抗寒性评价技术体系，在黄淮海北部把对冬季冻害的抗性选择从表型鉴定深入到基因型分析。在利用 86 个分子标记广泛鉴定亲本和早代材料的基础上，结合人工创造不同逆境筛选优良遗传背景的基因型，包括水旱交替平行选择节水高产性能、塑料大棚覆盖增温选择后期耐热性、收获期模拟降雨筛选穗发芽抗性等。筛选出优异的抗穗发芽、抗旱节水、抗干热风、耐冬季严寒等种质和重组自交系，提供给国内相关单位作为研究材料，整体提升了我国小麦抗逆性研究和育种水平。他和课题组成员一起，在黄淮海北部地区育成兼抗干旱、冬季冻害、后期高温和收获期降雨等多种逆境的"中麦"系列新品种，截至 2010 年已累计推广 2 800多万亩。

肖世和的足迹遍布我国小麦产区。2004 年以来，他作为全国农业科技入户示范工程小麦首席专家，常年奔波在粮食主产区，深入小麦总面积占全国 1/5 的 103 个小麦示范县，为落实有关工作，有的示范县一年之中就去了 4 次。他与隶属地市以上农业科研单位、有关农业大学和省地县三级农技推广部门的 800 多位技术专家一起，遴选出 4 900多名技术指导员，培养了 97 300个科技示范户，面对面、手把手地进行小麦生产技术指导，并通过他们辐射带动了近 200 万普通农户，促进小麦连年丰收，取得了显著的社会经济效益。河南、河北、安徽等省不少示范县的农民说，"通过农业科技入户工程，让我们见到了真正受欢迎的专家"。2005 年春小麦大面积冻害、2007 年暖冬造成小麦旺长、2008 年初发生低温雨雪冰冻、2009 年初出现罕见旱情、2010 年初低温造成大范围小麦弱苗时，他都及时深入一线，组织技术人员提出减灾办法，并落实到生产中去。2008 年 5 月 12 日汶川特大地震灾害发生时，他正在四川什邡组织小麦品种测产，灾后第一时间根据目击情况，向农业部提出了稳定当地农业生产的针对性建议。通过农业科技入户工程的有效实施，增强了农民依靠科技发展生产的意识，提高了科技人员服务农民的水平，通畅了科技成果转化渠道，实现了"科技人员直接到户，良种良法直接到田，技术要领直接到人"。肖世和也被中宣部等 14 个部委联合表彰为全国 100 名文化科技卫生"三下乡"先进个人之一，2009 年，被授予中央国家机关五一劳动奖章。由于实践了推荐主导品种和主推技术、培养科技示范户、农技推广效果的电话考评等一系列新型农技推广模式，作为中国农业科学院科技人员的唯一代表，被农业部授予 2008 ~ 2010 年"农技推广贡献奖"。

肖世和 1992 年于南京农业大学博士研究生毕业，曾到欧美澳多国访问进修。2001 年担任博士生导师以来，共招收培养博士生 2 人。为了使学生开阔眼界，提高研究水平，他利用各种机会，结合课题研究，将他们分别送到美国和欧洲访问学习，让他们在学生期间就能感受到国际一流的学术氛围，并在国际本专业主流期刊上发表研究论文。同时，面向国内实际生产需求选择研究课题，毕业后迅速成为用人单位的技术骨干。

2007 年底，农业部、财政部联合启动了现代农业产业技术体系建设，分 50 个产业实施。肖世和作为国家小麦产业技术体系首席科学家，及时组织体系成员在 18 个省

（市、自治区）开展小麦产业发展调研，了解粮食连年增产以后不同技术用户的发展需求。同时明确提出：将分区域研发我国小麦主产区单产水平提升和水肥资源高效利用的关键技术作为主要任务，带动各学科和各级专家针对生产需求开展科技创新；直接指导51个小麦产业技术综合试验站分别承担周边地区的小麦生产技术服务，共计覆盖255个县（市、区），2010年其小麦收获面积达15 126万亩，约占全国小麦总面积1/3，以此带动全国小麦产业可持续发展。如今，肖世和正与国家小麦产业技术体系的86个研究团队、448名科研人员以及765名示范县技术骨干协同工作，为保障国家粮食安全守望着广袤麦田，为全社会送去优质面食的芳香！

为了大地的丰收

——记中国农业科学院农业环境与可持续发展研究所曾希柏研究员

曾希柏博士是中国农业科学院农业环境与可持续发展研究所研究员、博士生导师。1996 年 7 月从西南农业大学毕业并获博士学位，1998 年 5 月中国农业科学院博士后出站并留院工作，主要从事耕地质量培育、农田重金属行为及调控等研究。“十五”以来，先后主持国家科技支撑（攻关）计划、“863”计划、国家自然科学基金等课题 10 余项；在国内外专业期刊发表研究论文 100 余篇，出版专著 1 部；以第一完成人获国家科学技术进步奖二等奖 1 项、湖南省科技进步奖一等奖 1 项，获其他省部级奖励 7 项。同时，还是科技部“十一五”、“十二五”和农业部“十二五”农业科技发展等多项规划的核心成员之一。

上下求索　探求农业土壤学真谛

时光追溯到 1980 年，年仅 15 岁的曾希柏参加了当年的高考，以优异成绩考入了湖南农学院，从此踏上了从事土壤科学研究的漫漫征程。大学毕业后，怀揣一颗报效祖国、献身农业科研之心，他毅然选择了到基层、到农业生产第一线的湖南省岳阳市农业科学研究所工作，而且一干就是 10 个年头。在那里，他迈出了从事科研工作的第一步、也是最重要的一步，同时也积累了十分丰富的实践经验，为今后的研究工作夯实了基础。

1991 年 11 月，在长沙召开的中国土壤学会第七次代表大会，成为了他人生的一个重要转折点。这次大会上，他有幸认识了许多土壤学界的前辈和同行，也使他逐渐意识到自己所学的不足。于是，他作出了一个大胆、也令人吃惊的决定：继续自己的学业。1993 年 9 月，在同事们的一片不解之声中，他带着一颗虔诚的求知之心，毅然投师著名土壤学家侯光炯院士，在西南农业大学开始了新的求学生涯。在 3 年的学习中，他非常珍惜这来之不易的机会，刻苦攻读，圆满完成学位课程并取得了优异成绩，先后被学校评为“优秀共产党员”、“优秀研究生”和“优秀研究生干部”。完成博士阶段学习后，他又放弃多家单位的邀请，来到中国农业科学院，在刘更另院士的指导下从事博士后研究，完成自己的求学梦想。

爱岗敬业　刻苦钻研

耕地退化与污染，是制约我国农业持续发展和综合生产能力提升的重要因素，也是土壤学研究的重点和难点。我国耕地类型复杂，不同类型耕地理化性质差异大、改良培肥的重点和难点各异，不同类型重金属在土壤中的行为及其调控对策也千差万别，其研究难度可想而知。面对研究中可能遇到的各种困难，曾希柏博士没有退却，而是知难而进、努力探索，积极追踪国内外研究动态，经常主动与同行研讨，不断提升自己的科研能力和实力。

2004 年以来，在单位领导的大力支持下，通过投标竞争等方式，他先后主持承担了国家科技支撑（攻关）计划课题“耕地质量安全与调控技术研究”、“耕地地力提升与退化耕地修复关键技术研究”，国家“863”计划“退化红壤旱地地力重建与定向调控技术研究”。根据科研工作的需要，他与课题组成员经常深入湖南、甘肃、山东等地区的田间地头，与当地科研人员一起开展田间试验研究，共同探讨技术对策，并通过试验示范、培训宣传等方式向农民传授相关技术。针对红壤旱地退化严重、生产力低下的实际情况，研发了 7 种适合当地种植制度、以合理施肥和调理剂应用为主的培肥模式，有效促进了旱地培肥和综合生产能力提升，其研究成果也因此先后荣获湖南省科技进步奖一等奖、国家科技进步奖二等奖等奖励。

针对耕地重金属累积等问题，在国家自然科学基金项目“高风险土壤中砷的形态与价态转化及其机理”、“十一五”国家科技支撑计划课题“农田有害物质循环阻控与消减关键技术研究”的支持下，开展了农田重金属钝化、作物低吸收、微生物富集与转化等研究，开发出一系列对砷具有钝化功能的调理剂，获得了 3 株对砷具有富集与转化功能的真菌等，已在国内外期刊发表研究论文近 40 篇、申报国家发明专利 3 项、获贵州省科技进步奖三等奖 1 项。

近年来，由于课题研究任务繁重，曾希柏博士一心扑在课题上，几乎每天都要主动加班查阅资料或学习，甚至连周末和假期都是在办公室、实验室或野外试验基地度过。在家人的理解和支持、课题组同事的积极配合下，“十一五”期间他主持的 3 项国家级研究课题均以优异成绩通过了验收，并得到了同行专家的高度评价。

心怀大局　无私奉献

作为一名科研人员，曾希柏博士有机会作为核心成员参加了国家科技计划“十五”和“十一五”农业领域项目年度总结，主持了科技部“十二五”生态农业科技发展专项规划的编制，作为核心成员参加了科技部“十一五”和“十二五”农业科技发展战略研究及规划、农业部“十二五”农业科技发展规划、国家发展改革委“十一五”生物产业发展规划、国家农业科技园区发展规划等若干重要工作，牵头或参与了“十一五”农业科技支撑计划“农田循环高效生产模式关键技术研究与集成示范”、“耕地质量调控关键技术研究与示范”、“主要农林生态系统固碳减排技术研究与示范”等项目可行性研究报告的编制等。同时，他作为“十二五”农业部重点实验室专家组核心成员之一，全程参与了农业部重点实验室规划、建设方案等的编制工作，为农业、特别是农业资源环境领域科技发展无私地奉献着，作出了较大的贡献。

在上述工作中，曾希柏博士对所承担的工作兢兢业业，能从农业发展的大局出发，结合自己在基层多年工作的实际经验，提出自己独特的见解，并能集思广益，认真、积极、主动采纳各方意见，力争使所承担的工作做到尽善尽美。由于他具有良好的全局意识、较强的整体把握能力，在工作中能全身心投入，不计较个人得失，多次受到相关部门的高度评价和表扬。

精诚合作　共同发展

近年来，曾希柏博士和他的科研团队在耕地质量培育、农田重金属行为及其调控等研究方面取得了显著的成绩，这不仅与他自己辛勤努力、以及所具有的领导才能和人格魅力密不可分，同时也是团队成员精诚合作、团结奉献的结果。曾希柏博士在日常工作中以身作则，严于待己、宽于待人，把建立和谐向上的工作环境作为研究团队发展的基础，他经常对团队成员说，“大家能走到一起工作，是一种缘分，要相互珍惜、共同发展”。目前，他带领的团队有 9 名成员，包括研究员 2 名、副研究员 1 名，博士 3 名、硕士 3 名，团队成员之间配合默契、团结合作、互相帮助、共同发展。

多年来，他关心课题组每一个成员的工作与生活，倡导团队成员之间开展有效沟通，积极营造务实创新、和谐向上的科研氛围。他把课题组每个成员的发展放在心里，根据他们各自的知识背景、个人特长，合理安排好科研工作。对课题组成员撰写的每一份申请报告、研究计划，每一篇论文，他都要一字一句地斟酌、修改，并毫无保留地和大家交流。他充分尊重年轻人的学术探索精神，努力为他们的成长创造条件，使他们踏实工作、充分发挥其科研才智。“十一五”期间，他所带领的研究团队在取得显著成绩的同时，有 1 名成员晋升为研究员、1 名晋升为副研究员，并培养了 3 名博士、7 名硕士，真正实现了科研工作和人才培养双丰收。

作为一名普通的、来自农村、在平凡科研岗位上默默奉献着的农业科研工作者，曾希柏和他的团队所取得的成绩也许微不足道，但他们一直在努力着，这是一支朝气蓬勃、奋发向上的队伍。“十二五”开局在即，他将继续带领他的团队，积极投身农业资源环境科研第一线，团结协作、开拓创新、勇于奉献，力争在耕地质量培育、农田重金属调控等研究中取得更大成绩，为农产品安全生产、农业持续发展和综合生产能力提升作出应有的贡献。

十一、大事记

中国农业科学院2010年大事记

一月

1月5日 经部党组会议研究决定，张逐陈任中国农业科学院监察局局长，免去其中国农业科学院监察与审计局局长职务；万建民任中国农业科学院作物科学研究所所长；张保明任中国农业科学院作物科学研究所党委书记。

1月11日 中共中央、国务院在北京隆重举行国家科学技术奖励大会。党和国家领导人胡锦涛、温家宝、李长春、习近平、李克强出席大会并为获奖代表颁奖。中国农业科学院主持的“中国北方冬小麦抗旱节水种质创新与新品种选育利用”、“中国农作物种质资源本底多样性和技术指标体系及应用”、“高效广适双价转基因抗虫棉——中棉所41”、“新兽药‘喹烯酮’的研制与产业化”、“南方红壤区旱地的肥力演变、调控技术及产品应用”、“都市型设施园艺栽培模式创新及关键技术研究与示范推广”6项成果获2009年度国家科技进步奖二等奖。这些成果有效填补了国内外空白，推广效果显著，取得了良好的经济效益和社会效益，为中国农业科学院农业科技自主创新提供了强有力的技术支撑。

1月11日 中国农业科学院2010年工作会议在北京召开。会议的主要任务是：贯彻落实党的十七大和十七届三中、四中全会以及中央农村工作会议、全国农业工作会议、全国农业科技创新与推广工作会议精神，提升创新能力，谋划“十二五”发展，以科技创新支撑现代农业发展，全面总结2009年工作，部署2010年主要任务。中组部干部四局四处调研员毕革新，农业部人事劳动司副巡视员魏琦，中国农业科学院领导翟虎渠、薛亮、雷茂良、刘旭、罗炳文、唐华俊、贾连奇，院级老领导、两院院士、院属各单位主要领导近150人出席了大会。薛亮书记主持开幕式，翟虎渠院长代表院党组作了题为《提升能力　谋划未来　以科技创新支撑现代农业发展》的工作报告。

1月12日 中国农业科学院召开2010年党风廉政建设工作会议。会议以“加强廉政建设，确保科学发展”为主题，总结院2009年党风廉政建设和反腐败工作，部署2010年工作任务。会议由院党组书记薛亮主持。院党组副书记罗炳文作工作报告。院长翟虎渠出席会议并作重要讲话。驻农业部纪检组监察局副局长王杰之、农业部直属机关纪委正处级纪检员莫小周到会指导。院党组成员、院属各单位党政主要负责人、机关各部门领导班子成员、京内各单位分管纪检监察工作的领导和专兼职纪检监察干部、院机关正处级以上干部共150余人参加了此次会议。

1月12日 中国农业科学院在京组织召开了生物基因组测序研究工作座谈会，研究和讨论当前生物基因组测序的形势及我院基因组测序工作。来自院从事作物、微生物等相关研究的 16 个研究所 20 余位领导和专家出席了会议。中国农业科学院副院长、中国工程院院士刘旭出席会议。

1 月 13 日　唐华俊副院长会见来京参加中英非农业合作会议的会议代表一行 6 人。他首先代表翟虎渠院长对来访的会议代表表示热烈欢迎，并向客人介绍了中国农业科学院的基本情况和国际合作情况，宾主双方就农田灌溉、水稻种植、农业推广体系建设等共同关心的问题广泛交换了意见。

1 月 15 日　中国工程院党组副书记周济一行来中国农业科学院调研。周济一行参观了作科所国家农作物种质资源库，在农作物基因资源与基因改良国家重大工程楼参观了公共实验室、作物种质资源与生物技术重点开放实验室和植物生物技术研究室，听取了有关种质资源库建设、作物种质资源以及转抗虫基因三系杂交棉的研究进展，随后与中国农业科学院相关领导、专家进行了座谈。中国农业科学院领导翟虎渠、薛亮、刘旭、唐华俊、贾连奇以及院办公室、科技局和作科所、生物技术所有关领导和专家一同参加调研或座谈。

1 月 18 日　中国农业科学院在京召开了 2007～2008 年度院级验收项目集中验收会议，农业信息研究所、蔬菜花卉研究所、研究生院和北京畜牧兽医研究所 4 个单位共 8 个项目顺利通过专家组验收，项目金额合计 1 355万元。雷茂良副院长出席并主持会议，财务局、研究所以及中介机构有关人员参加会议。

1 月 21 日　外交部国际司陆慷副司长、农业部国际合作司王鹰司长一行 17 人来中国农业科学院就国际交流与合作工作进行深入调研。座谈会上，翟虎渠院长对外交部国际司和农业部国际合作司领导对中国农业科学院国际合作长期的关心和支持表示衷心的感谢。他希望通过本次调研，进一步提升中国农业科学院的国际合作水平，更好地服务于“三农”和我国的整体外交战略。之后，唐华俊副院长介绍了中国农业科学院的基本情况和“十五”以来的主要工作成就，并就院外事审批权工作、国际马铃薯中心亚太分中心筹建和 APEC 农业技术合作工作组牵头人等工作进行了汇报。

1 月 22 日　中国农业科学院与解放军艺术学院隆重举办了“中国农业科学院与解放军艺术学院迎新春联谊会”。院领导翟虎渠、薛亮、刘旭、罗炳文、唐华俊、贾连奇及院机关各部门、研究生院领导参加了联谊会。双方院领导对两院“军民共建”20 年以来的成绩给予了肯定，并对未来的工作寄予期望。

1 月 25 日　科技部国际合作司靳晓明司长一行 10 人来访中国农业科学院，就农业科技国际交流与合作工作进行调研。翟虎渠院长、唐华俊副院长以及国际合作局和相关研究所领导参加了调研。座谈会上，翟虎渠对科技部国际合作司领导对中国农业科学院国际合作工作长期以来的关心和支持表示衷心的感谢。唐华俊介绍了院承担的科技部国际科技合作计划实施情况、下一步的工作打算和需要科技部国际合作司支持的工作。

1 月 26 日　“2009 年北京高校毕业生就业百佳用人单位表彰会”在京召开。会上，中国农业科学院作为北京市教委确定的促进北京高校毕业生就业工作百佳用人单位之一受到了表彰。近年来，在院属各单位的共同努力下，中国农业科学院为高校毕业生就业工作作出了突出贡献。据统计，我院在京单位5年累计接收高校应届毕业生404人，其中博士毕业生189人、硕士毕业生178人、大本及以下37人。

1月27日 兰州牧药所隆重举行“新兽药‘喹烯酮’的研究与产业化”荣获2009年度国家科技进步奖二等奖庆功暨表彰大会。中国农业科学院党组书记薛亮出席大会并讲话。甘肃省科技厅、农牧厅及兽医局的相关负责人，中国农业科学院科技局领导和牧药所全体职工等共120多人参加了会议。

1月29日 中国农业科学院举行2010年迎春团拜会。院领导翟虎渠、薛亮、刘旭、唐华俊、贾连奇，京区各单位、机关各部门主要负责同志，在京院士、离退休院领导和京区离退休正所局级干部90多人欢聚一堂，喜迎新春佳节。团拜会由院党组成员、人事局长贾连奇主持。翟虎渠院长代表院党组致辞，向参加团拜会的各位老领导、老专家并通过他们向全院离退休老同志表示节日的慰问。

二月

2月1日 翟虎渠院长在基本建设局有关领导的陪同下，对在建的国家农业图书馆项目施工现场进行了视察。围绕春节前后工地安排、安全生产、施工质量等方面进行了检查和部署，并对春节前仍然坚持施工和管理的总包单位和监理单位的工作人员进行慰问。

2月1日 中国农业科学院召开各民主党派、侨联负责人和无党派知识分子代表“迎新春”团拜会。院党组副书记、直属机关党委书记罗炳文出席并讲话。罗炳文代表院党组通报了院2009年完成的重点工作和取得的成绩，回顾了院统战工作和主要做法，并向全院各民主党派、侨联、无党派的全体同志致以新春美好的祝愿和亲切的问候。

2月2日 经部党组会议研究决定，高士军任中国农业科学院哈尔滨兽医研究所（中国动物卫生与流行病学中心哈尔滨分中心）党委书记；免去姜维民的中国农业科学院哈尔滨兽医研究所（中国动物卫生与流行病学中心哈尔滨分中心）党委书记职务，保留正所级待遇；刘现武任中国农业科学院植物保护研究所党委书记，自任职之日起上岗试用，试用期一年；免去高士军的中国农业科学院植物保护研究所党委书记职务。

2月3日 翟虎渠院长、唐华俊副院长会见了来访的国际马铃薯中心（CIP）主任Pamela Anderson女士一行9人。翟虎渠对代表团的来访表示热烈的欢迎。他指出，中国农业科学院与国际马铃薯中心已经建立了良好合作关系，即将在华建立的国际马铃薯中心亚太分中心（CCCAP）将是在我国成立的第一家具有科研性质的国际组织，对我国乃至整个亚洲薯类作物的研究和产业开发具有积极推动作用。

2月4日 翟虎渠院长、雷茂良副院长一行到马连洼三所建设工地视察。翟院长一行听取了施工单位负责人就工程进展情况、春节期间安全生产保障措施、节后进度计划和用工安排等方面的简要汇报，视察了马连洼职工住宅和畜牧所东侧开发项目的施工现场。

2月4日 国际马铃薯中心亚太分中心东道国协议正式在京签署，农业部部长韩长赋代表中国政府与国际马铃薯中心主任帕米拉·安德森女士签署了此项协议。中国农业科学院翟虎渠院长、唐华俊副院长参加签字仪式。此次东道国协议的签署，标志着国际马铃薯中心亚太分中心的建设正式启动，这将进一步提高我国与国际马铃薯中心的合作水平和层次，并对提升我国与国际农业研究磋商组织下属的其他14个研究中心的合作起到很强的示范和带动作用，为我国乃至整个亚太地区的马铃薯和甘薯生产带来新机遇，为保障粮食安全作出新的更大的贡献。

2月4日 中国农业科学院召开安全生产委员会2010年第一次扩大会议，院安全生产委员会全体成员，非安委会成员单位的院机关各部门和院属京区各单位分管领导参加了会议。会上，院党组成员、人事局局长、院安委会副主任贾连奇传达了国务院安委会全体会议、全国安全生产电视电话会议和全国安全生产工作会议精神，罗炳文副书记作重要讲话。

2月5日 中国农业科学院召开宣布院党组纪检组领导班子和院监察局成立会议。农业部党组成员、中纪委驻部纪检组组长朱保成、驻部纪检组副组长、监察局局长董涵英、农业部人事劳动司副司长潘学峰、农业部直属机关纪委书记胡永万、驻部监察局副局长王杰之，院领导翟虎渠、薛亮、罗炳文、贾连奇，院属京内各单位、机关各部门负责人及监察局全体同志参加了会议。院党组书记薛亮主持会议。

2月5日 中国工程院副院长旭日干、副秘书长白玉良，农业部党组成员、人事劳动司司长梁田庚一行专程前往北京阜外心血管病医院看望刘更另院士，并向他送上节日的祝福。雷茂良副院长等陪同看望。

2月7~8日 翟虎渠院长、院党组成员兼人事局局长贾连奇到哈兽研宣布农业部党组、中国农业科学院党组关于哈兽研所党委书记的任免决定。

2月8日 由中国农业科学院和全球农业研究论坛（GFAR）共同举办的“新兴经济体在全球农业科研中的作用国际学术研讨会”在北京中苑宾馆召开，来自20个国家和地区、国际组织的40余位代表参加了此次会议。唐华俊副院长、全球农业研究论坛主席 Adel El Beltagy 博士、全国农业技术推广服务中心夏敬源主任等出席开幕式并致辞。

2月8~10日 中国农业科学院领导翟虎渠、薛亮、雷茂良、刘旭、罗炳文、唐华俊、贾连奇分别看望了院副部级老领导、院士、院级老领导、红军时期老干部以及部分老干部遗属，向他们送去了新春祝福。

2月10日 翟虎渠院长在院办公室，人事局、院工会领导的陪同下先后到保卫处、收发室、门诊部、食堂、派出所、车管部、热力站、院办公室秘书处看望并慰问在春节期间仍要坚守岗位的一线职工，给大家送去院领导的关怀与温暖。

2月25日 由财政部、农业部和中国农业科学院共同发起成立的科技经济政策研究中心（简称“中心”）2010年工作会议在京举行。财政部教科文司赵路司长、宋秋玲副巡视员、农业司卢贵敏副司长，农业部财务司王正谱司长、邓庆海巡视员、科技教育司刘艳副司长，财政部教科文司科学处、农业部财务司预算处的有关领导，中国农业科学院翟虎渠院长、雷茂良副院长等出席会议。会议由“中心”指导委员会主任翟虎渠主持。

2月25日 农业部党组成员、中央纪委驻农业部纪检组组长朱保成同志和部人事劳动司副司长潘学峰同志来到中国农业科学院，宣布部党组关于农业科学院党组纪检组领导班子成员和院监察局批复成立的决定。将原院监察与审计局更名为院监察局，实行党组纪检组、监察局和院直属机关纪委合署办公，党组副书记罗炳文同志任院党组纪检组组长，院监察局局长张逐陈同志任院党组纪检组副组长。朱保成同志和中国农业科学院院长翟虎渠同志在会上作重要讲话。

2月27日 中国农业科学院与连云港市人民政府在北京签署了农业科技合作协议。连云港市委书记王建华，市委常委、秘书长、宣传部长张光东，副市长赵建华，中国农业科学院长翟虎渠、副院长唐华俊出席了签字仪式。唐华俊和赵建华分别代表双方在协议上签字。中国农业科学院作物科学研究所、蔬菜花卉研究所、北京畜牧兽医研究所、农业资源与农业区划研究所、郑州果树研究所和连云港市东海县人民政府分别签署了农业科技合作协议。

2月27~28日 中国农业科学院在北京召开产业发展和基地建设工作会议。院领导翟虎渠、薛亮、雷茂良、刘旭、罗炳文、唐华俊、贾连奇，院属各单位、院机关各部门的代表共130多人参加了会议。会议由院党组书记薛亮主持。会上，兰兽研所介绍了产业发展方面的经验，油料所介绍了科研基地建设方面的经验。会议围绕企业改制、基地建设管理以及院《2010~2015年试验基地发展规划》进行了专题研讨。

三月

3月1日 由中国农业科学院环发所主办的中英生态系统服务与扶贫（ESPA）合作项目“气候变化对中国生态系统影响”项目研讨会在北京召开。来自国家发展与改革委员会、国家气象局国家气候中心、中国环境科学院、国家气象局兰州干旱气象研究所、内蒙古大学、国际应用生物科学中心（CABI）、英国雷丁大学、英国洛桑试验站、英国气象局、英国利兹大学的20余位中英双方专家和代表出席了研讨会。中国农业科学院唐华俊副院长出席研讨会并致开幕词。

3月2日 院党组书记薛亮会见了来访的美国第一太阳能公司董事长Michael J. Ahearn先生一行6人。薛亮首先代表中国农业科学院对Michael J. Ahearn先生一行的来访表示欢迎，并向客人简要介绍了院科研、国际合作等基本情况及未来发展战略。Michael J. Ahearn先生感谢薛亮的热情接待，并介绍了第一太阳能公司近期开展的业务及与中国的合作。双方就太阳能在农业领域的开发与利用交换了意见。

3月4日 院党组书记薛亮、副院长雷茂良一行考察了蔬菜所位于北京顺义杨镇的试验基地及作科所位于北京顺义和昌平的农场试验站。考察期间，薛亮一行与顺义区赵全营镇李宝东书记、史长生镇长等进行了座谈，双方就赵全营镇建设科学试验基地及加大双方合作力度等情况进行了交流。座谈会后，薛亮一行对顺义和昌平试验站的规模、规划建设以及开展科学试验的情况进行了仔细了解，并深入一线看望了试验站职工。

3 月 5 日　由人社部、科技部、教育部、财政部、发改委、自然基金会和中国科协共同组织的 2009 年“新世纪百千万人才工程”国家级人选评审结果公布。经逐级推荐评审，中国农业科学院油料所黄凤洪，蔬菜花卉所李宝聚、张友军，棉花所邢朝柱，生物技术所路铁刚，作物科学所王建康 6 位专家光荣入选。截至目前，中国农业科学院共有 46 位专家入选。

3 月 7 ~ 12 日　翟虎渠院长率院代表团赴美国访问。访美期间，代表团分别与国际农业研究磋商组织（CGIAR）、国际食物政策研究所（IFPRI）和美国孟山都公司举行了会谈，进一步推进并拓展了中国农业科学院与上述单位的全面合作。出访期间，翟虎渠专程看望了中国农业科学院荣誉研究员、美国农业部农业研究局知名专家 93 岁高龄的左天觉先生，对左先生先后 110 多次回国进行学术交流和给予中国农业科学院的支持表示感谢。

3 月 8 日　为隆重纪念“三八”国际劳动妇女节 100 周年，院妇工委召开了纪念“三八”国际妇女节 100 周年暨院妇女工作会议。院党组副书记、直属机关党委书记罗炳文，院直属机关党委常务副书记、妇工委主任高淑君出席会议并讲话。

3 月 10 日　中国农业科学院召开抓工作落实交流汇报会，就如何抓好今年各项工作的落实进行了交流和部署。院领导薛亮、雷茂良、罗炳文、贾连奇以及院属京区各单位、机关各部门主要负责人参加了会议。会议由雷茂良副院长主持。会上，院党组成员、人事局局长贾连奇传达了农业部系统抓工作落实交流汇报会的主要精神。科技局、财务局、基建局、国际合作局围绕贯彻落实农业部中心工作、院工作会议和前不久召开的产业发展和基地建设工作会议精神，交流了本单位抓好工作落实的具体措施和工作进展。院党组书记薛亮结合几个部门的汇报交流情况，就进一步抓好工作落实，做好 2010 年的工作作出重要指示。

3 月 10 ~ 12 日　由中国农业科学院、辽宁省政府共同主办的第十四届中国（锦州）北方农业新品种、新技术展销会在辽宁锦州隆重开幕。中国农业科学院派出了由 12 个单位 40 位专家组成的代表团参展，唐华俊副院长出席开幕式并发表讲话。本届展会由锦州市政府会同辽宁省科技厅、辽宁省农委、辽西蒙东经济区联合体、各市（盟）政府共同承办。展会的主题是“合作　创新　发展”。本次展会中国农业科学院共展出科技新成果 130 多项，发放科技推广宣传材料 3 万多份，现场答疑 5 万多人次。中国农业科学院展示的蔬菜、果树、肥料、信息技术等受到了农民朋友的热烈欢迎。

3 月 10 日　刘旭副院长会见了来访的比尔与梅琳达-盖茨基金会新任农业发展项目主任 Sam Dryden 先生一行，双方就进一步加深在农业科研领域的合作交换了意见。刘旭代表翟虎渠院长对 Sam Dryden 先生一行的来访表示欢迎，并向外宾介绍了中国农业科学院的研究领域、学科设置及未来发展战略等基本情况。双方还就在其他领域（小型农机具研发、马传贫病毒致病机理以及国际合作项目影响力评估等）合作的可能性进行了深入交谈。

3月11日 院党组书记薛亮，党组副书记罗炳文，院党组成员、人事局局长贾连奇一行赴海淀区调研，并与海淀区政协主席彭兴业、区委副书记关成启、副区长刘长利及有关部门的领导进行了座谈。在座谈会上，薛亮介绍了中国农业科学院的基本情况。海淀园管委会产业规划发展处处长孟涵、海淀园企业工委副书记刘永水分别就海淀园自主创新、科技产业发展建设、科技人才等方面的政策及相关情况作了介绍。双方就下一步合作达成了初步意向。

3月18日 中国农业科学院召开传达贯彻全国“两会”精神干部大会。会上，院党组成员、人事局局长贾连奇从会议概况、会议主要精神、代表委员审议讨论情况和“三农”问题备受关注4个方面传达了十一届全国人大三次会议和全国政协十一届三次会议的精神。全国政协常委、我院环发所原所长林而达介绍了2010年“两会”的提案情况及近年来参加政协有关考察活动的情况。全国政协委员、我院生物所原所长黄大昉介绍了参加“两会”的切身体会，重点介绍了关于“转基因”问题的提案情况。院党组副书记罗炳文就中国农业科学院贯彻落实“两会”精神作重要指示。院离退休院领导、京区各单位领导班子成员和党办主任、院机关副处级以上干部、离退休党总支委员，共140人参加了会议。

3月21日至4月1日 唐华俊副院长率中国农业科学院代表团访问了西班牙和法国。出访期间，代表团同西班牙国家农业与食品技术研究院召开了两院双边工作组会议和科学家峰会，访问了法国农业科学研究院阿维尼翁研究中心并召开科学家座谈会，参加了在法国蒙彼利埃市召开的全球农业科技发展大会。本次出访进一步加深了与西班牙和法国相关农业科研单位的沟通与了解，确立了在已有合作伙伴关系基础上急需拓展的合作领域和合作方式；同时，通过参加全球农业科技发展大会，全面了解了全球农业科技发展趋势、面临的机遇和挑战，宣传了我国农业科技发展的成就，加强了我国在国际舞台上的话语权。

3月25日 院党组书记薛亮主持召开院党组理论中心组学习会。在家院领导，院属京区各研究所主要负责同志，院机关各部门、研究生院及出版社主要负责同志共20余人参加了学习。本次理论中心组学习会，邀请了不久前参加哥本哈根世界气候大会的院农业与气候变化研究中心主任林而达和中美农业环境中心主任董红敏2位研究员作专题报告。本次学习会还围绕专家的主题报告进行了热烈的讨论，交流了大家关心的热点问题，并结合中国农业科学院发展提出了工作建议。

3月29日 院党组书记薛亮会见了来访的法国参议员、勒韦市长Alain Chatillon先生一行4人。薛亮对法国客人的来访表示欢迎并向外宾简要介绍了中国农业科学院的重点科研领域以及国际合作情况，双方就农业转基因生物技术和科技成果转化等共同关心的问题交换了意见。

3 月 30 日　中国农业科学院第六届学术委员会第五次会议在北京召开。来自全国有关省（市）农业科学院、高等院校、中国科学院以及中国农业科学院的共 117 位委员出席了会议。会议开幕式由院学术委员会副主任委员刘旭主持。院学术委员会主任委员翟虎渠作了题为“强化实施管理，谋划未来发展，全面完成‘十一五’科技工作任务”的工作报告。

3 月 31 日　全国党建研究会科研院所专委会召开第一届第二次全体委员会议。中国农业科学院完成的《实行院所长负责制的农业科研院所发挥党组织、党员作用的实践与思考》课题报告获得全国党建研究会科研院所专委会 2009 年度调研课题优秀成果二等奖，中共中央组织部原部长、全国党建研究会顾问张全景到会讲话并对获奖单位进行了颁奖。中国农业科学院党组副书记、科研院所专委会副主任委员罗炳文出席会议。

四月

4 月 4～5 日　翟虎渠院长一行到中国农业科学院南繁基地调研，并亲切慰问南繁工作人员。考察期间，翟虎渠先后深入水稻所陵水大洋基地、作科所、生物所南滨农场南繁基地、棉花所大茅、荔枝沟南繁基地，走访了三亚市南繁科学技术研究院、福建省南繁中心。翟院长感谢广大南繁工作者为全院科技创新工作所做的巨大贡献，代表院党组对南繁工作人员及家属表示亲切慰问，并发放了慰问金。雷茂良副院长，院党组成员、人事局贾连奇局长，相关部门及研究所的领导同志陪同参加了考察活动。

4 月 7 日　由中国农业科学院举办、南京农业大学外国语学院承办的“中国农业科学院英语培训班（第三期）”正式开班。院党组成员、人事局局长贾连奇出席了开班仪式并讲话，南京农业大学副校长胡锋致欢迎词。南京农业大学外国语学院党委书记景桂英主持开班仪式。本期培训班不仅有来自中国农业科学院 23 个研究所的 23 名科研骨干，中国热带农业科学院也派出 11 位科研人员参加为期 3 个月的脱产英语培训。

4 月 7～14 日　为落实海峡两岸农业交流协会与台湾省相关机构达成的交流合作计划，进一步了解中国台湾农业、农村和农民的情况，推动中国农业科学院与台湾省相关机构的农业科技交流与合作，应中国台湾中华农学会的邀请，海峡两岸农业交流协会副会长、中国农业科学院党组书记薛亮率代表团一行 8 人对中国台湾有关涉农组织、机构和大学进行了考察访问，访问获得了圆满成功，取得了良好成效。

4 月 9 日　为贯彻落实《农业部贯彻落实 2010 年反腐倡廉工作任务的分工意见》，传达“农业部学习贯彻国务院廉政工作会议精神暨反腐倡廉工作任务分工会议”精神，中国农业科学院召开贯彻落实 2010 年反腐倡廉工作任务分工会议。会议由院党组成员、人事局局长贾连奇主持，院党组副书记、党组纪检组组长罗炳文出席会议并讲话。院属京内各单位、院机关各部门党政主要负责人和纪检监察干部、院直属机关纪委委员和院监察局全体同志参加了会议。

4 月 10 日　北京市委常委、海淀区委书记赵凤桐一行来中国农业科学院考察调研，目的是探讨与中国农业科学院建立沟通合作的长效机制，加快推进中关村国家自主创新示范区核心区建设，促进区域资源统筹，实现海淀区与中国农业科学院共赢。院领导翟虎渠、雷茂良、刘旭、罗炳文、贾连奇及院属有关单位和机关有关部门领导陪同参观和参加座谈。

4月12~18日 翟虎渠院长赴菲律宾参加2010年度国际水稻研究所（IRRI）理事会议。其间访问了菲律宾国家农业研究委员会（PCARD），探讨加强两国农业科技合作的重点领域和合作机制。翟虎渠2009年12月经农业部和国际农业研究磋商组织（CGIAR）推荐、国际水稻研究所理事会人选委员会审核同意并报请国务院批准，2010年1月当选为国际水稻研究所理事。国际水稻研究所理事会由15名全球范围内水稻科研和管理领域的知名专家组成，是国际水稻研究所的最高决策机构。

4月13日 唐华俊副院长会见了来访的法国食品卫生安全署副署长Valérie Baduel女士一行3人，双方就加强未来科技合作交换了意见并达成共识。法国食品卫生安全署是主要从事环境风险评估、公共卫生、食品安全以及动植物卫生的公共管理机构，它通过开展科学研究为政府决策提供科学依据和技术支持，并与世界动物卫生组织和欧盟食品安全局等国际机构有着密切的合作关系。

4月15日 中国农业科学院召开2008~2009年度院直属机关先进基层党组织、优秀共产党员、优秀党务工作者评选会。评选会上，在认真听取各单位情况介绍的基础上，评选委员会采取无记名投票表决的方式，评选出院级先进基层党组织、院级优秀共产党员和院级优秀党务工作者。

4月19日 为支持玉树抗震救灾工作，中国农业科学院组织开展向玉树地震灾区捐款活动，各级党组织接到通知后，广泛动员干部群众踊跃捐款。本次捐款活动中，中国农业科学院京区单位3 000余名干部职工共捐款647 609.3元。

4月19日 翟虎渠院长会见了来访的甘肃省张掖市委书记陈克恭一行，双方就张掖绿洲现代农业试验示范区建设和院地科技合作有关情况进行了座谈交流。翟虎渠建议张掖市在加快示范区建设的同时，积极申报国家现代农业示范区创建项目，争取国家项目资金等方面更大的支持，中国农业科学院将全力支持和参与张掖绿洲现代农业试验示范区建设。

4月20日 由农业部、商务部、科技部、环保部、中国国际贸易促进委员会、国家质量监督检验检疫总局、中华全国供销合作总社、国家外国专家局、中国农业科学院、国家旅游局、国家标准化管理委员会、中国科学技术协会、中国农业大学和山东省人民政府联合主办的第十一届中国（寿光）国际蔬菜科技博览会在山东省寿光市开幕，翟虎渠院长出席开幕式。

4月21日 按照国务院办公厅和农业部办公厅《关于为青海玉树地震遇难同胞举行哀悼活动的通知》要求，中国农业科学院组织和安排了对青海省玉树地震遇难同胞的深切哀悼活动。全天中国农业科学院下半旗志哀，院属各单位、院机关各部门停止一切娱乐活动，报纸、网站换黑白色志哀。院属各单位、院机关各部门的各类会议和活动，在开始时默哀一分钟。

4 月 26 日　从在湖北枝江市召开的“高油油菜新品种现场观摩暨油菜产业发展研讨会”上获悉，2008 年通过国家审定的中国目前含油量最高的油菜新品种“中双 11”在全国示范推广第一年就达 50 万亩。“中双 11”是油料所以王汉中研究员为首的团队选育的，含油量高达 49. 04%，比长江流域一般推广品种高 8 个百分点以上；平均亩产 167. 23 千克；平均亩产油量 82 千克，比对照增加 6. 31%。“中双 11”具有高抗倒伏、强抗裂角、株高中等偏矮等特点，成为目前我国最适合于机械化收获的油菜品种。

4 月 26 日　中国农业科学院与黑龙江省农业科学院举行科技合作座谈会。双方交流了 2010 年第三届国际农业科学院院长高层研讨会筹备情况，协商了合作培养研究生事宜，商议了黑龙江省人民政府同中国农业科学院《农业科技战略合作协议》的具体工作方案。黑龙江省农业科学院韩贵清院长，苏俊、肖志敏、刘娣副院长，中国农业科学院翟虎渠院长及有关单位负责人参加了座谈会。唐华俊副院长主持会议。

4 月 27 日　2010 年全国劳动模范和先进工作者表彰大会在北京人民大会堂隆重举行，党中央、国务院对全国 2 985 名在各行各业作出突出成就的劳动者授予全国劳动模范和先进工作者荣誉称号。胡锦涛、吴邦国、温家宝、贾庆林、李长春、习近平、李克强、贺国强、周永康等党和国家领导人出席大会，胡锦涛总书记发表重要讲话。中央领导同志为获得全国劳动模范和先进工作者代表颁发荣誉证书。中国农业科学院生物技术研究所郭三堆研究员、油料作物研究所李云昌研究员、兰州兽医研究所柳纪省研究员作为农业科研工作者的杰出代表分别荣获 2010 年全国劳动模范、全国先进工作者光荣称号。

五月

5 月 5 日　新疆阿勒泰地区地委副书记张政一行来中国农业科学院考察，交流探讨合力推动阿勒泰地区农牧业发展、调整边疆地区农业产业结构、推进农业产业化经营、加强农业科技合作等事宜。中国农业科学院党组书记薛亮、副院长唐华俊及院办公室、科技局和作科所、环发所、蔬菜所、畜牧所、加工所等单位的领导和科研人员参加座谈。唐华俊主持座谈会。

5 月 6 日　中国农业科学院与江西省人民政府科技合作工作座谈会在南昌召开。江西省委常委、副省长陈达恒和中国农业科学院院长翟虎渠出席座谈会并讲话。来自江西省委农工部、省政府办公厅、发改委、财政厅、科技厅、农业厅、农业科学院以及我院相关研究所和职能部门共 80 位领导和专家参加了座谈会。

5 月 8 日　中国农业科学院选派的第二批 28 名科研骨干启程赴加拿大圭尔夫大学进行为期 3 个月的英语强化培训和学术交流。唐华俊副院长，院党组成员、人事局贾连奇局长出席了培训动员会并为大家送行。此次培训班将通过英语交流基本技能训练、专业英语技能训练、学术交流模拟训练及参加对口实验室学术活动，全面提高学员的英语听说及写作能力，同时增强对加拿大人文、社会及民俗等多方面的深入了解。

5月12日 中国农业科学院组织召开了Science论文“Bt棉花种植对我国盲椿象区域性种群演化的影响”座谈会，就植保所吴孔明课题组于5月14日在《Science》杂志网络版发表的此项研究成果及意义展开了座谈。农业部和国家自然科学基金委有关领导、方智远院士、郭予元院士、刘旭副院长等专家和领导以及新华社、科学时报和农民日报等媒体出席了会议。

5月13日 翟虎渠院长会见了来访的河南省新乡市委常委、副市长王晓然一行，双方就中国农业科学院新乡综合试验基地建设工作进行了座谈交流。刘旭副院长主持座谈会。院办公室，科技局相关负责人参加座谈。

5月13日 农业部部长韩长赋一行到我院蜜蜂所，实地考察了蜜蜂所科研、蜂产品检测和成果转化情况。韩长赋对蜜蜂所近年来各方面发生的显著变化以及科研工作取得的进展表示充分肯定。翟虎渠院长，农业部总经济师、办公厅主任陈萌山，畜牧业司司长王智才及院办公室，科技局等部门负责人陪同考察。

5月14日 《Science》杂志网络版发表了植保所吴孔明团队论文“Bt棉花种植对盲椿象种群区域性灾变影响机制”。吴孔明研究小组以我国华北地区商业化种植Bt棉花为案例，系统研究了1997~2009年间Bt棉花商业化种植对非靶标害虫盲椿象种群区域性演化的影响。这一研究成果明确了我国商业化种植Bt棉花对非靶标害虫的生态效应，为阐明转基因抗虫作物对昆虫种群演化的影响机理提供了理论基础，对发展利用Bt植物可持续控制重大害虫区域性灾变的新理论、技术有重要指导意义。

5月16日 翟虎渠院长赴廊坊产业园现场办公并视察工作，对产业园建设发展提出了具体要求。翟虎渠考察了畜牧所优质牧草试验示范基地建设项目和作科所试验基地工作情况；询问了特产所试验基地和畜牧所生物饲料与兽药研发中心建设工作情况；研究提出了饲料所试验基地解决方案；查看了园区绿化美化、精品果树展示园建设等提质改造工程，就有关遗留问题提出解决意见。刘旭副院长，科技管理局王晓举副局长，饲料所蔡辉益所长等陪同视察。

5月17日 上海世博会中国馆“希望大地”展区开始展出由中国农业科学院水稻所选育的超级稻品种“中早22”，该品种计划展示3期，每期时间为8~10天。“中早22”于2006年获得农业部超级稻品种认定。作为参加单位之一，水稻所从2009年5月开始派专家一直参与上海世博会水稻展区的前期准备工作，提出了水稻品种筛选方案，提供了部分试验和展示用品种种子，从栽培、化控等角度提出技术方案，指导世博会期间的水稻展示工作，为世博会水稻展示作出了贡献。

5月19日 英国伯明翰大学校长David Eastwood教授致信中国农业科学院院长翟虎渠教授，鉴于翟虎渠教授在农业科学研究领域所作出的突出贡献，伯明翰大学董事会一致通过决议，授予翟虎渠教授伯明翰大学的科学博士荣誉称号。

5月19日 农业部职工游泳比赛在朝阳区郡王府体育中心游泳馆举行。农业部系统47个单位248名职工参加了比赛。中国农业科学院选派了财务局、植保所、资源区划所、加工所和质标所5个单位的8名运动员参加比赛。经过一天紧张激烈的比赛，中国农业科学院运动员克服年龄偏大、训练时间较短等困难，共取得7个第一名、4个第二名、1个第三名的好成绩。

5月20日 中国农业科学院与江西省宜春市人民政府在北京举行科技合作座谈会。唐华俊副院长以及蔬菜所、畜牧所等7个单位的主要领导和专家，宜春市人民政府周志平副市长以及市、县有关部门和企业的领导共22人参加了座谈会。

5月26日至6月6日 院党组书记薛亮率团对德国、波兰及奥地利进行了为期12天的访问，与上述国家有关科研单位签署科技合作协议和举行双边合作工作组会议，调研其科研管理体制和运行机制。本次出访进一步加深了与相关国家农业科研单位和国际机构的沟通与了解，确立了在已有合作关系的基础上急需拓展的合作领域和合作方式。访问取得圆满成功，为今后进一步加强中国农业科学院与上述农业科研机构之间的交流与合作奠定了良好的基础。

5月28日 为了协调解决中国农业科学院昌平（南口、马池口）试验基地面临的困难与问题，中国农业科学院和昌平区人民政府在南口中试基地联合召开了工作协调会。刘旭副院长和昌平区政府方炎副区长出席协调会并讲话。

5月28日 经农业部党组会议研究决定，张燕卿任副局级干部，援藏3年。

5月30~31日 中国农业科学院2010年财务工作会议在郑州召开。农业部财务司邓庆海巡视员、科教司杨礼胜处长，中国农业科学院雷茂良副院长等出席会议。院属各单位分管财务的领导和财务机构负责人共计87人参加了会议。此次财务工作会议总结了过去两年的经验和不足，特别强调了财务管理规章制度和业务常识的学习和普及，强调了财务管理队伍的建设，对今后的工作提出了要求，为提高全院财务保障能力奠定了较好的基础，为全院今后一段时期财务工作指明了方向。

六月

6月3日 院党组副书记、纪检组组长罗炳文同志以“认真学习贯彻《廉政准则》深入推进反腐倡廉建设”为题，为京区各单位领导班子成员、纪检监察干部、机关处级以上党员干部130余人讲了一堂丰富、生动的廉政党课。廉政党课是宣传月活动的重要内容之一，标志着中国农业科学院党风廉政建设宣传月活动拉开序幕。会议由院党组成员、人事局局长贾连奇主持。

6月8~13日 院党组成员、人事局局长贾连奇率团对韩国进行为期6天的访问，先后出席了农经所与韩国农村经济研究院合作交流10周年庆祝活动暨中国大米生产与供需研讨会和第七届东北亚农业政策研究论坛。通过此次出访，进一步加深了中国农业科学院农经所与韩国、日本农业经济研究单位的沟通与了解，为进一步加强多边交流与合作奠定了良好的基础。

6月10日 日前，李源潮同志对中国农业科学院“杰出人才工程”实施情况作出重要批示，农业部领导提出了明确要求。中国农业科学院举行人才工作座谈会，围绕如何贯彻落实领导批示精神，深入学习领会全国人才工作会议精神和《国家中长期人才发展规划纲要（2010～2020年）》精神，广泛征求各位专家的意见与对策建议，共商中国农业科学院人才发展大计。院长翟虎渠、院党组书记薛亮，农业部人事劳动司周清副司长、人才工作处崔鹏伟处长、科技教育司政策体系处严东权处长出席会议，院杰出人才代表、部分研究所领导、院科技局、人事局、财务局有关领导参加会议。会议由薛亮主持。

6月11～12日 农业风险与食物安全国际学术研讨会在北京友谊宾馆召开。本次大会以农业风险和食物安全为主题，旨在分享国内外在农业风险和食物安全管理方面的最新成果，应对全球天气变化、国际市场价格剧烈波动带来的不利影响。中国农业科学院院长翟虎渠出席开幕式并讲话，国家食物与营养咨询委员会主任、农业部原常务副部长万宝瑞，农业部市场与信息司张兴旺副司长，农业部国际合作司处长刘忠蔚，以及国际食物政策研究所亚洲事务主任 Ashok Gulati、英国 DFID 北京办事处 Halima Begum 女士等出席开幕式并讲话，世界银行、联合国粮食与农业组织等有关国际机构代表也出席了开幕式。国际食物政策研究所所长樊胜根出席会议并演讲。开幕式由中国农业科学院副院长唐华俊主持。

6月23～27日 为把中国农业科学院与黑龙江垦区的合作继续推向深入，在2009年9月中国农业科学院组团考察的基础上，在农业部农垦局胡建锋副局长的陪同下，薛亮书记带领作科所、植保所、蔬菜花卉所、环发所、畜牧兽医所、资源区划所、灌溉所、水稻所、果树所、哈兽研所、农机化所、院办公室、科技局、后勤服务中心14个单位的主要领导和专家，考察了黑龙江省农垦总局及其所属有关单位，研究探讨与黑龙江垦区深入开展科技合作问题。

6月24日至7月3日 中国农业科学院副院长刘旭院士率团访问了总部位于秘鲁的国际马铃薯中心和巴西农牧研究院。科技部农村科技司副司长郭志伟、国家发改委高技术产业司调研员阮高峰，中国农业科学院哈尔滨兽医研究所、生物技术研究所、国际合作局的有关领导陪同出访。

6月24日 中国农业科学院第三期外事培训班和外事管理座谈会在哈尔滨召开。会上介绍了我国外事管理的新政策和“十二五”国际合作重点，并就我院国际合作工作面临的问题、挑战以及外事审批和国际合作网上办公系统进行专题讲座。外交部外事管理司宋敬武副司长，农业部国际合作司谢建民副司长和中国农业科学院唐华俊副院长以及来自院属33个研究所的近90位代表参加了本次会议。

6月25日 十一届全国人大常委会在北京人民大会堂举行第十六讲专题讲座，题目是《农业转基因技术和安全管理》。吴邦国委员长主持讲座。讲座主讲人是中国农业科学院生物技术所研究员黄大昉。他从发展转基因技术的必要性、我国转基因育种发展现状与挑战、转基因生物安全管理等三个方面作了深入讲解。

6月26日 为推动落实“科技北京”行动计划，推进中关村国家自主创新示范区建设，充分发挥中国农业科学院的科技创新优势，发展首都高端农业、培育战略性新兴产业，中国农业科学院与北京市科委、北京市农委、中关村管委会、海淀区政府、中关村发展集团共同签署了《首都农业高端发展“5 +1”战略合作协议》。院长翟虎渠、副院长雷茂良、党组副书记罗炳文、副院长唐华俊、党组成员贾连奇，北京市委常委赵凤桐、副市长夏占义出席签约仪式。

6 月 30 日　中国农业科学院隆重召开庆祝建党 89 周年暨创先争优活动动员大会，表彰院 2008 ~2009 年度“先进基层党组织、优秀共产党员和优秀党务工作者”，对在全院基层党组织和广大党员中深入开展创先争优活动进行动员部署。院领导翟虎渠、薛亮、罗炳文、唐华俊、贾连奇出席大会。院党组书记薛亮在大会上讲话，院党组副书记罗炳文主持会议。

6 月 30 日　我国著名土壤与植物营养学家、土壤肥料长期定位监测的奠基人、中国工程院院士、中国农业科学院原副院长、中国植物营养与肥料学会原理事长刘更另院士因病医治无效，于 9 时 18 分在北京逝世，享年 81 岁。中国农业科学院成立了由翟虎渠院长任组长，院党组书记薛亮和院党组成员、人事局局长贾连奇任副组长的刘更另同志治丧小组。

6 月 30 日　农业部召开纪念建党 89 周年暨“两优一先”表彰大会，对农业部 2008 ~2009 年度直属机关先进基层党组织、优秀共产党员和优秀党务工作者进行了表彰，中国农业科学院直属机关党委荣获“农业部先进基层党组织”称号，蔬菜所方智远院士、作科所何中虎研究员荣获“农业部优秀共产党员”称号，农经所党委书记任爱荣荣获“农业部优秀党务工作者”称号，并代表优秀党务工作者发言。

七月

7 月 2 日　中国农业科学院组织召开了“第三届国际农业科学院院长高层研讨会”筹备进展通报会。来自 23 个国家的近 30 名外交官，包括贝宁、肯尼亚、马达加斯加和纳米比亚的驻华大使应邀出席会议。农业部国际合作司谢建民副司长、中国农业科学院唐华俊副院长等出席会议。

7 月 2 日　中国农业科学院第三期英语培训班结业典礼在南京农业大学外国语学院举行。南京农业大学副校长徐翔教授出席典礼，中国农业科学院党组成员、人事局局长贾连奇出席典礼并作总结讲话。

7 月 5 日　翟虎渠院长会见了来访的俄亥俄州立大学校长 E. Gordon Gee 博士一行 8 人，翟虎渠向客人简要介绍了中国农业科学院的机构设置、科研进展和国际合作等方面的情况，双方签署了新一轮合作谅解备忘录。唐华俊副院长等参加了会见。

7 月 5 ~6 日　中共中央、国务院在北京召开西部大开发工作会议。大会向在西部大开发工作中作出突出贡献的先进集体和先进个人代表颁奖。中国农业科学院被授予“国家西部大开发突出贡献集体”荣誉称号。西部大开发战略实施以来，中国农业科学院在国家发改委、科技部、农业部等上级部门的领导和支持下，充分发挥自身优势，通过加强科技合作，加速科技成果转化应用和先进适用技术示范推广，加大对西部高层次科技人才和农村实用人才的培养力度，为西部地区农业和农村经济发展、新农村建设作出积极贡献。

7月6日 刘更另院士遗体告别仪式在北京八宝山革命公墓举行。刘更另院士逝世后，中共中央总书记、国家主席胡锦涛向刘更另院士的逝世表示悼念并向其家属致以慰问。党和国家领导人温家宝、习近平、李克强、回良玉、刘延东、李源潮送了花圈。原中共中央政治局常委、国务院总理朱镕基亲自致电表示慰问。农业部、中国工程院、国家林业总局等有关部门领导韩长赋、危朝安、张桃林、旭日干，中国农业科学院翟虎渠、薛亮、卢良恕、杨岩、沈桂芳、刘志澄，中国科学院院士和中国工程院院士邱式邦、任继周、南志标、邓秀新，刘更另院士的亲属、生前好友、同事、学生等共120多人送了花圈。原农业部副部长刘成果、洪绂曾，中国农业科学院领导翟虎渠、薛亮、刘旭、罗炳文、唐华俊、贾连奇，中国工程院院士卢良恕、任继周、南志标、方智远、郭予元，刘更另院士生前工作、学习、生活过的地方、单位，兄弟农业科学院、大学的代表，刘更另院士亲属、生前好友、同事和学生共200多人参加了遗体告别仪式。

7月6日 中国农业科学院举行2010届研究生毕业典礼暨学位授予仪式。院领导翟虎渠、薛亮、刘旭、罗炳文、唐华俊、贾连奇以及院属各单位院机关各部门领导、导师代表、教工代表及2010届全体毕业生参加了毕业典礼。

7月8日 全国人民代表大会常务委员会委员、农业与农村委员会副主任委员刘振伟一行10人，就《农业技术推广法》立法后评估工作来中国农业科学院调研，与中国农业科学院有关领导及部门负责人举行了座谈。座谈会由中国农业科学院党组书记薛亮主持。唐华俊副院长、院办公室、科技管理局、农经所等有关单位和部门的负责人及专家参加了座谈。

7月9日 中国农业科学院党组副书记罗炳文出席解放军艺术学院2010年毕业典礼，并为获得“共建杯”的优秀学员颁奖。自2006年起，为了鼓励解放军艺术学院学员刻苦学习、多出人才，中国农业科学院出资设立了“共建杯”优秀学员奖，每年在毕业典礼上对政治思想好、学习成绩优、作风纪律严、综合素质高、表率作用强的军艺学员进行表彰和奖励，取得了很好的效果。这届共有20名学员获此殊荣。

7月12日 中国农业科学院召开第六次全国人口普查工作动员大会，传达国务院、北京市第六次全国人口普查工作会议有关精神，并对全院开展人口普查工作进行动员部署。院党组副书记、院第六次全国人口普查领导小组组长罗炳文出席会议并讲话。

7月12~13日 由中国农业科学院和甘肃省人民政府等单位主办、张掖市人民政府承办的“绿洲论坛”在甘肃省张掖市举行。中国农业科学院院长翟虎渠、原十届全国人大农业和农村委员会副主任路明、中国科学院兰州分院院长程国栋、国家林业总局科技司副司长杜纪山等出席开幕式，并为“中国农业科学院试验示范基地”、“张掖绿洲现代农业试验示范区”揭牌。翟虎渠一行还对张掖绿洲现代农业试验示范区、临泽县大沙河流域综合治理工程、沅博肉牛养殖场等地进行了考察。

7月14日　中国农业科学院翟虎渠院长到兰牧药所、兰兽研所检查工作，听取了两所的工作汇报，并就构建和谐研究所、科技创新和科技产业化作了讲话。翟虎渠还专程看望了百岁老人、原兰州畜牧所所长、我国著名动物营养学家杨诗兴先生。院办公室、科技局、直属机关党委、作科所、环发所、畜牧所、蔬菜所等有关领导陪同视察。

7月15~16日　中国农业科学院薛亮书记到特产所调研。在特产所领导的陪同下，薛亮考察了特研药业、试验站、综合实验楼、长春综合研究中心等，听取了关于研究所的历史沿革、基本情况、科研、产业及未来规划的情况汇报，并作重要指示。

7月16日　中国农业科学院与国家外国专家局签署了《关于引进外国智力为农业科技发展服务合作框架协议书》。人力资源和社会保障部副部长、国家外国专家局局长季允石和中国农业科学院院长翟虎渠代表双方在协议上签字，签字仪式由唐华俊副院长主持，国家外专局及中国农业科学院有关单位的领导出席了签字仪式。

7月18日　中国农业科学院与江西省宜春市人民政府科技合作协议签字仪式在宜春举行。院党组副书记罗炳文和宜春市副市长周志平分别代表双方在协议书上签字。蔬菜花卉研究所、北京畜牧兽医研究所、农产品加工研究所、农业资源与农业区划研究所和中国水稻研究所分别与宜春市万载县人民政府签署了有机蔬菜及百合鲜切花科技合作、畜禽产业科技合作、有机农产品加工科技合作、宜春（万载）现代有机农业示范区总体规划合作和优质水稻产业科技合作等协议。

7月23日　薛亮书记主持召开院党组会议。会议研究了加工所、信息所、果树所、农经所、研究生院、水稻所、特产所、资源区划所有关人事问题；传达学习了全国农业厅局长座谈会与全国农业农村人才工作会议精神；研究了出版社体制改革有关问题。院领导翟虎渠、雷茂良、刘旭、罗炳文、唐华俊、贾连奇出席会议。

7月23日　中国农业科学院与解放军艺术学院举办了“两院庆八一联谊会”。院领导翟虎渠、薛亮、雷茂良、刘旭、罗炳文、贾连奇出席联谊会，翟虎渠代表院党组和广大干部职工向解放军艺术学院的各位领导和全院师生致以节日的祝贺和亲切的问候。

7月24日至8月1日　中国农业科学院唐华俊副院长率代表团赴美国和加拿大，分别访问了美国汤森路透科技集团、马里兰大学、国际农业研究磋商组织（CGIAR）、全球环境基金（GEF）以及加拿大圭尔夫大学。出访期间，代表团利用参加中国农业科学院第二期专业与英语强化培训班毕业典礼的机会，与圭尔夫大学共同召开了“第二届中国农业科学院与圭尔夫大学农业科技合作战略研讨会”，双方确立了作物科学、动物科学和食品安全3个重点合作领域，并讨论了合作渠道和方式。

7月25~26日　中国农业科学院草原所、欧亚温带草原研究中心、国合局在呼和浩特联合举办了“欧亚温带草原家庭牧场适应性管理国际研讨会”。农业部原副部长、中国草原学会名誉理事长洪绂曾，中国农业科学院副院长刘旭以及内蒙古科技厅等单位的领导出席。

7月27日　中国农业科学院党组进行理论中心组学习，翟虎渠院长主持学习并作总结讲话。院党组理论中心组成员重点学习了胡锦涛总书记在中央纪委第五次会议上的讲话和《党员领导干部廉洁从政若干准则》，传达了全国农业农村人才工作会议和全国农业厅局长座谈会议精神。院党组成员薛亮、雷茂良、罗炳文和院机关各部门、后勤服务中心主要负责同志参加理论中心组学习会。

7月28日至8月1日 中国农业科学院刘旭副院长率团参加了在墨西哥举办的中墨两国常设委员会第四次会议。双方就中墨政府间常设委员会第三次会议以来农业工作组的工作进展、农牧业双边合作、渔业水产业双边合作、农业投资与农产品贸易合作和农业国际事务中的合作5个议题进行了交流，取得了共识，并签署了会议纪要。

7月29日 中国农业科学院召开所办企业“小金库”专项治理工作布置会。会议传达了中央有关文件以及《中国农业科学院所办企业“小金库”专项治理工作方案》的文件精神，对所办企业“小金库”专项治理工作进行了部署。雷茂良副院长出席会议并讲话。

7月29日 中国农业科学院第二批加拿大英语培训班结业典礼在圭尔夫大学举行，唐华俊副院长出席结业仪式并讲话。唐华俊副院长对学员们圆满完成学习任务表示祝贺，肯定了大家在提升英语能力方面所取得的成效，对圭尔夫大学的大力支持表示感谢，希望双方今后进一步加强相关领域的合作与交流。来自中国农业科学院的28名专家和科研、业务骨干参加了培训。

八月

8月4日 科技部农村科技司陈传宏司长率司领导班子成员及各职能处负责同志专程来中国农业科学院开展工作调研和座谈。中国农业科学院翟虎渠院长出席座谈会，刘旭副院长就中国农业科学院基本情况、发展思路、“十一五”科技工作进展、“十二五”优先发展领域等作了汇报。

8月5日 中国农业科学院在宁夏回族自治区贺兰县召开了贺兰现代农业综合示范县建设工作现场观摩会。唐华俊副院长出席会议并讲话。自2009年中国农业科学院贺兰现代农业综合示范县开始建设以来，通过中国农业科学院和贺兰县的共同努力，有效地促进了贺兰优质粮、菜、果、奶等产业的发展，增加了农民收入，并且成为首批国家现代农业示范区。

8月5~8日 翟虎渠院长到草原所检查指导工作，与所领导班子成员及主要职能部门负责人进行了座谈。在草原所期间，翟虎渠还考察了草原所鄂尔多斯综合试验站。

8月6日 国际玉米小麦改良中心（CIMMYT）主任、副主任一行访问中国农业科学院，并同作科所签署了CAAS-CIMMYT联合国际研究中心（JIRC）玉米合作项目负责人聘任协议，聘任CIMMYT高级科学家徐云碧博士为玉米项目负责人。刘旭副院长出席签字仪式。

8月6~10日 由农业部、宁夏回族自治区人民政府主办，中国农业科学院等单位协办的第二届中国（宁夏）园艺博览会在银川市贺兰县宁夏园艺产业园举行。中国农业科学院组织6个单位的专家参加了博览会。唐华俊副院长出席开幕式。

8月9~11日 中国农业科学院在北京举行了《中国农业科学》创刊50周年暨第四届世界农业科学前沿高层论坛。中国农业科学院院长、《中国农业科学》主编翟虎渠在纪念大会上致辞。会议由中国农业科学院副院长、《中国农业科学》副主编刘旭院士主持。

8月10日 中国农业科学院唐华俊副院长会见来华参加第三届国际农业科学院院长高层研讨会的罗马尼亚农林科学院院长一行4人，双方就共同关心的问题交换了意见。

8月10~16日 中国农业科学院举办第二期创新团队首席科学家研修班。院党组书记薛亮作重要讲话，对提高团队首席科学家的综合素质提出了要求。院党组成员、人事局局长贾连奇出席会议。来自全院的25位创新团队首席科学家参加了研修班。

8月11日 中国农业科学院召开2010年院党组民主生活会征求意见座谈会。院党组书记薛亮、副书记罗炳文出席会议。罗炳文代表院党组通报了2009年院党组民主生活会整改措施的落实情况。各单位党组织主要负责人，机关各局、后勤服务中心综合处处长和院工青妇组织负责人等30多人参加会议。

8月12~14日 由黑龙江省人民政府、中国农业科学院、联合国粮农组织（FAO）和国际农业研究磋商组织（CGIAR）共同主办，黑龙江省外国专家局和黑龙江省农业科学院承办的“第三届国际农业科学院院长高层研讨会”在哈尔滨召开。全国政协副主席、民进中央常务副主席罗富和，黑龙江省省长栗战书，中国农业科学院院长翟虎渠，FAO总干事代表、研究与技术推广司司长安东·马格斯、CGIAR基金会秘书长王韧等出席会议并讲话。会议期间，翟虎渠还主持召开了中国农业科学院国际顾问委员会第二届会议和中国、巴西、印度、美国、加拿大、俄罗斯、荷兰和法国等主要农业大国国家农业科学院院长参加的国际合作机制工作会议。

8月12日 中国农业科学院国际顾问委员会第二届会议在哈尔滨召开，包括世界粮食奖得主Monty Jones博士在内的5名顾委会成员参加了会议，为中国农业科学院发展献计献策。国际农业研究磋商组织基金会主席王韧博士应邀出席。翟虎渠院长在会上向顾委会成员介绍了中国农业科学院近年来取得的科技成就和下一步工作设想，详细介绍了中国农业科学院在科技创新、平台建设和国际合作方面将要采取的重大举措。

8月18日 凝聚中国农业科学院京区各单位2 762名干部职工爱心的618 252元捐款送至农业部，用于支持甘肃舟曲特大山洪泥石流救灾工作。甘肃省舟曲县突发特大泥石流灾害后，中国农业科学院各级党组织广泛动员干部职工踊跃捐款，发扬“一方有难、八方支援”的精神，全力支持舟曲特大山洪泥石流救灾工作，帮助灾区人民度过难关。

8月18日 农业部第六批“西部之光”访问学者培养工作总结会在京召开。中组部人才工作局肖友江副处长、农业部人事劳动司魏琦副巡视员出席总结会。中国农业科学院党组成员、人事局局长贾连奇主持会议。院人事局、研究生院和相关研究所负责人，部分培养导师以及访问学者共50余人参加了大会。

8月20日 经农业部党组会议研究决定，戴小枫任中国农业科学院农产品加工研究所所长，免去魏益民的中国农业科学院农产品加工研究所所长职务；秦富任中国农业科学院农业经济与发展研究所所长，任爱荣任中国农业科学院农业经济与发展研究所党委书记；王东阳任中国农业科学院农业信息研究所党委书记，免去许世卫的中国农业科学院农业信息研究所党委书记职务；韩惠鹏任中国农业科学院研究生院党委书记、常务副院长；郝志强任中国农业科学院果树研究所党委书记。

8月20日 中国农业科学院唐华俊副院长会见来访的委内瑞拉农业发展部副部长丹尼克丝·阿庞德女士。唐华俊向客人简要介绍了中国农业科学院机构设置、发展战略等方面的情况，并表示中国农业科学院愿意在双方政府间合作框架下进一步加强同委内瑞拉有关科研机构在作物育种、设施农业、畜禽疫病防控以及人才培养等领域的交流与合作，共同为中委友好和农业科技进步作出新的贡献。

8月21～22日 由中国农业经济学会和山东省人民政府共同主办、以“加大城乡统筹力度，协调推进工业化、城镇化和农业农村现代化”为主题的中国农业经济学会2010年年会暨学术研讨会在济南市召开。中国农业科学院院长翟虎渠出席会议作大会报告。来自全国28个省（区、市）政府部门、高等院校、科研单位的专家学者160多人参加了会议。

8月22～23日 中国农业科学院翟虎渠院长率领院有关单位的领导和专家，赴江苏省连云港市东海县和灌南县进行了考察，就双方进一步开展科技合作举行了座谈。翟虎渠在江苏省农委副主任蔡恒、连云港市副市长邱志高等领导的陪同下，先后考察了养牛基地、鲜切花产业园、设施蔬菜产业园、现代农业科技示范区和部分食用菌公司，并为“中国农业科学院东海农业综合试验站”和“中国农业科学院（灌南）食用菌产业园”揭牌。

8月23日 中国农业科学院兰州牧药所与新疆畜牧科学院在乌鲁木齐签署“中国农业科学院兰州畜牧与兽药研究所与新疆维吾尔自治区畜牧科学院学科共建合作协议”。农业部畜牧业司王宗礼副司长、中国农业科学院雷茂良副院长、新疆维吾尔自治区畜牧科学院何海源书记等出席了签字仪式。

8月27日 中国农业科学院召开2010年第二次安全生产工作会议。中国农业科学院党组副书记、院安全生产委员会主任罗炳文就中国农业科学院上半年安全生产工作情况和今后一段时间的工作安排及要求作了讲话。中国农业科学院党组成员、人事局局长、院安全生产委员会副主任贾连奇传达了《国务院安全生产委员会全体会议精神传达提纲》。院安全生产委员会委员和京区各单位、院机关各部门主管安全生产工作的领导参加了会议。

8月28～30日 中国农业科学院党组书记薛亮、农业部畜牧业司副司长杨振海一行6人到草原所及内蒙古自治区牧区考察调研。薛亮一行参观了草原所遥感监测实验室、牧草种质中期库和草业机械中试车间，考察了草原所沙尔沁牧草资源重点野外科学观测试验站和鄂尔多斯沙地草原生态环境重点野外科学观测试验站等，听取了所领导关于研究所在科学研究、试验基地建设、创新团队建设、科技兴农兴牧、国际合作与交流等方面的工作汇报，与科研人员代表、中层管理人员进行座谈，并深入牧区和农户家中进行了调研。

8 月 30 日至 9 月 3 日　中国农业科学院 2010 年新入职人员岗前培训在京举行，院党组副书记、直属机关党委书记罗炳文出席培训班开幕式并作重要讲话，院机关和京内外 30 个研究所新接收的 205 名高校毕业生、博士后及留学生参加了此次培训并进行了拓展训练。

九月

9 月 1 ~ 4 日　由中国农业科学院主办，中国科学院、中国农业大学、南京农业大学、深圳华大基因研究院、国际玉米小麦改良中心协办的“第二十届国际小麦族作图大会暨第二届中国小麦基因组大会”在北京召开。中国农业科学院翟虎渠院长出席大会并致辞，刘旭副院长、中国工程院董玉琛院士、程顺和院士出席了开幕式。来自 28 个国家和国际组织的 300 余名中外代表出席了会议。

9 月 2 日　薛亮书记主持召开院党组会议。会议研究了加工所、农经所、信息所、研究生院、出版社、果树所、特产所、农机化所、烟草所、基建局人事任免事项。院领导翟虎渠、刘旭、罗炳文、唐华俊、贾连奇出席会议。

9 月 2 ~ 4 日　中国农业科学院唐华俊副院长率领有关单位的领导和专家考察四川省南充市，同当地有关部门就进一步开展合作举行了座谈，并授予南充市“中国农业科学院川东北农业科技成果转化中心”牌匾。

9 月 6 ~ 8 日　中国农业科学院党组书记薛亮一行 3 人到烟草所考察调研。薛亮一行参观了农业部烟草产业产品质量监督检验测试中心实验室、农业部转基因烟草环境安全监督检验测试中心实验室，考察了烟草所青州所区、青岛试验基地，听取了所领导关于研究所在科技创新、学科团队建设、成果转化、服务“三农”、党建和精神文明建设等方面的工作汇报，并分别与中层以上干部和离退休职工代表进行座谈。在青岛期间，薛亮书记还考察了山东中烟工业公司青岛卷烟厂。

9 月 6 ~ 16 日　中国农业科学院雷茂良副院长率团对俄罗斯农业科学院和匈牙利科学院进行了访问。代表团分别与俄罗斯农业科学院、匈牙利科学院专家进行座谈，共同探寻拓展合作领域的可能性，以推进更深层次、更广泛领域的农业科研合作。院办公室、畜牧所、烟草所等相关领导陪同出访。

9 月 7 日　以中国农业科学院农业资源与农业区划研究所为依托单位、副院长唐华俊研究员任首席科学家的“气候变化对我国粮食生产系统的影响机理及适应机制研究”启动。该项目是科技部 2010 年启动的“全球变化研究国家重大科学研究计划”

中唯一与农业相关的专项。全球变化研究是继蛋白质研究、量子调控研究、纳米研究、发育与生殖研究之后的第五个国家重大科技专项。

9月7日 北京市和海淀区人大代表、中国农业科学院党组副书记罗炳文先后召开农影社区选民代表、农业科学院选民代表座谈会，征求选民意见，倾听选民呼声，并深入社区和居民宿舍区实地视察，了解议案的落实情况。

9月7~9日 中国农业科学院在新疆石河子举办氮肥高效利用与管理高峰论坛暨新型氮肥增效剂节肥增产现场会。中国农业科学院院长翟虎渠出席会议，来自中国科学院、中国农业大学、南京农业大学、石河子大学和产业界代表170人参会。

9月9~18日 中国农业科学院唐华俊副院长赴比利时和意大利，出席欧盟主办的“迈向2020年以知识为基础的生物经济”大会和CFS举办的“世界粮食安全委员会粮食安全与营养问题高级专家组指导委员会”会议。在此期间，作为第一届世界粮食安全委员会粮食安全与营养问题高级专家组指导委员会委员，唐华俊于9月15~17日参加了世界粮食安全委员会粮食安全与营养问题高级专家组指导委员会第一次会议。

9月10日 中国农业科学院翟虎渠院长出席农业部在新疆乌鲁木齐召开的全国农业援疆工作座谈会。会上，中国农业科学院作了农业援疆工作典型发言，介绍了中国农业科学院农业科技援疆工作和成效。翟虎渠一行还对新疆维吾尔自治区畜牧科学院进行了考察，双方签署了科技援疆协议。

9月13~14日 由中国作物学会主办的“中国作物学会第九次全国会员代表大会暨2010学术年会会议”在沈阳市召开。中国农业科学院翟虎渠院长作了题为“科技创新与现代农业”的报告，论述了新中国成立以来我国农业科技取得的成就，对未来5年至10年我国农业科技发展的战略目标进行了勾画。中国科学院副院长李家洋、中国作物学会荣誉理事长王连铮以及来自相关单位的代表共800多人出席会议。

9月13~16日 由中国农业科学院和美国中兽医学会主办，中国农业科学院兰牧药所承办的首届中兽医药学国际学术研讨会在兰州举行。中国农业科学院党组书记薛亮出席大会并致辞，他指出，这次会议的举行，是中兽医药学在国际范围内的第一次广泛交流，对促进中兽医药学在国际上的推广和应用有着极其重要的意义。来自美洲、欧洲、亚洲的180余位中外专家参加了此次会议。

9月15~16日 中国农业科学院院长翟虎渠，院党组成员、人事局局长贾连奇到果树所检查指导工作。翟虎渠一行听取了研究所基本情况、科研业务开展情况、干部队伍和科研团队建设情况、党建和精神文明建设情况、内部管理与制度建设情况以及存在的主要问题等方面的汇报，视察了研究所办公区、试验区、住宅区和砬子山试验基地，公布了农业部、院党组对果树所领导班子调整的决定，并召开了座谈会。

9月19日 中国农业科学院院长翟虎渠，院党组成员、人事局局长贾连奇到加工所指导工作，并宣布了农业部、院党组对加工所领导班子调整的决定。翟虎渠要求加工所全体职工在新一届领导班子的带领下，紧紧抓住当前的各种机遇，作出更大的成绩。

9月19日 国家麻类产业技术体系“十二五”聘任人员遴选工作会议暨中国农业

科学院麻类加工酶制剂中试车间启动仪式在麻类研究所举行。中国农业科学院刘旭副院长和农业部科教司、湖南省、长沙市等单位领导及有关专家近120人参加了会议。

9月21日 中国农业科学院唐华俊副院长会见联合国亚太农业工程与机械中心主任郝乐儒（LeRoy Hollenbeck）先生，双方就如何进一步加强合作交换了意见。唐华俊向郝乐儒简要介绍了中国农业科学院的机构设置和学科建设等基本情况，并表示双方在沙漠化治理、耕作技术等方面有广泛的合作前景，期待双方能够加深了解、促进合作。

9月25日 依托中国农业科学院植保所建设的“国家农业生物安全科学中心工程”开工庆典在京举行。国家发改委高新司副司长刘艳荣、农业部计划司副司长张辉、中国农业科学院党组副书记罗炳文以及院办公室、科技局、财务局、基建局、畜牧所、加工所等单位的领导和嘉宾应邀出席庆典仪式。

9月25日 进一步推进全民健身，增强职工体质，营造良好的体育文化氛围，中国农业科学院工会举办了京区职工趣味运动会。中国农业科学院党组副书记、直属机关党委书记罗炳文以及直属机关党委其他领导为获奖单位代表颁发奖杯。

9月26~29日 由农业部主办、中国农业科学院承办的“APEC地区粮食生产能力与粮食安全国际研讨会”在北京召开。农业部国际合作司副司长谢建民、中国农业科学院副院长唐华俊及外交部国际司有关人员先后作开幕式致辞。来自亚洲、美洲、大洋洲的12个APEC成员体的专家以及中国农业科学院、中国科学院、北京大学、南开大学等单位的代表共120余人参加了此次研讨会。

9月28~29日 中国农业科学院党的建设和思想政治工作研究会第五届理事会第三次会议暨深化创新文化建设工作会在上海召开。中国农业科学院院长翟虎渠，院党组副书记、直属机关党委书记罗炳文，院党组成员、人事局局长贾连奇等出席了会议。翟虎渠在会上回顾了过去10年中国农业科学院各项工作和我国农业科技事业的发展，对当前有关农业科技的若干热点问题进行了解读，对中国农业科学院创新文化建设的成果给予充分肯定，并对院“两研会”的工作和党的工作提出要求。

十月

10月1日 中国科学院院士、中国农业科学院植保所一级研究员邱式邦迎来百岁寿辰。中央政治局委员、国务院副总理回良玉发来贺信。受回良玉委托，农业部部长韩长赋在中国农业科学院党组书记薛亮、农业部人事劳动司司长梁田庚、科教司司长白金明、办公厅副主任张合成等人的陪同下探望了邱式邦院士。

10月9日 中国农业科学院与安徽省人民政府在合肥签署农业科技战略合作协议。翟虎渠院长和安徽省副省长赵树丛分别代表双方在协议上签字。根据协议内容，中国农业科学院将在决策咨询、联合组织实施国家农业科技重大项目、围绕新增粮食产能开展联合科技攻关、高新科技人才培养、试验示范基地建设与成果转化、农业科技信息交流与服务6个方面与安徽省开展合作。

10月10～11日 由中国农业科学院主办、上海市农业科学院承办的中国农业科研院所党的建设和思想政治工作研究会（简称全国“两研会”）第三届理事会第三次会议在上海举行。中国农业科学院党组书记薛亮出席大会并讲话，院党组副书记、全国“两研会”常务副会长罗炳文就下一步工作作了安排。来自30个省（市、区）的36个理事单位的代表参加了会议。

10月11日 中国农业科学院研究生院2010级新生开学典礼在京隆重举行。中国农业科学院院长兼研究生院院长翟虎渠，副院长唐华俊，院党组成员、人事局局长贾连奇，机关各部门、京内所、研究生院领导，研究生院导师代表、优秀教师代表、相关企业代表和学生共900余人参加了开学典礼。

10月11～14日 由中国农业科学院作物科学研究所与中国科学院遗传发育所联合承办、国家自然基金委员会资助的“第四届亚洲动植物染色体会议”在北京召开。中国农业科学院副院长刘旭院士在开幕式上致欢迎辞。来自日本、韩国、印度、中国、泰国、美国、英国、荷兰、俄罗斯等国家的近200名代表参加了此次染色体研究领域的盛会。

10月12日 天津市与“三院两校”（中国农业科学院、中国农业大学、中国林业科学研究院、中国水产科学研究院和中国海洋大学）农业科技合作交流会在天津举行，中国农业科学院院长翟虎渠、副院长唐华俊出席会议。翟虎渠与天津市人民政府副市长李文喜共同为“中农威特（天津）生物医药有限责任公司”揭牌，天津市与“三院两校”共同签署了农业科技合作协议书。

10月12～20日 中国农业科学院举办2010年所（局）级领导干部培训班。学习期间，翟虎渠院长向学员们介绍了国际、国内农业科研发展的历史、现状、趋势以及中国农业科学院近年的发展情况，帮助大家进一步认清了农业科技发展形势，明确了肩负的责任和使命。中国农业科学院党组成员、人事局局长贾连奇出席开幕式并讲话。来自全院30个单位的40位副所（局）级领导干部参加培训。

10月15日 中国农业科学院作物科学所主办“大豆高产育种学术研讨会暨王连铮先生八十华诞庆祝会”。中国农业科学院院长翟虎渠、院党组书记薛亮、副院长刘旭、中国工程院院士盖钧镒、全国农技中心主任夏敬源等领导出席庆祝活动并致辞，对王连铮先生为我国农业生产作出的杰出贡献给予高度评价，对他的科学、奉献、敬业精神给予高度赞扬，对他在科学发展和人才培养等方面付出的心血及取得的成绩表示衷心感谢。来自全国科研单位和大专院校的100余位大豆科技工作者到会祝贺。

10月15日 中国农业科学院唐华俊副院长接待了英国诺丁汉大学副校长鲍勃·韦伯教授、科研部主任理查德·马斯特曼博士一行，双方就加强院校间农业科技合作、促进科研人员的互访交流、召开双边农业峰会、签署合作谅解备忘录等议题深入交换了意见。

10月18日 中国农业科学院唐华俊副院长会见来访的埃及农业部副部长法迪尔·诺西尔博士一行。唐华俊向客人介绍了中国农业科学院的机构设置、科研进展、国际合作以及我国农业推广体制等方面的情况，建议双方在现有良好合作基础上，通过科技人员交流、共同举办专题研讨会等方式进一步深化和拓展双方在相关农业科技领域的交流与合作，努力推动两国农业科技共同进步。

10月19日　中国农业科学院召开干部大会宣布院领导班子调整任免决定，农业部党组成员、人事劳动司司长梁田庚出席大会，翟虎渠院长讲话，院党组书记薛亮主持会议。梁田庚宣读了农业部党组关于任命王韧同志担任中国农业科学院副院长、党组成员的决定和农业部党组关于免去雷茂良同志中国农业科学院副院长、党组成员的决定。在京院领导、京区直属单位领导班子成员、院机关全体干部近160人参加了会议。

10月19日　薛亮书记主持召开院党组会议，研究院领导分工等事项。院领导翟虎渠、王韧、刘旭、罗炳文、唐华俊、贾连奇出席会议。

10月19日　科技部农村中心贾敬敦主任一行来中国农业科学院调研，翟虎渠院长和刘旭副院长参加了调研活动。刘旭介绍了中国农业科学院的科技工作情况和发展思路，贾敬敦主任结合中共中央十七届五中全会精神，对中国农业科学院新时期发展提出了指导性意见，希望在推动加快转变农业发展方式中作出更大贡献。

10月20日　中国农业科学院院长翟虎渠会见墨西哥农业、牧业、乡村发展、渔业和食品部部长佛朗西斯科·马略卡·卡斯塔涅塔一行。双方就中墨农业发展及推进中墨农业合作等问题交换了意见。农业部国际合作司副司长谢建民，中国农业科学院副院长唐华俊等参加会见。

10月26日　中国农业科学院郑州果树研究所建所50周年庆祝大会在郑州隆重举行。中共中央政治局委员、国务院副总理回良玉发来贺信。中共中央候补委员、中国农业科学院院长翟虎渠，河南省省长助理何东成，农业部人事劳动司副司长冯广军，中国农业科学院党组成员、人事局局长贾连奇，河南省农业厅副厅长薛豫宛，郑州市副市长王哲，中国工程院院士束怀瑞和来自全国部分农业科研、高教机构和中国农业科学院各单位的领导和专家学者以及郑果所干部职工500多人出席会议。

10月26～27日　中国农业科学院在河南省新乡市召开新乡综合试验基地工作会议，听取院相关单位和新乡县的工作汇报，考察实验楼等工程项目，了解田间试验区的建设和入驻研究所科研试验工作的开展情况。翟虎渠院长和新乡市副市长王晓然出席会议并讲话，刘旭副院长，院党组成员、人事局局长贾连奇，院机关各部门、院属有关研究所的领导出席会议。

10月26日至11月5日　中国农业科学院党组副书记罗炳文率团到斯洛伐克、捷克和保加利亚进行了为期11天的访问，与上述国家的有关科研单位举行了会谈，参观了相关农场、实验室等科研设施，加深了与东欧国家农业科研单位的沟通与了解，进一步确立了合作领域和合作方式。

10月30日　“邱式邦院士学术思想研讨会暨百岁寿辰庆祝会”在中国农业科学院学术报告厅隆重举行。农业部科教司副司长刘艳宣读了国务院回良玉副总理给中国农业科学院发来的邱式邦院士百岁寿辰贺信。农业部、中国农业科学院、中国科学院院士工作局、上海理工大学、中国植物保护学会、中国昆虫学会等有关单位的领导，卢良恕院士、郭予元院士、刘旭院士，邱先生的同事、朋友、弟子，邱式邦院士夫人段醒男先生及家属等约150人出席活动。庆祝会由中国农业科学院党组书记薛亮主持，院长翟虎渠，副院长王韧、唐华俊出席庆祝会。

十一月

11月1日 中国农业科学院柑橘研究所举行50周年所庆。农业部部长韩长赋发来贺信，对柑橘所成立50年来取得的成绩给予充分肯定。农业部副部长张桃林，中共重庆市委常委、市人民政府常务副市长马正其，中央候补委员、中国农业科学院院长翟虎渠，全国人大常委、国际柑橘学会主席、华中农业大学校长邓秀新院士，西南大学党委书记黄蓉生、校长王小佳为柑橘研究所成立50周年题词。中国农业科学院副院长王韧出席庆祝大会并致辞。

11月1日 第十七届中国杨凌农业高新科技成果博览会开幕，中国农业科学院唐华俊副院长率团参加此次盛会。在本届农高会上，中国农业科学院集中展示了适于西部地区推广和应用的30余项最新农业科技成果和先进实用技术。环发所、饲料所的专家与10余家企业和科技机构进行了科技合作洽谈。

11月1~2日 由中国农业科学院、重庆市科委和重庆市外专局主办，柑橘研究所承办的“泛太平洋地区国际柑橘学术交流会”在重庆举行。中国农业科学院王韧副院长出席会议并致开幕辞。来自美国、澳大利亚、巴西、埃及、南非、日本、韩国等8个国家和地区以及国内柑橘主产区的专家学者123人参加会议。

11月2日 中国农业科学院与深圳市人民政府签署协议，合作共建现代农业生物育种创新示范区。中国农业科学院王韧副院长与深圳市副市长袁宝成分别代表双方签约。中国农业科学院院长翟虎渠，广东省委常委、深圳市委书记王荣，市委副书记、市长许勤，市委常委、秘书长王毅等出席签约仪式。

11月3日 农业部第七批“西部之光”访问学者欢迎座谈会在中国农业科学院召开，中国农业科学院党组成员、人事局局长贾连奇出席会议并讲话。院党组高度重视“西部之光”访问学者培养工作，一直把它作为一项重要的政治任务来抓，院属有关单位、培养导师严格落实责任制，增强服务意识，已经顺利完成了六批“西部之光”访问学者的培养工作。

11月4日 农业部部长韩长赋到中国农业科学院调研创先争优活动开展情况，实地考察了质标所和蔬菜花卉所实验室和试验地，召开了座谈会，听取中国农业科学院党组书记薛亮汇报中国农业科学院开展创先争优活动的情况。座谈会由翟虎渠院长主持，副院长王韧、刘旭，院党组成员、人事局局长贾连奇以及院办公室、直属机关党委等主要领导参加调研活动。

11月4日 中国农业科学院翟虎渠院长会见来访的拜耳作物科学公司生物科学全

球总裁 Joachim Schneider 博士一行，双方就进一步加强农业科技领域的合作交换了意见。翟虎渠回顾了双方业已开展的合作，积极评价了所取得的成果，并对合作过程中存在的问题提出了建议。

11月5日　薛亮书记主持召开院党组会议。会议研究了后勤服务中心、灌溉所、郑州果树所、生物所、蔬菜花卉所、沼气所、资源区划所、人事局等有关领导班子换届与人事问题及其他事项。院领导翟虎渠、王韧、刘旭、罗炳文、贾连奇出席会议。

11月5日　中国农业科学院党组召开理论中心组学习扩大会，传达贯彻党的十七届五中全会精神、农业部党组理论中心组学习会精神和农业部部长、部党组书记、部创先争优活动领导小组组长韩长赋在中国农业科学院检查指导创先争优活动时的重要讲话。会议由院党组书记薛亮主持，院长翟虎渠作总结讲话。副院长王韧、院党组副书记罗炳文、院党组成员、人事局局长贾连奇以及院属京区各单位、院机关各部门主要负责人共40余人参加了学习扩大会。

11月7~13日　应越南农业与农村发展部部长高德发和国际水稻研究所理事会秘书威廉·帕多里纳博士的邀请，中国农业科学院院长翟虎渠赴越南河内参加了第三届国际水稻大会、水稻科技发展部长级圆桌会议和2010年度国际水稻研究所理事会会议。在越南期间，翟虎渠还分别与印度农业科学院院长、日本国家农林渔业技术创新学会会长举行会谈。此外，翟虎渠还访问了越南农业科学院，与越南农业科学院院长商讨了双方农业科技合作的重点领域和合作机制。

11月8日　中国农业科学院王韧副院长会见来访的法国国家食品环境及劳动卫生署署长马克·莫图赫一行4人。王韧向客人介绍了中国农业科学院的机构设置、优先科研领域及国际合作等方面的情况，回顾了近年来中国农业科学院与法国有关农业科研机构之间的交流与合作情况，并将于近期共同签署科技合作谅解备忘录，希望双方以此为契机，通过科研人员交流、项目合作研究等形式开展互利双赢的农业科技交流与合作。

11月10日　中国农业科学院广阳现代农业综合示范区重点项目启动仪式在廊坊市广阳区举行。王韧副院长出席仪式并讲话。启动仪式后，王韧一行专程赴中国农业科学院廊坊园区考察指导工作，听取了园区工作情况汇报，考察了蔬菜新品种选育试验示范区、生物饲料与兽药研发中心，参观了园区提质改造工程、科技成果展览室、精品果树展示园等。科技局、蔬菜所、畜牧所、郑果所等相关领导出席启动仪式。

11月10~14日　中国农业科学院信息所同中国高科技产业化研究会现代农业与航天育种工作委员会、中国热带农业科学院在海南共同举办“转方式、调结构、发展现代农业高层论坛”。中国农业科学院刘旭副院长出席会议并作主题报告。

11月14日　翟虎渠院长到油料作物所调研，考察了油料所武昌本部基地、阳逻综合试验基地，对阳逻基地的发展给予了肯定。

11月15~16日　中国农业科学院2010年人事劳动工作会议暨组织人事干部培训班在成都召开。农业部人事劳动司副司长冯广军，中国农业科学院党组成员、人事局局长贾连奇出席此次培训班。院属各单位、院机关各部门40余名人事工作负责人参加了此次培训班。

11月19日 翟虎渠院长主持召开中国农业科学院“十二五”科技发展规划汇报会，听取院“十二五”科技发展规划工作领导小组办公室关于“十二五”科技发展规划和科技平台、试验基地两个专项规划的工作汇报。院党组书记薛亮、副院长刘旭、唐华俊出席汇报会，薛亮、刘旭等也分别对“十二五”科技规划工作提出了具体意见。院属京区各单位、院机关各部门的负责人参加会议。

11月24日 翟虎渠院长会见来访的国际马铃薯中心主任帕米拉·安德森女士一行6人。国际马铃薯中心是第一个在中国农业科学院设立办事处的国际组织，随着2010年2月中国政府与国际马铃薯中心签署在中国成立国际马铃薯中心亚太分中心的协议，国际马铃薯中心亚太分中心又成为第一个在中国设立的农业科研国际组织。农业部国际合作司副司长卢肖平，中国农业科学院副院长王韧以及国际合作局相关领导参加会见。

11月24日 中国农业科学院建三江试验基地和中国农业科学院九三试验基地揭牌仪式在哈尔滨举行。农业部农垦局副局长胡剑锋，黑龙江省农垦总局副局长徐学阳，中国农业科学院副院长刘旭及院科技局主要领导为基地揭牌。

11月25日 中国农业科学院党组副书记、全国党建研究会科研院所专委会副主任委员罗炳文出席在广西召开的科研院所专委会2010年度课题成果交流会暨年会。中国科学院、中国农业科学院、中国社会科学院、中国林业科学院、中国医学科学院等12家国家级科研院所以及中国科学院分院的党组织负责人参加会议。

11月26日 经农业部党组会议研究，并征得中共兰州市委同意，决定：免去才学鹏的中国农业科学院兰州兽医研究所所长（中国动物卫生与流行病学中心兰州分中心主任)、党委书记职务。

11月26日 中国农业科学院2010年度孟山都奖学金颁奖仪式在京举行，孟山都公司中国区总裁凯文·艾博文、中国农业科学院副院长刘旭出席并讲话。刘旭介绍了孟山都公司与中国农业科学院的交流合作情况，希望通过开展科学家峰会、联合开展合作项目、建立联合实验室等多层次、多形式的合作模式促进双方的全面合作。

11月28日 由江苏省人民政府、中国农业科学院、中国农学会主办的中国首届（徐州）现代农业科技成果交易会在江苏省徐州市举行。中国农业科学院院长翟虎渠等领导出席会议并讲话。来自美国、日本、韩国、泰国等15个国家的专家学者，国内100多家农业科研院校和100多家农业龙头企业的代表参加会议。

11月29日至12月2日 由中国农业科学院主办，中国热带农业科学院承办的第十五届全国农业科学院系统外事协作网会议在海南省文昌市召开。农业部国际合作司副司长姚向君、科技部国际合作司副司长马林英、国家外国专家局经济技术专家司副司长冯立民、中国农业科学院副院长唐华俊、中国热带农业科学院院长王庆煌出席大会开幕式并致辞。来自全国25个省（市、区）农（牧）科学院的80多名代表参加了会议。

11月30日 中国农业科学院翟虎渠院长会见来访的阿根廷农业科学院院长卡洛斯·卡尔萨米盖先生一行3人。翟虎渠对卡尔萨米盖先生的来访表示欢迎，对阿方积极参加中国农业科学院主办的第三届国际农业科学院院长高层研讨会表示感谢。

11 月 30 日　中国农业科学院党风廉政建设领导小组召开 2010 年第二次会议，对年初布置的反腐倡廉分工任务的完成情况进行年终总结。会议由院党组副书记、纪检组组长罗炳文主持。院党风廉政建设领导小组成员及院党风廉政建设领导小组办公室成员参加了会议。

十二月

12 月 2 日　由农业部妇工委组织、中国农业科学院妇工委承办的农业部直属机关司局级女干部座谈交流活动在中国农业科学院举行。中央国家机关妇工委主任王玉玲，农业部总经济师、部妇工委主任张玉香以及 30 多位农业部直属机关司局级女干部莅临中国农业科学院指导妇女工作。中国农业科学院副院长唐华俊出席座谈会并讲话。

12 月 3 日　薛亮书记主持召开院党组会议。会议研究了人事局、生物技术所、农业资源与区划所、沼气所、科技局、基建局、科技产业办、国际合作局以及果树研究所、哈尔滨兽医所、上海兽医所、草原所、天津环保所人事任免事项；研究了所（局）级领导干部年度考核工作；听取罗炳文副书记传达“农业部全面推行廉政风险防控管理动员部署会”的会议精神；翟虎渠院长通报了有关基金会拟与中国农业科学院合作的情况。院领导翟虎渠、王韧、刘旭、罗炳文、唐华俊、贾连奇出席会议。

12 月 5 日　由中国农业科学院农业环境与可持续发展研究所及其所属企业北京中环易达设施园艺科技有限公司主办的“植物工厂创新成果发布会”在中国农业科学院报告厅举行。中国农业科学院副院长王韧出席发布会并讲话。

12 月 5 ~ 6 日　国家发展和改革委员会主持召开中国农作物基因资源与基因改良重大科学工程国家验收会。验收委员会一致同意该项目通过国家验收，给出了“建设单位按批复完成了全部建设任务，项目管理规范，工程质量合格，运行良好，开放共享度高，成效显著，使我国具有了世界先进、国内领先的作物基因资源与基因改良研究核心设施和技术平台”的高度评价。中国农业科学院院长翟虎渠、副院长刘旭出席会议并讲话。

12 月 7 ~ 8 日　由中国农业科学院主办、中国农业科学院技术转移中心和北京市技术市场管理办公室承办的“2010 中国农业科技与经济高层论坛”在京举行。中国农业科学院院长翟虎渠、院党组书记薛亮、副院长王韧、农业部市场与经济信息司司长钱克明、科技部农村技术开发中心主任贾敬敦、中国热带作物科学院党组书记雷茂良等出席了论坛开幕式。

12 月 9 日　中国农业科学院与云南省德宏傣族景颇族自治州人民政府农业科技合作协议签字仪式在德宏州芒市举行。中国农业科学院院长翟虎渠和德宏州州长孟必光分别在合作协议上签字。翟虎渠还考察了中国农业科学院茶叶研究所德宏州普洱茶试验基地、德宏州农科所以及德宏州农业企业。

12月10日 中国农业科学院召开2010年国际合作工作总结及“十二五”发展规划汇报会。农业部国际合作司王鹰司长率领全司主要部门领导和工作人员出席汇报会，并就中国农业科学院国际合作工作和“十二五”规划作出指示。汇报会由中国农业科学院副院长唐华俊主持。

12月10～12日 由广东省江门市人民政府、广东省农业厅联合主办，中国农业科学院作为支持单位的第二届江门市农业博览会在江门举行。中国农业科学院副院长王韧出席开幕式，并为广东省开平市国家现代农业示范区揭牌。

12月11日 第三届中国·东海花卉博览会在江苏省东海县开幕，中国农业科学院党组副书记罗炳文应邀出席开幕式并讲话。博览会期间，罗炳文参观了鲜切花、精品盆景和苗木艺术以及特色农产品展示和展销，还参观考察了东海县万亩设施蔬菜园区和万亩鲜切花生产基地。

12月16日 薛亮书记主持召开院党组会议。会议研究了院领导分工，听取了关于院创新文化建设相关的视觉形象识别系统、著名科学家遴选及展示等有关情况的汇报；通报了出版社人员分流有关情况。院领导翟虎渠、王韧、刘旭、罗炳文、李金祥出席会议。

12月18日 中国农业科学院湖南祁阳农田生态系统国家野外科学观测研究站举行建站50周年纪念活动。翟虎渠院长出席纪念活动并讲话，翟虎渠还为已故祁阳站第一任站长、中国工程院院士刘更另铜像揭幕，并为祁阳站实验楼落成剪彩，为红壤丰碑揭幕，还栽植了纪念树。

12月19日 翟虎渠院长到中国农业科学院麻类所调研，考察了麻类加工酶制剂中试车间，参观了研究所展厅，并召开了座谈会。

12月23日 中央党校第48期省部级干部进修班的学员来中国农业科学院参观考察并座谈。院长翟虎渠，院党组书记薛亮，党组副书记罗炳文，党组成员、人事局局长贾连奇及院机关有关部门负责人参加了座谈会。会议由薛亮主持，翟虎渠介绍了中国农业科学院的基本情况、“十五”以来主要科技成就和“十二五”发展战略。会后，学员们参观了中国农业科学院作物科学所、生物技术所及农业环境与可持续发展研究所的相关设施与实验室。

12月27日 由挂靠中国农业科学院植物保护研究所的中国植物保护学会生物入侵分会等单位主办的第三届全国生物入侵大会在海口召开，中国农业科学院副院长王韧出席会议并讲话。此次会议以“全球变化与生物入侵”为主题，针对我国入侵生物的预防预警、检测监测、控制管理等方面的理论与技术，尤其是全球气候变化下的生物入侵这一热点与前沿问题展开广泛交流。

12月29日 中国农业科学院社区老年活动中心启用仪式在中国农业科学院举行。农业部副部长牛盾，国务院机关事务管理局副局长尚晓汀，中组部老干部局副局长赵宝江，农业部离退休干部局局长杨军，中国农业科学院党组副书记罗炳文，院党组成员、人事局局长贾连奇，北下关街道办事处主任林德江出席启用仪式。国家发改委、财政部等 17 个部委分管离退休干部工作的领导和农业部离退休干部工作领导小组成员单位领导应邀出席。

12 月 30 日　中国农业科学院与招商资本（香港）有限公司合作意向书签字仪式在中国农业科学院农业经济研究所举行。中国农业科学院院长翟虎渠、副院长王韧、招商证券股份有限公司董事长宫少林、招商证券（香港）有限公司副总经理丰羽、北京众志阡陌农业发展中心执行干事长马世青等领导出席签字仪式。翟虎渠与宫少林、农经所所长秦富与丰羽分别在合作意向书上签字。

十二、附　　录

附录一

中国农业科学院科技期刊及报纸一览表

序号	主办单位	主管单位	刊物名称	创刊时间	类别	主编	副主编/主任	电话	刊号	联系人及电话	电子邮件	网址	刊期
1	中国农业科学院（信息所承办）	农业部	中国农业科学	1960	学术类	翟虎渠	路文如	82106282	CN11-1328/S ISSN0578-1752	张以民 82106280	zgnykx @ mail. caas. net. cn	www. chinaagrisci. com	半月刊
2	中国农业科学院（信息所承办）	农业部	Agricultural Sciences in China	2002	学术类	翟虎渠	路文如	62191637	CN11-4720/S ISSN1671-2927	孙雷心 82109808	zgnykx @ mail. caas. net. cn		月刊
3	中国农业科学院（质标所承办）	农业部	农产品质量与安全	2003	综合类	翟虎渠	钱永忠	82106522	CN11-5896/S ISSN1674-8255	李　艳 82106522	aqs @ caas. net. cn		双月刊
4	中国农业科学院（信息所承办）	农业部	农业科技通讯	1972	技术类	曾祥秀	刘　东	82109664	CN11-2395/S ISSN1000-6400	刘　东 82109664	tongxun @ caas. net. cn		月刊
5	中国农业科学院（信息所）、国家食物与营养咨询委员会	农业部	中国食物与营养	1995	技术类	许世卫	李志强 安成福	82109761	ISSN1006-9577 CN-3716/TS	刘　宏 82109761	foodandn @ 263. net	www. sfncc. org. cn	月刊
6	中国作物学会、作科所	中国科学技术协会	作物学报	1950	学术类	万建民	程维红	82108548	CN 11-1809/S	程维红 13910672689	chengwh @ mail. caas. net. cn	www. chinacrops. org/ zwxb/	月刊
7	中国作物学会、作科所	中国科学技术协会	作物杂志	1985	技术类	赵　明	姚　杰	82108790	CN11-1808/S	姚　杰 13681491781	yaoj@ mail. caas. net. cn	zwzz. chinajournal	双月刊

（续表）

序号	主办单位	主管单位	刊物名称	创刊时间	类别	主编	副主编/主任	电话	刊号	联系人及电话	电子邮件	网址	刊期
8	作科所、中国种子协会	农业部	中国种业	1982	技术类	王述民	刘根泉	82109494	CN11-4413/S ISSN1671-895X		chinaseedqks@sina. com		月刊
9	作科所、中国农学会	农业部	植物遗传资源学报	2000	学术类	刘　旭	刘根泉	82109494	CN11-4996/S ISSN1672-1810		zwyczyxb2003@sina. com		季刊
10	中国植物保护学会	中国科学技术协会	植物保护	1963	技术类	吴孔明	王　音	62819059	CN11-1982/S ISSN0529-1542		zwbh1963@263. net	www. ipmchina. net; zwbh. chinajournal. net. cn	双月刊
11	蔬菜花卉所	农业部	中国蔬菜	1981	技术类	孙日飞	龚一凡	82109550	CN11-2326/S ISSN1000-6346		zgsc@mail. caas. net. cn	www. cnveg. org, www. cnveg. com. cn	月刊
12	中国园艺学会	中国科学技术协会	园艺学报	1962	技术类	方智远	赵　华	82109523	CN11-1924/S ISSN0513-353X		yuanyixuebao@126. com	www. ahs. ac. cn	双月刊
13	植保所、中国植物保护学会	农业部	中国生物防治学报	1985	学术类	杨怀文	王立霞	82109774	ISSN 2095-039X CN 11-5973/S	王立霞 13699223039	wanglixia@caas. net. cn		季刊
14	环发所	农业部	中国农业气象	1979	学术类	雷水玲		82109774	CN11-1999/S ISSN1000-6362		leishl@cjac. org. cn	www. ami. ac. cn	季刊
15	中国畜牧兽医学会	中国科协	畜牧兽医学报	1956	学术类	文　杰	任　鹏	62815987	CN11-1985/S; ISSN0366-6964	任　鹏 62815987	xmsyxb@263. net	www. xmsyxb. com	月刊
16	畜牧所	农业部	中国畜牧兽医	1974	技术类	李　琍	赵连生	62816020	CN11-4843/S ISSN1671-7236		gwxm@263. net	www. chinaahvm. com	月刊
17	蜜蜂所、中国养蜂学会	农业部	中国蜂业	1934	综合类	李海燕	方兵兵	62598244	CN11-5358	刘世丽 62595931	zgyf2008@126. com	www. bee1934. org	旬刊

（续表）

序号	主办单位	主管单位	刊物名称	创刊时间	类别	主编	副主编/主任	电话	刊号	联系人及电话	电子邮件	网址	刊期
18	中国原子能学会、原子能所	农业部	核农学报	1987	学术类	徐步进	高美须	62815961	CN11-2265/S	裴　颖 62815961	hnxb5109@263.net	www.hnxb.org	双月刊
19	中国农业经济学会、中国农业科学院农业经济与发展研究所	农业部	农业经济问题	1980	学术类	秦富	李玉勤	82108705	CN11-1323/F	李玉勤	nyjjwt @ mail.caas.net.cn	www.iaecn.cn	月刊
20	中国农业技术经济研究会、中国农业科学院农业经济与发展研究所	农业部	农业技术经济	1982	学术类	朱希刚	李玉勤	82108705	CN11-1883/S	李玉勤	nyjjwt @ mail.caas.net.cn	www.iaecn.cn	月刊
21	资划所、中国植物营养与肥料学会	农业部	中国土壤与肥料	1964	技术类	黄鸿翔	张　华	82109637	CN11-5498/S ISSN1673-6257		trfl@caas.ac.cn	trfl.chinajournal.net.cn	双月刊
22	中国植物营养与肥料学会	农业部	植物营养与肥料学报	1994	学术类	金继运	张成娥	82108653	CN11-3996/S	徐晓芹 82108653	zwyf@caas.ac.cn; zwyf@china-journal.net.cn	www.plantnutrifert.org	双月刊
23	资划所、全国农业资源区划办公室	农业部	中国农业资源与区划	1980	学术类	唐华俊	张　华	82109637	CN11-3513/S ISSN1005-9121		Quhuabjb0141@126.com		双月刊
24	资划所	农业部	中国农业信息	1989	技术类	王道龙	张华	82109637	CN11-4922/S		Zgnyxx001@126.com		月刊
25	信息所	农业部	农业图书情报学刊	1984	学术类	贾善刚		82109667	CN11-2711/G2		xuekan @ caas.net.cn		月刊

（续表）

序号	主办单位	主管单位	刊物名称	创刊时间	类别	主编	副主编/主任	电话	刊号	联系人及电话	电子邮件	网址	刊期
26	信息所	农业部	中国乳业	2002	技术类	冯艳秋	聂迎利 赵京颐	82109914	CN11-4768/S ISSN1671-4393	聂迎利 82109890	zhgry@mail.caas.net.cn		月刊
27	信息所	农业部	生物技术通报	1985	学术类	沈桂芳	孙国凤	82109925	CN11-2396/Q	孙国凤 82109925	mail:sungf@mail.caas.net.cn		月刊
28	信息所	农业部	农业网络信息	1986	技术类	刘世洪	曾祥秀	82109657	CN11-5065/TP ISSN1672-6251		nywlxx@caas.net.cn		月刊
29	信息所	农业部	农业展望	2005	技术类	许世卫	路文如 潘月红	82109913	CN11-5343/S	潘月红 82109913	nyzy@caas.net.cn		月刊
30	信息所	农业部	中国园艺文摘	1985	技术类	赵瑞雪		82109897	CN11-4921/S		zgyywz@mail.caas.net.cn		双月刊
31	信息所	农业部	中国猪业	2006	技术类	冯艳秋		62143579	CN11-5435/S		zhuye@caas.net.cn		双月刊
32	信息所	农业部	中国畜牧兽医文摘	1985	农业科学	赵颖波	吾际舟	82109897	11-4919/S	赵颖波 82109897	zgxmsywz@126.com		双月刊
33	信息所	农业部	中国畜禽种业	2005	综合类	孟宪学	杨　碚	82106257	11-5342/s	赵　薇 82106255	yang16@caas.net.cn		月刊
34	中国农学会	中国科学技术协会	农业科研经济管理	1993	学术类	史志国	张华	82109637	CN11-3801/S		nykygl@126.com		季刊
35	灌溉所	水利部、农业部	灌溉排水学报	1982	学术类	段爱旺	李赞堂	0373-3393346	CN41-1337/S ISSN1672-3317		ggpsh@public.xxptt.ha.cn		双月刊

（续表）

序号	主办单位	主管单位	刊物名称	创刊时间	类别	主编	副主编/主任	电话	刊号	联系人及电话	电子邮件	网址	刊期
36	水稻所	农业部	中国水稻科学	1986	学术类	程式华	李建	0571-63370480	ISSN 1001-7216 CN33-1146/S	夏小东 0571-63370278	cjrs@263. net	Http://www. ricesci. cn	双月刊
37	水稻所	农业部	Rice Science（水稻科学）	1990	学术类	程式华	李建	0571-63371017	ISSN 1672-6308 CN 33-1317/S	葛　磊 0571-63371017	ricesci. cnrri@gmail. com	http://www. ricescience. org/en/dqml. asp	季刊
38	水稻所	农业部	中国稻米	1995	技术类	李西明	庞乾林	0571-63370368	33-1201/	庞乾林 13388608073	zgdm@163. com	www. zgdm. net	双月刊
39	棉花所	农业部	中国棉花	1958	技术类	喻树迅	牛巧鱼	0372-2525361/2/9	CN41-1140/S ISSN1000-632X		Jcotton@vip. 371. net journal@cricaas. com. cn	journal. cricaas. com. cn zmzz. chinajournal. net. cn	月刊
40	中国农学会	中国科协	棉花学报	1989	学术类	喻树迅	张末喜	0372-2525361	CN41-1163/S ISSN1002-7807		Jcotton@vip. 371. net journal@cricaas. com. cn	mhxb. chinajournal. net. cn journal. cricaas. com. cn	双月刊
41	油料所	农业部	中国油料作物学报	1979	学术类	王汉中	肖唐华	027-86813823	ISSN1007-9084 CN42-1429/S	吴克力	ylxb@public. wh. hb. cn	http://www. jouroilcrops. cn	双月刊
42	麻类所	农业部	中国麻业科学	1979	学术类	熊和平		0731-88998521	CN43-1467/S	谢国炎 13808423418	csibfc@sina. com	www. chinaibfc. com	双月刊
43	果树所	农业部	中国果树	1959	技术类	米文广	赵进春 翁维义	0429-3598131	CN21-1165/S	赵进春 0429-3598131	zggsbjb@vip. 163. com		双月刊

（续表）

序号	主办单位	主管单位	刊物名称	创刊时间	类别	主编	副主编/主任	电话	刊号	联系人及电话	电子邮件	网址	刊期
44	果树所	农业部	果树实用技术与信息	1994	技术类	米文广	赵进春 翁维义	0429-3598131	CN21-1342/S	赵进春 0429-3598131	gssyjs2007@sohu. com		月刊
45	郑州果树所	农业部	果树学报	1984	学术类	王志强	邓秀新 李绍华 方金豹 陈新平	0371-65330928	CN41-1308/S	王　珂 0371-65330927	chinagsxb@163. com		双月刊
46	郑州果树所	农业部	中国瓜菜	1988	技术类	刘君璞	陈新平 张　显 陈劲枫 周普国	0371-65330928	CN41-1374/S	代　军 0371-65330927	zggc@163. com		双月刊
47	郑州果树所	农业部	果农之友	2000	技术类	陈新平	张　莉	0371-65330928	CN41-1343/S	李艳萍 0371-65330949	gnzy@163. com		月刊
48	茶叶研究所	农业部	中国茶叶	1979	技术类	黄　飞		86650375	CN 33-1117/S	朱俊峰	zjf@mail. tricaas. com		
49	茶叶研究所、生物所	农业部	生物技术进展	2011	学术类	林　敏	梁国彪	82106118	CN33-1375/Q	蔡晶晶 010-82106118	prog_biotech@163. com，prog_biotech@caas. net. cn		月刊

（续表）

序号	主办单位	主管单位	刊物名称	创刊时间	类别	主编	副主编/主任	电话	刊号	联系人及电话	电子邮件	网址	刊期
50	茶叶所	农业部	茶叶世界	1987	综合类	黄　飞	张琴梅	0571-86650375	CN33-1341/S		teanews @ 163. com teanews @ mail. tricaas. com		半月刊
51	哈尔滨兽医所	农业部	中国预防兽医学报	1979	学术类	孔宪刚	赵晓岩	18946066140	ISSN1008-0589 CN23-1417/S	赵晓岩 18946066140	zgyfsyxb@ vip. sina. com	www. zgyfsyxb. com	月刊
52	哈尔滨兽医所	农业部	畜牧兽医科技信息	2002	技术类	王笑梅	秦红丽	0451-85935051	CN23-1501/S ISSN1671-6027		Xmsykjxx2004 @ sohu. com		月刊
53	兰州兽医所	农业部	中国兽医科学	1971	学术类	才学鹏	左翠萍	0931-8342195	CN62-1192/S ISSN1673-4696		zgsykx @ zgsykx. com	www. zgsykx. com	月刊
54	兰州牧药所	农业部	中国草食动物	1981	技术类	杨耀光	魏云霞	0931-2656124	CN62-1134/Q ISSN1007-9726		xumuchj@ 0931 mail. com xumuchj @ 163. com	zgcsdw. periodicals. net. cn/	双月刊
55	中兽医所	农业部	中兽医医药杂志	1982	学术类	杨志强	赵四喜	0931-2656034 13919078833	CN62-1063/R ISSN1000-6354		zsyyyzz@ periodicals. net. cn	zhaosixi@ sina. com	双月刊
56	上海兽医所	农业部	中国动物传染病学报	1993	学术类	童光志	黄　兵 周　杰	021-34293142	ISSN1674-6422	章力勇 021-34293142		www. cjaid. com	双月刊

（续表）

序号	主办单位	主管单位	刊物名称	创刊时间	类别	主编	副主编/主任	电话	刊号	联系人及电话	电子邮件	网址	刊期
57	草原所	农业部	中国草地学报	1979	学术类	侯向阳 刘天明	刘天明	0471-4926880	CN 15-1344/S	0417-4928361	zgcdxb@126.com		双月刊
58	特产所、中国农学会特产学会	农业部	特产研究	1962	技术类	沈育杰	张洪义	0432-6513069	CN22-1154/S ISSN1001-4721		tcyjbjb@126.com		季刊
59	特产所	农业部	特种经济动植物	1982	技术类	杨福合	张洪义	0432-6513067	CN22-1155/S ISSN1001-4713		tzjjdzw@163.com		月刊
60	环保所、中国农业生态环境保护协会	农业部	农业环境与发展	1984	综合类	高尚宾	胡　梅	022-23674336	CN12-1233/S ISSN1005-4944		caed@vip.163.com	www.aed.org.cn	双月刊
61	环保所、中国农业生态环境保护协会	农业部	农业环境科学学报	1982	综合类	李文华	李无双	022-23674336	CN12-1347/S ISSN1672-2043		caed@vip.163.com	www.aes.org.cn	双月刊
62	中国沼气学会、沼气所	农业部	中国沼气	1983	技术类	王锡吾		028-85230681	CN51-1206/S ISSN1000-1166		cbso@mail.sc.cninfo.net		双月刊
63	农机化所	农业部	中国农机化	1984	技术类	易中懿	王利民	025-84346296	CN32-1123/S ISSN1006-7205	凌小燕 025-84346270	cnnnhgxx@public1.ptt.js.cn		双月刊
64	农机化所	农业部	农业开发与装备	1995	技术类	陈巧敏	胡进鑫	025-84346221	CN32-1779/TH	胡进鑫 025-84346221	njjzy2189@sina.com	www.nriam.com/njjzy	双月刊

（续表）

序号	主办单位	主管单位	刊物名称	创刊时间	类别	主编	副主编/主任	电话	刊号	联系人及电话	电子邮件	网址	刊期
65	烟草所	农业部	中国烟草科学	1979	学术类	王元英	张久权	0532-88703238	37-1277/S	张久全 18663928228	joezhang85@126.com	www.zgyckx.com.cn	双月刊
66	中国农村技术开发中心（生物所承办）	科技部	中国农业科技导报	1999	技术类	范云六	孙丽萍	82109848	CN11-3900/S	蔡晶晶 010-82109848	nykjdb@163.com, nkdb@caas.net.cn	www.nkdb.net	双月刊
67	院办公室		中国农业科学院（报）	1995			魏炳传						旬报
68	中国农业科学院思想政治工作研究会、中国农业科学院人才研究会	中国农业科学院	思想政治工作和人才建设	1992	内部资料	罗炳文	高淑君 贾连奇	82109484		李建才	zxc@mail.caas.net.cn		季刊
69	中国农业科研院所党的建设和思想政治工作研究会	中国农业科学院	研究信息	1998	内部资料	罗炳文	高淑君	82109480		韩　进	luh@caas.net.cn		不定期

附录二

中国农业科学院通讯录

单位名称	通讯地址	邮政编码	区号	电话	传真
院办公室	北京市海淀区中关村南大街12号	100081	010	82109398	82105105
科技管理局	北京市海淀区中关村南大街12号	100081	010	82109427	82105534
人事局	北京市海淀区中关村南大街12号	100081	010	82109437	82105563
财务局	北京市海淀区中关村南大街12号	100081	010	82109461	62151095
基本建设局	北京市海淀区中关村南大街12号	100081	010	82109471	62188061
国际合作局	北京市海淀区中关村南大街12号	100081	010	82109477	62174060
直属机关党委	北京市海淀区中关村南大街12号	100081	010	82109484	82109463
监察局	北京市海淀区中关村南大街12号	100081	010	82109502	82109502
后勤服务中心	北京市海淀区中关村南大街12号	100081	010	82109668	82109668
作物科学研究所	北京市海淀区中关村南大街12号	100081	010	82109715	82105819
植物保护研究所	北京市海淀区圆明园西路2号	100094	010	62815905	62895365
蔬菜花卉研究所	北京市海淀区中关村南大街12号	100081	010	82109522	62146160
农业环境与可持续发展研究所	北京市海淀区中关村南大街12号	100081	010	82109567	82106029
畜牧兽医研究所	北京海淀区圆明园西路2号	100094	010	62815851	62895372

（续表）

单位名称	通讯地址	邮政编码	区号	电话	传真
蜜蜂研究所	北京香山北沟1号	100093	010	82590332	62591473
饲料研究所	北京市海淀区中关村南大街12号	100081	010	82106054	82106054
农产品加工研究所	北京市海淀区圆明园西路2号	100094	010	62815836	62895382
生物技术研究所	北京市海淀区中关村南大街12号	100081	010	82109847	82109847
农业经济与发展研究所	北京市海淀区中关村南大街12号	100081	010	82109801	62187545
农业资源与农业区划研究所	北京市海淀区中关村南大街12号	100081	010	82109640	82106225
农业信息研究所	北京市海淀区中关村南大街12号	100081	010	82109915	82103127
农业质量标准与检测技术研究所	北京市海淀区中关村南大街12号	100081	010	82106515	82106500
研究生院	北京市海淀区中关村南大街12号	100081	010	82109689	82106609
中国农业科学技术出版社	北京市海淀区中关村南大街12号	100081	010	82109706	82109700
农田灌溉研究所	河南省新乡市建设路173号	453003	0373	3393184	3393354
中国水稻研究所	杭州市体育场路359号	310006	0571	63370235	63370989
棉花研究所	河南省安阳市开发区黄河大道西段	455000	0372	2562248	2562256
油料作物研究所	湖北省武汉市徐东二路2号	430062	027	86811837	86816451
麻类研究所	湖南省长沙市岳麓区咸嘉湖西路348号	410205	0731	8998505	8998528

（续表）

单位名称	通讯地址	邮政编码	区号	电话	传真
果树研究所	辽宁省兴城市兴海路三段	125100	0429	3598108	3598288
郑州果树研究所	郑州市航海东路 63 中学南	450009	0371	65330900	65330987
茶叶研究所	杭州市云栖路 1 号	310008	0571	86650180	86650056
哈尔滨兽医研究所	哈尔滨市南岗区马端街 427 号	150001	0451	85935006	82733132
兰州兽医研究所	兰州市盐场徐家坪 1 号	730046	0931	8342489	8340977
兰州畜牧与兽药研究所	兰州市小西湖硷沟沿 211 号	730050	0931	2115192	2115191
上海兽医研究所	上海市石龙路 345 弄 3 号	200232	021	50481818	50481818
草原研究所	内蒙古呼和浩特市新城区乌兰察布东路 120 号	010010	0471	4961330	4961330
特产研究所	吉林省吉林市左家镇	132109	0432	6513402	4701260
环境保护科研监测所	天津南开区康复路 31 号	300191	022	23003820	23003820
沼气科学研究所	成都市人民南路四段 13 号	610041	028	85227610	85230691
南京农业机械化研究所	江苏南京市中山门外柳营 100 号	210014	025	84346001	84432672
烟草研究所	山东省青岛市崂山区科苑经四路 11 号	266101	0532	88701806	88702056
柑橘研究所	重庆市北碚区歇马镇柑橘村 15 号	400712	023	68349709	68349712
甜菜研究所	黑龙江省哈尔滨市南岗区学府路 74 号	150080	0451	86609312	86609312
蚕业研究所	江苏镇江市四摆渡	212018	0511	85616572	85628183

（续表）

单位名称	通讯地址	邮政编码	区号	电话	传真
农业遗产室	南京中山门外南京农业大学院内	210095	025	84396771	84396771
水牛研究所	广西南宁市邕武路24－1号	530001	0771	3338589	3338814
草原生态研究所	兰州市61号信箱	730020	0931	8913074	8910979
家禽研究所	江苏省扬州市桑园路46号	225003	0514	87204858	87209132
甘薯研究所	江苏省徐州市东郊东贺村	221211	0516	82189208	82189209

附录三

各省、自治区、直辖市农(牧、林)业科学院通讯录

单位名称	通讯地址	邮编	区号	电话	传真
北京市农林科学院	北京西郊板井曙光花园中路11号农科大厦A座1518	100097	010	51503241	51503247 51503300
天津市农业科学院	天津市南开区白堤路268号	300192	022	23678666	23678667
河北省农林科学院	石家庄市和平西路598号	050051	0311	87652019	87066140
山西省农业科学院	太原市长风街2号	030006	0351	7073032	7040092
内蒙古自治区农牧业科学院	呼和浩特市玉泉区昭君路22号	010031	0471	5971068 5903873	5971068
辽宁省农业科学院	沈阳市东陵区东陵路84号	110161	024	31027396 31023112	31027397
吉林省农业科学院	吉林省长春市净月经济开发区彩宇大街1363号	130033	0431	87063030	87063028
黑龙江省农业科学院	哈尔滨市南岗区学府路368号	150086	0451	86662295	86677473
黑龙江省农垦科学院	黑龙江省佳木斯市安庆街382号	154007	0454	8359120 8359320	8359120 8359320
上海市农业科学院	上海市北翟路2901号	201106	021	62208660 62208550	62201221
江苏省农业科学院	南京市孝陵卫钟灵街50号	210014	025	84390069 84390000	84392233
浙江省农业科学院	杭州市石桥路198号	310021	0571	86404011	86400481
安徽省农业科学院	合肥市西郊农科南路40号	230031	0551	5160537	2160337
福建省农业科学院	福州市五四北路51号	350003	0591	87866391	87884262

（续表）

单位名称	通讯地址	邮编	区号	电话	传真
江西省农业科学院	南昌市南昌县莲塘镇	330200	0791	7090310	5717185
山东省农业科学院	济南市工业北路 202 号	250100	0531	88670723	88604644
河南省农业科学院	郑州市农业路 1 号	450002	0371	65723784	65711374
湖北省农业科学院	武汉市武昌南湖瑶苑特 1 号	430064	027	87389499	87389545
湖南省农业科学院	长沙市芙蓉区马坡岭	410125	0731	84691212	84691124
广东省农业科学院	广州市天河区金颖路 29 号	510640	020	85514254	87503358
广西壮族自治区农业科学院	南宁市大学西路 44 号	530007	0771	3243463	3244521
海南省农业科学院	海口市海府大道流芳路 165 号	571100	0898	65314996	65314898
四川省农业科学院	成都市外东静居寺路 20 号	610066	028	84504198	84104003
重庆市农业科学院	重庆市九龙坡区白市驿镇	401329	023	65705208	65703532
贵州省农业科学院	贵阳市小河区金农社区	550006	0851	3761026	3761504
云南省农业科学院	昆明市白云路 761 号江岸小区	650231	0871	5136637	5136633
西藏自治区农牧科学院	拉萨市金珠西路 153 号	850002	0891	6862174	6862750
西北农林科技大学（陕西省农业科学院）	陕西省杨凌示范区	712100	029	87082809	87082811
甘肃省农业科学院	兰州市安宁区农科院新村 1 号	730070	0931	7616187	7666758

（续表）

单位名称	通讯地址	邮编	区号	电话	传真
青海省农林科学院	西宁市宁张路83号	810016	0971	5311192	5318044
宁夏农林科学院	银川市黄河东路590号	750002	0951	6886707	5049204
新疆农业科学院	乌鲁木齐市南昌路38号	830000	0991	4502057	4516057
新疆畜牧科学院	乌鲁木齐市克拉玛依东街151号	830000	0991	4832351	4832351
中国热带农业科学院（华南热带农业大学）	海南省儋州市宝岛新村	571737	0898	23300227	23300544

附录四

农业部有关司局电话号码

单位	电话	单位	电话	单位	电话
办公厅	59192305	财务司	59191656	乡镇企业局	59192718
部值班室	59192316	科技教育司	59193024	农产品质量安全监督局局	59192304
人事劳动司	59192510	国际合作司	59192440	机关党委	59192416
产业政策与法规司	59192730	种植业管理司	59192806	驻部监察局	59192419
农村经济体制与经营管理司	59193113	农业机械化管理司	59192821	离退休干部局	59192411
市场与经济信息司	59193146	畜牧业司 兽医局	59193390 59192843	机关服务中心	59192225
发展计划司	59192532	农垦局	59192657	信息中心	59192709

附录五

有关单位通讯录

单位	通讯地址	邮政编码	区号	电话	电子邮件
科学技术部	北京市复兴路乙 15 号	100862	010	58881800 58881888	
国家发展和改革委员会	北京市西城区月坛南街 38 号	100824	010	68502000	bgt@ ndrc. gov. cn
国务院机关事务管理局	北京市西城区西安门大街 22 号	100017	010	63096382	
中国农业大学	北京市海淀区圆明园西路 2 号	100094	010	62736518	xbglq@ cau. edu. cn
中国农学会	北京市朝阳区麦子店街 20 号	100026	010	59194203 59194202	
中国科学技术协会	北京市海淀区复兴路 3 号	100038	010	68518822	